Hass, Neid, Wahn

D1699935

Tobias Jaecker, Dr. phil., ist Kommunikationswissenschaftler, Politikwissenschaftler und Historiker. Er arbeitet als Redakteur beim RBB-Hörfunkprogramm Radioeins.

Tobias Jaecker

Hass, Neid, Wahn

Antiamerikanismus in den deutschen Medien

Campus Verlag
Frankfurt/New York

Gedruckt mit freundlicher Unterstützung der Alfred Freiherr von Oppenheim-Stiftung und der Axel Springer Stiftung.

D 188

Bibliografische Information der Deutschen Nationalbibliothek:
Die Deutsche Nationalbibliothek verzeichnet diese Publikation in der Deutschen Nationalbibliografie.
Detaillierte bibliografische Daten sind im Internet unter http://dnb.d-nb.de abrufbar.
ISBN 978-3-593-50066-9

Umschlaggestaltung: Campus Verlag GmbH, Frankfurt am Main
Umschlagmotiv: © Sean Adair; Bildbearbeitung: Kornberger und Partner Kommunikationsberatung, Berlin
Druck und Bindung: Beltz Bad Langensalza
Printed in Germany

Dieses Buch ist auch als E-Book erschienen.
www.campus.de

Inhalt

Dank

Für dieses Buch habe ich Berge von Zeitungsartikeln und Büchern gelesen, das halbe Internet durchforstet und Stunden mit Radiohören und Fernsehen verbracht. Dieses Buch ist aber auch das Ergebnis zahlreicher erhellender Gespräche, fachkundiger Kommentare und einer großen freundschaftlichen Unterstützung, die ich von vielen Seiten erfahren habe. Dafür möchte ich mich von ganzem Herzen bedanken.

Eine frühere Version habe ich als Dissertationsschrift an der Freien Universität Berlin eingereicht und 2013 verteidigt. Für die vorzügliche Betreuung danke ich meinem Erstgutachter Professor Hermann Haarmann (Freie Universität Berlin) und meinem Zweitgutachter Professor Lars Rensmann (John Cabot University Rom). Beide haben mich in meinem Vorhaben von Anfang an bestärkt und die Arbeit mit hilfreichen Anregungen und konstruktiver Kritik begleitet.

Mein besonderer Dank gilt Professor Andrei S. Markovits (University of Michigan), der international über eine einzigartige Expertise zum Thema Antiamerikanismus verfügt. Seit die Idee zu diesem Buch Form annahm, stand er mir mit hervorragenden Ratschlägen und einer schier grenzenlosen Bereitschaft zur Erörterung meiner Thesen und Textfassungen zur Seite – per E-Mail und Telefon über den Atlantik, aber auch persönlich in Ann Arbor, Stanford und Berlin. Mit seiner profunden Sachkenntnis und nicht zuletzt mit seiner leidenschaftlichen Haltung hat er mich immer wieder inspiriert und begeistert.

Eine wertvolle praktische Erfahrung verdanke ich dem Verein Internationale Journalisten-Programme, der mir mit dem Arthur F. Burns Fellowship 2006 einen mehrmonatigen Arbeitsaufenthalt bei Chicago Public Radio ermöglicht hat. Dort konnte ich deutsche wie auch amerikanische Sichtweisen aus einer ganz neuen Perspektive betrachten und diskutieren. Meinen Kolleginnen und Kollegen bei radioeins vom Rundfunk Berlin-Brandenburg (rbb) bin ich nicht nur dankbar für die jahrelange solidarische

Begleitung meiner Forschungsarbeit, sondern auch für die fortwährende Rückkopplung mit der journalistischen Praxis.

Für die finanzielle Unterstützung beim Druck des Buches danke ich der Alfred Freiherr von Oppenheim-Stiftung und der Axel Springer Stiftung. Der New Yorker Fotograf Sean Adair hat mir freundlicherweise sein Foto vom 11. September 2001 für das Cover zur Verfügung gestellt. Der Kommunikationsagentur Kornberger und Partner danke ich für die freigiebige professionelle Beratung, Sabine Radicke für den Titelentwurf. Die Zusammenarbeit mit Eva Janetzko und Julia Flechtner vom Campus Verlag war überaus produktiv und angenehm.

Für die kritische Lektüre und Diskussion meiner Textentwürfe danke ich ferner Heiko Beyer, Niklas Forreiter, Ruth Hatlapa, Felix Knappertsbusch, Andrea Knaut und Dirk Schuck. Viele weitere Freundinnen und Freunde sowie meine Eltern und Schwestern standen mir über die Jahre unterstützend zur Seite. Ganz besonders möchte ich mich bei Marita Jaecker für das inhaltlich wie sprachlich hervorragende Lektorat bedanken. Frank Kornberger danke ich herzlich für seine großartige fachliche und freundschaftliche Hilfe – von der Konzeption bis zum letzten Feinschliff. Mein größter Dank gilt Insa Breyer, die unzählige Varianten des Manuskripts gelesen und mir täglich Kraft gegeben hat. Durch ihre treffende Kritik und ausgezeichneten Ratschläge konnte ich aus so mancher Sackgasse herausfinden und die Arbeit zu neuen Höhen führen.

Danke!

1. Einleitung

»USA aufs Maul« – »raus aus 36«. Diese Graffiti prangen an der Fassade eines kleinen Cafés zwischen Görlitzer Park und Landwehrkanal im Berliner Szeneviertel Kreuzberg 36. Und: »fart cafe, shit cake, fuck off«. Es ist ein Tag im August 2011. Im Gastraum steht Kris Schackman hinter der Theke. Der 35-Jährige kommt ursprünglich aus New York. Das Café hat er ein halbes Jahr zuvor mit einer Freundin eröffnet. Es gibt Torten, Tees und selbstgerösteten Bohnenkaffee. Auf die Frage nach den Graffiti reagiert Schackman ratlos: »Ich bin doch nicht die USA.« Er erzählt, dass die Fassade bereits mehrmals beschmiert wurde. Mit Sprüchen wie »Tourist Fick«, »Pissladen« und »Kill USA«. Der Eingangsbereich sei eines Morgens mit einer klebrigen Masse aus Eiern und Zucker verschmutzt gewesen. Schackman sagt, dass man ihn für die steigenden Mieten im Bezirk verantwortlich mache: »Aber ich kann doch auch nichts dafür. Ich habe den Laden nur gemietet. Es ist nicht mal eine Kette.« Und wie zur Entschuldigung: »Ein Kaffee kostet bei uns gerade mal 1,50 Euro. Das ist weniger als in den meisten anderen Läden in der Gegend hier.« Dann sagt er noch, dass Kreuzberg ja eigentlich als liberal gelte. »Aber die Leute, die diese Graffiti sprühen, sind so hasserfüllt.«

Oberflächlich betrachtet ist es der Unmut über die Gentrifizierung, der sich hier Bahn bricht. Unmut über die schleichende Aufwertung eines Stadtteils, in dem sich einkommensschwache Anwohner das Leben kaum noch leisten können. Doch warum werden die USA oder gar ein junger Amerikaner[1] für diese Entwicklung verantwortlich gemacht?

---

1 Wenn hier von »Amerika«, »Amerikanern«, »amerikanisch« etc. die Rede ist, so bezieht sich dies auf die Vereinigten Staaten von Amerika (USA) und deren Bürger – und nicht auf den Kontinent gleichen Namens. Das gilt auch für die Begriffe »Antiamerikanismus« und »antiamerikanisch«. Mir ist bewusst, dass diese Bezeichnungen im wörtlichen Sinne nicht exakt sind. Sie sind auch Ausdruck der Machtverhältnisse auf dem amerikanischen Kontinent. Allerdings werden sie weltweit so verwendet, auch in Ländern wie Kanada, Mexiko oder Brasilien. Vgl. Markovits, *Uncouth Nation*, S. 225, Fußnote 1.

Abb. 1: Graffiti am Café Five Elephant in Berlin-Kreuzberg, 30.8.2011

Über Amerika und dessen Einfluss in der Welt wird in Deutschland heftig gestritten. Ein Antiamerikanismus, der sich wie hier geschildert gegen Objekte oder einzelne Amerikaner richtet, stellt dabei die Ausnahme dar. In der öffentlichen Debatte zeigt er sich dafür umso offener. In Zeitungen, in Funk und Fernsehen, im Internet. Von links bis rechts, quer durch die Gesellschaft. Antiamerikanische Meinungen sind breit akzeptiert – selbst unter Menschen, die sich als fortschrittlich verstehen. Auch wenn das die Meisten weit von sich weisen. Antiamerikanismus? Wer das Thema heute anspricht, bekommt oft zu hören: Das war doch nur eine Folge der politischen Sünden von US-Präsident Georg W. Bush. Den haben die USA kräftig selbst befeuert: mit dem Irak-Krieg, Guantanamo, Abu Ghraib.

Als ich im Jahr 2007 mit der Arbeit an diesem Buch begonnen habe, war Bush noch im Amt – und die antiamerikanische Stimmung auf einem Höhepunkt. Die Frage, wie sich dies nach einem Regierungswechsel entwickeln würde, versprach spannend zu werden. Obgleich die Politik nur *einen* Aspekt darstellt. Weniger beachtet ist, dass sich der Antiamerikanismus auch im Zusammenhang mit wirtschaftlichen und kulturellen Entwicklungen zeigt. Vor allem in Zeiten gesellschaftlicher Umbrüche und Krisen. Zeiten der Unsicherheit und Angst, in denen viele Menschen nach Hintergründen, Verantwortlichen oder Schuldigen fragen. Die Terroranschläge vom 11. September 2001 markieren den Beginn einer solchen Phase. Der US-geführte »War on Terror«, die internationale Finanz- und Wirtschaftskrise ab 2008, aber auch kulturelle Veränderungen durch das Internet haben den Beginn des neuen Jahrhunderts geprägt.

Ziel dieser Untersuchung ist es, die Elemente und Erscheinungsformen des Antiamerikanismus im medialen Diskurs in Deutschland aufzuzeigen und so zu einer besseren Erklärung des Phänomens beizutragen. Die Analyse umfasst vielfältige Medienformen: Zeitungs- und Online-Texte, Sachbücher, Hörfunk- und TV-Beiträge, aber auch Zeitschriftencover, Karikaturen, TV-Filme und Musikvideos. Ein Schwerpunkt liegt auf der Frage, wie der Antiamerikanismus auf der diskursiven Ebene *funktioniert* – und welche Funktion er für die Individuen und in der Gesellschaft erfüllt.

Um dem verbreiteten Einwand zu begegnen, der Antiamerikanismus stelle nur eine (legitime) Reaktion auf die US-Politik dar, werde ich den Diskurs zunächst getrennt in Bezug auf politische, wirtschaftliche und kulturelle Themen analysieren. So kann ich anschließend herausarbeiten, in welchen inhaltlichen Zusammenhängen der Antiamerikanismus am stärksten ausgeprägt ist und in welcher Form er sich dort zeigt. Der Untersuchungszeitraum umfasst das erste Jahrzehnt des 21. Jahrhunderts, also die Jahre 2001 bis 2010. Es geht dabei ausschließlich um den medialen Diskurs in Deutschland. So kommen auch einige landesspezifische Besonderheiten in den Blick – obgleich dies mitnichten heißen soll, dass der Antiamerikanismus nur ein deutsches Problem darstellt.

1.1 Kontroversen und Leerstellen: Der Forschungsstand

Seit der Jahrtausendwende wird der Antiamerikanismus in der Wissenschaft breit diskutiert – motiviert nicht zuletzt durch die wohl heftigste antiamerikanische Tat der Moderne, die Terroranschläge vom 11. September 2001, sowie deren weltpolitische Folgen. Neuere Länder- und Vergleichsstudien bringen dabei starke Belege für einen weltweiten Aufschwung des Antiamerikanismus.[2] In Bezug auf Deutschland zeigt der Historiker Dan Diner in seinem Essay *Feindbild Amerika. Über die Beständigkeit eines Ressentiments* (2002), dass der Antiamerikanismus eine lange Ge-

---

2 Einen umfassenden Einblick in den Stand der internationalen Forschung gibt die vierbändige Zusammenstellung von O'Connor (Hg.), *Anti-Americanism*. Siehe auch die Sammelbände von Katzenstein/Keohane (Hg.), *Anti-Americanisms in World Politics;* Hollander (Hg.), *Understanding Anti-Americanism;* Ross/Ross (Hg.), *Anti-Americanism;* Chiozza, *Anti-Americanism and the American World Order.* Zum europäischen Antiamerikanismus siehe u. a. Markovits, *Uncouth Nation;* ders., *Amerika, dich haßt sich's besser;* Berman, *Anti-Americanism in Europe;* Revel, *Anti-Americanism.*

schichte hat.[3] Er zeichnet die Entwicklung von der Aufklärung bis zum Ende des 20. Jahrhunderts nach und diskutiert abschließend kursorisch die Zeit nach dem 11. September. Diner sieht im Antiamerikanismus das »Ergebnis einer verschrobenen Welterklärung«, in der »Amerika immer wieder als Ursprung und Quelle aller nur möglichen Übel identifiziert« werde.[4] Historisch sei der deutsche Antiamerikanismus auch Ausdruck einer verbreiteten antiwestlichen Einstellung.[5] In vielerlei Hinsicht ähnele er zudem dem Antisemitismus: beide Phänomene seien »weltanschaulich gehaltene Reaktionen auf die Moderne«.[6] In Deutschland sitze das »antiamerikanische Ressentiment« dabei »tiefer […] als anderswo in Europa«, was vor allem mit tief verankerten anti-westlichen Traditionen sowie mit der militärischen Niederlage im Ersten und Zweiten Weltkrieg zu erklären sei.[7]

Während Diner die Fortdauer des Antiamerikanismus in Deutschland hervorhebt, zieht der Politikwissenschaftler Christian Schwaabe in seiner historischen Studie *Antiamerikanismus. Wandlungen eines Feindbildes* (2003) ein anderes Resümee. Schwaabe bestätigt zwar zunächst die Einschätzung, der deutsche Antiamerikanismus sei »als Nebenprodukt einer Modernitätskrise« entstanden, »die es auch ganz ohne die USA gegeben hätte.«[8] Nach der Zäsur des Nationalsozialismus habe es jedoch »eine bemerkenswerte ›zivile Wende‹ der Deutschen«[9] gegeben: Der Antiamerikanismus habe sich »alles in allem […] bis heute auf ein weitgehend harmloses, jedenfalls erträgliches Maß reduziert«.[10] Es gehe dabei »nicht mehr um Amerika und irgendwelche seiner Wesenszüge, die man unabhängig von amerikanischer Politik als undeutsch o. ä. ablehnen würde.«[11] Zu ähnlichen Ergebnissen kommen

3 Die historische Genese des Antiamerikanismus in Deutschland ist gut erforscht. Für die Zeit des ausgehenden Kaiserreichs und der Weimarer Republik siehe Fraenkel, *Amerika im Spiegel des deutschen politischen Denkens;* Kamphausen, *Die Erfindung Amerikas in der Kulturkritik der Generation von 1890.* Zum Antiamerikanismus in literarischen Werken siehe Gulddal, *Anti-Americanism in European Literature;* Meyer, *Nord-Amerika im Urteil des Deutschen Schrifttums;* Bauschinger u. a. (Hg.), *Amerika in der deutschen Literatur.* Zum Antiamerikanismus in der Bundesrepublik bzw. in der DDR siehe Henningsen, *Der Fall Amerika;* Behrends u. a. (Hg.), *Antiamerikanismus im 20. Jahrhundert;* Greiner, »Saigon, Nuremberg, and the West«; Muehlen, *Amerika – im Gegenteil;* Müller, *Antiamerikanismus in Deutschland.*
4 Diner, *Feindbild Amerika,* S. 8.
5 Ebenda, S. 39.
6 Ebenda, S. 33.
7 Ebenda, S. 38.
8 Schwaabe, *Antiamerikanismus,* S. 33.
9 Ebenda, S. 108.
10 Ebenda, S. 220.
11 Ebenda, S. 173.

auch Forscher, die ihre Untersuchungen auf die Regierungszeit von US-Präsident George W. Bush beschränken. Der Politikwissenschaftler Denis Lacorne etwa beschreibt den Antiamerikanismus als eine »kritische und durchdachte Meinungsäußerung gegen das, was Amerikaner sagen oder tun«.[12] Somit könne man eher von einem »Anti-Bushismus«[13] sprechen. Der Historiker Volker R. Berghahn argumentiert ebenso.[14]

Dagegen zeigen empirische Untersuchungen, dass der neuere Antiamerikanismus über eine sachliche Kritik an der Politik der USA hinausgeht. Der Sozialwissenschaftler Uwe Srp weist in einer Inhaltsanalyse der deutschen Wochenpresse zahlreiche abwertende, dämonisierende Zuschreibungen nach.[15] Allerdings ist Srps Vorgehen problematisch. Denn er untersucht ausschließlich die Berichterstattung über den Irak-Krieg und schließt, der Antiamerikanismus sei »wohl als direkte Reaktion auf amerikanische Hegemonie zu deuten.«[16] Letztlich bleibt daher unklar, wo die Grenze zwischen einer überspitzten, polemischen Kritik an der Politik der USA und dem Antiamerikanismus verläuft. Eine Problematik, die auch andere Medienanalysen zum Antiamerikanismus nach 2001 aufweisen, die allein die *Politik* in den Blick nehmen.[17]

Einige kürzere Studien aus der Einstellungsforschung zeigen wiederum, dass der Antiamerikanismus auch im Zusammenhang mit *wirtschaftlichen* Erscheinungen zutage tritt. Die Soziologen Felix Knappertsbusch und Udo Kelle kommen anhand von repräsentativ erhobenen Aussagen zur weltweiten Finanz- und Wirtschaftskrise 2008/09 zu dem Schluss, dass stereotype antiamerikanische Deutungen in der deutschen Bevölkerung weit verbreitet seien, und zwar »weitgehend unabhängig von Unterschieden bezüglich der politischen Orientierung, des Einkommens und Bildungsniveaus.«[18] Dabei gebe es Überschneidungen mit antisemitischen Argumentationsmustern.[19]

---

12 Eigene Übersetzung. Wörtlich schreibt Lacorne: »By anti-Americanism, I mean the critical and reasoned expression of a disagreement with what Americans say or do«. Lacorne, »Anti-Americanism and Americanophobia«, S. 47.

13 Lacorne schreibt gemeinsam mit dem Historiker Tony Judt: »The first, most obvious form of anti-Americanism is anti-Bushism«. Judt/Lacorne, »The Banality of Anti-Americanism«, S. 1.

14 Berghahn schreibt wörtlich: »At issue then is not anti-Americanism but rather ›anti-Bushism‹.« Berghahn, »Awkward Relations«, S. 246.

15 Vgl. Srp, *Antiamerikanismus in Deutschland*, S. 195.

16 Ebenda, S. 43.

17 So etwa Birkenkämper, *Gegen Bush oder Amerika?*; Basagic, *Image der USA im »Spiegel«*.

18 Knappertsbusch/Kelle, »Mutterland des nomadisierenden Finanzkapitals««, S. 157.

19 Vgl. ebenda, S. 146.

Eine Forschungsgruppe um die Psychologin Barbara Fried und den Soziologen Detlev Claussen schließt aus den Ergebnissen von Gruppendiskussionen im Rahmen einer Untersuchung zum Antiamerikanismus in der Alltagskommunikation, dass der Antiamerikanismus in Bezug auf die Wirtschaftskrise »als flexible Form subjektiver Verarbeitung der Wirklichkeit« funktioniere.[20] Dieser »alltagspraktische Antiamerikanismus« diene »oft der Konsenserzeugung«: Dabei würden fragmentarisch und stichwortartig bestimmte »Antiamerikanismen« eingeworfen, um sich über Krisenphänomene, für die man in der Gruppe keine rationale Erklärung finde, zu verständigen.

Empirische Analysen, die auch den Antiamerikanismus jenseits politischer oder wirtschaftlicher Zusammenhänge einbeziehen, sind hingegen selten. Einen umfassenderen Ansatz haben einzig die Studien des Politikwissenschaftlers Andrei S. Markovits: *Amerika, dich haßt sich's besser* (2004) und *Uncouth Nation. Why Europe Dislikes America* (2007). Darin untersucht Markovits explizit nicht nur Medienbeiträge und öffentliche Äußerungen zu *Politik* und *Wirtschaft*, sondern auch zu *kulturellen* Themen wie Sprache, Film und Essen sowie Bildung und Sport.[21] Markovits stellt fest, dass in Europa alle möglichen »amerikanischen« Erscheinungen – ob real oder imaginiert – als Bedrohung wahrgenommen würden. Dies zeige sich vor allem in einer allgegenwärtigen Angst vor »Amerikanisierung« beziehungsweise »amerikanischen Verhältnissen«.[22] So kann er überzeugend belegen, dass die umstrittene Politik der Bush-Regierung für den Antiamerikanismus nach dem 11. September 2001 keinesfalls ursächlich war, sondern lediglich eine Scheinlegitimation abgab. Markovits schließt, der Antiamerikanismus sei zu einer »Lingua franca« West-Europas geworden[23] – zu einem grenzübergreifenden, weithin akzeptierten Verständigungsmittel. In gewissen Kreisen gehöre »offener Antiamerikanismus« heute geradewegs zum guten Ton.[24] Dabei bilde er eine unglückselige Allianz mit dem »neuen Antisemitismus«, der sich gegen Israel richte. Beide Phänomene seien »Zwillingsbrüder«.[25]

---

20 Dieses u. alle folgenden Zit. aus Baethge u. a., »Antiamerikanismus in der Krise«.

21 Vgl. Markovits, *Amerika, dich haßt sich's besser;* ders., *Uncouth Nation.*

22 Markovits, *Uncouth Nation,* S. 81 ff.

23 Ebenda, S. 2.

24 Markovits, *Amerika, dich haßt sich's besser,* S. 34.

25 Ebenda, S. 173. Damit greift Markovits eine These des Philosophen André Glucksmann auf; vgl. Glucksmann, »Scharons Irrtum«.

In einer Analyse über die Anfangszeit der Präsidentschaft von Barack Obama zeigen Markovits und die Kulturwissenschaftlerin Ruth Hatlapa zudem, dass auch die oberflächliche Begeisterung für Obama in Deutschland oftmals mit Antiamerikanismus einherging. Obama sei als untypischer Amerikaner mit geradezu »europäischen« Eigenschaften charakterisiert worden, wodurch das antiamerikanische Bild vom »typischen« Amerika einmal mehr bekräftigt worden sei.[26] Der Überblick zeigt, dass die Forschung aufschlussreiche Erkenntnisse über die Formen des Antiamerikanismus in Deutschland zu Beginn des 21. Jahrhunderts liefert. Allerdings werden meist nur Aussagen oder Einstellungen untersucht, die sich auf die Politik beziehen, gelegentlich auch auf die Wirtschaft. Abhängig vom Fokus der Untersuchung wird das Phänomen daher sehr unterschiedlich gedeutet. Weitgehend offen bleibt die Frage, inwiefern sich der Antiamerikanismus in verschiedenen inhaltlichen Zusammenhängen tatsächlich von der Form und Funktion her *unterscheidet*.

Zwar wurden bereits ausführlich die Besonderheiten des ›rechten‹ und ›linken‹ Antiamerikanismus herausgearbeitet. So kommt die Politikwissenschaftlerin Gesine Schwan zu dem Schluss, in rechts-konservativen Kreisen würden »die USA als Symbol der Nivellierung, Vermassung, Kommerzialisierung, Verflachung der Kultur infolge der ›Pöbelherrschaft‹« abgelehnt; dahinter stehe eine »nicht-demokratische antiliberale« Einstellung.[27] In der politischen Linken hingegen würden die USA als »Inkarnation des bekämpften Kapitalismus« wahrgenommen, hier trete der Antiamerikanismus »in Gestalt eines [...] Antikapitalismus und Antiimperialismus« auf.[28] Andrei S. Markovits und der Politikwissenschaftler Lars Rensmann weisen aber darauf hin, dass derartige Kategorien immer weniger taugten, da der Antiamerikanismus heute in der gesamten Gesellschaft verbreitet sei und einen regelrechten »Extremismus der Mitte« darstelle.[29]

26 Vgl. Hatlapa/Markovits, »Obamamania and Anti-Americanism as Complementary Concepts in Contemporary German Discourse«; dies., »Europäische Obamania als Kehrseite eines beständigen Antiamerikanismus«.
27 Schwan, *Antikommunismus und Antiamerikanismus in Deutschland*, S. 60 f.
28 Ebenda, S. 58 u. 60. Zu den Spezifika des ›rechten‹ und ›linken‹ Antiamerikanismus vgl. auch Katzenstein/Keohane, »Varieties of Anti-Americanism: A Framework for Analysis«, S. 9–38; Markovits, *Uncouth Nation*, S. 28–32; Jarausch, »Missverständnis Amerika«; Kummer, »Funktionen des Antiamerikanismus in der rechtsextremen und neurechten Szene«; Hahn (Hg.), *Nichts gegen Amerika*.
29 Eigene Übersetzung. Wörtlich: »Anti-Americanism is increasingly a new ›extremism of the center‹.« Markovits/Rensmann, »Anti-Americanism in Germany«, S. 175.

Dagegen kann eine systematische Analyse medialer Debatten zu politischen, wirtschaftlichen und kulturellen Themen Aufschluss darüber geben, in welchen *inhaltlichen* Zusammenhängen der Antiamerikanismus heute in Deutschland am stärksten ausgeprägt ist und was ihn dabei für viele Menschen so attraktiv macht.

Zunächst scheint es jedoch angeraten, den *Begriff* des Antiamerikanismus weiter einzugrenzen.[30] Denn zur Frage, wie sich Antiamerikanismus erkennen lässt, gibt die Forschung weitere wertvolle Anhaltspunkte. Wie die eben angeführten Studien zeigen, wird oft betont, dass zwischen einer differenzierten Kritik, etwa an der Politik der USA, sowie einer grundsätzlichen Ablehnung Amerikas unterschieden werden müsse.[31] Nur bei der zweiten Variante handelt es sich demzufolge um Antiamerikanismus. Dies erscheint vordergründig schlüssig. Jedoch bemerkt Andrei S. Markovits zu Recht, dass sich beide Ebenen in der Praxis »unmöglich sauber trennen« ließen.[32] Vielmehr sei der Antiamerikanismus gerade dadurch gekennzeichnet, dass sich darin »die Antipathie gegenüber dem, was Amerika *tut*, und dem, was Amerika *ist* – und wofür es seine Betrachter halten – vermischt«. Dies hänge auch mit der realen Machtfülle Amerikas zusammen, die einer überschäumenden Kritik zahlreiche (Schein-)Belege liefere und sie auf diese Weise vordergründig legitimiere.[33]

Einen Ausweg weist hier die Begriffsdefinition von Gesine Schwan. Sie stellt fest:»Als Anti-Einstellung […] gilt ›Kritik‹ nur dann und in dem Sinne, wenn sie eine prinzipielle normative Ablehnung dessen anzeigt, was die jeweiligen Personen als den Kern […] des Amerikanismus verstehen oder was sie als solchen damit assoziieren.«[34] Der Begriff des Antiamerikanismus bezeichne also »die Ablehnung dessen, was jeweils für das Wesen der USA *gehalten* wird.«[35] Schwans Definition ist hilfreich, weil sie davon absieht, den Antiamerikanismus nur als verzerrte oder ›falsche‹ Wahrnehmung der amerikanischen Wirklichkeit zu bestimmen. Mit Hinweisen auf

---

30 Im deutschsprachigen Raum setzte sich erstmals der Philosoph Ludwig Marcuse wissenschaftlich mit dem Begriff des Antiamerikanismus auseinander; vgl. ders., »Der europäische Anti-Amerikanismus«.
31 So etwa Katzenstein/Keohane, »Varieties of Anti-Americanism«, S. 10.
32 Dieses u. alle folgenden Zit. aus Markovits, *Amerika, dich haßt sich's besser*, S. 35 (Hervorhebungen im Original). Diesen Aspekt betont auch Sergio Fabbrini; vgl. ders., *America and its Critics*, S. 17.
33 So auch Joffe, *Hypermacht*, S. 61–88.
34 Schwan, *Antikommunismus und Antiamerikanismus in Deutschland*, S. 19.
35 Ebenda, S. 60 (Hervorhebung nicht im Original).

das ›eigentliche‹, ›echte‹ Amerika lässt sich der Antiamerikanismus kaum widerlegen, da jedes Sprechen über Amerika subjektiv ist[36] – obgleich offensichtliche Lügen oder willkürliche Auslassungen selbstverständlich benannt werden können. Präzise lässt sich der Antiamerikanismus aber nur fassen, wenn zunächst die ›Anti‹-Ebene betrachtet wird. Dabei geht es vor allem um die Frage, wie eine Aussage argumentativ entfaltet und sprachlich ausgedrückt wird[37] – und welche Vorstellung, welches *Bild* von Amerika sich darin zeigt. Aber wie lassen sich antiamerikanische Bilder konkret erkennen? Der Historiker Konrad Jarausch benennt als zentrales Merkmal »eine hochgradig emotionalisierte Sprache«.[38] Die Forschung konstatiert zudem übereinstimmend, dass sich der Antiamerikanismus in einem stereotypen Denken und Sprechen über Amerika zeigt[39] und, so Dan Diner, »anhand von gegen Amerika in Stellung gebrachten Bildern, Emblemen und Metaphern« entschlüsselt werden kann.[40] Dabei greift die Frage, ob sich eine Äußerung *negativ* auf Amerika bezieht, oft zu kurz. Denn der Antiamerikanismus kann durchaus heterogen und ambivalent sein.[41] Andrei S. Markovits schreibt, es müssten auch Andeutungen und Zwischentöne beachtet werden. Die »Art der Vermittlung« zähle »ebenso viel wie die Botschaft selbst.«[42] Er zitiert dazu das deutsche Sprichwort: »Der Ton macht die Musik.«

Entscheidend ist darüber hinaus noch eine weitere Ebene, auf die der Soziologe Paul Hollander hinweist: Antiamerikanische Äußerungen sagen stets mehr über denjenigen aus, der sie von sich gibt, als über Amerika selbst.[43] Wie die Forschungsergebnisse zeigen, handelt es sich um stereo-

36 Problematisch sind daher auch Versuche, den Antiamerikanismus als Reaktion auf einen vermeintlichen »Amerikanismus« zu beschreiben, da dieser Begriff oft selbst in antiamerikanischer Absicht verwendet wird; vgl. Maase, »Amerikanisierung der Gesellschaft«.

37 Diese Fragestellung, die die Linguistin Monika Schwarz-Friesel und der Historiker Jehuda Reinharz in Bezug auf den Antisemitismus formulieren (vgl. dies., *Die Sprache der Judenfeindschaft im 21. Jahrhundert*, S. 198), ist meines Erachtens auch bei der Untersuchung antiamerikanischer Aussagen hilfreich.

38 Jarausch, »Missverständnis Amerika«, S. 35.

39 Vgl. u. a. Hollander, »Introduction«; Katzenstein/Keohane, »Varieties of Anti-Americanism«, S. 12; Markovits/Rensmann, »Anti-Americanism in Germany«, S. 156 f.; Joffe, *Hypermacht*, S. 69 f.

40 Diner, *Feindbild Amerika*, S. 8.

41 Katzenstein/Keohane, »Varieties of Anti-Americanism«, S. 16. Michael Werz und Barbara Fried behaupten gar, dass der Antiamerikanismus heute mehr ambivalent denn »Anti« sei, in: dies., »Modernity, Resentment and Anti-Americanism«, S. 286.

42 Dieses u. alle folgenden Zit. aus Markovits, *Amerika, dich haßt sich's besser*, S. 33.

43 Hollander, *Anti-Americanism*, S. XIII.

type *Deutungen*, die eine bestimmte *Funktion* für die Individuen und in der Gesellschaft erfüllen. Um die Bedeutung des Antiamerikanismus zu erfassen, müssen beide Aspekte – inhaltliche wie funktionale – in den Blick genommen werden.[44] Zusammenfassend möchte ich den Antiamerikanismus daher vorläufig definieren als ein stereotypes *Deutungsmuster*, das auf einem meist negativen, oft auch ambivalenten, aber stets vorgefertigten Bild von Amerika basiert. Dabei ist der Antiamerikanismus mit Eigenbildern verknüpft und hat mehr mit der Situation und den Vorstellungen desjenigen zu tun, der ihn äußert, als mit Amerika selbst. Jedoch heftet er sich regelmäßig an gesellschaftliche Vorgänge und geht mit einer überspitzten Kritik einher – das macht es oft schwer, ihn klar zu identifizieren.

Je nach gesellschaftlichem Kontext kann der Antiamerikanismus dabei sehr unterschiedliche Formen annehmen. Dies zeigt auch die wissenschaftliche Debatte, in der wahlweise von einer extremen Meinung, von Vorurteilen, Ressentiments, einer Weltanschauung oder Ideologie die Rede ist. Die Politikwissenschaftler Peter J. Katzenstein und Robert Keohane schlagen deshalb vor, von »Antiamerikanismen« zu sprechen.[45] Der Politikwissenschaftler Brendon O'Connor schreibt, nach dem Stand der Forschung könne der Antiamerikanismus zwar »am besten verstanden werden als ein Vorurteil, das hin und wieder einen ideologischen Beiklang hat«,[46] von einer antiamerikanischen »Ideologie« könne man jedoch nur unter der Annahme sprechen, dass die verschiedenen Erscheinungsformen des Antiamerikanismus bestimmte Gemeinsamkeiten aufweisen beziehungsweise sich um einen ideologischen »Kern« gruppieren.[47] Ob dies tatsächlich zutreffe, erfordere weitere Untersuchungen.

Damit sind die Forschungslücken umrissen: Zum einen die Frage nach den Gemeinsamkeiten und Unterschieden des Antiamerikanismus in verschiedenen *inhaltlichen* Zusammenhängen wie Politik, Wirtschaft und Kultur. Und zum anderen die Frage nach dessen struktureller *Form*. Denn tatsächlich gehen zwar fast alle Forscher davon aus, dass sich der Anti-

---

44 So auch Knappertsbusch, »The Meaning of Anti-Americanism«, S. 97.
45 Eigene Übersetzung. Wörtlich: »At every level, there is so much variation by country and region that it is more accurate to speak of anti-Americanisms than of anti-Americanism.« Katzenstein/Keohane, »Varieties of Anti-Americanism«, S. 18.
46 Eigene Übersetzung. Wörtlich: »Anti-Americanism is best understood as a prejudice that has, at times, ideological overtones.« O'Connor, »Introduction: Causes and Sources of Anti-Americanism«, S. XIII.
47 Vgl. O'Connor, »What is Anti-Americanism?«, S. 16 f.

amerikanismus in der Einstellung, im Denken und im Sprechen äußert; oft ist von abwertenden Zuschreibungen und Stereotypen die Rede. Wie diese Stereotype aber in Texten und im Diskurs angeordnet und organisiert sind, nach welchen *Strukturprinzipien* also das antiamerikanische Deutungsmuster – oder anders ausgedrückt: die antiamerikanische Argumentationsweise – aufgebaut ist, wurde bislang nicht systematisch untersucht. Daraus ergibt sich schließlich auch die Frage nach der *Funktion* antiamerikanischer Deutungen im jeweiligen gesellschaftlichen Kontext.

1.2 Fragestellung und Vorgehen

Mit dieser Studie möchte ich dazu beitragen, die genannten Forschungslücken zu schließen. Hierzu werde ich den Antiamerikanismus im medialen Diskurs in Deutschland qualitativ und umfassend analysieren. Erforderlich ist dabei ein Untersuchungsansatz, der die Muster stereotyper Deutungen und deren Funktionalität erfasst, Einblick in die konkrete Diskursgeschichte und -produktion gibt sowie die Bedeutung des gesellschaftlichen Kontextes einbezieht. Einen solchen Ansatz bietet – im Unterschied zu anderen Analysemethoden[48] – das Untersuchungsverfahren der Kritischen Diskursanalyse.[49] Es wurde im Wesentlichen von Margarete und Siegfried Jäger am Duisburger Institut für Sprach- und Sozialforschung entwickelt und hat sich bereits in Studien als hilfreich erwiesen, in denen es um die Analyse antisemitischer oder rassistischer Deutungen im öffentlichen Diskurs, aber auch von Kriegsberichterstattung geht – also ebenfalls um stereotype Gruppen- oder Nationenbilder.

---

48 So laufen Untersuchungsmethoden wie die Inhaltsanalyse Gefahr, auf der textimmanenten Ebene zu verharren und die gesellschaftliche Funktion des Antiamerikanismus weitgehend auszublenden. Für einen Überblick zu gängigen Analysemethoden siehe Titscher u. a. (Hg.), *Methoden der Textanalyse*, S. 73–218; zu den Vorteilen der Kritischen Diskursanalyse siehe ebenda, S. 198–201.

49 Siehe die Einführung von Jäger, *Kritische Diskursanalyse*. Die von Reiner Keller entwickelte Wissenssoziologische Diskursanalyse halte ich für weniger geeignet, weil sie den gesellschaftlichen Kontext eher vernachlässigt (vgl. Keller, *Wissenssoziologische Diskursanalyse*). Ruth Wodak u. a. wiederum verfolgen mit der »diskurshistorischen« Methode einen Ansatz, der vor allem zur Analyse »halb-öffentlicher« Diskurse (private Erzählungen etc.) tauglich erscheint (vgl. Wodak u. a., *»Wir sind alle unschuldige Täter!«*).

Dazu nur einige Beispiele. So untersuchen die Jägers anhand von Tiefeninterviews den deutschen Einwanderungsdiskurs der 1990er-Jahre.[50] Demnach wurden Flüchtlingen und Einwanderern oft in rassistisch-ethnisierender oder kulturalisierender Weise negative Eigenschaften und Verhaltensweisen zugeschrieben, was mit einer Ablehnung und Ausgrenzung der jeweiligen Gruppen einhergegangen sei und unter anderem dazu gedient habe, gesellschaftliche Probleme zu erklären. Lars Rensmann wiederum analysiert am Beispiel verschiedener politischer Konflikte – etwa um die Friedenspreisrede des Schriftstellers Martin Walsers 1998, das Berliner Holocaust-Mahnmal oder die antiisraelischen Äußerungen des FDP-Politikers Jürgen Möllemann 2002 – das »Judenbild« im öffentlichen Diskurs der Bundesrepublik Deutschland.[51] Neben den Verlautbarungen politischer Akteure, Parteien und Institutionen wertet er zahlreiche Beiträge aus den publizistischen Massenmedien aus und weist so eine zunehmende Akzeptanz antisemitischer Klischees in der Öffentlichkeit nach. Dahinter stehe vielfach das Bedürfnis, »einen ›Schlussstrich‹ unter die Geschichte des Holocaust zu ziehen« und autoritäre »Konstruktionen nationaler Identität« zu rehabilitieren.[52]

Margarete und Siegfried Jäger untersuchen in einer weiteren diskursanalytischen Studie zum deutschen Israel-Bild ausschließlich die Ebene der Massenmedien und belegen, dass auch viele Deutungen des Nahost-Konflikts der Reproduktion und Verfestigung klassischer antisemitischer Stereotype dienen – oft in Form von »Projektionen, durch die Begrifflichkeiten aus der nationalsozialistischen Geschichte auf die Juden und Israel übertragen werden«.[53] Ich selbst habe im Rahmen einer früheren Diskursanalyse zu den Terroranschlägen vom 11. September 2001, dem Nahost-Konflikt und dem Irak-Krieg gezeigt, dass antisemitische Verschwörungstheorien weit verbreitet sind, nach denen »die Juden« als Strippenzieher hinter allen möglichen Kriegen und Umbrüchen stehen.[54] Die Kommunikationswissenschaftlerin Susanne Kirchhoff schließlich analysiert die Berichterstattung der deutschen Nachrichtenmagazine *Spiegel* und *Focus* über 9/11 und die nachfolgenden Kriege und stellt fest, dass die Reaktion der USA auf die Terroranschläge in den betreffenden Medien mit Hilfe von

50 Jäger/Jäger, »Wir hatten einen Schwarzen…«.
51 Rensmann, *Demokratie und Judenbild*.
52 Ebenda, S. 494 u. 484.
53 Jäger/Jäger, *Medienbild Israel*, S. 357.
54 Jaecker, *Antisemitische Verschwörungstheorien nach dem 11. September*.

Metaphern überwiegend legitimiert, die US-geführten Kriege in Afghanistan und dem Irak jedoch zunehmend delegitimiert wurden.[55] Dabei sei die Abgrenzung zur arabisch-islamischen Welt und später auch zu den USA mit der Konstruktion einer eigenen deutschen beziehungsweise europäischen »Identitätsposition« einhergegangen.[56] Die beispielhaft herausgegriffenen Arbeiten zeigen, dass die Kritische Diskursanalyse zur Untersuchung stereotyper Gruppen- und Nationenbilder gut geeignet ist, weil sie Erkenntnisse über deren diskursive Form und Funktion liefern kann. In der vorliegenden Studie zum Antiamerikanismus in Deutschland werde ich in erster Linie größere Print- und Online-Medien in den Blick nehmen, vor allem Zeitungen, Zeitschriften und Bücher; kursorisch beziehe ich auch Beispiele aus Rundfunk und Film mit ein. Zwar bleibt die Untersuchung so auf bewusst in der Öffentlichkeit getätigte, ausformulierte Äußerungen und Texte beschränkt; dem steht jedoch als großer Vorteil gegenüber, dass mit den Massenmedien eine Diskursebene erfasst wird, die eine wichtige Rolle bei der Meinungsbildung spielt.[57]

Zudem ermöglicht die Diskursanalyse, den Antiamerikanismus sowohl in der Breite als auch in der Tiefe zu erfassen. In der *Breite* heißt hier, dass ich zunächst überblicksartig mehrere Debatten zu zentralen Themen analysieren werde, die mit Amerika in Verbindung stehen oder damit diskursiv verknüpft werden. Da sich der mediale Diskurs im Wesentlichen auf Entwicklungen und Ereignisse in *Politik*, *Wirtschaft* und *Kultur* bezieht, wie auch die entsprechende Ressortaufteilung vieler deutscher Printmedien zeigt, werde ich die Analysen zunächst gesondert nach diesen drei Diskursbereichen durchführen. Die Einteilung wirft gelegentlich Schwierigkeiten auf, denn selbstverständlich sind nicht alle Medienbeiträge nur auf einen der drei Bereiche bezogen. Im Sinne einer besseren Trennschärfe und Vergleichbarkeit scheint die Unterteilung jedoch sinnvoll. Debatten zu Sport,

55 Kirchhoff, *Krieg mit Metaphern*, S. 281.
56 Ebenda, S. 287 f.
57 Die Medienwirkung verläuft dabei nicht einseitig vom Kommunikator zum Rezipienten, sondern muss als »dynamisches Wechselspiel« zwischen diesen beiden Faktoren sowie der Botschaft selbst verstanden werden, so der Kommunikationswissenschaftler Klaus Beck (zit. aus ders., *Kommunikationswissenschaft*, S. 202). Von derartigen Wechselwirkungen geht auch die Diskurstheorie aus, auf der die Kritische Diskursanalyse basiert. Allerdings haben die Massenmedien insofern eine herausgehobene Bedeutung für die öffentliche und nicht-öffentliche Kommunikation, als sie Themen überhaupt erst auf die Agenda setzen (»Agenda-Setting«), diese strukturieren und bewerten (vgl. ebenda, S. 196).

Bildung oder Ähnlichem werde ich ebenfalls einem der drei genannten Diskursbereiche zuschlagen.

Die Überblicksanalysen dienen dazu, systematisch die Inhalte des Antiamerikanismus darzulegen, also die angesprochenen Themen sowie die sprachlichen Mittel, mit denen dies geschieht – Stereotype, Metaphern, Vergleiche und so fort. Anschließend werde ich exemplarisch drei Diskursbeiträge detailliert in der *Tiefe* analysieren. Dabei sollen insbesondere die Strukturprinzipien herausgearbeitet werden, nach denen die Inhalte angeordnet sind und durch die sie in einem bestimmten Verhältnis zueinander stehen, also Argumentationsmuster und ›Logik‹ des Antiamerikanismus.

Der Soziologe Thomas Haury erörtert in ähnlicher Weise die Denkstrukturen des Antisemitismus und benennt drei regelmäßig wiederkehrende Prinzipien: »Personifizierung gesellschaftlicher Prozesse mit daraus resultierender Verschwörungstheorie; Konstruktion identitärer Kollektive; Manichäismus, der die Welt strikt in Gut und Böse teilt.«[58] Diese strukturellen Merkmale können jedoch nicht einfach auf den Antiamerikanismus übertragen werden. Vielmehr werde ich die Strukturprinzipien des Antiamerikanismus hier direkt aus dem empirischen Material heraus entwickeln.[59]

Im Zentrum der Analyse stehen also die *Elemente des antiamerikanischen Deutungsmusters*. Weitergehende Fragen werde ich daran anknüpfend diskutieren: Inwiefern unterscheidet sich der Antiamerikanismus im politischen, wirtschaftlichen und kulturellen Diskursbereich? In welchen Zusammenhängen zeigt er sich eher in geschlossener oder fragmentarischer Form? Welche diskursive Funktion erfüllt er? Und handelt es sich eher um Vorurteile oder Ressentiments, um eine Weltanschauung oder um eine Ideologie? Nach einem Exkurs zur Geschichte des Antiamerikanismus in Deutschland werde ich dann abschließend erörtern, wie der Antiamerikanismus der Gegenwart gesellschaftlich zu erklären ist. Doch zunächst zum methodischen Vorgehen.

---

58 Haury, *Antisemitismus von links*, S. 158 sowie ausführlich S. 105–122.
59 Damit unterscheide ich mich von den Soziologen Heiko Beyer und Ulf Liebe, die von Haury genannten Strukturprinzipien des Antisemitismus unmittelbar auf den Antiamerikanismus übertragen (vgl. dies., »Antiamerikanismus und Antisemitismus«). Ein solches Vorgehen erscheint mir problematisch, weil es den Blickwinkel vorzeitig verengt und – wenn auch ungewollt – einer Gleichsetzung beider Phänomene Vorschub leistet.

Zum Diskursbegriff

Diskurstheoretische Ansätze sind in verschiedenen Wissenschaftsbereichen entwickelt worden, etwa in der Philosophie, Geschichtswissenschaft und Linguistik.[60] Neben dem auf Jürgen Habermas zurückgehenden Diskursbegriff, der eine rationale, möglichst herrschaftsfreie Kommunikation bezeichnet,[61] hat sich dabei vor allem der Ansatz des Philosophen Michel Foucault durchgesetzt.[62] Der Foucault'schen Diskursbegriff soll dieser Untersuchung zugrunde gelegt werden, da er über die eigentliche Kommunikation über eine Sache hinausweist, wie Foucault in seiner Studie *Archäologie des Wissens* (1969) betont:»Zwar bestehen diese Diskurse aus Zeichen; aber sie benutzen diese Zeichen für mehr als nur zur Bezeichnung der Sachen. Dieses *mehr* macht sie irreduzibel [nicht zurückführbar] auf das Sprechen und die Sprache. Dieses *mehr* muß man ans Licht bringen und beschreiben.«[63] Was Foucault mit diesem»mehr« meint, ist die konstitutive Funktion der Diskurse für die Subjekte und die Gesellschaft – und damit deren Machtwirkung.

Der Soziologe Reiner Keller erläutert dies folgendermaßen:»Alles, was wir wahrnehmen, erfahren, spüren, auch die Art, wie wir handeln, ist über sozial konstruiertes, typisiertes, in unterschiedlichen Graden als legitim anerkanntes und objektiviertes Wissen vermittelt. Dieses Wissen ist nicht auf ein ›angeborenes‹ kognitives Kategoriensystem rückführbar, sondern auf gesellschaftlich hergestellte symbolische Systeme. Solche symbolischen Ordnungen werden überwiegend in Diskursen gesellschaftlich produziert, legitimiert, kommuniziert und transformiert; sie haben gesellschaftlich-materiale Voraussetzungen und Folgen.«[64] Es ist also keinesfalls so, dass Diskurse die gesellschaftliche Wirklichkeit nur»widerspiegeln« oder diese gar objektiv reproduzieren.[65] Vielmehr ordnen sie die Wirklichkeit in einer bestimmten Weise, indem sie auf das individuelle und kollektive Bewusst-

---

60 Vgl. die Forschungsüberblicke bei Keller, *Wissenssoziologische Diskursanalyse*, S. 95–174 sowie Jäger, *Kritische Diskursanalyse*, S. 120–127.

61 Vgl. Habermas, *Theorie des kommunikativen Handelns*. Auf den Habermas'schen Diskursbegriff gehe ich hier nicht näher ein, da davon ausgegangen werden kann, dass der antiamerikanische Diskurs gerade *nicht* rational und herrschaftsfrei ist.

62 Die folgenden Ausführungen zur Diskurstheorie und zum Analyseverfahren basieren teilweise auf entsprechenden Erläuterungen in Jaecker, *Antisemitische Verschwörungstheorien nach dem 11. September*, S. 60–65.

63 Foucault, *Archäologie des Wissens*, S. 74 (Hervorhebungen im Original).

64 Keller,»Wissenssoziologische Diskursanalyse«, S. 113.

65 Vgl. Jäger, *Kritische Diskursanalyse*, S. 144–149.

sein, Handeln und Gestalten einwirken und somit »Machtwirkungen« ausüben, wie Siegfried Jäger schreibt.[66]
Die Diskursteilnehmer – dazu zählen nicht nur Journalisten und Akteure aus Politik, Wirtschaft, Kultur oder Wissenschaft, sondern auch Zei-
tungsleser, Fernsehzuschauer, Blogger und so weiter – knüpfen dabei stets
an bereits geäußerte Erkenntnisse und Meinungen an, setzen diese fort
oder verändern sie in diskursiven Auseinandersetzungen. Sie deuten die
(materielle) Wirklichkeit mit Wörtern, Begriffen oder Texten im Diskurs.
Damit schreiben sie der Wirklichkeit Bedeutungen zu und schaffen eine
neue Realität. Eine völlig objektive Medienberichterstattung kann es demnach per definitionem nicht geben, weil alle Diskursteilnehmer die Wirklichkeit stets nur nach Maßgabe ihrer Diskursposition, also ihres Wissens,
ihrer Auffassungen und politischen Perspektiven, deuten können.
So ist jeder Diskursbeitrag zwangsläufig subjektiv, zugleich jedoch Teil
der diskursiv und intersubjektiv vermittelten Wirklichkeit, da alle Diskursteilnehmer ja wiederum an der Reproduktion, Festigung oder Modifizie-
rung des Diskurses beteiligt sind. Der Literaturwissenschaftler Jürgen Link
betont in diesem Zusammenhang die normierende Wirkung der Diskurse,
da sie »jeweils spezifische kulturelle Sagbarkeits- und Wissensräume sowie
deren Grenzen« festlegten: »Aus der Eingrenzung des Sagbaren, der Spre-
chersubjektivität und der Handlungsrelevanz generiert sich der Machteffekt
der Diskurse.«[67]
Dies bedeutet freilich nicht, dass Diskurse stets monolithisch und starr
sind. Vielmehr sind sämtliche Deutungen umstritten, so der Soziologe
Michael Schwab-Trapp, »weil sie das Richtige vom Falschen, das Gute
vom Bösen, das Angemessene vom Unangemessenen oder das Normale
vom Abweichenden trennen und damit soziales und politisches Handeln
legitimieren.«[68] Diskurse sind daher immer auch Kämpfe um Deutungs-
macht: Sie können der – bewussten oder unbewussten – Verschleierung
von Machtverhältnissen und -interessen dienen, indem sie »die zwangsläufig partikulare Perspektive jeder Diskursformation mit dem (hegemonialen)
Anspruch versehen, einen totalisierenden und universalisierbaren Sinnhori-
zont aufzuspannen, eine Darstellung der Welt zu liefern, wie sie vorgeblich
›wirklich‹ so und nicht anders ist.«[69] In einem solchen Fall kann sich der

---

66 Jäger, »Diskurs und Wissen«, S. 83.
67 Link, *Versuch über den Normalismus*, S. 41.
68 Schwab-Trapp, »Diskurs als soziologisches Konzept«, S. 263.
69 Hirseland/Schneider, »Wahrheit, Ideologie und Diskurse«, S. 392.

Diskurs zu Vorurteilen, Weltanschauungen oder Ideologien verdichten.[70] Es wird zu zeigen sein, ob und inwiefern der Antiamerikanismus im medialen Diskurs tatsächlich derartige Formen annimmt.

Die Diskursanalyse hat dementsprechend eine Offenlegung und Problematisierung der im Diskurs enthaltenen impliziten Annahmen und Aussagen über die »wahre Wirklichkeit« zum Ziel.[71] Eine Widerlegung mit Sachargumenten und Fakten ist dabei nur begrenzt sinnvoll. Denn auch der Forscher nimmt ja zwangsläufig eine subjektive Diskursposition ein – die er stets transparent machen sollte.[72] Ergiebiger ist daher der Blick auf die Art und Weise, in der eine Deutung innerhalb eines bestimmten Kontextes erfolgt, also: *wie* bestimmte politische, wirtschaftliche oder kulturelle Erscheinungen diskursiv gedeutet werden und *warum* dies in dieser Weise geschieht[73] – insbesondere, wenn es um ein Deutungsmuster wie den Antiamerikanismus geht, bei dem das ›Anti-Bild‹ von Amerika im Zentrum steht.

Zentral ist dabei die Untersuchung der Kollektivsymbolik, die im Zusammenhang mit bestimmten Personen, Entwicklungen oder Ereignissen im Diskurs zum Einsatz kommt. Kollektivsymbole sind nach Jürgen Link »kollektiv in einer Kultur verankerte Sinn-Bilder, d. h. sämtliche in der klassischen Rhetorik bekannten ›rhetorischen Figuren‹, bei denen einem ›Bild‹ ein symbolischer ›Sinn‹ oder in der Regel mehrerer solcher ›Sinne‹ zuzuordnen sind.«[74] Bei der Mehrzahl dieser Symbole handele es sich »um kulturelle Stereotype[…], die kollektiv tradiert und benutzt werden.«[75]

Die Diskurstheorie erweist sich somit als tauglicher Ansatz zur Auseinandersetzung mit dem Antiamerikanismus, da dieser ja, wie bereits dargelegt, in Form eines *stereotypen Deutungsmusters* in Erscheinung tritt. Was unter den Begriffen »Stereotyp« und »Deutungsmuster« zu verstehen ist und welche Rolle sie im Diskurs spielen, werde ich im Folgenden erläutern.

---

70 Vgl. ebenda; vgl. auch Donati, »Die Rahmenanalyse politischer Diskurse«, S. 147 u. 165.

71 Hirseland/Schneider, »Wahrheit, Ideologie und Diskurse«, S. 394.

72 Dies muss keinesfalls in einem normativen Relativismus enden. So kann sich der Analytiker durchaus auf Werte, Normen, Gesetze und Rechte berufen, auch wenn diese ebenfalls diskursiv-historisch begründet sind. Vgl. Jäger, »Diskurs und Wissen«, S. 83.

73 Vgl. Donati, »Die Rahmenanalyse politischer Diskurse«, S. 164.

74 Link, *Versuch über den Normalismus*, S. 42.

75 Drews u. a., »Moderne Kollektivsymbolik«, S. 265.

Stereotype und Deutungsmuster

Der Begriff des Stereotyps wurde 1922 durch den Journalisten und Medienkritiker Walter Lippmann geprägt, der ihn aus dem Bereich des Buchdrucks entlehnte – dort bezeichnet»Stereotypie« ein Verfahren zur Herstellung feststehender Druckplatten. In seinem Werk *Public Opinion* schreibt Lippmann, die Menschen würden ihre Umwelt oft nicht unvoreingenommen wahrnehmen, sondern ihr, ähnlich dem drucktechnischen Verfahren, ihre Vorstellungen aufdrücken. Stereotype seien demzufolge»Bilder in unseren Köpfen«, die dazu dienten, Personen, Dinge und Ereignisse zu kategorisieren, zu verallgemeinern und damit Komplexität zu reduzieren.[76] Lippmann beschreibt Stereotype als notwendige Orientierungspunkte für die Individuen, um in der modernen Gesellschaft überhaupt zurechtzukommen. Jedoch benennt er auch die problematischen Auswirkungen von Stereotypen:»Sie heben bestimmte Gegenstände als vertraut oder fremdartig hervor, betonen den Unterschied, so dass das leicht Vertraute als besonders vertraut und das leicht Fremde als völlig fremdartig erscheint.«[77]

Lippmanns Ansatz wird noch heute gefolgt. Die Linguistin Uta Quasthoff schreibt, Stereotype hätten»die logische Form eines Urteils, das in ungerechtfertigt vereinfachender und generalisierender Weise, mit emotional-wertender Tendenz, einer Klasse von Personen bestimmte Eigenschaften oder Verhaltensweisen zu- oder abspricht.«[78] Die Psychologen John T. Jost und David L. Hamilton ergänzen, es handele sich um»Vorstellungs-Strukturen, die die Verarbeitung von Informationen über stereotypisierte Gruppen und deren Mitglieder beeinflussen«, was bedeute,»dass Erwartungen, die aufgrund früher Erfahrungen ausgebildet wurden, zu einer entsprechenden Wahrnehmung führen.«[79] Stereotype befördern also eine selektive Wahrnehmung der Wirklichkeit.

Die Ausbildung und Verfestigung von Stereotypen findet dabei nicht nur auf der individuellen Ebene statt, sondern hängt auch vom jeweiligen

---

76 Eigene Übersetzung. Wörtlich spricht Lippmann von»pictures in our heads«. Lippmann, *Public Opinion*, S. 3; vgl. auch S. 148.

77 Eigene Übersetzung. Wörtlich:»They mark out certain objects as familiar or strange, emphasizing the difference, so that the slightly familiar is seen as very familiar, and the somewhat strange as sharply alien.« Ebenda, S. 90.

78 Quasthoff, *Soziales Vorurteil und Kommunikation*, S. 28.

79 Eigene Übersetzung. Wörtlich:»The central idea is that stereotypes are belief structures that influence the processing of information about stereotyped groups and their members. What this means is that expectations formed on the basis of early experience tend to guide subsequent perceptions.« Jost/Hamilton,»Stereotypes in Our Culture«, S. 210.

gesellschaftlichen Kontext ab – es sind geteilte Überzeugungen, die in den Medien, in Familien oder sozialen Gruppen weitergegeben werden.[80] Der Soziologe Wolfgang Manz erläutert, der Begriff berühre »verschiedenartige Phänomene wie individuelle Voreingenommenheit und Irrationalismen, historisch gewachsene Ideologien und kulturelle Traditionen«.[81] In diesem Sinne sind Stereotype ein wesentlicher Bestandteil der Kollektivsymbolik einer Gesellschaft. Sie knüpfen an die materielle Wirklichkeit an und sind selten völlig falsch. Problematisch ist vor allem die abwertende Funktion, die vielen Stereotypen innewohnt. Die Psychologen Bernd Six und Lars-Eric Petersen schreiben, »dass Stereotype über die Fremdgruppe bezüglich ihrer Inhalte und zentralen Annahmen in der Regel negativer« seien »als die Stereotype über die Eigengruppe«.[82] Stereotype konturieren also Fremd- und Selbstbilder. Jedoch müssen sie nicht zwangsläufig negativ sein, sondern können auch positive Fremdzuschreibungen enthalten.[83]

Wie sind Stereotype nun konkret erkennbar? Wie beschrieben, handelt es sich um generalisierende Zuschreibungen – zum Beispiel die pauschale Behauptung, dass eine bestimmte Gruppe rachsüchtig und heimtückisch ist. Derartige Zuschreibungen finden sich in Sprachbildern wie Vergleichen und Metaphern, aber auch in bildlichen Darstellungen wie Fotos, die neben ihrer direkten Bedeutung eine indirekte, zweite Bedeutung besitzen. Dieser zweite Sinn wird von den Diskursteilnehmern in der Regel sofort verstanden. Wenn etwa ein Journalist schreibt, dass der Irak-Krieg einen »Flächenbrand« auslösen werde, wissen viele Leser sofort, dass damit kein wirklicher Brand gemeint ist, sondern die Gefahr einer Ausweitung des Konflikts. Stereotype sind also nicht nur schmückendes Beiwerk – sie implizieren Wertungen und strukturieren das Deuten und Verstehen der Wirklichkeit.[84]

Ihre volle Wirkung entfalten sie allerdings erst innerhalb der Sinnstruktur eines umfassenderen »Deutungsmusters«.[85] Alternativ kann diese Struktur auch als »Frame«, »Narration« oder »soziokultureller Code« bezeichnet

---

80 Vgl. Stangor, »The Study of Stereotyping, Prejudice, and Discrimination Within Social Psychology«, S. 3; Whitley/Kite, *The Psychology of Prejudice and Discrimination*, S. 6.

81 Manz, *Das Stereotyp*, S. 2.

82 Petersen/Six, »Stereotype«, S. 21.

83 Vgl. Whitley/Kite, *The Psychology of Prejudice and Discrimination*, S. 7.

84 Vgl. Jäger, *Kritische Diskursanalyse*, S. 133–142.

85 Keller, *Wissenssoziologische Diskursanalyse*, S. 235–238.

werden;[86] aufgrund seiner Prägnanz ziehe ich jedoch den Begriff des Deutungsmusters vor. Nach Reiner Keller handelt es sich dabei um »typisierende und typisierte Interpretationsschemata«,[87] die der Deutung bestimmter Entwicklungen und Ereignisse dienen. Deutungsmuster geben dem Diskurs Festigkeit und verleihen ihm Wirkungsmacht. Die Stereotype und Kollektivsymbole werden darin in einer kohärenten, wiedererkennbaren Struktur gruppiert, deren Typologie und Bedeutung den Diskursteilnehmern meist schon bekannt ist. So werden Zusammenhänge hergestellt, Widersprüche überbrückt und Akzeptanzen erzeugt. Deutungsmuster »stiften dadurch Sinn«, so Keller – sie lassen den Diskurs erst schlüssig erscheinen.

Jedoch sind Deutungsmuster nicht unveränderlich.[88] Vielmehr werden sie von den Subjekten in diskursiven Auseinandersetzungen zur Deutung der Wirklichkeit genutzt – ob bewusst oder unbewusst – und damit beständig weiterentwickelt. In »Deutungskämpfen« können sie gleichsam als »Werkzeuge oder gar Waffen« dienen, so der Sozialwissenschaftler Paolo Donati.[89] Indem die Diskursteilnehmer an Deutungen anschließen, die bereits vertraut und kollektiv anerkannt sind, legitimieren sie automatisch ihre eigene Position und erhöhen die Zustimmung im Diskurs.[90] Wie stereotype Deutungsmuster im Diskurs kritisch analysiert und somit aufgelöst werden können, lege ich im folgenden Kapitel dar.

Kritische Diskursanalyse

Das Untersuchungsverfahren der Kritischen Diskursanalyse erfasst nach Siegfried Jäger »das jeweils Sagbare in seiner qualitativen Bandbreite und in seinen Häufungen bzw. allen Aussagen, die in einer bestimmten Gesellschaft zu einer bestimmten Zeit geäußert werden (können), aber auch die Strategien, mit denen das Feld des Sagbaren ausgeweitet oder auch eingeengt wird, etwa Verleugnungsstrategien, Relativierungsstrategien, Enttabuisierungsstrategien«.[91] Der eigentliche Akt der Analyse besteht in der Zuord-

---

86 Vgl. Donati, »Die Rahmenanalyse politischer Diskurse«, S. 149; Viehöver, »Diskurse als Narrationen«; Imhof, »Stereotypen und Diskursanalyse«, S. 65.
87 Dieses u. alle folgenden Zit. aus Keller, *Wissenssoziologische Diskursanalyse*, S. 235.
88 Lüders/Meuser, »Deutungsmusteranalyse«, S. 62 f.
89 Donati, »Die Rahmenanalyse politischer Diskurse«, S. 151 f.
90 Vgl. Schwab-Trapp, »Diskurs als soziologisches Konzept«, S. 274; Viehöfer, »Diskurse als Narrationen«, S. 188.
91 Jäger,»Diskurs und Wissen«, S. 83 f. (Hervorhebungen im Original).

nung der Aussagen, Stereotype oder Kollektivsymbole zu einer »Regelhaftigkeit«.[92] Dabei bedient sich die Diskursanalyse auch linguistischer Instrumente und stellt Untersuchungen zum Wortschatz oder zur Argumentationsweise an. In der vorliegenden Studie geht es dementsprechend um die Herausarbeitung des antiamerikanischen *Sagbarkeitsfeldes* sowie der Elemente des antiamerikanischen *Deutungsmusters* im medialen Diskurs in Deutschland.

Eine ausschließliche Bewertung oder Kritik einzelner Aussagen, Texte oder Zeitungen ergäbe dabei wenig Sinn, weil die Inhalte und Strukturmerkmale antiamerikanischer Deutungen in einem einzelnen Diskursbeitrag oft nur partiell vorhanden sind.[93] Aussagekräftiger ist die Analyse des gesamten diskursiven Zusammenhangs, der als dieser Zusammenhang auf das individuelle und kollektive Bewusstsein einwirkt. Denn »erst in ihrer Rekursivität, also durch dauernde Wiederholung der gleichen Inhalte und Ideologeme sowie ihrer sprachlichen ›Transportmittel«, erzielen die einzelnen Diskursfragmente »Wirkung in Gestalt eines sich allmählich aufbauenden festen Wissens«, so Jäger.[94] Dabei ist es weniger wichtig, *wer* eine bestimmte Aussage tätigt. Michael Schwab-Trapp betont aber, dass diskursive »Wortführer« wie Politiker oder bekannte Intellektuelle insofern eine herausgehobene Rolle spielen, als sie »Öffentlichkeit herstellen, Themen forcieren und der öffentlichen Diskussion die Richtung weisen« können.[95]

An dieser Stelle möchte ich kurz die Diskursstruktur erläutern.[96] Der Diskurs besteht insgesamt aus einem komplexen »Gewimmel« unterschiedlicher Themen, Aussagen und Diskussionen. Thematisch einheitliche Diskursverläufe können als »Diskursstrang« bezeichnet werden – wenn es um ein klar umrissenes, breit diskutiertes Thema geht, auch als Debatte. Ein Beispiel aus der vorliegenden Studie ist die Debatte über die Ursachen der Terroranschläge vom 11. September 2001. Jeder Diskursstrang hat eine synchrone (gleichzeitig verlaufende) sowie eine diachrone (zeitliche, geschichtliche) Dimension und setzt sich aus einer Fülle von Diskursfragmenten zusammen. Ein Diskursfragment ist ein einzelner Text oder Textteil, der ein bestimmtes Thema – wie etwa die Terroranschläge – behan-

---

92 Bublitz, »Differenz und Integration«, S. 246.
93 Vgl. Keller, »Wissenssoziologische Diskursanalyse«, S. 139; Viehöfer, »Diskurse als Narrationen«, S. 182.
94 Jäger/Jäger, *Medienbild Israel*, S. 31.
95 Schwab-Trapp, »Diskurs als soziologisches Konzept«, S. 272.
96 Vgl. im Folgenden Jäger, *Kritische Diskursanalyse*, S. 158–169.

delt. Da ein Text in der Regel mehrere Diskursfragmente enthält, kommt es oft zu Verschränkungen thematisch unterschiedlicher Diskursstränge. So überschneidet sich zum Beispiel die Debatte zu den Terroranschlägen stark mit derjenigen über die Außenpolitik der USA.

Der Diskurs verläuft auf verschiedenen Ebenen, etwa in den Medien, der Politik oder den Wissenschaften, die wiederum stark miteinander verflochten sind. Die Diskursebenen sind die sozialen Orte, von denen aus »gesprochen« wird. Sie zeichnen sich durch den bevorzugten Gebrauch bestimmter Diskursformen aus und bestimmen damit die Spielregeln, denen die Diskursteilnehmer in ihren Diskursbeiträgen folgen müssen, wenn sie »gehört« und verstanden werden wollen.[97] Der Diskursverlauf wird durch große politische, wirtschaftliche und kulturelle Ereignisse beeinflusst, die breit diskutiert werden und auf diese Weise die Deutungsweisen innerhalb des Diskurses neu »mischen« können.[98]

Eine Diskursanalyse ist dann vollständig, wenn sie keine inhaltlich und formal neuen Erkenntnisse mehr zu Tage fördert, wenn also die wichtigsten Aussagen, Stereotype und Kollektivsymbole des Diskurses erfasst sind. Neben der wörtlichen Ebene sind dabei insbesondere die narrativen »Strukturprinzipien«[99] von Interesse, nach denen die Inhalte angeordnet sind – hier also die Argumentationsstruktur, die das antiamerikanische Deutungsmuster ausmacht. Diese Struktur zeigt sich freilich nicht in jedem einzelnen Text als in sich geschlossene Sinnstruktur, sondern oft nur partiell oder in heterogener Form.

Für die Analyse ist es weniger entscheidend, wie viele Diskursfragmente zu einem bestimmten Ereignis vorliegen oder wie häufig bestimmte inhaltliche Aussagen getroffen wurden. Das Untersuchungsinteresse richtet sich vielmehr auf die dem Diskurs zugrunde liegenden allgemeinen Regeln für das Deuten und Handeln. Dabei muss die Untersuchung systematisch und nachvollziehbar sein. Quantitative Aspekte spielen bei der Diskursanalyse allerdings insofern eine Rolle, als sich immer auch erfassen lässt, welche Argumente gehäuft auftreten oder Parolencharakter haben. Es kommt jedoch nicht darauf an, den Diskurs so umfassend wie möglich zu untersu-

---

97 Vgl. Schwab-Trapp, »Diskurs als soziologisches Konzept«, S. 269.
98 Jäger/Jäger, *Medienbild Israel*, S. 32.
99 Viehöfer, »Diskurse als Narrationen«, S. 186 u. 190; vgl. dazu auch Donati, »Die Rahmenanalyse politischer Diskurse«, S. 155.

chen, denn das diskursanalytische Verfahren ist interpretativ.[100] Sein Potenzial besteht darin, jeweils gegebene *Sagbarkeitsfelder* offen zu legen. Doch was ist »Kritische Diskursanalyse«? Das kritische Potenzial dieser Untersuchungsmethode besteht vor allem darin, für wahr genommene Deutungen und dadurch verdeckte gesellschaftliche Strukturen sichtbar zu machen. Diskursanalyse ist daher auch Gesellschaftskritik. So kann gefragt werden, welche Funktion eine bestimmte Deutungsweise oder ein Diskurs für die Individuen oder die Gesellschaft erfüllt. Ebenso kann die Kritische Diskursanalyse aufzeigen, ob ein Diskurs Wissensbestände hervorbringt, die es den Menschen ermöglichen, ihr Leben oder die Gesellschaft zu verbessern.[101] Also: Hat der Diskurs eine kritische, aufklärerische Wirkung, oder werden im Gegenteil bestimmte Machtverhältnisse im Diskurs verschleiert, indem gesellschaftliche Missstände auf ein Feindbild projiziert werden? Der Streit darum, was jeweils richtig oder falsch ist und in wessen Interesse es liegt, muss dabei immer wieder neu ausgetragen werden.

Aufbau des Buches

Wie bereits dargelegt, werde ich den Antiamerikanismus im medialen Diskurs in Deutschland hier systematisch in der Breite und in der Tiefe analysieren. Im Mittelpunkt stehen zunächst verschiedene Diskursstränge oder Debatten, die sich um wichtige *politische, wirtschaftliche* und *kulturelle* Entwicklungen und Ereignisse drehen, die mit Amerika zusammenhängen oder damit in Verbindung gebracht werden. Gelegentlich sind diese Diskursstränge nicht klar voneinander abgrenzbar. Der Übersichtlichkeit halber gruppiere ich sie dennoch in thematische Unterkapitel und unterziehe sie jeweils einer Überblicksanalyse. Dabei untersuche ich nur solche Diskursfragmente, die antiamerikanische Merkmale aufweisen, wie ich sie in der Diskussion des Forschungstands benannt habe. Im Fokus steht also nicht das Amerika-Bild generell, sondern ausschließlich der *antiamerikanische Diskurs* – es geht um eine Beschreibung der antiamerikanischen Themen und Unterthemen in ihrer qualitativen Bandbreite und quantitativen Dichte. Einbezogen werden allerdings auch Beispiele, die vordergründig ambivalent oder gar pro-amerikanisch erscheinen mögen, tatsächlich aber verdeutlichen, dass auch scheinbar positive Deutungen – etwa die teils eupho-

---

100 Vgl. Jäger, *Kritische Diskursanalyse*, S. 204–214.
101 Vgl. Fairclough, »Globaler Kapitalismus und kritisches Diskursbewusstsein«, S. 340.

rische Sicht auf Barack Obama – ein integraler Bestandteil des Antiamerikanismus sein können. Der Untersuchungszeitraum umfasst das erste Jahrzehnt des 21. Jahrhunderts, also die Jahre 2001 bis 2010. Das Jahr 2001 bietet sich als Startpunkt vor allem deshalb an, weil die USA mit den Terroranschlägen vom 11. September schlagartig ins Zentrum des medialen Diskurses gerückt sind. Die Zeitspanne von zehn Jahren wiederum ermöglicht einen Vergleich der erhitzten Debatten in der Regierungszeit von George W. Bush mit dem Beginn der Amtszeit seines Nachfolgers Barack Obama.

Die Überblicksanalysen beschränken sich im Wesentlichen auf die überregionalen Tageszeitungen *Süddeutsche Zeitung (SZ)*, *Frankfurter Allgemeine Zeitung (FAZ)*, *Die Welt*, *Frankfurter Rundschau (FR)*, *die tageszeitung (taz)*, *Financial Times Deutschland (FTD)* und *Handelsblatt*, größere Regionalzeitungen wie *Der Tagesspiegel* und *Berliner Zeitung*, die Sonntagszeitungen *Frankfurter Allgemeine Sonntagszeitung (FAS)* und *Welt am Sonntag (WamS)*, die Straßenverkaufszeitungen *Bild* und *Bild am Sonntag (BamS)*, die Wochenmagazine und -zeitungen *Der Spiegel*, *stern*, *Focus* und *Die Zeit*, die Internet-Nachrichtenseiten *tagesschau.de*, *Spiegel Online*, *stern.de* sowie weitere Online-Ableger etablierter Print- und Rundfunkmedien.[102] Die genannten Medien decken insgesamt ein breites Meinungsspektrum ab und repräsentieren den Mainstream des medialen Diskurses in Deutschland.[103]

Diskursfragmente aus dem rechtsextremistischen sowie dem linken antiimperialistischen Spektrum beziehe ich nur kursorisch ein; das Gleiche gilt für Leserbriefe und Foren-Beiträge im Internet. Mit diesen Ergänzungen möchte ich spezifische Ausformungen des Antiamerikanismus in den jeweiligen Bereichen aufzeigen, so dass nachvollzogen werden kann, wie diese Diskursfragmente in den medialen Mainstream hineinwirken und diesen stellenweise radikalisieren. Außerdem untersuche ich exemplarisch einige Bücher sowie Fernseh- und Rundfunkbeiträge, Filme und Popsongs. Um es noch einmal zu betonen: Eine Repräsentativität im statistischen

---

102 Die (elektronischen) Archive der betreffenden Medien habe ich anhand von Stichwörtern durchsucht, die in der Forschungsliteratur und in den journalistischen Debatten über den Antiamerikanismus gefallen sind. Derartige Schlüsselwörter bilden sogenannte »Topik-Marker« im Diskurs und stellen ein adäquates Selektionsprinzip zur Analyse des medialen Diskurses dar (vgl. Donati, »Die Rahmenanalyse politischer Diskurse«, S. 155). Das zusammengetragene Material habe ich zudem durch weitere Quellen ergänzt, die mir im Laufe der Recherche auffielen, etwa weil sie zitiert wurden.

103 Vgl. Meyn, *Massenmedien in Deutschland*, S. 101–117; Pürer/Raabe, *Presse in Deutschland*, S. 258–269 u. 432–448.

Sinne kann und soll mit diesen Diskursanalysen nicht erreicht werden. Ziel der Untersuchung ist es auch nicht, bestimmte Medien oder Autoren als antiamerikanisch zu überführen. Vielmehr geht es um die *systematische und aussagekräftige Beschreibung des antiamerikanischen Sagbarkeitsfeldes im medialen Diskurs in Deutschland.*

Im Anschluss an die Überblicksanalysen werde ich exemplarisch jeweils einen Medienbeitrag aus den drei Diskursbereichen Politik, Wirtschaft und Kultur einer Detailanalyse[104] unterziehen. Es sind keineswegs die krassesten, extremsten Beispiele. Vielmehr orientiert sich die Fallauswahl im Sinne der Kritischen Diskursanalyse an der Frage, ob die drei Beiträge für den jeweiligen Diskursbereich aussagekräftig und beispielhaft sind, ob sie also über hinreichend antiamerikanische Merkmale verfügen, die in diesem Bereich regelmäßig vorkommen.[105] Dabei geht die Analyse in die Tiefe, denn neben den Inhalten und der Kollektivsymbolik stehen hier vor allem die sprachlich-rhetorischen Mittel im Fokus sowie die Strukturprinzipien, nach denen die Inhalte angeordnet sind, also gewissermaßen die Logik des antiamerikanischen Sprechens.

Konkret untersuche ich einen Print-Text aus dem Magazin *Der Spiegel*, einen Fernsehfilm (ARD-»Tatort«) und einen Musikvideo-Clip der Popgruppe Rammstein. Auf diese Weise kann ich den Blickwinkel noch einmal erweitern und darlegen, wie das antiamerikanische Deutungsmuster nicht nur in schriftlichen Texten, sondern auch über Bild und Ton transportiert wird. Auch die verschiedenen Genres, die dabei ins Spiel kommen (Sachtext, fiktionale filmische Erzählung und Lyrik), sind für die Analyse aufschlussreich. Da ich die drei Beiträge jeweils als Ganzes untersuche, kann ich somit auch filigranere Formen und Inhalte des Diskurses erfassen und die Sinnstruktur des Antiamerikanismus deutlicher herausarbeiten.

Anschließend werde ich alle wesentlichen Ergebnisse der Diskursanalysen resümieren. Dabei geht es zunächst um eine Darstellung der Regelhaftigkeit des antiamerikanischen Diskurses: Welche Aussagen, Stereotype, Metaphern und Bilder tauchen darin immer wieder auf? Eine Darlegung

---

104 Jäger u. a. benutzen die Bezeichnung »Feinanalyse«, die ich jedoch für weniger aussagekräftig halte.

105 Vgl. dazu Jäger, *Kritische Diskursanalyse*, S. 171 f. Hinter der Auswahl der Diskursbeiträge für die drei Detailanalysen steht also nicht das Ziel, die Ergebnisse der Überblicksanalysen durch neue Erkenntnisse zu *erweitern*, wie es etwa bei dem aus der Grounded Theory bekannten Auswahlverfahren des theoretischen Samplings der Fall ist; vgl. dazu grundlegend Glaser/Strauss, *The Discovery of Grounded Theory*, S. 45–77; Strübing, »Theoretisches Sampling«, S. 154–156.

der Besonderheiten in den drei Diskursbereichen Politik, Wirtschaft und
Kultur ermöglicht es dann, Schlussfolgerungen zur jeweiligen Form und
Funktion des Antiamerikanismus zu ziehen. Dazu werde ich zunächst –
konsequent am empirischen Material – die Strukturmerkmale herausarbeiten, auf denen das antiamerikanische Deutungsmuster basiert. Außerdem
geht es um die bereits aufgeworfenen Fragen, ob der Antiamerikanismus in
den drei Diskursbereichen eher fragmentarisch oder in geschlossener Form
auftritt – und ob es sich eher um Vorurteile, Ressentiments, eine Weltanschauung oder um eine Ideologie handelt.

Darauf folgt ein überblicksartiger Exkurs zur Diskursgeschichte des
Antiamerikanismus in Deutschland, der historische Kontinuitäten, Brüche
und Verschiebungen aufzeigen soll, die für das Verständnis des Antiamerikanismus im 21. Jahrhundert unerlässlich sind. Abschließend werde ich
dann erörtern, wie der Antiamerikanismus heute gesellschaftlich zu erklären ist.

Noch einmal kurz zusammengefasst: Zunächst werde ich das antiamerikanische *Sagbarkeitsfeld* im medialen Diskurs in Deutschland mit den
Mitteln der Kritischen Diskursanalyse untersuchen. Es folgt eine Analyse
der *Strukturprinzipien* des antiamerikanischen Deutungsmusters sowie der
aktuellen *Erscheinungsformen* des Antiamerikanismus in den Diskursbereichen Politik, Wirtschaft und Kultur. Anschließend werde ich die *historische
Genese* des Antiamerikanismus darlegen – und schließlich dessen gesellschaftliche *Funktion* diskutieren.

2. Der antiamerikanische Diskurs

2.1 Politik

Im Mittelpunkt der Untersuchung stehen zunächst mediale Debatten zu außen- und innenpolitischen Themen, in denen die US-Politik oder ein Einfluss Amerikas auf Deutschland diskutiert wird – von 9/11 bis zur Wahl Barack Obamas zum US-Präsidenten.

»Das passiert nicht ohne Grund«: Die Anschläge vom 11. September

Als am 11. September 2001 ein Flugzeug in den Nordturm des World Trade Centers in New York stürzte, rief dies zunächst Verwirrung und Ratlosigkeit hervor.[106] Es war 8:46 Uhr am Morgen. Flammen und dichter Rauch stiegen auf. Das Fernsehen berichtete live. Ein Unfall? Als um 9:03 Uhr eine weitere Maschine in den Südturm prallte, sprachen die Kommentatoren von der Möglichkeit gezielter Anschläge – oder gar eines beginnenden Krieges. Eine Welle des Entsetzens ging um die Welt. Bis zu 19.000 Personen hielten sich zu dieser Zeit im World Trade Center auf. Oberhalb der brennenden Flugzeugwracks, die auf halber Höhe in den 110 Stockwerken hohen Türmen steckten, schien kein Entkommen mehr. Einige Menschen stürzten sich in Panik aus den Fenstern. Hunderte Feuerwehrleute arbeiteten sich in das Gebäude vor. Dann die Meldung, dass zwei weitere Flugzeuge entführt worden seien. Bilder von der zerstörten Außenwand des Pentagons in Washington. 9:59 Uhr: ein gewaltiger Lärm. Innerhalb weniger Sekunden fiel der Südturm des World Trade Centers in sich zusammen. Eine halbe Stunde später auch der Nordturm. Eine weiße Wolke, darunter ein Trümmerhaufen aus pulverisiertem Glas, Stahl und Beton.

---

106 Vgl. hierzu u. im Folgenden Aust/Schnibben (Hg.), *11. September 2001;* Greiner, *9/11,* S. 8–31.

2.973 Menschen starben durch die Anschläge islamistischer Terroristen am 11. September 2001. Im Feuer, im Schutt, an den Spätfolgen des giftigen Staubs. Die Opfer kamen aus mehr als 90 Ländern.[107] Am 11. September war der Satz »Nichts ist mehr, wie es war« in aller Munde. Zahlreiche Länder, darunter auch Deutschland, versicherten den USA ihre »uneingeschränkte Solidarität«.[108] Doch neben den Beileidsbekundungen wurden bald auch eilfertige Erklärungen laut. *Spiegel Online* zitierte den Modemacher Wolfgang Joop mit den Worten, die Stadt New York vereine wie der Rest der USA zwei Seiten in sich: »Amerika, das bedeutet neben Freiheit auch Selbstherrlichkeit und Arroganz.«[109] In einem Interview mit der *Bild*-Zeitung sagte Joop, das World Trade Center sei »als Symbol für die kapitalistische Arroganz gefallen. Ich bin aber natürlich gegen Gewalt, Mord und Terror.«[110]

Der Publizist Peter Scholl-Latour schrieb ebenfalls in der *Bild*, die Twin Towers seien »das Symbol einer Globalisierung [...], die in Wirklichkeit eine globale Amerikanisierung ist.«[111] Und der *stern*-Kolumnist Heinrich Jaenecke betonte, der »Wahn« der Attentäter entspreche »spiegelbildlich« einem »totalitären Selbstbildnis Amerikas«, das »dem Rest der Welt unser Modell« aufdränge.[112] In der Logik dieser Äußerungen symbolisiert das World Trade Center den globalen Kapitalismus – eine These, die diskussionswürdig ist. Jedoch wird die globale Durchsetzung dieses Kapitalismus hier allein auf ein überhebliches, rücksichtsloses oder »totalitäres« Wirken und Wesen der USA zurückgeführt und somit als »Amerikanisierung« der Welt gedeutet – und das aus der Perspektive eines zweifellos kapitalistischen Landes wie Deutschland.

In der Wochenzeitung *Freitag* wurde das World Trade Center gar als »Demonstration babylonischen Größenwahns«[113] bezeichnet – eine Anspielung auf den Turmbau zu Babel, der im Alten Testament für die Anmaßung der Menschheit steht, Gott gleichzukommen, weshalb dieser die Völker mit Sprachverwirrung bestraft und sie über die ganze Erde zerstreut. Mit dieser Metapher werden die Twin Towers als Selbstüberhebung Amerikas charakterisiert. Jedoch, so der Autor, verweigerten sich die Ame-

---

107 Vgl. »Wo die Welt trauert« (dapd/AFP/dpa/fran).
108 Vgl. Dausend/Haselberger, »Wir sind alle Amerikaner«.
109 Zit. nach »Kein Bedauern über Verlust des World Trade Center« (o. V.).
110 Zit. nach Schommers, »Wolfgang Joop beleidigt die Opfer des Terror-Anschlags«.
111 Scholl-Latour, »Gibt es jetzt Krieg, Herr Scholl-Latour?«.
112 Jaenecke, »Kolumne«.
113 Knauf, »Towering Inferno«.

rikaner der Auseinandersetzung mit ihren eigenen Versäumnissen: »Selbst-
kritik und Rationalismus passen derzeit nicht ins Gruppenbild Amerika –
Home of the Brave and Free.« Damit wird die genannte Wendung aus der
amerikanischen Nationalhymne – die USA als Heimat der Tapferen und
Freien – als heuchlerisch dargestellt. Weiter heißt es, nach dem Fall der
Türme werde nun die wirtschaftliche Rezession »Tausenden den Verstand
vernebeln, die so oder so ihren Job verlieren. Ihnen bleibt der puritanische
Selbsthass, der die Yankees so aggressiv macht.« Die Anspielung auf den
Puritanismus der Siedlerzeit dient hier dazu, die Amerikaner als selbst-
verleugnend zu charakterisieren – und damit die ihnen unterstellte Aggres-
sivität zu erklären. Diese Eigenschaften erscheinen so als typisch amerikanisch, was mit der abschätzigen Bezeichnung der Amerikaner als
»Yankees«[114] noch unterstrichen wird.

Der Kulturtheoretiker Klaus Theweleit betonte ebenfalls den symbolischen Aspekt der Anschläge. In einem *taz*-Interview bezeichnete er die
beiden eingestürzten Türme des World Trade Centers als »doppelte[n]
Schwanz, der sich als mächtiges Symbol erhebt über die ganzen Widerlich-
keiten und Gewalttätigkeiten«.[115] Und weiter: »Das passiert nicht ohne
Grund. Der Anschlag hätte nicht stattgefunden, wenn die USA im Nahen
Osten nicht dieses Vakuum hätten entstehen lassen.« Man könne den Anschlag »durchaus vor dem Hintergrund eines Versagens der amerikanischen Politik« diskutieren. Der »Gewaltseite der Israelis« sei »freie Hand
gelassen« worden. Theweleit benennt als Grund für den Massenmord also
den Nahostkonflikt und behauptet, die USA hätten Israel dabei einseitig
gewähren lassen. Letztlich sagt er damit, dass die Anschläge wohl nicht
geschehen wären, wenn die USA im Nahostkonflikt härter gegenüber Israel agiert hätten.

Derartige Schuldzuschreibungen sind auch in eher konservativen Medien zu finden. So beklagte der Publizist Alexander Gauland in der *Welt*
vom 20. September 2001 eine »kulturelle[...] Unterwerfung und Anpas-
sung« der arabischen Welt durch den Westen: »Erst waren es die europäischen Kolonialmächte, die Juden und Arabern gleichzeitig Gegenteiles

---

114 Das Wort »Yankee« kommt vermutlich aus der Gaunersprache. Als Synonym für »Amerikaner« ist der Begriff erstmals im Jahr 1758 nachgewiesen. Vom Bürgerkrieg bis weit
ins 20. Jahrhundert hinein bezeichneten häufig die Südstaatler die Nordstaatler als
»damnyankees« (»verdammte Yankees«). Vgl. Mauch, *Amerikanische Geschichte*, S. 27.
115 Dieses u. alle folgenden Zit. aus Reuss/Röschmann, »Innere Panzerung wäre die Idiotenlösung««.

versprachen, dann trat der Fremdkörper des Staates Israel in diese Welt, […] und schließlich haben die Amerikaner die Rolle der allein gestaltenden Macht übernommen, die für die Araber auf Seiten Israels steht und ihr Lebensrecht einschnürt.«[116] Für Gauland besteht das Problem also vor allem in der Existenz des Staates Israel und dessen Unterstützung durch Amerika. Israel charakterisiert er als »Fremdkörper«, der von außen in die gewachsene Staatenwelt eingedrungen sei – so erscheint dieser Staat als grundlegendes Problem. Dass die Attentäter des 11. Septembers größtenteils aus Saudi-Arabien kamen,[117] einem Land, das vom Nahost-Konflikt gar nicht berührt wird, lässt Gauland – wie schon Theweleit – außer Acht.

Die Beispiele zeigen, wie die USA sowohl in linksliberalen als auch eher konservativen Medien, von Prominenten und intellektuellen Wortführern als aggressiv, arrogant und heuchlerisch charakterisiert werden. Die Anschläge vom 11. September 2001 werden zunächst als symbolisches Attentat auf den globalisierten Kapitalismus gedeutet, der hier jedoch allein auf das Wirken und Wesen der USA zurückgeführt wird. Zum anderen wird das imperialistische Agieren der USA als Erklärung genannt, vor allem aber die angebliche einseitige amerikanische Unterstützung Israels im Konflikt mit den Palästinensern. Der Nahost-Konflikt wird dabei zum Weltproblem Nummer Eins erhoben, das mittelbar auch für alle anderen Konflikte verantwortlich sei. Als eigentliche Ursache der Terroranschläge erscheint so die »Unterwerfungs«-Politik der USA und Israels in der arabischen Welt, teilweise allein schon deren Existenz.

»Selbst gemacht«: Die 9/11-Verschwörung

Neben den zuvor genannten Erklärungsversuchen zu den Terroranschlägen vom 11. September 2001 gibt es einen weiteren Diskursstrang, der in eine gänzlich andere Richtung weist. Darin werden die USA ebenfalls für die Anschläge verantwortlich gemacht werden – jedoch nicht nur mittelbar, sondern ganz direkt. Dabei wird der Fakt, dass die Attentate auf das Konto des Terrornetzwerks al-Qaida gehen, auf den Kopf gestellt. Den USA – und teils auch Israel – wird dagegen unterstellt, in die Pläne eingeweiht gewesen zu sein oder die Anschläge selbst durchgeführt zu haben.[118]

---

116 Dieses u. alle folgenden Zit. aus Gauland, »Mehr Respekt vor der arabischen Welt«.
117 Vgl. dazu Aust/Schnibben (Hg.), *11. September 2001.*
118 Die Ausführungen in diesem Unterkapitel basieren teilweise auf der Darstellung in Jaecker, »Von ›Petronazis‹ und der ›Kosher Nostra‹«.

Diese Verschwörungstheorien hatten ihren Ursprung in den USA und wurden zunächst im Internet verbreitet.[119] Später erschienen zahlreiche selbst ernannte Enthüllungsbücher über den 11. September, von denen viele zu Bestsellern avancierten. Der ehemalige Bundesforschungsminister Andreas von Bülow etwa spekuliert in seinem Buch *Die CIA und der 11. September*, die Flugzeuge seien ferngesteuert gewesen, das World Trade Center (WTC) sei von innen gesprengt worden und in das Pentagon sei eine Cruise Missile eingeschlagen. Um dies zu belegen, reiht er zahlreiche angebliche Beweise aneinander, darunter vor allem Zitate aus Internet-Texten und Medienberichten sowie Äußerungen ehemaliger Politiker und CIA-Mitarbeiter. Diese verbindet er zu einer konsistenten Deutung: Die »angebliche Tat der 19 muslimischen Selbstmordattentäter« könne »durchaus die Tat einer wie auch immer zusammengesetzten Geheimdienststruktur gewesen sein«.[120] Deren Ziel sei es gewesen, den Kriegen der USA gegen die Taliban in Afghanistan sowie den Irak den Boden zu bereiten.

Konkret erwähnt von Bülow immer wieder die CIA – und den israelischen Mossad. So gebe es Hinweise, dass sich unmittelbar vor den Anschlägen verdächtig viele Mossad-Agenten in den USA aufgehalten hätten. Möglicherweise habe sich der israelische Geheimdienst auch »Zugang zu einem Großteil der nationalen und internationalen Telefonate, Faxe, E-Mails und Computerverbindungen« in den USA verschafft: »Sollte dieser Weg beschritten worden sein, so kann man vor den elektronischen Lauschern des Mossad nur den Hut ziehen.«[121] Von Bülow verwendet hier zwar den Konjunktiv (»sollte«) und suggeriert damit, ergebnisoffen vorzugehen. An anderer Stelle schreibt er jedoch wie selbstverständlich über das »israelische Vorwissen über die Ereignisse des 11.9.«[122] Er hat auch eine Erklärung parat, warum die etablierten Medien kaum über seine Thesen berichten: »Eine Erörterung dieser Behauptungen läuft sofort Gefahr, sich den Vorwurf des Antisemitismus einzuhandeln.«[123]

Von Bülow geht nach einem klaren Muster vor: Er beruft sich ausschließlich auf Quellen, die scheinbar belegen, dass der amerikanische und der israelische Geheimdienst in die Anschläge verwickelt sind. Fakten, die

---

119 Um nur einige populäre Websites zu nennen: www.911scholars.org, www.infowars.com, www.emporers-clothes.com, www.counterpunch.org.
120 Bülow, *Die CIA und der 11. September*, S. 264.
121 Dieses u. alle folgenden Zit. ebenda, S. 128 f.
122 Ebenda, S. 218 f.
123 Ebenda, S. 213.

dem entgegenstehen, ignoriert er. Damit knüpft er an die antisemitische
Vorstellung an, dass die USA und Israel unter einer Decke stecken, sich
mit allen erdenklichen Mitteln gegen den Rest der Welt verschworen haben
und als letztes Mittel zum Vorwurf des Antisemitismus greifen, um sich
ihrer Kritiker zu entledigen. Im Umkehrschluss stilisiert sich von Bülow zu
einem der wenigen aufrechten Aufklärer, die gegen den Mainstream mutig
die Wahrheit aussprechen. Auch andere Autoren verfahren nach diesem Muster. Mathias Bröckers, der mit *Verschwörungen, Verschwörungstheorien und die Geheimnisse des
11.9.* im Jahr 2002 das erste populäre deutschsprachige Buch zum Thema
veröffentlichte, stellt fest:»Cui bono?« Wenn man sich knapp ein halbes
Jahr nach den Anschlägen fragt, welchen Ländern und Regierungen sie
genützt haben, dann bleiben nur zwei: die USA und George W. Bush sowie Israel und Ariel Scharon.«[124] Zur Begründung schreibt Bröckers, das
»Regime verrückter Petronazis« im Weißen Haus sei nun in der Lage,
»seine Macht mit dem ›war on terror‹ national und international zu zemen-
tieren.«[125] Auf der anderen Seite könne »ein Staatsterrorist wie Scharon«
ungehindert »Mordaktionen durchführen lassen [...] und sicher sein, dass
dieser Terror im Westen als ›gezielte Tötung‹ schöngeredet und akzeptiert
wird.«[126] Bröckers behauptet also pauschal, dass der 11. September den
USA und Israel nutze, um den beiden Staaten dann postwendend die Tä-
terschaft in die Schuhe zu schieben. Dies unterstreicht er noch, indem er
die angeblich von der Ölindustrie gesteuerte US-Regierung und Israels
Staatschef Scharon mit NS-Vergleichen belegt (»Petronazis«, »Staatsterrorist«). Alternative Erklärungsansätze lässt Bröckers gar nicht erst zu – seine
Ausgangsthese steht felsenfest und bleibt unhinterfragt.

Bröckers' Buch ist ein Faltblatt des Comiczeichners Gerhard Seyfried
mit dem Titel »The Secret Diagram« beigelegt (Abb. 2). Darauf sind zahlreiche Staaten, Organisationen, Geheimdienste, Konzerne, Personen oder
auch nur Begriffe in kleinen Kästchen eingezeichnet und mit Linien verbunden. Das Schaubild suggeriert, dass alles mit allem zusammenhängt –
und ist offensichtlich ironisch überspitzt. Es gibt jedoch zu denken, dass
im Mittelpunkt der Grafik ausgerechnet die USA und Israel platziert sind.
Unter dem Namen von US-Präsident George W. Bush steht »The Führer
of the Free World«, darüber ist ein an Adolf Hitler erinnerndes Smiley mit

---

124 Bröckers, *Verschwörungen, Verschwörungstheorien und die Geheimnisse des 11.9.*, S. 234.
125 Bröckers, »Aktenzeichen 9/11 (un)gelöst«.
126 Bröckers, *Verschwörungen, Verschwörungstheorien und die Geheimnisse des 11.9.*, S. 179.

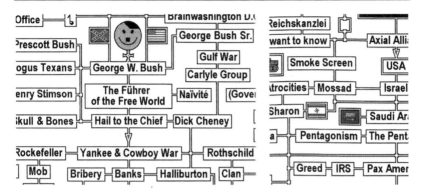

Abb. 2: Faltblatt »The Secret Diagram 1« von Gerhard Seyfried (Ausschnitte)

Schnurrbart und Seitenscheitel zu sehen. Neben dem Namen des damaligen israelischen Premiers Sharon ist eine Israel-Flagge abgebildet, die statt des Davidsterns ein Hakenkreuz enthält. Damit wird ausgedrückt, dass die USA und Israel in NS-Manier agieren und im Zentrum der angeblichen Weltverschwörung stehen. Die Spekulationen über die vermeintliche Inszenierung des 11. Septembers durch die USA fanden auch Eingang in die Tagespresse. In der *Leipziger Volkszeitung* vom 9. Oktober 2003 hieß es, die Verschwörungs-Vorwürfe klängen »gewiss unglaublich«, seien aber keineswegs unglaubwürdig: »Tonking fällt einem ein, Kissingers Verstrickung in den verbrecherischen Indochina-Krieg, der Kennedy-Mord, Watergate, Bushs manipulierter Wahlsieg, die neuesten Erkenntnisse über den japanischen Angriff auf Pearl Harbor. Bitteres Fazit: Auch Demokratien gehen hin und wieder über Leichen.«[127] Die Zeitung nennt hier einige erwiesene historische Verschwörungen wie den sogenannten Tonking-Zwischenfall, mit dem die US-Regierung den Beginn der Bombardements gegen Nordvietnam begründete, suggeriert zudem, dass der Kennedy-Mord, Bushs Wahlsieg und Pearl Harbor das Ergebnis von Verschwörungen gewesen seien und legt auf diese Weise nahe, dass auch die Anschläge vom 11. September 2001 mit knapp 3.000 Toten, darunter vor allem US-Staatsbürger, auf das Konto der USA gehen könnten. So wirkt die These von der 9/11-Verschwörung vermeintlich schlüssig.

Auch das *Neue Deutschland* spekulierte über eine Verstrickung der USA in die Anschläge. Dafür spreche,»dass die Kriege gegen Afghanistan und

---

127 Kipuros, »9/11 – Schlammschlacht um die Hintergründe eines Anschlags«.

Irak schon lange vor dem WTC-Anschlag anvisiert waren – zwecks Sicherung eines Jahrhunderts amerikanischer Weltherrschaft.«[128] Am »Drehbuch« für diese Kriege habe etwa Zbigniew Brzeszinski mitgewirkt, ehemaliger Sicherheitsberater von US-Präsident Carter, ferner der Harvard-Professor Samuel Huntington, Ex-Außenminister Henry Kissinger sowie der frühere CIA-Direktor und Verteidigungsminister James Schlesinger. Der 11. September habe dazu gedient, die Kriege zu legitimieren. Es sei zu befürchten, so die Zeitung, »dass die Weichen für einen Dritten Weltkrieg gestellt sind.«

Tatsächlich gibt es Anhaltspunkte, die für die Existenz von Kriegsstrategien schon in der Zeit vor dem 11. September sprechen.[129] Allerdings kann angenommen werden, dass derartige Planspiele von Regierungsberatern nichts Ungewöhnliches sind – und dass es dazu noch eine ganz andere Frage ist, ob sie politisch auch umgesetzt werden. Außerdem ist die Schlussfolgerung, dass der Terror ein Teil derartiger Pläne gewesen sein könnte, schlichtweg nicht zu belegen – auch wenn sie retrospektiv verlockend erscheinen mag. Mit der Rede vom »Dritten Weltkrieg« und »amerikanischer Weltherrschaft« wird zudem eine Gefahr heraufbeschworen, welche die ganze Welt bedroht.

Wie verbreitet derartige ›Theorien‹ im medialen Mainstream waren, zeigt die Tatsache, dass sich Beispiele nicht nur in Büchern, Internet-Foren und einigen Zeitungen finden, sondern auch im Fernsehen. Etwa die Reportage »Aktenzeichen 11. 9. ungelöst. Lügen und Wahrheiten zum 11. September 2001« von Willy Brunner und Gerhard Wisnewski[130], die am 20. Juni 2003 im WDR-Fernsehen lief. Eine Dreiviertelstunde lang rühren die Autoren darin einige der populärsten verschwörungstheoretischen Behauptungen zusammen.

Zunächst geht es in dem Film um Flug UA 93, der nach offizieller Darstellung bei Shanksville in Pennsylvania abstürzte. Gestützt auf Interview-Ausschnitte mit Augenzeugen, dem Bürgermeister und einem Lokaljournalisten heißt es, vom Flugzeug seien weder Wrackteile noch Leichenteile gefunden worden: »Nur ein Loch, in dem eine riesige Boeing 757 samt ihren Insassen verschwand. Wie ist das möglich?«[131] Der Off-Sprecher raunt andeutungsvoll: »Oder gibt es noch eine andere, viel schrecklichere

---

128 Dieses u. alle folgenden Zit. aus Vesper, »De omnibus dubitandum«.
129 Vgl. die Rekonstruktion der Vorgeschichte des Irak-Kriegs in Hersh, *Die Befehlskette*.
130 Wisnewski veröffentlichte kurz darauf auch das Verschwörungs-Buch *Operation 9/11*.
131 Dieses u. alle folgenden Zit. aus Brunner/Wisnewski, »Aktenzeichen 11. 9. ungelöst«.

Wahrheit?« Anschließend geht es um den Einsturz des World Trade Centers. Die Autoren monieren hier, dass die US-Luftwaffe lange nicht eingegriffen habe. Befragt werden dazu einige Amerikaner, die als »9/11-Skeptiker« vorgestellt werden. Der dritte Teil des Films schließlich kreist um den »Verdacht, dass in das Pentagon ein Geschoss und kein Flugzeug raste«. Denn auch hier seien – wie in Shanksville – keine Trümmer gefunden worden. Dazu werden verschwommene Bilder präsentiert, die tatsächlich keine klar erkennbaren Trümmerteile zeigen. Im Off-Kommentar heißt es, dass sich das Flugzeug nach Darstellung des US-Verteidigungsministeriums beim Aufprall pulverisiert habe: »Märchenstunde im Pentagon?«

Zum Schluss wird der 11. September in einen größeren historischen Zusammenhang gestellt. So ist von der »Operation Northwoods« aus der Zeit des Kalten Krieges die Rede, bei der nach Planungen des Pentagons Terroranschläge inszeniert werden sollten, um einen Vorwand zur Invasion Kubas zu schaffen.[132] Präsident Kennedy habe damals verhindert, dass der Plan in die Tat umgesetzt wurde, so der Off-Kommentar: »Und heute? Operation Northwoods, die Vorlage für den 11. September? Die Terror-Maschinen – nur ferngesteuerte Dummys? Die Unfallstellen – präpariert?« Und weiter: »Fragen, die einen frösteln lassen und auf die es bis jetzt keine Antworten gibt. Nur jede Menge Theorien.«

Der letzte Teil lässt die im Film erzählte Geschichte erst richtig konsistent erscheinen: Dem Betrachter erschließen sich nun auf wundersame Weise die zahlreichen angeblichen Ungereimtheiten, die zuvor angeführt wurden. Zwar werden ausschließlich Augenzeugen und Skeptiker befragt – und die dazu gezeigten Bilder und Videoausschnitte im Off-Kommentar entsprechend einseitig interpretiert –, durch die Parallelisierung mit der »Operation Northwoods« erscheint die unglaubliche These, dass die US-Regierung den Tod tausender Amerikaner in Kauf genommen haben könnte, um bestimmte politische Ziele zu erreichen, jedoch gar nicht mehr absurd, sondern nachvollziehbar und schlüssig. Eine alternative Deutungsmöglichkeit wird nicht einmal ansatzweise zugelassen.

Noch holzschnittartiger ist die rund 90-minütige Dokumentation »9/11 Mysteries« von Sophia Shafquat, die mehrmals im Abendprogramm des Privatsenders Vox gezeigt wurde. Der Film konzentriert sich auf das Geschehen am World Trade Center und versucht die Darstellung der US-Behörden zu widerlegen, nach der die Stahlträger der Gebäude dem bren-

---

132 Vgl. dazu Münkler, *Imperien*, S. 238.

nenden Flugzeug-Kerosin nicht standhielten, sich verbogen und so die Türme einstürzen ließen. Statt dessen spreche alles für eine Sprengung der Gebäude. Gleich zu Beginn der Dokumentation verkündet ein Mann namens Brad, der als Anhänger der US-Republikaner vorstellt wird, er habe den 9/11-Skeptikern erst nicht glauben wollen, bei der Recherche aber herausgefunden, »dass die offizielle Version der Ereignisse nicht beweisbar und völlig falsch ist.«[133] Kurz darauf heißt es im Off-Kommentar: »Genährt von offiziellen Quellen mit Hilfe der Medien entstand ein Mythos, mit dem die fassungslose Öffentlichkeit gefüttert wurde.« Damit ist der Interpretationsrahmen gesetzt: Die »offizielle Version der Ereignisse« ist eine Fälschung. Diese These wird noch dadurch verstärkt, dass immer dann, wenn im Film regierungsamtliche Behauptungen wiedergegeben werden, das Bild eines ausgerissenes Dokuments mit dem Stempel-Aufdruck »Offizielle Darstellung« eingeblendet wird (Abb. 3). Dies signalisiert überdeutlich, dass Vorsicht angebracht sei.

Der »offiziellen Darstellung« werden nun Videoaufnahmen, Aufzeichnungen von Funksprüchen der Einsatzkräfte sowie Interviews mit Augenzeugen und bekannten Verschwörungstheoretikern entgegengestellt. Der Off-Kommentar verbreitet dazu spekulative Aussagen: »Betrachten wir uns den Zusammenbruch der Twin Towers. Es sieht mehr nach einer Explosion als nach einer Implosion aus […]. Fielen die Türme allein oder wurden sie gesprengt?« An anderer Stelle erzählt der Hausmeister des World Trade Centers, er habe Explosionen in den Untergeschossen gehört. Kommentar: »Waren diese Explosionen, die den Kern des Gebäudes und die Tiefgeschosse zerstörten, das unglaubliche Ergebnis computergesteuerter Zündungen, die das Gerippe der Türme sprengten und den Beton pulverisierten? War es das, was an diesem Tag geschah?«

Für die angeblichen Sprengungen werden auch Begründungen geliefert. So seien die WTC-Gebäude veraltete Kostenfresser gewesen. Der Pächter Larry Silverstein, »ein Immobilien-Tycoon mit politischen Verbindungen«, habe die Gebäude noch kurz vor dem Einsturz gegen Terroranschläge versichert und anschließend seine Versicherung verklagt, weil er die doppelte Versicherungssumme einstreichen wollte. Über das Stunden später eingestürzte kleinere WTC-Gebäude 7 heißt es zudem, dass dort Gold- und Silberreserven der Börse und von Banken gelagert wurden, die möglicherweise vor dem Einsturz in Sicherheit gebracht worden seien. Durch die Be-

---

133 Dieses u. alle folgenden Zit. aus Shafquat, »9/11 Mysteries«.

Abb. 3: TV-Dokumentation »9/11 Mysteries«, Vox, 11.9.2008

nennung der vorgeblichen Profiteure des WTC-Einsturzes – Pächter, Börse und Banken – legt der Film »9/11 Mysteries« den Schluss nahe, dass diese auch die angebliche Sprengung der Gebäude veranlasst und mittels der Flugzeug-Unglücke verschleiert haben könnten.

In ihrer Machart ähnelt die Vox-Dokumentation mehreren Videos, die im Internet kursieren. Zum Beispiel dem Film »Zeitgeist« von Peter Joseph, in dem die Terroranschläge als Bestandteil einer globalen Verschwörung von Bankern gedeutet werden.[134] Noch bekannter ist die 90-minütige Dokumentation »Loose Change« des amerikanischen Studenten Dylan Avery, die seit 2005 in mehreren Versionen im Internet und auf DVD veröffentlicht wurde, so auch in einer deutschen Synchronfassung.[135] Laut deutschem Verleih sahen den Film bis 2007 weltweit rund 100 Millionen Menschen.[136] »Loose Change« greift die bekanntesten Gerüchte zum 11. September auf und stellt sie in einen Zusammenhang: TV-Ausschnitte, Fotos, Funksprüche, Computer-Animationen. Wieder geht es dabei detailliert um Kerosin, Stahl, Trümmerteile, Sprengungen und dergleichen. Ergebnis: Das World Trade Center wurde von innen gesprengt, die Flugzeug-Abstürze fingiert – 9/11 war ein »Inside Job«, geht also auf das Konto der USA.

---

134 Joseph, »Zeitgeist: The Movie«.
135 Avery, »Loose Change«.
136 Vgl. www.polarfilm.de/product_info.php/info/p685_Loose-Change.html (abgerufen am 14.1.2011).

Es ist bemerkenswert, wie breit diese Thesen im medialen Diskurs in Deutschland aufgegriffen wurden. Sogar in der Popmusik. Die Duisburger Hip-Hop-Band Die Bandbreite etwa produzierte mit dem Videoclip »Selbst gemacht« (2007) so etwas wie eine musikalische Kurzfassung von »Loose Change«.[137] Darin sind ebenfalls TV- und Video-Ausschnitte von den WTC-Attacken zu sehen. Im Songtext heißt es, die USA hätten »eigne Leute geopfert im Massaker von Pearl Harbor«, um »endlich mit in den Zweiten Weltkrieg einzugreifen.« Damit wird nahegelegt, dass den USA jedes Verbrechen zuzutrauen sei. Zum 11. September heißt es dann: »An eurem Verhalten hat sich gar nix geändert.« Und der Refrain macht die Sache endgültig klar: »Habt ihr dat vielleicht selbst gemacht? / Den Terror selber in die Welt gebracht? / Ja, ihr hattet doch damals diesen Think Tank / isset drin, datt ihr da an dieses Ding denkt? / Habt ihr dat vielleicht selbst gemacht? / Habt ihr dabei an dat Geld gedacht? / Habt ihr dafür die eigenen Leute getötet, / weil ihr dat Öl da drüben so dringend benötigt?«

Das Musikvideo »Selbst gemacht« zeigt exemplarisch, wie die verschiedenen kursierenden verschwörungstheoretischen Behauptungen und Halbwahrheiten nebst einigen nachweisbaren Fakten zu einer geschlossenen Verschwörungstheorie verschmelzen. Alles scheint hier logisch miteinander verknüpft: Die angeblichen Fake-Anschläge, die in amerikanischen Think Tanks entwickelten Kriegspläne, das wirtschaftliche Interesse am irakischen Erdöl. Das Gesamtbild lässt nur eine Deutung zu: Amerika ist nicht Opfer, sondern Täter – und steckt hinter dem 11. September.

Auf der Bildebene enthält das Video »Selbst gemacht« zudem noch eine weitere Aussage. So ist zwischen den Bildern vom WTC-Unglück immer wieder der Bandbreite-Sänger Marcel »Wojna« Wojnarowicz zu sehen – untertitelt mit »Wojna, Die Bandbreite, Zeitzeuge«. Während einiger anderer Passagen wird hingegen ein nachgestellter Ausschnitt der ARD-»Tagesschau« gezeigt, in dem Wojnarowicz als TV-Reporter vor dem Weißen Haus in Washington steht. Auf dem Mikrofon, das er in der Hand hält, steht das Wort »Lügenquelle«. Damit wird ein Gegensatz konstruiert zwischen der vermeintlich glaubwürdigen Darstellung des 11. Septembers durch »Zeugen«, welche sich Die Bandbreite zu eigen macht, sowie der durch die etablierten Medien verbreiteten Version, die als Fälschung und regelrechte Gehirnwäsche dargestellt wird.

---

137 Bandbreite, »Selbst gemacht«. Die Bandbreite verortet sich selbst im linken politischen Spektrum und trat bereits bei Gewerkschaftsveranstaltungen auf; vgl. Sillgitt, »Gewerkschafter lassen Verschwörungstheoretiker rappen«.

Dabei muss hier angemerkt werden, dass die Hintergründe der Anschläge entgegen der Behauptung der 9/11-Zweifler sehr wohl zu großen Teilen aufgeklärt wurden – und mit dem Bericht der überparteilichen Kommission zur Untersuchung der Terroranschläge auch für die Öffentlichkeit nachvollziehbar sind.[138] Doch dies wie auch andere Gegenargumente und kritische Auseinandersetzungen werden wiederholt in die Verschwörungstheorien eingepasst. So verhöhnte Mathias Bröckers den Bericht der Untersuchungskommission zum 11. September umgehend als »Weißwaschreport« und »Untersuchungsroman«, der eher einen Titel wie »Harry Plotter und die Teppichmesser des Schreckens« tragen müsse.[139] Mit diesem Wortspiel sagt Bröckers aus, dass der »Plot«, also der Handlungsablauf des Berichts, eher dem Bereich der Fantasy-Literatur (»Harry Potter«) zuzuordnen sei – etwa der Hinweis auf die Teppichmesser, welche die Flugzeugentführer bei den Attacken benutzt haben sollen –, und daher als Propaganda- und Lügenbericht zu werten sei.

So erscheinen die verschwörungstheoretischen Thesen zum 11. September einmal mehr bestätigt: Sie fußen auf der Gewissheit, die Täter genau zu kennen. Um diese Gewissheit zu untermauern, werden alle vermeintlichen Indizien zusammengerührt, die in die Beweiskette passen, andere dagegen unterschlagen. So wird die Untersuchung zur *self-fulfilling prophecy*. Dabei kommen nicht zufällig alte Feindbilder ins Spiel. Denn Amerika – und immer wieder Israel – werden auch deshalb so umstandslos der Verschwörung beschuldigt, weil man ihnen von vornherein alle nur erdenklichen Übel zutraut: Skrupellose Machtausübung, eine hinterlistige Täuschung der Öffentlichkeit, das Streben nach Weltherrschaft – und das alles unter Inkaufnahme des Todes tausender Menschen in den Trümmern des New Yorker World Trade Centers.

---

138 Dass die Anschläge nicht verhindert wurden, ist demnach vor allem dem Versagen von Politik und Geheimdiensten zuzuschreiben; dies wiederum kann auf Kommunikationsfehler und Kompetenzstreitigkeiten zwischen den verschiedenen Institutionen zurückgeführt werden. Vgl. National Commission on Terrorist Attacks (Hg.), *The 9/11 Commission Report;* Schröm/Laabs, *Tödliche Fehler.* Das amerikanische National Institute for Standards and Technology widerlegte die Behauptung, der WTC-Komplex sei gesprengt worden, mit detaillierten physikalischen Untersuchungen (vgl. National Institute of Standards and Technology, »NIST and the World Trade Center«). In Deutschland nahm der *Spiegel* einige der Verschwörungstheorien kritisch unter die Lupe; vgl. Cziesche u. a., »Panoptikum des Absurden«; Cziesche u. a., »Fakten zum 11. September«.

139 Bröckers, »Harry Plotter und die Teppichmesser des Schreckens«.

»Antideutsche Drohkulisse«: Donald Rumsfelds »neues Europa«

Als im Laufe des Jahres 2002 klar wurde, dass die USA ein UN-Mandat für einen Krieg gegen den Irak anstrebten, war die rot-grüne Bundesregierung in Deutschland in der Klemme: Wie sollte sie sich kurz vor den anstehenden Bundestagswahlen positionieren? Kanzler Gerhard Schröder (SPD) ging am 1. August 2002 in die Offensive und sagte, die Regierung sei »bereit zu Solidarität, nicht zu Abenteuern«.[140] Einen Tag später verkündete SPD-Generalsekretär Franz Müntefering, die SPD wolle im Wahlkampf Innen- und Außenpolitik miteinander verbinden, und zwar unter dem Stichwort »Der deutsche Weg«. Die Menschen wollten »im Wandel Sicherheit haben, und dazu gehört auch die Sicherheit vor Krieg.« Schröder betonte Anfang September, Deutschland werde sich an einem Krieg gegen den Irak definitiv nicht beteiligen, egal, was die Vereinten Nationen entscheiden würden.

Die Debatte wurde zunehmend schärfer. SPD-Fraktionschef Ludwig Stiegler kritisierte, Amerika verstehe sich als »das neue Rom« und betrachte die Bündnispartner als »Verfügungsmasse«. Bush benehme sich wie »Caesar Augustus«. Damit spielt Stiegler auf den ersten römischen Kaiser an, dem zugeschrieben wird, als diktatorischer Machthaber unter einer scheinbar republikanischen Fassade seine Alleinherrschaft gefestigt zu haben.[141] Justizministerin Herta Däubler-Gmelin wurde zwei Wochen später vom *Schwäbischen Tagblatt* mit den Worten zitiert: »Bush will von seinen innenpolitischen Schwierigkeiten ablenken. Das ist eine beliebte Methode. Das hat auch Hitler schon gemacht.« In beiden Äußerungen erscheint Bush als gefährlicher Diktator, der in scheinheiliger Weise aus egoistischen innenpolitischen Gründen heraus den Kriegskurs eingeschlagen hat. Nachdem SPD und Grüne bei der Bundestagswahl ihre Mehrheit verteidigen konnten, konstatierte der *Spiegel* Ende September, das Verhältnis zwischen den USA und Deutschland sei »in fünf Jahrzehnten deutscher Nachkriegsgeschichte« noch »nie so tief zerrüttet« gewesen.[142]

Beispielhaft für diese Stimmung steht ein Artikel von Alexander Gauland in der *Welt* vom 20. Januar 2003. Darin schreibt Gauland, selbst unter den traditionell amerikafreundlichen Konservativen wachse die »Skepsis gegen Amerika«.[143] Diese sei jedoch nicht neu, sondern beruhe auf einem

---

140 Dieses u. alle folgenden Zit. nach Beste u. a., »»Du musst das hochziehen««.
141 Vgl. Syme, *Die Römische Revolution*.
142 Andresen u. a., »Freund oder Feind?«.
143 Dieses u. alle folgenden Zit. aus Gauland, »Konservative Skepsis gegen Amerika«.

historisch gewachsenen Misstrauen »in amerikanische Weltkenntnis«. Er führt aus: »Wir misstrauen dem Urteilsvermögen einer jungen Nation gegenüber Kultur und Geschichte des Islam und den historischen Restbeständen aus der Zeit vor der ›Mayflower‹. Wir wissen, dass die gleichmacherisch-multikulturelle, gleichermaßen vorurteilslos wie traditionslose Politik zu Europa nicht passt«. Damit charakterisiert Gauland die Amerikaner nicht nur als geistig beschränkt und engstirnig, sondern auch als zusammengewürfeltes Volk ohne eigene Kultur – und stellt sie damit in einen völligen Gegensatz zu den Europäern. Die Begriffe »junge Nation« und »traditionslose Politik« legen zudem nahe, dass die USA keine ernstzunehmende Geschichte hätten.

Gauland fordert nun eine klare Abgrenzung. »Es ist schon richtig: Wir wollen nicht so werden wie die USA, unsere Tradition ist etatistisch: etwas weniger Freiheit, etwas mehr Staat, weniger individueller Reichtum und mehr soziale Gerechtigkeit.« Die Europäer müssten aber »bereit sein, ihre von Amerika abweichende Lebensform auch selbst zu verteidigen. Nicht der Antiamerikanismus ist die neue deutsche Krankheit, sondern der fehlende Wille, die eigene Identität bewusst gegen die amerikanische zu stellen«. Gauland beschreibt die amerikanische und europäische Identität hier als grundverschieden – auf der einen Seite mehr Freiheit und Reichtum, auf der anderen mehr Staat und soziale Sicherheit – und beklagt, dass Europa der Wille fehle, sich offensiv von Amerika abzugrenzen. So stützt er offensiv die Kanzlerlinie.

Wenige Tage später verschärfte sich der Ton in der Debatte noch einmal. Als klar wurde, dass neben Deutschland auch einige andere europäische Staaten den Kriegskurs der USA gegenüber dem Irak nicht unterstützen würden, sagte US-Verteidigungsminister Donald Rumsfeld am 23. Januar 2003, Deutschland und Frankreich repräsentierten das »alte Europa«, nicht das »neue Europa«.[144] Die Position der beiden Staaten sei ein »Problem«. Daraufhin brach in Deutschland eine Welle der Empörung los. Unabhängig von der Frage, wie Rumsfelds Äußerungen zu werten sind, ging diese Empörung über eine sachliche Kritik teils deutlich hinaus.

Die *FAZ* zitierte den CSU-Abgeordneten Bernd Posselt mit den Worten, Rumsfelds Äußerungen seien »neokolonialistisch«; die EU sei kein »Protektorat« der USA. Die *Stuttgarter Zeitung* schrieb, die Aussagen künde-

---

144 Dieses u. alle folgenden Zit. nach »Empörung in Berlin und Paris über Washington« (ban./Lt./rüb.).

ten von einem »imperialen Denken«[145]. Im Kölner *Express* hieß es, Rumsfeld gebe »eine Kostprobe von der Arroganz einer Weltmacht, die sich im Besitz der allein selig machenden Politik wähnt. So behandelt man keine Partner, sondern Vasallen.« Doch »Nibelungentreue um jeden Preis, wie zu Zeiten von Kaisern und Diktatoren im Europa vor 1945«, dürfe es nicht geben. Der *Spiegel* schrieb, »die einstige[…] Schutzmacht« Europas zeige »zunehmend selbstherrliche Züge«.[146] Die *SZ* kritisierte ebenfalls, Rumsfeld weise den Westeuropäern »alte Plätze zu. Sie sollen sich weiter dem amerikanischen Oberbefehl beugen – wie einst als Schützlinge, so heute als Gehilfen.«[147] Doch Europa müsse standhaft bleiben: »Vasallentreue ist unangebracht, imperiale Anwandlungen sind zurückzuweisen.« Auch die *Hannoversche Allgemeine Zeitung* rief dazu auf, sich weiter gegen einen Irak-Krieg zu stemmen: »Hätte man die Bush-Krieger einfach walten lassen, stünde Amerika längst als globaler Sheriff da, mit rauchendem Colt – und neuen weltweiten Unsicherheiten.«[148]

Es fällt auf, dass viele der zitierten Kommentare ähnliche Zuschreibungen enthalten. Demnach sind die USA »imperialistisch«, »kolonialistisch« und »arrogant«; ein waffenvernarrter »globaler Sheriff«. Ihnen wird unterstellt, Deutschland als »Gehilfen«, »Vasallen« oder als »Protektorat« zu betrachten und »Nibelungentreue« zu fordern. Mit diesen Begriffen wird an Charakterisierungen angeknüpft, die während des Kalten Krieges in Bezug auf das deutsch-amerikanische Verhältnis verbreitet waren, als die USA als alliierte Schutzmacht fungierten. Der Begriff »Protektorat« etwa steht allgemein für die außenpolitische und militärische Schutzherrschaft eines Staates über einen anderen Staat. Weil sich die Alliierten im geteilten Deutschland das Recht vorbehielten, Streitkräfte im Land zu stationieren, wurde die Bundesrepublik polemisch immer wieder als »Protektorat« der USA bezeichnet.[149] Auch das Schlagwort vom deutschen »Vasallen« knüpft an dieses Bild an – im frühen Mittelalter wurde so ein Herr genannt, der freiwillig einem anderen Herrn diente und im Gegenzug durch diesen geschützt wurde. Heute ist das Wort fast ausschließlich negativ konnotiert und wird auf Personen oder Staaten bezogen, die skrupellos jede Politik einer verbündeten Schutzmacht, und sei sie noch so verwerflich, unterstützen.

---

145 Dieses u. alle folgenden Zit. nach »Arroganz einer Weltmacht« (o. V.).
146 Beste u. a., »Gewaltiger Sturm«.
147 Dieses u. alle folgenden Zit. Ulrich, »Der große Graben«.
148 Koch, »Goslar, Berlin, New York«.
149 Vgl. dazu auch Kapitel 4.4.

Noch eindeutiger ist das Wort »Nibelungentreue«, das – im Anschluss an die Nibelungensage – eine bedingungslose und potenziell ins Verderben führende Form der Treue bezeichnet. Warum wird nun ausgerechnet auf diese Bilder zurückgegriffen? Schließlich kritisierte Rumsfeld mit seiner polemischen Äußerung vom »alten Europa« nicht nur Deutschland, sondern auch Frankreich, das von den USA stets vollständig unabhängig war. In den Diskursbeispielen zeigt sich gleichbleibend ein Motiv: das Bedürfnis, sich von den USA zu distanzieren und loszusagen – mit allen verbalen Mitteln, vor allem aber durch eine drastische Überzeichnung der historischen Rolle der USA als Schutzmacht der Bundesrepublik nach dem verlorenen Zweiten Weltkrieg.

Eine besonders heftige Polemik erschien diesbezüglich in der *FR*. Unter der Überschrift »Antideutsche Drohkulisse« hieß es dort: »Deutschland ist bei der Weltmacht in Ungnade gefallen.«[150] Bush und Rumsfeld hätten an den Deutschen »ein Exempel in Gefolgschaftstreue« statuiert. In der Rückschau ergebe sich »ein klares Eskalationsmuster«, wie Deutschland ins »Zentrum [...] des amerikanischen Propagandasturms« geraten sei: »Mit hanebüchenen Erzählungen über deutschen Antiamerikanismus wurde das Feld schon vor Monaten vorbereitet«. Es gehe den USA darum, »eine ideologische und politische Kulisse aufzubauen, in der keiner es wagt, sich den Vorgaben Washingtons zu verweigern.« Der *FR*-Autor behauptet also, dass die USA bereits im Vorfeld des Krieges mit gezielter Propaganda dafür gesorgt hätten, dass Deutschland kaum eine andere Wahl haben würde, als der amerikanischen Kriegsstrategie zu folgen. Teil dieser angeblichen US-Propaganda sei die Instrumentalisierung des Antiamerikanismus-Vorwurfs. Dieser diene als Totschlagargument gegen missliebige Kritiker. Im gleichen Atemzug wettert der Autor umso schärfer gegen Amerika.

Aufschlussreich sind auch die Kommentare einiger Intellektueller, die das Feuilleton der *FAZ* als Reaktion auf Rumsfelds Äußerungen einholte. So konstatierte der Autor Robert Menasse eine »strukturelle Rückständigkeit der Vereinigten Staaten gegenüber Europa«.[151] Die europäische Politik sei nach den Erfahrungen der ersten Hälfte des 20. Jahrhunderts »den Weg der Friedenspolitik gegangen« und somit »nachnational«, die USA dagegen hätten aus ihren Kriegserfahrungen in der zweiten Hälfte des Jahrhunderts nichts gelernt. Der Schriftsteller Thomas Hettche wiederum schrieb, nun

---

150 Dieses u. alle folgenden Zit. aus Winter, »Antideutsche Drohkulisse«.
151 Dieses u. alle folgenden Zit. aus »Das alte Europa antwortet Herrn Rumsfeld« (div. Verf.).

sei »der Ernstfall für das Völkerrecht und damit für die Vereinten Nationen« eingetreten. Beides seien »Ideen des alten Europa«, die »nun (wieder einmal) mit aller Macht gegen die Barbarei zu verteidigen« seien.

Europa als Friedensmacht, die den Multilateralismus erfunden hat und gegen die amerikanische »Rückständigkeit« oder gar »Barbarei« verteidigen muss: Diese Darstellung ist fragwürdig, waren und sind doch auch europäische Staaten wie Deutschland und Frankreich an zahlreichen Kriegen wie dem Kosovo- oder dem Afghanistan-Krieg beteiligt. Die Gründung der Vereinten Nationen (und damit auch die Entwicklung des Völkerrechts) geht zudem nicht auf Deutschland zurück, sondern im Wesentlichen auf das Wirken der USA, Großbritanniens, der Sowjetunion und Chinas. Menasses und Hettches Äußerungen haben hier offenbar nur den Zweck, das »alte Europa« vor der Negativ-Folie der USA zur guten Weltmacht zu erklären, die dem »rückständigen« Amerika Einhalt gebieten müsse.

Der Künstler Jochen Gerz nahm Rumsfelds Äußerungen zum Anlass, den USA gleich jede demokratische Legitimation abzusprechen. Sein im *FAZ*-Feuilleton veröffentlichter kurzer Kommentar lautete: »Die First Nations von Europa, man kann ruhig auch von Eingeborenen sprechen, sind glücklich, mit vielen Stimmen aus ihrer langen, oft blutigen Geschichte hervorgegangen zu sein. Auch Nordamerika hat eine lange Geschichte. Sie ist zu lang, um verschwiegen zu werden. Erst wenn die First Nations von Amerika zu den vielen Stimmen der Vereinigten Staaten von Amerika gehören, kann die Regierung im Namen der Demokratien sprechen und Demokratie fordern. Solange die Eingeborenen des nordamerikanischen Kontinents in Reservaten leben, wird die Regierung in Washington hören, was sie jetzt zu ihren Kriegsplänen gegen den Irak aus allen Teilen der Welt hört: NOT IN OUR NAME.«

Gerz behauptet damit, die US-Regierung könne sich wegen der Kriege gegen die »First Nations« – eine Bezeichnung für die indigenen Ureinwohner – und deren gesellschaftlicher Ausgrenzung niemals auf die Stimme der Bevölkerung berufen. Damit spricht er den USA ab, eine demokratische Nation zu sein. Dies kontrastiert er mit dem Bild eines »vielstimmigen« Europas, in dem alle Menschen »eingeboren« seien. Eine These, die zweifelhaft erscheint – auf Deutschland bezogen ließe sich etwa fragen, wie es denn um die demokratische Beteiligung von Millionen von Einwanderern bestellt ist, die seit Jahren hier leben. Gerz benutzt dieses schiefe Bild, um einen zweifelhaften Gegensatz zu zeichnen: auf der einen Seite die parasitäre amerikanische Gesellschaft, die nur auf Kosten der Ureinwohner existiert – und auf der anderen Seite die traditionsreichen Nationen Europas, die mit sich im Reinen leben.

In der Debatte um Rumsfelds Äußerungen zum »alten« und »neuen« Europa richtete sich die Kritik allerdings nicht nur gegen Amerika, sondern auch gegen die von Rumsfeld positiv hervorgehobenen Staaten, die den außenpolitischen Kurs der USA unterstützten. Diese wurden oft in einer überheblichen und teils nationalistischen Weise abgewertet. So hieß es in der *taz* hämisch, die betreffenden Staaten hätten sich »als Donald Rumsfelds Filialleiter fürs neue und alte Europa beworben.«[152] Die *Zeit* bezeichnete sie als »Renegaten«.[153] Die *FR* kommentierte, dabei handele es sich vor allem um solche EU-Mitglieder, »die sich ökonomisch als Langzeitpatienten für die Krankenstation der EU qualifizieren, deren internationales Gewicht in der Kategorie Fliege ressortiert und deren militärisches Potenzial bescheiden ist.«[154] Wenn der Irak-Krieg erst einmal vorüber sei, »dann zählen Ergebenheitsadressen vom Baltikum nichts mehr. Dann zählen Wirtschaftskraft und politisches Gewicht in der EU.«

So legitim es ist, die betreffenden EU-Staaten für ihre Unterstützung der US-Außenpolitik zu kritisieren, so fällt doch auf, dass die genannten Beispiele über eine sachliche Kritik hinausgehen. Mit der Charakterisierung dieser Staaten als »Renegaten«, also als Abtrünnige, wird indirekt ausgesagt, dass nur die gegen den Kriegskurs der USA gerichtete Position eine legitime europäische Haltung sei. Auch der Widerspruch gegen Donald Rumsfelds polemische Bemerkung zum »Alten Europa« ist selbstverständlich legitim. In der Debatte wird jedoch der Eindruck erweckt, dass die USA Europa oder Deutschland essenziell bedrohten. In der Abwehr gegen diese vermeintliche Bedrohung werden zahlreiche Stereotype verbreitet: Amerika wird als übermächtig, gewalttätig und hinterhältig beschrieben. Die Metapher vom »Alten Europa« wird zudem ins Positive gewendet und mit Selbstzuschreibungen wie Tradition, Kultur, innerlicher Reife und charakterlicher Stärke verknüpft. So wird der Streit zu einem Kampf der ›Guten‹ gegen die ›Bösen‹ stilisiert.

152 Hahn/Weingärtner, »Brüssel war nicht informiert«.
153 Dieses u. alle folgenden Zit. aus Fritz-Vannahme/Pinzler, »Die gefallenen Sterne«.
154 Dieses u. alle folgenden Zit. aus Winter, »Antideutsche Drohkulisse«.

»Am amerikanischen Wesen soll die Welt genesen«: US-Außenpolitik
Während des Irak-Kriegs spitzte sich die Debatte um die US-Außenpolitik
noch einmal zu. Dies ist nicht zuletzt damit zu erklären, dass es zahlreiche
begründete Zweifel an den Argumenten der US-Regierung für den Krieg
gab.[155] Diese Zweifel äußerten sich in einer teils scharfen Kritik. Hinzu
kommt, dass Massenmedien gerade in Kriegszeiten dazu tendieren, die
Politik der eigenen Regierung affirmativ zu begleiten und dabei bisweilen
auch Propaganda zu verbreiten[156] – dies war teils auch bei der Berichterstattung deutscher Medien zu beobachten. Im Falle der vehementen Ablehnung des Irak-Kriegs im medialen Diskurs fällt jedoch auf, dass sich die
Kritik am politischen und militärischen Vorgehen der US-Regierung oft
mit einer pauschalen und stereotypen Abwertung Amerikas mischte. Nur
dieser Aspekt steht im Mittelpunkt der folgenden Analyse.

So schrieb der *Spiegel* im April 2003: »Wilder Zorn und ein enormer
Durst nach Rache haben das Land am 11. September 2001 erfasst und sind
offenbar noch nicht abgeebbt.«[157] Damit wird den USA eine besondere
Rachsucht als Kriegsmotiv unterstellt. In einem weiteren *Spiegel*-Beitrag
heißt es: »Der ›hässliche Amerikaner‹ ist wieder in aller Munde«.[158] Der
Publizist Till Bastian schreibt in seinem Buch *55 Gründe, mit den USA nicht
solidarisch zu sein*, bei der Irak- und Afghanistan-Politik der USA könne man
von »Staatsterrorismus« sprechen: »Wir Deutsche haben unsere Erfahrungen damit, denn Adolf Hitler […] war ein Meister in der Spielart dieser
politischen Gewalt.«[159] Damit wird die US-Politik mit dem Terror des NS-
Regimes verglichen. So kritikwürdig der Irak-Krieg auch sein mag, hinkt
dieser Vergleich doch gewaltig: Schließlich handelt es sich bei den USA im
Gegensatz zum nationalsozialistischen Deutschland um einen demokratischen Rechtsstaat mit funktionierender Gerichtsbarkeit. Bastian ignoriert
diesen grundlegenden Unterschied.

Ähnlich der Regisseur Peter Zadek. In einem Interview mit dem *Spiegel*
vom Juli 2003 sagte Zadek, die Amerikaner seien heute durchaus »mit den
Nazis zu vergleichen«, jedoch: »Der Unterschied besteht darin, dass die
Nazis vorhatten, Europa zu besiegen; die Amerikaner aber wollen die gan-

---

155 Vgl. dazu Hersh, *Die Befehlskette*.
156 Vgl. dazu Jäger/Jäger (Hg.), *Medien im Krieg;* Palm/Rötzer (Hg.), *MedienTerrorKrieg.*
157 Beste u. a., »Die Herren der Welt«.
158 Follath/Spörl, »Der entfesselte Gulliver«.
159 Bastian, *55 Gründe, mit den USA nicht solidarisch zu sein*, S. 55 f.

ze Welt besiegen.«[160] Zadek bezieht diese größtmögliche Dämonisierung, dass »die Amerikaner« noch gefährlicher als die Nazis seien, nicht nur auf US-Präsident Bush, sondern ausdrücklich auf die amerikanische Bevölkerung: »Die amerikanische Regierung ist demokratisch gewählt worden, und sie hatte bei ihrem Feldzug im Irak die Mehrheit der Amerikaner hinter sich. Man darf also durchaus gegen die Amerikaner sein, so wie im Zweiten Weltkrieg der größte Teil der Welt gegen die Deutschen war. In diesem Sinne bin ich Anti-Amerikaner.« Amerika sei ihm »zutiefst zuwider«, so Zadek: »Ich bin nun mal ein Europäer.«

Auf die Frage, ob er in einen Kampf des alten Europas gegen das neue Amerika treten wolle, antwortet Zadek: »Bei diesem Kulturkampf bin ich dabei. [...] Peinlich ist doch nur der Minderwertigkeitskomplex, den wir Europäer noch immer haben. Gerhard Schröder müsste nicht darauf warten, dass ihm ein Bush die Hand schüttelt. Bush muss froh sein, dass er Schröder die Hand schütteln darf.« So unterfüttert Zadek seine abwertenden Äußerungen gegen Amerika und die Amerikaner mit einer chauvinistischen Höherbewertung der eigenen europäischen Identität – und fordert, dass Europa sich endlich selbstbewusst gegen die USA behaupten solle.

In der linken antiimperialistischen Tageszeitung *junge Welt* hieß es am 22. März 2003 gar, dass die USA »die Welt auf eine totale Weise beherrschen wollen«.[161] In Amerika dominiere »der Chauvinismus einer seit dem 11. September nicht mehr schweigenden, sondern grölenden und fahnenschwingenden Mehrheit der US-Bevölkerung. Wollt ihr den unendlichen Krieg? Yeah!« Der Autor Werner Pirker unterstellt den USA hier totalitäre Weltherrschaftspläne, wie sie die Nationalsozialisten mit dem Vernichtungskrieg ab 1939 in Europa verfolgten, und unterstreicht dies mit einer Anspielung auf den bekannten Ausspruch von NS-Propagandaminister Goebbels, der 1943 im Berliner Sportpalast »Wollt ihr den totalen Krieg?« gerufen hatte und dafür frenetisch bejubelt worden war.

Derartige Bilder finden sich auch im medialen Mainstream, etwa bei *stern.de*. In einem 2006 veröffentlichten Dossier zur amerikanischen Geschichte heißt es im Untertitel: »Noch nie hat eine Nation den Globus so dominiert wie die USA. Und dem Volk ist der Rest der Menschheit egal.«[162] Damit wird pauschal behauptet, das ganze amerikanische »Volk« beherrsche die Welt egoistisch auf Kosten aller anderen Menschen. Der

---

160 Dieses u. alle folgenden Zit. nach Höbel/Hüetlin, »Kulturkampf? Ich bin dabei!«.
161 Dieses u. alle folgenden Zit. aus Pirker, »Orden der unbarmherzigen Brüder«.
162 Dieses u. alle folgenden Zit. aus »Von der Kolonie zur Weltmacht« (o. V.).

sechste Teil der *stern.de*-Serie über den Zeitraum 1981–2002 trägt den Titel »Rambo will die Welt beherrschen« – eine unmissverständliche Warnung vor amerikanischen Weltherrschaftsplänen. Außerdem wird damit auf den Actionfilm »Rambo« von 1982 angespielt,[163] der hier als Metapher für Gewalt und Brutalität steht. Dieses Bild ist weit verbreitet: So brachte der *Spiegel* kurz vor Beginn des Irak-Kriegs die Titelschlagzeile »Operation Rambo« und zeigte dazu einen bärtigen Söldner mit Muskelshirt, Basecap, Sonnenbrille und Maschinenpistole (Abb. 4).

Wie schmal der Grat zwischen kritischen und verschwörungstheoretisch konnotierten Äußerungen auch in dieser Debatte ist, zeigt beispielhaft ein *Spiegel-Online*-Beitrag mit der Überschrift: »Der Krieg, der aus dem Think Tank kam«.[164] Darin ist von einem »Masterplan« für den Irak-Krieg die Rede, der in »eine Ära amerikanischer Weltherrschaft« münden solle. Weiter heißt es: »Konzepte für eine solche Politik existieren in der Tat. Sie wurden bereits in den neunziger Jahren in ultrarechten ›Think Tanks‹ entwickelt – Denkfabriken, in denen Kalte Krieger aus dem Dunstkreis von Geheimdiensten und Erweckungskirchen, von Rüstungs- und Ölkonzernen gespenstisch anmutende Pläne für eine neue Weltordnung schmiedeten.«

Der Artikel legt nahe, dass die US-Kriegspolitik vor allem auf das Wirken einer kleinen Gruppe von Geheimdienstlern, fanatischen Christen, Rüstungs- und Öllobbyisten zurückzuführen sei. Diese »Kalten Krieger« werden als mächtige und gefährliche Strippenzieher charakterisiert, die im Hintergrund an der Erringung der »amerikanischen Weltherrschaft« arbeiteten. Nachprüfbare Fakten vermischen sich so mit starken rhetorischen Überzeichnungen. Des Weiteren ist die Rede von einer »Anmaßung der Washingtoner Bellizisten, am amerikanischen Wesen die Welt genesen zu lassen und ganz allein über Krieg und Frieden zu entscheiden«. Dieser Satz beinhaltet abermals einen Vergleich der amerikanischen Außenpolitik mit dem Nationalsozialismus, denn es handelt sich um eine Abwandlung des Ausspruchs »Am deutschen Wesen soll die Welt genesen«, der ursprünglich einem Gedicht Emanuel Geibels von 1861 entstammt und massiv im Ersten Weltkrieg sowie in der NS-Zeit verwendet wurde.[165]

---

163 In dem Film wird ein Vietnamkriegsveteran (Sylvester Stallone) vom Sheriff einer amerikanischen Kleinstadt drangsaliert, worauf er in die umliegenden Wälder flüchtet und einen blutigen Guerillakrieg gegen die Staatsmacht führt.

164 Dieses u. alle folgenden Zit. aus Bölsche, »Der Krieg, der aus dem Think Tank kam«.

165 Vgl. Pätzold/Weißbecker (Hg.), *Schlagwörter und Schlachtrufe*, S. 279–283.

In der *SZ* wiederum hieß es unter der Überschrift »Ein organisiertes Verbrechen«, der Irak-Krieg stehe »auf derselben Stufe wie Verbrechen gegen die Menschlichkeit und Völkermord«; aufgrund der außenpolitischen Bestrebungen Amerikas drohe »eine jakobinische Wohlfahrtsdiktatur im Globalmaßstab.«[166] Damit spielt die Zeitung auf die Terrorherrschaft des von den Jakobinern kontrollierten Wohlfahrtsausschusses in den Jahren nach der Französischen Revolution an und suggeriert, Amerika strebe eine ähnliche Terrorherrschaft an. Die Überschrift eines weiteren *SZ*-Kommentars lautete schließlich kurz und bündig: »Amerika ist ein Fehler« – eine Anspielung auf einen entsprechenden Ausspruch Sigmund Freuds, was aus der Überschrift allerdings nicht hervorgeht.[167]

In vielen anderen Diskursbeiträgen wird die gefährlichere Bedrohung hingegen nicht in offener Gewalt, sondern in subtileren Formen amerikanischer Machtausübung gesehen. Dabei steht vor allem die religiös-missionarische Aufladung der US-Außenpolitik in der Kritik.[168] Die *taz* etwa schrieb im Januar 2005, die Bush-Regierung habe ein ausgeprägtes »Sendungsbewusstsein« und einen »expansiven Missionierungsdrang«.[169] Die *FR* konstatierte noch zur Präsidentschaftswahl 2008 eine »Selbstüberhebung, mit allen kulturellen Konsequenzen, die sich weltweit aus dem globalen amerikanischen Sendungsbewusstsein ergeben«.[170] Amerika definiere, »was Demokratie, Gerechtigkeit, Freiheit, was Recht und Menschenrechte bedeuten; und wer in diesem Schema Freund ist und wer Feind.« Dies sei »Ignoranz als American Way of Life«. Damit wird die »Ignoranz« als Wesensmerkmal der amerikanischen Lebensweise dargestellt. Den USA wird vorgeworfen, alle kulturellen Unterschiede einzuebnen und die ganze Welt nach ihren Vorstellungen gleichzumachen.

Wie aber wird das »Sendungsbewusstsein« Amerikas erklärt? Im Leitartikel des *Spiegels* vom 17. Februar 2003 heißt es: »Wer die Rolle der Religion

---

166 Zielcke, »Ein organisiertes Verbrechen«.
167 Prantl, »Amerika ist ein Fehler«. Erst im Kommentartext selbst wird erläutert, dass der Ausspruch von Sigmund Freud stammt und heute wohl »angesichts der aggressiven US-Kriegspolitik« von einer Mehrheit der Deutschen unterschrieben werden würde.
168 Die religiöse Rhetorik amerikanischer Politiker kann selbstverständlich kritisiert werden. Die nachfolgend zitierten Diskursbeispiele gehen darüber jedoch hinaus, weil diese Rhetorik darin als Beleg für ein Weltherrschaftsstreben der USA angeführt wird. Zwar spielen der Evangelikalismus und die Idee der Auserwähltheit durchaus eine Rolle im amerikanischen Selbstverständnis, als *zentrale* Erklärung für die US-Politik taugen sie jedoch nicht; vgl. dazu Münkler, *Imperien*, S. 146; Pally, *Warnung vor dem Freunde*, S. 173.
169 Pickert, »Nach Bushs Einstandsrede ist klarer als je zuvor: Das Grausen ist berechtigt«.
170 Dieses u. alle folgenden Zit. aus Thomas, »In den eigenen vier Wänden«.

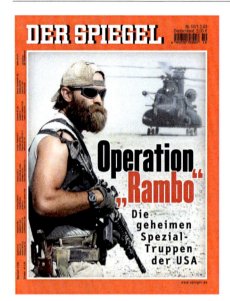

Abb. 4: Der Spiegel, 1.3.2003   *Abb. 5: Buch »Mit Gott gegen alle«*

in ›God's own country‹ (US-Selbstverständnis) nicht ernst nimmt, auf dessen Währung ›In God we trust‹ eingraviert ist, der versteht Amerika nicht. Von Anfang an wollten die USA jene ›Stadt auf dem Berge‹ sein, von der die Bibel gesprochen hat, aber eben auch viele US-Präsidenten. Der ganzen Menschheit wollte sich Amerika anbieten: als verwirklichte Utopie und Vorgriff auf das künftige Himmlische Jerusalem zugleich. Solch maßloser Anspruch dominiert auch die Außenpolitik.«[171]

Der Theologe Hans-Eckehard Bahr schreibt in seinem Buch *Erbarmen mit Amerika*, die USA verstünden ihren »Erwählungsglauben« heute als »religiöse[…] Pflicht, in jedes Land der Welt einzufallen, wenn es als ›finster‹, als terroristisch hingestellt wird.«[172] Damit charakterisiert er die US-Außenpolitik als heuchlerisch. Dies werde vor allem bei Präsident Bush deutlich: »Cäsaropapismus texanisch und Sektenmentalität im Weltmaßstab drohen.«[173] Mit diesem Wortspiel unterstreicht Bahr, für wie gefährlich er Bush hält. Denn der Begriff »Cäsaropapismus« bezeichnet eine Staatsform, bei der der weltliche Herrscher zugleich auch geistliches Oberhaupt ist.

---

171 Hoyng/Spörl, »Krieg aus Nächstenliebe«, S. 91.
172 Bahr, *Erbarmen mit Amerika*, S. 28 u. 31.
173 Ebenda, S. 37.

Das Adjektiv »texanisch« wiederum spielt auf Bushs Herkunft an, wobei es auch allgemein als antiamerikanische Metapher für die angeblich durchweg bigotte und geistig beschränkte Bevölkerung in den US-Südstaaten steht. Der Autor Peter Pilz schreibt in seinem Buch *Mit Gott gegen alle:* »Im Zentrum des neuen amerikanischen Glaubens steht der 11. September. An diesem Tag, versichern die Prediger, habe eine Zeitenwende stattgefunden. Nichts sei wie zuvor. Das Böse habe die Welt überrascht. Damit habe ein Krieg begonnen, der nur als Kreuzzug geführt werden könne. Gott segne Amerika, und los geht's.«[174] Tatsächlich seien die amerikanischen Kriegspläne aber bereits zwei Jahre vor den Anschlägen fertig gewesen: »Der 11. September hat nichts geändert. Er hat nur die Rechtfertigung geliefert, die bis dahin gefehlt hat. [...] Wenn der Krieg um die Köpfe gewonnen ist, können die Kriege um die Weltherrschaft geführt werden.« Pilz kritisiert die religiöse Rhetorik amerikanischer Politiker hier nicht nur, sondern stellt sie darüber hinaus als heimtückische und heuchlerische Finte dar, die helfen solle, eine groß angelegte Verschwörung zur Erringung der »Weltherrschaft« vor der Bevölkerung zu verschleiern. Die Terroranschläge vom 11. September erscheinen dabei als willkommener Vorwand, um die angeblichen Weltkriegspläne endlich in die Tat umsetzen zu können. Auf dem Buchcover wird dieses Bild amerikanischer Kriegslüsternheit mit einer Hand illustriert, die ein rot-weiß-gestreiftes Poster durchstößt und direkt auf den Betrachter zeigt (Abb. 5) – eine Anspielung auf das bekannte Werbeplakat aus dem Ersten Weltkrieg, das die amerikanische Nationalfigur Uncle Sam mit der Aufschrift »I Want You for U. S. Army« zeigt.

Wiederholt zieht Pilz zudem Analogien zwischen der US-Politik und dem Nationalsozialismus – und verweist neben dem Irak- auch auf den Korea- und Vietnamkrieg. Kritische Einwände nimmt er gleich vorweg und schreibt, dass es sich bei den Nationalsozialisten zwar nicht um Amerikaner, sondern um Europäer gehandelt habe. Die EU sei aber »nichts anderes als der gelungene Versuch, aus dem Faschismus in Europa Lehren zu ziehen. Europa hat gelernt. Das amerikanische Lernen aus der eigenen Geschichte steht noch aus.«[175] So setzt Pilz die US-Geschichte eben doch mit der NS-Geschichte gleich und macht letztere in einer bemerkenswerten Volte zu Europas größtem Trumpf, indem er das europäische Eigenkollektiv als moralisch geläutert und fortschrittlich darstellt, Amerika hingegen als archaisch und unbelehrbar.

---

174 Dieses u. alle folgenden Zit. aus Pilz, *Mit Gott gegen alle*, S. 8.
175 Ebenda, S. 244.

Die *FAZ* behauptete am 8. April 2003 ebenfalls ein ideelle Überlegenheit Europas – und forderte eine entsprechende Machtpolitik. In dem Beitrag heißt es zwar zunächst, nach dem Irak-Krieg müssten »Vereinte Nationen und Europäische Union – gedemütigt von der amerikanischen Weltmacht – aus den Ruinen wiederaufgebaut werden.«[176] Jedoch sei »der zivilisatorische Reichtum der Union [...] historisch ohne Beispiel und jetzt bereits dem merkwürdigen Freiheits- und Befreierpathos der amerikanischen Regierung und deren fundamentalistischen Gebeten himmelweit überlegen.« Europa könne »in weniger als einer Generation den Amerikanern und ihrer Weltpolizistenrolle Paroli bieten«, und zwar »mit einem europäischen Heer und einer – sowieso viel effektiveren – europäischen Gesamtdiplomatie«. So wird Europa einerseits als Opfer der amerikanischen Kriegspolitik beschrieben, zugleich jedoch als zivilisatorisch höherwertig – ein Vorteil, der künftig auch machtpolitisch gegen Amerika in Stellung gebracht werden müsse.

Die Beispiele zeigen, dass die US-Außenpolitik hier in einer Weise verdammt wird, die weit über eine sachliche Kritik hinausgeht. Stellenweise werden den USA oder pauschal den Amerikanern nicht nur ein fanatischer Fundamentalismus und gewalttätiger »Missionierungsdrang« zugeschrieben, sondern regelrechte Weltverschwörungspläne. Um dieses Bild zu stützen, werden vor allem historische Analogien bemüht, die Amerika in eine Linie mit dem nationalsozialistischen Deutschland stellen. Die imaginierte amerikanische »Weltherrschaft« erscheint dabei umso gefährlicher, weil sie nicht nur als politisch-militärische Diktatur beschrieben wird. Vielmehr gilt auch die Verbreitung von als »amerikanisch« apostrophierten Werten wie Demokratie und Menschenrechten als subtiles und damit ebenso effektives Mittel amerikanischer Welteroberung. Die USA, so scheint es hier, wollen die Welt nach ihrem Muster gleichmachen, um sie total beherrschen zu können.

Derartige Aussagen sind auch deshalb problematisch, weil sie häufig mit einem doppelten Maßstab operieren. So wird die religiöse Rhetorik amerikanischer Politiker zwar oft wörtlich genommen, die Propagierung von Werten hingegen stets nur als heuchlerisches Deckmäntelchen für die weltweite Verbreitung des »American Way« interpretiert. Die genannten Diskursbeispiele wirken so weniger aufklärend als mystifizierend: Religiosität, außenpolitisches Sendungsbewusstsein und angebliches Nazi-Verhal-

---

176 Dieses u. alle folgenden Zit. aus Schümer, »Der Sieg von Neu-Europa«.

ten werden darin zu einer ideologischen und militärischen Gefahr verbunden, welche die ganze Welt und auch die Deutschen bedroht. Kontrastiert wird dies mit einer angeblichen »zivilisatorischen« Höherwertigkeit Europas, die – etwa in dem zuletzt zitierten *FAZ*-Artikel – zur Begründung europäischer Machtfantasien dient. So entsteht ein dualistisches Bild: Amerika erscheint als gewalttätig, heimtückisch, fundamentalistisch und engstirnig; Deutschland, Europa und der Rest der Welt dagegen als pazifistisch, säkular und demokratisch.

»Als Hitler mit Hitler vergolten wurde«: Deutschland im Bombenkrieg

Die vorangegangenen Diskursanalysen haben gezeigt, dass Amerika im Streit um die US-Außenpolitik nach dem 11. September 2001 immer wieder stereotyp herabgesetzt wird – besonders häufig mittels NS-Vergleichen. Diese Debatte ist stellenweise mit einem weiteren Diskursstrang verschränkt, der geschichtspolitischen Debatte um die Luftangriffe der amerikanischen und britischen Alliierten gegen deutsche Städte im Zweiten Weltkrieg. Ausgelöst wurde diese Debatte im Jahr 2002 durch das Buch *Der Brand. Deutschland im Bombenkrieg 1940–1945* des Historikers Jörg Friedrich. Darin werden über hunderte Seiten hinweg und in allen Einzelheiten die militärischen Methoden der Alliierten und die Zerstörung deutscher Städte geschildert. Problematisch sind dabei nicht nur wiederholte NS-Vergleiche, sondern auch, dass Friedrich die Verbrechen der Deutschen, die den Luftangriffen auf deutsche Städte vorausgegangen waren, nur am Rande erwähnt; die Vernichtung der Juden blendet er fast vollständig aus. In einigen Passagen charakterisiert Friedrich die Luftangriffe der Alliierten sogar als das schlimmste Verbrechen überhaupt: So schreibt er, die Bomberflotte mit ihren rund 500.000 Opfern sei »die schauerlichste Waffe [...], die bisher je auf Menschen gerichtet worden war«,[177] an anderer Stelle spricht er vom »Zivilisationsbruch des strategischen Luftangriffs«.[178] Auschwitz dagegen erwähnt er nicht.

Friedrichs Schilderung liest sich vielmehr so, als habe der Holocaust in den deutschen Städten stattgefunden: »Bombenkrieg ist nicht die herabfallende Tonnage, sondern die lodernde Stadt. Die Behausungen der Generationen [...] werden dabei Gesteinsmassen, die erschlagen, Glutöfen, die

177 Friedrich, *Der Brand*, S. 75.
178 Ebenda, S. 169.

ersticken, Verliese, die vergasen.«[179] Für die deutschen Stadtbewohner habe es »kein Entrinnen mehr« gegeben, denn die brennenden Chemikalien hätten einen »Sturm« entfacht, »der in den Ofen reißt, was sich bewegt.«[180] Auch in den Luftschutzkellern habe es keinen Schutz gegeben: »Keller arbeiteten wie Krematorien.«[181] Friedrich nennt die Toten »Ausgerottete« und vermerkt, die Leichen seien teils mit »Einäscherungsverfahren« verbrannt worden, wie sie im KZ Treblinka verwendet worden seien.[182] Am Ende seines Buches widmet sich Friedrich schließlich den im Bombenkrieg zerstörten deutschen »Kulturgütern« und bezeichnet die in Flammen aufgegangenen Bibliotheksbestände als »größte Bücherverbrennung aller Zeiten«.[183]

»Zivilisationsbruch«, »Vergasen«, »Krematorien«, »Ausgerottete« – die Begrifflichkeiten erinnern suggestiv an die Ermordung der Juden in den Konzentrations- und Vernichtungslagern und legen den Schluss nahe, dass die Luftangriffe der Alliierten mindestens genauso schlimm wie der Holocaust gewesen seien. Zumal Friedrich immer wieder betont, wie sinnlos und unnötig alles gewesen sei. Das Motiv, die hinter dem NS-Regime und dessen Kriegspolitik stehende deutsche Bevölkerung zu demoralisieren – so erfolglos dies auch gewesen sein mag – hält er nicht für diskussionswürdig. Stattdessen behauptet er, die Alliierten hätten eine »Vernichtungspolitik«[184] betrieben und nimmt damit abermals eine Gleichsetzung mit der NS-Politik vor. So laufen Friedrichs Aussagen insgesamt darauf hinaus, dass die amerikanischen und britischen Alliierten einen genauso barbarischen Krieg wie NS-Deutschland geführt hätten.

In den deutschen Medien wurden Friedrichs Thesen teils kritisch, teils aber auch zustimmend diskutiert. Das zeigt etwa ein *Welt*-Artikel mit der Überschrift »Als Hitler mit Hitler vergolten wurde – der Bombenkrieg«.[185] Damit werden die Luftangriffe der Alliierten plakativ mit den NS-Methoden gleichgesetzt. Im Text heißt es zudem, die Bombardierung Dresdens sei »ein Kriegsverbrechen ohne völkerrechtliche Legitimation« gewesen. Um diese »schlichte Erkenntnis« habe »sich die westdeutsche Öffentlichkeit lange gedrückt«. Belege für diese angebliche Tabuisierung bringt der

---

179 Ebenda, S. 519.
180 Ebenda, S. 14.
181 Ebenda, S. 110.
182 Ebenda, S. 432.
183 Ebenda, S. 10.
184 Ebenda, S. 93.
185 Dieses u. alle folgenden Zit. aus Keil, »Als Hitler mit Hitler vergolten wurde«.

Autor allerdings nicht. Stattdessen heißt es weiter, inzwischen sei erwiesen, »dass nicht die Rüstungsbetriebe Dresdens das Ziel der Bomber waren, sondern die kulturell wertvolle Altstadt«. Auch diese These bleibt unbelegt. Vielmehr ist hier anzumerken, dass es sich bei der These von der sinnlosen Zerstörung der »Kulturstadt« Dresden um einen Mythos handelt, der auf NS-Propagandaminister Goebbels zurückgeht.[186] In der *Welt* heißt es hingegen weiter: »Dresden steht exemplarisch für sinnlose militärische Gewalt gegen zivile Ziele. Für zehntausendfaches Sterben, für die Vernichtung unschätzbarer Kulturgüter. Und besonders für die Strategie der alliierten Kriegsführung, über die einst Mahatma Gandhi urteilte: ›In Dresden und Hiroshima hat man Hitler mit Hitler besiegt.‹« Damit wird die eingangs erwähnte Gleichsetzung als Zitat des Protagonisten der indischen Unabhängigkeitsbewegung ausgewiesen. Es handelt sich also um ein Autoritätsargument, das die zuvor gebrachten Thesen bestätigen soll – ein inhaltlicher Beleg ist dies freilich nicht.

Der *Spiegel* startete am 6. Januar 2003 sogar eine ganze Serie über die Luftangriffe der Alliierten. Titelschlagzeile: »Als Feuer vom Himmel fiel – Der Bombenkrieg gegen die Deutschen«. Im einleitenden Artikel ist von einer »Einäscherung Hamburgs« die Rede; über Dresden wird berichtet, dass dort »Bergungskommandos mit KZ-Erfahrung [...] Scheiterhaufen errichten« mussten, um die vielen Toten zu verbrennen.[187] Die hier zutage tretende Kollektivsymbolik erinnert an die Darstellung Jörg Friedrichs: »Feuer«, »Einäscherung«, »Scheiterhaufen« – diese Worte stehen für unmenschliche Taten und brutale Vernichtung wie in den Konzentrationslagern der Nationalsozialisten. Ähnlich wie im zuvor zitierten Beispiel wird außerdem behauptet, dass es in der Nachkriegszeit tabu gewesen sei, die Luftangriffe zu thematisieren: »Kaum jemand wagte es fortan, öffentlich die Frage aufzuwerfen, ob die Flächenbombardierungen der Angloamerikaner im Zweiten Weltkrieg tatsächlich allesamt militärisch unabdingbar und ethisch vertretbar gewesen seien.«

Schließlich wird auch ein Bogen zur Gegenwart gezogen: »Der Rückblick auf die Bombenangriffe von 1943« werfe »ganz ähnliche Fragen auf

---

186 Während der Luftangriffe hatte NS-Propagandaminister Goebbels eine Pressekampagne gestartet, die in den neutralen Ländern Mitgefühl für Deutschland wecken sollte. Ein im Ministerium verfasster Kommentar betonte die Zerstörung der Kulturstadt Dresden und behauptete, dass die Industrie der Stadt ohne Bedeutung für den Krieg sei – obwohl zahlreiche Betriebe in die Kriegswirtschaft einbezogen waren und sich hier ein Eisenbahn-Knotenpunkt befand. Vgl. Burger, »Der Mythos von der unschuldigen Stadt«.
187 Dieses u. alle folgenden Zit. aus Bölsche, »So muss die Hölle aussehen«.

wie die Debatte über US-Kriegspläne […]: Ob ein Krieg gegen den Terror auch mit Terrorangriffen geführt werden darf; unter welchen Umständen es statthaft sein könnte, Frauen, Greise und Kinder in Flammen aufgehen zu lassen; wann so genannte Kollateralschäden als Kriegsverbrechen gelten müssen«. Nicht zuletzt vor dem Hintergrund der deutschen Irakkriegs-Debatte im Jahr 2003 ist diese Gleichsetzung infam: Schließlich hielt die Mehrheit der deutschen Bevölkerung den geplanten Militäreinsatz gegen den Irak für falsch und dessen Begründung an den Haaren herbeigezogen. So wird suggeriert, dass die Luftangriffe der Alliierten gegen das national-sozialistische Deutschland, die hier wörtlich als »Terrorangriffe« bezeichnet werden, ebenfalls völlig sinnlos gewesen seien. Dies ist eine Argumentationsweise, die nahtlos an entsprechende Äußerungen aus dem rechtsextremistischen Milieu anschließt.[188]

In Bezug auf die Luftangriffe im Zweiten Weltkrieg beklagt auch Hans-Eckehard Bahr in seinem Buch *Erbarmen mit Amerika*, dass die Amerikaner nichts aus der Geschichte gelernt hätten: »Vollends tabuisiert sind in der angelsächsischen Erinnerung nach wie vor die Hunderttausende deutscher Frauen und Kinder, die von 1942 bis 1945 in den Flächenbombardements der Alliierten verbrannten, erstickten oder verschüttet wurden. […] Eine Diskussion über diese Untaten fehlt noch immer in der amerikanischen Gesellschaft.«[189] Deutschland dagegen habe gelernt und sei heute ein pazifistisch eingestelltes Land, so Bahr. Amerika solle sich dies zum Vorbild nehmen: »Einsicht, Reue über die inneren Schäden bei den eigenen Soldaten könnte in einem langen Prozess auch in Amerika zu jenen drei Phasen der Buße führen, die wir Deutsche in fast sechzig Nachkriegsjahren durchlaufen haben.«[190] Damit stellt Bahr die Deutschen als moralisch geläutert und gewissermaßen auf einer höheren Zivilisationsstufe befindlich dar, die Amerikaner hingegen als uneinsichtige Ewiggestrige.

---

188 So schrieb der NPD-Funktionär Jürgen Gansel zum 60. Jahrestag der Luftangriffe auf Dresden, man könne »tatsachengestützt von einem ›Bomben-Holocaust‹ an den Deutschen sprechen.« Die »Vergangenheitsbewältigung« sei »ein entscheidendes Herrschaftsinstrument zur Ruhigstellung des deutschen Volkes. […] Durch injizierte Schuldgefühle sollen die Deutschen moralisch gedemütigt, politisch bevormundet und finanziell ausgepresst werden.« (Gansel, »Erklärung zu der Aktuellen Debatte anläßlich der Bombardierung Dresdens 1945«). Gansel stellt hier den Begriff »Holocaust« als Totschlag-Argument dar, das nicht zuletzt dazu diene, die Deutschen finanziell zu erpressen, obwohl doch die Amerikaner auch einen »Holocaust« auf dem Gewissen hätten – eine deutliche Verkehrung von Tätern und Opfern.
189 Bahr, *Erbarmen mit Amerika*, S. 138.
190 Ebenda, S. 139.

Die genannten Beispiele zeigen, wie in der Debatte um die Luftangriffe im Zweiten Weltkrieg immer wieder kolportiert wird, die Alliierten hätten blindwütig deutsche Kulturschätze zerstört und Menschen abgeschlachtet – in NS-Manier und wie im Holocaust. Die vorangegangenen Verbrechen der Deutschen dagegen werden ausgeblendet oder relativiert. Derartige Deutungen sind nicht nur in Büchern, sondern auch in großen deutschen Medien zu finden. Die Deutschen erscheinen dabei als wehrlose Opfer, Amerikaner und Briten werden zu skrupellosen Tätern dämonisiert. Die häufigen Vergleiche zu den Kriegen der jüngeren Vergangenheit legen zudem nahe, die USA hätten nichts aus ihrer Vergangenheit gelernt – im Gegensatz zu den angeblich nun friedliebenden Deutschen. Dieses Bild dient schließlich auch der Untermauerung des Wunsches, die Deutschen sollten sich endlich von den Siegern im Zweiten Weltkrieg emanzipieren.

»Demokratischer Faschismus«: Die amerikanische Öffentlichkeit

Neben der amerikanischen Außenpolitik werden wiederholt auch die Verhältnisse im Inneren der USA angeprangert. Dabei wird die Kritik ebenfalls teils drastisch überzeichnet. So schrieb die *Welt* Anfang 2002 über die öffentliche Stimmung in den USA nach den Terroranschlägen: »Es war die Zeit eines beleidigten Patriotismus, den Politik, Medien, Akademia uniform und in strammer Haltung annahmen.«[191] Die Amerikaner machten zwar »ungeheuer viel Aufhebens [...] um die säkulare Reliquie des ersten Verfassungszusatzes (Freedom of speech)«, doch »die Kulturkrieger des Landes« seien »höchst intolerant bei von der Norm abweichenden Meinungen.« Eine »Reliquie« ist ein Gegenstand religiöser Verehrung; mit der Bezeichnung der Redefreiheit als »säkularer Reliquie« der US-Verfassung wird also nahegelegt, dass die Redefreiheit in Amerika quasi-religiös verehrt werde. Zugleich wird betont, dass ein »Kulturkrieg« im Gange sei. Nicht nur der Ausdruck »Krieger«, sondern auch die Wendungen »uniform« und »stramme Haltung« sind sonst aus militärischen Zusammenhängen bekannt. Insgesamt entsteht so das Bild, dass sich die amerikanische Verehrung der Redefreiheit in der Realität der USA nicht wiederfinde und deshalb scheinheilig sei. Politik, Medien und die Wissenschaft werden stattdessen als kriegslüstern charakterisiert.

---

191 Dieses u. alle folgenden Zit. aus Schmitt, »Nichts ist ärgerlicher als der Patriotismus der Amerikaner«,.

Die *FTD* ging noch weiter und schrieb, in der unkritischen Berichterstattung der US-Medien spiegele sich »eine Gesellschaft, die in einem für Europäer unvorstellbaren Maß auf den Kult von Vaterland, Fahne, Soldatentum und Männlichkeit eingeschworen ist.«[192] Dabei handelt es sich ebenfalls um militärische und patriarchale Zuschreibungen, die hier als Teil eines »Kultes« der Amerikaner, also einer Form übertriebener Verehrung, dargestellt werden. So erscheinen nicht nur Medien, Politik und öffentliche Institutionen, sondern die gesamte amerikanische Öffentlichkeit als rückständig, blind nationalistisch und kriegsbereit. Hans-Eckehard Bahr schreibt dazu in seinem Buch *Erbarmen mit Amerika*, der Patriotismus werde den Amerikanern schon in der Schule eingeimpft: »Die Erziehung ist durch und durch eine nationalreligiöse. Das korrekte Aufziehen, Falten und Aufbewahren der amerikanischen Flagge steht auf dem Lehrplan.«[193]

Der *Tagesspiegel* zitierte im Dezember 2008 den in New York lebenden deutschen Historiker Wolfgang Schivelbusch mit der Aussage, seit dem Amtsantritt von Präsident Bush erlebe er die USA »als eine Art sanften, demokratischen Faschismus, ohne äußere Repression und Völkermord im Inneren, ein alle erstickender Konformismus, der Konflikte unsichtbar macht.«[194] Mit der rhetorischen Figur »demokratischer Faschismus«, einem Oxymoron, bringt Schivelbusch zum Ausdruck, dass die gesellschaftlichen Zustände in Amerika formell zwar demokratisch seien, inhaltlich jedoch konformistisch und sogar faschistisch.

Wiederholt ist auch von einer umfassenden Beeinflussung und Steuerung der amerikanischen Öffentlichkeit die Rede. Der Soziologe Bernd Hamm schreibt in seinem Buch *Gesellschaft zerstören*, »vor allem konservative Stiftungen wie die Olin oder die Heritage Foundation und ihre Denkfabriken« hätten »praktisch jede Fragestellung entsprechend ihrer Meinung gestaltet, und Milliarden Dollar investiert, um Begriffswelten und ihre Sprache zu verändern.«[195] Im Folgenden listet Hamm zahlreiche Vorwürfe gegen die genannten Stiftungen auf: »Sie haben innerhalb und außerhalb von Universitäten Professuren und Institute eingerichtet, an denen Intellektuelle Bücher aus konservativer Unternehmenssicht schreiben. Jahr für Jahr vergeben konservative Stiftungen umfangreiche Stipendien an ihren Think Tanks. Sie richten Infrastrukturen und Fernsehstudios ein, werben

---

192 Dieses u. alle folgenden Zit. aus Klau, »Im patriotischen Morast«.
193 Bahr, *Erbarmen mit Amerika*, S. 32.
194 Zit. nach Laudenbach, »Der große Schwindel«.
195 Dieses u. alle folgenden Zit. aus Hamm, »Einleitung«.

Intellektuelle an, legen Geld zur Seite, um möglichst viele ihrer eigenen Bücher kaufen zu können, damit diese auf die Bestsellerlisten gelangen, stellen für ihre Intellektuellen Assistenten ein, damit sie im Fernsehen gut rüberkommen, und engagieren Agenten, die sie ins Fernsehen bringen.« Hamms Darstellung suggeriert, dass die konservativen Stiftungen die öffentliche Meinung in den USA komplett im Griff haben. Seine Aussage, dass diese »Milliarden Dollar investiert« hätten, um den Diskurs nach ihrem Gusto zu formen, bleibt dabei unbelegt. Ebenso die Behauptung, dass die Stiftungen gezielt den Verkauf eigener Bücher manipulierten und »Agenten« in den TV-Sendern installiert hätten, die für Medienauftritte der eigenen Experten sorgten. So zeichnet Hamm ein verschwörungstheoretisches Bild: Die konservativen Stiftungen erscheinen darin als Strippenzieher, die Amerika mühelos in eine ihnen genehme Richtung lenken. Dass es auch liberale Stiftungen in den USA gibt, ignoriert Hamm dagegen; ebenso die Tatsache, dass auch in Deutschland verschiedene Stiftungen Politik, Medien und Öffentlichkeit mit ihrer Arbeit beeinflussen.[196]

Das NDR-Medienmagazin *Zapp* erweckte zudem in seiner Ausgabe vom 4. Mai 2005 den Anschein, in den USA werde die Meinungsfreiheit systematisch durch Zensur und Medienkontrolle eingeschränkt. In einem Beitrag über die »Medienszene in den USA« wird geschildert, wie NDR-Chefreporter Christoph Lütgert für einen Dreh in einem texanischen Sportstadion, in dem Bush seine Karriere als Geschäftsmann begonnen hatte, eigens eine Drehgenehmigung des Weißen Hauses einholen musste. O-Ton Lütgert: »Also eine solche allumfassende Kontrolle, also eine solche allumfassende Zensur ist für Deutschland unvorstellbar.«[197] Als weiteres Beispiel wird geschildert, wie Lütgert bei einer Pressekonferenz von US-Präsident Bush seine Kamera »um einen Meter neben dem zugewiesenen Platz« verstellt habe. Dies sei »fast schon ein Kapitalverbrechen« gewesen. Lütgert: »Da kam ein Polizist auf mich zu und brüllte mich an: ›Wenn Sie das hier noch einmal versuchen, dann wandern sie ins Gefängnis.‹« Ein amerikanischer Journalist habe ihm bestätigt, dass der Polizist dies ernst gemeint habe. Noch einmal Lütgert: »Da kann ich wirklich nur sagen, ich bin froh, ein Journalist in Deutschland zu sein und nicht in Amerika. Dieses Gefühl, dass Amerika im Umgang mit der Presse ein Polizeistaat ist, das hat man in der Tat und so etwas, was ich dort erlebt habe, ist in Deutschland unvorstellbar.«

---

196 Vgl. dazu Rapp/Jowanowitsch, »Ghostwriter der Politik«.
197 Dieses u. alle folgenden Zit. aus »Die Medienszene in den USA« (TV-Beitrag).

Das Drehverbot und der rüde Umgang eines Polizisten mit dem deutschen Reporter – beides zweifelsohne kritikwürdig – werden hier verallgemeinert zu einer »allumfassenden Kontrolle« und »Zensur« wie in einem »Polizeistaat«. Dabei schließt Lütgert aus einer für ihn unangenehmen individuellen Erfahrung auf das Gesamtverhältnis des amerikanischen Staates zu den Medien. Zudem stellt er die Verhältnisse in den USA in einen völligen Gegensatz zu Deutschland – mit der Behauptung, »so etwas« sei hierzulande »unvorstellbar«. Diese These hält einer Prüfung kaum stand, wie die jährlichen Ranglisten zur Pressefreiheit der Organisation Reporter ohne Grenzen zeigen.[198] Dennoch erweckt der TV-Beitrag den Eindruck, als gebe es diesbezüglich nur in Amerika Probleme. Die USA erscheinen als totalitäre Gesellschaft, Deutschland dagegen als demokratisches Paradies der Meinungsfreiheit.

So wird Amerika wiederholt als Ganzes verteufelt. Denn in der Debatte um die öffentliche Meinung in den USA werden nicht nur Manipulations- und Zensurvorwürfe gegen amerikanische Politiker und Meinungsmacher geäußert sowie Vorwürfe gegen die Medien, gleichförmig und blind patriotisch zu berichten. Vielmehr wird auch die Bevölkerung verdammt, indem sie als willenlose, gelenkte nationalistische Masse beschrieben wird, die gar keine besseren Zustände anstrebe. Selbstverständlich ist nichts dagegen einzuwenden, die öffentliche Debatte in den USA zu kritisieren. In den zitierten Diskursbeiträgen wird der amerikanischen Gesellschaft jedoch pauschal abgesprochen, andere Meinungen überhaupt zuzulassen.

»Der Colt als Leitkultur«: Amokläufe in den USA

Ein regelmäßig aufkommendes Thema in den deutschen Medien stellt auch die Rolle der Gewalt in der amerikanischen Gesellschaft dar – vor allem im Zusammenhang mit Amokläufen. Und auch hier werden sachlich begründete Argumente immer wieder mit pauschalen und stereotypen Zuschrei-

---

198 Demnach standen die USA in den Regierungsjahren von George W. Bush zwar auf schlechteren Plätzen als Deutschland: Im Jahr 2005 zum Beispiel auf Rang 44, Deutschland auf 18; vgl. Reporter ohne Grenzen (Hg.), »Ranglisten Pressefreiheit«. Schon 2009 rückten die USA allerdings wieder auf Platz 20 vor. Und auch Deutschland, das weiter auf Platz 18 stand, wurde von der Journalisten-Organisation kritisiert, etwa wegen des BKA-Gesetzes, das Online-Durchsuchungen und Telefon-Überwachungen ermöglicht sowie wegen vereinzelter körperlicher Übergriffe auf Journalisten; vgl. Reporter ohne Grenzen (Hg.), »Allgemeine Erläuterungen zur Rangliste der Pressefreiheit 2009«.

bungen verknüpft. Nachdem bei Schießereien auf dem Gelände der Technischen Universität Virginia in Blacksburg im April 2007 Dutzende von Menschen getötet worden waren, erschien im *Tagesspiegel* ein Kommentar mit der Überschrift: »Der Colt als Leitkultur«.[199] Darin heißt es zwar zunächst einschränkend, dass sich die Gewaltgrenzen auch in Deutschland immer weiter verschöben. Vorbild seien dabei jedoch die USA: »Nicht nur in diesem Fall liefert Amerika für einen großen Teil der Welt die Leitkultur.« Durch das Bild vom »Colt«, der allseits bekannten US-Pistolen-Marke, wird diese Behauptung noch unterstrichen. Weiter heißt es, Präsident Bush stehe »für das Gegenteil jeglicher Selbstbesinnung« und einen »Mangel an demokratischer, an rechtlicher Kultur.« Auf Bush laste wohl eine Art »biblischer Fluch. Guantanamo ist sein Menetekel, im Irak öffnen sich die von Saddam angedrohten ›Tore der Hölle‹, die von Washington so lange negierte Klimakatastrophe sendet ihre Sturmboten, Amerika erlebt Amok. Nein, Bush bringt kein Glück.« Damit wird der Amoklauf von Blacksburg apokalyptisch mit verschiedenen anderen negativ besetzten Themen wie der amerikanischen Außenpolitik und dem Klimawandel verknüpft, die ursächlich nicht zusammenhängen. So wird die Gewalttat in zynischer Weise als fast schon zwangsläufige Folge der amerikanischen Politik dargestellt.

Auch der *Kölner Stadt-Anzeiger* geißelte nach dem Amoklauf von Blacksburg den »amerikanischen Waffenkult«.[200] In den USA dürften selbst Parlamentarier eine eigene Waffe mit ins Parlament nehmen: »Der Wahnsinn hat also Methode.« Es handele sich um eine »Gesellschaft, in der die Waffe als Freiheits- und Männlichkeitsemblem vergöttert wird.« Im Folgenden nennt der Autor weitere Beispiele: »Die Eltern sind stolz, wenn Sohn oder Tochter Soldat werden, der gemeinsame Jagdausflug ist vielerorts Familientradition, und Tarnkleidung gibt es schon für Kindergartenkinder. Politisch und popkulturell setzt sich die Waffengewalt als Leitmotiv fort: in den endlosen Schieß- und Gewaltorgien Hollywoods und in der Außenpolitik, die Krieg als normales Mittel der Politik begreift.« So recht der Autor in einzelnen Punkten haben mag, erscheint seine Schilderung in ihrer Art der Verallgemeinerung doch gewaltig überzogen und erweckt einen geradezu grotesken Eindruck: Als ob das Leben des typischen Amerikaners vom Kindergartenalter an von der Lust am Spiel mit der Waffe bestimmt sei. Gewalttaten wie die von Blacksburg erscheinen so nur als logische Folge der gesellschaftlichen Verhältnisse in den USA.

---

199 Dieses u. alle folgenden Zit. aus Becker, »Der Colt als Leitkultur«.
200 Dieses u. alle folgenden Zit. aus Günther, »Wahnsinn mit Methode«.

Der Autor Georg Milzner bezeichnet Amokläufe gar als »amerikanische Krankheit«, also als spezifisch amerikanisches Phänomen.[201] Im Klappentext seines gleichnamigen Buches zum Thema aus dem Jahr 2010 heißt es, diese Krankheit habe mittlerweile auch andere Länder »infiziert« – vor allem Deutschland. Das Verb »infizieren« impliziert dabei, dass Deutschland der Gefahr machtlos ausgesetzt sei – wie einem gefährlichen Krankheitserreger. Im Buch erläutert Milzner zwar, dass die Zahl der Todesopfer von Amokläufern in Deutschland – auf die Bevölkerungszahl bezogen – fast genauso hoch sei wie in den USA. Jedoch sei »der Hintergrund des modernen Amoklaufs in den Leitbildern der amerikanischen Kultur zu suchen«.[202] Konkret nennt Milzner den aus US-Westernfilmen bekannten »einsamen Rächer« – auch »die Präsidentschaft George W. Bushs« werde »von den Mythen des Westerns getragen«.[203] Anders dagegen in Europa. Denn wo in den USA »Einzelne zu Gesetzlosen« würden, da seien es »in der europäischen Tradition entweder die trickreichen Diebe, oder aber die Bandenführer, denen die soziale Bühne gehört. [...] Der Bandenführer ist ein Erster unter Gleichen. Auf alternative Weise ist er gerecht.«[204] Als Beispiele nennt er die spätmittelalterliche Heldenfigur Robin Hood und den legendären Seeräuber Klaus Störtebeker. Milzner sagt damit aus, dass die historischen Leitbilder Europas zwar auch mit Gewalt konnotiert seien, aber mit einer »gerechten« Form der Gewalt. Den amerikanischen »Rächer« hingegen charakterisiert er als brutalen Einzelkämpfer – und direktes Vorbild des modernen Amokläufers. Die Amokläufe der vergangenen Jahre seien nun auch dadurch zu erklären, dass die Gewalt in der amerikanischen Gesellschaft immer mehr aus der Tabuzone geholt werde. Milzner kritisiert in diesem Zusammenhang neben der Politik von US-Präsident Bush vor allem die Medien und dabei insbesondere gewaltverherrlichende Filme, außerdem Computerspiele, die leichte Zugänglichkeit von Waffen und die Verbreitung harter Drogen.

Doch warum konnte das angeblich so »amerikanische« Phänomen des Amoklaufs auch in Deutschland Fuß fassen, in Milzners Worten: »Warum nun fand der Amoklauf als Merkmal einer anderen Kultur hier keinen Widerstand? Wie vermochte dies Virus in den Organismus unserer Kultur

---

201 Milzner, *Die amerikanische Krankheit*.
202 Ebenda, S. 12.
203 Ebenda, S. 96.
204 Ebenda, S. 106.

einzudringen?«[205] Seine Antwort: »Vermutlich breitet er sich als kulturelle Erkrankung dort besonders leicht aus, wo ihm an kultureller Identität wenig entgegensteht. In Deutschland zum Beispiel, wo die kulturelle Identität infolge des Zweiten Weltkriegs gebrochen ist«.[206] Damit behauptet Milzner nicht nur, dass der Amoklauf ein »Merkmal« der amerikanischen Kultur sei, sondern auch, dass sich diese Kultur der Gewalt in Deutschland nur durchsetzen konnte, weil die Deutschen über keine gefestigte nationale Identität mehr verfügen – aufgrund des Sieges der Alliierten über das nationalsozialistische Deutschland.

An anderer Stelle schreibt Milzner nebulös, dass Deutschland so »die Bereitschaft mitgebracht« habe, »auf amerikanische Weise Strukturen zu schaffen, die den Amoklauf begünstigen.«[207] Was versteht Milzner unter diesen »Strukturen«? Er schreibt, »sowohl der Kapitalismus in seiner globalisierten Variante als auch die Kultur des Sehens und Gesehen-Werden-Müssens« seien »hierbei verdächtig, mentale Modelle bereitzustellen.«[208] Damit begründet er Amokläufe mit einer Ich-Bezogenheit, die der gegenwärtigen Form des Kapitalismus entspringe. Eine solche These ist diskussionswürdig. Doch warum spricht Milzner dann von »Strukturen«, die »auf amerikanische Weise« geschaffen worden seien – und nicht von Begleiterscheinungen des globalisierten Kapitalismus? Seine Argumentation legt nahe, dass der Kapitalismus vor allem ein amerikanisches Phänomen sei.

Die Auswege, die Milzner benennt, sind denn auch äußerst vage. So schreibt er, mit den »Folgen« dieser »Strukturen« könne Deutschland nur folgendermaßen fertig werden: »Indem wir uns auf die eigenen kulturellen Ressourcen besinnen. Was nicht als psychologischer Anti-Amerikanismus zu verstehen ist, eher als notwendige kulturelle Emanzipation.«[209] Was Milzner damit konkret meint, bleibt unklar. So hinterlassen seine Thesen vor allem ein ungutes Gefühl: Die Deutschen können der »amerikanischen« Kultur der Gewalt demnach nur entgehen, indem sie sich auf die eigene, »soziale« Kultur besinnen. Indem Milzner hier explizit das Personalpronomen »wir« verwendet, schließt er seine Leser in diese deutsche Wir-Gruppe ausdrücklich ein – und verstärkt so den Kontrast zur Fremdgruppe der Amerikaner.

---

205 Ebenda, S. 12.
206 Ebenda, S. 76 f.
207 Ebenda, S. 186.
208 Ebenda, S. 78.
209 Ebenda, S. 186 f.

Insgesamt geht die deutsche Debatte zu Amokläufen weit über eine sachliche Thematisierung der Rolle der Gewalt in der amerikanischen Gesellschaft hinaus.[210] Es dominiert ein einseitiges, stereotypes Bild: Gewalt und Waffenfetisch werden als konstitutive Merkmale der amerikanischen Gesellschaft gedeutet, die in geradezu logischer Folge zu Gewalttaten wie der von Blacksburg führen müssten. Selbst die Tatsache, dass auch in Deutschland immer wieder Amokläufe stattfinden,[211] kann dieses Bild nicht brechen. Im Gegenteil: Indem behauptet wird, Amerika habe Deutschland mit seiner gewalttätigen Kultur »infiziert«, erscheinen die Deutschen als schuldlose Opfer der »amerikanischen Krankheit«.

»Wildwest-Justiz«: Das amerikanische Rechtssystem

Mit Unverständnis, stereotypen Mustern und Klischees wird auch das amerikanische Rechtssystem beschrieben. So heißt es im *Schwarzbuch USA* von Eric Frey: »In amerikanischen Gerichten kann es vorkommen, dass ein Star wie O. J. Simpson trotz erdrückender Mordbeweise freikommt, während ein Ladendieb zu lebenslanger Haft verurteilt wird. Die Flut von Schadenersatzklagen und Sammelklagen führt zu absurden Prozessen und Millionenurteilen.«[212] In vielen amerikanischen Spielfilmen und Serien werde der Gerichtssaal zwar »verherrlicht«, tatsächlich handele es sich jedoch um »eine Lotterie mit höchst unterschiedlichen Gewinnchancen.«[213] So seien die Pflichtverteidiger »meist schlecht vorbereitet, gelegentlich betrunken oder übermüdet«. Polizei und Staatsanwaltschaft hingegen stünden »unter massivem Druck, einen Schuldigen zu präsentieren und zu verurtei-

---

210 Dass es auch sachlich geht, zeigt Andrian Kreye in der *SZ*. Kreye schreibt, die Amerikaner hätten wegen der Entstehungsgeschichte der Vereinigten Staaten einen anderen Freiheitsbegriff als die Europäer: Das Tragen einer Waffe habe den Siedlern die Möglichkeit gegeben, sich gegen etwaige Unterdrücker zu wehren. Kreye: »Wir müssen diesen Freiheitsbegriff nicht gut finden. Wir müssen ihn nur verstehen.« (Kreye, »Freiheit, die sie meinen«). Der ARD-Journalist Tom Buhrow ergänzt, die inneramerikanische Diskussion um die Waffengesetze habe heute eher symbolischen Charakter, »vergleichbar mit der deutschen Diskussion über Tempolimit auf Autobahnen. Es ist eine Art Kulturkampf.« (zit. nach Klein, »Ein tiefes Gefühl, dass Waffen dazugehören««).
211 Eine vergleichende internationale Statistik zu Amokläufen gibt es nicht. Laut dem Psychologen Jens Hoffmann waren bis März 2009 in Deutschland nach den USA die zweitmeisten Fälle zu verzeichnen; vgl. Bandar, »Studie zu Amokläufen«.
212 Frey, *Schwarzbuch USA*, S. 253.
213 Dieses u. alle folgenden Zit. ebenda, S. 256 ff.

len – und sei es durch manipulierte Beweise.«Jenseits dessen, dass Ungerechtigkeiten und Willkür fraglos kritisiert werden müssen, wird das
Rechtssystem der USA hier verallgemeinernd als völlig willkürlich dargestellt. Auf *Spiegel Online* war im Dezember 2007 in einem ähnlichen Tenor
von »Wildwest-Justiz« die Rede.[214] Immer wieder werden dabei in süffisantem Ton entsprechende Ge-
richtspossen aus den USA geschildert. So berichtete *Spiegel Online* Ende
2006 über den Fall eines 12-jährigen Jungen aus dem US-Bundesstaat
South Carolina, der auf Geheiß seiner Mutter verhaftet und mit Handschellen abgeführt wurde.[215] Der Grund: Der Junge hatte sein Elternhaus
nach Weihnachtsgeschenken durchsucht, ein Computerspiel gefunden und
dann mit diesem gespielt. Nur wenige Tage später erschien bei *Spiegel Online* ein ähnlicher Artikel über einen Vorfall in Texas, Überschrift: »Vierjähriger der sexuellen Belästigung beschuldigt«.[216] Demnach habe der Junge
»sein Gesicht in die Brüste« einer Angestellten seiner Vorschule »gerieben«,
woraufhin der Rektor die Eltern verwarnt und einen Vermerk in die Schul-
akte eingetragen habe. *Spiegel Online* richtete dazu ein Leser-Forum ein. Die
von der Redaktion gestellte Eingangs-Frage lautete: »Amerika, du hast es
besser – wirklich? Akteneintrag für kuschelnde Kindergartenkinder, Handschellen für Geschenkeschnüffler – die US-Justiz erlaubt drastische Maßnahmen auch gegen Minderjährige. Ist das ein Vorbild für Europa?«[217]
Innerhalb weniger Tage äußerten sich hunderte Leserinnen und Leser
zu der Frage. So heißt es in einem Beitrag: »es ist aber zu verrückt, um zu
lachen… Knarren kaufen im Supermarkt… man darf jeden umnieten, der
auf deinen Rasen tritt, Polizisten ballern Dutzende von Kugeln auf Unbe-
waffnete […] und dann wagen diese Lieblinge Gottes es tatsächlich, Klein-
kinder wegen einer Berührung an der Brust einzusperren? […] Um Gottes
Willen, das nimmt ja mittlerweile Züge an, wie eine christliche Scharia…«
Ein anderer Nutzer schreibt: »Die USA sind ja für ihr Prüderie berühmt
berüchtigt.« In einem dritten Beitrag heißt es: »langsam schockt mich
nichts mehr, was aus amerika kommt.« Und weiter: »ein vorbild? wenn wir
untergehen wollen, gern. aber außer dekadenz fällt mir nichts ein, was wir
von den usa lernen könnten.« Weit über zwei Drittel der Beiträge sind in
einem ähnlichen Ton verfasst. Auch wenn diese nicht repräsentativ sind,

---

214 Kröger, »Politiker empört über Kidnapping im Staatsauftrag«.
215 »Zu früh gespielt – Mutter lässt Sohn in Handschellen abführen« (ffr).
216 »Vierjähriger der sexuellen Belästigung beschuldigt« (jjc).
217 www.forum.spiegel.de/showthread.php?t=1054 (abgerufen am 14.12.2006).

ist der Tenor aussagekräftig: Das US-Rechtssystem ist demnach nur Ausdruck einer generellen Verdorbenheit der amerikanischen Gesellschaft, die als dekadent, egozentrisch, prüde, fundamentalistisch und heuchlerisch charakterisiert wird. So dienen die Berichte über kritikwürdige und skurril erscheinende Justizfälle hier als Anlass für eine klischeehafte und pauschale Verdammung Amerikas.

Nicht nur in Online-Foren werden derart stereotype Bilder kolportiert. Im Kundenmagazin der Fluggesellschaft Air Berlin vom Februar 2005 etwa findet sich eine Karikatur, die sich auf das damals eingeführte Antidiskriminierungsgesetz in Deutschland bezieht, wonach Job- oder Wohnungs-Bewerber nicht mehr wegen ihrer Herkunft oder des Geschlechts abgelehnt werden dürfen. Überschrift: »Amerikanische Verhältnisse« (Abb. 6). Die Zeichnung zeigt eine Szene in einem Fahrstuhl: Ein rot angelaufener Mann im Anzug blickt schwitzend und verschämt in eine Ecke. Neben ihm steht eine nur spärlich bekleidete Frau. In einer von der Frau ausgehenden Denkblase steht: »Wenn er mich jetzt anschaut, muss er zahlen!« Damit wird implizit ausgesagt, dass Männer in den USA selbst für so etwas Harmloses wie das Anschauen einer Frau verklagt werden könnten. Die vermeintlichen »amerikanischen Verhältnisse« werden damit nicht nur als äußerst prüde charakterisiert, sondern auch als Gefahr dargestellt, die auf das deutsche Rechtssystem überzugreifen drohe.

Oft wird dabei auch nur Spott geäußert. So berichtete *Bild.de* in sensationsheischendem Ton, in den USA gebe es »haufenweise verrückte Gesetze«:[218] Mancherorts dürften in den USA Mineralwasserflaschen nur unter Aufsicht eines Ingenieurs geöffnet werden, in Nevada sei es illegal, ein Kamel auf dem Highway auszureiten und in Alabama dürften Autofahrer am Steuer keine Augenbinde tragen. »Bei Verstößen warten durchaus saftige Bußgelder. Manchmal sogar Gefängnis. Aber wer kennt schon all diese irren Gesetze?« Auch das MDR-Reisemagazin »Windrose« berichtete, in den USA gebe es »kuriose Verordnungen [...], die – bar jeder Vernunft – auch heute noch Gültigkeit besitzen.«[219] Und weiter: »Uns Europäern bereitet das einfach nur Kopfschütteln«. Teilweise hätten »diesen Schwachsinn« puritanische Einwanderer verordnet, die sehr prüde gewesen seien. Und noch eine andere Erklärung gebe es: Die Städte, Gemeinden und Staaten wollten Schadenersatzforderungen aus dem Weg gehen. So heißt es zur Erläuterung, warum in einigen Städten das Tragen von Stöckelschuhen

---

218 Dieses u. alle folgenden Zit. aus »Fische mit dem Lasso fangen verboten!« (o. V.).
219 Dieses u. alle folgenden Zit. aus »Windrose« (TV-Magazin).

Abb. 6: Cartoon
»Amerikanische Verhältnisse«,
Air Berlin Magazin

verboten sei: »Vor Jahren ist einmal eine Frau mit hohen Absätzen hängen geblieben und gestürzt. Daraufhin hat sie die Stadt verklagt. Das Gesetz wurde also nur erlassen, um vor weiteren Klagen zu schützen. Und so ist das mit den meisten dieser kuriosen Paragraphen.«

Darüber hinaus wird in dem MDR-Bericht behauptet, mit Schadenersatz sei in den USA »jede Menge Schotter zu verdienen«, wie etwa »im fast schon legendären Fall Stella Liebeck, jener Dame, die sich mit Kaffee einer Fastfood-Kette das Gesicht verbrannte und sagenhafte 2,9 Millionen Dollar zugesprochen bekam.« Der Fall Stella Liebeck wird in den Medien regelmäßig als vermeintlicher Beweis für die Absurdität des amerikanischen Rechtssystems angeführt. Allerdings werden dabei Fakten mit Legenden vermischt. Tatsache ist, dass die 79-jährige Frau aufgrund eines verschütteten McDonald's-Kaffees im Jahr 1992 schwere Verbrennungen am Bein erlitt. Im folgenden Prozess einigten sich beide Seiten außergerichtlich auf eine unbekannte Entschädigungssumme.[220] Die Millionen sind also reine Spekulation, und auch der Anlass war keinesfalls eine Nichtigkeit.

---

220 Die Jury hatte zunächst zwar 2,7 Millionen Dollar für Stella Liebeck gefordert, das Gericht sprach ihr jedoch nur 160.000 US-Dollar Schmerzensgeld und 480.000 US-Dollar Strafschadenersatz zu. Anschließend gingen beide Seiten in Berufung einigten sich ver-

Kritik oder auch Spott bezüglich absurd erscheinender Gesetze und Gerichtsfälle in den USA sind selbstverständlich nicht antiamerikanisch. Problematisch wird es allerdings, wenn diese Fälle derart aufgebauscht und verallgemeinert werden, dass der Eindruck entsteht, es handele sich um repräsentative Beispiele aus der dortigen Rechtspraxis. Dabei paart sich die Belustigung oft mit Unkenntnis über das amerikanische *Common Law*, das sich weniger auf Gesetze als auf maßgebliche richterliche Urteile der Vergangenheit stützt, also auf Präzedenzfälle, die auch abschreckende Wirkung haben sollen.[221] Die Erwähnung skurriler Beispiele ohne jede Erläuterung der Hintergründe dient so vor allem der Bestätigung stereotyper Klischees: Eine demokratische, nachvollziehbare Rechtsprechung scheint es demnach in den USA nicht zu geben, sondern vielmehr eine willkürliche und scheinheilige Justiz, die in erster Linie von finanziellen Interessen bestimmt ist und den Klägern dazu dient, »jede Menge Schotter zu verdienen«.

»Missionierender Irrer«: US-Präsident George W. Bush

Nach den Debatten zur US-Außenpolitik und den innenpolitischen Verhältnisse im Land geht es im Folgenden um die Rolle der politischen Akteure in den USA. In den deutschen Medien steht dabei ab dem Jahr 2001 der 43. US-Präsident George W. Bush im Mittelpunkt. Dies ist kaum verwunderlich – nicht zuletzt auch deshalb, weil Bush mit seiner Außenpolitik zahlreiche Anlässe für Kritik bot. Die folgenden Beispiele zeigen jedoch, wie diese Kritik mit abwertenden, stereotypen Zuschreibungen wiederholt ins Maßlose gesteigert wird.

So wird Bush in einem *SZ*-Kommentar als unzurechnungsfähig charakterisiert: »US-Präsident George W. Bush, der Gary Cooper des weltweiten High Noons gegen den Muslim-Terror, setzt seine ›Der Colt sitzt locker‹-Miene auf und verspricht den Sieg von Gesetz und Gerechtigkeit. Nur: Das, was Bush unter dem Begriff ›Terror‹ subsumiert, stammt nicht aus dem Kulissenfundus von Hollywood.«[222] Durch den Vergleich Bushs mit Gary Cooper als Marshal Will Kane im Western-Klassiker »High Noon – Zwölf Uhr mittags« von 1952 wird ausgedrückt, dass Bush sich wie ein wildgewordener Sheriff in einem Hollywood-Film verhalte. Ähnlich be-

---

mutlich auf eine Summe unterhalb der Millionengrenze. Vgl. American Association for Justice, »McDonald's Scalding Coffee Case«.
221 Vgl. »Common law« (o. V.).
222 Avenarius, »Terror und kein Ende«.

zeichnete ihn die *taz* zu Beginn seiner zweiten Amtszeit Anfang 2005 als »missionierenden Irren an der Spitze einer waffenstarrenden Weltmacht«.[223] In der *FAZ* schrieb Herausgeber Frank Schirrmacher im Oktober 2008, Bush habe »jahrelang [...] eine ganze Welt gezwungen, in seinem Kopf zu weilen, jede seiner Absichten zu deuten, sich seine persönliche Logik einzubleuen«; er scheine »ein Fall für den Jugendpsychologen zu sein«.[224] Damit wird Bush als intellektuell unterbelichtet charakterisiert und pathologisiert.

Regelmäßig wird dabei auf seine Religiosität verwiesen. So bezeichnete ihn der *stern* in der Überschrift zu einem großen Porträt vom Januar 2003 als »Glaubenskrieger«.[225] Im Text heißt es, der »Millionärssohn« habe »erst spät in seinem Leben [...] einen Halt gefunden, erst mit 40 Jahren das Trinken aufgegeben und zu Gott gefunden.« Und: »Früher fing er den Tag mit einem Martini an, heute liest er jeden Morgen in der Bibel.« In der Zeit vor seiner Präsidentschaft habe Bush »von der Welt fast nichts gesehen« und sei »nur dreimal« im Ausland gewesen. Heute sehe er sich »vom Allmächtigen auserkoren, die Welt vom Bösen zu befreien.« So Bush wird als unsteter Gernegroß mit großer Religiosität charakterisiert, was ihn noch gefährlicher erscheinen lässt.

In einem weiteren *stern*-Porträt wird nahegelegt, dass Bush mit seiner Art das typische Amerika repräsentiere: Seine Reden enthielten »ein bisschen Gospel und viel Pathos, einige einfache, aber große Worte, viele böse Feinde und jede Menge Nationalstolz. Die Mischung, die diesen Präsidenten ausmacht. Die Mischung, die Amerika ausmacht.«[226] Die Weltsicht des US-Präsidenten – und die der Amerikaner – erscheint hier als schlicht, nationalistisch und zugleich kitschig-religiös verbrämt. Dieser Eindruck wird im Folgenden noch verstärkt, wenn es heißt, Bush sitze »manchmal stundenlang über diesen Reden und liest sie laut vor sich hin. Probt die Stimmlage, die Betonung und den Blick in die Kamera. So ist er. Ein Präsentator. Ein Motivator. Ein grandioser Verkäufer. So kam der ehemalige Playboy George W. Bush nach oben: auf den Chefsessel eines Baseballteams, in den Vorstand einer Ölfirma, an die Spitze der einzigen Supermacht dieser Welt. Vom Trunkenbold zum Kriegsherrn. Vom Kneipengänger zum Kreuzritter. Eine Neufassung des American Dream.«

---

223 Pickert, »Nach Bushs Einstandsrede ist klarer als je zuvor: Das Grausen ist berechtigt«.
224 Schirrmacher, »Nehmen Sie die embryonale Stellung ein!«.
225 Dieses u. alle folgenden Zit. aus Lutterbeck, »Der Glaubenskrieger«.
226 Dieses u. alle folgenden Zit. aus Wiechmann, »Gottes ergebener Krieger«.

Bush wird in dieser Passage als eine Art Schauspieler-Politiker beschrieben, der eigentlich ein Nichtsnutz sei und nur aufgrund seiner Fähigkeit, zu blenden und sich zu verkaufen, zum US-Präsidenten habe aufsteigen können. Die zugespitzte Zusammenfassung seiner Karriere – Bush sei »vom Trunkenbold zum Kriegsherrn« beziehungsweise »vom Kneipengänger zum Kreuzritter« geworden – erweckt dabei den Eindruck, dass er auch in seiner jetzigen mächtigen Position nicht sonderlich ernst zu nehmen sei. Wenn diese Karriere zugleich jedoch als »Neufassung des American Dream« bezeichnet wird, erscheint Bush mit seiner Biografie als typischer Amerikaner. Das Ideal des »American Dream«, also der in den USA verankerte Glaube, durch Willenskraft und harte Arbeit gesellschaftlich aufzusteigen und zu Wohlstand zu gelangen, wirkt hier wie eine Farce, scheint es dabei doch nur auf die Fähigkeit zu blenden anzukommen. An anderer Stelle heißt es zudem, »ein langjähriger Versager« wie Bush wäre »ohne die guten Kontakte seines Vaters und einiger dubioser Millionengeschäfte nie Präsident geworden«, Bush sei der Aufstieg also nur durch Beziehungen und Korruption gelungen. Den Amerikanern sei dies egal: »All das stört seine Landsleute nicht.«

Auch der *Spiegel* nahm die Unterstützer von Bushs Präsidentschaft ins Visier und schrieb: »Was zeichnet das organisierte Christentum aus, dem Bush seine Präsidentschaft verdankt, und zu welchen Prioritäten treibt ihn diese moralische Mehrheit? Von welchen Antriebskräften lässt sich George W. Bush leiten – und ist er eine Marionette vom Big Business, wie viele Europäer meinen, oder ein Präsident aus eigenem Recht?«[227] Die Frageform erscheint hier als rein rhetorisch. Der Subtext lautet, dass Bush mit seiner Politik nicht den Willen der amerikanischen Bevölkerung vollziehe, sondern ein Instrument partikularer Interessen sei, genauer: ein von evangelikalen Fanatikern und Großkonzernen gesteuerter Strohmann.

Der Buchautor Peter Pilz schreibt, dass die Herrschaft des großen Geldes für Amerika typisch sei: Dort werde »im Gegensatz zu Europa [...] über weite Teile der Politik anderswo entschieden«.[228] Dies führt er folgendermaßen aus: »Ab und zu wird einem Präsidenten, der sich mehr Politik anmaßt, klar gemacht, dass Wirtschaft, Soziales, Bildung und Gesundheit denen übertragen sind, die dort im Geschäft sind.« Als Beispiel nennt Pilz das Ölgeschäft. Während »europäische Erdölkonzerne aufgegeben« hätten, »die Außenpolitik ihrer Staaten zu bestimmen«, stünden hinter der Bush-

---

227 Hoyng/Spörl, »Krieg aus Nächstenliebe«, S. 92.
228 Dieses u. alle folgenden Zit. aus Pilz, *Mit Gott gegen alle*, S. 80-84.

Regierung US-Konzerne wie Exxon, Mobil, Chevron, Unocal und Halliburton als Strippenzieher. Pilz:»Der Block hält sich Politiker. Rund um den Präsidenten sorgt ein Kabinett mit wirtschaftlicher Erfahrung für den reibungslosen Verlauf der Geschäfte.«

Mit Bush stehe zudem »ein bemerkenswert einfältiger Mann an der Spitze des amerikanischen Reichs«, so Pilz: »Nimmt man Bildung und Persönlichkeit als Maßstab, hätte George Bush Schwierigkeiten, in Wahlen irgendwo in der europäischen Provinz zu bestehen.« Der US-Präsident erscheint hier als geistig beschränkter Mann, der sich überhaupt nur dank der ihn stützenden Konzerne im Amt halten kann. Ein Vorgang, der nach Ansicht von Pilz in Europa unvorstellbar sei: »Wo in Europa Parteien noch unterschiedliche gesellschaftliche Interessen vertreten, repräsentieren die Spitzen der amerikanischen Politik meist nur unterschiedliche Geschäftsinteressen.«[229]

Eine ähnliche Behauptung war in der *FAZ* vom 8. April 2003 zu lesen: Amerika sei eine »von Millionären und Industrieclans beherrschte[...] Rumpfdemokratie«, in der sich Politik »gegen eine Mehrheit von achtzig, neunzig Prozent der eigenen Bevölkerung« gestalten lasse.[230] Und der Theologe Eugen Drewermann fasst die Charakteristika des politischen Systems der USA in einem Buchaufsatz folgendermaßen zusammen: »Demokratie? – Plutokratie! Oligarchie der Hochfinanz! Ersetzung von Feudalismus und Erbmonarchie durch eine Clan-Dynastie aus Geldadel und Börsenspekulantentum!«[231]

Den Einfluss von Konzernen auf die Politik aufzuzeigen, dient der Transparenz und politischen Kritik. Wenn von den USA als einer »Plutokratie« und »Oligarchie« die Rede ist, also von der Herrschaft des Geldes und einer kleinen Gruppe Reicher, wird der amerikanischen Politik jedoch pauschal abgesprochen, überhaupt demokratisch legitimiert zu sein. Auch der Begriff »Hochfinanz« hat eine ähnliche Bedeutung: Er bezeichnet eine Gruppe von Bankiers, die dank ihrer Finanzmacht über einen erheblichen politischen Einfluss verfügt. US-Politiker erscheinen so durchweg als Strohpuppen der Finanzindustrie und mächtiger Konzerne – und die amerikanische Demokratie als Farce. Peter Pilz stellt das System der USA dabei in einen direkten Gegensatz zu Europa, wo angeblich nicht die Konzerne den Ton angeben würden, sondern politische Parteien, die gesellschaftliche

---

229 Ebenda, S. 89.
230 Schümer,»Der Sieg von Neu-Europa«.
231 Dieses u. alle folgenden Zit. aus Drewermann,»Vorwort«, S. 14 f.

Interessen vertreten – wo also tatsächlich noch demokratische Verhältnisse herrschten. Damit verschleiert er wiederum die Verhältnisse in Europa: Das europäische System erscheint in diesem Bild als grundlegend gut, das amerikanische dagegen als unrettbar schlecht.

Zum Ende von Bushs Amtszeit 2008 wurde dieses Bild auch in den dritten Fernsehprogrammen von WDR und SWR bestärkt: mit einer Dokumentation zweier US-Filmemacher unter dem Titel »War made easy – Wie Amerikas Präsidenten lügen«. In der Programmankündigung heißt es: »So unterschiedlich Amerikas Präsidenten in den vergangenen 50 Jahren auch waren. Sie waren in einem alle gleich. Sie alle waren wahre Könner in der Kunst der Lüge, wenn sie das eigene Land zu einem Krieg verführen wollten. Und ihre Methoden glichen sich. […] Sogar Sprache und Rhetorik der Präsidenten war nahezu identisch, wenn die Kriegsmaschinerie in Gang gesetzt wurde und das amerikanische Volk jubelnd zur Seite stehen sollte.«[232]

Der Film selbst analysiert pointiert, mit welchen propagandistischen Methoden die US-Regierungen in den vergangenen 60 Jahren verschiedene Kriegseinsätze vom Korea- über den Vietnam- bis hin zum Irak-Krieg begründeten und durchsetzten, und wie die überwiegende Mehrheit der Medien die regierungsoffiziellen Behauptungen und gleichlautenden Einschätzungen vermeintlicher Experten unkritisch übernahmen – insgesamt eine fundierte, aufklärerische Medienkritik. Fragwürdig ist jedoch, in welcher Form die US-Dokumentation dem deutschen Publikum präsentiert wird. So lautet der Untertitel des Films im amerikanischen Original »How Presidents & Pundits Keep Spinning Us to Death«,[233] was übersetzt in etwa heißt: »Wie Präsidenten und Experten uns zu Tode beeinflussen«. Damit ist das Thema exakt benannt. Der deutsche Untertitel »Wie Amerikas Präsidenten lügen« suggeriert dagegen, dass die aufgezeigte Form der Propaganda ein spezifisch amerikanisches Problem sei und dass *alle* US-Präsidenten – im Gegensatz zu den Regierungschefs anderer Länder – Banditen und Betrüger seien, also einen moralisch fragwürdigen Charakter hätten. Dieser Eindruck wird durch die Programmankündigung noch verstärkt, in der es heißt, dass die US-Präsidenten in der »Kunst der Lüge […] alle gleich« seien.

---

232 Alper/Earp, »War made easy«, Programmankündigung unter www.wdr.de/tv/diestory/
    sendungsbeitraege/2008/1006/index.jsp (abgerufen am 10.10.2008).
233 www.warmadeeasythemovie.org (abgerufen am 10.10.2008).

Damit wird die Aussage des Films nicht nur vereinfacht, sondern verfälscht. Denn Kriegspropaganda gibt es nicht nur in Amerika – und die Hauptaussage der Dokumentation lautet keineswegs, dass alle US-Präsidenten lügen und die Welt in Kriege stürzen. Vielmehr stehen die subtilen Methoden im Mittelpunkt, mit denen politische Akteure und PR-Strategen Kriegsbegründungen in unkritischen US-Medien platzieren – Vorgänge, die auch in Europa beobachtet werden können.[234] Der Film »War made easy« steht hier beispielhaft für ein Phänomen, das auch auf andere US-kritische Bücher und Filme zutrifft: In der inneramerikanischen Debatte erfüllen derartige Werke eine aufklärerische Funktion, im deutschen Kontext dagegen wirken sie einseitig und unterfüttern den Antiamerikanismus.

Insgesamt ergibt die Analyse ein deutliches Bild: George W. Bush werden alle nur erdenklichen Übel zugeschrieben, wobei die zitierten Beispiele weit über eine sachliche Kritik hinausgehen. So wird Bush in stereotyper Weise nicht nur als vom großen Geld gesteuerter religiöser Fanatiker charakterisiert, sondern auch als dummer, hinterwäldlerischer Tölpel – eine Mischung, die abstoßend und gefährlich erscheint. In einigen Diskursbeiträgen wird Bush dabei als typischer Repräsentant Amerikas dargestellt: US-Politiker sind demnach grundsätzlich korrupte Lügner und Strohpuppen der Konzerne – und die Bevölkerung stört sich nicht einmal daran. Das politische System Europas hingegen wird dazu in einen strikten Gegensatz gestellt: frei vom Einfluss der Wirtschaft, demokratisch und moralisch einwandfrei.

»Die Macht der ›Kosher Nostra‹«: Die Israel-Lobby

In der Diskussion um die vermeintlichen Kräfte hinter der US-Politik wird wiederholt auch die Rolle mächtiger Interessengruppen, sogenannter Lobbies, kritisiert. Regelmäßig steht dabei das Wirken der sogenannten »Israel-Lobby« im Mittelpunkt.[235] Die *taz* berichtete im April 2002, dass zahlreiche »jüdische Organisationen« die US-Regierung mit organisierten Demonstrationen und »groß angelegten Medienkampagnen« zu einer »harten Haltung«

---

234 Der in der Doku angeführte Kosovo-Krieg von 1999 etwa wurde in Deutschland ebenfalls propagandistisch begleitet und von den meisten Medien – zumindest anfangs – als unausweichliche Notwendigkeit dargestellt; vgl. Jäger/Jäger (Hg.), *Medien im Krieg*.
235 Die Ausführungen in diesem Unterkapitel basieren teilweise auf der Darstellung in Jaecker, »Von ›Petronazis‹ und der ›Kosher Nostra‹«; ders., *Antisemitische Verschwörungstheorien nach dem 11. September*.

gegenüber den Palästinensern drängten.[236] Zur Erklärung heißt es:»Obwohl nur zwei Prozent der US-Bevölkerung Juden sind, haben sie eine
enorme Zahl an Verbündeten in Medien und Politik. Ihr besonderes Au-
genmerk gilt der Außenpolitik. Drei der wichtigsten Außenpolitiker, Paul
Wolfowitz, Richard Perle und Douglas Feith, sind nicht nur Juden, sondern auch ausgesprochene politische Hardliner.«

Damit wird pauschal behauptet,›die‹ amerikanischen Juden hätten einen übermächtigen Einfluss auf die US-Außenpolitik. Außerdem wird der
Eindruck erweckt, dass sämtliche jüdischen Amerikaner eine harte Linie
gegenüber den Palästinensern forderten und die USA mit allen Mitteln auf
eine einseitig pro-israelische Außenpolitik einschwören wollten. Dabei tritt
eine Sichtweise zutage, die nicht nur auf den Stereotypen jüdischer Verschwörung und Macht aufbaut, sondern auch die antisemitische Vorstellung beinhaltet, alle Juden verfolgten das gleiche politische Ziel und seien
illoyal gegenüber ihrem jeweiligen Heimatland – wie hier den USA. Zudem
bleibt unklar, warum die *taz* die»Hardliner«-Positionen der genannten
»wichtigen« US-Außenpolitiker nicht allein mit deren neokonservativen
Überzeugungen erklärt, sondern zur Begründung ihre jüdische Identität
hervorhebt.

Ein derartiges Bild wird auch in anderen Diskursbeiträgen gezeichnet.
So hieß es im *Tagesspiegel* vom 4. Juni 2003,»die Koalition aus jüdischen
Neokonservativen und einer stetig wachsenden Zahl von christlichen Fundamentalisten« habe sich zu einer»neuen politischen Macht entwickelt.«[237]
Der *stern* berichtete im April 2003, in der Regierung von US-Präsident
Bush seien»mehr als 20 Neocons […] vertreten«.[238] Es handele sich um
»eine alte Clique hochintelligenter disziplinierter Kameraden, die die Ver-
teidigungs- und Außenpolitik der Supermacht an sich gerissen haben«. Sie
machten sich»nicht nur in Ministerien und Think Tanks breit, sondern
vermehrt auch in Stiftungen und Medien« wie dem American Enterprise
Institute (AEI), dem Project for the New American Century (PNAC) und
der Zeitschrift *Weekly Standard*. An der Spitze der neokonservativen»Clique« stehe Vize-Verteidigungsminister Paul Wolfowitz, ein Sohn russisch-
jüdischer Immigranten.

Wolfowitz wird in dem Artikel als»Zionist und Superfalke« charakterisiert, als»Kriegstreiber«,»Mastermind und Strippenzieher«,»intellektueller

---

236 Dieses u. alle folgenden Zit. aus Streck,»Hardliner und Diplomaten«.
237 Lehming,»Der Krieger als Friedensengel«.
238 Dieses u. alle folgenden Zit. aus Streck/Wiechmann,»Der Überzeugungs-Täter«.

Ideologe« sowie als »Vordenker der neuen Weltordnung« – allesamt aggressive, machtvolle Zuschreibungen. Zur Begründung heißt es, Wolfowitz' politische Aktivität lasse sich »aus der Biografie« erklären: Er verabscheue nach den Erfahrungen seiner Eltern mit Stalin und Hitler »alles Totalitäre« und habe »die Obsession, die Welt vom Terror zu befreien.« Die Neokonservativen seien »ein kleines und engmaschiges Netz, das nach dem Triumph von Bagdad ohne große Gegenwehr in Washington dasteht. Es ist inzestuös, sagen selbst konservative Beobachter. Und gefährlich. Und der gefährlichste sei: Paul Wolfowitz.«

Der Artikel strotzt vor antisemitischen Stereotypen: Wolfowitz wird als »gefährlicher« und »obsessiver«, also besessener Jude charakterisiert, der im Verborgenen, mit einem Netz an Verbündeten, die wichtigsten Machtbereiche der USA unterwandert habe und nun als mächtiger Drahtzieher »ohne große Gegenwehr« die amerikanische Außenpolitik diktiere und auch den Krieg gegen den Irak zu verantworten habe. Der Irak-Krieg erscheint gar als »Triumph«, also als persönlicher Erfolg der Wolfowitz-Truppe. Die Neokonservativen werden dabei als gewiefte, verschlagene und »inzestuöse« Verschwörer beschrieben, also als Gruppe, deren verbindendes Element die Blutsverwandtschaft ist und die sich nach außen streng abschottet. So entsteht der Eindruck, es handele sich um eine jüdische Verschwörung, die mittels der politischen Macht der USA nach Weltherrschaft strebe. Dagegen wird die Rolle der wichtigsten Entscheidungsträger in der amerikanischen Außenpolitik, nämlich US-Präsident George W. Bush, dessen Vize Richard Cheney, Verteidigungsminister Donald Rumsfeld und Außenminister Colin Powell, heruntergespielt oder ausgeblendet.

Welche konkreten politischen Ziele aber werden den Neokonservativen zugeschrieben? In einem Leserbrief aus der *FAZ* vom 17. November 2004 heißt es, das scheinbar idealistische außenpolitische Programm der Neokonservativen erweise sich »bei genauerem Hinsehen« als »Schönfärberei, hinter der sich vor allem das Bestreben der Durchsetzung israelischer Interessen mit den Machtmitteln der Vereinigten Staaten verbirgt.«[239] Damit wird behauptet, die neokonservative Rhetorik sei reine Täuscherei und solle nur verdecken, dass die Neokonservativen die Macht Amerikas im Sinne Israels einsetzen wollten – die von ihnen propagierte Außenpolitik entspräche also nicht den Interessen der USA, sondern vielmehr Israels.

---

239 Dieses u. alle folgenden Zit. aus Calebow, »Der Einfluß der Neokonservativen«.

Zur Untermauerung dieser These heißt es, die »Denkschule der Neokonservativen« sei »fast ausnahmslos von jüdischen Persönlichkeiten in
den Vereinigten Staaten« entwickelt worden. Die »politisch in hohem Maße
Mitverantwortlichen für die Expansions- und Unterdrückungspolitik der
Israelis gegenüber den Palästinensern« fänden sich »in der jüdischen Gemeinschaft der Vereinigten Staaten.« So erscheinen die amerikanischen
Juden als monolithische Gruppe, die grundsätzlich auf eine harte Haltung
gegenüber den Palästinensern drängten. Dahinter steht die klassische antisemitische Vorstellung, wonach die Juden die ›Völker‹ der Welt unterwandern, um sie für ihre eigenen Zwecke zu missbrauchen. Doch der Leser-
brief-Autor geht noch weiter: »Es ist der Einfluß der Pro-Israel-Lobby
[…], der seit Jahrzehnten jede Israel-kritische Resolution des Sicherheits-
rates der Vereinten Nationen durch das Veto der Vereinigten Staaten zu
Fall kommen läßt.« Damit sagt er aus, dass die amerikanischen Juden auch
in den Vereinten Nationen im Hintergrund die Strippen zögen und erweckt so den Eindruck, die Juden beherrschten die ganze Welt.

Der Politikwissenschaftler Ludwig Watzal, Mitarbeiter der Bundeszentrale für Politische Bildung, warnte in einem Aufsatz gar vor einer »Israelisierung der Welt«.[240] Denn die amerikanischen Neokonservativen seien
»persönlich, ideologisch und institutionell« eng mit der israelischen Rechten verbunden. Beide Gruppierungen würden unisono behaupten, dass der
Terror gegen Amerika mit dem Terror gegen Israel identisch sei. Israel sei
zweifelsohne »ein wichtiger Faktor […], warum US-Präsident Bush den
Irak überfallen hat.« So habe Amerika »Israels klaustrophobe Sicht einer
Welt übernommen, die voller Hass sei und von Terroristen wimmele«.
Beide Staaten pflegten ein »Opfer-Image von absoluter Verletztheit: Israel
durch den Holocaust und die USA durch den 11. September 2001.« Damit
wirft Watzal Israel vor, den Holocaust für gegenwärtige politische Zwecke
zu instrumentalisieren. Mit dem Topos von der »Israelisierung der Welt«
suggeriert er zudem, dass die angeblich »klaustrophoben« politischen Vorstellungen Israels vermittelt über die Macht der USA – und den Einfluss
der Neokonservativen – auf der ganzen Welt wirkmächtig würden. In diesem Bild verändert Israel die ganze Welt zum Schlechten.

Aufwind erhielt die Diskussion im Jahr 2007 mit der Buchveröffentli-
chung der US-Politikwissenschaftler John J. Mearsheimer und Stephen M.
Walt, *Die Israel-Lobby. Wie die amerikanische Außenpolitik beeinflusst wird.*

---

240 Dieses u. alle folgenden Zit. aus Watzal, »Eine Israelisierung der Welt?«.

Mearsheimer und Walt ordnen der amerikanischen »Israel-Lobby« vor allem Organisationen wie das American Israel Public Affairs Committee (AIPAC) und die Anti-Defamation League (ADL) zu, aber auch die evangelikale Gruppe Christians United for Israel und nicht zuletzt die Neokonservativen, über die sie wiederholt schreiben, es handele sich vor allem um Juden. Allen genannten Gruppen bescheinigen sie, über viel Geld zu verfügen und unermesslichen Einfluss auf die amerikanische Politik zu haben. So könne sich kein Präsidentschaftskandidat der USA leisten, gegen die politischen Positionen der »Lobby« zu verstoßen. Mearsheimer und Walt schreiben: »Amerikas großzügige und bedingungslose Unterstützung für Israel wird selten hinterfragt, weil die Lobby-Gruppen mit ihrer Macht sicherstellen, dass die öffentliche Diskussion ein Echo ihrer strategischen und moralischen Argumente für die besonderen amerikanisch-israelischen Beziehungen ist.«[241] Auch hier also die antisemitische Verschwörungstheorie, nach der die Juden in Gestalt der »Israel-Lobby« über grenzenlose Macht verfügen, die Politik steuern und die Öffentlichkeit geschickt in ihrem Sinne beeinflussen und lenken.

Doch mit welchem Ziel? Mearsheimer und Walt geben klare Antworten. Über den Irak-Krieg schreiben sie: »Israel tat sich [...] mit den Neokonservativen zusammen, um den Krieg der Bush-Regierung und dem amerikanischen Volk schmackhaft zu machen, lange bevor der Präsident die endgültige Entscheidung zum Einmarsch traf.«[242] Israelische Juden und (jüdische) Neokonservative erscheinen hier als Einflüsterer des Präsidenten und Täuscher des gesamten amerikanischen »Volkes«, die den Irak-Krieg in Wahrheit ganz allein zu verantworten haben. Und damit nicht genug: »Genau wie die US-amerikanische Palästinenserpolitik, der tragische Beschluss, in den Irak einzumarschieren, und das provokative Verhalten Syriens gegenüber schadet der Einfluss der Israel-Lobby auf die US-Politik auch in der Iranfrage den nationalen Interessen der USA.«[243] Die Autoren behaupten also, dass alle dieser umstrittenen außenpolitischen Entwicklungen auf den Einfluss der »Israel-Lobby« zurückzuführen seien – und nicht im amerikanischen, dafür aber umso mehr im israelischen Interesse lägen.

In den deutschen Medien wurden Mearsheimers und Walts Thesen breit aufgegriffen. Im *Spiegel* war zu lesen, die Behauptung der beiden US-Autoren, dass der irakische Staatschef Saddam Hussein »keine wirkliche

---

241 Mearsheimer/Walt, *Die Israel-Lobby*, S. 24.
242 Ebenda, S. 326.
243 Ebenda, S. 421.

Bedrohung für Amerika« gewesen sei, »wohl aber für Israel«, sei »eine Tatsache, die selbst Mitglieder der Bush-Regierung zugegeben haben, wenn auch nur sehr selten in aller Öffentlichkeit.«[244] Damit wird indirekt die These bestätigt, die USA hätten den Irak-Krieg nur auf Betreiben der Israel-Lobby geführt. Dies wird auch über die amerikanische Nahost-Politik behauptet: Bush habe den israelischen Politikern Ariel Scharon und Ehud Olmert »Carte blanche«, also eine unbeschränkte Vollmacht und Handlungsfreiheit, gegeben. Es sei allerdings »wenig wahrscheinlich [...], dass es den Neocons noch einmal gestattet sein könnte, die amerikanische Nahost-Politik zu kidnappen.« Die Aussage ist klar: Die Neokonservativen haben die Nahost-Politik der USA »entführt«, um Israel freie Hand zu geben. Die Formulierung, dies sei den Neocons »gestattet« worden, suggeriert, die US-Regierung habe das Handeln der Neokonservativen zumindest billigend in Kauf genommen.

Auch der *stern* berichtete über die Debatte zur amerikanischen »Israel-Lobby«. Chefredakteur Thomas Osterkorn fragte im Editorial der Ausgabe vom 3. Oktober 2007 schon in der Überschrift: »Wie groß ist die Macht der ›Kosher Nostra‹?« und behauptete sodann: »Ohne Zweifel haben die Autoren John Mearsheimer und Stephen Walt ›ein äußerst heikles Thema angepackt: die Macht der pro-israelischen Lobby in den USA, der ›Kosher Nostra‹, die jede Kritik am Judenstaat schon im Keim ersticke und Amerika großen außenpolitischen Schaden zufüge.«[245] Dass die pro-israelische Lobby große »Macht« hat, wird hier gar nicht mehr infrage gestellt. So erweist sich die Frageform der Überschrift als rein rhetorischer Natur. Wenn die Lobby darüber hinaus als »Kosher Nostra« bezeichnet wird, werden damit Assoziationen zum mafiösen Milieu hergestellt – schließlich handelt es sich dabei um die umgangssprachliche Bezeichnung für eine Gruppe jüdischer Gangster im New York der 1930er-Jahre.

Der Hauptartikel zum Thema ist übertitelt mit »Israel: Der 51. Staat der USA?«[246] Diese Frage kann nur im übertragenen Sinne gemeint sein: Sie deutet entweder an, dass Israel faktisch eine politische Einheit mit den Vereinigten Staaten bildet oder dass die Amerikaner Israel in dieser Weise sehen. Im Leadsatz, der dem Artikel vorangestellt ist, heißt es: »Das Thema ist heikel. Wer darüber spricht, muss fürchten, Beifall von der falschen Szene zu bekommen. Oder als Antisemit zu gelten.« Damit wird angedeu-

244 Dieses u. alle folgenden Zit. aus Hoyng, »So erloschen der Glanz«.
245 Osterkorn, »Wie groß ist die Macht der ›Kosher Nostra‹?«.
246 Dieses u. alle folgenden Zit. aus Streck/Wiechmann, »Israel: Der 51. Staat der USA?«.

tet, dass es bei diesem Thema Zustimmung aus dem rechtsextremistischen Lager geben könnte. Die Wendung von der »falschen Szene« dient dabei der vorbeugenden Distanzierung. Auch die – offenbar ebenfalls erwarteten – Antisemitismus-Vorwürfe werden hier prophylaktisch zurückgewiesen. Der Artikel beginnt nun mit der Feststellung, bei der Beschäftigung mit der »Israel-Lobby« gehe es um »die Geschichte einer Frage«. Damit suggerieren die *stern*-Autoren, sie würden sich dem Thema unvoreingenommen nähern. Im Folgenden formulieren sie, um welche Fragen es geht: »Führte Amerika den Irak-Krieg für Israel? Waren es vor allem Juden, die eine Invasion wollten, einflussreiche Juden der pro-israelischen Lobby in den USA? Ist sie wirklich so mächtig, diese Lobby? Bestimmt sie gar die Nahostpolitik Amerikas?« Die Fülle dieser Fragen suggeriert bereits, dass an der Hauptfrage, ob die amerikanischen Juden die US-Politik lenken, wohl irgendetwas dran sein müsse. Anschließend heißt es, Mearsheimers und Walts Werk sei »provokant, einseitig und politisch unkorrekt.« Doch »so ernsthaft« hätten sich »bisher nur wenige Wissenschaftler [...] mit dem Thema auseinandergesetzt.« Mit dieser Formulierung wird ihre Arbeit insgesamt positiv bewertet: Zugespitzt, aber ernsthaft – wer hätte gegen eine solche Vorgehensweise etwas einzuwenden? An anderer Stelle heißt es: »Kritik an Israel ist tabu«. Mearsheimer und Walt erscheinen so im Umkehrschluss als Tabubrecher. Der *stern* zitiert sie mit den Worten, »Die Deutschen« täten »der Welt keinen Gefallen, indem sie nicht über das Thema reden.« So wird der Eindruck erweckt, in Deutschland sei das angebliche Redeverbot besonders ausgeprägt.

Insgesamt zeichnet der *stern*-Artikel ein Bild von der »Israel-Lobby«, das nahezu vollständig der Darstellung von Mearsheimer und Walt entspricht. Die der »Lobby« zugerechneten jüdischen Amerikaner und Organisationen erscheinen als grenzenlos mächtig und geschickt. Als ihr wirkungsvollstes Mittel wird der Antisemitismus-Vorwurf präsentiert – dies knüpft an das klassische Stereotyp an, die Juden stilisierten sich als ewige Opfer und nutzten den Holocaust aus, um der Welt ihre Vorstellungen zu diktieren.

Selbstverständlich darf die Tätigkeit amerikanischer Lobbygruppen – auch solcher, die sich für Israel einsetzen – kritisiert werden. Im medialen Diskurs in Deutschland entsteht jedoch oft der Eindruck, es handele sich um ein rein amerikanisches Phänomen.[247] Viele US-Lobbyisten erscheinen

---

247 Dabei sind Lobbyisten auch in Deutschland tätig. Die deutsche Organisation Lobby-Control kritisiert hier vor allem mangelnde Transparenz – und fordert ein öffentliches Lobbyistenregister. In dieser Hinsicht seien die USA sogar ein Vorbild für Deutschland:

gar als regelrechte Verschwörer. Insbesondere jüdische Berater und Politiker werden als kleine, aber äußerst effektive und mächtige Truppe beschrieben (»Kosher Nostra«, »engmaschiges, inzestuöses Netz«), welche die US-Politik im Hintergrund steuere. »Israelische« Interessen werden dabei in der Regel mit »jüdischen« Interessen gleichgesetzt. Noch deutlicher zeigt sich dies in Medienbeiträgen, in denen synonym zur »Israel-Lobby« von der »zionistischen Lobby«[248] oder der »jüdischen Lobby«[249] die Rede ist. Zudem wird den amerikanischen Juden teilweise pauschal zugeschrieben, politische »Hardliner«-Positionen zu vertreten – wofür es keinerlei Belege gibt.[250] Dahinter steht das Stereotyp, alle Juden verfolgten grundsätzlich die gleichen politischen Ziele, wirkten stets im Sinne Israels und seien illoyal gegenüber ihren Heimatländern – eine klassische Verschwörungstheorie, denn die Juden werden so als geradezu allmächtig imaginiert. Die Macht der Politiker in der ersten Reihe – US-Präsident Bush, Vizepräsident Cheney, Verteidigungsminister Rumsfeld oder Sicherheitsberaterin Rice, die weder Juden sind noch den Neokonservativen zugerechnet werden können – wird dagegen heruntergespielt.

Den vermeintlichen Verschwörern wird zudem vorgeworfen, über ein äußerst wirkungsvolles Druckmittel zu verfügen: den moralischen Verweis auf den Holocaust sowie den 11. September. So würden sich Israel und die USA auf ähnliche Weise unangreifbar machen. Dass es sich dabei um einen Popanz handelt, zeigt die Tatsache, dass das angebliche Gebaren der »Lobby« in den deutschen Medien ja laufend scharf kritisiert wird. Die zitierten Beiträge erwecken jedoch einen anderen Eindruck: Demnach unterdrückt die Israel-Lobby die Wahrheit und lenkt die öffentliche Debatte in ihrem Sinne.

Das dort seit 1995 bestehende Register versetze die Medien immerhin in die Lage, über die Einflussversuche bestimmter Interessengruppen zu berichten (vgl. Ulrike Winkelmann, »Fortschritt ist, dass jemand hinguckt«). Möglicherweise ist dies auch ein Grund, warum in den deutschen Medien so häufig die Arbeit der US-Lobbyisten angeprangert wird, weniger jedoch das Treiben deutscher Interessenvertreter.

248 Rupp, »Prominenter Beistand«.

249 Avnery, »Obamas unterwürfige Rede vor der Lobbygruppe AIPAC«.

250 Ganz im Gegenteil beurteilten die jüdischen Amerikaner etwa den US-geführten Irak-Krieg kritischer als der Bevölkerungsdurchschnitt; vgl. American Jewish Committee (Hg.), »2005 Annual Survey of American Jewish Opinion«. Lobbygruppen wie das American Israel Public Affairs Committee (AIPAC) vertreten dagegen Standpunkte, die dem konträr zuwider laufen. Dies zeigt, dass die amerikanischen Juden keineswegs eine geschlossene Einheit bilden, auch wenn sich manche durch gemeinsame Erfahrungen oder die jüdische Religion verbunden fühlen mögen.

»Das andere Amerika«: Michael Moore & Co.

In einem auffälligen Kontrast zur negativen Sicht auf Präsident George W. Bush, die vermeintlichen Drahtzieher hinter der US-Politik und das Amerika des Mainstreams werden einzelne amerikanische Künstler und Intellektuelle im medialen Diskurs sehr positiv dargestellt. So etwa bei einem Themenabend des deutsch-französischen Kultursenders Arte über amerikanische Independent-Künstler am 29. Juni 2007.[251] Im Ankündigungstext von Arte heißt es dazu: »Gibt es ein ›anderes‹ Amerika, ein Amerika, das mehr leistet, als die Ressourcen dieser Erde zu verbrauchen, seine Wegwerfkultur in alle Welt zu exportieren und im Irak einzumarschieren?«[252] Damit wird wie vor einer Kontrastfolie zunächst einmal betont, für was Amerika typischerweise stehe: für Umweltzerstörung, eine kurzlebige, billige Einweg-Kultur und Krieg.

In einem *Spiegel*-Artikel vom Herbst 2002 findet sich dieses Muster auch in Bezug auf regierungskritische US-Schriftsteller wie John Updike, Jonathan Franzen und Paul Auster: Diese bewiesen »mit ihren Essays und Interviews sowohl politische Unabhängigkeit als auch ein hohes literaturtheoretisches Niveau. Da spricht gewissermaßen das andere Amerika«.[253] In dieser Aussage steckt implizit die Botschaft, dass all die anderen Autoren, die eben nicht für das »andere«, sondern für das typische Amerika stehen, politisch abhängig und literarisch minderwertig seien. Auch hier wird also mit der Ausnahme die Regel bestätigt.

Die selbstkritischen Aussagen der Protagonisten des »anderen Amerikas« über die politischen und gesellschaftlichen Zustände in ihrem Land werden in deutschen Medien nun immer wieder zur Bestätigung und Legitimierung antiamerikanischer Deutungsweisen herangezogen. Das macht etwa der Fall des Dokumentarfilmers und Autors Michael Moore deutlich. Moore geriert sich als radikaler Kritiker der herrschenden US-Eliten. Auf der Rückseite der deutschen Buchausgabe von Moores Bestseller *Stupid White Men* heißt es etwa: »Durchgeknallt! Bananenrepublik USA: Im Weißen Haus sitzt ein ›Präsident‹, der nie gewählt wurde, und regiert mit einer Junta aus Geschäftsfreunden seines Daddys. Michael Moore, Filmemacher und Bestsellerautor, rechnet in dieser beißenden Satire gnadenlos ab mit den ›Stupid White Men‹ an der Spitze der USA. Eine Pflichtlektüre für alle,

---

251 Themenabend »Ein anderes Amerika«, Arte, 29.6.2007.
252 Dieses u. alle folgenden Zit. aus »Amerikas Bohème« (Programmankündigung).
253 Hage, »Das andere Amerika«.

die immer noch an die ›bedingungslose Solidarität‹ mit den USA glauben!«[254]

Damit wird auf die »uneingeschränkte Solidarität«[255] angespielt, die Deutschland den USA nach den Terroranschlägen vom 11. September 2001 zugesichert hatte. Die Gleichsetzung der USA mit einer »Bananenrepublik« und der Bush-Regierung mit einer »Junta« macht bereits klar, dass Moore ein geradezu karikatureskes Bild von Amerika zeichnet, denn als »Bananenrepublik« werden allgemein Länder bezeichnet, in denen Korruption, Bestechlichkeit und staatliche Willkür herrschen. Im Rahmen einer kritischen Auseinandersetzung mit der Politik der *eigenen* Regierung sind derartige Überspitzungen kaum zu beanstanden, gilt es doch, Aufmerksamkeit und Zustimmung in der öffentlichen Debatte zu erringen. Im *deutschen* Diskurs dienen derartige stereotype Darstellungen jedoch vor allem der Bestätigung antiamerikanischer Klischees.[256]

So feierte der *Spiegel* Moore als Underdog und Tabubrecher. Dieser sei »der letzte Rebell Amerikas« und es sei eine »Tatsache, dass Moore die Wahrheit sagt über die hässlichen Dinge, die im Bush-Amerika totgeschwiegen werden«.[257] Seine Popularität wird als regelrechtes Wunder beschrieben: »Einer wie er dürfte im properen Amerika des George W. Bush keinen Erfolg haben.« Der *stern* bezeichnete Moore als »Guerillero mit der Kamera« und schrieb: »Michael Moore ist ein Unikum, ein Satiriker der Superlative, was er anpackt, wird zum Triumph.«[258]

Die *Zeit* schließlich druckte das Vorwort zu Moores Buch *Volle Deckung, Mr. Bush* (2003) ab, das dieser speziell für die deutsche Ausgabe verfasst hatte. Überschrift: »Nicht ganz Amerika ist verrückt«.[259] Moore schreibt darin, »die Mehrheit der Amerikaner« habe nicht für George W. Bush gestimmt: »Es ist nicht der Wille des amerikanischen Volkes, dass er im Weißen Haus sein Amt ausübt.« Damit spielt er auf die umstrittene Präsidentschaftswahl im Jahr 2000 an, bei der Bush die Mehrheit der

---

254 Moore, *Stupid White Men*.
255 Vgl. Dausend/Haselberger, »Wir sind alle Amerikaner«.
256 So verwundert es kaum, dass Moore im Ausland erfolgreicher ist als in den USA: Die deutsche Ausgabe von Stupid White Men ging im ersten Jahr nach dem Erscheinen im Herbst 2002 mehr als eine Million Mal über den Ladentisch, das entspricht einem Drittel der weltweiten Verkaufszahlen; in den USA, wo fast drei Mal so viele Menschen leben, wurde das Buch nur 630.000 Mal verkauft. Vgl. »Kult um Michael Moore« (kap).
257 Dieses u. alle folgenden Zit. aus Hüetlin, »Donald Duck im Klassenkampf«.
258 Müller, »Guerillo mit der Kamera«.
259 Dieses u. alle folgenden Zit. aus Moore, »Nicht ganz Amerika ist verrückt«.

Wahlmännerstimmen erhielt, obwohl eine knappe Mehrheit der US-Bevölkerung für den demokratischen Kandidaten Al Gore gestimmt hatte.[260] Moore nimmt dies zum Anlass, die Bush-Regierung in karikaturesker Weise zu verdammen:»Der Haufen, der bei uns regiert, fühlt sich an kein Gesetz gebunden. Ihr braucht euch nur zu fragen, wozu diese Gauner noch fähig sind, wenn sie schon die Wahl gefälscht haben. So viel kann ich euch sagen: Sie haben keine Hemmungen, alles zu zerstören, was sich ihnen in den Weg stellt, besonders wenn sie unterwegs sind, um noch mehr Geld zu machen. Und sie bestrafen euch, auch als Verbündete, wenn ihr nicht mit gebeugtem Knie und gesenktem Kopf am Wegrand steht und ruhig zuseht, wie sie zum nächsten Regimewechsel marschieren (vorzugsweise in einem Land, das ein paar profitversprechende Ölfelder hat).«

Mit den Personalpronomen »ihr« und »euch« spricht Moore gezielt die deutschen Leserinnen und Leser an. Diesen erklärt er das Gebaren der US-Regierung unter anderem damit, dass die Amerikaner ganz allgemein »unter einer aufgezwungenen Unwissenheit« litten, denn schon in der Schule lernten sie »fast nichts über den Rest der Welt« und würden »auch ihr ganzes Erwachsenenleben lang unwissend gehalten, weil die Medien kaum noch über das Ausland berichten«. Moore: »Die meisten von uns finden euch nicht einmal auf der Landkarte.« Damit knüpft er an das Stereotyp von den dummen Amerikanern an, die sich für nichts und niemanden außerhalb der USA interessierten.

Der Text zeigt deutlich die Problematik, die mit Moores Popularität in Deutschland verbunden ist. Denn dieser begreift sich als Patriot, der in der amerikanischen Medienwelt mit den gleichen demagogischen Mitteln arbeitet wie seine Gegner auf der Rechten; in Deutschland dagegen werden seine polemischen Kommentare oftmals als Fakten rezipiert.[261] So hat Moores Arbeit im deutschen Kontext keine aufklärerische, kritische Funktion. Vielmehr fungiert er als vermeintlich authentischer Kronzeuge gegen Amerika. Dazu trägt auch bei, dass die gesellschaftlichen Verhältnisse in anderen Ländern bei Moore stets in einem glänzenden Licht erscheinen. So kritisiert Moore in seinem Film »Sicko« (2007) nicht nur das amerikanische Gesundheitssystem, sondern preist das deutsche zugleich als Paradies. Damit ermöglicht er den deutschen Zuschauerinnen und Zuschauern, sich

---

260 Bush konnte die damalige Wahl zudem nur deshalb für sich entscheiden, weil er mit einigen hundert Stimmen Vorsprung im Bundesstaat Florida gewann, wo es Wahlunregelmäßigkeiten und Fälschungsvorwürfe gegeben hatte.
261 Vgl. dazu auch Kreye, »Zugpferd des Antiamerikanismus«.

mit gutem Gewissen über Amerika zu echauffieren und sich zugleich moralisch darüber zu erheben.

»Barack, Obama uns!«: Die Präsidentschaftswahl 2008

In der deutschen Medienberichterstattung zu US-Präsidentschaftswahlen werden immer wieder auch die Kandidaten der oppositionellen Demokraten zu Protagonisten des »anderen Amerikas« stilisiert. Besonders deutlich wird dies im Zusammenhang mit der Kandidatur von Barack Obama im Jahr 2008. Viele Medien berichteten darüber mit einer Überschwänglichkeit, die projektive Züge hatte. Dass Obama dabei in einen strikten Gegensatz zum Amtsinhaber George W. Bush gestellt wurde, ist in der polarisierten öffentlichen Auseinandersetzung des Wahlkampfs nicht verwunderlich. Problematisch scheint jedoch, dass die vordergründig überaus positiven Zuschreibungen zu Obama oft ebenfalls stereotyp und klischeehaft waren – und vor allem dazu dienten, Obama als Anti-Bush zu charakterisieren. Die folgenden Beispiele aus dem medialen Diskurs sind daher nicht per se antiamerikanisch. Insgesamt ergeben sie aber ein Bild, das die antiamerikanischen Zuschreibungen zu Bush und dem als typisch erachteten Amerika noch unterstreicht.

So zeichnete der *Spiegel* Obama im Februar 2008 in einem überaus positiven Licht: der Präsidentschaftsanwärter sei ein »neuer Kennedy«, der das »wunde Land heilen« solle; ein »politischer Poet« und »Menschenfänger« mit einer »Aura«.[262] Weiter heißt es: »Sieht in diesen Wochen nicht die ganze Welt dabei zu, wie ein anderes Amerika entsteht? Ein friedliches, gütiges, mitfühlendes? [...]. Und wird das nicht ein Amerika sein, in dem endlich wirklich ein jeder werden kann, was er will? In dem alle krankenversichert sind, Migranten willkommen, Lehrer gut bezahlt, in dem Rüstungsetats für Forschungsfinanzierung umgewidmet werden und die Schlaglöcher der South Side wieder zu Straßen?«[263] Barack Obama dient hier als pure Projektionsfläche: Das erhoffte Obama-Amerika erscheint als regelrechtes Paradies – und lässt die amerikanische Wirklichkeit unter George W. Bush in einem noch trüberen Licht erscheinen. Obgleich die Darstellung ironisch überspitzt ist, werden damit Erwartungen befeuert, die politisch kaum einzulösen sind.

---

262 Dieses u. alle folgenden Zit. aus Brinkbäumer/Hujer, »Der Menschenfänger«.
263 Die South Side ist ein Gebiet in Chicago, in dem überwiegend Afroamerikaner leben.

 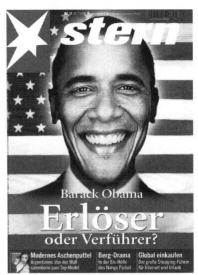

Abb. 7: Der Spiegel, 21.7.2008   *Abb. 8: stern, 24.7.2008*

Als Barack Obama im Rahmen einer Europa-Reise am 24. Juli 2008 vor der Berliner Siegessäule eine Rede vor deutschem Publikum hielt, titelte der *Spiegel* einige Tage vor dem Auftritt: »Deutschland trifft den SuperStar« (Abb. 7). Die Schrift ist dem Logo der RTL-Musik-Talentshow »Deutschland sucht den Super-Star« nachempfunden. Der *stern* brachte am Tag der Rede ebenfalls einen strahlenden Obama auf dem Titelbild, im Hintergrund die US-Flagge und darunter die Schlagzeile: »Barack Obama. Erlöser oder Verführer?« (Abb. 8). Das Wort »Erlöser« ist doppelt so groß wie die restliche Schrift gehalten und fällt von Ferne als Erstes ins Auge. Damit nimmt es die Antwort auf die Frage schon suggestiv vorweg.

Die *Bild*-Zeitung titelte am selben Tag: »Macht uns den Obama!« (Abb. 9). Darüber sind Fotomontagen von mehreren deutschen Spitzenpolitikern zu sehen, leicht verfremdet mit dunkler Hautfarbe und krausen Haaren – versehen mit Bildunterschriften wie »Angela Omerkel«, »Barack Steinmeier«, »Horst Oköhler«, »Guido Westerama« und »Kurt Obeck«. Die ironische Darstellung drückt eine Unzufriedenheit mit der Glanzlosigkeit der deutschen Politiker aus und zeigt so in zugespitzter Form, wie Obama auch als Projektionsfläche für Wünsche und Hoffnungen dient, die der politischen Situation Deutschland gelten. Ein Kommentar zum Thema auf

Seite 2 ist überschrieben mit:»Barack, Obama uns!«[264] Der Satz wirkt wie eine gebetsartige Bitte nach Erleuchtung oder Erlösung. Im Text wird Obama denn auch wie ein Heiliger charakterisiert:»Er ist Guru, er ist Kult…« Und weiter:»Dieses Lachen, diese Jugend, diese Ausstrahlung – so funktioniert Liebe auf den ersten Blick. Der Auftritt heute vor der Siegessäule – das erste Date des Polit-Popstars mit den Deutschen. Romantisch, intim – einfach geil.« Die Beziehung der deutschen Bevölkerung zu Obama wird so geradezu als Lovestory beschrieben.

In der *FR* wurde Obama gar als Sexsymbol charakterisiert – in diesem Fall zudem mit rassistischen Stereotypen angereichert. Feuilleton-Redakteurin Ina Hartwig schrieb, sie sei nicht so sehr vom Inhalt der Obama-Rede begeistert gewesen,»nein: Es überwältigten seine phantastischen Zähne. Sein hinreißendes Lächeln, das eher ein Lachen ist; sein riesiges gesundes Gebiss, das ein Strahlen in sein Gesicht zaubert, eine Energie, die aus anderen Regionen kommt als sein Blick, der streng, hochkonzentriert, fast hart wirkt, willensstark nennt man das wohl.«[265] Obama sei sowohl »Afroamerikaner« als auch»Weltbürger«, und diese»Mischung macht's, sie ist schlichtweg verführerisch«. So zeige Obama»nicht das gezähmte oder enthemmte Lachen weißhäutiger Westmenschen, es ist ein – ja doch – afrikanisches Lachen, temperamentvoll, tänzerisch, voll kindlicher Frische. Es steckt körperliche Freude in diesem Lachen«.

Hartwig macht Obama hier zu einem der US-Gesellschaft Äußerlichen, zu einem Klischee-Afrikaner, der es in den USA bis an die Spitze geschafft hat. Vordergründig kommt ihre Beschreibung zwar positiv daher. Tatsächlich greift sie jedoch auf zahlreiche rassistische Stereotype zurück, die gegenüber Schwarzen verbreitet sind: deren angebliche Natürlichkeit und Ursprünglichkeit, eine von innen kommende Lebensfreude, Triebhaftigkeit, Körperlichkeit und Männlichkeit. Damit knüpft sie an das Bild vom ›Edlen Wilden‹ an, das in der Romantik aufgekommene Idealbild des von der Zivilisation unverdorbenen Naturmenschen, das in Deutschland nicht zuletzt durch das Werk Karl Mays populär wurde.[266]

---

264 Dieses u. alle folgenden Zit. aus Kleine,»Barack, Obama uns!«.
265 Dieses u. alle folgenden Zit. aus Hartwig,»Obamas Zähne«.
266 Vgl. Kohl, *Entzauberter Blick;* Stein (Hg.), *Die edlen Wilden.* Die Journalistin Bettina Gaus weist zu Recht darauf hin, dass auch die vermeintlich positiven stereotypen Charakterisierungen Obamas oftmals einen rassistischen Gehalt hätten, da sie auf der Annahme beruhten,»dass Obama allein wegen seiner Herkunft und Biografie tolerant und offen gegenüber anderen Kulturen sei.« Wenn aber»die Hautfarbe eines Kandidaten der we-

Abb. 9: Bild, 24.7.2008   *Abb. 10: taz, 7.1.2010*

In anderen Diskursbeiträgen wird Obama hingegen auch kritisiert. Die *Kölnische Rundschau* kommentierte am Tag nach Obamas Berliner Rede: »Politik ist keine Kirmes.«[267] Die »deutschen Gastgeber« seien »in erster Linie als Staffage für einen bilderträchtigen Wahlkampf-Auftritt« gebraucht worden: »Es lief die Barack-Obama-Show – live auf allen Kanälen.« Damit zeige Obama die gleiche »Arroganz gegenüber den Europäern« wie Bush, nur in einem »etwas sympathischeren Gewande«. Obama wird so als Wolf im Schafspelz dargestellt, der den Deutschen schmeichele, aber letztlich auch nicht besser sei als Bush.

Ein besonders perfider Beitrag erschien zudem in der *taz*. Die Autorin Brigitte Werneburg bemängelt darin, »dass der US-Möchtegernpräsident reichlich anmaßend auftritt, wenn er meint, Berlin als billige Kulisse und die Berliner als kostenlose Komparserie für seinen Wahlkampfspot missbrauchen zu können.«[268] Zumal das Zeigen von Plakaten und Transparenten nicht gestattet sei: »Wie erkennt man nun, dass es sich bei seiner Veranstaltung nicht um Dreharbeiten handelt?« In wohl ironisch gemeinter Überspitzung fordert Werneburg Obama nun zur Rückkehr in die USA auf. So habe sie ihm bei seiner Rede eigentlich ein Plakat »mit den schönen und traditionsreichen Worten ›Ami go home‹ entgegenhalten« wollen. Dies

---

sentliche Grund« dafür sei, dass man Obamas Sieg wünsche oder fürchte, »dann ist das Rassismus – auch wenn der Kandidat schwarz ist.« Gaus, »Projektionsfläche Obama«.
267 Dieses u. alle folgenden Zit. aus »Kommentar« (o. V.), in: *Kölnische Rundschau*, 25.7.2008.
268 Dieses u. alle folgenden Zit. aus Werneburg, »Politische Ikonografie«.

sei keinesfalls als Spruch »aus der Mottenkiste des Antiamerikanismus« zu verstehen, sondern als »schierer Proamerikanismus«. Begründung: »Wie wir alle wissen, kennen sich die Bürger der Vereinigten Staaten im Rest der Welt nicht so richtig aus. Nun hat es zwar seine Vorteile, nicht zu wissen, dass Islamabad nicht im Iran liegt, weil man dem Iran dann jederzeit die Befähigung zum Einsatz atomarer Waffen unterstellen kann. Das erleichtert es insgesamt ungemein, an allen Ecken der Welt Krieg zu führen. Es hat aber auch seine Nachteile, womöglich nicht zu wissen, dass man sein Geld für Absperrung, Einlasskontrolle und Rednerbühne nicht in Berlin, Wisconsin, sondern in Berlin, Germany ausgibt. Schließlich sind die potenziellen Wähler – die das eine Berlin so wenig interessiert wie das andere – in ihrer Mehrzahl doch eher in den USA zu finden.«

Mit der ironischen Bemerkung, dass das Wahlkampf-Team Obamas wohl die deutsche Hauptstadt Berlin mit dem 5.000-Einwohner-Städtchen Berlin im US-Bundesstaat Wisconsin verwechselt habe, spielt Werneburg auf die verbreitete Vorstellung an, die Amerikaner seien geistig beschränkt und ungebildet. Ihre Hauptaussage lautet, der schauspielernde »Möchtegernpräsident« Obama möge seine Show doch lieber bei seinen Landsleuten abhalten, die sich sowieso nicht für die Welt interessierten. Entgegen ihres Dementis verwendet sie den Ausspruch »Ami go home« also ganz im traditionellen antiamerikanischen Sinn.

Derart negative Diskursbeiträge blieben im Wahlkampf 2008 jedoch die Ausnahme. Es überwog die Begeisterung für Obama. Dies zeigte sich nochmals, nachdem Obama die Präsidentschaftswahl am 4. November 2008 gewonnen hatte. Das Online-Portal *gmx.net* brachte auf seiner Nachrichten-Seite die Schlagzeile: »USA: Jetzt mögen wir euch wieder«.[269] Die *Zeit* kommentierte, in Europa seien in den vergangenen Jahren »Zweifel« aufgekommen, »ob die USA geistig noch bei sich sind. Und bei uns.«[270] Mit der Wahl Barack Obamas zeige sich jedoch »das andere Gesicht Amerikas. Und wie!« Die USA kehrten »zurück in den Westen. Und in die Herzen.« Der Beitrag endet mit den Worten: »Willkommen daheim, Amerika!« Damit wird Europa als Hüter der westlichen Werte dargestellt, zu dem das geistig verirrte Amerika nach den Jahren unter Bush nun reumütig zurückkehre. Mit dem Personalpronomen »uns« sowie der Begrüßung Amerikas »daheim« wird dies noch unterstrichen. Die *taz* schließlich titelte: »Die richtige Wahl«. Dazu erschien in der Zeitung ein Kommentar mit der Über-

---

269 www.gmx.net (abgerufen am 5.11.2008).
270 Dieses u. alle folgenden Zit. aus Ulrich, »Willkommen, Amerika!«.

schrift: »Wir sind Obama«.[271] Dabei handelt es sich um eine Abwandlung der berühmten *Bild*-Schlagzeile »Wir sind Papst!« vom 20. April 2005, die sich auf die Wahl des deutschen Kardinals Joseph Ratzinger zum Oberhaupt der römisch-katholischen Kirche bezieht.

Hier wie auch in vielen anderen der zitierten Beiträge wird Obama als regelrechter Kandidat der Deutschen oder Europäer vereinnahmt. So erscheint sein Wahlsieg als ein Sieg europäischer Werte über den amerikanischen Mainstream, der vor allem durch George W. Bush repräsentiert wird.[272] Das Lob Obamas ist also eher ein Lob der Ausnahme gegenüber der amerikanischen Normalität. Darüber hinaus werden Hoffnungen und Wünsche auf Obama projiziert, die eigentlich der deutschen Politik und deren Akteuren gelten. Dabei dürfte auch eine Rolle spielen, dass zum ersten Mal ein Amerikaner mit dunkler Hautfarbe zum US-Präsidenten gewählt wurde.[273] Stellenweise werden in diesem Zusammenhang auch rassistische Stereotype verbreitet. Damit ist nicht die Thematisierung von Obamas Identität per se gemeint – schließlich gehört es zum Geschäft der Nachrichtenmedien, vor allem Abweichungen vom Gewöhnlichen und Bekannten zu thematisieren.[274] Problematisch wird es hingegen, wenn Obama unter Verweis auf seine Identität als ein der amerikanischen Gesellschaft Fremder dargestellt wird. Gefeiert wird dann vor allem, dass sich Obama gegen das Amerika des Mainstreams durchsetzen konnte.

»Wie viel Bush steckt in Obama?«: Barack Obama als Präsident

Im Laufe von Barack Obamas erstem Amtsjahr wurde die Begeisterung über dessen Wahlsieg zunehmend leiser. Auf *Zeit Online* hieß es im September 2009: »Obama ist der erste Schwarze im Weißen Haus, doch der Rassismus in den USA sitzt tief – dem Präsidenten schlägt tiefe Verachtung

---

271 Pickert, »Wir sind Obama«.

272 Vgl. dazu auch Markovits, »Europe's Usurpation of the Obama Triumph«; Hatlapa/ Markovits: »Obamamania and Anti-Americanism as Complementary Concepts in Contemporary German Discourse«.

273 Der Journalist Steven Erlanger merkt an, dass bis dahin in keinem europäischen Land ein Politiker mit anderer Hautfarbe eine realistische Chance hatte, an die Staatsspitze vorzurücken. So hat die Begeisterung für Obama auch projektiven Charakter: Darin schwingt der Wunsch mit, dass Obama etwas gelingen möge, was im eigenen Land unmöglich erscheint. Vgl. Erlanger, »After U.S. Breakthrough, Europe Looks in Mirror«.

274 Dynamik und Valenz gehören zu den zentralen Nachrichtenfaktoren; vgl. Schulz, *Die Konstruktion von Realität in den Nachrichtenmedien*, S. 31–34.

entgegen.«[275] Auf *Süddeutsche.de* war zu lesen,»ausgerechnet Obama, der mit dem erklärten Ziel angetreten ist, die Amerikaner zu versöhnen«, sehe sich »von vielen Seiten angefeindet und gar als Weißen-Hasser diffamiert.«[276] Und die *Berliner Zeitung* analysierte, die USA seien »auch mit Präsident Obama noch keine postrassistische Gesellschaft«.[277] Obama erscheint hier als Politiker, der die amerikanische Gesellschaft nur kurzzeitig von sich überzeugen konnte, aufgrund eines tief sitzenden Rassismus jedoch nicht wirklich akzeptiert werde. Die genannten Zitate sind nicht antiamerikanisch. Sie verdeutlichen aber beispielhaft den Kontrast zwischen der positiven Sicht auf Obama und der negativen auf die amerikanische Normalität.

Auch Obama selbst geriet in die Kritik, weil er sich nicht hinreichend von seinem Vorgänger Bush absetze. Die *SZ* berichtete im Februar 2009 unter der Überschrift »Der Bush in Obama«, dass der US-Präsident zwar einen Wandel in der Antiterrorpolitik und die Schließung des Gefangenenlagers Guantanamo auf Kuba angekündigt habe, nun jedoch zögere: »Obama hält am Bush-Kurs fest.«[278] *Spiegel Online* titelte: »Klimakiller Obama« und begründete dies mit den Worten, Obama erweise sich »als unfähig, die Lebenslügen seines Landes zu beenden, sich über die tief im Wirtschaftssystem verwurzelten Lobbyisten der Öl- und Kohleindustrie hinwegzusetzen und seinen Landleuten den Spiegel vorzuhalten«.[279] Die *taz* brachte Anfang 2010 auf dem Titelblatt eine Fotomontage, die eine Mischung aus Obama und Bush zeigt (Abb. 10). Die dazugehörige Schlagzeile lautete: »Wie viel Bush steckt in Obama?« Und darunter: »Effektivere Geheimdienste, Bomben auf Jemen, Verstärkung in Afghanistan: Wie Terror und Krieg den 44. Präsidenten der USA verändert haben.«

Auch innenpolitisch wurden Kontinuitäten kritisiert, vor allem angesichts des anhaltenden Streits um die von Obama angestrebte Gesundheitsreform. Von einem »Kulturkampf« berichtete *Focus Online* im August 2009. Dies hätten verschiedenen Bürgerdiskussionen zur Gesundheitspolitik in den USA gezeigt: »Mit rot angelaufenen Gesichtern, geschwollenen Adern und schwingenden Fäusten machen Bürger ihrer Sorge und ihrem Ärger Luft.«[280] Die *Neue Ruhr/Neue Rhein Zeitung* schrieb, bei den Störern

---

275 Klingst,»Das post-rassistische Zeitalter ist noch fern«.
276 Helmes,»Zwischen allen Stühlen«.
277 Haufler,»Empfindsamkeit und Feingefühl«.
278 Wernicke,»Der Bush in Obama«.
279 Schwägerl,»Klimakiller Obama«.
280 »Gesundheitsreform wird zum Kulturkampf« (nb/dpa).

handele es sich »fast ausschließlich um weiße Amerikaner mit geringem Einkommen und Bildung, die in erschreckendem Maße Gewaltbereitschaft zu erkennen geben. Von mitgeführten Waffen in New Hampshire über eine Puppe, die vom Galgen hängt in Texas, bis zu einem Hakenkreuz am Büro eines schwarzen Abgeordneten aus Georgia.«[281] Die *FTD* konstatierte, es handele sich um einen »Triumph der Schreihälse gegen Obama«.[282] Die Gesundheitsdiskussion habe »gezeigt, dass die alten Reflexe doch noch funktionieren.« Demnach sind die Amerikaner trotz Obama im negativen Sinne die Alten geblieben. Auf *stern.de* hieß es, die USA entfernten sich damit wieder vom Rest der Welt:»In der Welt ist Obama Everybody's Darling. Doch in den USA schlägt dem Präsidenten teilweise blanker Hass entgegen.«[283] Mit dieser Gegenüberstellung – Obama ist in der ganzen Welt beliebt, nicht jedoch in Amerika – wird Obama abermals implizit als unamerikanisch charakterisiert. Die *Welt* fragte in Bezug auf die Reaktionen in der Bevölkerung auf den Gesetzentwurf zur Gesundheitsreform:»Sind die Amerikaner noch bei Trost? Wie können Bürger eines Landes, das um seine Demokratietradition beneidet wird, über einen 1.300 Seiten dicken Gesetzentwurf namens ›HR 3200‹ so außer sich geraten, dass Prügeleien in Saalschlachten oder Schlimmeres drohen? […] Was andernorts den Tatbestand der Volksverhetzung und des Aufrufs zur Gewalt erfüllte, gilt in Amerika als streitbare Demokratie.«[284] Gewalt und Volksverhetzung werden hier als Beispiele für die »streitbare« amerikanische Demokratie angeführt – das demokratische Selbstverständnis der Amerikaner erscheint so nur noch verlogen und bigott.

Auch die *FAZ* beschrieb den Streit als typisch amerikanisch. Zwar handele es sich um »Parolen, wie sie am extremistischen Rand gedeihen und, neumedial gedüngt, besonders üppig aufblühen«, doch diese passten »im Grunde […] einfach zu gut in die Geschichte über Amerika, wie Amerika sie am liebsten erzählt. Darin geht es um ein Land, gesegnet mit Bürgern, die sich selbst genügen […] und in ihrem unverwüstlichen Individualismus mit so wenig Staat wie nur möglich auszukommen gedenken.«[285] Der Extremismus gehört demnach zur amerikanischen Identität. Die *SZ* betonte,

---

281 Dieses u. alle folgenden Zit. aus Spang, »Obama will der ›Oma‹ nicht den Stecker ziehen««.

282 Dieses u. alle folgenden Zit. aus Muscat, »Triumph der Schreihälse gegen Obama«.

283 Disselhoff, »Obama, der Nazi-Muslim«.

284 Schmitt, »Gesundheitsreform – Obama im Härtetest«.

285 Mejias, »Stalin, Hitler und Obama«.

dass eine derart heftige Auseinandersetzung in Deutschland undenkbar sei: »Jene Art von zivilem Krieg, in dem sich die Amerikaner im Streit um banalste Details ihrer Gesundheitsreform niedermachen, würde die Berliner Republik nicht aushalten. Man stelle sich vor: In Quakenbrück oder Hoyerswerda kämen Merkel-Gegner mit geladenem Gewehr zur Versammlung. In Flensburg, Stendal und Rosenheim brüllten Protestler die Regierung mal als Nazis, mal als Kommunisten nieder. Oder irgendwo sonst würde sich im Gemeindesaal ein Wähler als ›rechtsextremer Terrorist‹ hervortun, worauf ihm der Herr Abgeordnete entgegenruft: ›Gott segne Sie, Amen!‹ So geht es zu in dem Amerika, das nun Barack Obama regiert.«[286] Und die Zeitung schließt mit dem Fazit: »Der Traum, die Wahl eines schwarzen Newcomers allein könne die alten Gräben vergessen machen, war immer naiv. Nun […] ist die Illusion geplatzt.«

Die Diskursbeiträge zeichnen ein Bild von Amerika, wie es negativer kaum sein könnte. Die gewalttätigen und rückwärtsgewandten Bürger, die darin beschrieben werden, erscheinen zwar einerseits als verblendete Tölpel, zugleich jedoch als durchaus typische Vertreter einer in den USA verbreiteten staatsskeptischen Haltung. Dies wird in einen strikten Gegensatz zu den gesellschaftlichen Verhältnissen in Deutschland gestellt, wo so etwas unmöglich sei. So erscheint Amerika als bigott und rüpelhaft wie zuvor, der Obama-Traum hingegen als Farce. Obama stellt in diesem Bild einen Fremdkörper in der amerikanischen Gesellschaft dar, der von den Amerikanern bereits wieder abgestoßen werde.

Viele der zitierten Berichte zu Obamas Amtsbeginn sind für sich genommen nicht antiamerikanisch. Sie demonstrieren jedoch, wie der überschwängliche Jubel schon bald von einer großen Enttäuschung abgelöst wurde. Beide Extreme beruhen auf einer Projektion: Zunächst wird Obama als wahrer Heilsbringer gefeiert und bereits kurze Zeit später als Schwätzer dargestellt, der viel versprochen, tatsächlich aber nur mit einer Fortsetzung der Politik seines Vorgängers George W. Bush Erfolg habe. Dies zeigt, dass die These, dass der Antiamerikanismus in Wirklichkeit nur ein »Anti-Bushismus« sei, nicht zu halten ist. Zwar wird Obama auch in seiner Zeit als US-Präsident noch weitaus positiver als Bush charakterisiert, die amerikanische Bevölkerung wird jedoch mit umso negativeren Stereotypen belegt und erscheint als ungebrochen fanatisch, rassistisch und unkultiviert. Das Feindbild Amerika ist also keineswegs verschwunden.

---

286 Dieses u. alle folgenden Zit. aus Wernicke, »Unversöhnliche Staaten«.

Detailanalyse: Der *Spiegel*-Artikel »Wie man Terroristen fördert«

Im Folgenden werde ich den Artikel »Wie man Terroristen fördert« aus dem Magazin *Der Spiegel* vom 5. November 2001 analysieren.[287] Er befasst sich mit den weltpolitischen Folgen der Terroranschläge vom 11. September. Der Beitrag kann als diskurstypisch gelten, weil er nicht nur eine scharfe Kritik an der Politik der USA enthält, sondern auch zahlreiche antiamerikanische Elemente. Damit handelt es sich um einen exemplarischen Ausschnitt aus dem Sagbarkeitsfeld des medialen Diskurses. Denn die vorangegangenen Analysen haben gezeigt, dass Diskursfragmente dieser Art in fast allen großen Tageszeitungen und Zeitschriften sowie in zahlreichen Sachbüchern, in Radiobeiträgen und Fernsehberichten zu finden sind. Auch der *Spiegel* hat sich immer wieder mit stereotypen Darstellungen hervorgetan.

Dazu muss gesagt werden, dass sich der *Spiegel* zwar selbst als »Nachrichtenmagazin« bezeichnet, zugleich jedoch erklärtermaßen bemüht ist, seine Beiträge zu personalisieren und zu »Geschichten« zu verarbeiten.[288] Daraus ergibt sich ein journalistischer Stil, der Fakten und Wertungen stark vermischt. Von den Einen wird der *Spiegel* deshalb als »Kampfblatt« verschmäht. Andere wiederum loben, dass er gründlich recherchiere und immer wieder Affären und Missstände aufdecke. Weitgehend unbestritten ist seine Funktion als wichtiges Orientierungsmedium im medialen Diskurs in Deutschland. Nach dem Medienwissenschaftler Jürgen Wilke kann man den *Spiegel* als »Leitmedium« bezeichnen, weil er immer wieder Themen setzt (»Agenda-Setting«) und inhaltliche Bezugsrahmen schafft (»Framing«), die andere Medien dann aufgreifen.[289] Seine publizistische Bedeutung drückt sich auch darin aus, dass er das am häufigsten zitierte Medium in Presse, Funk und Fernsehen ist.[290] Bei der Auflagenhöhe liegt der *Spiegel* ebenfalls vorn, und zwar sowohl bei den aktuellen Wochenmagazinen (*Focus*, *stern*) als auch im Vergleich mit sämtlichen Abonnementzeitungen. Im vierten Quartal 2001, in dem der hier analysierte Beitrag erschien, betrug die wöchentliche Auflage des *Spiegels* durchschnittlich 1,107 Millionen Exemplare.[291]

287 Der Text ist online zugänglich; siehe Augstein, »Wie man Terroristen fördert«.
288 Vgl. hierzu u. im Folgenden Meyn, *Massenmedien in Deutschland*, S. 117–121.
289 Wilke, »Leitmedien und Zielgruppenorgane«.
290 Vgl. »Medien-Ranking 2001 des Forschungsinstituts Medien-Tenor« (cm).
291 Vgl. *Spiegel*-Verlag (Hg.), »IVW-Auflage IV/2001: Der Spiegel mit deutlichem Plus«, 14.1.2002, www.pressrelations.de/new/standard/dereferrer.cfm?r=85035.

Autor des Artikels ist der Gründer und Herausgeber des *Spiegels*, Rudolf Augstein. Ein Jahr nach Erscheinen des Textes, am 7. November 2002, starb er im Alter von 79 Jahren. Augstein gilt als einer der einflussreichsten Journalisten der Nachkriegsgeschichte, beim *Spiegel* nahm er bis zu seinem Tod eine herausragende Rolle ein. So war er der Einzige, der dort namentlich gekennzeichnete Kommentare veröffentlichte. Kommentare sind eine meinungsbetonte journalistische Stilform, bei der aktuelle Ereignisse und Debatten in Zusammenhänge gestellt und bewertet werden.[292]

Auch der Beitrag »Wie man Terroristen fördert« ist als Kommentar gekennzeichnet. Er erschien rund acht Wochen nach den Anschlägen vom 11. September 2001 und vier Wochen nach Beginn des US-geführten Krieges gegen die radikal-islamischen Taliban in Afghanistan. Zu dieser Zeit war der Krieg in vollem Gange und ein Ende nicht absehbar. Der Beitrag umfasst fünf Spalten und erstreckt sich über eine komplette linke Seite sowie zwei Drittel der gegenüberliegenden rechten Seite (S. 142–143) in der betreffenden *Spiegel*-Ausgabe. In der Mitte der beiden Seiten befinden sich zwei Fotos, die den Kommentar illustrieren. Dazu später mehr. Der Kommentar-Überschrift »Wie man Terroristen fördert« ist eine erläuternde Unterzeile beigestellt: »Rudolf Augstein über George W. Bush, Osama Bin Laden und einen bedrohlichen Flächenbrand« (Zeile 2). Inhaltlich geht es in dem Kommentar um die Jagd von US-Präsident Bush auf den Chef des Terror-Netzwerks al-Qaida, Bin Laden, sowie um den Militäreinsatz in Afghanistan. Bin Laden gilt als Planer der Anschläge vom 11. September und wurde in der darauffolgenden Zeit in der Grenzregion zwischen Afghanistan und Pakistan vermutet.

Der Kommentar besteht aus 18 Absätzen sowie einem vorangestellten Zitat. Der Text lässt sich in sieben Sinnabschnitte gliedern. Darin wird die Analyse der aktuellen Lage immer wieder mit historischen Rückblicken kontrastiert, die der Bewertung der gegenwärtigen US-Politik dienen. Die Kernbotschaft des Kommentars lautet, dass die USA mit ihrem Vorgehen in Afghanistan den Terrorismus nicht eindämmen, sondern geradezu dessen Ausbreitung »fördern«, wie es schon in der Überschrift heißt. Die Metapher vom »bedrohlichen Flächenbrand« in der Unterzeile legt dabei nahe, dass sich der Terror infolge der Bush-Politik wie ein Brand in der Fläche ausbreiten werde, also vermutlich auch über andere Länder hinweg, und so zu einer noch größeren, kaum mehr einzudämmenden Gefahr werde.

---

292 Vgl. Reumann, »Journalistische Darstellungsformen«, S. 110.

Einleitendes Zitat (Zeile 3–11): Amerika, du hast es besser

Das Zitat, das dem Kommentar vorangestellt ist, ist ein Gedicht in Form eines Kreuzreimes:

> Amerika, du hast es besser,
> Als unser Kontinent, das alte,
> Hast keine verfallene Schlösser
> Und keine Basalte.
> Dich stört nicht im Innern
> Zu lebendiger Zeit
> Unnützes Erinnern
> Und vergeblicher Streit.

Unterhalb dieser Zeilen wird der Name des Verfassers genannt: Johann Wolfgang von Goethe. Weitere Erläuterungen gibt es nicht.

Dazu lässt sich ergänzen, dass es sich um das Gedicht »Den vereinigten Staaten« aus Goethes Spruchsammlung »Zahme Xenien« von 1827 handelt.[293] »Amerika«, das synonym für die Vereinigten Staaten steht, erscheint hier als überaus positives Gegenbild zum »alten« Kontinent Europa, als wahrer Sehnsuchtsort. Erstens, weil es unbelastet von überkommenen Traditionen wie dem Feudalismus sei, der hier durch »verfallene Schlösser« symbolisiert wird. Und zweitens, weil es die Kleinstaaterei und den politischen Dauerzwist Europas nicht kenne (»vergeblicher Streit«). Das Gedicht gehört zu den bekannteren Versen Goethes. Vor allem die erste Zeile »Amerika, du hast es besser« wird häufig zitiert. Der Satz drückt eine große Bewunderung für die USA aus und steht damit stellvertretend für die Amerika-Begeisterung vieler Europäer in jener Zeit, die sich in einer großen Auswanderungswelle niederschlug. Das Gedicht steht hier wie ein Motto noch vor dem eigentlichen Kommentartext.

1. Abschnitt (12–30): Das Unglück des 11. Septembers

Die ersten beiden Sätze des Kommentars enthalten gleich mehrere starke Behauptungen: »Noch nie ist die Menschheit einer einzigen, vorgeschriebenen Linie gefolgt. Das werden nun auch die Vereinigten Staaten erfahren müssen, deren Losungswort ›Rache‹ ist.« (12 ff.) Um diese Aussage zu verstehen, muss man sich die Situation nach den Terroranschlägen vom 11. September 2001 vergegenwärtigen: Zahlreiche Länder versicherten damals

---

293 Goethe, »Zahme Xenien: Den vereinigten Staaten«.

den USA ihre »uneingeschränkte Solidarität«.[294] Die Nato rief den Bünd-
nisfall aus. Der UN-Sicherheitsrat bezeichnete die Anschläge als »Bedrohung des Weltfriedens und der internationalen Sicherheit« und bekräftigte
das »naturgegebene[…] Recht zur individuellen und kollektiven Selbstver-
teidigung« der Staaten auf der Grundlage von Art. 51 der UN-Charta.[295]
Die USA wie auch Deutschland und andere Staaten interpretierten dies als
völkerrechtliche Legitimation des damals anlaufenden Militäreinsatz in
Afghanistan, weil die Terrorangriffe von dort aus geplant worden waren.

Genau diese politische Lage ist wohl gemeint, wenn von »einer einzigen
[…] Linie« die Rede ist. Zugleich wird die überwältigende Unterstützung
durch die internationale Staatengemeinschaft jedoch in Frage gestellt, indem behauptet wird, dass die USA der »Menschheit« diese Richtung »vorgeschrieben«, also aufgezwungen hätten. Offenbar aus niederen Motiven:
So heißt es im zweiten Satz, dass das »Losungswort« der Vereinigten Staaten, also die Parole, nach der sie ihre Politik ausrichteten, »Rache« sei. Das
Wort »Rache« bezeichnet allgemein eine von Emotionen geleitete Vergel-
tung einer als böse empfundenen Tat. Den USA wird damit vorgeworfen,
nicht überlegt und rational auf die Anschläge vom 11. September zu reagie-
ren, sondern in einem heftigen, emotionalen Affekt – und dies unter Aus-
nutzung der Solidarität der internationalen Gemeinschaft.

Im Folgenden kommt der Kommentar auf den 11. September zurück –
mit einem historischen Vergleich. »Objektiv besehen« handele es sich beim
»Angriff auf die Twin Towers und das Pentagon« zwar um »das schwerste
Unglück, das Einzeltäter Menschen zufügen können: über 4.800 Tote.«
(17 ff.) Beginnend mit der Konjunktion »aber«, die einen Gegensatz ausdrückt, heißt es jedoch anschließend: »Aber Staaten können (sich) mehr
leisten.« (21 ff.) Dieser Satz enthält eine doppelte Aussage: Zum einen,
dass Staaten aufgrund ihrer Macht in der Lage sind, ein noch größeres Unglück zu verursachen, und zum anderen, dass sie sich mehr Dinge erlauben
können, ohne auf Normen und Regeln Rücksicht zu nehmen. Was konkret
gemeint ist, erschließt sich im weiteren Textverlauf. So heißt es, US-Präsident Truman habe im August 1945 über den japanischen Städten Hiroshima und Nagasaki Atombomben abwerfen lassen, die 340.000 Tote zur
Folge gehabt hätten, und sich damit »zweifellos eines Kriegsverbrechens
schuldig gemacht.« (28 ff.)

---

294 Vgl. Dausend/Haselberger, »Wir sind alle Amerikaner«.
295 Zit. nach UN-Sicherheitsrat, »Resolution Nr. 1368 vom 12.9.2001«, www.un.org/
     Depts/german/sr/sr_01-02/sr1368.pdf.

Der Kommentar argumentiert damit auf zwei unterschiedlichen Ebenen. »Objektiv«, also auf einer sachlichen, nicht von Gefühlen bestimmten Ebene, wird der Terror des 11. Septembers zwar superlativisch als das »schwerste« von Einzeltätern verübte »Unglück« bezeichnet. Gleich anschließend wird diese Aussage jedoch relativiert, indem die Anschläge mit der viel höheren Todeszahl bei den Atombombenabwürfen der USA über Japan im Zweiten Weltkrieg verglichen werden. Die Hauptaussage des Abschnitts lautet offensichtlich, dass die Anschläge zwar furchtbar sind, im Vergleich mit den Kriegssünden der USA jedoch kaum ins Gewicht fallen.

2. Abschnitt (31–55): Die USA im Ersten und Zweiten Weltkrieg

Der zweite Abschnitt beinhaltet einen historischen Rückblick. Er beginnt mit der Behauptung: »Die Sheriff-Gesinnung, die in den USA nun einmal Trumpf ist, hat sie siegreich durch zwei Weltkriege geführt.« (31 ff.) Das Motiv des amerikanischen »Sheriffs« oder auch des »Weltpolizisten« taucht im medialen Diskurs häufig auf, wie die vorangegangenen Überblicksanalysen gezeigt haben. Die Wortzusammensetzung »Sheriff-Gesinnung« steht als Metapher für eine gewalt- und waffenaffine Grundeinstellung (»Gesinnung«) der Amerikaner. Sie impliziert, dass sich die USA gerne als diejenigen aufspielen, die für Ordnung sorgen und der ganzen Welt zeigen, wo es langgeht. Im Text wird nun behauptet, dass diese »Gesinnung« in Amerika »Trumpf« sei und somit gegenüber allen anderen Haltungen stets obsiege – wie die gleichnamige Spielkarte, die andere Karten aussticht. Die Hauptaussage folgt dann am Schluss des Satzes. Sie lautet, dass die USA sowohl den Ersten als auch den Zweiten Weltkrieg nur aufgrund dieser »Sheriff-Gesinnung« gewonnen hätten.

Im Folgenden wird diese These erläutert. So heißt es zunächst, der Erste Weltkrieg sei »durch die geistige Trägheit und den Größenwahn des Kaisers Wilhelm II. ausgelöst« worden (35 ff.); für den Zweiten Weltkrieg sei »Adolf Hitler mit seiner Mischung aus deutscher Überheblichkeit und seiner eigenen Untergangssucht allein verantwortlich.« (39 ff.) Damit wird die Schuld ausschließlich den beiden Männern zugeschrieben, die zum jeweiligen Zeitpunkt die Macht in Deutschland innehatten. Die Weltkriege erscheinen so als Einzeltaten zweier geradezu verrückter Staatsführer: des »geistig trägen« und »größenwahnsinnigen« Wilhelm II. sowie des »überheblichen« und »untergangssüchtigen« Hitler. Die vom Krieg »als erste betroffenen Franzosen« (45 f.) hätten sich dabei mit folgendem Ausspruch getröstet:»›A la guerre comme à la guerre‹ – ›der Krieg ist nun mal so, wie er ist‹«. Das Zitat ist ein französisches Sprichwort, dessen deutsche Entsprechung eigentlich so viel lautet wie »Man tut, was man kann« oder »Machen wir das Beste aus der Lage«.[296] Wie das Zitat hier genau zu interpretieren ist, bleibt unklar. In Augsteins Übersetzung wirkt es wie eine Beschwichtigungsformel zur Relativierung der Kriegspolitik von Wilhelm II. und Hitler, nach dem Motto: Krieg ist immer schlimm.

Die dann folgende Passage bezieht sich schließlich wieder auf die Rolle der USA in den Weltkriegen: »Beide Male forderte das Weltinteresse (und, wohlverstanden, auch das Eigeninteresse Washingtons) die Einmischung der Vereinigten Staaten. Beide Male war klar, dass sie England nicht im Stich lassen konnten. Beide Kriege waren Materialschlachten, in denen das Deutsche Reich unterliegen musste.« (48 ff.) Die Aussage lautet hier einerseits, dass der Kriegseintritt der USA im Interesse der ganzen Welt gelegen habe und dass das Land insbesondere dem verbündeten England zu Hilfe kommen musste. Darüber hinausgehend wird jedoch – in Form eines Einschubs in der Klammer – ein weiterer Grund für das Eingreifen der USA behauptet, der die anderen Aussagen wieder relativiert: »Washington«, das hier synonym für die US-Regierung steht, habe ein »Eigeninteresse« am Kriegseintritt gehabt, also zum eigenen Vorteil gehandelt. Diese These wird jedoch nicht weiter begründet. Die anschließende Feststellung, dass die USA die beiden Kriege aufgrund ihrer militärischen Überlegenheit (»Materialschlacht«) geradezu gewinnen *mussten*, lässt zwei verschiedene Interpretationen zu. Zum einen könnte die Aussage lauten, dass der Eintritt Amerikas in die beiden Weltkriege sinnvoll, weil militärisch aussichtsreich war. Eine andere mögliche Interpretation wäre, dass Amerika die Weltkriege nicht aufgrund moralischer Überlegenheit oder eines heldenhaften Einsatzes gewann, sondern ausschließlich wegen seiner militärischen Stärke.

Insgesamt entsteht in dem Abschnitt der Eindruck, die USA hätten im Interesse der ganzen Welt rational gehandelt und ihre materielle Überlegenheit kühl eingesetzt – einerseits. Andererseits jedoch wirkt die Zuschreibung einer »Sheriff-Mentalität« wie auch die Betonung des amerikanischen »Eigeninteresses« alles andere als sympathisch. So wird das Bild eines machtvollen Landes gezeichnet, das immer wieder ohne großes Risiko in die Weltpolitik eingreift, wo es ihm zum Vorteil gereicht.

---

296 Hower, »Französische Vergleiche«.

3. Abschnitt (56–98): Der Krieg gegen den Terror

Der dritte Abschnitt beginnt mit der Feststellung: »Nun aber geht es gegen Terroristen.« (56) Mit dem Satzbeginn »nun aber« wird ein Gegensatz zu den vorangegangenen Feststellungen über den Ersten und Zweiten Weltkrieg hergestellt. Da zuvor betont wurde, dass die Beteiligung der Amerikaner an diesen historischen Konflikten zumindest teilweise gut begründbar ist und beide Kriege auch noch gewonnen werden konnten, legt dieser einleitende Satz nahe, dass die heutige Situation in irgendeiner Weise anders bewertet werden müsse.

Tatsächlich wird sodann erläutert, dass man »Täter« nur »aufspüren und unschädlich machen« könne, wenn man sie kenne (56 ff.). »Den Terror als solchen zu bekämpfen« sei dagegen »eine Verlegenheit, eine Unmöglichkeit« (58 ff.), zumal er »in so vielen Erscheinungsformen« daherkomme und »so viele unterschiedliche Wurzeln« habe (63 ff.). Die Passage endet schließlich mit der rhetorischen Frage, »auf welche Weise« man den »weltweiten Terrorismus« vor diesem Hintergrund denn »ausrotten« solle (61 f.). Die Bemerkungen beziehen sich vermutlich auf die Ankündigung von Präsident Bush im US-Kongress am 20. September 2001, einen »Krieg gegen den Terror« (wörtlich: »war on terror«) führen zu wollen, der sich zunächst gegen al-Qaida richten werde.[297] Der Ausdruck war politisch umstritten; die US-Regierung benutzte ihn in den folgenden Jahren regelmäßig als Schlagwort im Kampf gegen den internationalen Terrorismus.

Weiter heißt es im Text: »Nur eines ist sicher: Wer so vorgeht wie jetzt die Amerikaner in Afghanistan, der sorgt nicht für eine Eindämmung von Terror – sondern fördert seine Ausbreitung.« (66 f.) Demnach wird selbst die geringe theoretische Wahrscheinlichkeit, den Terrorismus »ausrotten« zu können, durch das faktische Vorgehen der Amerikaner in Afghanistan unmöglich gemacht oder sogar konterkariert. Zur Begründung heißt es, die USA würden das Land »ohne große Rücksicht auf eine Zivilbevölkerung, die Hunger leidet und schutzlos dem harten Winter ausgesetzt sein wird, […] in Schutt und Asche« legen. (70 ff.) Bei dieser Aussage handelt es sich um eine Unterstellung, die unbelegt bleibt. Weiter heißt es im Text, wer so etwas tue, dürfe »sich nicht wundern, wenn sich die Stimmung gegen ihn zu kehren beginnt« (74 f.). Und: »Schon ist klammheimliche Freude zu

297 Zit. nach George W. Bush, »Address to a joint session of Congress and the nation« (Transkript), 20.9.2001, www.washingtonpost.com/wp-srv/nation/specials/attacked/ transcripts/bushaddress_092001.html (abgerufen am 26.1.2011).

spüren über jeden Fehlschlag der Amerikaner, über jede politische Fehlein-schätzung.« (76 ff.) Der letzte Satz lässt offen, welchem Subjekt die »klammheimliche Freude« zugeschrieben wird. Es ist aber anzunehmen, dass sich der Kommentar dabei entweder auf den deutschen, wahrscheinli-cher aber noch auf den weltweiten Diskurs bezieht.

Die »Fehlschläge« werden im Folgenden damit erläutert, dass die US-Regierung »wieder« einmal »einen Gegner weit unterschätzt« (80 ff.) habe, dies mittlerweile auch zugebe und sich bereits auf eine lange Kriegsdauer einrichte. Präsident Bush werde sogar schon zum Einsatz von Bodentrup-pen aufgefordert, allerdings müsse sein Außenminister Colin Powell auf-grund seiner Erfahrungen als General im Golfkrieg wissen, »was das be-deutet« (90 f.). Denn auch die Sowjets seien 1979 mit Bodentruppen in Af-ghanistan einmarschiert und »von der Guerilla [...] systematisch zermürbt« worden (93 ff.). Abschließend heißt es: »Bereits Alexander der Große (und der wusste von Erdöl noch nichts) hat erkannt, dass man dieses Gebiet wohl durchqueren kann. Aber nicht erobern.« (95 ff.) Der Verweis auf Kö-nig Alexander (356–323 v. Chr.) wirkt schlagend. Denn Alexanders Heer wurde bei seinen Eroberungszügen auf dem Gebiet des heutigen Afghanis-tan erstmals in lange und verlustreiche Kämpfe mit Aufständischen ver-wickelt.[298] Die Erwähnung dieses historischen Falles legt nahe, dass es of-fenbar unmöglich ist, Afghanistan beziehungsweise die dortigen Aufständi-schen zu besiegen, auch wenn die militärische Übermacht noch so groß ist.

Das Schlagwort vom »Erdöl« spielt assoziativ auf die Debatte um die Gründe für den Afghanistan-Krieg an. Dabei wurde immer wieder behaup-tet, es gehe den USA vor allem um eine Erschließung der großen Öl- und Gasvorkommen am Kaspischen Meer mittels einer Pipeline durch Afgha-nistan.[299] Im Kommentar wird dies jedoch nicht weiter erläutert. So verstärkt sich nur der diffuse Eindruck, die USA hätten den Afghanistan-Krieg aus unlauteren Motiven begonnen.

4. Abschnitt (99–138): Amerika nach dem Kalten Krieg

Der vierte Abschnitt enthält einen Rekurs auf die Politik der USA »seit dem Zerfall der Sowjetunion 1991« (99) bis heute. In diesem Zeitraum hätten sich »amerikanische Politiker in den Wahn hineingesteigert, auf nie-manden mehr Rücksicht nehmen zu müssen.« (100 ff.) Das Modalverb

---

298 Vgl. Wiemer, *Alexander der Große*, S. 126.
299 Vgl. u. a. Kleveman, »Der Afghanistan-Joker«.

»müssen« verweist darauf, dass die USA zuvor tatsächlich einem Zwang unterlagen, auf Andere Rücksicht zu nehmen – konkret wird die Sowjetunion genannt. Mit deren Ende sei dieser Zwang nicht mehr gegeben. Die seitdem angeblich zunehmende Rücksichtslosigkeit wird allerdings als »Wahn« bezeichnet, also als gefährliche Einbildung und irrige Annahme. »Keine Regierung«, heißt es weiter, habe »diesen Hochmut so vorexerziert wie die von George W. Bush.« (102 ff.) Unter dem Begriff »Hochmut« wird ein auf Überheblichkeit beruhender Stolz und eine entsprechende Missachtung gegenüber anderen verstanden. Das Verb »vorexerzieren« bedeutet umgangssprachlich so viel wie »beispielhaft vormachen«. Damit wird hier ausgesagt, dass Rücksichtslosigkeit und Hochmut keine besonderen Eigenschaften der Bush-Regierung seien, sondern dass diese nur besonders deutlich demonstriere, dass sich Amerika seit dem Ende des Kalten Krieges immer mehr in diese Richtung entwickelt habe.

Anschließend wird diese Behauptung mit drei Beispielen unterfüttert. Zum Ersten heißt es:»Da in den USA offensichtlich wertvollere Menschen leben als anderswo, brauchen sie auch einen eigenen Schutzschild gegen Atomraketen.« (105 ff.) Damit wird auf das 1999 noch in der Amtszeit von Präsident Clinton beschlossene Gesetz zur Nationalen Raketenverteidigung angespielt, das unter anderem wegen der geplanten Stationierung von Abwehrsystemen in Polen und Tschechien für Streit mit Russland sorgte. Die Bezeichnung der Amerikaner als »offensichtlich wertvollere Menschen« kann als ironische Polemik gelten, die mutmaßlich auf die historische Selbstzuschreibung der Amerikaner als »auserwähltes Volk« anspielt. Die Zuschreibung belegt hier scheinbar, dass sich die Amerikaner als höherwertig begreifen und über alle anderen Menschen stellen.

Als zweites Beispiel für den »Wahn« und »Hochmut« der Amerikaner wird deren Umweltpolitik genannt:»Mit dem weltweiten Kohlendioxid-Ausstoß mögen sich andere Staaten beschäftigen, signalisierte das Großkapitalisten-Kabinett des Texaners – für Amerika ist die Klimaveränderung noch nicht bedrohlich genug.« (109 ff.) Die Kritik an der Klimapolitik der USA geht hier mit bekannten antiamerikanischen Stereotypen einher. So dient das Wort »Texaner« als Synonym zur Bezeichnung von Präsident Bush. Wie bereits angemerkt wurde, werden die Bewohner des US-Bundesstaates Texas im medialen Diskurs in Deutschland oft als typische Durchschnittsamerikaner dargestellt – und mit Engstirnigkeit, Zurückgebliebenheit, Gewaltaffinität und Prüderie assoziiert. Der Satz impliziert daher, dass die Bush-Regierung auch deshalb eine schlechte Klimapolitik betreibe, weil sie die Folgen intellektuell nicht überblicke. Zugleich spielt die Metapher vom »Großkapitalisten-Kabinett« auf den Vorwurf an, die Bush-Regierung werde von Großkonzernen gesteuert. Hintergrund der Aussage ist offenkundig die Weigerung der USA, das Kyoto-Protokoll zum Klimaschutz zu ratifizieren.

Schließlich folgt noch ein drittes Beispiel zur Kritik des gegenwärtigen Zustands Amerikas: »Und man achte bei jedem Schachzug Bushs auf die Ölinteressen seiner Leute.« (116 ff.) Damit wird wieder zur Kritik des Afghanistan-Kriegs übergeleitet: Bereits am Ende des vorigen Abschnitts (96) wurde ja darauf angespielt, dass es den USA mit dem dortigen Krieg (auch) um die Sicherung ihrer Rohstoff-Versorgung gehe. Hier wird dieser Vorwurf noch einmal dahingehend verschärft, dass es dabei auch um eine persönliche Bereicherung von Bushs »Leuten« gehe, die sich etwa in seinem »Großkapitalisten-Kabinett« tummeln. Die Formulierung »bei jedem Schachzug« steht hier als Metapher für die politischen Einzelentscheidungen Bushs. Der Satz impliziert, dass der Präsident sogar ausschließlich für die Ölinteressen seiner »Leute« Politik machen könnte, zumindest aber, dass man diese Möglichkeit »beachten« müsse.

Der folgende Absatz beginnt mit der Aussage: »Nein, Amerika hat es nicht mehr besser, wie der Geheime Rat Johann Wolfgang von Goethe meinte.« (120 ff.) Der Satz bezieht sich auf das dem Kommentartext vorangestellte Goethe-Gedicht und setzt dessen zentrale Aussage, Amerika habe »es […] besser«, in einen Bezug zur Gegenwart. Mit der Formulierung »nicht mehr« wird klar ausgedrückt, dass Goethes Ausspruch heute – im Gegensatz zu damals – nicht mehr zutreffe. Verstärkt wird dieser Eindruck durch die Bezeichnung Goethes als »Geheimer Rat«. Die Erwähnung dieses altbacken klingenden Titels insinuiert einmal mehr, dass die Zeiten, in denen es Amerika tatsächlich »besser« gehabt habe, lange her sind.

Erläuternd heißt es denn auch im Folgenden: »Goethes und der beiden Roosevelts Amerika existiert nicht mehr.« (123 ff.) Damit wird die Zeit des »besseren« Amerikas, die Goethe in seinem Gedicht beschreibt, um die Amtszeiten der US-Präsidenten Theodore Roosevelt (1901–09) und Franklin D. Roosevelt (1933–45) ergänzt. Tatsächlich wird mit beiden Präsidenten eher Positives verbunden: Theodore Roosevelt setzte sich für eine Machtbeschränkung der Kartelle ein, steht für den Aufstieg des Landes zur modernen Weltmacht und erhielt den Friedensnobelpreis.[300] Die Regie-

---

300 Vgl. Mauch, *Die amerikanischen Präsidenten*, S. 254–269.

rungszeit Franklin D. Roosevelts wiederum wurde im Kommentar schon im Zusammenhang mit dem Eintritt der USA in den Zweiten Weltkrieg hervorgehoben, der im »Weltinteresse« gelegen habe. Franklin D. Roosevelt steht aber auch für die Wirtschafts- und Sozialreformen des »New Deal«; er gilt als bedeutendster US-Präsident des 20. Jahrhunderts.[301] Die Nennung von »Goethes und der beiden Roosevelts Amerika« dient vor diesem Hintergrund ganz offensichtlich als Kontrastfolie zum heutigen negativ erscheinenden Zustand der USA.

Was genau gemeint ist, wird anschließend ausgeführt: »Gottes eigenes Land ist verwundbar geworden, und der Schrecken darüber brennt tiefer als die Wunde des schrecklichen Terrors selbst.« (125 ff.) Damit wird erneut auf die historische Selbstzuschreibung der Amerikaner als von Gott auserwähltes Volk angespielt, das sich aufgrund seines Selbstverständnisses unverwundbar gefühlt habe. Zugleich wird nahegelegt, dass die Amerikaner rationale Ursachen für die Anschläge ignorierten oder verdrängten: »Vielleicht wäre es besser gewesen, nach den Attentaten vom 11. September länger als einen Augenblick innezuhalten und über die Ursachen dieser Verwundbarkeit nachzudenken. Sich zu besinnen, statt loszuschlagen und ein wehrloses Land in Grund und Boden zu bombardieren.« (130 ff.) Die Passage erweckt den Eindruck, Amerika sei völlig unberechenbar, habe wahllos gegen Afghanistan losgeschlagen und wolle es mit »Grund- und Boden-Bombardements« regelrecht vernichten. Die Aussage, dass es besser gewesen wäre, sich zu »besinnen«, impliziert, dass Amerika »besinnungslos« sei, also dem Wortsinne nach außer sich vor Wut. So wird das Bild eines mächtigen, aber verwundeten Landes gezeichnet, das nicht mehr in der Lage ist, rational zu handeln und daher eine große Gefahr darstellt.

5. Abschnitt (139–181): Der Umgang mit Osama Bin Laden

Im fünften Abschnitt geht es um den Umgang der USA mit dem Chef des Terrornetzwerks al-Qaida, Osama bin Laden: »Anfangs tat man in Washington ja noch so, als genüge es, dem Terror nur den Kopf abzuschlagen, und der Spuk würde ein Ende haben.« (139 ff.) Das Wort »Spuk« bezeichnet ein unwirklich anmutendes Geschehen und ist hier Metapher für den Terror, der sich in den Anschlägen vom 11. September manifestierte. Der metaphorische Ausdruck, dem Terror den »Kopf abzuschla-

---

301 Vgl. ebenda, S. 308–322.

gen«, umschreibt bildhaft die These, mit der Tötung oder Gefangennahme Bin Ladens könne der Terror insgesamt besiegt werden. Wenn nun behauptet wird, die USA hätten zunächst so »getan«, also den Anschein erweckt, als ob dies möglich sei, dann impliziert dies zugleich, dass ihnen die Unmöglichkeit dessen eigentlich schon klar war und sie die Welt bewusst getäuscht hätten.

Anschließend folgt ein kurzer historischer Rekurs, in dem erwähnt wird, dass Osama bin Laden für den US-Geheimdienst CIA ein »alter Bekannter« (143) sei: So habe sich die CIA der Dienste von Bin Laden in ihrem Kampf gegen die Sowjetunion »höchst erfolgreich bedient« (146 f.), also mit ihm zusammengearbeitet. Beleg: Der Sieg der »Mudschahidin« (148), also der afghanischen Guerilla-Gruppierungen, über die sowjetische Armee 1989. Nun seien die Amerikaner in der Zwickmühle: Eine »Kontrolle« Bin Ladens oder Einschränkung seiner »Bewegungsfreiheit« sei unmöglich, weil »die Amerikaner jetzt diesen Teufel zu bengalisch aufgebaut« hätten. (154 ff.) Das Adjektiv »bengalisch« bezieht sich auf die grelle, durch Brennstoffe erzeugte Beleuchtung, die heute oft bei Popkonzerten eingesetzt wird, das sogenannte bengalische Feuer. Die Wendung »bengalisch aufgebaut« dient hier als Metapher für die Aussage, die USA hätten Bin Laden »jetzt« (156), also nach dem 11. September, erst künstlich zu einem »Teufel«, also zum personifizierten Bösen, aufgebaut und so zu einer derart schillernden Attraktivität und Popularität unter den Islamisten verholfen, dass sie ihn nun fangen oder töten müssten.

Im Folgenden wird diese Behauptung mit Beispielen untermauert. So fehlten noch »die letzten Beweise, dass Bin Laden der Drahtzieher der Anschläge vom 11. September war (und dass er Amerika jetzt durch Versenden weißer Pülverchen in Panik versetzt, glaubt nicht einmal das FBI).« (158 ff.) Die erste Aussage lässt offen, ob Bin Laden die Anschläge vom 11. September zu verantworten hat. Der eingeklammerte Satz jedoch, der sich auf die vielfach verschickten Briefe mit Milzbranderregern in den Wochen nach dem 11. September in den USA bezieht und unter Verweis auf das FBI den Verdacht zurückweist, dass Bin Laden dafür verantwortlich sei, stellt indirekt auch die erste Aussage zu dessen Rolle bei den Terroranschlägen infrage. Denn er beginnt mit der nebenordnenden Konjunktion »und«. Auf diese Weise werden beide Sätze miteinander verbunden und die darin enthaltenen Aussagen in einen Zusammenhang gestellt.

Weiter heißt es über das Vorgehen der USA: »Doch sie wollen ihn – lebendig oder auch tot.« (163 f.) Die Konjunktion »doch« drückt einen Gegensatz aus: Obgleich die »letzten Beweise« gegen Bin Laden noch fehlten, solle er um jeden Preis gejagt werden. Dies wird nun erläutert: So habe die CIA vom Präsidenten eine »Lizenz zum Töten« (170) erhalten und könne Bin Laden etwa auf dem New Yorker Flughafen erschießen. Bei der Wendung »Lizenz zum Töten« handelt es sich um eine geflügelte Redensart, die auf die inoffizielle Befugnis des Geheimagenten James Bond in der gleichnamigen Filmreihe anspielt. In den USA scheinen demnach Gesetzlosigkeit, Willkür und Selbstjustiz zu herrschen.

Im folgenden Absatz wird diese Aussage jedoch gleich wieder eingeschränkt. »Allerdings«, heißt es dort, »bezweifeln die Amerikaner selbst, dass sie ihn kriegen.« (171 ff.) Mit diesem Satz erscheint die geheimdienstliche »Lizenz zum Töten« nur noch als Gewalt- und Allmachtsfantasie des US-Präsidenten, die tatsächlich mehr mit einem Hollywood-Film als mit der Realität zu tun hat. Anschließend wird denn auch erläutert, dass Bin Laden vermutlich gut von den »schattenhaften Taliban«, den »unappetitlichen Gotteskriegern« geschützt werde, »von denen wir so wenig wissen. Von denen nur sicher ist: Einen Märtyrer können sie jetzt gut gebrauchen.« (173 ff.) Das Adjektiv »schattenhaft« drückt aus, das etwas nur undeutlich erkennbar ist und stützt hier die Aussage, dass »wir« – damit ist wohl die ganze westliche Welt gemeint« – über die Taliban kaum Kenntnisse hätten. Das Vorhaben, Bin Laden zu fangen, erscheint vor diesem Hintergrund nur noch aussichtloser. Unterstrichen wird diese Aussage durch die Behauptung, die einzige sichere Erkenntnis über die Taliban sei, dass ihnen ein toter Bin Laden nicht schade, sondern im Gegenteil nütze, weil sie ihn dann als »Märtyrer« verehren könnten, also als Helden, der im Kampf für den islamischen Glauben den Tod in Kauf genommen hat.

Die Bezeichnung der Taliban als »unappetitliche Gotteskrieger« ist klar distanzierend: Das Adjektiv »unappetitlich« bedeutet in diesem Zusammenhang so viel wie abscheulich oder ekelhaft und wird auf Personen bezogen, die terroristische Handlungen im Namen Gottes begehen. Der gesamte Abschnitt erweckt jedoch den Eindruck, die Amerikaner seien im Kampf gegen diesen »unappetitlichen« Feind, vor allem gegen Bin Laden, höchst inkonsequent, scheinheilig und skrupellos, weil sie ihn in den 1980er-Jahren aufgrund außenpolitischer Interessen erst stark gemacht hätten und nach dem 11. September plötzlich wie einen »Teufel« jagten, obwohl »die letzten Beweise« über seine Rolle bei den Anschlägen fehlten. Dadurch wird nahegelegt, dass Bin Laden den USA nur als Sündenbock für die Terroranschläge diene sowie als Feindbild, auf das sie ihre Rache-

wut projizieren könnten – statt erst einmal »innezuhalten und über die
Ursachen […] nachzudenken« (134 f.), wie es zuvor ja bereits hieß.

6. Abschnitt (182–225): Die Rolle Deutschlands

Der sechste Abschnitt beginnt mit einer Vorhersage: »Die arabische Welt
wird in Aufruhr geraten, sollten die Amerikaner noch im heiligen Fasten-
monat Ramadan – nach dem 17. November – bombardieren.« (182 ff.)
Das konditional benutzte Verb »sollte« impliziert eine zwangsläufige Abfolge von Ursache und Wirkung: Bombardements in Afghanistan während
des »heiligen«, also unantastbaren religiösen Festes Ramadan führen demnach automatisch zu einem Aufruhr der gesamten arabischen Welt. Diese
Behauptung ist zwar nicht unrealistisch, erscheint in ihrer vermeintlichen
Alternativlosigkeit jedoch eher spekulativ. Nicht zuletzt deshalb, weil hier
eine einheitliche Haltung der Araber in Bezug auf den Islam konstruiert
wird, obgleich arabische und islamische Welt keineswegs identisch sind:
Längst nicht alle Araber sind Muslime – und umgekehrt befinden sich Araber in der islamischen Welt in der Minderheit.

Nach dieser starken Aussage kommt die Rede nun erstmals auf die
Rolle Deutschlands in dem Konflikt: »Biedern sich Kanzler Schröder und
sein Scharping weiter derart in Washington an, dürfen sie sich nicht wundern, wenn sie in den Sog des weltweiten Zorns geraten.« (187 ff.) War im
vorangegangenen Satz noch von der »arabischen Welt« die Rede, so wird
der prognostizierte »Aufruhr« und »Zorn« nun auf die ganze Welt ausge-
dehnt. Das Verb »anbiedern« impliziert, dass sich Bundeskanzler Schröder
und Verteidigungsminister Scharping bei den Amerikanern plump ein-
schmeichelten und ihnen bezüglich ihrer Afghanistan-Politik bereits nach
dem Mund redeten. Darüber hinaus wird nahegelegt, dass sie den »weltweiten Zorn« ebenso wie die Amerikaner zu spüren bekämen, falls sie dies
weiterhin tun würden. In dieser Passage werden zwei sich einander gegen-
überstehende Kollektive konstruiert: Amerika und der Rest der Welt.
Deutschland dagegen erscheint wankelmütig; noch ist demnach unklar, für
welche Seite es sich entscheidet.

In den folgenden beiden Sätzen werden die möglichen Folgen, die das
»anbiedernde« Verhalten Deutschlands gegenüber Amerika haben könnte,
weiter ausgemalt. So heißt es in Frageform, was »wir« denn »antworten«
sollten, wenn irgendwann »auch noch deutsche Soldaten für Kaschmir an-
gefordert« würden, »um ›zur Befriedung‹ des dortigen 50-jährigen Krieges

zu kämpfen« (193 ff.). Lapidar wird anschließend festgestellt: »Die Atommacht Pakistan möchte in Kabul eine ihr genehme Regierung durchsetzen.« (199 ff.) Pakistan war im Anti-Terror-Kampf nach dem 11. September ein enger Partner der USA – die Botschaft lautet hier jedoch, dass das Land dabei vor allem seine eigene Agenda verfolge. Kaschmir wiederum gilt als eine der gefährlichsten Regionen der Welt, seit 1947 kämpfen die Atommächte Pakistan und Indien um das Gebiet. So entsteht ein wahres Horrorszenario: Eine weitere »Anbiederung« Deutschlands an Amerika in Form einer Beteiligung am Afghanistan-Krieg könnte demnach eine Verwicklung in den Krieg zweier Atommächte nach sich ziehen.

Es ist auffällig, dass in dem Abschnitt nicht nach dem Verhalten »Deutschlands« gefragt wird, falls es um einen Einsatz in Kaschmir gebeten werde, sondern dass wörtlich gefragt wird, was »wir« in einem solchen Fall antworten sollten. Mit der Verwendung des Personalpronomens »wir« hebt Augstein hervor, dass diese Frage die Gesamtheit der Deutschen und damit auch ihn selbst betrifft. Zugleich schließt das »wir« auch die Leserinnen und Leser ein, sofern sie Deutsche sind. Auf jeden Fall bewirkt die Formulierung, dass die aufgeworfene Frage von einem abstrakten Problem zu einem Problem des eigenen Kollektivs gemacht wird, zu dem der Verfasser und die große Mehrheit der Leserschaft gehören.

Der nächste Absatz beginnt mit der Feststellung: »Welch trügerisches Spiel zwischen Washington und Berlin vor sich geht, scheinen Schröder und Scharping nicht zu merken.« (202 ff.) Mit dem Ausdruck »trügerisches Spiel« wird hier das außenpolitische Verhältnis zwischen der amerikanischen und der deutschen Regierung charakterisiert. Der Begriff kann nur in dem Sinne verstanden werden, dass sich Schröder und Scharping von den USA täuschen und instrumentalisieren lassen – und dies nicht einmal wahrnehmen oder wahrhaben wollen. Was genau mit dem »trügerischen Spiel« gemeint ist, bleibt unklar. Klar scheint nur, dass es unabsehbare Folgen hätte, wenn sich Deutschland den USA weiter »anbiedern« würde.

Weiter geht es mit einem Seitenhieb auf Bundeskanzler Schröder: Dessen Politik erschöpfe sich »derzeit in der Zusicherung an die Chinesen, dass wir ihr anderes ›Demokratieverständnis‹ akzeptieren, wenn nur die Auftragsbücher gefüllt werden.« (206 ff.) Die Kritik, dass sich die Politik Schröders in der Schaffung guter Bedingungen für die deutsche Wirtschaft in China »erschöpf[e]« (205), impliziert zugleich, dass Schröder auf anderen außenpolitischen Feldern nicht wahrnehmbar sei – etwa in puncto Afghanistan. Dies ergänzt das Bild vom willenlosen Handlanger der USA.

Über Außenminister Joschka Fischer dagegen heißt es, er sammele »zu Hause Beliebtheitspunkte mit einem nahöstlichen Friedensaktivismus, der weder von Israels Premier Scharon noch den seit 1967 gedemütigten Palästinensern gewollt wird. Da zählt Jassir Arafat kaum noch als politische Figur.« (210 ff.) Damit wird nahegelegt, dass es Fischer nur um sein Image in Deutschland gehe – und zugleich behauptet, dass seine Politik faktisch wirkungslos sei, weil sie von beiden Parteien abgelehnt werde. Welche politischen Aktivitäten Fischers konkret gemeint sind, bleibt unklar – bis auf einen konkreten Hinweis: Dass der Präsident der palästinensischen Autonomiebehörde, Jassir Arafat, kaum noch politisch eingebunden werde.

Die israelische Seite wird in dieser Passage nur durch Premier Scharon repräsentiert, von der anderen Seite dagegen ist als »den [...] Palästinensern« die Rede, die zudem als »gedemütigt« beschrieben werden, also in ihrer Würde und ihrem Stolz verletzt. Das Verb »demütigen« wird in einer Passivkonstruktion benutzt. Zugleich wird nahegelegt, dass es sich bei den Verursachern dieser Demütigung um die Israelis handelt, denn die Jahreszahl 1967 bezieht sich offensichtlich auf die israelische Besetzung der Palästinenser-Gebiete nach dem Sechstagekrieg. So werden die Hintergründe des Nahost-Konflikts hier zwar nicht weiter erläutert, jedoch in wenigen Sätzen eindeutig bewertet: Die Israelis erscheinen als Verursacher des Konflikts, die Palästinenser dagegen als »gedemütigte« Opfer, deren politischer Führer bei den internationalen Friedensbemühungen ignoriert wird.

Vor diesem Hintergrund wird anschließend festgestellt: »Die Forderung Bin Ladens kann zwar nicht erfüllt werden, klingt aber in arabischen Ohren verführerisch: Abzug des amerikanischen Militärs von muslimischem Boden. Es hilft nicht mehr, dass jetzt – aus Rücksicht auf seine arabischen Koalitionspartner – plötzlich auch Präsident Bush vom Recht auf einen palästinensischen Staat spricht.« (216 ff.) Damit wird der Nahost-Konflikt mit dem Terror Bin Ladens und al-Qaidas sowie dem US-geführten Anti-Terror-Kampf in Afghanistan verknüpft. Bushs Forderung nach einem eigenständigen palästinensischen Staat erscheint dabei als völlig überraschend und somit als reines Lippenbekenntnis, das offenbar nur dem instrumentellen Zweck dienen soll, die arabischen Koalitionspartner im Afghanistan-Krieg an seiner Seite zu halten. Diese, so wird zugleich behauptet, sähen Bin Ladens Forderung nach einem amerikanischen Truppenabzug als »verführerisch« an, also als äußerst attraktiv und reizvoll. Insgesamt entsteht so der Eindruck, dass den USA die Lage im Kampf gegen Bin Laden allmählich entgleitet, weil sie die Gefolgschaft der arabischen Verbündeten verlieren. Zugleich wird suggeriert, dass das Problem gelöst werden könne, wenn der Nahost-Konflikt zwischen Israel und den Palästinensern nur ernsthaft angegangen werde.

7. Abschnitt (226–249): Terroristen und Staatsmänner

Der letzte Abschnitt des Kommentars enthält eine Betrachtung des Wirkens einiger bekannter »Terroristen« in der Geschichte. Er beginnt mit der Aussage: »Man muss keinen Hauch von Sympathie für einen Hamas-Selbstmörder oder für einen al-Qaida-Attentäter empfinden, wenn man feststellt: Die ganze Weltgeschichte wäre ohne Terror nicht denkbar, sie lässt sich schreiben als eine Abfolge solch ruchloser Taten.« (226 ff.) Damit distanziert sich der Autor einerseits klar von terroristischen Akten, indem er diese als »ruchlos«, also als gewissenlos, skrupellos und gemein, benennt. Andererseits erklärt er den Terror jedoch für zwangsläufig, weil ihm historisch eine notwendige Funktion zukomme – und rechtfertigt ihn auf diese Weise.

Der nächste Absatz beginnt mit einer historischen Erläuterung: »Aus Terroristen werden Herrscher, manchmal ganz respektable wie Jomo Kenyatta in Kenia; manchmal immerhin demokratisch gewählte wie Menachem Begin in Israel, der im Juli 1946 das Jerusalemer Hotel King David in die Luft gesprengt hatte (91 Tote).« (233 ff.) Jomo Kenyatta war ein Aktivist der kenianischen Dekolonisationsbewegung. Er soll Verbindungen zu den Mau-Mau gehabt haben, die mit Gewalt gegen weiße Siedler vorgingen.[302] Von der Unabhängigkeit Kenias 1963 bis zu seinem Tod 1978 war Kenyatta Präsident des Landes und wurde als »Vater der Nation« verehrt; in seiner Ära entwickelte sich Kenia pro-westlich und wurde ökonomisch erfolgreich. Menachem Begin wiederum führte von 1943 bis 1948 die zionistische Untergrundorganisation Irgun Zwai Leumi, die gegen das britische Mandat in Palästina kämpfte und 1946 ein Bomben-Attentat auf das Jerusalemer King-David-Hotel verübte, bei dem 91 Menschen starben.[303] Nach der Gründung des Staates Israel machte Begin in der rechten Likud-Partei Karriere und wurde 1977 Ministerpräsident; ein Jahr später erhielt er für das Camp-David-Abkommen den Friedensnobelpreis. 1982 ließ er die israelische Armee in den Libanon einmarschieren und wurde dafür international heftig kritisiert, 1983 trat er zurück.

---

302 Vgl. im Folgenden Hofmeyer, »Kenya«, S. 150.
303 Vgl. Wissen Media Verlag (Hg.), *Die große Chronik Weltgeschichte*, S. 72 f.

Die Passage legt zunächst einmal nahe, dass sich Terroristen offenbar regelmäßig zu legitimen »Herrschern« entwickeln. Kenyatta wird dabei als »ganz respektabel« bezeichnet, also als einigermaßen anerkannt und respektiert. Begin dagegen erscheint weniger positiv: Die Formulierung, er sei »immerhin demokratisch gewählt«, drückt zwar eine gewisse Anerkennung aus, schränkt diese Anerkennung jedoch auf die Tatsache ein, dass er ein demokratisch gewählter Herrscher sei. Von »respektabel« etwa ist bei ihm nicht die Rede. Zudem wird Begins terroristische Vergangenheit explizit mit einem Beispiel samt Todeszahl beschrieben und erscheint so besonders plastisch – im Gegensatz zu den Terror-Taten Kenyattas, die hier nicht erläutert werden, obwohl sie den meisten *Spiegel*-Lesern unbekannt sein dürften.

Es folgen noch weitere Beispiele. So heißt es, »andere ›Terroristen‹« blieben sogar ganz »im Dunkel der Geschichte, im Zwielicht unseres Urteils« (239 ff.). Genannt werden der Ordensbruder François Ravaillac, der den französischen König Heinrich IV. im Jahr 1610 ermordete, sowie die »Verschwörer« gegen den russischen Zaren Peter III. im Jahr 1762. Tatsächlich sind die Hintergründe beider Attentate bis heute nicht zweifelsfrei geklärt – so ist offen, ob die »deutsche Zarin« Katharina die Große in das Mordkomplott gegen ihren Ehemann Peter verstrickt war. In beiden Fällen wird zudem explizit offengelassen, ob die Attentate nicht sogar positiv zu werten seien. Dies legt die Formulierung nahe, die »Terroristen« stünden im »Zwielicht unseres Urteils«, könnten also nicht zweifelsfrei beurteilt werden. Auch die distanzierenden Anführungszeichen beim Wort »Terroristen« signalisieren, dass die Bezeichnung möglicherweise falsch ist.

Resümierend kann festgehalten werden, dass drei der vier genannten Terroristen hier in einem neutralen oder eher positiven Licht erscheinen, wobei sich bei den letzten beiden Beispielen die Frage stellt, warum sie hier überhaupt aufgeführt werden, wenn der Autor sie nur distanzierend als »Terroristen« tituliert. Einzig Menachem Begins Tat wird explizit beschrieben und erscheint tatsächlich als Terror, wobei die historischen Hintergründe nicht erläutert werden. Insgesamt lautet die Aussage dieser Passage, dass Terror ein normaler Bestandteil der historischen Entwicklung ist – und dass die konkreten Taten langfristig nicht zwangsläufig negativ zu bewerten sind, weil die Täter, wie im Falle Kenyattas, durchaus Positives bewirken können.

Nach diesem historischen Exkurs folgt ein letzter dreizeiliger Absatz: »Wer hat die USA in die afghanische Falle gelockt? Ihr Hochmut? Ihr

Rachedurst? Beneidenswert, wer frei davon.« (247 ff.) Damit kommt der Text inhaltlich auf den Afghanistan-Krieg zurück, der hier als »Falle« bezeichnet wird – eine Metapher für eine ausweglose Lage. Bei dem letzten Satz des Kommentars handelt es sich um ein Zitat von Bertolt Brecht: »Beneidenswert, wer frei davon!« lautet die jeweils letzte Zeile der Strophen des »Salomo-Songs« aus Brechts »Dreigroschenoper« (1928).[304] In dem Lied werden historische Beispiele dafür aufgereiht, wie Tugenden, also eigentlich positive Eigenschaften, den Menschen verderben und zu Fall bringen können: Den »weisen Salomon«, die »schöne Kleopatra« oder den »kühnen Cäsar«.

Die vorherigen Fragen wirken, insbesondere im Zusammenhang mit dem Brecht-Zitat, wie rhetorische Fragen. Sie legen nahe, dass »Hochmut« und »Rachedurst« der Amerikaner die Ursachen für den US-geführten Afghanistan-Krieg seien. Diese angeblichen Charaktereigenschaften werden den USA mit dem Possessivpronomen »ihr« fest zugeschrieben. Die Terroranschläge vom 11. September 2001 dagegen bleiben unerwähnt.

Das Brecht-Zitat bildet die Pointe zu dem am Anfang des Kommentars stehenden Goethe-Gedicht »Den vereinigten Staaten« und schließt so auf elegante Weise den Spannungsbogen. Bereits in der Mitte des Kommentars wurde ja konstatiert: »Nein, Amerika hat es nicht mehr besser« (120 f.). Der Schluss legt nun nahe, dass es gerade die positiven Voraussetzungen sind, die Amerika zu Fall bringen: Das von überkommenen Traditionen und politischem Dauerzwist ursprünglich freie Land erhebt sich hochmütig und rachedurstig über die ganze Welt, es ist unfähig, den Terror differenziert zu betrachten und ihm adäquat zu begegnen, ja, durch den Krieg in Afghanistan fördert es den Terror noch und rennt so ins Verderben.

Die Bebilderung

Das Schriftbild des *Spiegel*-Kommentars wird durch zwei Fotos aufgelockert. Diese sind jeweils in der Mitte der beiden gegenüberliegenden Seiten platziert, auf denen sich der Kommentartext befindet (Abb. 11). Die Fotos korrespondieren miteinander und ergänzen den Text inhaltlich.

Das Foto auf der linken Seite trägt die Bildunterschrift: »Gesprengtes King-David-Hotel in Jerusalem (1946): Wurzeln des Terrors«. Es zeigt in einer schwarz-weißen Großaufnahme das Hotel. Die im Bild sichtbare lin-

---

304 Brecht, »Die Dreigroschenoper«, S. 293 f.

Abb. 11: Artikel »Wie man Terroristen fördert«, Der Spiegel, 5.11.2001

ke Hälfte des Gebäudes scheint unversehrt, die rechte dagegen ist teils eingestürzt und aufgerissen, so dass man in die dunklen Stockwerke hineinblicken kann. Im Vordergrund sind undeutlich ein paar Menschen zu sehen, die um das Gebäude herumstehen. Das Foto illustriert den im Text erwähnten Anschlag von Menachem Begin und hebt dieses Beispiel so noch einmal deutlich hervor.

Das Foto auf der rechten Seite trägt die Bildunterschrift: »Angegriffene Twin Towers in New York: Abfolge ruchloser Taten«. Es handelt sich um eine farbige Großaufnahme der beiden Türme des World Trade Centers. Am linken Bildrand sind angeschnitten noch weitere Gebäude zu sehen, im Hintergrund blauer Himmel. Der linke Turm brennt in der Mitte, nach oben hin wird er von dichtem, dunklen Rauch umhüllt. Der rechte Turm ist unbeschädigt, jedoch befindet sich im Vordergrund ein Flugzeug, das auf den Turm zurast und sich kurz vor dem Einschlag befindet.

Durch die gegenüberliegende Platzierung und die Bildunterschriften (»Wurzeln des Terrors« sowie »Abfolge ruchloser Taten«) werden die beiden Terror-Akte nicht nur auf die gleiche inhaltliche Ebene gehoben, sondern darüber hinausgehend als eine Aufeinanderfolge von Ursache (Anschlag auf das King-David-Hotel) und Folge (Anschlag auf das World Trade Center) dargestellt. Die Metapher »Wurzeln des Terrors« benennt hier klar den Ursprung der Entwicklung. Im Zusammenspiel mit dem Kommentartext entsteht so der Eindruck, der »Terror« jüdischer Untergrundkämpfer wie Menachem Begin sei irgendwie (mit-)verantwortlich für den Terror Bin Ladens und al-Qaidas am 11. September.

Zusammenfassung

Die Hauptaussage des Kommentars »Wie man Terroristen fördert« lautet, dass die USA den islamistischen Terrorismus mit ihrer Afghanistan-Politik nicht eindämmen, sondern im Gegenteil noch stärken und befeuern. Die in dem Beitrag enthaltene Mischung aus scharfer Kritik und antiamerikanischen Versatzstücken ist typisch für den medialen Diskurs.

So heißt es einerseits, dass die Amerikaner den Krieg nicht gewinnen könnten, weil es sich nicht um einen klassischen militärischen Konflikt zwischen Staaten handele, sondern um einen Guerillakrieg auf unübersichtlichem Terrain, der kaum kalkulierbar sei. Diese Kritik erscheint nachvollziehbar. Sie geht jedoch mit einer starken Relativierung und Verharmlosung des Terrors von Bin Laden und den al-Qaida-Attentätern vom 11. September 2001 einher. So wird der Angriff auf das World Trade Center und das Pentagon gleich zu Beginn mit den Atombomben-Abwürfen der USA auf Hiroshima und Nagasaki verglichen. Die damit verbundene Botschaft lautet, Amerika begehe viel schlimmere »Kriegsverbrechen« – und könne sich diese erlauben, ohne Konsequenzen fürchten zu müssen. Zum Ende des Kommentars wiederum werden einige bekannte Terroristen aus der Geschichte genannt, die durchaus im Sinne ihres Volkes gehandelt hätten und später teils »respektable« Herrscher geworden seien. Damit wird ausgesagt, dass der Terrorismus von al-Qaida möglicherweise ebenfalls rational erklärbar sei und einen historischen Sinn haben könnte. Darüber hinaus wird an mehreren Stellen angedeutet, dass Amerika selbst die Schuld am Erfolg des »unappetitlichen« islamistischen Terrorismus trage. Etwa wenn es heißt, dass man Bin Laden erst »bengalisch aufgebaut« habe und ihn nun zum »Märtyrer« mache. Oder wenn angemahnt wird, dass Amerika einmal über die »Ursachen« des 11. Septembers nachdenken solle.

Doch was sind diese Ursachen? Der Kommentar gibt hier keine direkten Antworten. Er zeichnet jedoch das Bild eines stetigen moralischen Niedergangs sowie einer gleichzeitig stark zunehmenden Ignoranz und Gefährlichkeit Amerikas. Dies geschieht vor allem mittels historischer Rückblicke und Vergleiche. So wird zunächst die Rolle der USA im Ersten

und Zweiten Weltkrieg hervorgehoben, die sich noch mit dem damaligen
»Weltinteresse« gedeckt habe, auch wenn das Land durchaus egoistische
Eigeninteressen verfolgt habe. Insgesamt erscheint die Weltkriegspolitik
der USA hier jedoch rational und ausgewogen. Für die Zeit nach dem En-
de des Kalten Krieges 1991 wird dagegen konstatiert, dass dieses Amerika
»nicht mehr […] existiert«. Verstärkt wird das Bild einer vermeintlichen
Entwicklung vom Guten zum Schlechten durch das dem Kommentar vor-
angestellte Goethe-Zitat. Demnach hatte es Amerika früher »besser« als
Europa. Zur heutigen Situation dagegen heißt es später im Text wörtlich:
»Nein, Amerika hat es nicht mehr besser«.

Diese These wird mit zahlreichen negativen Stereotypen untermalt. So
wird Amerika als gewalttätig, rücksichtslos, irrational, wahnhaft, rachsüchtig und hochmütig bezeichnet, als »Sheriff«, der glaube, die ganze Welt
auf »Linie« bringen zu können, um überall mit Gewalt seine Vorstellungen
durchzusetzen. Die Amerikaner fühlten sich dabei »wertvoller« als alle anderen Menschen und würden sich anmaßend über die Welt erheben. Tatsächlich stünden dahinter jedoch nur profane materielle Interessen – Krieg
für »Erdöl« im Dienste der herrschenden »Großkapitalisten«. Diese Deutung geht über eine sachlich begründete Kritik weit hinaus, denn Amerika
wird hier grundsätzlich verdammt. Das dabei gezeichnete Bild enthält deutliche antiamerikanische Merkmale: Amerika wird nicht nur auf stereotype
Weise negativ charakterisiert, sondern als Grundübel dargestellt, das nicht
nur die Araber, sondern die ganze Welt bedrohe und »in Aufruhr« bringe.
Und es wird nahegelegt, dass auch der islamistische Terrorismus in diesem
»amerikanischen Übel« wurzele.

Allerdings ist noch von einer weiteren Ursache für den »Aufruhr« die
Rede: vom Nahost-Konflikt. Dieser wird ausschließlich als »Demütigung«
der Palästinenser durch Israel beschrieben – vom Terror der Hamas und
der Intifada ist keine Rede. Im Zusammenspiel mit dem beigestellten Foto
des Terroranschlags von Menachem Begin im Jahre 1946, das mit »Wurzeln des Terrors« untertitelt ist, wird so der Eindruck erweckt, der Terror
der jüdischen Untergrundkämpfer in Palästina und die anschließende
Gründung des Staates Israel habe erst den palästinensischen und schließlich den islamistischen Terror al-Qaidas hervorgebracht – und damit den
11. September. Wenn nun behauptet wird, Amerika verweigere sich einer
wirklichen Lösung des Nahost-Konflikts, erscheint es gemeinsam mit
Israel als »Wurzel« des ganzen Problems.

Deutschland wird in diesem Bild als hilflos, schwankend und unent-schlossen beschrieben sowie als Opfer eines »trügerischen Spiels« der Amerikaner. Der Kommentator Rudolf Augstein warnt die Bundesregie-rung deutlich davor, sich weiter bei den Amerikanern »anzubiedern« und macht klar, dass »wir« uns nicht auf deren Seite begeben sollten. Damit spricht er nicht nur die Leserinnen und Leser, sondern die Deutschen ins-gesamt an. So verfestigt sich das Bild, dass es sich um einen Kampf iden-titärer Kollektive handelt – ›die‹ gegen ›uns‹. Bemerkenswert ist zudem die im zweiten Abschnitt erhobene Behauptung, für die beiden Weltkriege seien Kaiser Wilhelm II. beziehungsweise Adolf Hitler »allein verantwort-lich«. Damit werden die Deutschen auch historisch zu Opfern erklärt. Den USA dagegen wird damals wie heute eine dominante »Sheriff-Gesinnung« zugeschrieben und damit eine Täter-Rolle. Das Gesamtbild, das sich da-raus ergibt, ist eindeutig: Hier das schwache deutsche Eigenkollektiv, das von Amerika vereinnahmt zu werden droht; dort die mächtigen Amerika-ner, die (im Verbund mit Israel) die ganze Welt aufwiegeln und so ins Un-glück stürzen.

Resümee

Die Analysen aus dem politischen Diskursbereich zeigen, dass hier nur selten Medienbeiträge vorzufinden sind, die als geschlossen antiamerika-nisch bezeichnet werden können. Jedoch geht die Kritik an der Politik der USA und an den politischen Zuständen im Land immer wieder in eine un-differenzierte Verdammung und Dämonisierung über. Das wird vor allem anhand stereotyper Zuschreibungen sichtbar: So werden die USA mit übergroßer Macht und Überheblichkeit, Gefährlichkeit und Rachsucht assoziiert. Unterstrichen wird dies durch bildhafte, metaphorische Be-schreibungen sowie NS-Vergleiche.

Derartige Deutungsweisen treten hauptsächlich im Zusammenhang mit der *Außenpolitik* der USA zutage. Dies kann kaum überraschen, schließlich ist die internationale Politik ein umstrittenes Feld. Der Afghanistan- und der Irak-Krieg sowie die in vielerlei Hinsicht kompromisslos agierende Bush-Regierung haben die Debatte zusätzlich polarisiert. Problematisch ist aber auch nicht, *dass* die US-Politik kritisiert wird, sondern vielmehr, *wie* dies geschieht. So wird Amerika mit Metaphern wie »Rambo«, »globaler Sheriff« oder »Neues Rom« beschrieben und damit als zutiefst gewalttätig, unberechenbar und gefährlich dargestellt. Dazu trägt auch der Vorwurf bei, die US-Politik werde von einem übermäßigen »Gottvertrauen« und irrationalen »Fundamentalismus« angetrieben. Die politische Rolle Deutschlands oder auch Europas hingegen erscheint im Umkehrschluss in einem viel positiveren Licht.

Noch stärker sind die Zuschreibungen zu US-Präsident Bush und seiner Regierung als »Staatsterroristen« und »Petronazis«. Bush wird nicht nur als rüpelhafter und gewalttätiger Cowboy charakterisiert, sondern darüber hinaus als regelrechter Wiedergänger Adolf Hitlers, der vom »Trunkenbold« zum »Glaubenskrieger« aufgestiegen sei. So erscheint er höchst irrational und gefährlich. Hinzu kommt, dass Bush auf der einen Seite als einfältig und dumm dargestellt wird – und auf der anderen Seite als »missionierender Irrer«, der viel »Show« mache und wie alle seine Präsidenten-Vorgänger die »Kunst der Lüge« beherrsche. Damit werden ihm auch Heimtücke und Heuchelei zugeschrieben. Bush wird dabei nicht unbedingt als negative Ausnahme in der US-Politik gesehen, sondern eher als Regelfall: Zwar wird er in weiten Teilen des medialen Diskurses als besonders gefährlich, verachtenswert und hinterwäldlerisch gezeichnet, aber eben auch als typischer US-Präsident, der für die Mehrheit der ungebildeten US-Bevölkerung stehe, die »fast nichts über den Rest der Welt« wisse.

Auch in den Debatten zur *inneren politischen Verfasstheit* der USA zeigen sich oftmals Verdammung und Dämonisierung. So werden die Amerikaner in der Debatte um Amokläufe und Waffen pauschal als gefährliche und unberechenbare Waffennarren dargestellt; den USA wird eine »Kultur der Gewalt« zugeschrieben. Interessant ist in diesem Zusammenhang, dass Amerika auch für die vermehrten Amokläufe in Deutschland die Schuld gegeben wird – unter anderem mit der Begründung, die Deutschen seien aufgrund ihrer Niederlage im Zweiten Weltkrieg gegenüber den Amerikanern innerlich so geschwächt, dass sie deren angebliche Gewaltkultur nur zu bereitwillig übernehmen würden. In Bezug auf Öffentlichkeit und Medien wiederum ist von »Gleichschaltung« in Form eines »demokratischen Faschismus« die Rede. Dadurch werden die USA als undemokratisch und totalitär charakterisiert. Dem Rechtssystem wird schließlich vorgeworfen, einer willkürlichen »Wildwest-Justiz« zu gleichen. Die »prüden« Moralvorstellungen der Amerikaner sowie die angebliche Klageflut erscheinen als Ausweis von Absurdität und Heuchelei.

Weit verbreitet ist auch das stereotype Bild, wonach in Amerika das Geld »regiere«. Das ganze amerikanische »System« wird als »pervertiert« beschrieben: Die Politiker seien im Grunde nur Marionetten der Öl- oder

Waffenindustrie, es herrsche eine »Clan-Dynastie aus Geldadel und Börsenspekulantentum«. Dabei zeigen sich deutliche verschwörungstheoretische Ansätze – ebenso wie in den antisemitisch konnotierten Diskursbeiträgen zu den anderen angeblichen »Masterminds« und »Strippenziehern« hinter der US-Regierung, den »jüdischen Neokonservativen« und »Israel-Lobbyisten«. Letztere werden als »Einflüsterer«, »Ideologen«, »inzestuöses Netz« und »Kosher Nostra« beschrieben, also als heimtückisch im Verborgenen agierend, übermächtig und gefährlich. Oftmals erscheinen »die Juden« so als eigentliche Triebkräfte hinter der Außenpolitik der USA.

Der Vorwurf lautet dabei immer wieder, das wahre Ziel Amerikas sei nicht nur weltweite Dominanz, sondern eine »Diktatur« über die »Völker« oder die »Weltherrschaft«. Um diese zu erreichen, gehe Amerika »über Leichen«, vor allem mit den Kriegen in Afghanistan und im Irak. So zettele das Land voller »Rachedurst« einen »Dritten Weltkrieg« an – in Form eines »totalen Krieges« nach Nazi-Manier. In den Verschwörungstheorien zum 11. September wird den USA gar unterstellt, die Terroranschläge selbst »inszeniert« zu haben, um einen Vorwand zum Losschlagen zu haben.

Auch *Deutschland* wird als Opfer dieser angeblichen »Weltherrschaftspläne« gesehen – und das, obgleich die USA ein wichtiger außenpolitischer Bündnispartner Deutschlands sind. Im medialen Diskurs wird dieser Partnerschaft jedoch oft abgesprochen, gleichberechtigt zu sein. Zum Beispiel, wenn Amerika vorgeworfen wird, es verlange »Vasallentum« und »Nibelungentreue«, verhalte sich »kolonialistisch« und sehe in Deutschland ein »Protektorat«. Der Grund für diese angebliche Unterdrückung wird in der Vergangenheit gesehen, genauer: in der Rolle der USA als Sieger über Deutschland im Zweiten Weltkrieg und als Schutzmacht im Kalten Krieg. Denn Amerika geriere sich aufgrund dessen als moralisch überlegen und versuche, Deutschland zu »erpressen«.

In diesem Zusammenhang wird auch die Kritik am Antiamerikanismus als propagandistisches Totschlagargument abgetan. Die historische Rolle der USA im Zweiten Weltkrieg dagegen wird verdammt und dämonisiert: In der Debatte um den Bombenkrieg der Alliierten gegen deutsche Städte werden ihnen Nazi-gleiche »Kriegsverbrechen« und »Massaker« zugeschrieben. So erscheinen die USA als skrupellos, heimtückisch und heuchlerisch, weil sie sich vordergründig zwar als moralisch saubere, uneigennützige Retter gerierten, in Wirklichkeit jedoch nur die Völker unterdrücken wollten, um ihre Macht zu mehren. Die angeblichen historischen »Verbrechen« der USA gegen Deutschland werden dabei auch mit der aktuellen US-Außenpolitik verglichen: Amerika wird vorgeworfen, hinter dem vordergründigen außenpolitischen Credo der Durchsetzung von Demokratie und Freiheit verberge sich ein gefährlicher »Missionierungsdrang« mit dem tatsächlichen Ziel, die Völker zu »amerikanisieren« und den »American Way of Life« weltweit durchzusetzen. Amerika erscheint so als globaler Bösewicht und *Täter*, der Rest der Welt hingegen als *Opfer*. Dieses Bild wird vor allem durch NS-Vergleiche untermauert. Indem die USA – und zugespitzt die »verschwörerischen« amerikanischen Juden – zu nazigleichen Tätern erklärt werden, wird ihre Macht und Gefährlichkeit diskursiv ins Unermessliche gesteigert. Die Deutschen dagegen können sich als Leidtragende gerieren: Im historischen »Bombenkrieg« wie auch heute.

Wie sind nun aber die begeisterten Medienberichte zur Präsidentschaftskandidatur von Barack Obama und zum »anderen Amerika« der Intellektuellen und Künstler zu werten? Ein näherer Blick zeigt, dass die vordergründig positiven Beschreibungen dieser ›guten‹ Amerikaner oft ebenfalls stereotyp und klischeehaft sind – und eher der Bestätigung des Bildes vom typischen Amerika dienen. Gerade Obama werden in der Debatte um seine Präsidentschaftskandidatur Eigenschaften zugeschrieben, die als untypisch für Amerika gelten – etwa Kultur, Intellektualität und Tiefe. Dabei werden derart überzogene Wünsche und Hoffnungen auf ihn projiziert, dass die Enttäuschung absehbar war. Tatsächlich zeigt die Diskussion um Obamas Amtsbeginn, dass sich die positive Sicht schnell ins Negative verkehrt. Im Falle des Dokumentarfilmers Michael Moore wiederum fällt auf, dass dessen kritisch-polemische Äußerungen zur US-Politik in den deutschen Medien auch dazu dienen, antiamerikanischen Zuschreibungen eine scheinbare Legitimität zu verleihen.

Wie die Kritik zum Antiamerikanismus gerinnt, zeigt exemplarisch die *Detailanalyse* des *Spiegel*-Kommentars »Wie man Terroristen fördert«. Oberflächlich betrachtet handelt es sich um eine scharfe Kritik an der Afghanistan-Politik der US-Regierung. Bei näherem Hinsehen zeigt sich jedoch, dass diese Kritik mit zahlreichen antiamerikanischen Stereotypen unterfüttert ist, durch welche die aktuellen politischen Entwicklungen scheinbar schlüssig erklärt werden. So werden die Graubereiche mit einem Male grell und bunt: Die USA handeln demnach nur aus materiellem Eigeninteresse (Öl, Gas) sowie aus niederen Motiven wie »Rachedurst« und »Hochmut«; sie haben eine »Sheriff-Gesinnung« und verstehen sich als »wertvollere Menschen«. Insgesamt entsteht damit ein Bild, wonach die USA mit ihrer Kriegspolitik die ganze Welt bedrohen. Als Ursache der weltpolitischen

Krise erscheint dabei die amerikanische Unterstützung des Staates Israel, der auf Terrorismus gebaut sei, die Palästinenser »demütige« und so den islamistischen Terrorismus befeuere. So stehen Amerika und Israel als globale Übeltäter da.

Gerade dieser Umschlag von *sachlich begründeter Kritik in eine antiamerikanisch-stereotype Deutungsweise* ist es, die für den medialen Diskurs im Bereich der Politik typisch ist. Entsprechend stellen geschlossen antiamerikanische Texte hier eher die Ausnahme dar. Umso verbreiteter sind dämonisierende Anspielungen, Vergleiche und Zuschreibungen. Derartige Diskursfragmente sind in fast allen Medien des Mainstreams anzutreffen: In auflagenstarken überregionalen Tageszeitungen, fast mehr noch aber in Wochenmagazinen wie *Spiegel* und *stern* sowie in Online-Medien wie *Spiegel Online*, die oft zuspitzen und mit einer bildhaften, personalisierten Sprache arbeiten. Hinzu kommen Sachbücher, in denen die aktuellen Entwicklungen, Kriege und Krisen als Ausdruck eines typisch amerikanischen Verständnisses von Politik, Macht und Konfliktbewältigung gedeutet werden.

Einige der hier untersuchten Debatten wurden auch durch zugespitzte Äußerungen von Politikern angeheizt, etwa die Diskussion um das »Alte Europa«. Die rechtfertigenden Erklärungsversuche, die bereits kurz nach den Terroranschlägen vom 11. September geäußert wurden, stammen teils von intellektuellen Wortführern. Die Verschwörungstheorien wiederum wurden zunächst in Internet-Videos, Büchern oder Popsongs kolportiert – später waren die entsprechenden Thesen dann in Tageszeitungen und im Fernsehen zu finden. Doch auch wenn sich der Antiamerikanismus hier partiell stark ausgeprägt und zugespitzt zeigt, überwiegt im politischen Diskursbereich insgesamt eine eher *ambivalente* Sicht auf Amerika.

2.2 Wirtschaft

Im Zentrum der folgenden Analysen stehen mediale Debatten, die sich um ökonomische Themen drehen – von wirtschaftlichen Umbrüchen wie Unternehmensübernahmen, Globalisierungs- und Digitalisierungstendenzen bis zur Finanz- und Wirtschaftskrise ab 2008.

»Amerikanisierung der Welt«: Globalisierung und Neoliberalismus

Seit den 1990er-Jahren wird im Zusammenhang mit der wirtschaftlichen Entwicklung heftig über die sogenannte Globalisierung gestritten, also die Entstehung weltweiter Märkte für Waren und Dienstleistungen sowie die internationale Verflechtung der Volkswirtschaften.[305] Auch der »Neoliberalismus« wird oft thematisiert. Dabei handelt es sich um eine Denkrichtung des Liberalismus, die im wirtschaftlichen Bereich eine Reduzierung der Staatsquote, die Privatisierung staatlicher Aufgaben und eine Deregulierung des Kapitalverkehrs anstrebt.[306] Elemente des Neoliberalismus wie auch Globalisierungstendenzen prägen den Kapitalismus in den westlichen Industrienationen.

In den deutschen Medien werden beide Phänomene immer wieder scharf kritisiert – und auf die USA zurückgeführt. Der *Tagesspiegel* zitierte im Oktober 2001 Bernard Cassen vom globalisierungskritischen Netzwerk Attac mit den Worten, die USA seien »in der Tat [...] Weltmeister im Neoliberalismus und natürlich ist Globalisierung in gewissem Sinne eine Art Amerikanisierung«.[307] Damit beschreibt Cassen die Globalisierung als weltweite Ausbreitung des amerikanischen Wirtschaftssystems, welches zutiefst neoliberal sei – und nennt diesen Vorgang »Amerikanisierung«. Die USA sind demnach für Globalisierung und Neoliberalismus allein verantwortlich. Auch die *Zeit* konstatierte eine »Amerikanisierung der Welt, durch einen in Amerika erfundenen Massen-Individualismus und durch die von Amerika ausgehende Globalisierung«.[308] Die Wortzusammensetzung »Massen-Individualismus« ist negativ konnotiert und drückt einen Zustand aus,

---

305 Damit sind lediglich die groben Linien der *wirtschaftlichen* Globalisierung umrissen. Tatsächlich findet eine Globalisierung auch in anderen Bereichen statt, vor allem in der Kultur. Vgl. dazu auch Kapitel 5.1.

306 Vgl. Butterwegge u. a. (Hg.), *Kritik des Neoliberalismus*.

307 Zit. nach Dörr, »Attac plant im November Demonstrationen in Europa«.

308 Ross, »Helden des Rückzugs«.

wonach die Individuen massenhaft auf egoistische Weise nur zu ihrem eigenen (wirtschaftlichen) Wohle wirken. Dies wird hier als etwas Uramerikanisches dargestellt – und als Bedrohung für die Welt. Über die vermeintliche »Amerikanisierung« wird auch in anderen Zusammenhängen geklagt. So warnte der Chef der Gewerkschaft Verdi, Frank Bsirske, Anfang 2006 vor einer Aushebelung von Tarifverträgen mit den Worten, zu einer »Amerikanisierung« der Arbeitsverhältnisse in Deutschland dürfe es nicht kommen.[309] Im Dezember des selben Jahres wurde in einem SWR-Radiofeature berichtet, dass viele Menschen in Deutschland keine Beiträge mehr in das öffentliche Rentensystem einzahlen – und die Frage aufgeworfen: »Drohen uns bald amerikanische Verhältnisse?«[310] In ähnlicher Weise kritisierte Ärztepräsident Jörg-Dietrich Hoppe in einem Interview, dass die Zahl der Menschen ohne Krankenversicherungsschutz in Deutschland gestiegen sei. Dies dürfe man nicht hinnehmen: »Wir wollen keine amerikanischen Verhältnisse.«[311]

Allen Beispielen ist gemein, dass die »amerikanischen Verhältnisse« hier als Negativ-Folie dienen, um die (bisherigen) Zustände in Deutschland in ein positiveres Licht zu stellen. Besonders plakativ zeigt dies ein *Tagesspiegel*-Bericht, in dem der Fall einer Patientin beschrieben wird, die in einer New Yorker Ambulanz unbemerkt starb. Als ihr Tod schließlich bemerkt wurde, war jede Hilfe zu spät. Dazu zitiert die Zeitung den Präsidenten der Landesärztekammer Berlin, Günther Jonitz, mit folgender Aussage: »In den USA gebe es ein anderes Gesundheitssystem, sagt […] Jonitz. ›Dort herrscht die freie Marktwirtschaft und das Geld zählt als Erstes, erst dann kommt der Patient. Bei uns gibt es immer noch sehr viele hochmotivierte Ärzte und Schwestern, die sich um ihre Patienten kümmern.‹ Daher seien vom Personal verschuldete Todesfälle in deutschen Notaufnahmen eher unwahrscheinlich.«[312] Das US-Gesundheitssystem wird hier als Kapitalismus in Reinkultur beschrieben. Gegen eine derart überspitzte Kritik wäre nichts einzuwenden, würde das deutsche Gesundheitssystem nicht als dessen genaues Gegenteil präsentiert: sozial und uneigennützig. So erweckt Jonitz den Eindruck, dass es in Deutschland keinerlei Kostendruck gebe und die deutschen Ärzte – im Gegensatz zu jenen in den USA – aus reiner Menschenliebe tätig seien.

---

309 Zit. nach »Bsirske: Öffentlicher Dienst ist kampfbereit« (dpa).
310 Thurn/Dombrowe, »Die Verpflichtung der Generationen«.
311 Zit. nach Homburger, »Armut macht krank««.
312 Krause u. a., »Die Not in Aufnahmen«.

Die Verschlechterung der medizinischen Versorgung, der Sozialabbau oder die Schleifung von Arbeitnehmerrechten – all diese unliebsamen Entwicklungen werden in den genannten Beispielen als »amerikanisch« charakterisiert. Dies ist irreführend: Zum einen, weil real existierende amerikanische Besonderheiten in den jeweiligen Bereichen oft missverstanden oder falsch interpretiert werden.[313] Und zum anderen – und vor allem dieser Aspekt ist problematisch –, weil das Schlagwort von der »Amerikanisierung« fälschlicherweise den Eindruck erweckt, dass Deutschland in der globalisierten Welt dazu genötigt werde, alle möglichen negativen Entwicklungen aus den USA zu übernehmen. So werden diese Entwicklungen bequem auf Amerika projiziert. Zugleich kann die eigene Verantwortung für ökonomische und soziale Veränderungen kleingeredet oder geleugnet werden – wie auch die eigenen Interessen, die dabei eine Rolle spielen.

Rainer Hank, Chef des Wirtschaftsressorts der *Frankfurter Allgemeinen Sonntagszeitung*, bezeichnet die wirtschaftliche Liberalisierung in den letzten beiden Jahrzehnten des 20. Jahrhunderts gar als »amerikanischen Virus«, also als amerikanischen Krankheitserreger – so auch der Titel seines 2009 erschienenen Buches.[314] Dieser Virus habe von den USA auf große Teile der Welt übergegriffen, so Hank. Es sei jedoch ein »Mythos«, dass sich die Deutschen davon »je ganz und gar« hätten »anstecken« lassen.[315] Dies habe man 2005 an dem schlechten Bundestagswahl-Ergebnis für die mit einem neoliberalen Programm angetretene CDU sehen können. Das »antikapitalistische Misstrauen« der Deutschen habe sich »nicht erst in der Krise des Jahres 2008« gebildet: »Der Antikapitalismus ist in Deutschland (und Kontinentaleuropa) tief verwurzelt.«[316] So stellt Hank den Wirtschaftsliberalismus als eine Art ansteckende, gefährliche Krankheit aus Amerika dar, welche die ganze Welt erfasst habe – nur in Deutschland und Europa, die hier als Hort des Antikapitalismus erscheinen, werde noch Widerstand geleistet.

Ähnlich argumentiert der Grünen-Politiker Daniel Cohn-Bendit. In einem *taz*-Interview von 2001 sagte er: »Im Grunde genommen ist das neo-

---

313 Nur ein Beispiel: In den USA gibt es eine umlagefinanzierte gesetzliche Rentenversicherung, in die jeder Angestellte wie auch Selbstständige einzahlen muss. Das durchschnittliche Rentenniveau ist sogar höher als in Deutschland. Die Privatisierung des deutschen Rentensystems als »Amerikanisierung« zu beschreiben, ist also schlicht falsch (vgl. Strassburg, »Amerikanische Verhältnisse?«). Zahlreiche vergleichende Statistiken bringt auch Baldwin, *The Narcissism of Minor Differences*.
314 Hank, *Der amerikanische Virus*.
315 Ebenda, S. 53.
316 Ebenda, S. 54.

liberale Projekt geschichtlich durch die USA vertreten, mit einem trojanischen Pferd in der EU, das ist England. Wir müssen unsere Institutionen so stärken, damit wir mit diesem trojanischen Pferd fertig werden können und uns gleichzeitig als Gegengewicht zu Amerika definieren. [...] Ich will, dass wir uns als Europäer politisch und kulturell auch als Gegenmacht zu den USA verstehen.«[317] Mit der Metapher vom »trojanischen Pferd« legt Cohn-Bendit nahe, dass Europa den Neoliberalismus gar nicht gewollt habe, dass dieser jedoch von den USA aus heimlich über England in die EU eingeschleust worden sei. Abermals steht der Begriff »Neoliberalismus« hier synonym für eine globalisierte amerikanische Wirtschaftsform. Cohn-Bendit fordert nun, das europäische Wirtschafts- und Sozialsystem explizit in Abgrenzung zu den USA weiterzuentwickeln.

In der *taz* vom 12. Februar 2009 gab auch der Publizist Robert Misik den USA die Schuld: »Die ›Mehr privat, weniger Staat‹-Ideologie schwappte aus den USA über die westliche Welt.«[318] Und weiter: »Der Neoliberalismus hat der Welt das größte globale Desaster seit Hitler und Stalin beschert. Tolle Bilanz.« Hitler und Stalin gelten angesichts von Millionen Holocaust-, Weltkriegs- und Gulag-Toten als größte Massenmörder des 20. Jahrhunderts. Die angeblich aus den USA »herübergeschwappte« wirtschaftliche Entwicklung in dieselbe Reihe zu stellen, kommt der größtmöglichen Anschuldigung gleich, die möglich ist. Im *Tagesspiegel* schließlich wurde der »staatsferne, in seiner sozialen Unverfrorenheit entartete Neoliberalismus« gegeißelt.[319] Der Begriff »entartet« ist untrennbar mit der NS-Zeit verbunden. Im Sprachgebrauch der Nationalsozialisten diente er der Bezeichnung von Dingen, die von der nationalsozialistischen Norm abwichen.[320] Selbst unter der Annahme, dass das Wort hier nicht bewusst in dieser Absicht verwendet wird, schwingt die Bedeutung des Begriffs doch mit. Die Aussage legt nahe, dass der Neoliberalismus der vermeintlich natürlichen, normalen Form der Wirtschaft zuwiderlaufe.

Die genannten Beispiele zeichnen ein klares Bild – mit einem eindeutigen Verursacher und vielen unschuldigen Opfern. Der Verursacher wird außerhalb verortet, in Amerika; die nicht-amerikanische Welt hingegen wird als Opfer der vermeintlichen »Amerikanisierung« beschrieben. Dieses Deutungsmuster basiert auf einer dualistischen Zuschreibung vermeintli-

---

317 Zit. nach Seidel, »Mit einer neuen EU gegen die USA«.
318 Dieses u. alle folgenden Zit. aus Misik, »Überforderter Kapitalismus«.
319 Becker, »Was des Staates ist«.
320 Vgl. Strauß u. a., *Brisante Wörter von Agitation bis Zeitgeist*, S. 616.

cher kollektiver Wesensmerkmale: Die europäische Wirtschaft ist demnach im Kern menschlich, sozial und gesund oder gar »antikapitalistisch«; die amerikanische Wirtschaft erscheint als entwurzelt-globalisiert, hyperindividualistisch, neoliberal »entartet« und von Profitgier bestimmt.

»Die Schock-Strategie«: Wirtschaftsreformen à la USA

Eine der weltweit bekanntesten Globalisierungskritikerinnen ist die kanadische Publizistin Naomi Klein. Seit ihrem 2000 erschienenen Buch *No Logo*, in dem sie die Globalisierung von Marken und die Entwicklung von produzierenden Unternehmen zu Lifestyle-Vermarktern beschreibt, hat sie auch in Deutschland viele Fans.

2007 veröffentlichte Klein ein weiteres Buch: *Die Schock-Strategie. Der Aufstieg des Katastrophen-Kapitalismus.* Auf der Website des S. Fischer Verlags wird es mit einem wörtlichen Zitat der Autorin beworben: »So funktioniert der Katastrophen-Kapitalismus: Eine Katastrophe – ein Staatsstreich, ein terroristischer Anschlag, ein Wirtschaftskollaps, ein Krieg, eine Flutwelle, ein Hurrikan – katapultiert die gesamte Bevölkerung in einen kollektiven Schockzustand. Die fallenden Bomben, die brutalen Terror-Attacken, die tosenden Stürme dienen dazu, ganze Gesellschaften zu zermürben – genau wie dröhnende Musik und Schläge in Folterkammern Gefangene zermürben. Und so, wie der terrorisierte Gefangene die Namen von Kameraden preisgibt und seine Überzeugungen verleugnet, geben schockierte Gesellschaften ihre Werte und Überzeugungen auf, die sie sonst entschlossen verteidigen würden.«[321]

Auf der Verlags-Website befindet sich auch ein Werbevideo zum Buch, in dem Kleins Thesen zugespitzt und bildlich dargestellt werden – und das den Eindruck erweckt, der »Katastrophen-Kapitalismus« gehe allein auf das verschwörerische Wirken der USA zurück. Es handelt sich um einen Kurzfilm; das Drehbuch schrieb Naomi Klein gemeinsam mit Alfonso Cuarón (Regie: Jonás Cuarón).[322] Zu Beginn des Films sind Schwarz-Weiß-Aufnahmen aus der Psychiatrie zu sehen: Menschen, die mit Elektroschocks traktiert werden. Anschließend zeigen Anschauungstafeln der CIA, wie Menschen durch Folter willenlos und gefügig gemacht werden können.

---

321 www.fischerverlage.de/microsite/autor/www.naomiklein.de/home (abgerufen am 11.4. 2009).

322 Die deutsche Version ist mit Untertiteln versehen und 7:40 Minuten lang; siehe Klein/ Cuarón: »The Shock Doctrine«.

Nach einem Schnitt erklingt Naomi Kleins Stimme aus dem Off:»Diese Techniken funktionieren nicht nur bei einzelnen Individuen, sondern man kann sie auch auf die ganze Gesellschaft anwenden.« So würden Katastrophen und Krisen ausgenutzt oder gar inszeniert, um neoliberale Reformen durchzusetzen – gegen den Willen der Bevölkerung. Da sich die Menschen nach einer Katastrophe in einer Art Schockzustand befänden, nähmen sie derartige Maßnahmen jedoch gefügig hin. Laut Klein geht diese »Schock-Strategie« auf den Ökonomen Milton Friedman zurück, der mit seiner Theorie an der University of Chicago eine ganze Denkschule prägte.

Bebildert wird dies mit historischen Filmausschnitten: Ein Flugzeug schlägt in das World Trade Center ein, George W. Bush verkündet mit einem Megaphon Reformen. Milton Friedman im Gespräch mit Ronald Reagan, Margaret Thatcher, Pinochet und Bush. Massendemonstrationen gegen Wirtschaftsreformen. Anschließend erneut Bilder von den Elektro-Schocks der CIA. Klein verkündet aus dem Off:»Dies ist die geheime Geschichte des freien Marktes. Er wurde nicht aus Freiheit und Demokratie geboren. Das meiste entstand im Schockzustand.« Zum Beleg folgen weitere schnell geschnittene Bilder: Der Putsch Pinochets in Chile, der Falkland-Krieg, das Massaker auf dem Platz des Himmlischen Friedens in Peking, Putsch und Verfassungskrise 1993 in Russland, die Terroranschläge vom 11. September, der Tsunami in Südostasien. In Sekundenbruchteilen werden dazu Untertitel mit Zahlen und Fakten zu den jeweils darauffolgenden wirtschaftlichen Reformen eingeblendet. Danach sind wieder CIA-Folter-Bilder zu sehen. Zum Schluss wird Naomi Kleins Buch beworben: »Information ist schockresistent. Bewaffne dich.«

Der Film lässt keine Fragen offen. Die unterschiedlichen Ereignisse werden derart geschickt mit den vermeintlichen Hintergründen montiert, dass die Hauptaussage logisch und unwiderlegbar erscheint: Deregulierung, Privatisierung und Sozialabbau gehen in allen Fällen auf die Ideen Milton Friedmans und seiner Anhänger zurück. Diese seien nur deshalb so erfolgreich gewesen, weil sie den wahren Willen der Menschen hintergangen und sie im Moment der Schwäche überrumpelt hätten. Klein nennt Friedman in ihrem Buch ein »Monster«, er erscheint in ihrer Darstellung als Drahtzieher des Neoliberalismus, als das personifizierte Böse. Damit reduziert sie die Komplexität der wirtschaftlichen Entwicklung seit den 1970er-Jahren drastisch. Zwar ist Kleins Buch differenzierter. Der Film erweckt jedoch den Eindruck, dass Friedman gemeinsam mit einigen mächtigen Staatenlenkern die ganze Welt nach seinen Vorstellungen umgeformt habe.

Kleins Darstellung ist jedoch noch aus einem anderen Grunde fragwürdig: Durch die Parallelisierung von Friedmans »Schock-Strategie« mit den Foltermethoden der CIA entsteht der Eindruck, dass sämtliche der von ihr genannten Katastrophen vorsätzlich herbeigeführt wurden – mit dem Hintergedanken, anschließend neoliberale Reformen durchführen zu können. In einigen Fällen wie dem Pinochet-Putsch ist diese These diskussionswürdig. Wenn Klein jedoch Ereignisse wie die Terroranschläge vom 11. September oder den Tsunami in die gleiche Reihe stellt, wird ihre Aussage verschwörungstheoretisch. Denn so erweckt sie den Anschein, diese Ereignisse seien bewusst inszeniert worden.

In einem Interview mit der *Frankfurter Allgemeinen Sonntagszeitung* vom 21. Oktober 2007 unterstrich Klein ihre Thesen noch einmal. Sowohl der Hurrikan Katrina, der Tsunami als auch der Irak-Krieg seien »dazu genutzt« worden, »um radikale Marktmechanismen zu implementieren«.[323] Klein: »Ich konstatiere bei den neokonservativen amerikanischen Politikern eine sehr beängstigende Faszination für Schocks und Katastrophen.« Die Neokonservativen seien »Neoliberale, die gleichzeitig für eine weltweite amerikanische Vormachtstellung kämpfen.« Damit legt sie nahe, dass die »Schock-Strategie« ein geheimes Projekt der USA sei, mit dem das Land seine Weltmachtstellung sichere und ausbaue.

Naomi Kleins Buch wurde in den deutschen Medien kontrovers diskutiert. In der *SZ* hieß es, Klein bekämpfe den »verschworenen Katastrophen-Kapitalismus – zuallererst die amerikanische Politik, die den amerikanischen Konzernen dabei hilft, fremde Bodenschätze und Länder zu übernehmen. Diese Politik schafft den Schock, der dann entsprechend administrativ behandelt werden muss – mit radikalen Mitteln, zu denen natürlich auch die Folter gehört.«[324] Damit wird wörtlich behauptet, die »Schocks« würden von der US-Politik erst »geschaffen«, also vorsätzlich inszeniert. So werden Kleins Aussagen noch deutlich zugespitzt.

Ähnlich die Schriftstellerin Kathrin Röggla im *Tagesspiegel*. In einer Rezension zu Kleins Buch schrieb Röggla unter der Überschrift »Krisenproduktionsmaschine«, der »Katastrophen-Kapitalismus-Komplex« sei ein »weltumspannende[s] System«.[325] Die von Milton Friedman vorangetriebene »radikalisierte Form von Marktwirtschaft« sei in den letzten Jahrzehn-

---

323 Dieses u. alle folgenden Zit. nach Marguier, »Unsere Demokratie ist in höchster Gefahr«.

324 Göttler, »Schock von links«.

325 Dieses u. alle folgenden Zit. aus Röggla, »Krisenproduktionsmaschine«.

ten überall auf der Welt »über Krisen und Schocks etabliert« worden und »nicht selten mit Hilfe von transnationalen Multis und in Zusammenarbeit mit der CIA oder anderen Regierungsorganisationen erst herbeigeführt und dann mit Terror aufrechterhalten« worden – und »das alles unter dem Deckmantel der Demokratisierung«. Dabei sei »der Kreis der Milton-Friedman'schen ›Umsetzer‹ erstaunlich überschaubar«.

In der hier zutage tretenden Weltsicht wird die politische und wirtschaftliche Entwicklung der letzten Jahrzehnte auf ein klares Muster reduziert: Eine kleine, verschworene Gruppe um Milton Friedman hat den »Katastrophen-Kapitalismus« ersonnen, um in Zusammenarbeit mit der CIA und anderen US-Regierungsorganisationen die ganze Welt nach ihrem Plan umzuformen. Scheinbar fügen sich jedes Land und jede Umbruchsituation in dieses Raster, Widersprüche werden ausgeblendet. Damit soll nicht bestritten werden, dass Milton Friedman oder Vertreter der Neokonservativen womöglich dafür plädiert haben, Katastrophen wie den Tsunami oder den 11. September zu nutzen, um bestimmte politische oder wirtschaftliche Pläne umzusetzen. In den zitierten Beiträgen wird diese Abfolge jedoch komplett umgedreht, so dass die mutmaßlichen Nutznießer der Katastrophen als deren Verursacher erscheinen. Dahinter steht ein verschwörungstheoretisches, geschlossenes Weltbild: Die amerikanischen Neoliberalen um Milton Friedman erscheinen als böse Täter, denen alle möglichen Katastrophen der vergangenen Jahrzehnte zugeschrieben werden – und die Menschen weltweit als deren hilflose Opfer.

»Tanz um das Goldene Kalb«: Die Finanzkrise ab 2008

In den Jahren 2008 und 2009 wurde die Weltwirtschaft von einer großen Krise erschüttert. Zu Beginn stand eine Banken- und Finanzkrise, die wesentlich durch die sogenannte Subprime-Krise 2007 auf dem US-Immobilienmarkt ausgelöst wurde.[326] Bei Subprime-Krediten handelt es sich überwiegend um Hypothekendarlehen, die an Kreditnehmer mit geringer Bonität vergeben werden. Bei stetig steigenden Immobilienpreisen schien dieses Modell zu funktionieren. Als jedoch immer mehr Kreditnehmer ihre Raten aufgrund gestiegener Zinsen oder fehlender Einkommen nicht mehr bedienen konnten, brach das System zusammen. Mit weltweiten Folgen, denn die Kredite waren teils an andere Banken und Fonds weiterverkauft

---

326 Vgl. hierzu u. im Folgenden Plumpe, *Wirtschaftskrisen*, S. 110 ff.

worden – als hoch lukrative, weil gut verzinste Finanzprodukte. Auch fast alle großen deutschen Banken hatten zugegriffen.[327] Nun erwiesen sich diese Subprime-Kredite als faul – und Banken auf der ganzen Welt hatten mit Ausfällen in Milliardenhöhe zu kämpfen. Dies wiederum führte dazu, dass die Banken immer weniger Kredite vergaben. So weiteten sie die Krise auch auf die produzierende Wirtschaft aus, die auf Kredite angewiesen ist. *Ausgelöst* wurde die Krise also wesentlich durch das System der Subprime-Kredite. *Verursacht* wurde sie jedoch nicht nur von der Finanzbranche in den USA, sondern von Banken, Finanzunternehmen, produzierenden Unternehmen und Millionen Anlegern weltweit. Denn sie alle hatten in die entsprechenden Finanzprodukte investiert, das System so erst möglich gemacht – und von den faulen Krediten eine Zeitlang beträchtlich profitiert. Nicht zu vergessen die Politik, die diese Geschäfte legalisiert hatte – auch in Deutschland.[328]

Dennoch wurde die Schuld an der Krise oft ausschließlich den USA in die Schuhe geschoben. Beispielhaft steht dafür die *Spiegel*-Ausgabe vom 29. September 2008. Auf dem Cover prangt die Schlagzeile: »Der Preis der Überheblichkeit«. In der Titelgeschichte heißt es, das »Land des ungehemmten Kapitalismus« sei am Ende: »Das sind nicht mehr die USA, wie die Welt sie kennt: kraftstrotzend – und arrogant. Die Supermacht, die anderen die Regeln vorgibt. Die ihre Art zu denken und zu wirtschaften für die allein selig machende hält.«[329] Der amerikanische »Finanzboom« seit den 1980er-Jahren habe »dem weltweiten Kapitalismus ein neues Gesicht« gegeben: »Geiz und Gier waren schon immer die zentralen Werte der Wall Street, nun aber wurden sie weltweit auch zum Maßstab für die Realwirtschaft. Die amerikanische Geldindustrie finanzierte die Globalisierung und die Internet-Revolution, den Aufschwung Asiens und den Rohstoffboom.«[330] In der Krise habe sich »der amerikanische Turbokapitalismus mit seinem Dreisatz aus billigem Geld, freien Märkten und zweistelligen Gewinnmargen« nun »als gigantisches Schneeballsystem […] entpuppt«.[331]

---

327 Vgl. Dams, »Schimpfen auf Amerika«.

328 So lockerte die rot-grüne Bundesregierung 2001 die Regeln für den Börsenhandel, erweiterte die Anlagemöglichkeiten von Fonds und erlaubte den Derivatehandel auch im Immobiliengeschäft. Vgl. Dettmer u. a., »Die verdrängten Sünden der Heuschrecken-Bändiger«.

329 Balzli u. a., »Der Offenbarungseid«, S. 22.

330 Ebenda, S. 27.

331 Ebenda, S. 23.

Auch in der *Zeit* hieß es, das »coole[…] Universum der göttlichen Wall Street« sei geplatzt und die USA »in der Wirklichkeit angekommen, sie sind kein Vorbild mehr.«[332] Der »virtuelle Kapitalismus« habe »nichts produziert, weil er nur symbolischer Tausch ist, ohne Berührung mit dem Fleisch des Realen«. Die *Welt* zitierte den Historiker Wolfgang Schivelbusch mit der Aussage, schon die Namen der zusammengebrochenen US-Banken Fannie Mae und Freddie Mac seien für ihn ein »symbolisches Zeichen für den Zustand der gesamten Finanzindustrie […], für die Beliebigkeit, für die Luft, für die Sprach- und Sprechblasen.«[333] Schivelbusch weiter: »Ich habe erst an Fred Astaire und Ginger Rogers gedacht und mich gewundert, wo ich bin, in Wall Street oder in Hollywood.«

Der weltweite Aufstieg einer bestimmten Erscheinungsform des Kapitalismus, des Finanzkapitalismus, wird in diesem Diskurs allein auf das Wirken der »Wall Street« beziehungsweise auf das angebliche Diktat der »kraftstrotzenden, arroganten Supermacht« USA zurückgeführt und zugleich als »gigantisches Schneeballsystem«, also als großer Betrug charakterisiert – nicht zuletzt deshalb, weil dahinter nichts »Reales«, also keine Produktion stehe. Dies unterstreicht auch der Hinweis auf die Hollywood-mäßige, also auf schönem Schein beruhende Selbstdarstellung der Banken. So erscheint die gesamte wirtschaftliche Entwicklung der vorangegangenen Jahre nebst Globalisierung und Aufschwung der Internet-Wirtschaft als Schwindel der »amerikanischen Geldindustrie« an der ganzen Welt.

Dieser Ansicht ist offenbar auch Altkanzler Helmut Schmidt (SPD). In der *Zeit* schrieb Schmidt: »Die Hauptschuldigen sitzen in New York«.[334] Die »profitbesoffene[…] Euphorie« habe sich »von der Wall Street über große Teile der nordamerikanischen Nation und nach England ausgebreitet […], von dort aus über die ganze Welt bis in den Fernen Osten.« *FAZ*-Herausgeber Berthold Kohler zog angesichts der Finanzmarktkrise gar eine Analogie zu den Terroranschlägen vom 11. September: »Der Angriff auf uramerikanische Glaubenssätze« sei »dieses Mal nicht das Werk äußerer Feinde«, sondern »von innen, aus den Tiefen des Systems« gekommen.[335] Kohler: »Der amerikanische Kapitalismus brachte […] seine eigenen Selbstmordattentäter hervor, deren Sprengsätze, die Derivate, selbst noch

332 Dieses u. alle folgenden Zit. aus Assheuer, »Pleite der letzten Utopie«.
333 Dieses u. alle folgenden Zit. nach Fuhr, »Freddie Mac – ein Name wie ein Hollywood-Star«.
334 Dieses u. alle folgenden Zit. aus Schmidt, »Der Markt ist keine sichere Bank«.
335 Dieses u. alle folgenden Zit. aus Kohler, »Ein neuer ›Ground zero‹«.

die Wirkung der fliegenden Bomben der Dschihadisten übertreffen. Nicht nur New York, die ganze Welt hat einen neuen ›Ground zero‹: Wall Street.« Deutschland werde »für die Sünden der amerikanischen Finanzwirtschaft« einen hohen Preis bezahlen müssen. Kohler beschreibt den »amerikanischen Kapitalismus« somit als tödliches System, das die ganze Welt ins Unglück gerissen habe. Deutschland befindet sich in diesem Szenario eindeutig in der Opferrolle.

Der langjährige Chefredakteur des *manager magazins*, Wolfgang Kaden, forderte in einem Beitrag auf *Spiegel Online*, »die Europäer und der Rest der nicht-amerikanischen Welt« müssten sich »unabhängiger von den amerikanischen Finanzjongleuren« machen, »mehr Distanz [...] zum Wildwest-Treiben der Wall Street« halten und sich »endlich auf die eigenen Stärken besinnen.«[336] Begründung: »Amerika ist das größte Sicherheitsrisiko für die globalen Finanzmärkte. Und vielfacher Wiederholungstäter.« Problematisch sei nicht nur die Größe der US-Finanzindustrie, sondern auch »die amerikanische Mentalität«, genauer: die »Freude am Wagnis, am immer wieder Neuen«, die »brandgefährlich werden« könne, wenn sie sich mit »banaler Geldgier« paare. Kaden zeichnet hier das Bild eines verbrecherischen Amerikas: Wenn vom »Wiederholungstäter« die Rede ist, der ein »Sicherheitsrisiko« darstellt, dann deutet das auf einen Grunddefekt hin, der kaum noch geheilt werden kann. Zumal er das »Wildwest-Treiben« – eine Metapher für eine ungeregelte, auf dem Recht des Stärkeren beruhende Form des Wirtschaftens – in der »amerikanischen Mentalität« verortet, den Defekt also für uramerikanisch hält.

»Geiz und Gier«, »Geldgier«, »Profitbesoffenheit«: Es sind stets die gleichen Zuschreibungen, die mit der New Yorker »Wall Street« als dem Zentrum des weltweiten Börsenhandels verknüpft werden. Geld- und Spekulationsgeschäfte erscheinen so als typisch amerikanisch.[337] Die produktive »Realwirtschaft« dagegen wird im Rest der Welt verortet, in Deutschland oder Europa – und stellt in diesem Bild ein hilfloses Opfer dar, das von den Spekulanten zerstört wird. Problematisch ist dabei weniger die Kritik an den Auswirkungen des Finanzkapitalismus, sondern vor allem die

---

336 Dieses u. alle folgenden Zit. aus Kaden, »Warum die US-Finanz ein schlechtes Vorbild ist«.

337 Wie schief dieses Bild ist, zeigt etwa die Tatsache, dass die Deutsche Bank 2006 und 2007, also kurz vor Ausbruch der Finanzkrise, der weltweit viertgrößte Herausgeber sogenannter Collateralized Debt Obligations (CDO) war – verbriefter Schuldtitel, die als wesentliche Auslöser der Krise gelten. Vgl. Pauly/Seith, »Schatten der Vergangenheit«.

strikte *Gegenüberstellung* von profitgierigen Spekulanten und produzierender Wirtschaft. Diese antagonistische Deutung führt in die Irre, weil beide Formen essenzielle, einander bedingende Bestandteile der kapitalistischen Produktionsweise sind.[338] Stellenweise wurden in der Debatte auch kaum verhüllte Verschwörungstheorien geäußert. Beispielhaft sei hier der damalige evangelische Ratschef und Bischof Wolfgang Huber genannt, der am 19. Oktober 2008 in der ARD-Talksendung »Anne Will« auf die heikle Tatsache angesprochen wurde, dass die evangelische Landeskirche in Oldenburg rund 4,3 Millionen Euro in spekulative Papiere der später insolvent gewordenen US-Bank Lehman Brothers investiert hatte. Huber verteidigte diese Anlagepolitik mit den Worten, die Oldenburgische Kirche habe »nicht etwa unverantwortlich gehandelt, sondern sie hat auf ein Produkt gesetzt, das sich als falsch erwiesen hat, weil etwas eingetreten ist, womit kaum jemand gerechnet hatte, nämlich dass die amerikanische Regierung Lehman Brothers hat fallen lassen. Und ich bin ehrlich gesagt ein bisschen beunruhigt, wenn jemand sagt, das hat die amerikanische Regierung auch deswegen gemacht, weil dabei das Risiko der Europäer, die so stark in Lehman Brothers investiert hatten, mitbetroffen war, während man andere Banken gerettet hat.«[339] Damit sagt Huber aus, die Oldenburgische Landeskirche habe alles richtig gemacht – und die Schuld an der Misere trage einzig die US-Regierung. Dies untermauert er mit der Behauptung, die US-Regierung habe Lehman nur deshalb Pleite gehen lassen, weil »die Europäer« davon überproportional betroffen gewesen seien. Dabei beruft er sich auf nicht näher belegte Aussagen eines anonymen »Jemand«. So gelingt es ihm noch, die spekulative Anlagepolitik seiner Kirche zu rechtfertigen.

Zum Heiligabend 2008 wetterte Huber wiederum pauschal gegen die Spekulation an den Märkten. Im Deutschlandradio Kultur sagte Huber, der »Boom in den Finanzmärkten, der ungedeckt war durch reale Werte«, habe sich »ganz deutlich als Tanz um das Goldene Kalb« erwiesen.[340] Daraus schließe er, »dass wir viel klarer zwischen Gold und Geld unterscheiden müssen, als das in den zurückliegenden Jahren der Fall gewesen ist [...] und dass wir diesen Tanz nun wirklich hinter uns lassen und Geld nicht länger vergötzen«. Das Bild vom »Tanz um das Goldene Kalb« geht auf

---

338 Vgl. dazu Heinrich, »Kapitalismus, Krise und Kritik«, S. 139; Lohoff/Trenkle, *Die große Entwertung;* S. 156–159. Vgl. auch Herzinger, »Hilfloser Antikapitalismus«.
339 Zit. aus »Anne Will«, 19.10.2008.
340 Dieses u. alle folgenden Zit. nach Pindur, »»Wir dürfen Geld nicht länger vergötzen««.

das Alte Testament zurück und steht als Metapher für die Anbetung eines Götzen, hier für die Anbetung des Geldes. Es handelt sich um ein Bild, das seit dem Mittelalter häufig auch als antisemitische Metapher zur Bezeichnung der vermeintlichen Geldgier der Juden diente.[341]

Der Leiter des *SZ*-Ressorts Innenpolitik, Heribert Prantl, bezog sich in einem zu Weihnachten 2008 veröffentlichten Kommentar auf ein neutestamentarisches Motiv: Angesichts der »geplatzten globalen Gier« erinnerte Prantl an den »anderen Jesus: Der steht mit heiligem Zorn im Tempel, eine Geißel aus Stricken in der Hand, stürzt die Tische um und wirft die Händler und Geldwechsler hinaus, die das ›Haus des Vaters‹ zur Räuberhöhle gemacht haben.«[342] Der heute zu beobachtende »Zorn gegen den Finanzkapitalismus, der die Bürger gepackt hat«, stehe in eben dieser biblischen Tradition. Bei der »Tempelreinigung« sei es »um eine demonstrative Attacke gegen die Geldfabrik, zu der sich der Tempel entwickelt hatte, gegen die Abkehr vom Eigentlichen«, gegangen. Prantl: »Zweitausend Jahre später heißen die Hohepriester anders, und die Methoden ihrer Abzockerei haben sich verfeinert – aber auch die neuen Hohepriester haben sich dumm und dämlich verdient.«

Prantl und Huber konstruieren hier ebenfalls einen Gegensatz zwischen abstrakten wirtschaftlichen Phänomenen wie »Finanzkapitalismus«, Geld und Spekulation auf der einen Seite sowie »realen Werten« (Huber) oder ideellen christlichen Werten (Prantl) auf der anderen Seite. Als Ausweg propagiert Prantl eine Art moderne »Tempelreinigung«. Wie diese aussehen soll, lässt er offen.

---

341 In der Bibel symbolisiert der Topos vom »Tanz um das Goldene Kalb« die Ungläubigkeit des israelischen Volkes, während Moses auf dem Berg Sinai die Zehn Gebote empfängt (vgl. Schäfer, *Vermessen – gezeichnet – verlacht*, S. 341). Im antisemitischen Weltbild wird das »Goldene Kalb« mit dem »Gott der Juden« gleichgesetzt – so verbindet sich der moderne, vordergründig »antikapitalistische« Antisemitismus bruchlos mit dem traditionellen christlichen Antijudaismus (vgl. Loewy, »Der Tanz ums ›goldene Kalb‹«, S. 10).

342 Dieses u. alle folgenden Zit. aus Prantl, »Der Zorn Gottes«. Prantl bezieht sich hier auf die Vertreibung der Händler aus dem Tempel, die im Johannesevangelium beschrieben wird: »Und der Juden Ostern war nahe, und Jesus zog hinauf gen Jerusalem; Und fand im Tempel sitzen, die da Ochsen, Schafe und Tauben feil hatten, und die Wechsler. Und er machte eine Geißel aus Stricken, und trieb sie alle zum Tempel hinaus samt den Schafen und Ochsen, und verschüttete den Wechslern das Geld, und stieß die Tische um; Und sprach zu denen, die die Tauben feil hatten: Traget das von dannen, und machet nicht meines Vaters Haus zum Kaufhause.« (Joh 2,13–16)

»Eine Nation von Zockern«: Die amerikanische Lebensweise

Wie wird nun die fehlgelaufene Entwicklung der »amerikanischen« Finanzwirtschaft erklärt? Wiederholt gerät in diesem Zusammenhang die Lebensweise der Amerikaner ins Visier. In der *SZ* hieß es Anfang 2008, der Konsum der vergangenen Jahre habe »wie Botox in Amerikas faltigem Gesicht«
gewirkt.[343] Mit dem Ende des Immobilienbooms sei nun aber »auch der
Konsum ins Stocken« geraten: »Und plötzlich, ohne die Ablenkung, die der
neue Jeep, der neue Flachbildfernseher spendet, wird die hässliche Realität
sichtbar. Amerika sieht in den Spiegel – und erschrickt.« Ob Bildung,
Gesundheit, Lebens- und Umweltqualität: Überall gehe es bergab. Die
»Ideologie« der USA, in allen Bereichen zu expandieren, habe einen »toten
Punkt« erreicht. Am deutlichsten werde das Dilemma der USA »angesichts
der bevorstehenden Klimakatastrophe. [...] Sie wird nicht mit einem neuen
Produkt zu verhindern sein, das bei Wal-Mart an der Kasse steht. [...]
Ohne eine Kultur des langfristigen Denkens statt der kurzfristigen Profite,
ohne ein Konzept von Gemeinschaft wird sich das Problem nicht lösen
lassen«. Kurzfristiges Konsum- und Profitdenken in einer Gesellschaft von
Egoisten statt nachhaltigem Handeln in der Gemeinschaft – die Zuschreibungen sind deutlich einseitig. Die Amerikaner haben den Niedergang in
dieser Logik geradezu verdient, weil sie die mit ihrer Lebensweise zusammenhängenden Probleme verdrängt hätten.

Im medialen Diskurs in Deutschland wurde diese vermeintlich typische
amerikanische Lebensweise bereits in den Jahren vor der Finanzkrise heftig
kritisiert. Als es am 14. August 2003 zu einem großflächigen Stromausfall
im Nordosten der USA kam und zahlreiche Städte mehr als einen Tag lang
von der Energieversorgung abgeschnitten waren, präsentierte der *Spiegel*
auf dem Titel eine in Dunkelheit getauchte Freiheitsstatue mit Kerze statt
Fackel in der Hand, darunter die Schlagzeile: »Weltmacht ohne Strom.
Schein und Sein der USA« (Abb. 12). Im dazugehörigen Artikel heißt es,
nach dem 11. September 2001 zeige sich nun erneut, »dass die Herren der
Welt in geradezu grotesk einfacher Manier tödlich zu treffen sind«.[344] Der
Stromausfall habe Amerikas »Selbstvergessenheit« offengelegt. New York,
die »Kapitale des Kapitalismus«, sei »auf den Status einer Großstadt in
einem hinterwäldlerischen Entwicklungsland zurückgeworfen«.

---

343 Dieses u. alle folgenden Zit. aus Häntzschel, »Aufstieg und Fall des Empire«.
344 Dieses u. alle folgenden Zit. aus Follath u. a., »Die Große Dunkelheit«.

Mit rhetorischem Erstaunen wird weiter gefragt, zum Selbstbild der Amerikaner gehöre doch »der optimistische, dynamische Blick nach vorn«, und dann sei es so »leicht [...], den muskelstrotzenden Gulliver zu fesseln, seine geballten Kräfte lahm zu legen?« In der internationalen Politik zeigten sich die USA »kraftstrotzend bis zur Hybris, [...] und dann können sie einen großen Teil ihrer Bevölkerung nicht einmal mehr mit Elektrizität versorgen?« Sodann bringt der *Spiegel* seine Diagnose des Problems: Der »Koloss« stehe »auf tönernen Füßen«, die »Alltagstechnik Amerikas« sei »erstaunlich schlecht«. So leisteten sich die Amerikaner »den Luxus schlecht isolierter Häuser« und begnügten sich »mit energiefressenden Toastern, Kühlschränken, Waschmaschinen und Geschirrspülautomaten, die andere fortgeschrittene Industriegesellschaften längst aussortiert haben. Und vor diesen Häusern mit ihrem hohen Verbrauch ragen antiquierte Holzmasten mit Leitungen auf, die den Strom in die Behausungen einspeisen sollen.«

Unabhängig von den konkreten Behauptungen über die Stromversorgung in den USA fällt hier eine große Schadenfreude ins Auge. So wird der Zustand der amerikanischen Infrastruktur mit dem politischen Auftreten der USA in der Welt kontrastiert – der Irak-Krieg begann erst wenige Monate zuvor – und daraus eine amerikanische Heuchelei abgeleitet: Durch die Anspielung auf Jonathan Swifts Romanfigur Gulliver erscheint Amerika als Riese, der eigentlich der ganzen Welt überlegen sein müsste. Doch dies entpuppe sich nun als Lug und Trug, als schöner Schein.

Während der Finanzkrise kritisierte auch die *Zeit* die angebliche (Selbst-)Täuschung der Amerikaner. Deren »ewige gute Laune« werde in der Krise »zum Handicap«.[345] In »oft herzerhebender, manchmal nervender Weise« sei »das Seelenleben der Nation auf Optimismus gestellt, von einer Schulerziehung, bei der ständig gelobt wird, bis zum unausrottbaren Glauben an den wissenschaftlich-technologischen Fortschritt.« Diese »Mentalität« habe die USA »groß gemacht«, werde aber »nun zum Problem«. In einem weiteren *Zeit*-Artikel heißt es, »der märchenhafte Way of Life der USA« sei »auf Pump gebaut.«[346]

Eric Frey bezeichnet diesen »American Way« in seinem *Schwarzbuch USA* als »Konsumkultur«.[347] Der »typische Amerikaner« befinde sich »in einem permanenten Kaufrausch, [...] Computer, DVD-Spieler, Mobiltele-

---

345 Dieses u. alle folgenden Zit. aus Ross, »Helden des Rückzugs«.
346 Assheuer, »Pleite der letzten Utopie«.
347 Dieses u. alle folgenden Zit. aus Frey, *Schwarzbuch USA*, S. 212.

Abb. 12: Der Spiegel, 18.8.2003   *Abb. 13: Der Spiegel, 8.7.2002*

fone und andere elektronische Neuerungen gehören inzwischen zur Standardausrüstung eines amerikanischen Haushalts; alle paar Monate kommen neue Geräte ins Haus und die alten auf die Müllhalde.« Der *Spiegel* schrieb: »Es ist das gängige amerikanische Denken: Die Banken geben Geld, die Bürger nehmen es und geben es aus. [...] Schulden sind Lebensstil.«[348] Die *Wirtschaftswoche* zitierte dazu den Analysten Jochen Felsenheimer mit den Worten: »Der amerikanische Weg der Entschuldung funktioniert so: Erst wird das Haus verkauft, dann das Auto und zum Schluss der Fernseher.«[349]

Der Washington-Korrespondent des *Spiegels*, Gabor Steingart, prophezeite im September 2008 sogar schon den »Anfang vom Ende des amerikanischen Kapitalismus«.[350] Seine Sicht der Dinge ist so stereotyp wie eindeutig: Neben der Gruppe der Sparer, die vor allem in Deutschland anzutreffen sei, gebe es eine »Religionsgemeinschaft der Enthemmten, die sich vor allem in Amerika großer Beliebtheit« erfreue, so Steingart: »Diese Menschen bekennen sich zu vorsätzlicher Sorglosigkeit, lustvoller Verschwendung und allgegenwärtiger Gier. ›American way of life‹ nennen sie das. Ihre Mitglieder leben im Hier und Jetzt – und fragen nicht nach dem Morgen.«

---

348 Balzli u. a., »Der Bankraub«, S. 53.
349 Zit. nach *Wirtschaftswoche*, Nr. 50/10.12.2007, S. 221.
350 Steingart, »Die Enthemmten«.

Im heutigen Amerika sei »ein aus der Art geschlagener, ein entarteter Kapitalismus zu besichtigen.« Für die Zukunft sieht Steingart schwarz: Das Land sei »zu amerikanisch, um in seiner heutigen Form zu überleben. Das heutige Amerika aber ist auch zu stolz, das einzusehen. Die Gläubigen werden freiwillig wohl kaum konvertieren.«

Steingart beschreibt die Lebensart des typischen Amerikaners (»American way of life«) hier als »enthemmt«, »vorsätzlich sorglos«, »lustvoll verschwenderisch« und »gierig« und bezeichnet all dies auch noch als Ausdruck eines unnormalen und krankhaften Kapitalismus, der nicht überlebensfähig sei, aber eben typisch »amerikanisch«. Diesen Kapitalismus charakterisiert er als »entartet« – und verwendet damit einen Begriff, der vor allem in der NS-Zeit gebräuchlich war, wie bereits an anderer Stelle angemerkt wurde.[351] Amerika erscheint so als ein dekadentes, dem Untergang geweihtes Land, das nicht zu retten ist, weil sich die Amerikaner in ihrem »gläubigen« Wahn nicht bekehren lassen.

Die angebliche Geldfixiertheit der Amerikaner war auch Thema in der ARD-Talkshow »Hart aber fair« am Abend nach den US-Wahlen im November 2008. Titel der Sendung: »Welcome, Mr. President – werden die Amis jetzt vernünftig?«. Der geladene Grünen-Politiker Hans-Christian Ströbele erklärte dabei, es sei die »Lebensmaxime« der meisten Amerikaner, »möglichst viel Profit einzufahren«.[352] Dies korrespondiere damit, »dass viele Amerikaner überhaupt nichts dabei finden, ich habe das ja selber erlebt, dass, wenn sie einem eine fremde Person […] vorstellen, dann sagen sie zur Charakterisierung, das ist ein 100.000-Dollar- oder ein 200.000-Dollar-Mann oder -Frau.« Für »viele« Amerikaner sei es »das Einzige im Leben […], Reibach zu machen, hohe Profite zu machen.« Mit diesem Verhalten hätten sie dann »viele Länder der Welt, auch deutsche Banken […] angesteckt«. Ströbele stellt die amerikanische Bevölkerung hier pauschal als geldgierig und hyperkapitalistisch dar. Die Behauptung, die Amerikaner würden sich einander typischerweise mit ihrem Jahreseinkommen vorstellen, erscheint grotesk. Wenn Ströbele zudem die These in den Raum stellt, die deutschen Banken seien von diesem angeblichen Verhalten der Amerikaner »angesteckt« worden wie von einer Krankheit, schiebt er die Verantwortung dieser Banken nach außen ab und macht die Amerikaner zu alleinigen Tätern der Krise – und die Deutschen zu Opfern.

---

351 Vgl. die Diskursanalyse zu Globalisierung und Neoliberalismus.
352 Dieses u. alle folgenden Zit. aus »Hart aber fair«, 5.11.2008.

In der gleichen TV-Sendung gab auch der Moderator Frank Plasberg eine derartige Weltsicht zu erkennen: Man müsse die Wut der »deutschen Sparer« verstehen, die »brav« zur Sparkasse gingen und »für drei Prozent ihr Geld anlegen«. Denn die »Amerikaner, die lieber gerne auf Pump leben als zu sparen«, würden mit ihrem Verhalten jetzt »die Spareinlagen hier gefährden«. Da bekomme »dieser American way of life plötzlich etwas sehr Parasitäres«. Die amerikanische Lebensweise wird damit nicht nur als schmarotzerhaft und betrügerisch charakterisiert, sondern auch als zutiefst bedrohlich für die »braven« und von Grund auf ehrlich erscheinenden deutschen Kleinsparer.

Der *Tagesspiegel* konstruierte ebenfalls einen derartigen Gegensatz und schrieb: »Angst vor Geld kennen die Amerikaner nicht« – das unterscheide sie von den Europäern.[353] Das beste Symbol für »Big Money und Profitgier« sei Las Vegas, die »protzige[...] Kapitale des Glücksspiels«: Die Stadt sei das Abbild »einer Nation von Zockern, die einem unheilbaren ›Hoffnungswahn‹ verfallen« seien. Die »ganze amerikanische Blase aus Schwindel, Dollar-Libido und Gottvertrauen« mache deutlich, dass es in den USA »offenbar ein völlig anderes arithmetisches Grundempfinden als hierzulande« gebe.

Es ist nicht zu bestreiten, dass die Diskussion über das Leben »auf Pump« in Amerika einen realen Kern hat. Problematisch wird es aber, wenn »lustvolle Verschwendung« und »allgegenwärtige Gier« als etwas spezifisch Amerikanisches beschrieben werden. Zwar sind die Privathaushalte in den USA im Durchschnitt höher verschuldet. Doch auch in Deutschland leben immer mehr Menschen mit Schulden.[354] Selbst wenn derartige Entwicklungen in den USA früher zutage traten, geht es also am Problem vorbei, von einem »parasitären American way of life« zu sprechen, der die »braven« deutschen Sparer bedroht. Es ist ein dualistisches Bild mit projektiven Zügen: Die Amerikaner erscheinen als kurzsichtig, konsumorientiert und gierig, die Deutschen als bodenständig und bescheiden.

---

353 Dieses u. alle folgenden Zit. aus Schaper, »Geld verliert die Welt«.
354 Die Zahl der überschuldeten Haushalte in Deutschland verdoppelte sich von 1990 bis 2009 auf 3,1 Millionen. Dazu trug auch bei, dass immer mehr Produktkäufe über Null-Zins-Kredite finanziert wurden, die teils erst Jahre nach dem Kauf abgezahlt werden müssen. Vgl. Liebrich, »Kleiner Zins, große Versuchung«.

»Jüdischer Gangster«: Der Milliardenbetrüger Bernard Madoff

»Das Foto sieht so harmlos aus: Ein freundlicher älterer Herr, der ein wenig unsicher über den Rand seiner Brille blinzelt, unrasiert, mit zerzaustem
Haar, den nassen Mantelkragen hochgeschlagen – so wie jemand, der auf
dem Weg zum Bäcker von einem Regenguss überrascht wurde.«[355] Mit diesen Worten beginnt ein Porträt der *SZ* über den New Yorker Fondsmana-
ger Bernard Madoff. Ende 2008 war bekannt geworden, dass Madoffs
Geschäfte auf einem gigantischen Betrugssystem aufbauten: Prominente
Einzelpersonen, aber auch Unternehmen und Stiftungen hatten bei Madoff
jahrzehntelang hohe Geldbeträge angelegt – und eine außergewöhnlich hohe Rendite kassiert. In der Finanzkrise flog Madoffs Geschäftsmodell auf
und entpuppte sich als gigantisches Schneeballsystem: Er hatte die vermeintlichen Erträge mit den Einlagen neuer Kunden finanziert. So prellte
er die Anleger um schätzungsweise 50 Milliarden Dollar.

Madoff wird in der *SZ* als zielstrebig und höchst erfolgreich beschrieben: Er sei »in einer einfachen jüdischen Familie im New Yorker Stadtteil
Queens« aufgewachsen und habe mit gerade mal 22 Jahren seine Invest-
mentfirma gegründet. Über die Jahre habe er eine »perfekte Geschäftsfas-
sade«, eine »Maske der Integrität« aufgebaut und »das Spiel des integren
Geschäftsmannes perfekt« gespielt. Weiter heißt es: »Der Firmenchef war
ein glänzender Kommunikator, er klinkte sich in soziale Netzwerke ein
und missbrauchte diese.« Vor allem viele »jüdische Organisationen« seien
»auf Madoff hereingefallen.« Die *FAZ* schrieb: »Bei Anlegern, von denen
viele der jüdischen Gesellschaft angehörten, galt Madoff als eine Art ›jüdische Staatsanleihe‹. Sicherere Anlagen als Staatsanleihen gibt es nicht. Zur
Reputation von Madoff trug auch bei, dass er viele Anleger abwies.«[356] Madoff habe »die Gier seiner Opfer« genutzt, so *Spiegel Online*: »Manche ahn-
ten es, keiner wollte es wahrhaben.«[357]

Im *stern* wurde Madoff als »charmant, clever und cool« charakterisiert.[358] Freunde hätten von ihm »das Bild eines wahren Genies. Eines
Zauberers der Wall Street«. Viele seiner Geschäfte habe er in Palm Beach
in Florida eingefädelt: »Hier, in dieser sehr jüdischen Welt aus Industriel-
len, Bankern und reichen Anwälten, rekrutierte Madoff seine Kunden« –
darunter Nobelpreisträger Elie Wiesel und Regisseur Steven Spielberg. Der

---

355 Dieses u. alle folgenden Zit. aus Piper u. a., »Das Prinzip der gigantischen Gier«.
356 Kuls, »Es gibt keine harmlose Erklärung«.
357 Pitzke, »Milliardenbetrüger Madoff nutzte die Gier seiner Opfer«.
358 Dieses u. alle folgenden Zit. aus Wiechmann, »König der Hochstapler«.

Madoff-Skandal betreffe aber »sehr viele mehr als ein paar reiche Juden. Er betrifft Banken in Österreich, Spanien und der Schweiz, er betrifft das Internationale Olympische Komitee, Wohlfahrtsverbände und Privatkunden in aller Welt.« Der Fall sei »eine Parabel auf […] die grenzenlose Gier der Wall Street« und führe zu einer »simplen und gleichzeitig brutalen Erkenntnis: Nicht die viel beschworene Drogenkriminalität oder der islamische Terrorismus gefährden Amerika in seinen Grundfesten, sondern die Machenschaften einer kleinen reichen Elite an New Yorks Wall Street.«

Madoff war zweifelsohne ein großer Betrüger. Fragwürdig erscheint allerdings, dass er hier als typischer Repräsentant der »grenzenlosen Gier der Wall Street« dargestellt wird. Dies schließt an das antisemitische Stereotyp des strippenziehenden, betrügerischen ›Börsenjuden‹ an, der die New Yorker Wall Street beherrscht – seriöse und freundliche Fassade, tatsächlich jedoch unendlich gierig, skrupellos und verschlagen. Darüber hinaus wird der Kreis der »reiche[n] Juden«, in denen Madoff seine Opfer fand, als »*sehr jüdische*[…] Welt«[359] bezeichnet. Damit wird das klassische Stereotyp bedient, die Juden seien generell reich und mächtig. Wenn dann die »Machenschaften einer kleinen reichen Elite an New Yorks Wall Street« als Bedrohung für Amerika gesehen werden, die sogar noch den Terrorismus übertreffe, ist das Feindbild komplett: Die (jüdische) Wall Street, die Amerika und damit die ganze Welt in den Abgrund reißt.

In einem weiteren *SZ*-Beitrag wurde Madoff zudem in eine Reihe mit anderen großen »jüdischen Gangstern« wie Meyer Lansky und Arnold Rothstein gestellt, die als Angehörige einer ausgegrenzten Minderheit »um ihren Platz in der Gesellschaft« gekämpft und ein »Paralleluniversum« gebildet hätten, »das dem der etablierten Mächte wie eine Karikatur nachgebildet« gewesen sei.[360] Rothstein etwa habe »den kleinen Ganoven New Yorks« gezeigt, »wie man sich in der besseren Welt benimmt, wie man sich anzieht, wie man mit Stil auftritt und dabei vor allem viel Geld verdient.« Der »gerissenste Gauner seiner Zeit« sei zudem ein Wohltäter gewesen, der »mit seinem märchenhaften Reichtum« den Bau mehrerer Synagogen finanziert habe. Zu Bernard Madoff heißt es nun, dieser sei »der größte, wenn auch nicht der gerissenste Finanzjongleur seit Arnold Rothstein. Wie Meyer Lansky gab er Geld für die jüdische Sache, zog damit aber auch jüdische Wohlfahrtsorganisationen an, die jetzt ihr Geld in einem schwindelerregenden Abgrund verloren haben.« Der »Finanzgauner Madoff« biete

---

359 Hervorhebung nicht im Original.
360 Dieses u. alle folgenden Zit. aus Winkler, »Wir sind größer als U.S. Steel«.

»einen Abglanz der heroischen Zeit, als noch nicht alle Juden gute Menschen sein mussten. Niemand hat die Mimikry weiter getrieben, niemand hat es besser verstanden, sich in einer tendenziell judenfeindlichen Gesellschaft zu assimilieren als dieser Schwindler.« Die Argumentation ist infam. Zwar mögen die erwähnten Motive jüdischer Gangster in Zeiten gesellschaftlicher Diskriminierung zugetroffen haben. Problematisch wird es jedoch, wenn Madoff ein ähnlicher Antrieb unterstellt wird. Nach dieser Logik hat Madoff sein Betrugssystem vor allem deshalb aufgezogen, um als reicher Wohltäter gesellschaftliche Anerkennung zu finden. Wenn Madoff hier mit Gangstern wie Rothstein und Lansky verglichen wird, so erscheint er damit als typischer Jude: als »gerissener Schwindler«, der die Gesellschaft unterwandert hat und auf diese Weise einen umso größeren Schaden anrichtet. Es verwundert nicht, dass dies in rechtsextremistischen Medien und in Internet-Foren noch auf die Spitze getrieben wurde.[361]

So ist die Debatte um die windigen Geschäfte Bernard Madoffs von antisemitischen Zuschreibungen geprägt. Dass wiederholt auf Madoffs jüdische Identität verwiesen wird, erscheint dabei weniger problematisch. Bedenklich ist jedoch die Darstellung Madoffs als typischer »jüdischer Gangster«, der sein Unwesen nur in den »sehr jüdischen« gesellschaftlichen Kreisen der USA habe treiben können. Damit wird an das antisemitisch konnotierte Bild vom Zusammenhalt aller Juden angeknüpft, den Madoff hier ausgenutzt habe. Die amerikanischen Juden erscheinen darüber hinaus per se als reich und geldgierig.

»Raubtierkapitalismus«: Das amerikanische Wirtschaftssystem

Die vorangegangenen Diskursanalysen haben gezeigt, dass die Finanz- und Wirtschaftskrise ab 2008 oft allein auf die USA zurückgeführt wird. Eng damit verknüpft ist die schon in den Jahren zuvor diskutierte Frage, inwiefern sich das Wirtschaftssystem der USA vom »europäischen« grundsätzlich unterscheide. Der *Spiegel* prägte die Stoßrichtung der Debatte im Jahr

---

361 So bezeichnete das rechtsextremistische *National Journal* Madoff als »jüdischen Weltbetrüger«. Die »gesamte Weltkrise« sei »das Ergebnis eines Billionen-Dollar großen Schneeball-Systems der jüdischen Wall Street« (zit. aus »Globalismus am Beispiel von Bernie Madoff«, o. V.). Damit wird die New Yorker Börse als Betrugs-Instrument der Juden beschrieben. Diese erscheinen als Täter, die mittels der amerikanischen Finanzwirtschaft die ganze Welt ins Unglück gestürzt hätten.

2002 mit einem eingängigen Titelbild: Vor schwarzem Hintergrund prangt darauf die Schlagzeile »Der neue Raubtier-Kapitalismus. Mit Gier und Größenwahn in die Pleite« (Abb. 13). Darüber leuchten die gelb-grünen Augen eines Raubtiers aus der bedrohlich wirkenden Dunkelheit, die Pupillen sind durch Dollar-Zeichen ersetzt. Der Leitartikel beginnt mit der Feststellung, »die Zweifel am amerikanischen Wirtschaftsmodell« mehrten sich, denn es komme »ein riskanter Raubtierkapitalismus« zum Vorschein.[362] So wird das »amerikanische« Wirtschaftssystem als gefährliche Bedrohung gezeichnet – es scheint nur eine Frage der Zeit, bis der in Amerika verortete »Raubtierkapitalismus« sein nächstes Opfer anfällt.

Im Februar 2007 warnte auch der damalige nordrhein-westfälische Ministerpräsident Jürgen Rüttgers vor einer derartigen Gefahr. In einer Rede sagte er: »Die Fiskalökonomie entfernt sich immer mehr von der produzierenden Wirtschaft und droht sämtliche Wirtschaftsprozesse zu dominieren.«[363] Und weiter: »Das Europäische Modell ist nicht das neoliberale Wirtschaftsmodell, wie es sich in anderen Teilen der Welt immer mehr durchsetzt [...]. Unser Modell ist das, was manche den Rheinischen Kapitalismus nennen. [...] Ich warne deshalb mit allem Nachdruck davor, dass Europa sich ein rein angelsächsisch geprägtes Wirtschafts- und Gesellschaftsmodell diktieren lässt.« Rüttgers sieht die »produzierende Wirtschaft« also als Kern des »Rheinischen Kapitalismus« an, die »Fiskalökonomie« hingegen erscheint dem entgegengesetzt – sie kommt als Bedrohung von außen, aus den »angelsächsischen« Ländern und prägt dort in Rüttgers' Worten nicht nur die Wirtschaft, sondern auch die Gesellschaft. Warum es sich dabei um ein »Diktat« handeln soll, erklärt er nicht. Wieder einmal tritt hier der Antagonismus von produktivem Industrie- und ausbeuterischem Finanzkapital zutage – ein Bild, das in dieser Art der Gegenüberstellung falsch ist, weil beide Kapitalformen sich gegenseitig bedingen.[364]

Als die Finanzkrise im Herbst 2008 voll ausbrach, deuteten auch andere Politiker die Lage in einer solch dualistischen Weise. Der damalige Parlamentarische Geschäftsführer der Unions-Bundestagsfraktion, Norbert Röttgen, sagte in der ARD-Talksendung »Hart aber fair«: »In den letzten Jahren hat sich durchgesetzt eine angelsächsisch geprägte Kultur – maximales Risiko, hohe Profite, Kurzfristigkeit, Unsicherheit, Intransparenz, all

---

362 Dettmer u. a., »Gier ohne Grenzen«.
363 Dieses u. alle folgenden Zit. nach Posener, »Jürgen Rüttgers erklärt die Welt«.
364 Vgl. dazu Heinrich, »Kapitalismus, Krise und Kritik«, S. 139; Lohoff/Trenkle, *Die große Entwertung*, S. 156–159.

das. Und wenig Regulierung, Rückzug des Staates [...]. Und es ist zurück-
gegangen die europäische Kultur, auch die deutsche Kultur sozialer Marktwirtschaft, des Ausgleichs, des Maßes.«[365] Angesichts der Krise komme er
aber zu dem Schluss,»dass das jetzt die Stunde Europas ist, dass es die
Stunde der sozialen Marktwirtschaft ist, die sich als überlegen erwiesen
hat.« Damit unterteilt Röttgen – wie auch Rüttgers – das kapitalistische
Wirtschaftssystem in zwei Klassen. Typisch deutsch oder europäisch sind
demnach das Soziale, der Ausgleich und das Maß; typisch»angelsächsisch«
dagegen hohe Profite, maximales Risiko, Kurzfristigkeit, Unsicherheit, Intransparenz und Deregulierung. Auf diese Weise werden sämtliche negativen Seiten des Kapitalismus externalisiert und auf Amerika projiziert.

Dieses Muster zeigt sich auch in einem *Spiegel*-Interview mit Porsche-
Chef Wendelin Wiedeking. Auf die Frage, ob er dafür plädiere,»dass das
alte deutsche Wirtschaftssystem mit seiner sozialen Marktwirtschaft, das
immer mehr dem angloamerikanischen weicht, erhalten bleibt«, sagte Wiedeking:»Wir müssen nicht alles, was im angloamerikanischen Bereich
funktioniert, eins zu eins kopieren, zumal wir ja den Beweis seit Jahrhunderten liefern, dass unsere Vorstellung von Wirtschaften auch funktioniert.
Wir haben eine Tradition. Die Kultur in Europa ist deutlich älter als die in
den USA. Die Fugger haben schon Handel betrieben, als in Amerika noch
Jagen angesagt war. Jetzt leben in den USA 37 Millionen Menschen unterhalb der Armutsgrenze. Die Schere zwischen Arm und Reich ist brutal
auseinandergegangen. Wollen wir solche Verhältnisse auch in Europa und
speziell in Deutschland haben?«[366] Ein schiefes Bild: Als ob es in Deutschland eine grundsätzlich andere, höherwertige»Kultur« des Wirtschaftens
gäbe als in Amerika, und als ob die auseinanderklaffende soziale Schere
etwas mit fehlender Tradition zu tun habe.

Auf *tagesschau.de* wurde der Wirtschaftshistoriker Werner Abelshauser
mit einer ähnlichen Aussage zitiert: Es gebe»einen Kulturkampf zwischen
dem Standardkapitalismus, der siegreich den Globus beherrscht, und dem
›Rheinischen Kapitalismus‹, also dem Organisationsmodell, das von Skandinavien bis Norditalien, von der Seine bis an die Oder praktiziert wird.«[367]
Abelshauer:»Unser System ist auf Langfristigkeit und Nachhaltigkeit angelegt, weil es hier um Qualitätsproduktion geht, die eine langfristige Un-
ternehmensperspektive verlangt.« Im»amerikanischen System« dagegen

365 Dieses u. alle folgenden Zit. aus »Hart aber fair«, 1.10.2008.
366 Zit. nach Hawranek/Mahler,»Auf welchem Stern leben wir?«.
367 Dieses u. alle folgenden Zit. nach Aretz,»Zurück zum ›Rheinischen Kapitalismus‹?«.

herrsche »die Mentalität, eine Rendite von 25 Prozent plus X anzustreben«. Es gebe also »sehr unterschiedliche Denk- und Handelsweisen, die die Wirtschaft bestimmen.« Die Wirtschaftskrise werde nun aber dazu führen, »dass in diesem Kulturkampf das europäische Modell wieder stärker wird.« Aufschlussreich ist hier nicht nur die Gegenüberstellung von europäischem und »amerikanischem« Kapitalismus, sondern auch die Wortwahl. So umreißt Abelshauser Europa mit Ortsbezeichnungen – Skandinavien, Norditalien, Seine und Oder – und stellt dieser konkreten geografischen Einheit die ganze restliche Welt entgegen, die von einem »Standardkapitalismus« à la Amerika, also gewissermaßen einem Kapitalismus von der Stange, beherrscht werde. Die europäischen Verhältnisse erscheinen so als traditionsreich, lebendig und fassbar, die amerikanischen dagegen als unverwurzelt und gesichtslos.

Das Wirtschaftsmagazin *Capital* brachte den vermeintlichen deutsch-amerikanischen Gegensatz in der Wirtschaft mit einer noch stärkeren Metapher auf den Punkt. Unter der Überschrift »Genug ist genug« hieß es dort im September 2006, das deutsche Wirtschaftssystem ähnele einem »Lebewesen«, einem »hoch entwickelten Organismus«, der »ein komplexes und empfindliches, aber auch lernfähiges Gebilde« sei.[368] In den vergangenen Jahren sei es jedoch zu einer »schleichende[n] Amerikanisierung« des »deutschen Wirtschaftsorganismus« gekommen: »Die Wirtschaftssupermacht USA und ihre Unternehmen […] dringen in eine Zelle nach der anderen ein«. Der »deutsche Kapitalismus« sei »bis vor kurzem ein weltweit einzigartiges Gesamtkunstwerk« gewesen, dessen »Wurzeln […] bis ins letzte Viertel des vorletzten Jahrhunderts« gereicht hätten. Deutschland sei »auf Stabilität, Nachhaltigkeit, langen Atem, Vorsichtsprinzip, Gläubigerschutz, Diskretion, Verlässlichkeit und sozialen Ausgleich geeicht« gewesen. Doch nun würden die Amerikaner den »Gencode der amerikanischen Wirtschaft« nach Deutschland »transplantieren«, der von »Kurzfristigkeit und Renditeexzessen« gekennzeichnet sei. Immer mehr deutsche Wirtschaftsführer wollten dies allerdings nicht länger hinnehmen und »der totalen Amerikanisierung Einhalt gebieten, in einigen Bereichen die Yankee-Dominanz sogar abschütteln.« Zum Schluss des Beitrags heißt es nachdrücklich: »Mit Antiamerikanismus hat das […] nichts zu tun.«

Die Wirtschaftsmodelle werden in dem *Capital*-Artikel völlig konträr charakterisiert: Das deutsche als organisch, gewachsen, nachhaltig und so-

---

368 Dieses u. alle folgenden Zit. aus Hübner, »Genug ist genug«.

zial, das amerikanische dagegen als unnatürlich, technizistisch, kurzfristig und renditeorientiert. Weil sich Amerika jedoch hinterlistig Entwicklungen wie die Globalisierung und den Neoliberalismus zunutze mache, erscheint der »deutsche Kapitalismus« einer steten Bedrohung ausgesetzt, obwohl er doch eigentlich als überlegen imaginiert wird.

Auch der damalige SPD-Fraktionsvize im Bundestag, Michael Müller, machte einen derartigen Gegensatz aus – und behauptete: »Es findet ein unerklärter Wirtschaftskrieg zwischen zwei Modellen statt.«[369] In der *FR* schrieb Müller, es handele sich um einen Kampf »zwischen dem Alten Europa und der ökonomistischen Moderne«, um eine »Auseinandersetzung zwischen dem produktiven und dem Casino-Kapitalismus.«[370] Die »Amerikanisierung der Welt« dürfe nicht hingenommen werden, denn in den USA sei »das Leitbild […] der flexible Mensch, der vom Egoismus getriebene McKinsey-Einzelkämpfer. Dagegen ist die europäische Kultur von der sozialen Zivilisierung des Kapitalismus geprägt, sie sucht den Interessenausgleich zwischen Kapital und Arbeit.« Müller weiter: »Letztlich geht es um tief greifende Differenzen in Mentalität, Kultur und Werthaltungen in Wirtschaft und Gesellschaft. Die EU muss […] um die Bewahrung und Modernisierung des ›europäischen Modells‹ kämpfen.«

Müller teilt die Weltwirtschaft hier in zwei Klassen: Das »Alte Europa« verbindet er mit einer sozialen und »produktiven« Wirtschaftsform, die USA dagegen mit der »ökonomistischen Moderne«, also dem totalen Primat der Ökonomie, dem sich jeder einzelne Bürger zu unterwerfen habe. Indem er den »amerikanischen« Kapitalismus als »Casino-Kapitalismus« bezeichnet, schreibt er diesem ein hohes Maß an Irrationalität zu. Wenn Müller das »Alte Europa« durch einen »Krieg« bedroht sieht, verschweigt er allerdings, dass es nicht nur die USA, sondern auch die EU sowie die nationalen Regierungen und Konzerne in Europa waren, die die von ihm beklagte ökonomische Entwicklung in den vorangegangenen Jahren aktiv und keinesfalls nur auf Druck von außen vorangetrieben hatten.

Auf *Spiegel Online* hieß es im April 2008 dagegen schon, die »unangefochtene Vorherrschaft des angelsächsischen Finanzkapitalismus« stehe vor dem Ende.[371] Die »Dominanz angelsächsisch geprägter Geld-Dealer« über die »kontinental-europäische/japanische Form der Marktwirtschaft« sei passé. Letztere sei »im Gegensatz zur Wall-Street-Variante nicht vom

---

369 Zit. nach Volkery, »Wo sich Kapitalismuskritik mit Anti-Amerikanismus paart«.
370 Dieses u. alle folgenden Zit. aus Müller, »Der nicht erklärte Wirtschaftskrieg«.
371 Dieses u. alle folgenden Zit. aus Kaden, »Neue Banker braucht die Welt«.

Geld dominiert, die Unternehmen werden in dieser Wirtschaftskultur nicht nur auf Börsenwerte reduziert.« Das »Produkt oder die Dienstleistung« stehe im Vordergrund und es gehe »nicht allein um bilanzielle Kennziffern, um Ebit oder ROI«, sondern »auch um die Kunden, um die Mitarbeiter, die Gesellschaft«. Die Devise müsse nun lauten: »Zurück zu den Wurzeln. Rückbesinnung auf die Ursprünge des Wirtschaftens.« Das heiße »auch, ganz platt: weniger Amerika in der Wirtschaftswelt.« Auch hier ist die Gegenüberstellung eindeutig: Eigennutz und Ausbeutung gegen Gemeinsinn und Zusammenhalt. Das »europäische« Modell wird dabei als ursprüngliche, menschliche und fassbare Form des Wirtschaftens charakterisiert. Die »angelsächsische« Variante dagegen erscheint – nicht zuletzt aufgrund des Verweises auf »bilanzielle Kennziffern«, »Ebit« und »ROI« – als unverständlich und abstrakt. Die Ausdruck »Geld-Dealer« legt zudem nahe, dass es sich um verbrecherisches System handele.

Der frühere Bundesarbeitsminister Norbert Blüm (CDU) äußerte sich ähnlich. In einem Interview im Deutschlandradio Kultur beklagte er, die Wirtschaft habe sich »von den realen Gütern, von Wertschöpfung und Arbeit befreit« und finde »in einem reinen virtuellen Bereich« statt.[372] Ein solcher Bereich aber sei »abstrakt«, dort sei »kein Vertrauen möglich«. Blüm: »Ein Vertrauen zwischen der Maschine und einer anderen Maschine gibt es nicht, zwischen Geldautomat und einem Kunden ist auch eine Vertrauensbeziehung schlecht möglich.« In vielen »Handwerksbetrieben, mittelständischen Betrieben« sei dagegen »die Beziehung zwischen Chef und Geselle, zwischen Meister und Geselle noch vorhanden.« Es müsse eine »Renaissance der Arbeit« geben: »Verlasst euch nicht auf eine Spekulationswelt, auf eine virtuelle Welt von Geschäftemachern.« Blüm verteidigt hier das Stoffliche, Dingliche und scheinbar Persönliche gegen die »abstrakte« und »virtuelle« Welt der »Spekulation«. So zeichnet auch er ein Bild, in dem das deutsche Produktivkapital dem spekulativen Finanzkapital konträr gegenübersteht. Dabei verkennt er, dass auch Handwerksbetriebe Profit anstreben – und auf Kredite angewiesen sind. Blüms Lamento erscheint zudem absurd: Will er ernsthaft die maschinelle Automatisierung in der Wirtschaft zurückdrängen?

Der Feuilleton-Chef der *Welt*, Eckhard Fuhr, beschwor im September 2008 ebenfalls die Vergangenheit – und forderte eine »Rückbesinnung auf die gute alte Kaufmannsmoral, die Rückkehr zu realistischen Renditeerwar-

---

372 Dieses u. alle folgenden Zit. nach Hanselmann, »Blüm fordert ›Renaissance der Arbeit‹«.

tungen: also eine Kulturrevolution, die wie jede wirkliche Revolution reaktionär ist und aus der Vergangenheit schöpft. Das ist der einzige Brunnen, den wir haben.«[373] Gegen das Bild vom moralisch handelnden »Kaufmann«, der standfest der Versuchung widersteht, den Profit zur obersten Maxime zu machen, setzt Fuhr nun den »Zusammenbruch der amerikanischen Finanzwirtschaft« und behauptet, es handele sich um nichts geringeres als den »Bankrott der (neo-)liberalen Wirtschaftstheorien. Der Leuchtturm Amerika hat sich selbst abgeschaltet.« Wieder einmal werden hier alle negativen Aspekte des globalisierten Kapitalismus auf die USA projiziert. Fast könnte man denken, der deutsche Kaufmann sei ein Antikapitalist – eine romantisierende Vorstellung, bei der außer Acht gerät, dass auch hiesige Unternehmer vor allem eines wollen, nämlich Geld verdienen.[374]

»Heuschrecken jagen nach Futter«: US-Finanzinvestoren

Wie die Diskursanalysen zeigen, wird die »amerikanische« Wirtschaft – im Gegensatz zur deutschen oder europäischen – vor allem mit Spekulation und Gewinnmaximierung assoziiert. Dieses Bild schlägt sich auch in der Debatte um die Geschäfte der »Finanzinvestoren« nieder. Die Diskussion wurde entscheidend durch ein Interview des früheren SPD-Chefs Franz Müntefering in der *Bild am Sonntag* vom 16. April 2005 geprägt. Darin kritisiert Müntefering das Geschäftsgebaren von Private-Equity-Gesellschaften und Hedge-Fonds, internationalen Beteiligungsgesellschaften also, die marode oder verlustbringende Unternehmen aufkaufen, sanieren und dann in der Regel mit hohen Renditen weiter verkaufen. Zitat: »Manche Finanzinvestoren verschwenden keinen Gedanken an die Menschen, deren Arbeitsplätze sie vernichten – sie bleiben anonym, haben kein Gesicht, fallen wie Heuschreckenschwärme über Unternehmen her, grasen sie ab und ziehen weiter. Gegen diese Form von Kapitalismus kämpfen wir.«[375] Die Finanzinvestoren werden damit bildlich als Parasiten charakterisiert.

---

373 Dieses u. alle folgenden Zit. aus Eigendorf/Fuhr, »Ist der Kapitalismus noch zu retten?«.
374 So beruht der Erfolg der deutschen Wirtschaft nicht zuletzt auf niedrigen Reallöhnen: Laut einer Studie der Hans-Böckler-Stiftung gingen diese zwischen 2000 und 2008 um 0,8 Prozent zurück. In den meisten anderen EU-Staaten stiegen sie dagegen erheblich – um bis zu 40 (!) Prozent. Vor diesem Hintergrund konnten viele deutsche Unternehmen ihre Produkte günstiger im Ausland anbieten, ihre Exporte steigern und so ihre Profitraten erhöhen. Vgl. Schulten, »Europäischer Tarifbericht des WSI 2007/2008«.
375 Zit. nach Deupman/Kellner, »»Kapitalismus mag ich nicht««.

Abb. 14: Magazin metall, 5/2005   *Abb. 15: Illustration im Heftinneren*

Noch deutlicher wurde kurz darauf das Gewerkschaftsmagazin *metall*, Auflage zwei Millionen. »US-Firmen in Deutschland: Die Aussauger« heißt es auf dem Cover der Mai-Ausgabe 2005 (Abb. 14). Neben der Schlagzeile prangt die Karikatur einer grinsenden Mücke mit »Stars and Stripes«-Zylinder, gebogenem Rüssel, blitzendem Goldzahn, Euro-Zeichen in den Augen und Geldkoffer. Im Heft werden das »asoziale Verhalten« und die »Renditegier von US-Firmen« gegeißelt: »Sie kaufen deutsche Firmen auf, saugen die Euros aus den Betrieben ohne Rücksicht auf Menschen und Regionen wie Mücken das Blut, um den Rest dann weiter zu verscherbeln.«[376] Dazu sind entsprechende Zeichnungen zu sehen (Abb. 15). Hier die traditionellen deutschen Betriebe, die in den »Regionen« verankert sind und in denen echte Menschen schaffen; dort die Geld saugenden und »anonymen« (Franz Müntefering) Finanzinvestoren, die von außen kommen, aus den USA – das Bild ist Furcht einflößend. Im Zusammenhang mit der Parasiten-Metaphorik lässt es nur eine Schlussfolgerung zu: Der Heuschrecken- oder Stechmücken-Plage muss so schnell wie möglich der Garaus gemacht werden.

---

376 »Asoziales Verhalten« (o. V.).

Die Dienstleistungsgewerkschaft Verdi legte im Oktober 2007 nach und veröffentlichte eine Broschüre mit Argumentationshilfen gegen Hedge-Fonds. Titel: *Finanzkapitalismus – Geldgier in Reinkultur.*[377] Auf dem Titelblatt prangt ebenfalls eine Zeichnung: Eine große Zahl von Heuschrecken marschiert in einer Reihe auf den Betrachter zu. Im Heftinneren befinden sich weitere Bilder. Eines zeigt eine Casino-Szene: Einige Personen stehen um einen Spieltisch herum und spielen mit einer Erdkugel Roulette (Abb. 16). Die Investoren erscheinen so als spekulierende Zocker, die sich die Welt zum Spielball nehmen.

Im Text wird dieses Bild noch untermauert. Dort heißt es zwar zunächst:»Kapital einsetzen und mit einem maximalen Profit zurückbekommen – das ist Grundprinzip kapitalistischen Wirtschaftens. Jeder Unternehmer verfährt so.«[378] Doch unmittelbar darauf wird zwischen guten und schlechten Kapitalisten unterschieden: Der Unternehmer»in der Industrie« habe»noch einen Bezug zu den arbeitenden Menschen«, der Fondmanager dagegen mache»scheinbar losgelöst von realwirtschaftlichen Prozessen sein Geschäft. Er bewegt sich nur noch in der Finanzsphäre. Arbeitende Menschen, die die Werte schaffen, kommen nur noch als abstrakte Kostenfaktoren vor. Es zählt nur noch die maximale Rendite.« So steht letztlich allein der»Fondmanager« als böser Ausbeuter da, als Spieler ohne Bezug zu Menschen und Waren, der sich in anderen»Sphären« bewegt.

In der Verdi-Broschüre werden auch positive Gegenbeispiele gebracht. So wird geschildert, wie sich der Vorstand des Oldenburger Fotodienstleisters Cewe geweigert habe, dem Druck zweier US-Hedge-Fonds nachzugeben und eine Sonderdividende auszuschütten. Bei der Hauptversammlung hätten»die Aktionäre dem Management den Rücken gestärkt: Sie schmetterten alle Forderungen der amerikanischen Hedge-Fonds ab. Diesmal hat noch Oldenburg gegen New York gewonnen.«[379] Auch hier also ein dualistisches Bild: Auf der einen Seite das Management im Verbund mit den Aktionären, die in»Oldenburg« verortet werden und deren Verhalten heldenhaft erscheint; auf der anderen Seite die»amerikanischen Hedge-Fonds«, die mit»New York« identifiziert werden.

In dem Kapitel»Finanzkapitalismus zurückdrängen« wird schließlich eine Zeichnung präsentiert, die an das Schlussbild aus den Asterix-Comics erinnert: Im Hintergrund ein langer Tisch im Freien, um den herum meh-

---

377 Vereinte Dienstleistungsgewerkschaft ver.di (Hg.), *Finanzkapitalismus*.
378 Dieses u. alle folgenden Zit. ebenda, S. 1.
379 Ebenda, S. 7.

Abb. 16, 17: Illustrationen in der Verdi-Broschüre »Finanzkapitalismus«

rere Menschen sitzen und feiern; im Vordergrund ein Baum, an den eine grimmig dreinblickende Heuschrecke mit einem Seil gefesselt ist (Abb. 17). Die Botschaft lautet, dass ›wir‹ uns unsere idyllische Gemeinschaft nicht durch die von außen angreifenden Parasiten zerstören lassen.

Der *Spiegel* widmete den Finanzinvestoren im Dezember 2006 eine große Titelgeschichte. Das Cover-Bild wirkt surrealistisch: Es handelt sich um eine Zeichnung, die vor allem in Brauntönen gehalten ist (Abb. 18). Im Hintergrund ist eine karge Landschaft mit einigen Hochhäusern und halb zerstörten Gebäuden – offensichtlich eine Industriebrache – zu sehen. Darüber hockt eine überdimensionierte Heuschrecke, die an ein Fabelwesen erinnert. Ihr Körper scheint aus zusammengesetzten alten Bauwerken zu bestehen. Auf dem Rücken etwa befinden sich zahlreiche Burgen, Türme, Kirchen und ein pyramidenähnliches Gebäude. Mit den Vorderbeinen umklammert die Heuschrecke zwei weitere Gebäude, eines davon stopft sie sich ins Maul. Die Schlagzeile unterhalb des Bildes lautet: »Die Gier des großen Geldes. Finanz-Investoren greifen nach deutschen Unternehmen«. Die Unternehmen werden hier mit dem Adjektiv »deutsch« beschrieben, die Finanzinvestoren dagegen werden nicht weiter charakterisiert. Offensichtlich handelt es sich aber nicht um deutsche Finanzinvestoren, denn sonst würden die Unternehmen ja nicht derart eingegrenzt. Das Bild der Heuschrecke in Verbindung mit dem Verb »greifen« suggeriert, dass Deutschland hier von außen angegriffen wird.

In dem dazugehörigen Artikel heißt es: »Ob Fernsehsender, Maschinenbauer oder Autozulieferer: Internationale Finanzinvestoren kaufen immer größere Teile der deutschen Wirtschaft auf.«[380] Mit »vielen Milliarden« im Gepäck würden diese Finanzinvestoren »durch die Welt stromern, um

---

380 Dieses u. alle folgenden Zit. aus Balzli u. a., »Der große Schlussverkauf«.

noch mehr Geld zu machen. Landläufig werden sie Heuschrecken genannt«. Oft würden sie zwar dringend benötigtes Kapital mitbringen, oft
seien sie »aber auch ein Fluch – wenn sie die Objekte ihrer Begierde be-
denkenlos auspressen.« Das auf dem *Spiegel*-Cover angedeutete Szenario
wird mit dieser Schilderung noch einmal klarer gezogen: Fernsehsender
oder Maschinenbauer – produzierende, in Deutschland verwurzelte Unternehmen – erscheinen hier als hilflose Opfer »internationaler« Finanzinvestoren, die wie Ungeziefer über den Globus »stromern«, also ziellos wandern und umherziehen. Ihr einziger Antrieb: aus ihrem milliardenschweren
Kapital »noch mehr Geld« zu machen.

Weiter heißt es, dass es sich bei den Heuschrecken um »Herren aus der
Hochfinanz« handele, deren »Wirken im Verborgenen« Teil ihres Erfolges
sei: »Je weniger darüber Bescheid wissen, umso besser fürs Geschäft.« Der
Begriff »Hochfinanz« bezeichnet eine Gruppe von Bankiers, die dank ihrer
Finanzmacht über erheblichen politischen Einfluss verfügen. Die Schilderung des *Spiegels* legt nahe, dass es sich um eine Verschwörung handelt,
denn die Heuschrecken agieren demnach ganz bewusst »im Verborgenen«.
Anschließend wird behauptet, dass sich die Finanzinvestoren »wie die neu-
en Könige des Universums« fühlen müssten, denn sie kauften sich »momentan quer durch die gesamte deutsche Wirtschaft«. Dabei gehe es »nicht
mehr um ein paar notleidende Klitschen«, sondern »um den Schluss- und
Ausverkauf der Deutschland AG.« So seien bereits Traditionsunternehmen
wie der Nähmaschinenhersteller Pfaff oder der Modellbahnbauer Märklin
»in der Hand verschwiegener Investoren«, deren »ganze Kreativität […]
vor allem aufs geräuschlose Auspressen gerichtet« sei. Das Bild der Verschwörung wird hier noch vertieft: Demnach sind die »ausgepressten«
Opfer keine Einzelfälle. Die Verwendung des Begriffs »Deutschland AG«
legt vielmehr nahe, dass es sich um das ganze Land handelt.

Ähnlich war im Januar 2005 auch auf *stern.de* zu lesen: »Deutschland
wird ausverkauft«.[381] Die »Auflösung der Deutschland AG, eines in der
Nachkriegszeit gewachsenen Netzwerks aus einheimischen Kapitalgebern,
Banken und Industriekonzernen«, habe »vor allem Finanzinvestoren aus
den USA und Großbritannien angelockt. Mit den Geldern ausländischer
Anleger erwerben sie traditionsreiche deutsche Firmen.« Der ehemalige Fi-
nanzstaatssekretär Heiner Flassbeck schrieb in der *FR*, bei den Finanzinvestoren herrsche der Glaube vor, »man könne alles produzieren und alles

---

381 Dieses u. alle folgenden Zit. aus Missal, »Deutschland wird verkauft«.

verkaufen, wenn man nur ein smarter Bursche ist und einen Business-Abschluss von Harvard hat«.[382] Für viele gehöre »Kniffe anwenden« zum »Hauptzweck« ihrer Tätigkeit. Damit würden sie jedoch etwas Wichtiges verkennen: »Bei den meisten Produkten, die deutsche Unternehmen herstellen, braucht es eine Menge Erfahrung und eine Menge Detailkenntnisse, um sie vernünftig […] weiterzuentwickeln und zu verkaufen.« Auch hier also das Bild der produzierenden deutschen Wirtschaft, die von erfahrenen Unternehmern und gut ausgebildeten Arbeitern getragen wird – und auf der anderen Seite die »smarten« Finanzjongleure, die ihr Geschäft nicht in einem Unternehmen, sondern in der Elite-Uni Harvard gelernt haben und nun mit dubiosen Tricks ihr Geld vermehren.

Gänzlich absurd wird dieses Bild in Bezug auf die Übernahme der Deutschen Börse AG durch Hedge Fonds, die der frühere Börsen-Vorstandschef Werner G. Seifert in seinem Buch *Invasion der Heuschrecken* (2006) anprangert. Seifert hatte die Deutsche Börse 2001 selbst an die Börse gebracht und wollte 2004 die London Stock Exchange (LSE) übernehmen – um die Deutsche Börse zu einem Global Player zu machen und die Gewinne zu erhöhen, wie Seifert selbst schreibt. Zwischenzeitlich hatten jedoch Hedge Fonds in großem Stil Aktien der Deutschen Börse AG erworben – und zwangen Seifert schließlich zum Rücktritt.

In seinem Buch zeichnet Seifert nun das Bild einer finsteren Gruppe gesichtsloser Investoren, die seinen genialen Plan einer LSE-Übernahme vereitelt hätten, um kurzfristig höhere Profite einzufahren. Er wettert über das »angloamerikanische[…] System des von Aktionären dominierten Kapitalismus«, das die Unternehmen der »Deutschland AG« bedrohe und sieht darin einen »Kampf der Kulturen«.[383] Ausgiebig bedient er sich der Heuschreckenmetapher: Das Kapitel »Heuschrecken-Alarm«[384] etwa enthält die Zwischenüberschriften »Die Heuschrecken nahmen den Hintereingang«, »Wir hörten das Sirren, aber wir sahen sie noch nicht«, »Die Insekten sind da! Lauft um euer Leben!« und »Die Gefahr ist noch nicht gebannt«. So zeichnet Seifert das Bild einer existenziellen Bedrohung der Deutschen Börse durch böse, von außen kommende Kräfte, die keine Skrupel haben und eigentlich ausgerottet werden müssten, die aber zu widerborstig und gefährlich seien. Seiferts Wirken dagegen erscheint vor diesem Hintergrund selbstlos und sozial.

---

382 Dieses u. alle folgenden Zit. aus Flassbeck, »Heuschreckenfraß«.
383 Seifert/Voth, *Invasion der Heuschrecken*, S. 16.
384 Ebenda, S. 21–40.

Wie schief die Gegenüberstellung von angeblich guten deutschen Unternehmern und gierigen »internationalen« Finanzkapitalisten ist, verdeutlicht schließlich auch ein Beispiel aus dem Mediensektor. Als die Finanzinvestoren Permira und KKR 2007 die ProSiebenSat.1-Gruppe kauften und kurze Zeit später Entlassungen und Programmetat-Kürzungen ankündigten, rief die *FAZ* »das Ende des privaten Fernsehens« aus.[385] Begründung: Die »neuen, gesichtslosen Eigentümer, auf die Franz Müntefings Diktum von den ›Heuschrecken‹ zu genau passt«, wollten aus ProSieben und Sat.1 »Plattformen für den Kommerz« machen, »wobei es hier nicht einmal mehr um Kunden, sondern nur noch um Anleger geht.« Diese Darstellung ist bemerkenswert – waren die deutschen Privatsender zuvor etwa keine »Plattformen für den Kommerz«? Wann ging es den Eigentümern je eher um die Zuschauer denn ums Geldverdienen? Doch damit nicht genug. So heißt es in der *FAZ* weiter, der langjährige Sat.1-Eigentümer Leo Kirch sei »der erste Fernsehmogul deutscher Provenienz« gewesen. Nach dessen »Untergang« habe das Unheil dann damit begonnen, dass der »amerikanische Medienunternehmer Haim Saban« den Medienkonzern übernommen habe. Von nun an sei es um »Geldverdienen um jeden Preis« gegangen. Die unausgesprochene Aussage lautet hier, dass es dem »Fernsehmogul deutscher Provenienz« offenbar vor allem um Qualität ging – im Gegensatz zu dem »Fernsehunternehmer« aus den USA. Mit inhaltlichen Argumenten wird diese Behauptung freilich nicht belegt.

Um es klar zu betonen: Dass Finanzinvestoren oft besonders aggressiv agieren und hohe Renditen auch durch Arbeitsplatzabbau erzielen, kann selbstverständlich kritisiert werden. Es gibt jedoch wichtige Aspekte, die in diesem Diskurs oft unerwähnt bleiben. So führt nicht nur die dualistische Gegenüberstellung von raffgierigem Finanzkapital und produzierender Wirtschaft in die Irre, wie bereits erläutert wurde.[386] Der Wirtschaftsjournalist Stephan Kaufmann weist zudem darauf hin, dass das Geld, mit dem die Investoren operieren, oft von deutschen Anlegern kommt.[387] Darüber hinaus ist anzumerken, dass ausgerechnet die rot-grüne Bundesregierung den Finanzinvestoren die Geschäfte in Deutschland erheblich erleichtert hat.[388] Und schließlich haben deutsche Konzerne seit den 1990er-Jahren

---

385 Dieses u. alle folgenden Zit. aus Hanfeld, »Das Ende des privaten Fernsehens«.
386 Vgl. die Diskursanalysen zur Finanzkrise und zum amerikanischen Wirtschaftssystem.
387 Vgl. Kaufmann, »Appell an die falsche Adresse«.
388 Zu nennen sind hier das vierte Finanzmarktförderungsgesetz von 2001 und das Investmentmodernisierungsgesetz von 2003 (vgl. Dettmer u. a., »Die verdrängten Sünden der

zum Wohle ihrer Bilanzen massiv Arbeitsplätze abgebaut, die Politik hat Sozialleistungen gekürzt und die Rechte der Arbeitnehmer beschnitten.[389] In der Debatte um die Finanzinvestoren werden diese Punkte oft außer Acht gelassen. Stattdessen wird der angeblich produktive »deutsche« Kapitalismus gegen den profitgierigen »amerikanischen«-»Heuschrecken«-Kapitalismus verteidigt – so erscheint dieser als Bedrohung, die stets von außen über Deutschland hereinbricht. Historisch war das antagonistische Bild vom »schaffenden« Produktiv- und »raffenden« Finanzkapital bereits zum Ende des 19. Jahrhunderts verbreitet – mit dem Unterschied, dass das »Finanzkapital« damals vor allem als »jüdisch« bezeichnet wurde.[390] Auch die Parasiten-Metaphorik geht auf entsprechende antisemitische Zuschreibungen zu den Juden zurück.[391] In den hier analysierten Diskursbeispielen werden die Finanz-»Heuschrecken« wahlweise mit den Adjektiven »amerikanisch«, »angloamerikanisch« oder »international« bezeichnet. Es ist eine Kollektivsymbolik, die vielfältige negative Assoziationen und Gefühle hervorruft: Ekel und Abscheu, Lästigkeit oder auch Angst.[392]

»Amerikanische Krankheit«: Die Opel-Krise

Eine besonders strikte Gegenüberstellung des »deutschen« und »amerikanischen« Unternehmertums findet sich in der Diskussion um die Krise beim deutschen Autobauer Opel. Als der US-Mutterkonzern General Motors (GM) 2004 einen massiven Stellenabbau durchsetzen wollte, brachte das Magazin *stern* die Titelschlagzeile »Methode Wild-West« – und zeigte dazu eine Fotomontage mit einer zu einem Opel-Zeichen formierten Menschen-

---

Heuschrecken-Bändiger«). Nicht zuletzt ließen sogar Müntefering selbst – als Bundesverkehrsminister – sowie der damalige Bundesfinanzminister Oskar Lafontaine zwei Staatsunternehmen an Beteiligungsgesellschaften veräußern: Die Rasthof-Kette »Tank und Rast« sowie den »Grünen Punkt« (vgl. Steltzner, »Vom Nutzen der Heuschrecken«).

389 Vgl. Magenheim, »Allianz fährt Rekordergebnis ein«.

390 Vgl. Loeffler, »Das ›Finanzkapital‹«.

391 Schon bei den antisemitischen »Hep-Hep-Krawallen« 1819 war von Juden die Rede, »die hier unter uns leben, die sich wie verzehrende Heuschrecken unter uns verbreiten« (zit. nach Berding, *Moderner Antisemitismus in Deutschland*, S. 71).

392 Der Politikwissenschaftler Samuel Salzborn schreibt, der Antisemitismus sei aus der »kollektiven Dimension der Ungeziefer-Metaphorik […] nicht herausredigierbar«: Da die Darstellung der Juden als Ungeziefer »historisch, insbesondere in der NS-Agitation, so dominant geworden« sei, beinhalte »jede politische Metapher, die mit dem Ungeziefer-Vergleich arbeitet, auch objektiv ihre antisemitische Geschichte« (Salzborn, »Ungeziefer muss vernichtet werden«). Zur Parasiten-Metaphorik vgl. auch Enzensberger, *Parasiten*.

Abb. 18: Der Spiegel, 18.12.2006   *Abb. 19: stern, 21.10.2004*

menge, die von einem überdimensionierten Cowboy-Stiefel in den amerikanischen Farben mit dem Logo des US-Automobilkonzerns General Motors (GM) zertreten zu werden droht (Abb. 19). Damit wird bildlich eine existenzielle Bedrohung der deutschen Opel-Arbeiter durch die vermeintlichen brutalen Cowboy-Methoden des US-Mutterkonzerns dargestellt – ungeachtet dessen, dass derartige Stellenstreichungen keinesfalls typisch amerikanisch sind, wie andere Fälle zeigen.[393]

Ende 2008 spitzte sich die Lage bei Opel mit der drohenden Insolvenz des GM-Konzerns nochmals dramatisch zu. »Seit Jahren leidet Opel unter dem Missmanagement der Amerikaner und musste zuletzt Verluste der Mutter übernehmen«, hieß es dazu auf *Tagesspiegel.de*.[394] Nun werde »GM zur echten Gefahr und könnte Opel mit in den Abgrund reißen.« Dazu wurde der hessische FDP-Chef Jörg-Uwe Hahn mit den Worten zitiert, es sei »ein Skandal, dass GM als ›miese Heuschrecke‹ durch Missmanagement allein in Hessen 50.000 Arbeitsplätze inklusive Zulieferer bedroht«. Und

---

393 Dass hier mit zweierlei Maß gemessen wird, zeigen die Berichte über den im Februar 2007 vom deutschen Großkonzern DaimlerChrysler verkündeten Abbau von 13.000 Arbeitsplätzen beim US-Tochterunternehmen Chrysler (vgl. »Radikalkur: DaimlerChrysler streicht in Amerika 13.000 Stellen« (wal/ase/dpa/Dow Jones). Von einem »typisch deutschen« Verhalten sprach in diesem Zusammenhang niemand.

394 Dieses u. alle folgenden Zit. aus Trimborn, »Von der ›Heuschrecke‹ GM ausgesaugt«.

der Betriebsrat kommentierte:»Wir werden keinen Cent generieren, damit GM weiter Cash verbrennt.« Die Überschrift des Artikels:»Opel: Von der ›Heuschrecke‹ GM ausgesaugt«. Dem Mutterkonzern wird damit unterstellt, Opel in parasitärer Weise finanziell auszunutzen und die dortigen Probleme allein verursacht zu haben – eine Diagnose, die unter Experten umstritten ist.[395] Auch in der *Welt* wurde der Eindruck erweckt, dass Opel ohne GM viel besser dastünde. Unter der Überschrift»Wie Opel von General Motors leergesaugt wird« waren dort am 11. März 2009 die Enthüllungen eines »anonymen Insiders« zu lesen.[396] Dieser klagt, GM habe Entwicklungen, Patente und Konstruktionspläne von Opel abgezogen:»Die saugen uns aus, die fressen uns leer.« 1992 habe der»GM-Globalisierungswahn« begonnen, Unternehmensberater hätten damals entschieden, das Opel-Entwicklungszentrum in Rüsselsheim fortan für den ganzen Konzern arbeiten zu lassen.»Und wir bringen denen dann das Laufen bei. […] Mir wird schlecht, wenn ich höre, was die für Fragen stellen. Messtechnik! Grundlagen!« GM-Manager hätten Opel nur Qualitätsprobleme beschert, das deutsche Management habe nur»die Fäuste in den Taschen« ballen können. Das Fazit des»Insiders«:»GM versteht die europäischen Automärkte nicht.« Die Fehlentwicklungen bei Opel werden hier ausschließlich mit der Internationalisierung der Unternehmensstrategie erklärt – die Opel-Mitarbeiter erscheinen dabei als professionelle, produktive Handwerker, die GM-Manager dagegen als reine Abzocker, die vom Autobau keine Ahnung haben. Opel als wehrloses,»ausgesaugtes« Opfer.

Der *Kölner Stadt-Anzeiger* berichtete in diesem Zusammenhang über den neuen Opel Insignia Sport und schrieb, dabei handele es sich um»ein Produkt deutscher Ingenieurskunst«, das einer»Kampfansage an den maroden amerikanischen Mutterkonzern« nahe komme.[397] Die Belegschaft habe »Wut auf die Amis«, denn»jeder Investor« könne es in ihren Augen»ja nur

---

395 So hatte Opel lange mit hausgemachten Problemen wie fehlenden Innovationen im Bereich umweltfreundlicher Antriebstechniken zu kämpfen. Dies führte etwa 2007 zu Verlusten in Deutschland, wogegen GM insgesamt mit einem Gewinn abschloss (vgl. »Verluste in Deutschland – Opel sieht rot«, o. V.). Eine klare Trennlinie zwischen Opel und GM kann zudem kaum gezogen werden, weil Opel seit 1929 zu dem US-Konzern gehört. Laut dem Autoexperten Ferdinand Dudenhöffer ist kaum zu sagen, ob GM bisher mehr von Opel profitiert hat oder umgekehrt (vgl. Visser,»Amerikanische Krankheit«).
396 Dieses u. alle folgenden Zit. nach Delekat,»Wie Opel von General Motors leergesaugt wird«.
397 Dieses u. alle folgenden Zit. aus Biskup,»›Wir werden sicher Federn lassen‹«.

besser machen als die in Detroit mit ihrer Heuschrecken-Mentalität«. Auf *Süddeutsche.de* hieß es,»das urdeutsche Unternehmen« Opel sei »im Kern gesund« und der Ruf der »deutschen Ingenieurskunst« aus Rüsselsheim hervorragend.[398] Und der *Tagesspiegel* titelte:»Amerikanische Krankheit«.[399] Schlichter lässt sich der angeblich verderbliche Einfluss des amerikanischen Mutterkonzerns GM auf die vorgeblich »gesunde« deutsche Tochter Opel kaum auf den Punkt bringen.

Die *SZ* verwies dabei auf die Rolle des damaligen GM-Chefs Richard Wagoner, der ein »Zahlenmensch« und eine »Krämerseele statt technischer Tüftler« sei – und damit »typisch […] für die amerikanische Autoindustrie«.[400] Denn:»Anders als in Europa, wo fast ausnahmslos Ingenieure die Autokonzerne leiten, zählen bei GM nur die Zahlen.« Wagoner habe GM vor allem mit einer fatalen »Billigheimer-Strategie« zugrunde gerichtet und sich »wie ein Krämer auf dem Wochenmarkt« verhalten. Er trete zudem »völlig uncharismatisch auf« und habe »wenig Mitreißendes«. Auch sein potenzieller (und 2009 tatsächlich ernannter) Nachfolger Fritz Henderson sei »wie Wagoner Ausdruck der Detroiter Krankheit: In den großen drei US-Autokonzernen herrschen die Juristen und Finanzexperten. Sie verstehen viel von Geld, Steuern und Cash-Flow, aber wenig von Autos. Jetzt sind alle drei Konzerne so gut wie pleite.«

Die Aussagen gleichen sich: In Deutschland herrscht demnach die von der Liebe zum Produkt geprägte »Ingenieurskunst«, in Amerika hingegen das Profitdenken der »uncharismatischen Zahlenmenschen«. In Deutschland wird Wertarbeit geschaffen, in den USA werden Werte verschleudert, um Cash zu machen – auf Kosten der deutschen Ingenieure. In diesem Bild hat die »amerikanische Krankheit« in Gestalt von General Motors die deutsche Automobilindustrie infiziert und droht, sie zugrunde zu richten.

»Invasion uniformer Kunstgesöffe«: Amerikanische Weine

Die Klage über die Bedrohung deutscher Produkte aus Amerika war Ende 2005 auch in der Diskussion um ein neues Weinhandelsabkommen zwischen der EU und den USA zu vernehmen. Im Kern ging es dabei um eine gegenseitige Öffnung der Absatzmärkte, wogegen der Deutsche Weinbau-

---

398 Ahlemeier, »Die Republik braucht Opel«.
399 Visser, »Amerikanische Krankheit«.
400 Dieses u. alle folgenden Zit. aus Büschemann, »Der Zahlenmensch«.

verband (DWV) und der Verband der Prädikatsweingüter (VDP) heftig protestierten. Begründung: Amerikanische Weine würden nach geringeren Standards hergestellt, doch die Verbraucher könnten amerikanische und europäische Weine mangels detaillierter Inhaltsangaben kaum voneinander unterscheiden. Dieses Argument ist nachvollziehbar. Problematisch sind jedoch die stereotypen Zuschreibungen, die dabei vorgenommen wurden. »Winzer fürchten ›Coca-Cola-Weine‹«, titelte etwa *stern.de*.[401] Im Text heißt es, in Europa könnte schon bald »billiger Kunstwein aus den USA« verkauft werden. VDP-Präsident Michael Prinz zu Salm sehe »die Ideale des deutschen Weinbaus ad absurdum geführt: In Deutschland gilt Wein als kunsthandwerkliches Kulturgut, geprägt von Boden, Klima und dem Können der Winzer. Auf der anderen Seite entwickele sich Wein mehr und mehr zum Industrieprodukt, das als ›Designerwein‹ beliebig dem Konsumentenprofil angepasst werden kann.« In den USA seien beispielsweise Wasser- und Aromazusätze zugelassen und »edler Wein« müsse zur Anreicherung der Tannine nicht »im Eichenfass« gelagert werden, sondern es sei erlaubt, »einfach Holzchips in Stahltanks« zu werfen.

Das Magazin *Focus* berichtete, vor allem deutsche und französische Winzer befürchteten, »dass etliche Neue-Welt-Weine als getunte Aromamonster die Supermarktregale okkupieren.«[402] Europa stehe ein »Ende des Winzerhandwerks und die Invasion uniformer Kunstgesöffe« bevor. Und: »Der neuen Welt des Weins droht die Armut des Geschmacks, im Rebensaft verdunstet die Individualität.«

Die *taz* wiederum schrieb, »all die Panschereien, mit denen man in den USA inzwischen versucht, mäßig schmeckende Weine aufzupeppen«, würden unternommen, um »einen Wein herzustellen, bei dem egal ist, wie das Wetter war oder woher die Trauben kamen.«[403] Das seien »Weine, die gemacht werden wie Coca-Cola.« Bislang beschränke sich diese »schöne neue Weinwelt« auf Australien, Neuseeland, Argentinien, Chile und die USA, doch das neue Weinhandelsabkommen erlaube nun »den uneingeschränkten Import von gepanschten US-Weinen nach Europa.« Schließlich zitiert die Zeitung den parlamentarischen Staatssekretär im Verbraucherschutzministerium, Gerd Müller, mit den Worten: »Es würde die europäische Weinkultur erschüttern. [...] In den USA werden Weine im Reagenzglas kreiert. Wir sollen ein Getränk importieren, das nach Wein schmeckt,

---

401 Dieses u. alle folgenden Zit. aus Volbracht, »Winzer fürchten ›Coca-Cola-Weine‹«.
402 Dieses u. alle folgenden Zit. aus Martin/Siefer, »Bukett-Bomben vom Computer«.
403 Dieses u. alle folgenden Zit. aus Herre, »Wann ist ein Wein ein Wein?«.

aber kein Wein ist.« Müllers Warnung klingt dramatisch. Paradox hingegen, dass im gleichen *taz*-Artikel erwähnt wird, dass auch in der EU bereits zahlreiche Manipulationen am Wein erlaubt seien. So werde dem deutschen Wein zum Teil Wasser entzogen und Zucker oder Säure zugegeben. Auch mit Eichenholzchips als Ersatz für die teuren Fässer werde schon seit Jahren experimentiert.

Dennoch wird in den zitierten Beiträgen ein strikter Gegensatz zwischen den Weinen aus Europa und den USA hergestellt: Europäischer Wein erscheint als »kunsthandwerkliches Kulturgut«, dessen »Individualität« und Güte nicht nur vom »Boden« und vom Wetter abhänge, sondern auch vom »Können« der Winzer. Diese werden als uneigennützige, zu ihrem Handwerk berufene Menschen charakterisiert. Amerikanischer Wein hingegen wird als minderwertige, »gepanschte« und »künstliche« Brühe dargestellt – unterstrichen durch Zuschreibungen wie »Designerwein«, »Coca-Cola-Wein« und »Reagenzglas« –, mit dem die US-»Weinindustrie« die europäischen Weinliebhaber täuschen wolle, um schnelle Kasse zu machen.

»Digitaler Imperialismus«: Der US-Konzern Google

Dass das Misstrauen gegen den Internet-Giganten Google groß ist, erscheint verständlich. Das 1998 in Mountain View, USA gegründete Unternehmen ist eine der wertvollsten Firmen der Welt, im Bereich der Internet-Suche beherrscht Google mit Abstand den Markt.[404] Daneben expandiert Google auch in andere Bereiche. So entwickelte der Konzern das Betriebssystem Android und verschiedene Computerprogramme, ein Navigationssystem, Kartendienste wie Google Street View und ein eigenes Mobiltelefon. Auch als Mail-Anbieter ist Google etabliert; mit dem sozialen Netzwerk »Google+« greift das Unternehmen den Marktführer Facebook an.

Aufgrund Googles Aktivitäten im Bereich personalisierter Internet-Dienste hieß es Anfang 2010 in der *Zeit*: »Der Internetgigant kennt bald jeden unserer Schritte.«[405] Mit Google erwachse »ein neues quasistaatliches Gebilde«, das sich jeder demokratischen Kontrolle entziehe.[406] *Spiegel On-*

---

404 Anfang 2011 resultierten fast 97 Prozent der Erlöse des Unternehmens aus diesem Geschäft, vor allem über den Verkauf von Online-Werbung. Vgl. hierzu u. zum Folgenden »Aktien von Google bleiben reizvoll« (cri).
405 Gaschke, »Im Google-Wahn«.
406 Biermann, »Die Google-Republik«.

line titelte: »Google will die Weltherrschaft«.[407] Derartige Zuschreibungen mögen übertrieben sein, schließlich ist Google ein Unternehmen, das schlicht das Ziel der Gewinnmaximierung verfolgt. Jedoch sind die Gefahren, die aus der Marktmacht von Google und den so gewonnenen Nutzerdaten erwachsen, nicht von der Hand zu weisen.

Neben dieser Kritik wurden aber wiederholt auch Äußerungen laut, die sich gegen die Veränderungen durch das Internet als Ganzes zu richten schienen und die Umwälzungen vor allem als Bedrohung der »europäischen Kultur« durch eine amerikanische Profitgier beschrieben. Dies zeigt der Streit um das Vorhaben des Konzerns, ganze Bibliotheksbestände zu digitalisieren, um diese über die Google-eigene Buchsuche zugänglich zu machen. So war in der *Welt* vom »kalifornischen Allesfresser« die Rede.[408] In einem weiteren Artikel wurde das »tolldreiste Hegemonialstreben des kalifornischen Internetkonzerns Google« angeprangert.[409] Im *Tagesspiegel* hieß es: »Die Aussicht, dass Google, die Datenkrake, zum Hüter des europäischen Kulturerbes wird, ist beängstigend.«[410] In dieser Formulierung erscheint vor allem die europäische Buchkultur bedroht – von einer »Krake«, also einem um sich greifenden, gierigen Ungeheuer.

Die *FR* berichtete über heftige Kritik vor allem aus Frankreich: Dort spreche man von »kultureller Hegemonie« und »der ewigen Dominanz der Amerikaner über die Europäer, sprich des Geldes über die Kultur«.[411] Der FR-Artikel endet mit den Worten: »Es sieht aus, als gäbe es alles umsonst. Aber Google lässt sich seine Informationsbeschaffung bekanntlich bezahlen. Es gilt eben nicht das Gesetz der Enzyklopädie, sondern immer noch die Logik des Dow Jones.« Mit dem Verweis auf den Aktienindex wird betont, dass es Google nicht um gute Taten, sondern nur ums Geldverdienen gehe – eine Binsenweisheit in Bezug auf einen derartigen Konzern. Die Gegenüberstellung von Geld (in Amerika) und Kultur (in Europa) mutet allerdings erstaunlich an: So entsteht der Eindruck, dass europäische Autoren kein Interesse daran hätten, mit ihren Werken Geld zu verdienen – und dass es in Amerika keine Buchkultur gebe.

Anstoß erregte in der Debatte um die Google-Buchsuche schließlich die Tatsache, dass der Konzern nicht nur urheberrechtsfreie Bücher scan-

---

407 Stöcker, »Google will die Weltherrschaft«.
408 Werner, »Wer scannt die Bücher, scannt die Namen«.
409 Werner, »Deutschland macht gegen Google mobil«.
410 Braun, »Wem die Schrift gehört«.
411 Dieses u. alle folgenden Zit. aus Meister, »Folgen der Digitalisierung«.

nen ließ, sondern auch geschützte Werke – wogegen sich in den USA Autoren und Verleger mit einer Sammelklage (der sogenannten *Class Action*) wehrten. Später wurde ein Vergleich getroffen, wonach weltweit sämtliche betroffenen Autoren mit mindestens 60 Dollar pro Buch entschädigt werden sollten – mit der Alternative, aus dem Vergleich auszutreten.

In der *Zeit* kritisierte der Justitiar des Börsenvereins des Deutschen Buchhandels, Christian Sprang, die Sammelklage mit den Worten, es handele sich dabei um »ein Rechtsinstitut, das durchaus ein amerikanisches Sendungsbewusstsein ausdrückt«.[412] Man sehe nun, »wie groß der Unterschied zwischen den Kulturen ist«. Sprang weiter: »Die angloamerikanische ist eine Copyright-Welt, da geht es vor allem um Nutzungsrechte, um die wirtschaftlichen Interessen derjenigen, die Bücher verbreiten. In Europa begreifen wir das Urheberrecht viel stärker als Persönlichkeitsrecht.« So seien einige vergriffene Bücher aus Sicht der Autoren »wirklich zu Recht vergriffen«, etwa wenn es sich um »schreiberische[…] Jugendsünden« handele. Die Autorin des *Zeit*-Artikels resümiert, Google folge »da eher der Tonnenideologie: Content ist Content, ob blödsinnig, veraltet oder peinlich – egal.« Implizit wird damit ausgesagt, Google wie auch den amerikanischen Autoren gehe es weniger um Inhalte als vielmehr um kommerzielle Verwertung um jeden Preis, also eher um Quantität als um Qualität – dies bringt hier vor allem der Begriff der »Tonnenideologie« zum Ausdruck. Die europäischen Autoren hingegen werden als wahrhafte Künstler charakterisiert, die sich vor allem um die Güte ihrer Werke sorgten – und sich nun des amerikanischen »Sendungsbewusstseins« in Form von »wirtschaftlichen Interessen« erwehren müssten.

Ex-Kulturstaatsminister Michael Naumann (SPD) ging in einem Gespräch mit dem Bremer *Weser-Kurier* darüber noch hinaus. Zitat: »Was wir momentan […] erleben, ist ein digitaler Imperialismus.«[413] Es sei »sehr auffällig«, dass in den USA »gegen den digitalen Imperialismus von Google und Microsoft relativ wenig getan« werde. Naumann weiter: »Obwohl sie stärkere Kartellrechte haben als wir, sehe ich kein massives Vorgehen gegen die Praktiken dieses Weltkonzerns. Es geht hier um ein Globalisierungsphänomen und eine Vormachtstellung.« Naumann behauptet damit, dass die USA Google vorsätzlich derart frei gewähren ließen, um die weltweite »Vormachtstellung« Amerikas in diesem Bereich nicht zu gefährden.

412 Dieses u. alle folgenden Zit. nach Gaschke, »Auf dem Rücken des Autors«.
413 Dieses u. alle folgenden Zit. nach Haider/Werner, »»Wir erleben einen digitalen Imperialismus««.

Doch damit nicht genug: Es sei »bedenklich genug, dass Amerika immer noch Herr über das Internet ist, und dass, wenn man es dort will, die Welt stehenbleibt«, so Naumann weiter. Europa müsse seine Interessen unbedingt »so [...] artikulieren, dass der amerikanische Kongress endlich über das Hegemonialstreben von Google und Eigentumsverletzungen im Internet nachdenkt«. Freilich lasse sich »der Geist der räuberischen Technik insgesamt [...] nicht mehr in die Flasche zurückdrängen.« So sieht Naumann die mit dem Internet und der Digitalisierung zusammenhängenden Umwälzungen in erster Linie durch die USA verursacht.

Die zitierten Beispiele gehen über eine sachliche Kritik am Geschäftsgebaren, der Datensammelei und der wirtschaftlichen Übermacht von Google teils deutlich hinaus: Darin vermischt sich ein oft eher diffuses Unwohlsein in Bezug auf die mit dem Internet einhergehenden Veränderungen mit Schuldzuweisungen an ein großes US-Unternehmen, das in diesem Bild für amerikanischen Kommerz und ein regelrechtes Weltmachtstreben steht. Dem »kalifornischen Allesfresser« Google wird dabei vorgeworfen, heimtückisch die europäische (Buch-)Kultur zu kommerzialisieren und damit zu zerstören.

»Eskapaden der Holocaust-Industrie«: Haim Saban, Sat.1 & Co.

Einen besonderen Fall im Diskurs um die Macht der amerikanischen Wirtschaft stellt die Diskussion über den US-Medienunternehmer Haim Saban dar. Denn hier mischen sich antiamerikanische mit antisemitischen Zuschreibungen. Als Saban 2003 den deutschen Fernsehkonzern ProSieben-Sat.1 übernehmen wollte, hieß es in dem bei Bertelsmann erscheinenden Wirtschaftsdienst *Platow Brief*, »der jüdische Medienprofi« Saban besitze »in Hollywood großen Einfluss« und habe »auch schon die US-Botschaft in Berlin für seine Übernahmepläne eingespannt«.[414] Warum hier betont wird, dass Saban Jude ist, bleibt unklar. Die Aussage knüpft an das antisemitische Stereotyp an, wonach ›die Juden‹ die US-Medien und Hollywood beherrschen und ihre Macht skrupellos für ihre Interessen einsetzen.

Weiter heißt es im *Platow Brief*, Saban solle das US-Filmstudio Columbia Tristar »darauf hingewiesen haben«, dass sich der deutsche Bauer-Konzern, der ebenfalls am Erwerb von ProSiebenSat.1 interessiert war, »angeblich nicht am Stiftungsfonds der deutschen Wirtschaft beteiligt habe.« Das

---

414 Dieses u. alle folgenden Zit. aus *Platow Brief*, 24.1.2003.

Filmstudio habe daraufhin mitgeteilt,»keine Filme mehr an ProSiebenSat.1 liefern zu wollen, sollte Bauer dort das Ruder übernehmen.«Die Behauptung bleibt hier unbelegt und weist verschwörungstheoretische Züge auf: Demnach instrumentalisiert der amerikanische Jude Saban die historische Schuld der Deutschen erfolgreich zu seinem geschäftlichen Vorteil, indem er sich als Rächer der jüdischen Opfer geriert und deutsche Unternehmen mit ihrer nationalsozialistischen Vergangenheit erpresst. So erscheint er als mächtiger, verschlagener Strippenzieher, der Deutschland bedroht.

Auch der Publizist Ludwig Watzal behauptete, dass Saban sich aus Eigennutz als Sachwalter der Opfer geriere. In einem Meinungs-Beitrag am 7. Januar 2005 im DeutschlandRadio Berlin sagte Watzal, der »amerikanisch-israelische Medien-Tycoon« sei bei einem Besuch des KZ Dachau per Handy vom erfolgreichen Abschluss des ProSiebenSat.1-Kaufes informiert worden.[415] Die »Hollywood-reife Szene« zeige,»dass Saban keinerlei moralische Skrupel hat, Geschäfte mit dem ehemaligen Tätervolk zu machen.« Rhetorisch fragt Watzal, ob der US-Politikwissenschaftler Norman Finkelstein »nicht zu Recht« kritisiere,»dass die Holocaust-Erinnerung für politische Ziele instrumentalisiert werde«, etwa zur Legitimierung der israelischen Palästinenser-Politik. Und er fährt fort: »Die Eskapaden der sogenannten Holocaust-Industrie sind jedenfalls ziemlich bizarr und eine Beleidigung für die Opfer der nationalsozialistischen Vernichtungspolitik.«Watzal verweist hier auf Finkelsteins umstrittene Thesen über die sogenannte »Holocaust-Industrie«[416], um zu untermauern, dass Saban den Holocaust für seine Geschäfte instrumentalisiere. Die Anekdote vom Handy-Telefonat im KZ belegt dies zwar in keiner Weise, jedoch erscheint Saban einmal mehr als skrupelloser jüdischer Geschäftemacher.

Watzal fährt fort mit der Behauptung, die »Aktionen Sabans« seien »ein Beleg dafür, wie symbiotisch das Verhältnis von Macht und Geld ist.« Saban habe das »politische Anliegen […], eine möglichst große Kontrolle über die Medien zu erlangen.« Damit schreibt er Saban nicht nur ein maßloses Streben nach Medienmacht zu, sondern unterstellt ihm auch noch, diese Macht vor allem zur Verbreitung eines »politischen Anliegens« aus-

---

415 Dieses u. alle folgenden Zit. aus Watzal,»Haim Saban, die Medien und Israel«.
416 Finkelstein wirft jüdischen Organisationen vor, den Holocaust zu instrumentalisieren, um politische Forderungen durchzusetzen und hohe Entschädigungszahlungen zu erpressen (vgl. Finkelstein, *Die Holocaust-Industrie*). Rechtsextremisten führen Finkelstein regelmäßig als jüdischen Kronzeugen an, der offen Wahrheiten ausspreche, die in der deutschen Öffentlichkeit tabuisiert würden. Zur Kritik an Finkelstein siehe Piper (Hg.), *Gibt es wirklich eine Holocaust-Industrie?*

zubauen. Dieses benennt er folgendermaßen:»Sein Thema ist Israel. Sein Image will er verbessern.«Auch Michel Friedman und Michael Wolffsohn liege»Israels Zukunft am Herzen«, doch Saban sei»aus diesem Trio der Mächtigste und Einflussreichste.«Der Publizist Friedman und der Historiker Wolffsohn melden sich zwar regelmäßig in der öffentlichen Debatte zu Wort, sind aber keine Medienunternehmer. Indem Watzal hier von einem »Trio« spricht, konstruiert er eine Dreiergruppe offensichtlich nur aufgrund des jüdischen Hintergrundes der Protagonisten – und sagt damit aus, dass»einflussreiche«Juden an verschiedenen Stellen im vermeintlichen Interesse Israels wirkten.

Im Folgenden behauptet Watzal, Saban habe bereits»die britische BBC für ihre pro-arabische Haltung kritisiert«. Außerdem zähle er nicht nur die US-Politiker Bill Clinton und John Kerry zu seinen Freunden, sondern auch den israelischen Regierungschef Ariel Sharon. Mit letzterem telefoniere er»regelmäßig über Stunden«. Und:»Verrät nicht Sabans Zuneigung zu Sharon viel über seine politische Einstellung? Steht der israelische Ministerpräsident nicht für die extreme Richtung des Zionismus und eine brutale Besatzungspolitik?« Es sei»gewiss ein zentrales Anliegen für Sabans Medienimperium«, das negative Image von Israel und dessen Regierungschef in der Öffentlichkeit»zu korrigieren«.

Watzals Methode ist infam, denn er interpretiert Sabans Freundschaft zu Sharon hier als Beweis dafür, dass Saban sein Medienimperium für eine »extreme«, »zionistische« Propaganda im Sinne Sharons einsetze. Wenn er zudem behauptet, dass Saban auch mit hochrangigen US-Demokraten befreundet sei, zeichnet er das Bild eines Strippenziehers par excellence, der die wirklich wichtigen Entscheider der Weltpolitik in seiner Hand hat. Die Übernahme des deutschen Medienkonzerns ProSiebenSat.1 durch Saban erscheint so als große Gefahr: In Watzals Schreckensgemälde will der »amerikanisch-israelische Medien-Tycoon« Haim Saban die Deutschen mit seiner zionistischen Propaganda beeinflussen – und diese können sich nicht einmal wehren, weil Saban den Holocaust als moralisches Erpressungsmittel nutzt. Diese Darstellung unterscheidet sich allenfalls in Nuancen von der Berichterstattung rechtsextremistischer Medien.[417]

Der Medienjournalist Oliver Gehrs ging noch weiter. Im *Medium Magazin* schrieb er im August 2005, Saban spende in den USA»Millionen für die Demokraten« und habe»eine Forschungsstätte für die Politik im Mittleren

---

417 Als Saban seine ProSiebenSat.1-Anteile an den Springer-Konzern verkaufen wollte, titelte etwa die *National-Zeitung*:»Die Israel-Lobby im Deutschen Fernsehen« (o. V.).

Osten eingerichtet.«[418] Auch sein Engagement in Deutschland sei »wohl alles andere als unpolitisch.« So habe die *New York Times* kürzlich geschrieben, »Saban halte Deutschland für zu israelkritisch«. Gehrs: »Daher ist wohl der Springer-Verlag für Saban der Traumkunde seiner Anteile, schließlich hat der Verlag die Solidarität mit Israel in seinen Statuten verankert. Auch der Sat.1-Chef Roger Schawinski könnte nach Sabans Ausscheiden für Kontinuität sorgen – er ist wie der Tycoon jüdischer Abstammung.« Saban erscheint in dieser Beschreibung nicht nur als mächtiger Einflüsterer hinter der amerikanischen Nahost-Politik, sondern auch als Drahtzieher eines in Deutschland wirkenden pro-israelischen Netzwerks, zu dem der Springer-Verlag und Sabans »jüdischer« Statthalter bei Sat.1, Roger Schawinski, gehörten. Zur Begründung der Annahme, dass Schawinski sich für eine einseitige pro-israelische Linie in seinem Unternehmen einsetzen werde, nennt Gehrs dabei einzig dessen jüdische Identität. Damit wird auf das antisemitische Stereotyp von der Interessenidentität und dem Zusammenhalt aller Juden sowie deren Illoyalität gegenüber ihren Heimatländern rekurriert. So nährt Gehrs das Bild einer jüdischen Verschwörung gegen den Rest der Welt.

Die zitierten Beiträge weisen deutliche antisemitische und antiamerikanische Zuschreibungen auf. Saban, aber auch Schawinski, Friedman und Wolffsohn werden als hochgradig vernetzt, einflussreich und mächtig beschrieben. Nur wegen ihrer jüdischen beziehungsweise amerikanischen Identität wird ihnen dabei vorgeworfen, im Interesse Israels und der USA zu wirken – weiterer Begründungen bedarf es scheinbar nicht. So entsteht der Eindruck, Israel und Amerika nähmen über Mittelsmänner Einfluss auf die deutschen Medien, um die Öffentlichkeit umzupolen und eine ihnen genehme politische Meinung durchzusetzen. Dabei schwingt stets auch die Annahme mit, die genannten Personen agierten gegen deutsche Interessen. Zugleich wird suggeriert, die Öffentlichkeit werde über das Wirken der »Lobby« hinweggetäuscht oder lasse sich durch Verweise auf die NS-Geschichte und den Holocaust einschüchtern und moralisch erpressen.

---

418 Dieses u. alle folgenden Zit. nach Gehrs, »Such den Judenhasser«.

Detailanalyse: Der TV-Film »Tatort: Tod einer Heuschrecke«

Im Folgenden werde ich den Fernsehfilm »Tod einer Heuschrecke« aus der ARD-Krimireihe »Tatort« analysieren.[419] Ein Film kann ebenso wie ein Zeitungsartikel als Text definiert werden, der vom Zuschauer ›gelesen‹ wird. Das Besondere an einem Filmtext ist, dass er Bedeutungen nicht nur auf der Ebene der Sprache oder der Bilder enthält, sondern dass diese Bedeutungen auch im Zusammenspiel der verschiedenen Ebenen entstehen.[420] Der Film muss also sinnvoller Weise als Ganzes analysiert werden. Dabei geht es vor allem darum, die hinter der Geschichte vorhandenen Bedeutungsebenen und Sinnpotenziale sichtbar zu machen.[421]

Der »Tatort« ist die älteste und erfolgreichste Krimireihe im deutschen Fernsehen, die erste Folge lief 1970. Heute werden monatlich bis zu vier neue Folgen ausgestrahlt. Es gibt verschiedene Ermittlerteams, die jeweils in einer bestimmten deutschen Stadt oder Gegend tätig sind; jede Folge hat eine in sich geschlossene Handlung.[422] Hintergrund ist, dass der »Tatort« wechselnd von den einzelnen Landesrundfunkanstalten der ARD produziert wird. Die verschiedenen Folgen spielen dementsprechend im Sendegebiet der jeweils produzierenden Anstalt. Das Lokalkolorit gehört zum Konzept der Reihe: Die regionalen Besonderheiten der Gegend, in der ermittelt wird, werden in der Regel in die Handlung eingearbeitet.

Ein weiteres spezifisches Merkmal des »Tatorts« besteht darin, dass er häufig aktuelle gesellschaftspolitische Ereignisse und Debatten aufgreift. So ging es in der ersten Folge um die deutsche Teilung, in den 1980er-Jahren wurde das Thema Umweltkriminalität thematisiert und zu Beginn des 21. Jahrhunderts handelten viele Fälle von Gewaltverbrechen in der Familie. »Der ›Tatort‹ hat schon immer gesellschaftsrelevante Themen aufgegriffen, aber er bleibt dabei die große Sonntagabend-Unterhaltung«, so die Medienwissenschaftlerin Annegret Richter.[423] Der Publizist Gerhard Scheit schreibt: »Er ist die wahre deutsche Soap.«[424] So ist der »Tatort« zwar fiktional, aber dennoch in besonderem Maße Ausdruck der gesellschaftlichen Verhältnisse in Deutschland. Er stellt ebenso wie ein Zeitungsartikel oder

---

419 »Tatort: Tod einer Heuschrecke« (Regie: Ralph Bohn), ARD, 16.3.2008.

420 Hickethier, *Film- und Fernsehanalyse*, S. 23 ff.

421 Ebenda, S. 32.

422 Vgl. »tatort: Zahlen, Fakten, Daten« (o. V.).

423 Zit. nach Gries, »Die Gesellschaft im Fadenkreuz«.

424 Scheit, »Becketts Endspiel und King of Queens«, S. 63.

ein Bericht in einer TV-Nachrichtensendung einen exemplarischen Ausschnitt aus dem Sagbarkeitsfeld des medialen Diskurses dar.

Der hier analysierte »Tatort: Tod einer Heuschrecke« kann als diskurstypisch gelten, weil er zentrale Themen aus den zuvor analysierten wirt-
schaftsbezogenen Debatten aufgreift. Der Film spielt in Berlin. Das Er-
mittler-Duo besteht aus Kriminalhauptkommissar Till Ritter (gespielt von
Dominic Raacke) und Kriminalhauptkommissar Felix Stark (Boris Aljino-
vic). Das Drehbuch schrieb Hartmann Schmige, Regie führte Ralph Bohn.
Die Folge wurde vom Rundfunk Berlin-Brandenburg (rbb) produziert und
am Sonntag, den 16. März 2008 um 20:15 Uhr in der ARD ausgestrahlt.
Dabei sahen etwa 6,65 Millionen Menschen zu, die Einschaltquote lag bei
18,4 Prozent – starke, wenn auch für einen »Tatort« eher unterdurch-
schnittliche Zahlen.[425]

Bereits der Titel »Tod einer Heuschrecke« deutet das Thema[426] des
Films an. Mit der Heuschrecken-Metapher wird Bezug auf die bereits angeführte Debatte über die internationalen Finanzinvestoren genommen – genau darum geht es in dem Film. Dies bestätigt auch der offizielle Ankündigungstext zum »Tatort«, der auf der ARD-Website sowie in zahlreichen
TV-Zeitschriften zu finden war. Dort heißt es: »Ein Berliner Szeneclub:
Hier verkehren die Berliner und internationale Wirtschaftsgrößen, als es
wenige Tage vor einem Wirtschaftsgipfel einen Toten gibt: Ted Wilson,
amerikanischer Hedge-Fonds-Manager. Er sollte die Übernahme der erfolgreichen Firma Brom-AG abwickeln.«[427] Auch bei der begleitenden
Presseberichterstattung über die »Tatort«-Folge in den Tagen vor der Ausstrahlung wurde durchgängig auf die von Müntefering angestoßene Debatte Bezug genommen.[428]

---

425 Vgl. »Tatort« schlapp, Lauterbach schlapper« (tdo/dpa).
426 Mit »Thema« ist hier die Grundfrage des Films gemeint. Vgl. Hickethier, *Film- und Fernsehanalyse*, S. 114 f.
427 »Tod einer Heuschrecke« (Programmankündigung, o. V.).
428 Dabei wurde der »Tatort: Tod einer Heuschrecke« überwiegend für seine Machart kritisiert: als »ziemlich dick aufgetragen« (»Mensch und Insekt«, o. V.) oder auch »allzu gut
gemeint« (Hillgruber, »Das Zirpen des Kapitalismus«). Die *FAZ* monierte zudem, die
Darstellung der Milieus sei »äußerst plakativ und symbolisch-plump aufgeladen« (Krüger, »Das Volk isst Currywurst«). Dagegen klingt im Artikel des *Berliner Kurier* (Tod eines
Jobkillers, o. V.) Begeisterung an: »Selten« sei ein Tatort-Krimi »aktueller und brisanter«
gewesen, denn es gehe darin »um kaltblütige Manager, die für geldgeile Auslands-Gesell-
schaften deutsche Top-Firmen erst über- und dann ausnehmen.« Und: »Kein Wunder,
wenn niemand um eine ›tote Heuschrecke‹ trauert. […] Viele hatten ein Motiv, den gnadenlosen Ami zu beseitigen«. Aufschlussreich ist die Kritik des *Kurier* vor allem vor dem

Bei der folgenden Analyse soll es nicht darum gehen, den Film in allen Einzelheiten zu beschreiben und zu interpretieren. Die Fragestellung lautet vielmehr, welches Amerika-Bild der Film transportiert. Wie werden die handelnden Amerikaner charakterisiert? Wie wird das amerikanische Wirtschaftsleben dargestellt? Interessant ist dabei vor allem der Blick auf die Unterschiede zu Deutschland, die im Film zutage treten. Welches Bild entsteht dadurch letztlich bei den Zuschauerinnen und Zuschauern?

Der Film hat eine Länge von 88 Minuten und lässt sich in 34 Sinnabschnitte (Sequenzen) unterteilen. Bei der Analyse werde ich nicht chronologisch vorgehen, sondern zunächst die Geschichte des Films grob zusammenfassen und dann entlang der Akteure einige Details analysieren, die für das Erkenntnisinteresse von Bedeutung sind.

Die Handlung

In dem Berliner Nobel-Club »Uptown« wird der amerikanische Hedge-Fonds-Manager Ted Wilson aus dem Fenster gestoßen. Es gibt mehrere Verdächtige. Da ist zum einen die Studentin und Journalistin Franka Schönbaum: Kurz vor seinem Tod streitet Wilson mit ihr. Die beiden hatten eine Affäre. Da Wilson jedoch herausbekommen hat, dass Franka einen Zeitungsartikel über seine geschäftlichen Aktivitäten veröffentlichen wollte, beendet er die Beziehung. Der zweite Verdächtige ist Frankas eifersüchtiger Freund Daniel, ein Computer-Hacker, der ihr bis zum Nachtclub gefolgt ist, jedoch nicht hereingelassen wurde. Ein plausibles Mordmotiv hätte offenbar auch Klaus Werner, Betriebsratsvorsitzender der Brom AG, die kurz vor einer Übernahme durch Wilsons New Yorker Kapitalanlagegesellschaft Blue Mountain Invest steht. Werner will kurz vor Wilsons Tod dringend mit diesem reden. Wilson nimmt ihn mit in den Nachtclub hinein, lässt ihn jedoch kaum zu Wort kommen. Schließlich befindet sich auch das Escort-Girl Kirsten Tomaschek vor Ort. Sie ist von einem Investment-Berater namens Michael Zinger als Übersetzerin engagiert worden und soll diesem bei den Verhandlungen mit einer Gruppe chinesischer Investoren um Dr. Wong, Chef einer chinesischen Versicherung, zur Seite stehen. Die chinesischen Investoren gehören ebenfalls zu den Nachtclub-Gästen.

Hintergrund, dass der Berliner Verlag, zu dem der *Kurier* gehört, zu jener Zeit Eigentum der britischen Mecom Group des Finanzinvestors David Montgomery war. Dessen Aktivitäten werden in dem Artikel jedoch nicht erwähnt.

Die herbeigerufenen Hauptkommissare Ritter und Stark ermitteln zunächst in alle Richtungen. Wilsons Hotelzimmer finden sie durchwühlt vor; dessen Notebook und Aktenkoffer fehlen. Das Hotelpersonal hat kurz zuvor vier »mysteriös aussehende« amerikanisch sprechende Männer beobachtet. Ritter und Stark finden heraus, dass Wilson kurz vor seinem Tod einen Termin beim Investmentberater Michael Zinger hatte. Zinger bestätigt, dass er Wilsons Kapitalanlagegesellschaft bei der geplanten Übernahme der Brom AG berät. Dazu kommt ein weitere Spur: Die Kommissare werden von einem Mitarbeiter der US-Botschaft, Bob Miller, darüber unterrichtet, dass Wilson am Wirtschaftsgipfel in Berlin wenige Tage später teilnehmen sollte. Miller spricht von Befürchtungen über ein terroristisches Komplott und gibt zu, dass Mitarbeiter der US-Botschaft Wilsons Zimmer durchsucht haben. Später ist außerdem zu sehen, wie Mitarbeiter der US-Botschaft Frankas Freund Daniel, den Computer-Hacker, observieren.

Die Kommissare konzentrieren sich zunächst auf die Verdächtige Franka. Diese zieht ihre Zusage gegenüber einem Polit-Magazin, einen Artikel über Wilsons Hedge-Fonds-Geschäfte zu veröffentlichen, zurück. Außerdem weigert sie sich lange Zeit hartnäckig, zuzugeben, dass sie mit Wilson eine Affäre hatte. Ihren Freund Daniel deckt sie, so gut es geht. Daniel wiederum hat Angst, dass seine Hacker-Tätigkeit auffliegt. Er taucht unter. Später wird er von der Polizei aufgespürt und verhört.

Des Weiteren ermitteln die Kommissare gegen den Betriebsratsvorsitzenden Klaus Werner. Dieser wirkt nicht nur aufgrund seines Gesprächs mit Wilson im Nachtclub verdächtig. Auch Werners Arbeitskollegen zweifeln zunehmend an seiner Integrität. Werners Familie kommt sein Verhalten ebenfalls merkwürdig vor. Später stellt sich heraus, dass Werner von Hedge-Fonds-Manager Wilson Geld erhalten hat. Wilson hat außerdem das Escort-Girl Kirsten Tomaschek auf Werner angesetzt – dieser war jedoch offenbar im Glauben, dass Kirsten mit ihm ganz uneigennützig eine Affäre begann. Werner erklärt den Kommissaren später, er habe nur das Ziel gehabt, die Unternehmens-Übernahme sozial verträglicher zu gestalten. In der Mordnacht habe er aussteigen wollen, Wilson habe ihm dies jedoch verweigert. Nachdem die Familie von Werners Verhalten erfährt, unternimmt er einen Selbstmordversuch, wird jedoch von seinem Sohn noch rechtzeitig aufgefunden und gerettet.

Eine Wendung gibt es in der Mitte des Films, als der Chef des ermordeten Hedge-Fonds-Managers Wilson, Hopkins, aus den USA anreist. Hopkins erzählt den Kommissaren, dass er eine Auseinandersetzung mit

Wilson wegen der Brom-Übernahme hatte, da Wilson der Deal offenbar zu teuer wurde. Er selbst sowie der Investmentberater Zinger wollten das Geschäft dagegen durchziehen – Zinger allein schon deswegen, weil er sonst keine Provision erhalten hätte. Später teilt Bob Miller von der US-Botschaft den Kommissaren mit, seine Mitarbeiter hätten herausgefunden, dass das Escort-Girl Kirsten bereits während ihres Studiums in Shanghai Kontakte zu Dr. Wong, dem Chef der Shanghai Insurance Group, geknüpft habe – Wong befand sich zur Tatzeit ja ebenfalls im Nachtclub. Wong sei in der chinesischen Geschäftswelt sehr einflussreich. Später überraschen die Kommissare Kirsten und Dr. Wong in einem Hotelzimmer und konfrontieren sie mit den Erkenntnissen. Sie präsentieren ihnen auch das Abzeichen eines chinesischen Business-Clubs, das bei der Leiche von Ted Wilson gefunden wurde.

Im Nachtclub, in dem der Mord geschah, kommt es schließlich zum Showdown: Die Kommissare treffen dort den Hedge-Fonds-Chef Hopkins im Gespräch mit dem Investmentberater Zinger an. Zinger wird des Mordes überführt: Er habe sich zur Tatzeit durch den Hintereingang in den Club geschlichen, von der Terrasse aus Wilson angerufen, ihn dorthin gelockt und auf die Straße heruntergestoßen. Dr. Wong habe bestätigt, dass das Abzeichen des chinesischen Business-Clubs, das bei der Leiche gefunden wurde, Zinger gehört haben müsse. Zinger habe den Mord nicht nur begangen, um die Provision aus dem Deal mit der Brom AG zu erhalten, sondern auch wegen seines Images bei den chinesischen Geschäftspartnern, die an dem Deal offenbar beteiligt waren und eine fehlgeschlagene Übernahme als Zingers »persönliches Versagen quittiert« hätten.

Die Akteure

Der »Tatort: Tod einer Heuschrecke« verwirrt zunächst durch die Vielzahl seiner Handlungsstränge. Die auftretenden Personen werden jedoch von ihrem Charakter und Verhalten her klar voneinander abgegrenzt.

Da ist zunächst der *Hedge-Fonds-Manager Ted Wilson*. Unmittelbar nach dem Vorspann ist in einer Großaufnahme sein Auto zu sehen, das im Regen durch die dunkle Stadt fährt. Wegen der Regentropfen auf der Scheibe ist zunächst nicht erkennbar, wer sich innerhalb des Wagens befindet. Erst in einer späteren Einstellung kann man hineinblicken: Auf der Rückbank sitzt Wilson, etwa vierzig Jahre alt, Anzug und Krawatte. Dessen Identität wird jedoch erst nach und nach enthüllt. So holt er zunächst ein Blatt Pa-

pier aus einem Aktenkoffer und schreibt mit einem Füllfederhalter einen
Brief, von dem der Zuschauer nur den Halbsatz »… sign of my love«, also
»Zeichen meiner Liebe«, lesen kann. Er unterschreibt mit »Ted«. In einer
späteren Einstellung öffnet er eine blaue Schatulle, holt einen silbernen
Ring heraus und legt ihn zu dem Brief in einen Umschlag. Als das Auto
den Nachtclub erreicht, wird auch der Fahrer sichtbar. Dieser sagt: »Wir
sind da, Mr. Wilson.« Wilson überreicht dem Fahrer den Brief und sagt in
gutem Deutsch, aber mit einem leichten amerikanischen Akzent: »Bringen
Sie den Brief zu Frau Schönbaum. Heute noch.« Der Fahrer steigt aus,
läuft mit einem Regenschirm zur anderen Seite des Wagens und geleitet
Wilson zum Eingang. Dieser sagt in einem scharfen Tonfall: »Und geben
Sie den Koffer an der Rezeption ab. Er soll auf mein Zimmer gebracht
werden. Fahren Sie dann nach Hause.«

Zwar ist hier noch nicht klar, wer dieser Wilson ist. Die Vermutung
liegt aber nahe, dass es sich um einen amerikanischen Geschäftsmann
handelt. Wilson scheint vermögend zu sein – darauf deuten das Auto nebst
Chauffeur, die Kleidung sowie der Ring hin – und handelt sehr bestimmt.
Die Anweisungen an den Fahrer trägt er in einem Befehlston vor. Er lächelt nicht, wirkt insgesamt eher kühl.

Auffällig ist zudem der Kontrast zu den anderen Personen. So wird
gleichzeitig zu Wilsons Fahrt zum Nachtclub in einer Parallelmontage die
Studentin Franka Schönbaum gezeigt, die ebenfalls auf dem Weg zu dem
Nachtclub ist. Zwar ist Franka geschminkt, trägt hochhackige Schuhe und
einen modischen schwarzen Mantel. Sie kommt jedoch mit der U-Bahn in
einem Bahnhof an und geht dann zu Fuß durch den Regen. Im U-Bahnhof
sind auch andere Menschen zu sehen, die gewöhnliche Straßenkleidung
tragen und schweigend zum Ausgang eilen. Franka wird außerdem unbemerkt von ihrem Freund Daniel verfolgt, der schlicht gekleidet ist, ein
Fahrrad bei sich führt und vom Regen durchnässt wird. All dies lässt darauf schließen, dass Franka ebenfalls zur gewöhnlichen Bevölkerung gehört
und sich nur für den Abend schick gekleidet hat. Nicht zuletzt durch die
parallel montierten Einstellungen von Wilson und Franka entsteht der Eindruck einer Zwei-Klassen-Gesellschaft: Wilson wird im Trockenen zum
Nachtclub chauffiert, während Franka U-Bahn fahren und durch den Regen laufen muss.

Noch deutlicher wird dieser Kontrast, als vor dem Club-Eingang der
Betriebsratsvorsitzende Klaus Werner auf Wilson zustürmt. Werner wirkt
deutlich älter als Wilson, er hat eine Halbglatze und trägt einen beigen, lan-

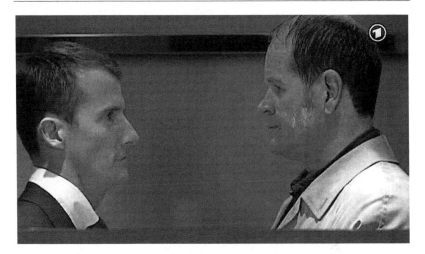

Abb. 20: TV-Film »Tatort« – Hedge-Fonds-Manager Wilson, Betriebsrat Werner

gen Mantel. Zudem macht er einen verzweifelten Eindruck. Am Club-Eingang befindet sich ein roter Teppich, der von dicken Samtkordeln umgrenzt wird. Werner passt erkennbar nicht in diese Umgebung und ist Wilson unterlegen. So sagt Werner in aufgeregtem Tonfall: »Mr. Wilson, ich muss Sie sprechen.« Dieser ignoriert ihn jedoch, und als Werner den Satz wiederholt, antwortet Wilson: »Das haben Sie eben schon gesagt.« Dieses Verhalten wirkt arrogant. Wilson wird zudem vom Türsteher mit »Nice to see you, Mr. Wilson« begrüßt. Und als wollte er demonstrieren, dass Werner nicht zu dieser Gesellschaft dazugehört, fragt er diesen: »Waren Sie schon mal hier?«. Schließlich deutet Wilson an, dass er nicht an Ort und Stelle, sondern im Club mit Werner sprechen will: »Im Regen? Da oben sind wir unter uns.«

Die Szene wird von Frankas regendurchnässtem Freund Daniel beobachtet, der hinter einer Ecke steht. Später wird Daniel vom Türsteher am Eintreten gehindert. Als er sagt: »Passen Ihnen meine Kleider nicht, oder was?«, wird er in eine Pfütze geschubst. Auch Daniel gehört erkennbar nicht in die Gesellschaft, in der sich Wilson bewegt.

Als Wilson und Werner den Fahrstuhl betreten, sind beide in einer Großaufnahme im Profil zu sehen (Abb. 20). Sie stehen sich gegenüber. Werner ist größer als Wilson. Er hat einen regennassen Kopf, das Wasser läuft ihm aus den Haaren über das Gesicht. Er blickt Wilson unsicher und verzweifelt an. Dieser steht ihm im Anzug und mit akkurater Frisur gegenüber, zeigt keine Gefühlsregung und fragt schließlich: »Geht's Ihnen nicht gut?« Aus dem Satz klingt keine Anteilnahme heraus, sondern eher Zynismus. Als sie nach oben fahren, ist in zwei aufeinander folgenden Einstellungen zunächst Werner in einer Großaufnahme zu sehen, der starr über Wilsons Kopf hinweg in die Ferne blickt, sowie Wilson, der sein Gegenüber ruhig anblickt und lächelt. Doch das Lächeln erscheint kalt. Verstärkt wird dieser Eindruck dadurch, dass während der Fahrt nach oben durch die Fenster des Aufzugs bläuliches Licht auf Wilsons Gesicht fällt. Auch im Club hält Wilson Werner hin. Alle anwesenden Gäste tragen schicke Anzüge oder Kleider. Wilson fügt sich in diese Gesellschaft nahtlos ein, Werner dagegen bewegt sich erkennbar in einem ungewohnten Umfeld. Wilson wird zudem von mehreren Männern freundschaftlich begrüßt. Einem ruft er ein langgezogenes »Hey!« zu, einem anderen sagt er: »How are you doin'?« Auch die Clubchefin begrüßt Wilson wie eine alte Bekannte. Wilson wirkt in dieser Szene smart, aber auch oberflächlich, da er bei keinem seiner Gesprächspartner stehen bleibt. Zugleich erscheint er unerschütterlich selbstsicher, vielleicht auch arrogant, während Werner mit unsicherem Blick hinter ihm herläuft.

Wilson hat Werner zwar in den Club mitgenommen, ignoriert seine Gesprächsversuche jedoch weitgehend: Als sie endlich in einer Sofa-Ecke sitzen, redet Werner auf Wilson ein, während dieser desinteressiert in eine auf dem Tisch stehende Knabberschale greift. Der Zuschauer kann Werner in dieser Einstellung nur gestikulieren sehen, seine Worte sind nicht zu hören. Stattdessen sind die Hintergrundgeräusche aus dem Club zu vernehmen. Die Filmmusik, die schon zuvor zu hören war, wird an dieser Stelle lauter. Dadurch entsteht der Eindruck, dass auch Wilson Werners Worte nicht hört oder nicht hören will. Als Wilson von seinem Mörder angerufen wird und auf die Terrasse eilt, wirkt er wiederum ganz aufmerksam: »Hey Michael! Hmm? Hold on a second, I can't hear you…«

Der Kontrast zwischen Wilsons glitzernder Geschäftswelt und der Lebenswelt der einfachen Bevölkerung wird auch nach Wilsons Tod (Min. 07:10) im weiteren Verlauf des Films aufrechterhalten. Als etwa *Kriminalhauptkommissar Till Ritter* zum Tatort gerufen wird, steht dieser gerade an einer Currywurst-Bude und unterhält sich mit der berlinernden Verkäuferin über die Winnetou-Musik, die dort vom Band läuft. Wehmütig blickt er einem kleinen Mädchen nach, das sich mit einer Currywurst über den Bürgersteig entfernt und ruft diesem »Schlaf gut!« zu, während die Winnetou-Musik lauter wird. Die Musik erinnert hier an die vermeintlich heile Welt der Indianer und macht den Kontrast zur kalten Welt des Hedge-Fonds-Managers Ted Wilson noch einmal deutlicher.

Bei den Ermittlungen am Tatort trägt Ritter die ersten Erkenntnisse über den Toten vor: »Edward Wilson, amerikanischer Staatsbürger. Investment Management. Sutton Place, New York.« Sein Kollege, *Kommissar Felix Stark*, antwortet: »Noble Adresse.« Ritter ergänzt: »Der Tote kam in einer Limousine mit Chauffeur.« Und nach einer kurzen Pause: »In dem Club hier, da kannst du dir gerade mal ein Glas Leitungswasser leisten.« Mit diesem Dialog grenzen sich die beiden klar von Wilson ab und verdeutlichen, dass sie nicht annähernd so vermögend sind wie er. Auch ihre Kleidung steht im Kontrast zu Wilsons Welt: Ritter trägt meist Jeans, ein legeres Hemd und eine Lederjacke; Stark ein Hemd mit Pullover darüber, ein Sakko und gelegentlich einen modischen Schal. Nur in der vorletzten Szene, beim Showdown im Nachtclub, treten die beiden Kommissare dort in edlen Anzügen mit Schlips auf. Damit demonstrieren sie symbolisch ihren Triumph über die Finanzinvestoren sowie die anderen Reichen und Schönen, die im Nachtclub verkehren.

Auch wenn die beiden Kommissare sonst bodenständig wirken, erscheint vor allem Stark durchaus als Mensch mit Stil und Geschmack. Er ist alleinerziehender Vater eines etwa zwölfjährigen Jungen. Seine Altbauwohnung wirkt modern und zugleich gemütlich: Helle Wände, Dielen, alte Holz- und gehobene Ikea-Möbel. Einmal ist auch Ritter dort zu Gast. Beim Weintrinken bemängelt er einen korkigen Geschmack. All dies lässt ihn als modernen, kultivierten Großstädter erscheinen.

Dieser Eindruck wird auch durch eine Szene im Innenhof des Polizeipräsidiums unterstrichen (Min. 73:58): Ritter trifft dort auf Stark und reicht ihm einen Papp-Becher mit Plastikdeckel, wie es sie typischerweise bei Starbucks und anderen Kaffeehaus-Ketten zum Mitnehmen gibt. Stark nimmt einen Schluck, blickt in den Becher und sagt: »Mmmh! Karamelgeschmack…« Sein ironischer Tonfall lässt dabei vermuten, dass ihm das Kaffeegetränk nicht schmeckt und er derartige modische Geschmacksrichtungen ablehnt. Man kann diese Szene als Kritik an US-Kaffee-Ketten wie Starbucks lesen, die Kaffee in verschiedenen Geschmacksvarianten anbieten. Stark grenzt sich also nach zwei Seiten ab: Nicht nur gegenüber der protzigen Gesellschaft des vermögenden US-Finanzinvestors, sondern auch gegen die amerikanische Kaffee-Kultur der Masse. Stark selbst repräsentiert das Gegenbild dazu: Obwohl er nicht sehr wohlhabend ist, hat er offensichtlich Geschmack und Kultur.

Nach Wilsons Tod betritt dessen Chef *Hopkins von der Kapitalanlagegesellschaft Blue Mountain Invest* die Bühne. Der Gegensatz zur Welt der einfachen Menschen wird hier noch einmal gesteigert. So ist in Min. 42:49 zunächst in der Totalen ein dunkler Nachthimmel zu sehen, dann nähert sich ein kleines Privatflugzeug im Landeanflug. Es kommt kurz vor dem Flughafengebäude mit der Aufschrift »Berlin-Tempelhof« zum Stehen. Nach einem Schnitt fährt eine schwarze Stretch-Limousine über die Landebahn zum Flugzeug. Die ganze Szenerie wird erleuchtet vom Flutlicht des Flughafens, dazu erklingt dramatische Musik. Ein Mann im dunklen Mantel und mit Aktenkoffer steigt die Gangway herab. Der Fahrer der Limousine öffnet ihm die hintere Tür des Wagens, der Mann steigt ein. Dann fährt der Wagen los. Nach einem Schnitt sieht man im Wageninneren in der Großaufnahme einen älteren Herrn mit randloser Brille.

An der Flughafen-Ausfahrt wird die Stretch-Limousine von den beiden Kommissaren angehalten. Sie klopfen an die Scheibe und zücken ihre Dienstausweise. Hopkins lässt die Fensterscheibe herunter. Stark fragt: »Mr. Hopkins?« Dieser antwortet: »Ja!« Stark: »Sprechen Sie deutsch?« Hopkins, mit amerikanischem Akzent: »Ja! Was kann ich für Sie tun?« Ritter: »Sie hatten in den letzten drei Tagen eine Auseinandersetzung mit Mr. Wilson über die Übernahme der Brom Kraftwerktechnik AG. Ist das richtig?« Schließlich öffnet Hopkins mit generöser Geste die Wagentür: »Please come in.« In der Limousine unterhalten sie sich dann über den Streit (Abb. 21). Als Stark fragt, welche Argumente Wilson gegen die Übernahme vorgebracht habe, sagt Hopkins: »Das ist zu komplex, um es einem Laien in wenigen Worten zu erklären.« Ritter daraufhin: »Dann versuchen Sie es doch mal mit wenigen Worten für einen Laien wie mich.« Hopkins antwortet: »Der Deal wird für uns teurer als erwartet. Damit fällt die Rendite unserer Fonds niedriger aus.«

Hopkins erscheint in dieser Szene nicht unfreundlich und durchaus kooperativ. Aber seine Ankunft mit Privatjet und Stretch-Limo lässt ihn wie einen Staatsgast erscheinen, der mit dem Leben der normalen Menschen nichts mehr zu tun hat, sondern gänzlich abgehoben seinen Geschäften nachgeht. Das hier vermittelte Bild knüpft an die Debatte über die US-Finanzinvestoren an, die in Deutschland »einfliegen«, Unternehmen ausnehmen und dann weiterziehen. Wenn Hopkins sagt, seine Geschäfte seien »zu komplex«, um sie »Laien« wie den beiden Kommissaren zu erläutern, wirkt er zudem arrogant. Als er dann auf Nachfrage erläutert, dass Wilson gegen den Deal gewesen sei, weil er eine niedrigere Rendite befürchtet ha-

Abb. 21: TV-Film »Tatort« – Blue-Mountain-Chef Hopkins

habe, wirkt das wie ein Hohn. Denn in diesem Dialog steckt die Botschaft: Die Geschäfte der Finanzinvestoren sind nach außen hin zwar undurchschaubar, aber letztlich geht es nur um etwas ganz Simples: Eine hohe Rendite.

Der *Investmentberater Michael Zinger* stellt in diesem Bild gewissermaßen den lokalen Handlanger der US-Finanzinvestoren dar. Er ist Deutscher, seine Mitarbeiter heißen jedoch Simpson und McArthur – vermutlich sind es also Amerikaner. Zingers Stimme ist stets laut und hart, sein Blick wirkt kalt. Als die Kommissare ihn fragen: »Was treibt diese Blue Mountain Invest hier in Berlin?«, antwortet Zinger kurz und bündig: »Bereiten gerade 'ne Übernahme vor.« Auf die Frage nach seiner eigenen Rolle bei dieser Übernahme sagt Zinger: »Also ein Scout nimmt Firmen unter die Lupe, analysiert ihre wirtschaftliche Situation, und wenn er dann eine Firma gefunden hat, die reif ist für die Übernahme, dann bietet er sie einem Investment-Fond an, Hedge Fonds, Private Equity, wenn Ihnen das etwas sagt.« Kommissar Ritter antwortet: »Davon verstehe ich nichts.« Damit distanziert er sich abermals deutlich von den Geschäften der Finanzinvestoren. Er repräsentiert hier all diejenigen Zuschauer, denen derartige Deals vor allem undurchsichtig erscheinen. Als Ritter und Stark später unter sich sind, sagt Ritter: »Hast du gehört, was er gesagt hat? ›Reif für die Übernahme‹«, und Stark ergänzt: »Bereit zum Schlachten. Buy it, strip it, flip it!« Damit greift er ein in den Medien verbreitetes geflügeltes Wort auf (»Kauf es, zieh es aus und wirf es weg«), mit dem die Geschäfte der Finanzinvestoren oftmals überspitzt beschrieben werden.

Über Wilson sagt Zinger:»Das ist ein Top-Profi. Messerscharf in seinen Analysen, aber immer charmant.« Dabei setzt er sich an seinen Schreibtisch und blickt auf den Computer-Bildschirm, als ob er Wichtigeres zu tun habe, als mit den Kommissaren zu sprechen. Stark ergänzt:»Vielleicht auch kaltblütig und ein bisschen gnadenlos?« Da dreht sich Zinger um und ist nun in Großaufnahme zu sehen, wie er mit starrem Blick in Richtung der Kommissare blickt:»Was soll denn das? Hmm? Der Mann trifft wichtige Entscheidungen.« Diese Aussage wirkt vor dem Hintergrund von Starks Kommentar wie ein Hohn. In einer späteren Szene (Min. 46:28) sagt Ritter zu Zinger:»Also für mich ist das alles Chinesisch, wenn Sie den Vergleich erlauben. Aber Sie werden in jedem Fall an dem Deal richtig gut verdienen, wenn der Deal zustande kommt.« Zinger lächelt zunächst und nickt zustimmend. Erst als Stark ergänzt:»Sagt man nicht in Ihrer Branche, dass man, wenn man mit vierzig noch arbeiten muss, ein Versager ist?«, kontert Zinger:»Kein Sozialneid!« Zinger wird hier als skrupelloser Geschäftemacher dargestellt, dem alles Menschliche fehlt.

Der *US-Botschafts-Mitarbeiter Bob Miller* wirkt zunächst undurchschaubar. Als die beiden Kommissare in die Botschafter-Residenz einbestellt werden (Min. 25:45), wartet dort bereits der Chef von Ritter und Stark. Auf die Frage, warum sie zu einem Treffen hierher gebeten worden seien, antwortet dieser:»Wüsste ich auch gerne.« Die US-Botschaft maßt sich also an, die deutschen Polizisten herbeizuzitieren, ohne den Grund zu nennen. Als Bob Miller den Raum betritt, wirkt er smart und locker: Miller ist Afroamerikaner, trägt einen hellen, gut geschnittenen Anzug, eine schwarze Hornbrille und kommt lässig mit federnden Schritten aus einem Nebenzimmer herein. Recht unkonventionell ruft er gleich aus:»Ah, Berliner Polizei. Guten Tag, meine Herren! Mein Name ist Robert Miller. Nennen Sie mich Bob!« Der Polizeichef antwortet kühl:»Wiegand, Kriminaldirektor. Hauptkommissare Ritter und Stark.« Er erwidert Millers Angebot, ihn zu duzen also ausdrücklich nicht. Damit distanziert er sich indirekt von Miller. Miller dagegen scheint das überhaupt nicht zu interessieren. So spaziert er während des folgenden Gesprächs teils im Raum umher, während die Polizisten ihm stehend hinterherblicken. Miller erweckt dadurch einen arroganten und egozentrischen Eindruck.

Als Miller sagt, er wolle über den Fall Wilson sprechen, und auf Nachfrage erklärt, er habe von Interpol von den Ermittlungen erfahren, sagt

Kommissar Ritter: »Das ist mal wieder typisch, mit den Amis reden die.« Und Wiegand ruft mit aufgeregter, höher werdender Stimme: »Warum hat Interpol Sie informiert und nicht uns?« Dieser Dialog knüpft an die im medialen Diskurs verbreitete Behauptung an, dass sich die Amerikaner weltweit alles Mögliche erlauben können und stets bevorzugt behandelt werden, während die Deutschen und andere das Nachsehen haben.

Ungerührt gibt Miller auch zu, dass seine Mitarbeiter Wilsons Hotelzimmer durchsucht und dessen Unterlagen mitgenommen hätten. Als Wiegand ihm vorhält: »Wissen Sie eigentlich, dass Sie sich in Berlin auf deutschem Hoheitsgebiet befinden?«, antwortet Miller nur lapidar: »Selbstverständlich. Und wissen Sie auch, was übermorgen für ein Tag ist? Übermorgen beginnt der Wirtschaftsgipfel in Berlin. Wir befürchten, dass eine ausländische Macht über Wilson an Informationen kommen wollte, um die wirtschaftliche Situation in unseren Ländern zu destabilisieren.« Wiegand daraufhin: »Haben Sie irgendwelche *konkreten* Informationen?«, und Miller: »Wir verfolgen verschiedene Quellen.« Als Ritter fragt: »Wen verdächtigen Sie denn nun eigentlich?«, schüttelt Miller nur ungläubig den Kopf und sagt lächelnd: »Die Welt ist von Terrorismus bedroht.« Ritter wiederum: »Ja aber was hat das mit unserem Fall zu tun?« Auch dieser Dialog spielt auf die Debatte über das Auftreten der Amerikaner in der Weltpolitik an. Damit wird einmal mehr der Eindruck bestätigt, dass sich die Amerikaner wie die Herren der Welt aufführen und eine paranoide Angst vor Terror-Anschlägen verbreiten, die jeder rationalen Grundlage entbehrt.

Auch der Vorwurf, die USA würden eine skrupellose rechtsstaatswidrige Politik betreiben, klingt an. So fordern die Kommissare von Miller die Gegenstände aus Wilsons Hotelzimmer zurück, »die Sie gestohlen haben.« Als Miller daraufhin sagt, er wolle den Kommissaren »ein faires Angebot« machen, verdreht Ritter nur die Augen und schaut zur Seite. Miller fährt fort: »Wie Sie sich denken können, stehen uns weit umfangreichere Datenquellen zur Verfügung wie der deutschen Polizei.« Währenddessen schenkt er ihnen ein Glas Weißwein ein – eine Geste, die wirkt, als wolle er sie umschmeicheln. Doch Stark sagt: »Wir wollen jetzt hier nicht irgendeinen Deal machen, wir wollen Wilsons Sachen zurück haben!« Die Aussage der Szene ist deutlich: Die USA halten nicht viel von rechtsstaatlichen Verfahren, sondern machen krumme »Deals«, um zum Ziel zu kommen. Die Deutschen dagegen bestehen auf einem korrekten Vorgehen. Dieser Eindruck wird im weiteren Verlauf des Films noch verstärkt, als Mitarbeiter der US-Botschaft Frankas Freund Daniel, den Hacker, beschatten, den sie der militanten linken Szene zuordnen. Tatsächlich stellt sich später heraus, dass Daniel den Bundeswehr-Server gehackt hat, in den Mord an Wilson jedoch nicht verwickelt war.

Die im Film auftretenden *chinesischen Investoren* bleiben allesamt merkwürdig eigenschafts- und konturlos. Sie sprechen kaum, und wenn, dann sind es oft chinesische Sprichworte. Als die Kommissare etwa auf Dr. Wong treffen (Min. 47:55), übersetzt Kirsten Tomaschek:»Dr. Wong sagt, ist eine Sache geschehen, dann rede nicht darüber. Es ist schwer, verschüttetes Wasser wieder zu sammeln.« Dr. Wong und seine Kollegen erscheinen so wie Karikaturen. Im Film verkörpern sie auf abstrakte Weise die aufstrebende Weltmacht China, die im medialen Diskurs um die Jahrtausendwende ein großes Thema geworden ist. Dies wird auch direkt thematisiert: Als herauskommt, dass Kirsten Tomaschek über Verbindungen zur chinesischen Geschäftswelt verfügt, sagt Ritter:»Nun, die Frau ist eben ein echtes Kind der neuen Zeit!« Und Stark:»Ja, die kooperiert schon mit der nächsten Weltmacht.«

Der *Betriebsratsvorsitzende Klaus Werner* wirkt zunächst – wie in der Eingangs-Szene im Nachtclub beschrieben – verzweifelt und machtlos. Später wird jedoch klar, dass er sich bestechen ließ. Welcher Eindruck überwiegt letztlich im Film? In Min. 16:00 wird der Zuschauer in Werners Lebenswelt eingeführt: Zunächst ist er in einer Detailaufnahme während der Fahrt auf einem Rennrad mit Brötchentüte in der Hand zu sehen. Nach einem Schnitt wird in der Obersicht eine typische deutsche Wohnsiedlung mit zahlreichen identisch aussehenden Doppelfamilienhäusern – weiß mit rot gedeckten Dächern – gezeigt. Dann schwenkt die Kamera nach unten auf den radelnden Werner zu, der zugleich auf die Kamera zufährt. Durch die Kameraführung wird der Zuschauer in die Siedlung, die offensichtlich Werners Wohnort ist, regelrecht hineingezogen.

Als Werner seine Doppelhaushälfte betritt, sieht man im Esszimmer seine Ehefrau und Tochter, die sich über eine bevorstehende Klassenparty unterhalten. Es wirkt wie eine typische Szene aus dem Familienalltag. Nur mit Klaus Werner stimmt ganz offensichtlich etwas nicht: Er grüßt nicht, wirkt gereizt und nervös. Seine Frau sagt entschuldigend zur Tochter:»Das nimmt ihn ja auch alles ziemlich mit.« Offenbar spielt sie damit auf die berufliche Lage Werners an, dessen Betrieb vor der Übernahme steht.

Jedoch stellt sich im weiteren Verlauf des Films heraus, dass Werner seiner Frau eine Affäre mit Escort-Girl und Übersetzerin Kirsten Tomaschek verschweigt – ebenso wie die Tatsache, dass er Geld von Wilson angenommen hat. Stattdessen offenbart sich Werner gegenüber Kirsten, die jedoch schon alles weiß (Min. 57:30): Beide sitzen sich in Kirstens Wohnung gegenüber. Er blickt sie verzweifelt an: »Ich muss dir was gestehen… Ich hab' Geld angenommen.« Sie schüttelt und senkt den Kopf: »Ich weiß. Mich hat er mit auf dein Konto überwiesen.« Darauf lehnt sich Werner leicht zurück, es entsteht eine kurze Pause. »Ach so. Das heißt, du hast mit mir nur…« Und sie: »Ach, Klaus.« Nach einer abermaligen Pause setzt sie sich auf seinen Schoß und fährt ihm durch die Haare. Er blickt hilflos-verzweifelt zu ihr auf. Sie sagt: »Ich hätte doch nie mit dir geschlafen, wenn ich's nicht auch gewollt hätte.« Werner fühlt sich hier zunächst doppelt betrogen: Er hat sich nicht nur vom Geld verführen lassen, sondern auch von Kirsten, die dafür bezahlt wurde. Erst als sie behauptet, sie hätte nicht nur wegen des Geldes mit ihm geschlafen, entspannen sich seine Gesichtszüge ein wenig. Tatsächlich wirkt Werner hier nicht wie ein Täter, sondern wie ein ausgenutztes Opfer.

Als Werner vor der Polizei aus Kirstens Wohnung flüchtet und später mit zerrissener Hose zu Hause ankommt, wird er von seiner Frau zur Rede gestellt, verschweigt jedoch die Wahrheit. Erst als die Polizisten klingeln und ihn zur Rede stellen, erzählt er von Kirsten Tomaschek und dem Geld, das er angenommen hat. Aber auch hier rechtfertigt er sich noch: »Wilson hat mir klargemacht, dass die Übernahme von Brom unvermeidbar ist. Aber mit meiner Hilfe könnte man die Sache erträglicher machen, einen Sozialplan.« Später habe er aber »raus aus der Sache« gewollt.

Seine Frau blickt ihn nur ungläubig an. Die Tochter hockt währenddessen auf der Treppe, die ins obere Stockwerk führt, und hört alles mit. Schließlich sagt Werner: »Renate, es tut mir Leid. Manchmal wünschte ich, es wäre alles nur ein böser Traum.« Bei dem Wort »böser« gibt es einen Schnitt und die Tochter ist aus der Untersicht zu sehen, wie sie auf der Treppe sitzt und durch die Gitterstäbe des Treppengeländers schaut. Nach einem weiteren Schnitt sieht man Renates leidendes Gesicht aus der Perspektive der Tochter durch die Gitterstäbe. Plötzlich blickt Renate in Richtung der Tochter. Diese steht auf und geht nach oben. Die Szene macht klar, dass hier ein heiles Familienleben zerbricht.

Kurz vor Schluss des Films sieht man die Mutter noch einmal mit Tochter und Sohn am Abendbrot-Tisch sitzen (Min. 83:12). Werner befindet sich in einem anderen Zimmer. Die Mutter klatscht mit einem Löffel Senf auf ein Salami-Brot und reicht es der Tochter: »Bring ihm das.« Die Tochter ruft: »Ihr seid so Scheiße!« Der Sohn sagt mit traurigem Gesicht:

Abb. 22: TV-Film »Tatort« – Ritter, Brom-Vorstand Dr. Weidenfeld, Stark

»Papi geht's nicht gut.« Die Mutter daraufhin mit regungsloser Miene: »Mir geht's auch nicht gut.« Die Mutter wirkt hier wütend, lässt dies jedoch nicht direkt gegenüber ihrem Mann aus, sondern an den Kindern. Schließlich bringt der Sohn seinem Vater das Brot ins obere Stockwerk – und findet ihn im Badezimmer gekrümmt auf dem Boden liegen. Im Nebenzimmer erblickt er einen Haufen Medikamente. Er ruft mehrmals: »Mami!« Die Mutter scheint erst nach einigen Sekunden zu begreifen, was vorgefallen ist und läuft nach oben. Klaus Werner hat einen Selbstmordversuch unternommen, überlebt jedoch. Er erscheint innerlich zerrissen, als ein Opfer der US-Finanzinvestoren und deren geplanter Firmenübernahme; als ein gutwilliger Mensch, der in Versuchung geführt wurde: Die Finanzinvestoren haben mit ihrem Geld die Familie zerstört. Ob die Familie Klaus Werner verzeiht, bleibt unklar.

Insgesamt repräsentiert Werner den vermeintlich typischen Arbeiter und Familienvater. Analog dazu steht sein Betrieb, die *Brom AG*, für die deutsche Industrie. In einem Firmenvideo, das der Investmentberater Zinger den Kommissaren vorspielt, heißt es: »Brom Kraftwerktechnik AG. Eines der führenden deutschen Unternehmen im Turbinenbau für Wasserkraftwerke. Eintausend Beschäftigte, jährliche Betriebsleistung 240 Millionen Euro.« Die Beschreibung wirkt beeindruckend: Offenbar werden hier solide Produkte produziert und Arbeitsplätze geschaffen.

Später gibt es eine Sequenz, die direkt in der Firma spielt (Min. 37:23). Dabei ist zunächst aus der Obersicht ein Industriegebiet zu sehen: Fabrikgebäude an einer Bahnstrecke, ein rauchender Schornstein. Es ist offensichtlich, dass hier etwas produziert wird. In der nächsten Einstellung blickt man in der Halbtotalen durch eine Einfahrt auf das Fabrikgebäude der Brom AG, einen roten Ziegelbau. Nach einem Schnitt sind im Inneren der Fabrikhalle schwere Maschinen zu sehen. Vorstandssprecher Dr. Weidenfeld, im dunklen Anzug mit Weste, blauem Hemd, Schlips und runder Hornbrille, erläutert dort: »Die Firma steht keineswegs auf wackeligen Füßen. Im Gegenteil, wir expandieren.« Weidenfeld wirkt seriös und zurückgenommen, wie ein fürsorgender Unternehmer. Als er erklärt, dass Blue Mountain Invest den Aktionären 88 Euro pro Aktie biete, obwohl der momentane Kurs bei 72 Euro liege, eine klare feindliche Übernahme-Absicht also, blickt er deprimiert. Den Investoren gehe es »um das Erzielen von Höchstrenditen. Sie können es auch Ausplünderung nennen.«

Aufschlussreich ist, wie Weidenfeld sein Verhältnis zu Werner beschreibt. Auf die Frage der Kommissare, ob er Werner zutraue, mit Blue Mountain Invest zu »kollaborieren«, sagt er: »Dann fragen Sie mich doch gleich, ob er bestechlich ist. Nein. Er ist wie kaum ein anderer an die Firma gebunden. Sein Vater hat schon hier gearbeitet« (Abb. 22). Es scheint hier zwischen Weidenfeld und Werner keinen Interessengegensatz zu geben – den man ja eigentlich vermuten könnte, da Werner Betriebsratsvorsitzender ist und für die Arbeiter spricht. Stattdessen scheinen beide an einem Strang zu ziehen – gegen die Finanzinvestoren. Wenn Weidenfeld erwähnt, dass auch Werners Vater hier schon arbeitete, macht das deutlich, dass Werner im Unternehmen verwurzelt ist und wie die gesamte Brom AG für Kontinuität und Altbewährtes steht.

Nur Werners Kollegen sind skeptisch. So sieht man in einer Einstellung einige Arbeiter im Blaumann in einem Pausenraum sitzen. Sie stellen Werner zur Rede (Abb. 23). Er versucht, sie zu überzeugen: »Wenn wir solidarisch sind, dann sehe ich gute Chancen für uns.« Gegenüber den Kommissaren rechtfertigt sich Werner später, er habe Wilson »einfach eindringlich erklären« wollen, »was die Übernahme für die Menschen bedeutet, die hier arbeiten. Dass es um menschliche Schicksale geht.«

Das Gesamtbild, das hier entsteht, ist eingängig: Die Brom AG ist ein gesundes, produzierendes Unternehmen – geradezu typisch deutsch, denn hier werden mit schwerem Gerät Turbinen aus Stahl hergestellt. Das Unternehmen ernährt zahlreiche Arbeiter und ihre Familien. Der Chef will nur das Beste für alle. Die Einzigen, die stören, sind die US-Finanzinvesto-

Abb. 23: TV-Film »Tatort« – Brom-Arbeiter, Betriebsrat Werner

ren, denen es ausschließlich um die Rendite geht und die sogar zum Mittel der Bestechung greifen, um ihre Ziele zu erreichen.

Welche Rolle spielt nun die *Studentin Franka Schönbaum*? Sie wirkt innerlich zerrissen und hadert mit der Entscheidung, die Beziehung zu ihrem Freund Daniel zu beenden. In der Eingangs-Szene im Nachtclub redet sie emotional auf Wilson ein und sagt, sie habe sich aus Liebe dagegen entschieden, den Enthüllungs-Artikel über ihn zu schreiben. Und obwohl Wilson ihr eiskalt erklärt, er wolle wegen des Vertrauensbruchs nichts mehr mit ihr zu tun haben, bleibt sie bei ihrer Entscheidung, Wilson nicht in den Rücken zu fallen. So verkündet sie in der Redaktion des Magazins *Echo* dem verantwortlichen Redakteur ohne Angabe von Gründen, sie werde den geplanten Artikel nicht schreiben. (Min. 50:27) Dieser reagiert verständnislos und ruft aus: »Sie schreiben die Titelstory des Jahres: ›Tod einer Heuschrecke‹!« Doch Franka verteidigt den Hedge-Fonds-Manager mit wütender Stimme: »Wilson war ein Mensch und kein Insekt.«

Es ist die einzige Szene, in welcher der Begriff »Heuschrecke« fällt. Hier wird noch einmal deutlich, dass diese Metapher in den deutschen Medien nicht mehr erklärungsbedürftig ist, denn selbst eine Schlagzeile, die den Begriff enthält, wird offenbar ohne Weiteres verstanden. Zugleich wird die Metapher an dieser Stelle jedoch kritisch hinterfragt, denn Franka macht ja deutlich, dass sie es für problematisch hält, Menschen als Insekten zu bezeichnen. Die Distanzierung wirkt allerdings nicht sehr glaubwürdig, denn Franka scheint nicht ein grundsätzliches Problem mit dem Thema zu haben, sondern will nur nicht über Wilson schreiben. Sie scheint vielmehr blind vor Liebe zu sein. Ob es möglicherweise das Geld und die Macht sind, die sie an Wilson anziehend findet – genau das wirft Daniel ihr explizit vor –, ist bis zuletzt unklar. So bleibt ihre Rolle ambivalent: Sie wirkt ehrlich, aber nicht konsequent.

Zusammenfassung

Der »Tatort: Tod einer Heuschrecke« verbreitet vor allem eine Botschaft: US-Finanzinvestoren bedrohen die deutsche produzierende Industrie. Ihnen geht es nur um Profit, die arbeitenden Menschen sind ihnen egal. Dass durch ihr Wirken Familien zerstört werden, nehmen sie gleichgültig in Kauf.

Die Finanzinvestoren werden hier verkörpert von den beiden amerikanischen Vertretern der Blue Mountain Invest, Wilson und Hopkins, sowie ihrem deutschen Berater Zinger. Sie strahlen Ignoranz aus und protzen mit ihrem Vermögen, etwa in der Szene, in der Hopkins im Privatflugzeug in der Stadt eintrifft und mit einer Stretch-Limousine vom Rollfeld abgeholt wird. Der Nachtclub »Uptown«, in dem Wilson ein und aus geht, drückt schon durch seinen Namen aus, dass man hier über der gewöhnlichen Bevölkerung steht. Die Investoren verhalten sich eiskalt und ignorant – nicht nur gegenüber den betroffenen Mitarbeitern der Brom AG, sondern auch gegenüber Franka Schönbaum und den Kommissaren. Sie behaupten, »wichtige Entscheidungen« zu fällen, doch der Zuschauer erfährt zugleich, dass es ihnen stets nur darum geht, die Rendite in die Höhe zu treiben.

Im Gegensatz dazu steht die Brom Kraftwerktechnik AG: Ein solides, Güter produzierendes deutsches Unternehmen, das derart erfolgreich ist, dass es expandieren kann. Damit wird auch die gängige Argumentation der Finanzinvestoren konterkariert, sie würden vor allem notleidende Unternehmen aufkaufen, um diese zu sanieren. Die Brom AG wird in erster Linie durch den Betriebsratsvorsitzenden Klaus Werner repräsentiert. Er lässt sich bestechen, erscheint aber letztlich als Opfer des großen Geldes – eine ehrliche Haut, die in Versuchung geführt wird. Werner verkörpert bis zum Schluss den typischen deutschen Familienvater, der nicht nur für seine Angehörigen, sondern als Betriebsratsvorsitzender auch für seine Kollegen sorgen muss. Als die Bestechung auffliegt, ist er so verzweifelt, dass er einen Selbstmordversuch unternimmt. So erscheint Werner zwar als schwach, nicht jedoch als schlecht. Er bleibt auf der Seite der Guten.

Auf dieser Seite befinden sich auch die beiden Kommissare Ritter und Stark. Immer wieder geben sie zu erkennen, dass sie in der Welt der Reichen nicht mitspielen können und wollen. Zudem machen sie deutlich, dass sie die Geschäfte der Finanzinvestoren nicht nur für undurchschaubar halten, sondern auch grundsätzlich ablehnen. Wie Werner werden auch die Kommissare von ihrer privaten, menschlichen Seite gezeigt – mit einem Familien- und Beziehungsleben. Die Finanzinvestoren dagegen sieht man ausschließlich bei der Arbeit.

In einem Nebenstrang wird zudem die Politik der USA nach den Terroranschlägen vom 11. September 2001 thematisiert, hier verkörpert durch den Botschafts-Mitarbeiter Bob Miller. Dieser bestätigt das gängige Klischee vom typischen Amerikaner: Er wirkt smart und hat stets eine Small-Talk-Floskel auf den Lippen, zugleich erscheint er überheblich. Er bebildert gewissermaßen den Vorwurf, die USA würden sich gnadenlos selbst überschätzen und ihre Macht skrupellos missbrauchen, um eine paranoide Anti-Terror-Politik durchzusetzen. Letztlich stellt sich denn auch heraus, dass Millers Befürchtung, es werde ein Anschlag gegen den Wirtschaftsgipfel vorbereitet, unbegründet war. Stattdessen ging es im tödlichen Übernahme-Machtkampf der Finanzinvestoren nur um Geldgier und Profit.

Insgesamt kann resümiert werden, dass der »Tatort: Tod einer Heuschrecke« in holzschnittartiger Weise den deutschen Heuschrecken-Diskurs reproduziert und in einer beispielhaften Geschichte erzählt: Ein solides, produzierendes deutsches Unternehmen und die dort arbeitenden Menschen – mit sozialem Zusammenhalt und einem harmonischen Familienleben – werden von skrupellosen US-Investoren bedroht, gegen die sie keine Chance haben, weil die Amerikaner mit Macht und Geld alle anderen korrumpieren.

Resümee

Die Analysen aus dem wirtschaftlichen Diskursbereich zeigen, dass antiamerikanische Bilder und Argumentationsmuster hier weit verbreitet sind und einen bedeutenden Teil des medialen Diskurses strukturieren. Das zeigt sich etwa anhand zahlreicher Stereotype, mit denen Amerika und die Amerikaner charakterisiert werden.

Zentral ist dabei das Bild von Geldgier und übermäßigem Kommerz. So werden die USA als das »Land des ungehemmten Kapitalismus« beschrieben, in dem »Big Money und Profitgier« das Sagen hätten und ein

»Tanz um das Goldene Kalb« veranstaltet werde. Entsprechend wird die *amerikanische Wirtschaft* als vom Diktat des Geldes geprägt dargestellt: maximale Profite und Kurzfristigkeit statt Nachhaltigkeit und Sicherheit. Als Beispiel dafür gilt nicht zuletzt der »Finanzgauner« Madoff, der die Gier seiner Opfer einfach nur geschickt ausgenutzt habe. An dieser Stelle werden auch direkte Verknüpfungen mit dem Antisemitismus deutlich: So wird Madoff unter anderem als typischer Vertreter einer »sehr jüdischen Welt« reicher Leute dargestellt, der paradigmatisch für die üblichen »Betrügereien« an der Wall Street stehe. Wenn zudem von einem »Raubtierkapitalismus«, »Wildwest-Treiben« oder »Casino-Kapitalismus« die Rede ist, wird die amerikanische Wirtschaft damit als Schlachtfeld ohne Regeln beschrieben, auf dem nur das Recht des Stärkeren zählt.

Doch nicht nur US-Unternehmer und »Spekulanten«, sondern auch die *amerikanische Bevölkerung* wird mit derartigen Attributen bedacht. So ist von den Amerikanern als einer »Nation von Zockern« und »Religionsgemeinschaft der Enthemmten« die Rede. Ihnen wird zugeschrieben, Geld zu »vergötzen« und der »Dollar-Libido« verfallen zu sein. Der typische Amerikaner lebt in diesem Bild auf Pump und hat vor allem das Ziel, »Reibach zu machen«. Als Beleg für dieses angeblich typisch amerikanische Verhalten wird unter anderem die Finanz- und Wirtschaftskrise angeführt, die 2008 weltweit ausbrach. Diese wird fast ausschließlich den USA zugeschrieben. Deutschland dagegen erscheint als hilfloses Opfer, das unverschuldet in den Strudel wirtschaftlicher Verwerfungen mitgerissen wurde.

Auch die wirtschaftliche *Globalisierung* und der *Neoliberalismus* werden oftmals als Entwicklungen dargestellt, die von den USA zum Schaden der ganzen restlichen Welt betrieben würden. Zum Ausdruck kommt dies vor allem, wenn von der Globalisierung als »Amerikanisierung« die Rede ist. Dabei wird beklagt, Amerika mache mit seinem Wirtschaftsmodell und seinen Produkten die ganze Welt eintönig und gleich. Diese Deutungsweise zeigt sich auch im Streit um den amerikanischen Wein, der als industrieller »Kunstwein« und »Coca-Cola-Wein« ohne »Individualität« charakterisiert wird – und der das »kunsthandwerkliche Kulturgut«, das der europäische Wein darstelle, zu verdrängen drohe.

Die Debatte um die Geschäfte des Internet-Konzerns Google wiederum verdeutlicht, dass dahinter oft auch ein generelles Unbehagen an jeder Veränderung des Status quo steht, in diesem Fall aufgrund der Umwälzungen durch das Internet und die Bücher-Digitalisierung, die hier als »digitaler Imperialismus« der USA gebrandmarkt werden, der die europäische

Kultur bedrohe. Einen Sonderfall stellt der Streit um die Medienbeteiligungen Haim Sabans in Deutschland dar, in dem antisemitisch konnotierte verschwörungstheoretische Äußerungen fallen, der US-Unternehmer wolle seine Medienmacht nutzen, um Propaganda für Amerika und Israel zu betreiben. So erscheint die amerikanische Wirtschaftsmacht umso heimtückischer und gefährlicher.

In zugespitzter Form ist sogar metaphorisch von einem weltweit um sich greifenden »amerikanischen Virus« und einer »parasitären« US-Wirtschaft die Rede, die den »Organismus« der deutschen Wirtschaft bedrohen. So erscheinen Deutschland oder auch die ganze Welt dem als »amerikanisch« imaginierten Wirtschaftssystem wie einer Krankheit hilflos ausgeliefert. Letzteres wird beispielsweise an der Ausbreitung sogenannter »amerikanischer Verhältnisse« festgemacht – ein Begriff, der im medialen Diskurs in Deutschland meist synonym für »unsoziale Verhältnisse« steht.

Skandalisiert wird dabei insbesondere der »Heuschrecken-Kapitalismus« der profitgierigen *US-Finanzinvestoren*, die rund um den Globus nach »Futter« jagten, »ohne Rücksicht auf Menschen und Regionen«. Produktive und »gesunde« deutsche Unternehmen würden infolgedessen gnadenlos »ausgepresst« und »ausgesaugt«. Auch dem produzierenden US-Konzern General Motors (GM) wird vorgeworfen, in Bezug auf sein deutsches Tochterunternehmen Opel nach diesem Muster zu verfahren.

Der *detailliert analysierte »Tatort«* knüpft ebenfalls an den »Heuschrecken«-Diskurs an. In dem Film wird eine entsprechende fiktive Geschichte erzählt: Ein vermeintlich gesundes deutsches Unternehmen und die dort arbeitenden Menschen werden von einem skrupellosen amerikanischen Hedge-Fonds-Manager bedroht, der es auf maximalen Profit abgesehen hat, dafür über Leichen geht und mit menschlichen Schicksalen Roulette spielt. Seine Tätigkeit erscheint dabei abstrakt. Die als bodenständig dargestellten Deutschen sind der amerikanischen Manager-»Heuschrecke« in dieser Geschichte hilflos ausgeliefert.

Es ist auffällig, dass derartige antiamerikanische Deutungsweisen weit verbreitet sind und sich in massiver, oft auch *geschlossener Form* zeigen – vor allem im Zusammenhang mit wirtschaftlichen Krisen, aber auch bei Umbrüchen in einzelnen Unternehmen oder Märkten in Deutschland. Offene Dämonisierung und Verdammung sind dabei seltener anzutreffen als im politischen Diskursbereich. Bei näherer Betrachtung treten die stereotype, negative Sicht auf die amerikanische Wirtschaft und die damit einhergehenden positiven Zuschreibungen zur deutschen oder europäischen Wirtschaft jedoch viel umfassender zutage.

Teilweise werden die gegen Amerika gerichteten Schuldzuschreibungen auch von Politikern und wirtschaftlichen Akteuren befeuert. Dabei fällt auf, dass Globalisierung und Neoliberalismus zunächst vor allem im linken Milieu kritisiert wurden. Spätestens in der Debatte über den Finanzkapitalismus« und die Krise ab 2008 stimmten aber nicht nur Sozialdemokraten und Gewerkschafter, sondern auch konservative Politiker und sogar Unternehmer in die Klage über Amerika ein. Entsprechend sind antiamerikanische Deutungsweisen wirtschaftlicher Entwicklungen und Ereignisse quer durch alle Medien zu finden: in auflagenstarken Tages- und Wochenzeitungen, populären Sachbüchern und in Fernseh-Talkshows. Der im Detail analysierte »Tatort« zeigt, dass die Geschichte vom amerikanischen Finanzkapitalisten, der sich die produktive deutsche Wirtschaft unter den Nagel reißt, selbst in die abendliche Fernseh-Unterhaltung Eingang gefunden hat. Es handelt sich um eine Deutungsweise, die von den Zuschauern sofort verstanden wird, weil sie im medialen Diskurs in Deutschland bereits etabliert ist.

Dabei steht außer Frage, dass wirtschaftliche Akteure und deren Handlungen kritisiert werden dürfen – und dass es partiell durchaus Unterschiede zwischen den Systemen der USA und Deutschlands gibt. Problematisch ist hingegen, wenn dabei der Eindruck erweckt wird, der abstrakte »Finanzkapitalismus« sei »amerikanisch« – und der deutschen Produktivwirtschaft wesensfremd. So entsteht das falsche Bild eines *schlechten*, profitgierigen Kapitalismus, der die vermeintlich *gute*, soziale Wirtschaft in Deutschland und Europa zu zerstören droht. Die Deutschen und Europäer scheinen dem »entarteten Kapitalismus« à la USA, der in Form der »Amerikanisierung« über sie hereinbricht, in diesem Bild schuld- und hilflos ausgeliefert zu sein. Auf diese Weise wird nicht zuletzt auch die Verantwortung deutscher und europäischer Akteure für ökonomische und soziale Veränderungen kleingeredet, geleugnet und auf Amerika projiziert.

2.3 Kultur

Im Folgenden stehen mediale Debatten und Diskursbeiträge im Mittelpunkt, die sich im weitesten Sinne um amerikanische Kultur, Aspekte des Alltagslebens in den USA oder kulturelle Eigenheiten der Amerikaner drehen – von der Filmindustrie über das Essen bis zum Sport.

»Massenvernichtungswaffe«: Amerikanische »Kulturprodukte«

Wie die vorangegangenen Analysen gezeigt haben, werden unliebsame wirtschaftliche Entwicklungen, die in Deutschland oder weltweit vor sich gehen, wiederholt als »amerikanisch« charakterisiert, so dass Amerika als alleiniger Verursacher erscheint. Derartige Deutungen sind auch bezüglich der amerikanischen Kultur verbreitet. Im *Spiegel* vom 17. März 2003 hieß es: »Wohl noch nie in der Geschichte der Menschheit hat ein Land mit seiner Politik, mit seinen Panzern und seinen Produkten die Welt so dominiert wie heute die USA.«[429] Im weiteren Verlauf des Beitrags geht es vor allem um die US-Politik. Illustriert wird der achtseitige Artikel jedoch mit Fotos, die untertitelt sind mit: »Wal-Mart-Eröffnung in Dortmund« und »Walt-Disney-Filmpark bei Paris« (Abb. 24), »Oscar-Statuen in Los Angeles«, »Software-Produzent Bill Gates in Tokio« oder »Jeans-Reklame in Malaysia«. Die Bilder legen nahe, dass Amerika die Welt eben nicht nur politisch-militärisch dominiert, sondern auch auf den Gebieten des Konsums und der kulturellen Unterhaltung. Deutlich wird das vor allem an einem Foto, unter dem der Satz steht: »McDonald's-Logo in Kuweit: Bauen an einer neuen Weltordnung«. Demnach formen die USA die ganze Welt nach ihrem Muster um, indem sie ihre Konsum- und Kulturgüter überall verbreiten – also auf verführerische und fast unmerkliche Art und Weise.

In einem weiteren, einige Monate später erschienenen *Spiegel*-Artikel heißt es über die USA: »Sie überschwemmen die Welt mit ›Kulturprodukten‹ wie Big Macs, ›Baywatch‹-Filmen und Beyoncé-Popsongs.«[430] Der in Anführungsstrichen gesetzte Begriff »Kulturprodukte« verdeutlicht, dass die TV-Serie »Baywatch« oder das Werk der Popmusikerin Beyoncé nicht als wirkliche Kultur erachtet werden. Mit dem Verb »überschwemmen« wird im übertragenen Sinne nahegelegt, dass Amerika seine »Kulturpro-

---

429 Dieses u. alle folgenden Zit. aus Follath/Spörl, »Der entfesselte Gulliver«.
430 Follath u. a., »Die Große Dunkelheit«.

Abb. 24: Bebilderung des Artikels »Der entfesselte Gulliver«, Der Spiegel, 17.3.2003

dukte« in übermäßiger Weise über die ganze Welt verbreite. Dieser Entwicklung etwas entgegenzusetzen, scheint kaum möglich.

Der Philosoph und Publizist Richard David Precht schrieb dazu 2009 in einem Essay, die USA hätten bereits »den dauerhaften ideologischen Sieg über Nazi-Deutschland« nicht zuerst durch ihre Panzer erzielt, »sondern durch die Einführung von Nylonstrümpfen, Jazzmusik, Kaugummi, Jeans, Hollywood und Coca-Cola.«[431] Und weiter: »Mehr als Drei Viertel der Welt hat man inzwischen erfolgreich mit dieser Kultur unterwandert.« Der »American Way of Life« sei »die erfolgreichste Massenvernichtungswaffe des 20. Jahrhunderts«, die auch in den »Hochburgen der Fundamentalisten« zünden würde, wenn die US-Soldaten nur von dort »verschwinden« würden. Precht beschreibt die amerikanische Kultur und Lebensweise (»American Way«) hier als Machtinstrument mit gigantischer Wirkung. Der »American Way of Life« erscheint in diesem Bild umso gefährlicher, weil er nach und nach fast überall auf der Welt unmerklich eindringt und die anderen Kulturen zersetzt.

Vor allem während des Irak-Kriegs 2003 wurde die Abneigung gegen die amerikanische Kultur in teils drastischen Worten geäußert. Gabi Delgado, Frontmann der legendären New-Wave-Band Deutsch-Amerikanische Freundschaft (DAF), sagte in einem Interview, »als Künstler und gerade als Musiker« müsse man »täglich gegen den Pop-Imperialismus kämpfen, denn ich habe diesen amerikanischen Einheitsbrei total satt. Das gilt nicht nur für Musik, sondern auch für Kino, Fernsehen – und natürlich für die wirk-

---

431 Dieses u. alle folgenden Zit. aus Precht, »Feigheit vor dem Volk«.

lich existierenden Machtverhältnisse.«[432] Die amerikanische Flagge sei »ein Symbol für Kulturzerstörung«. Dass die Musik der DAF ebenfalls in nicht unerheblichem Maße von der globalen Popkultur beeinflusst ist, thematisiert Delgado nicht. Stattdessen beklagt er, Amerika überziehe die ganze Welt in imperialistischer Weise mit seinem kulturellen »Einheitsbrei«. Darüber hinaus bekundet Delgado unverhohlen, er habe sich am 11. September 2001 »erst einmal ganz wertfrei gefreut, dass so was passiert.« Und weiter: »Ich will, dass Amerika zerstört wird, ich will, dass die amerikanische Kultur zerstört wird, und dann gucken wir, was passiert«. Eine unzweideutige Vernichtungsfantasie.[433]

Der Theaterregisseur Peter Zadek richtete im Juli 2003 ebenfalls heftige Worte gegen Amerika: Er erhoffe sich »geistigen Widerstand [...] gegen diese Scheiße, die auch eine Kulturscheiße ist«.[434] Begründung: »In den Fünfzigern waren amerikanische Schriftsteller und Regisseure meine Helden. [...] Aber dann siegte das Musical über das Theater, und aus Hollywood kam nur noch schreckliches Zeug.« Zadek nennt dafür nun einige Beispiele. Der Film »About Schmidt« (2002) etwa sei »grauenhaft: dieser gewalttätige Pseudohumor, der in Wahrheit totale Humorlosigkeit ist.« Der Film »American Beauty« (1999) wiederum sei »der reine Kitsch«. Zadek: »Gut fand ich nur ›Far from Heaven‹, und der ist eine Hommage an Douglas Sirk, einen Europäer. Ich bin nun mal ein Europäer.« Zadek beschreibt hier die amerikanische Kultur am Beispiel von Hollywood-Filmen als »pseudomäßig« und »kitschig« – also als falsche und oberflächliche Massenunterhaltung. Amerika ist in seinen Augen schlicht kulturlos – echte Kultur gibt es demnach nur in Europa.

Auch der in Berlin und Los Angeles lebende Filmregisseur Wim Wenders behauptete einen derartigen Gegensatz. In einem Beitrag für die *FR* schrieb er 2007, in den USA sei das menschliche Individuum »vor allem die kleinste mögliche Wirtschaftseinheit«.[435] In Europa dagegen sei es »die kleinste Kultureinheit, mit seiner Sprache, seiner Region, seinen Bildern,

---

432 Dieses u. alle folgenden Zit. nach Stöger, »Zurück zum Beton«.
433 Kurz vor dem Irak-Krieg veröffentlichten DAF die Single »Der Sheriff«, Untertitel: »Ein antiamerikanisches Lied«. Im Refrain heißt es: »Wenn der Sheriff reiten geht / reiten alle mit / Wenn der Sheriff Feste feiert / feiern alle mit / Alle müssen respektieren / Alle müssen akzeptieren / Alle müssen mal kapieren / wer der Sheriff ist« (zit. nach Kage, »DAF: Der Sheriff«). Die Botschaft ist klar: Die USA als Weltpolizist, dem sich alle unterwerfen müssen. Der Song lief in vielen deutschen Radiosendern und im Musik-TV.
434 Dieses u. alle folgenden Zit. nach Höbel/Hüetlin, »»Kulturkampf? Ich bin dabei!««.
435 Dieses u. alle folgenden Zit. aus Wenders, »Das Bild von Europa zwischen den Zeilen«.

seiner Musik, seinen Mythen und Geschichten, seiner Ideologie, seinem Land, kurz, seiner Diversität, seiner Andersheit, seiner Eigenheit!« Nach Wenders' Beschreibung ist der typische Europäer also ein Kulturmensch – ein Mensch, der in vielfältiger, »eigener« Weise geschichtlich-kulturell verankert ist. Den typischen Amerikaner hingegen charakterisiert er als einen ausschließlich nach ökonomischen Kriterien handelnden Menschen, der über eine solche gewachsene kulturelle Vielfalt nicht verfüge. Wenders sieht in dieser Definition des Einzelnen »das größte europäische Kapital«. Und er schreibt weiter: »Darum wehren sich die jungen Europäer so dagegen, zu Konsumenten in einer globalen Welt zu werden. Sie haben so viel zu verlieren! [...] Es geht in der globalisierten Welt eine geringere Gefahr von der Europäisierung aus als zum Beispiel von einer Amerikanisierung.« Unter »Amerikanisierung« versteht Wenders hier also vor allem eine weltweite, von Amerika ausgehende Gleichmacherei nach wirtschaftlichen Kriterien, die er als gefährlich erachtet. Wenders schließt seinen Text mit der Forderung, Europa müsse sich »über sein Ureigenstes definieren: die wunderbare, chaotische, einzigartige Vielfalt seiner Kultur!« Das ist eine legitime Forderung. Doch warum stellt er diese »vielfältige« europäische Kultur in einen Gegensatz zu einer angeblich rein ökonomisch bestimmten Einheitskultur der USA?

Derartige Deutungsweisen finden sich auch in der populären Literatur, wie ein letztes Beispiel zeigt. In dem Bestseller *Vollidiot* (2004) des Comedy-Autors Tommy Jaud weigert sich der Hauptprotagonist Simon Peters, einen Laden der Kaffeehaus-Kette Starbucks zu betreten: »Ich kauf mir keinen Ami-Kaffee! [...] Auf der ganzen Welt machen die Amis Ketten auf mit Sachen, von denen sie keine Ahnung haben! Pizza Hut zum Beispiel. Hab ich da irgendwas verpasst, oder ist Pizza nicht zufällig italienisch? Ich gehe ja als Deutscher auch nicht in die USA und eröffne 'ne Crêpes-Kette mit fünfhundert Filialen!«[436] Die Argumentation ist absurd: US-Unternehmen wird hier abgesprochen, global beliebte kulinarische Produkte wie Kaffee oder Pizza auf qualitativ hochwertige Weise zu produzieren, weil diese nicht der amerikanischen Kultur entstammten. Das dahinterstehende Bild baut auf dem bekannten Muster auf: Danach vereinnahmt Amerika kulturelle Errungenschaften aus aller Welt, um sie nach seinem Muster zu kommerzialisieren und – in derart gleichgemachter und minderwertiger, also »amerikanisierter« Form – überall zu verbreiten.

---

436 Jaud, *Vollidiot*, S. 21 f.

»McKultur«: McDonald's & Co. in Berlin-Kreuzberg

Die Abwehr amerikanischer »Kulturprodukte« zeigt sich nicht nur in feuilletonistischen Debatten, sondern auch auf der lokalen Ebene. Zum Beispiel in Berlin-Kreuzberg, wie in der Einleitung bereits angedeutet wurde. Das Viertel steht im Ruf, anders zu sein als der Rest der Stadt. Seit den 1970er-Jahren leben hier linke Aktivisten, Studenten, Künstler und Migranten. Alternative Hausprojekte, Kneipen und Bioläden prägen die Gegend. Doch Kreuzberg verändert sich. Die Mieten steigen, neue Läden eröffnen, immer mehr Touristen bevölkern die Gegend.

Als die Fastfood-Kette McDonald's im Jahr 2007 an der Wrangel-/ Ecke Skalitzer Straße eine neue Filiale errichten wollte, stieß das bei den Kreuzbergern auf wenig Gegenliebe. Der Sprecher der umgehend ins Leben gerufenen Bürgerinitiative McWiderstand, Philipp Raschdorf, sagte: »Die Allerwelts-Burger bei McDonald's sind ein Angriff auf die Vielfalt der kleinen Geschäfte, Restaurants und Döner-Buden im Bezirk«.[437] Der örtliche, direkt gewählte Grünen-Bundestagsabgeordnete Hans-Christian Ströbele bekundete: »Im Interesse der Bevölkerung ist es nicht gut, dass dort ein McDonald's gebaut wird. Das Essen ist ungesund. Vor allem junge Leute erliegen der Versuchung.«[438] Die *Berliner Zeitung* zitierte dazu eine Anwohnerin mit den Worten: »Die Menschen hier haben einen politischen Grundkonsens, da passt McDonald's nicht rein«. Der *Tagesspiegel* berichtete von wütenden Protesten. Ein Passant habe seinen Mittelfinger in Richtung McDonald's gereckt und gebrüllt: »Scheiß Amis«.[439]

Die Reaktionen sind aufschlussreich. Denn wenn sich der Protest vor allem gegen ungesundes Essen richten würde, müssten auch die zahlreichen Döner- und Pommesbuden in der Gegend Thema sein. Tatsächlich scheint es hier jedoch explizit um die Abwehr amerikanischer Fastfood-Nahrung zu gehen, die gerade deshalb als gefährlich empfunden wird, weil sie bei vielen Menschen so beliebt ist – dies wird bei Ströbeles Warnung vor der »Versuchung« deutlich. Zudem geht es gegen einen weltweit operierenden US-Konzern, der nicht in Kreuzberg eindringen und den »politischen Grundkonsens« stören soll. Auf dem Bauzaun vor der neuen McDonald's-Filiale waren kurze Zeit später Graffiti zu lesen wie »Gegen McKultur« und »Xberg schlägt zurück – kein McDoof«. Damit wird

---

437 Zit. nach Herwig, »McDonald's hat Kreuzberg erobert«.
438 Dieses u. alle folgenden Zit. nach Majica, »So is(s)t Kreuzberg«.
439 Zit. nach Boie, »Kreuzberg am Rande des Burger-Kriegs«.

McDonald's als Repräsentant einer ganzen Kultur oder vielmehr Unkultur bezeichnet, die abgelehnt wird.

Diese Sichtweise kommt auch in einem Meinungs-Artikel des grünen Landtagsabgeordneten Dirk Behrendt im *Tagesspiegel* vom 22. Mai 2007 zum Ausdruck. Behrendt kritisiert darin die »immer gleichen Restaurants mit dem immer gleichen Angebot«, das in »allen Teilen der Welt wohlbekannt« sei.[440] Beim Protest gegen McDonald's gehe es »gegen die mit McDonald's verbundene weltweite Gleichmacherei.« Behrendt: »Glücklicherweise gibt es in Berlin noch viele, die nicht in den immer gleichen Einkaufszentren einkaufen und den immer gleichen Schnellrestaurants essen wollen.« Wenn Behrendt hier eine »weltweite Gleichmacherei« beklagt, drückt er damit aus, dass die neue McDonald's-Filiale eine Gefahr für die Kreuzberger Kultur sei und diese zu zerstören drohe.

Als die McDonald's-Dependance schließlich eröffnete, verstummten die Diskussionen. Dafür hatte bald die neue Filiale der US-Sandwich-Kette Subway in der Schlesischen Straße in Kreuzberg ein Problem: Kurz nach der Eröffnung im September 2008 wurden mehrere Fensterscheiben eingeworfen, der Eingangsbereich mit Farbe bekleckert und der Spruch »Subway sucks« an die Wand geschmiert.[441] Die ebenfalls neu eröffnete Filiale der Fastfood-Kette China-Box blieb dagegen unbeschadet.

Großer Protest regte sich auch gegen das Großprojekt »Mediaspree«, im Zuge dessen zahlreiche neue Büro-, Geschäfts- und Wohngebäude entlang der Spree im Bezirk Friedrichshain-Kreuzberg entstehen sollten. Viele Anwohner befürchteten eine verstärkte Gentrifizierung: Die Gegend werde unbezahlbar, einkommensschwache Bevölkerungsschichten müssten wegziehen. All dies sind nachvollziehbare Befürchtungen, die schließlich in einem Volksbegehren gegen das »Mediaspree«-Projekt mündeten. Allerdings zeigten sich in der Diskussion wiederholt auch stereotype Bilder. So ging der »Initiativkreis Mediaspree versenken« mit einer Flugblattreihe namens »Smash media spree« an die Öffentlichkeit. Eines davon richtete sich gegen die vom US-Konzern Anschutz erbaute Veranstaltungshalle O2-World und das dazugehörige »Entertainment-Stadtviertel« und trug die Überschrift: »KEIN Disney in Kreuzberg«.[442] »Disney« steht hier für Unterhaltung à la Hollywood – ein Feindbild, mit dem man offenbar Stimmung gegen die Baupläne machen wollte.

---

440 Dieses u. alle folgenden Zit. aus Behrendt, »Burger haben keine Bärte«.
441 Vgl. Hecht, »Verbissener Kampf gegen Sandwich-Laden«.
442 Initiativkreis Mediaspree versenken, »KEIN Disney in Kreuzberg«.

Kindergesundheit

US-Kids sind fett und faul

Samstag, 27.01.2007, 10:43

Die schlechte Ernährung und körperliche Trägheit von US-Kindern macht Experten Sorge

Zu viele Kalorien, zu viel TV, zu wenig Bewegung – nur 18 von 900 Kindern einer Studie erfüllten alle Kriterien für einen altersgemäß gesunden Lebensstil

Wirklich überrascht waren die Wissenschaftler nicht von ihrem Studienergebnis. Unterstrich es doch nur alle jüngeren Erhebungen zur mangelnden Fitness des amerikanischen Nachwuchses: 80 Prozent von 900 Kindern zwischen elf und 15 Jahren zeigten mehrere Mängel,

Abb. 25: Artikel »US-Kids sind fett und faul«, Focus Online, 27.1.2007

Ganz in diesem Sinne bot der alternative Städtetouren-Anbieter StattReisen 2009 einen Stadtspaziergang durch die Gegend an. Unter dem Titel »Let me entertain you«. Schöne neue Welt am Ostbahnhof« heißt es dazu im Ankündigungstext:»Noch vor Jahren gab es hier nur gähnende Leere und das längste Stück Mauer. Heute dominiert eine neue Mega-Arena für 17.000 Besucher die Umgebung. Droht eine Amerikanisierung des Berliner Ostens? Das Bürgerbegehren ›Media-Spree versenken‹ versucht das zu verhindern.«[443] Der Begriff der »Amerikanisierung« dient hier als Chiffre für den als negativ verstandenen Wandel des Stadtbezirks.

In zugespitzter Form zeigt sich die stereotype Abwehr dieses Umstrukturierungsprozesses in dem Song »Hier im Kiez« der Rap-Gruppe Monkey Mob. Der Song wurde auf der Website von »Mediaspree versenken« zum Download angeboten und dort folgendermaßen beschrieben: »Er setzt sich mit dem derzeit stattfindenden Stadtumbau in Berlin auseinander. Die Crew begreift sich als Teil des Widerstandes gegen diese Umstrukturierungsprozesse.«[444] Im Songtext heißt es: »Blutegel saugen das Viertel leerer und leerer / Wir verlassen die Gegend ohne Gesicht und Seele [...] Immobilienhaie spekulieren um Preise / Zersetzen das große Ganze in Einzelteile / Sie zerfleischen die Gemeinde verändern Häuserreihn / Wo früher ein Kiezladen zieht heute McDonald's ein [...] Großkapitalisten planiern

---

443 In: StattReisen Berlin (Hg.), *Stadt-Spaziergänge 2009*, S. 13.
444 Monkey Mob, »Hier im Kiez«.

die Pisten wolln den Kiez besitzen / Zwingen uns in die Knie [...] Sie
kommen, um unser Land zu rauben / Doch wir bleiben stehen und kämpfen [...] Wir Bürger sind reich an der Zahl wie Bäume im Wald«.

In dem Text zeigt sich ein reaktionäres Weltbild: Anonyme »Großkapitalisten«, »Blutegel« und »Immobilienhaie«, die von außen kommen, bedrohen die autochthone Bevölkerung im Kiez, wollen »unser Land rauben«
und damit das »große Ganze« vernichten. Es sind Stereotype, die nicht nur
an antiamerikanische Deutungen anschließen, sondern vor allem auch aus
dem Weltbild des Antisemitismus bekannt sind. Wenn es heißt, die »Immobilienhaie« wollten die »Gemeinde zerfleischen« und »zersetzen« und zu
einer »Gegend ohne Gesicht und Seele« machen, bringt dies eine Abwehr
gegen Moderne und Globalisierung zum Ausdruck: Die gewachsene Gemeinschaft läuft demnach Gefahr, eingeebnet und gleichgemacht zu werden. Dagegen werden die heroischen Widerständigen gestellt, die »reich an
der Zahl wie Bäume im Wald« seien – sprich: in Kreuzberg verwurzelt sind
und naturgemäß dort hingehören.

So legitim es ist, sich gegen Großprojekte wie »Mediaspree« zur Wehr
zu setzen, so fatal sind die Begründungen und Mittel, mit denen dies hier
geschieht: Das Eigenkollektiv wird romantisch verklärt und gegen gesichts-
lose, gierige, von außen kommende »Großkapitalisten« in Stellung gebracht. Eine Gegenüberstellung, bei der die eigene Verstrickung in das
kapitalistische Gesellschaftssystem oder auch in den Gentrifizierungs-Pro-
zess negiert wird. Stattdessen werden die als negativ empfundenen Veränderungen auf ein äußeres Feindbild projiziert.

»Fett und hässlich«: Amerikaner und ihre Ernährung

McDonald's steht im medialen Diskurs oftmals symbolisch für die amerikanische Kultur im Allgemeinen – das hat die vorangegangene Analyse
gezeigt. Eng damit verknüpft ist das Bild, die Amerikaner würden sich
generell vor allem von Fastfood ernähren – und seien entsprechend über-
gewichtig und ungesund. Dabei ist nicht allein schon die Benennung nationaler Unterschiede bei den Ernährungsgewohnheiten problematisch, sondern die damit einhergehenden, oft ins Groteske übersteigerten Klischees.

So betitelte *Focus Online* im Januar 2007 einen Bericht über eine Ernäh-
rungsstudie mit der Schlagzeile »US-Kids sind fett und faul« (Abb. 25).[445]

---

445 »US-Kids sind fett und faul« (pap/AJPM).

Die *SZ* schrieb, die Fettleibigkeit habe in den USA »geradezu epidemische Züge angenommen«, obwohl viele Amerikaner zugleich dem Fitnesswahn verfallen seien: »Kein Land ist fitter und keines fetter.«[446] In einem anderen *SZ*-Artikel heißt es, der »Eindruck eines Landes mit fetten, hässlichen, eher unkultivierten Einwohnern« lasse sich kaum leugnen: »Diese sitzen dann Nachos fressend vor dem Fernseher und schauen sich Heidi Klums Mädchen-Model-Orgie ›Project Runway‹ an.«[447] Die amerikanische Bevölkerung wird hier als unkultiviert und bigott dargestellt, weil sie im Fernsehen, also virtuell, den Model-Idealen nacheifere, in der Realität jedoch »verfressen« und entsprechend »hässlich« sei.

Auch die amerikanische Selbstkritik am Fastfood-Konsum wird in diesem Zusammenhang aufgegriffen. Zum Beispiel Morgan Spurlocks semidokumentarischer Film »Super Size Me« (2004). Der New Yorker Filmemacher unternimmt darin einen radikalen Selbstversuch: Er ernährt sich einen Monat lang nur von McDonald's-Produkten, um die gesundheitsschädigende Wirkung von Fastfood zu belegen. Das gelingt ihm auch: Er nimmt zwölf Kilo zu, seine Blutwerte verschlechtern sich rapide. So weit zum Film. Bemerkenswert ist das Begleitheft, das der deutsche Verleih Prokino dazu herausgab. »Warum sind die Amis so fett?«, heißt es da gleich zu Beginn.[448] Spurlock verdeutliche in seinem Film, »dass die Vorliebe für preiswertes, jederzeit verfügbares und schnell sättigendes Essen ein gesellschaftliches Phänomen ist, dessen Wurzeln tief im ›American Way of Life‹ verankert sind.« Entsprechend ist das Heft bebildert: So wird zum Beispiel die Zeichnung einer übergewichtigen Freiheitsstatue präsentiert, die in ihren Händen Pommes und Burger hält; eine weitere Zeichnung zeigt einen Riesen-Burger, der auf mehrere Hochhäuser kracht und diese zum Einstürzen bringt (Abb. 26) – angesichts der Ereignisse vom 11. September 2001 eine zynische Geschmacklosigkeit.

In der deutschen Medienberichterstattung über den Film wurden diese Botschaften weitergetragen. So war im Magazin *Focus* von einer »Satire über diese amerikanische Ess-Unkultur« die Rede[449] – als ob es sich um ein rein amerikanisches Phänomen handeln würde. Der Regisseur Morgan Spurlock selbst widersprach diesem Bild in einem deutschen Fernsehinterview: »Ihr seid nur fünf oder zehn Jahre hinter uns. Ihr liebt es zu glauben,

---

446 Klüver, »Die Lizenz zum Zunehmen«.
447 Steinitz, »Fett und hässlich«.
448 Dieses u. alle folgenden Zit. aus »Super Size Me« (hg. von Prokino München).
449 »Neu im Kino« (o. V.).

Abb. 26: Illustrationen im Presseheft »Super Size Me«

dass Euch das nicht passiert, aber gebt euch zehn Jahre und ihr werdet die fettesten Deutschen in eurem Leben sehen. Und ihr werdet euch fragen: Wie ist das passiert?«[450] In der Tat gibt die Statistik Spurlock recht.[451]

Anlässlich der Veröffentlichung des Buches *Fast Food Nation* (2001), in dem der US-Journalist Eric Schlosser die Hintergründe der Massenproduktion von Lebensmitteln für die Fastfood-Industrie untersucht, wurden die amerikanischen Ernährungsgewohnheiten abermals zum Thema in den Medien. Die Wochenzeitung *Freitag* schrieb: »Warum die gesundheitsbesessene, auf Fitness getrimmte Nichtraucher-Nation bei Fast Food ständig schwach wird, fragt man sich. Vielleicht mischt da ein Mythos mit: Fast Food gilt als patriotische Errungenschaft, als Nervennahrung und Seelentröster. Außerdem schmeckt das Futter gut und überall gleich, kommt schnell und ist billig.«[452] Damit wird den Amerikanern ein widersprüchliches, heuchlerisches Verhalten zugeschrieben: deren »Gesundheitsbesessenheit« werde durch die Sucht nach Fastfood konterkariert. Die Autorin führt dies darauf zurück, dass das Fastfood einfach zu gut zu den Amerikanern passe – unter anderem, weil es »überall gleich« schmecke: Die Amerikaner als Einheitsbananen. Darüber hinaus gibt sie den USA die Schuld, dass das Fastfood nach Europa gekommen sei: Der »amerikanische[…] Kulturimperialismus« habe es »nach Übersee katapultiert«.

---

450 Zit. nach »Kulturjournal« (TV-Interview mit Morgan Spurlock).
451 Vgl. »Deutsche haben in Moppel-Liga den Bauch vorn« (hda/AFP).
452 Dieses u. alle folgenden Zit. aus Jentzsch, »Fast Food Nation«.

Die *Welt* schrieb anlässlich der Verfilmung von Schlossers Buch durch Richard Linklater (»Fast Food Nation«, 2006):»Fettleibigkeit wird in den USA offenbar mittlerweile von den betroffenen armen Klassen als gottgegeben hingenommen.«[453] Damit wird die Übergewichtigkeit der unteren Bevölkerungsschichten in den USA auf deren angebliche Naivität oder Willenlosigkeit zurückgeführt und ironisch mit einer übertriebenen Religiosität in Verbindung gebracht. Die *SZ* fragte rhetorisch:»Gibt es tief im Herzen Amerikas tatsächlich noch Menschen, die Fastfood für gesund, wertvoll und gesellschaftlich unbedenklich halten? Vielleicht denkt man zu europäisch, wenn man das nicht mehr glauben kann.«[454] Weiter heißt es, im Gegensatz zu Amerika habe der»Genuss eines Big Mac [...] hierzulande traditionell den Charakter einer Mutprobe«. Es ist stets das gleiche Muster: Fastfood und Übergewichtigkeit werden als typisch amerikanisch dargestellt. Und wenn dann doch einmal eingestanden wird, dass Fastfood auch in Europa verbreitet ist, so ist von»Kulturimperialismus«und hinterhältiger Verführung die Rede.

In einem *SZ*-Bericht über den Film»Food, Inc.«von Robert Kenner (2008) wird»Amerikas Nahrungsmittelindustrie«gar als»eine Art zweite Traumfabrik«charakterisiert,»die mit den richtigen Geschmacks- und Farbstoffen, mit täuschend echter Konsistenz und mit dem Werbezierat aus idyllischen Farmen und Rindern im Präriegras eine Fiktion vom Essen verkauft, die mit der Realität des Produkts nicht das geringste zu tun hat.«[455] Amerikanische Nahrungsmittel erscheinen so als künstliche Täuschungen, von denen sich die Menschen bereitwillig blenden lassen – wie von der ersten»Traumfabrik«, der Filmindustrie in Hollywood. Anschließend wird behauptet,»Millionen Amerikaner«seien»intellektuell damit überfordert [...], die Täuschungs- und Verführungsstrategien zu durchschauen«, oder sie könnten sich»die gesünderen Alternativen nicht leisten.« Die Verhältnisse in den USA wirken so gänzlich heruntergekommen und degeneriert: Amerikanische Nahrung ist demnach unnatürlich, künstlich und täuschend – und die Bevölkerung zu dumm, um dies zu durchschauen oder zu arm, um sich dem zu entziehen. Dass es auch in anderen Industriestaaten wie Deutschland zumindest ähnliche Entwicklungen gibt, wird dagegen unterschlagen. So bleibt der Eindruck, es handele sich um ein rein amerikanisches Problem.

453 Heine,»Im Herzen des Burger-Wahnsinns«.
454 Dieses u. alle folgenden Zit. aus Kniebe,»Lüstern in die Fleischfabrik«.
455 Dieses u. alle folgenden Zit. aus Häntzschel,»Food Inc. – Essen aus der Traumfabrik«.

»Kult der Blödheit«: Das amerikanische Bildungssystem

Auch über die angeblich mangelhafte Bildung der Amerikaner wird immer wieder berichtet. So titelte *Spiegel Online* anlässlich einer Untersuchung der National Geographic Society zum geografischen Wissen von 18- bis 24-Jährigen:»Amerikaner finden Irak auf der Weltkarte nicht«.[456] Die *Welt* schrieb unter Berufung auf ein Buch der US-Journalistin Susan Jacoby über das amerikanische Bildungswesen:»Wer war Adolf Hitler? […] Ein Viertel der US-Amerikaner weiß keine Antwort auf diese Frage, denn sie werden immer dümmer.«[457] Und:»Niemand kann bestreiten, dass laut Umfragen die Hälfte der Amerikaner an Geister und Feen glaubt und ein Fünftel meint, dass sich die Sonne um die Erde dreht.« Die Journalistin Eva C. Schweitzer führte in ihrer New-York-Kolumne auf *Zeit Online* ähnliche Beispiele an:»Viele Amerikaner haben keinen Reisepass, waren noch nie im Ausland, und können noch nicht einmal eine ausländische Nummer anrufen.«[458]

Auf *n-tv.de* hieß es im Mai 2008, die Amerikaner seien»ein Volk voller Unwissender«.[459] Es gebe einen regelrechten»Kult der Blödheit«: In TV-Rateshows werde der Wissensstand von Fünftklässlern abgefragt;»Trottel und Deppen« seien»Helden erfolgreicher Hollywoodfilme«. Kritiker sähen »die globale Führungsmacht trotz ihrer High-Tech-Industrien, Elite-Universitäten und zahllosen Nobelpreisträger am intellektuellen Abgrund.« Die genannten Beispiele erwecken sämtlich den Eindruck, die amerikanische Bevölkerung verfüge über einen geradezu grotesk niedrigen Bildungsstand und übertünche dies mit Unterhaltung und oberflächlichem Amüsement.

Umso bigotter erscheinen die Amerikaner, wenn zugleich auf ihre vermeintliche Unwissenheit über US-Kriegseinsätze wie im Irak oder gegen Adolf Hitler verwiesen wird. So schrieb die *taz*-Redakteurin Nicola Liebert in einem USA-Sonderheft der deutschen Ausgabe der *Le Monde diplomatique*, die Amerikaner seien»ein Volk, das sich bereitwillig von Massenmedien verdummen lässt und oft nicht einmal weiß, wo all die Länder liegen, von denen man sich so angegriffen fühlt, dass man sie sicherheitshalber selbst angreifen muss.«[460] Der Schriftsteller Günter Grass sagte in einem Interview mit der *FR*,»selbst Leute aus der gebildeten, liberalen Schicht« in

---

456 »Amerikaner finden Irak auf der Weltkarte nicht« (o. V.).
457 Dieses u. alle folgenden Zit. aus Schmitt,»Generation Doof«.
458 Schweitzer,»Die Frage nach dem Akzent«.
459 Dieses u. alle folgenden Zit. aus Trankovits,»Doof sein ist cool«.
460 Liebert,»Die ›Vereinigten-Staatler‹ – wer ist das eigentlich?«.

den USA seien »oft sehr Amerika-zentriert« und hätten »wenig Ahnung vom weit größeren Rest der Welt – dafür aber ein amerikanisches Selbstverständnis, das sie für mustergültig halten. Als sei dies das Modell, das die Welt gefälligst übernehmen sollte: the American way of life.«[461] In Eric Freys *Schwarzbuch USA* heißt es schließlich, die Amerikaner hätten eine »Neigung zu Arroganz und Selbstgerechtigkeit«, denn »auch wenn sich die meisten Amerikaner kaum mit dem Rest der Welt beschäftigen« würden, seien sie »fest davon überzeugt, dass die USA allen anderen Nationen überlegen sind.«[462] Frey: »Die Nachkommen jener Einwanderer, die Europa einst den Rücken gekehrt haben, sind immer noch damit beschäftigt, diese Entscheidung zu rechtfertigen.« Damit wird die amerikanische Bevölkerung abermals als überheblich und nationalistisch charakterisiert – und zugleich als dumm, unwissend und engstirnig.

Aber ist die These von den ungebildeten Amerikanern mit beschränktem Horizont zu halten? Bei der Klage, die Amerikaner würden sich in der Welt nicht auskennen, wird beispielsweise die Tatsache ignoriert, dass die Vereinigten Staaten flächenmäßig weitaus größer sind als die Europäische Union. Zum Bildungssystem ist anzumerken, dass amerikanische Einrichtungen zwar andere Schwerpunkte als diejenigen in Deutschland setzen, jedoch im Gesamtvergleich keineswegs schlechter dastehen.[463] Allerdings werden in den genannten Beispielen auch gar nicht ernsthaft bildungspolitische Probleme diskutiert – diese gibt es in den USA wie auch in Europa. Das pauschale Urteil über die vermeintlich dummen Amerikaner dient vielmehr der Bestätigung eines stereotypen Bildes, das der kollektiven Selbstaufwertung dient: Die Amerikaner erscheinen als oberflächlich und degeneriert, die Deutschen dagegen im Umkehrschluss als gebildet, tiefgründig und kulturell interessiert.

»Schöner Lügen«: Die Umgangsformen der Amerikaner

Ein regelmäßig wiederkehrendes Thema im medialen Diskurs ist auch das Sozialverhalten der Amerikaner. Ein bemerkenswerter Beitrag dazu war am 7. April 2008 im *Tagesspiegel* zu lesen. Es handelt sich um eine Folge der regelmäßig erscheinenden Kolumne »AUFschlag« des Dramatikers Moritz

---

461 Zit. nach Scholz, »Selbstbildnisse eines Dichters«.
462 Dieses u. alle folgenden Zit. aus Frey, *Schwarzbuch USA*, S. 350.
463 Laut Schulstudie Pisa ist die Zahl der Universitätsabsolventen in den USA sogar größer als in Europa; vgl. Wiarda, »Dumme Amis, schlaue Amis«.

Rinke mit der Überschrift »Ein Tag in New York«.[464] Rinke beschreibt darin seine Erlebnisse im Café Doma im Szeneviertel Greenwich Village. Zunächst berichtet er, neben ihm säßen »etwa 20 Drehbuchautoren. Sie haben alle Stöpsel in den Ohren und schreiben amerikanische Serien.« Einer von ihnen habe mehrmals »You look pretty fucked« vor sich hingesagt – »ich kenne das, ich sage auch oft Sätze beim Schreiben vor mich hin, aber nicht in der Öffentlichkeit ›you look pretty fucked‹«. Damit macht Rinke deutlich, dass der Drehbuchautor kein Gespür für angemessenes Verhalten habe. Ein anderer habe auf seinem Bildschirm nur einen einzigen Satz stehen, so Rinke weiter: »Ein Donald sagt: ›I am prosexuell‹. Was ist das?« Später sei der Autor »in meinem Computerkabel hängen geblieben, er hat sich entschuldigt und gefragt, ob mir wichtige Daten verloren gegangen seien. Am liebsten hätte ich geantwortet, wenn ich keine Kolumne schreiben würde, sondern auch so eine Serie wie er, dann hätte ich ja Daten von ihm nehmen können. In Amerika hatte ich mit Drehbuch-Sätzen wie ›I am bankrupt‹ gerechnet, irgendwas über die Immobilienkrise, die größte Finanzkrise seit der Weltwirtschaftskrise 1929.« Damit verdeutlicht Rinke, dass der Autor in seinem Drehbuch nur oberflächliche, unterhaltende Nichtigkeiten thematisiert – statt wichtige gesellschaftliche Probleme. Dabei dürfte dies bei einem europäischen Drehbuchschreiber aus dem Bereich der TV-Unterhaltung kaum anders sein.

Weiter schreibt Rinke, es gebe »auch Drehbuchautorinnen. Sie piepsen leise vor sich hin, die eine knöpft jede Viertelstunde einen weiteren Knopf ihrer Bluse auf.« Die Autorin schreibe aber »gar kein Drehbuch, sondern liest Obama-News, auch die anderen Autorinnen lesen Obama-News oder gucken Obama auf Youtube. Gestern hat mir die ungarische Fernsehkorrespondentin gesagt, sie sei in Obama verliebt«. Rinke beklagt hier ein übersexualisiertes Verhalten sowie eine mädchenhafte Unernsthaftigkeit und Oberflächlichkeit. Demnach lassen sich die Frauen sämtlich vom Charme des US-Präsidentschaftskandidaten betören und unterhalten, statt sich mit der politischen Lage ernsthaft auseinander zu setzen.

Rinke fährt fort, dass er kürzlich den Autor Jonathan Safran Foer getroffen habe – und selbst der sei ein Obama-Fan. »I would ask you something about the real estate crisis‹, sagte ich zu Safran Foer, aber dann ging er mit meinem Verleger die letzte 37-minütige Obama-Rede durch. Die US-Immobilienkrise ist nur bei uns Thema. Die Deutschen sind hysterisch,

---

464 Dieses u. alle folgenden Zit. aus Rinke, »Ein Tag in New York«.

und die Amerikaner beschäftigen sich mit Obama oder Prosexuellem, so ist die Lage. In New York war vorgestern Sturm mit Wolkenbrüchen, 20 Grad. Gestern null Grad mit Hagel. Heute starker Nebel. Die Klimakatastrophe ist aber auch kein Thema.« Die Kolumne ist in ironischem Ton gehalten und kann als Glosse gelten. Glossen leben von satirischen Übertreibungen. Bedenklich erscheint jedoch, dass Rinke die Amerikaner hier pauschal in überheblicher und stereotyper Weise abwertet: als oberflächlich, nur an Promi-Klatsch, Sexualität und Fitness interessiert und nicht zuletzt auch als falsch und geltungssüchtig, weil sie sich in der Öffentlichkeit so hemmungslos produzierten.

An dieses Bild knüpfte im August 2007 auch der deutsche, seit vielen Jahren in den USA lebende Star-Regisseur Roland Emmerich an. In einem Interview mit der Zeitschrift *Vanity Fair* klagte Emmerich: »Ich halte die Oberflächlichkeit nicht aus. Es ist leider so – die meisten Amerikaner sind nervtötend oberflächlich.«[465] Und der Regisseur Wim Wenders sagte in einem Interview auf *stern.de*: »Die Amerikaner sind unglaubliche Könige im Verdrängen oder im Lügen.«[466] Falsch, oberflächlich und um sich selbst kreisend: Abermals wird den Amerikanern hier zugeschrieben, nur auf Äußerlichkeiten und die Aufrechterhaltung eines schönen Scheins bedacht zu sein. Was ihnen fehlt, ist demnach Ehrlichkeit und Tiefe.

Immer wieder ist auch von einer übertriebenen Prüderie der Amerikaner die Rede. Im *Schwarzbuch USA* von Eric Frey heißt es dazu: »Saunabesucher müssen meist einen Badeanzug tragen – nicht nur in gemischten Saunas. Zeitungen, Magazine und Fernsehserien sind zwar voll aufreizender Bilder, würden aber nie einen weiblichen Busen zeigen. […] Selbst unter Kindern werden manche Berührungen streng geahndet […]. Viele Unternehmen haben ebenfalls Schritte unternommen, sexuelle Belästigungen am Arbeitsplatz zu unterbinden – in erster Linie, um sich vor teuren Schadenersatzklagen zu schützen. Ein unbekümmerter Kontakt zwischen Kollegen wird damit fast unmöglich. Derselbe puritanische Geist, der den Amerikanern einst ihr Verhalten im Ehebett vorschreiben wollte, durchweht heute die Kampagnen gegen sexuelle Übergriffe.«[467] Amerika erscheint hier als prüdes, verklemmtes Land: Harmlose sexuelle Reize und Bilder werden demnach scharf unterdrückt – scheinbar ohne jeden vernünftigen Grund. Mit der Anmerkung, in den US-Medien seien jede

---

465 Zit. nach »Was Emmerich an Amerika nicht mag« (o. V.).
466 Zit. nach Güßgen, »Frauen sind neurotisch konfliktlustig«.
467 Frey, *Schwarzbuch USA*, S. 342.

Menge »aufreizende Bilder« zu sehen, wird dies zugleich als heuchlerisch herausgestellt. Über einen besonders absurd erscheinenden Fall berichtete *Welt Online* am 12. Juli 2007 unter der Überschrift »Kein deutscher Mini-Penis für die USA«.[468] In dem Artikel geht es um ein beliebtes Kinderbuch, das in den USA nicht erscheinen durfte. Begründung: Die deutsche Illustratorin Rotraut Susanne Berner habe in ihrem »Winter-Wimmelbuch« eine Szene mit einer Kunstausstellung gezeichnet, in der auch »ein gerahmter Frauenakt« und die Statue eines Mannes mit einem winzigen »Pimmelchen« zu sehen seien. »Die Amerikaner sind für ihre Prüderie bekannt«, heißt es dazu bei *Welt Online*. Der US-Verleger habe »Zensur« angeordnet, »offenbar im vorauseilenden Gehorsam Fundamentalisten gegenüber«. Die Münchner Autorin wolle sich das jedoch nicht bieten lassen und habe Änderungen abgelehnt. Ihre Begründung: »Mir geht es darum, dass die Grundpfeiler der Meinungsfreiheit gewahrt bleiben.« Der geschilderte Vorgang ist zweifellos diskussionswürdig. Jenseits dessen werden die Amerikaner jedoch ganz pauschal als bigott, verklemmt und fundamentalistisch dargestellt.

Hier wie in den anderen genannten Beispielen werden die sozialen Umgangsformen der Amerikaner nicht nur als anders beschrieben – was ja nicht verwerflich wäre –, sondern als geradezu absurd und lächerlich. So dienen die belustigten Schilderungen vor allem der Bestätigung antiamerikanischer Klischees.

»Amerikanisierung des Unbewussten«: Hollywood-Filme und -Serien

Geht es im medialen Diskurs um amerikanische Kultur, so kommt die Rede oft auf US-Kinofilme und Fernsehserien, die auch in Deutschland populär sind. In der *taz* etwa hieß es im Juni 2003 unter der Überschrift »Überdosis USA«, der deutsche TV-Sender Kabel 1 betreibe eine »Amerikanisierung des Unbewussten«.[469] Begründung: Der Kabel-1-Zuschauer müsse eine »systematische Infiltration« mit amerikanischen Serien über sich ergehen lassen. Der Montagabend beispielsweise werde »von amerikanischen Großfamilien mit einem Hang zu dominant-ähnlichen Verhaltensweisen geprägt«. Am Samstag laufe dann die Reihe »Inside USA – die faszinierende Doku-Reihe aus dem Land der unbegrenzten Möglichkeiten«,

---

468 Dieses u. alle folgenden Zit. aus »Kein deutscher Mini-Penis für die USA« (dpa/krei).
469 Dieses u. alle folgenden Zit. aus Franke, »Überdosis USA«.

womit ein »Kontext gebastelt« werde, »den eigentlich keiner haben wollte«.
Auf der Kabel-1-Website gebe es dazu noch einen »Ami-Knigge« – »unter
dem fadenscheinigen Vorwand, ahnungslose Zuschauer für eventuelle Reisen in dieses Land zu wappnen, hat man dort eine Reihe ziemlich gruseli-
ger Informationen zusammengestellt: Frauen ohne glatt rasierte Beine oder
Achseln müssen mit ernsten Problemen rechnen. Tägliches Haare waschen
und fönen wird empfohlen.«

Amerikanische TV-Produktionen werden hier mit der Begründung abgelehnt, dass sie amerikanische Sitten und Gebräuche in Deutschland verbreiten würden. Diese werden zum einen als konservativ (»amerikanische
Großfamilien«), zum anderen als unnatürlich-übertrieben (Rasieren, Fönen) dargestellt. Am gefährlichsten erscheint jedoch die Möglichkeit, dass
der deutsche Fernsehzuschauer von diesen Dingen gegen seinen Willen beeinflusst werden könnte: Dies kommt in der Warnung vor einer »Amerikanisierung des Unbewussten« zum Ausdruck. Selbst wenn dies bewusst zugespitzt oder ironisch gemeint sein sollte, wird hier ein Bild des Schreckens
an die Wand gemalt: Demnach werden die Deutschen über das Fernseh-
programm mit amerikanischen Vorstellungen und Werten infiltriert.

Auch das amerikanische Kino steht immer wieder am Pranger. In einem Beitrag auf *Spiegel Online* vom November 2009 hieß es: »Mit Hollywood verfügen die USA über eine Bewusstseinsindustrie, die Milliarden
Menschen mit dem materialistischen Idealbild von westlichem Wohlstand
anfüttert«.[470] Amerikanische Filme erscheinen hier als Machtinstrument der
USA zur gezielten Verbreitung und Durchsetzung kapitalistischer Idealvor-
stellungen auf der ganzen Welt.

Wiederholt wird der amerikanische Film zudem als oberflächlich charakterisiert. Die Tageszeitung *junge Welt* kritisierte anlässlich der Verleihung
des US-Filmpreises Oscar im Februar 2007, es gehe dabei nur um »Unterhaltung statt Aufklärung«.[471] Kino sei »wieder nur ein Geschäft mit Gefühlen. Geschäftszentrum ist Hollywood, was mit der kulturellen Hegemonie
der USA zu tun hat (Totgesagte leben viel zu lange).« Und weiter: »Das
Emo-Bizz hat einfache Regeln. Die sind in Ratgebern nachzulesen: ›So
macht man Pipi in die Augen von Krethi und Plethi‹ I bis XXXVI. Einmal
im Jahr erklärt die Oscar-Jury in Los Angeles, wer die Regeln besonders
gut eingehalten hat.« Die Bezeichnung »Krethi und Plethi« steht im ab-

---

470 Schwägerl, »Klimakiller Obama«.
471 Dieses u. alle folgenden Zit. aus Walther, »Volle Verkaufe«.

wertenden Sinne für die Masse gewöhnlicher Menschen.[472] Der Hollywood-Film wird hier also auf ein »Geschäft mit Emotionen« (»Emo-Bizz«)
reduziert, das möglichst perfekt umgesetzt werden müsse, um die Menschen zu Tränen zu rühren und in Folge dessen ordentlich Kasse zu machen: Oberflächliche, kommerzielle Unterhaltung statt echter Kultur.

Als »Musterschüler« dieses Leitbildes wird ein Deutscher vorgestellt:
Der Regisseur Florian Henckel von Donnersmarck, der mit seinem Stasi-
Drama »Das Leben der Anderen« 2007 einen Oscar gewann. Über den
Film heißt es in der *jungen Welt*, er habe mit dem »Alltag in der DDR« rein
gar nichts zu tun. Allerdings dürfe man es »mit der Historie auch nicht
genau nehmen, wenn man nach Maßgaben der Hollywood-Industrie weltweit Gefühle evozieren will. Andererseits muss man so tun, als ob.« Donnersmarck bezeichne seine Eltern ja auch gerne mal als »Ossis«. Dabei sei
der »selbstherrlich-schmierige Typ« als »Sohn eines Lufthansa-Managers in
New York, Frankfurt/Main und Brüssel« aufgewachsen, bevor er Volks-
wirtschaftslehre in Oxford studierte und anschließend »ins Geschäftema-
chen mit den bunten Bildern einstieg«. Die Charakterisierung Donners-
marcks wirkt abfällig, zugleich ist aber eine gewisse Faszination für seine
Biografie auszumachen. Er wird hier dargestellt als Täuscher und Hochstapler, der es mit der Wahrheit nicht allzu genau nimmt und vor allem
bestrebt ist, künstliche Gefühle zu erzeugen – im Dienste des kommerzi-
ellen Erfolgs.

Nicht nur das zuletzt genannte Beispiel verdeutlicht, dass die Holly-
wood-Kultur besonders scharf kritisiert wird, wenn sich Europäer darauf
einlassen. Dies zeigen auch die Rezensionen, die 2007 zu dem Film »Funny
Games U.S.« des österreichischen Regisseurs Michael Haneke erschienen –
einer Neuverfilmung seines zehn Jahre älteren Originalfilms, diesmal mit
amerikanischen Schauspielern in den USA. In dem Film geht es um ein
Ehepaar, das mit Kind, Hund und Boot in einem Ferienhaus am See Ur-
laub machen will und bereits am ersten Tag von zwei jungen Eindring-
lingen in sadistischer Weise zu Tode gequält wird. In Europa war die erste
Fassung des Films ein voller Erfolg, in den USA dagegen floppte sie. Allerdings fand auch die Neuverfilmung kaum mehr amerikanische Zuschauer.

Christina Bylow schrieb am 29. Mai 2008 in der *Berliner Zeitung*, dass
man beim Vergleich der beiden Varianten geradezu phänotypisch sehen

---

472 Ursprünglich geht der Ausdruck »Krethi und Plethi« auf das Alte Testament zurück und
  bezeichnet die vermutlich aus Kretern und Plethern bzw. Philistern rekrutierte Streit-
  macht von David (2. Sam. 8,18).

könne,»wie sehr sich amerikanische und europäische Spielkonventionen unterscheiden.«[473] Dies werde vor allem bei den Schauspielern deutlich: »Die oberste Norm der US-Filmindustrie lautet: gut aussehen.« Während etwa Ulrich Mühe in der Originalfassung sein ganzes Leiden zum Ausdruck bringe, sei dies im US-Remake eindeutig anders:»Tim Roth […] glotzt meistens blicklos auf das Geschehen, als säße er vor dem Fernseher, in dem zufällig der Mord an einer Familie dargestellt wird.« US-Schauspieler sind nach dieser Beschreibung keine wahren Künstler, die ihr Innerstes zum Sprechen bringen können, sondern nur oberflächliche, auf ihr Äußeres bedachte Stars.

Andreas Busches Kritik in der *taz* dagegen lief in eine andere Richtung. Hanekes Botschaft sei bereits in der ersten Filmfassung nicht zum»amerikanischen Kinogänger« durchgedrungen:»Am Ende war ›Funny Games‹, so meisterhaft wie sadistisch exekutiert, doch bloß Perlen vor die Säue: Der europäische Arthouse-Fan echauffierte sich – nicht zu Unrecht – über Hanekes manipulative Schockeffekte, während der amerikanische Cineplex-Gänger weiter ungeniert Popcorn in sich reinschaufelte.«[474] Die Gegenüberstellung ist bemerkenswert: Hier der europäische Kunstfilm-Liebhaber, der sich tiefgehend und kritisch mit der tieferen Bedeutung des Films auseinandersetzt, in Amerika dagegen der abgestumpfte Prolo, der den Film gedankenlos mit einer Tüte Popcorn in einem großen Multiplex-Kino konsumiert.

Weiter schreibt Busche, dass Haneke nun zumindest die Chance erhalten habe, seinen Film»endlich dem Publikum vorzustellen, das ihn auch verdiente«. Allerdings sei auch diesmal zu befürchten, dass die Amerikaner den gesellschaftskritischen Impetus nicht verstünden:»Viel wahrscheinlicher als ein medienkritischer Aha-Effekt ist die Gefahr, dass Hanekes amerikanischer Durchschnittskinogänger, mit einer derart zugespitzten Situation konfrontiert, zu einem vollkommen gegenteiligen Schluss kommt. In Amerika könnte ›Funny Games‹ auch leicht als Werbefilm für die National Rifle Association missverstanden werden.« Damit setzt Busche seiner Analyse die Krone auf: Der amerikanische»Durchschnittskinogänger« ist demnach schlicht zu dumm für Hanekes Film und könnte den im Film dargestellten Sadismus sogar noch für nachahmenswert halten – ganz im Sinne der Waffenlobby National Rifle Association.

---

473 Dieses u. alle folgenden Zit. aus Bylow,»Du sollst nicht mitspielen«.
474 Dieses u. alle folgenden Zit. aus Busche,»Schock fürs Popcornpublikum«.

Anschließend lässt sich Busche zudem über die »Aversion des amerikanischen Kinopublikums gegen Untertitel« aus. Dieses »kulturelle[...] Phänomen« sei mit den frühen Tagen des Tonfilms vergleichbar, als die europäischen Studios Mehrsprachenversionen für die verschiedenen Kinomärkte produziert hätten: »Mit anderen Worten ist die amerikanische Filmindustrie also momentan im Begriff, auf den Stand von 1930 zu regredieren.« So beschreibt Busche den amerikanischen Film als zutiefst rückständig. Dass er als positives Gegenbild den »europäischen Arthouse-Fan« nennt, dient hier nur der Untermauerung eines einseitigen und stereotypen Bildes – schließlich gibt es ein entsprechendes Publikum sowie unabhängige Filmproduktionen auch in den USA.[475]

Dass eine derart hämische und abwertende Kritik am Hollywood-Film kein Einzelfall ist, verdeutlicht ein letztes Beispiel aus dem Berliner Stadtmagazin *zitty*. In einem Leserbrief zu einer positiven Rezension des Films »Ricky Bobby, König der Rennfahrer« von 2006 heißt es: »Wie kann man als halbwegs intelligenter Redakteur diesem Film drei Sterne – und damit die Höchstpunktzahl – geben? Seit wann steht *zitty* auf Pipi-Kacka-Humor?«[476] Der Autor der Rezension solle »erwägen, nach Amerika zu ziehen, da fällt er mit seinem Filmgeschmack in der dummen Masse nicht auf.« Auch hier wird schlechte Unterhaltung also mit Amerika und der dortigen »dummen«, gleichförmigen Bevölkerung identifiziert – weit jenseits jeder sachlichen Filmkritik.

Doch die Wirklichkeit wird in den genannten Beispielen ohnehin nur selektiv wahrgenommen – wenn sie ins Weltbild passt.[477] Danach sind amerikanische Film- und Fernsehproduktionen flache Kommerzware, deutsche Produktionen dagegen tiefgründig und künstlerisch wertvoll. Als besondere Gefahr erscheint dabei nicht nur, dass sich europäische Regisseure von den finanziellen Versprechen Hollywoods locken lassen, sondern auch, dass das deutsche Kino- und Fernsehpublikum den filmischen Verführungen aus Amerika erliegt.

---

475 Hinzu kommt, dass das Arthouse-Kino auch in Deutschland keinesfalls den Mainstream repräsentiert: Der bislang erfolgreichste deutsche Film an den deutschen Kinokassen etwa war Bully Herbigs Western-Klamotte »Der Schuh des Manitu«, dicht gefolgt von »Otto – der Film«. Vgl. »Manitu schlägt Otto« (o. V.).

476 Dieses u. alle folgenden Zit. aus Page, »Zur Filmrezension ›Ricky Bobby‹«.

477 Aspekte, die dieses Bild brechen könnten, werden dagegen ignoriert. Etwa die auch in der deutschen Berichterstattung teils hochgelobte Qualität neuerer gesellschaftskritischer TV-Serien aus den USA. Vgl. Rabe, »Echte Lebensgröße ist das neue Format«.

»Mehr Schein als Sein«: Sport in den USA

Auf Kommerz und oberflächliche Unterhaltung wird regelmäßig auch der
amerikanische Sport reduziert. Das zeigt etwa die Debatte um den Wechsel
des Fußballspielers David Beckham von Real Madrid zum US-Verein Los
Angeles Galaxy im Jahr 2007. Das Erstaunen vieler Sportberichterstatter
war groß: »Der ehemalige Kapitän der englischen Nationalmannschaft beendet seine Karriere als ernst zu nehmender Fußballer«, schrieb die *Welt*.[478]
Dass Beckham seine letzten Jahre als Profi-Fußballer in der »weltweit eher
unbeachteten amerikanischen Fußballliga« ausklingen lassen wolle, habe
sich bislang »kaum jemand vorstellen« können. Für seinen Wechsel sei aber
wohl vor allem Beckhams Ehefrau Victoria verantwortlich, denn: »Los Angeles heißt Hollywood.« Victorias »neueste Marotte« sei es nämlich, Schau-
spielerin zu werden und »den Fuß in die Traumfabrik zu setzen«. Weiter
heißt es in dem Beitrag, Beckham werde während seiner Vertragslaufzeit
eine Rekordsumme von schätzungsweise 250 Millionen Dollar verdienen –
weil er trotz nachlassender Leistung »noch immer über das am besten ver-
marktbare Konterfei des Weltfußballs« verfüge. Und für die Zeit nach dem
Fußball habe er bereits erklärt, »daß er sich alsbald eine Existenz als Künstler wünsche, er male schließlich so gern. Den amerikanischen Kunstmarkt
wird es freuen: ein pinselnder Fußballspieler. Und eine Rolle in Hollywood
findet sich sicherlich auch.«

Der Artikel beinhaltet zahlreiche Klischees: Der amerikanische Fußball
wird nur auf das dahinter stehende Geld und die Rolle des Entertainments
reduziert, sportliche Leistungen scheinen keine Rolle zu spielen. Den Amerikanern wird zudem eine dermaßen große Versessenheit nach Stars und
Glamour zugeschrieben, dass sich sogar Kunstwerke von Beckham zu Ver-
kaufsschlagern entwickeln könnten. Demnach scheinen auch Kunst und
Kultur in Amerika nur auf Prominenz und Kommerz zu basieren.

Auf *Spiegel Online* hieß es in ähnlichem Ton, Beckham werde »von Fans
und Vermarktern als der neue Heilsbringer gesehen. Er soll Zuschauer locken, den Amerikanern den Sport endlich schmackhaft machen und der
Liga über die Grenzen hinaus Glanz und Glamour verleihen – völlig unabhängig von seinen fußballerischen Qualitäten.«[479] Schlechte spielerische
Leistungen störten die Amerikaner nicht: »Dort ist Sport mehr Show als
anderswo auf der Welt, deshalb passt Beckham dort so gut hin.«

---

478 Dieses u. alle folgenden Zit. aus Henkel, »Beckham geht nach Hollywood«.
479 Dieses u. alle folgenden Zit. aus Brichzi, »Beckham soll der neue Jordan werden«.

Umgekehrt war in den deutschen Medien laute Kritik zu vernehmen, als der in Kalifornien lebende Fußballberater und Ex-Nationalspieler Jürgen Klinsmann 2004 das Amt des Trainers der deutschen Nationalmannschaft übernahm. Angesichts der von Klinsmann geforderten Reformen beim Deutschen Fußball-Bund (DFB) verkündete die *Welt*, es stehe eine »Amerikanisierung des deutschen Fußballs« bevor.[480] Die *Bild*-Zeitung berichtete am 4. September 2004, Klinsmann habe Fitness-Experten vom US-Trainingszentrum Athletes' Performance als Berater angeheuert: »Heute Vormittag überprüfen die Sheriffs, wie fit unsere 20 Nationalspieler sind.«[481] Und weiter: »Können ausgerechnet Amerikaner unserem Fußball helfen? Baseball, Basketball, Eishockey und American Football sind in den USA die populären Sportarten – aber doch nicht Fußball...«

Ein knappes Jahr später hieß es in der *Berliner Morgenpost*, Klinsmann, der »polyglotte Sonnyboy mit Wohnsitz Kalifornien«, habe sich als »kühler Unternehmenssanierer« entpuppt: »Er hat das deutsche Fußballtraditionsunternehmen durch die Einbeziehung ausländischer Experten [...] globalisiert. [...] Er hat an den Grundfesten deutscher Fußballkultur gerüttelt.«[482] Viele Fußball-Funktionäre hätten damit Schwierigkeiten und sähen in ihm »einen ehrgeizigen Anfänger, der Spieler und Öffentlichkeit mit Reizen überflutet und dessen Amerikanisierung mehr Schein als Sein darstellt.« Die »Amerikanisierung« des deutschen Fußballs durch Klinsmann und seine Berater wird hier als Entwicklung zu mehr Kommerz, Unterhaltung und Oberflächlichkeit beschrieben – und als essenziell bedrohlich für die »deutsche Fußballkultur«.

Schalke-Manager Rudi Assauer zog in der *FR* die von Klinsmann eingeführte »Anwendung amerikanischer Trainingsmethoden« in Zweifel, vor allem das Übungsprogramm der US-Fitnessberater.[483] Er habe »nichts gegen neue Methoden«, doch müssten sie »dem Fußball dienen«, so Assauer: »In den USA werden ganz andere Sportarten professionell betrieben. Wir haben genügend Fachleute im Land.« Und der *stern* schrieb, »McKlinsey« sei ein »Kulturschock«: Viele Deutsche seien der Ansicht, Klinsmann sei »keiner von uns«, weil er »zu amerikanisch« sei. Klinsmann habe sich

---

480 Muras, »Amerikanisierung des deutschen Fußballs«.
481 Dieses u. alle folgenden Zit. aus »Gummi-Twist. Spielen wir jetzt besser Fußball?« (o. V.).
482 Dieses u. alle folgenden Zit. aus Jungholt/Gartenschläger, »Basteleien des Zauberlehrlings«.
483 Dieses u. alle folgenden Zit. nach Hellmann/Müller, »Die Bundesliga muckt auf«.

»Feinde gemacht [...] und kaum Verbündete gewonnen, das ist der Preis des Lonesome Cowboy.«[484] Mit dem Erreichen des dritten Platzes bei der Fußball-WM 2006 verstummte die Kritik an Klinsmann schlagartig. Die zitierten Beispiele aber sind bezeichnend: Der deutsche Fußball wird hier mit »Tradition« und »Kultur« assoziiert, der »amerikanisierte« Trainer Klinsmann dagegen gilt als »Sunnyboy«, »kühler Unternehmenssanierer« oder als »Cowboy«, der nicht mit handfesten, beständigen Methoden arbeitet, sondern mit viel Show und Geld, kurz: »mehr Schein als Sein«. Auch die Bezeichnung »McKlinsey« – ein Wortspiel, mit dem auf die Unternehmensberatung McKinsey angespielt wird – legt nahe, dass hier einer mit kurzfristigen, oberflächlichen Maßnahmen den schnellen Erfolg schaffen wolle, statt bodenständige, nachhaltige Arbeit zu leisten.

Nicht nur in Bezug auf den Fußball werden derartige Gegensätze behauptet. Davon zeugt ein Artikel, der nach dem Sieg der deutschen Handball-Nationalmannschaft bei der Weltmeisterschaft 2007 auf *Spiegel Online* erschien. Es handelt sich um eine Art Manifest für den deutschen Handball mit dem Titel »Sieg der Werte: Werdet Handballer!«[485] Im Text heißt es, Handball sei »bodenständig wie kaum etwas, Deutschland war wie Gummersbach in dieser wundervollen Woche. Kein Marketing-Schnickschnack, kein Fanmeilen-Hype, sondern Fernsehen in stickigen, engen, urwüchsigen Soziotopen. Und dazu das gute Gefühl, nichts geschenkt bekommen zu haben.« Das Spiel der deutschen Mannschaft wird folgendermaßen erläutert: »Sie kämpfte, sie ackerte, sie gab niemals auf.« Demnach geht es beim deutschen Handball nur um den Sport an sich – ohne großen Kommerz, Werbeschlachten und Entertainment. Gummersbach, die Heimatstadt von Bundestrainer Heiner Brand, steht dabei als Synonym für eine typische deutsche Kleinstadt. So wird der Handball als tief in Deutschland verwurzelt dargestellt.

Brand selbst wird im Folgenden als »Prototyp des deutschen Handballers« beschrieben: »keine millionenschweren Werbeverträge, kein dröhnendes Vertragsgefeilsche, keine esoterische Philosophie, keine Film- und Foto-Sessions, kein übermächtiger Personenkult.« Ein wahrhaft bodenständiger Mann also, der »einfach nur das« mache, was er gut könne: »seinen Job«. Brand wird jedoch nicht nur als idealer Handballer charakterisiert, sondern auch als Prototyp des Deutschen: »Millionen Deutsche sind wie

---

484 Zit. aus Barth/Volland, »McKlinsey im Herbergerland«.
485 Dieses u. alle folgenden Zit. nach Achilles, »Werdet Handballer!«.

Brand: Ingenieure, Installateure, Briefträger. Keine Genies, sondern Männer im Getriebe. Solider Mittelstand.« Diese »Männer« seien so grundsolide, dass sie »bisweilen sogar in sich ruhen. Denn sie wissen, auf wen sie sich verlassen können – auf sich selbst.« Neben dem überhöhten Bild des »Deutschen« wird damit auch ein reaktionäres Bild von Männlichkeit heraufbeschworen. Weiter heißt es: »Ehrliche Fans schätzen ehrliche Kämpfer und brüllen ehrliche Beleidigungen. [...] Über Hierarchie wird entschieden auf dem Platz. Und hinterher an der Theke.« Beim Sport wie beim anschließenden Trinkgelage: Hier kann der Mann offenbar noch richtig Mann sein, so der Tenor des Artikels.

Folgerichtig heißt es denn auch, »Brand und seine Jungs« verkörperten »deutsche Kernwerte«. Ganz anders sei dies beim »Pop-Business Fußball« mit seinen »russischen Milliardären und italienischen Halbseidenschals«. Damit wird offensichtlich auf den Kauf des englischen Fußballclubs FC Chelsea durch den Russen Roman Abramowitsch sowie das extravagante Auftreten einiger Profi-Fußballer angespielt. Doch nicht so beim deutschen Handball, heißt es weiter auf *Spiegel Online*: »Handballer versuchen nicht, irgendeine lässig-alberne amerikanische Profi-Mentalität zu imitieren«. Der »metrosexuelle Style-Terror der Großstadt-Weicheier« sei ihnen »wurscht«. Handball sei »in seiner Bodenständigkeit ein urdeutscher Sport, dessen hochspannende Inszenierung sich aus dem Spiel selbst heraus entwickelt.« Die deutschen Handball-Fans nähmen zwar eine »gute Show [...] durchaus anerkennend zur Kenntnis«, aber sie bilde »nicht den Kern«.

In klarer Form wird hier das Bild eines urwüchsigen, männlichen deutschen Sports gezeichnet und in einen Gegensatz zum angeblich künstlichen und geldfixierten amerikanischen Show-Sport gestellt. Bemerkenswert ist zudem die Abwertung der Großstadt-Kultur als verweiblicht und verweichlicht. Hier wie auch in der Debatte um den Fußball wird der amerikanische Sport als rein kommerzielle Unterhaltung verdammt. Dagegen werden die deutschen Sportler als echte Könner charakterisiert, denen es nur um den sportlichen Wettkampf gehe.

»Sprechen wie Micky-Maus«: Die Anglisierung der deutschen Sprache

Die Angst vor der »Amerikanisierung« beschränkt sich nicht nur auf greifbare Phänomene wie Fastfood, Filme oder Sport. Davon zeugt der Streit um die weltweite Ausbreitung der englischen Sprache sowie populärer englischer Ausdrücke in Deutschland. Im Folgenden soll es dabei nicht um die

Frage gehen, ob oder inwiefern diese Entwicklung problematisch ist, sondern allein um die antiamerikanischen Implikationen, die in vielen Diskursbeiträgen enthalten sind. Zum Beispiel in den Verlautbarungen des Vereins Deutsche Sprache (VDS), der mit großer Resonanz »gegen die übermäßige und nervige Vermanschung von Deutsch mit Englisch zu Denglisch« kämpft.[486] Ob »E-Mail« oder »Spam«, »Hotline« oder »Shop« – all diese Wörter sind dem VDS ein Dorn im Auge. Etwa 30.000 Mitglieder haben sich dem Verein nach eigenen Angaben angeschlossen, um für mehr »Sprachreinheit« in Deutschland zu kämpfen, darunter auch Prominente wie der Kabarettist Dieter Hallervorden, Drogerie-Unternehmer Dirk Rossmann und Bundestags-Präsident Norbert Lammert (CDU). Im Oktober 2005 trat dem VDS mit dem thüringischen Mühlhausen sogar eine ganze Stadt kollektiv bei.[487]

Die Aktivitäten des VDS sind vielfältig: So startete der Verein unter anderem die »Aktion Lebendiges Deutsch«, mit der erreicht werden soll, die im deutschen Sprachraum populären englischen Begriffe durch deutsche zu ersetzen – zum Beispiel »Prallkissen« statt »Airbag«, »Denkrunde« statt »Brainstorming« oder »Hingeher« statt »Event«.[488] Im Rahmen der »Aktion Sprachhunzer« prangert der VDS regelmäßig sogenannte »Sprachverderber« an: Im Jahr 2004 zum Beispiel Klaus Liedtke, Chefredakteur der Zeitschrift *National Geographic World*. Der Grund: Die Kinderzeitschrift erscheint zwar auf Deutsch, integriert jedoch auch englisch-sprachige Elemente, um die jungen Leser an die englische Sprache heranzuführen. Dies bedeute nichts anderes, als dass dort »unsere Kinder zu kleinen Amerikanern abgerichtet werden«, so der VDS.[489] Die englische Sprache wird damit explizit als »amerikanische« Bedrohung wahrgenommen – schließlich ist hier nur von Amerika und nicht etwa von Großbritannien, Australien oder anderen englischsprachigen Ländern die Rede.

Als größtes Problem sieht der VDS jedoch die dauerhafte Vermischung englischer Wörter mit der deutschen Sprache an. In einem Fernsehbeitrag des RTL-Magazins »extra« zum Thema »Denglisch« aus dem Jahr 2006 sagte Vereins-Sprecher Tobias Mindner: »Ich fürchte, wenn nicht rasant was passiert, wenn wir uns nicht entschieden dagegen wehren und sagen, jetzt ist endlich mal Schluss, dann sprechen wir in fünfzig Jahren alle wie

---

486 Dieses u. alle folgenden Zit. aus Verein Deutsche Sprache, »VDS in Kürze«.
487 »Viel positive Resonanz zum VDS-Beitritt der Stadt« (o. V.).
488 www.aktionlebendigesdeutsch.de/wortarchiv.php (abgerufen am 30.6.2007).
489 www.vds-ev.de/denglisch/sprachpanscher/sprachhunzer.php (abgerufen am 30.6.2007).

die Micky Maus.«[490] Im MDR-Fernsehen begründete er genauer, warum das Deutsche rein gehalten werden müsse: »Wir sind der Auffassung, dass die Sprache nicht auf dem Altar der Globalisierung, die in Wirklichkeit nur eine Amerikanisierung ist, geopfert werden darf.«[491]

Die Aussagen verdeutlichen, dass der Verein die englische Sprache als gefährliches Machtmittel ansieht, mit dem die USA die ganze Welt nach ihrem Muster gleichmachen wollten. Mit der Metapher »Micky Maus« spielt VDS-Sprecher Mindner außerdem auf die schlagwortartig verkürzte, ungrammatische Sprechweise der Walt-Disney-Zeichentrickfigur an und setzt sie mit der englischen Sprache gleich. So charakterisiert er das Englische insgesamt als minderwertig. Der Ausdruck »Denglisch« als Synonym für die deutsch-englische Mischsprache unterstreicht dies noch.

Zu den Hintergründen des vermeintlichen Siegeszuges des Englischen heißt es auf der Website des VDS: »Diese Anglisierung der deutschen Sprache hängt mit der weltweiten Ausbreitung des American Way of Life zusammen, hinter dem die politische und wirtschaftliche Macht der USA steht und durch den sich die Lebensformen vieler Länder und deren Sprachen verändert haben. Das gilt auch für Deutschland. Eine besonders geringe Treue einiger Deutscher zur eigenen Sprache und die gierige Bereitschaft zur Anbiederung an die englische haben – mehr als anderswo – zur Entstehung eines Sprachgemischs beigetragen, das wir Denglisch nennen.«[492] Der VDS-Vorsitzende Walter Krämer, Professor für Wirtschafts- und Sozialstatistik an der Uni Dortmund, interpretierte dies in der *FAZ* vom 12. September 2005 folgendermaßen: »Viele Deutsche flüchten nicht eigentlich aus ihrer Sprache, sie flüchten aus ihrer Haut als Deutsche. Lieber ein halber Ami als ein ganzer Nazi.«[493] Sein Vereinskollege Gerd Schrammen sagte *stern.de*: »Jedes englische Wort, das wir benutzen, ist ein Kniefall vor der herrschenden Weltmacht USA.«[494]

Der Erfolg der englischen Sprache wird somit nicht nur mit der politischen und wirtschaftlichen Macht der USA erklärt, die weltweit das Leben nach amerikanischem Muster gleichmachten, sondern speziell in Deutschland auch mit einem Minderwertigkeitsgefühl gegenüber den Amerikanern, das aus der Niederlage gegen die USA im Zweiten Weltkrieg resultiere. So

---

490 Zit. nach »extra«, 24.11.2006.
491 Zit. nach »Artour«, 9.11.2006.
492 http://vds-ev.de/verein/index.php (abgerufen am 28.6.2007).
493 Zit. nach »Deutsche leugnen ihrer Identität« (oll.).
494 Zit. nach Kinkel, »Anglizismen sollen auf den Müll«.

würden sich die Deutschen freiwillig dem Einfluss der Amerikaner unterwerfen, um ihre deutsche Identität abzustreifen.

Der Sprachwissenschaftler Jürgen Trabant beklagte diesbezüglich in einem im September 2007 in der *FAZ* veröffentlichten Artikel eine »Sprach-
scham der Deutschen«.[495] Die »besondere Folgsamkeit, die besondere Eile,
mit der die Deutschen zum globalen Englisch (Globalesisch)« übergewech-
selt seien, sei »nicht nur der Effekt der anglo-amerikanischen Weltdomi-
nanz«, sondern auch eine Folge des Bestrebens vieler Deutscher, sich von
der nationalsozialistischen Vergangenheit abzugrenzen. Trabant: »Englisch
sprechend bin ich nicht nur international, sondern vor allem nichtdeutsch,
nicht schuldig.« Wer diese Entwicklung aber kritisiere, werde »sofort des
Nationalismus gezogen« und »von vornherein unter Nazi-Verdacht« gestellt. So habe sich »keine andere europäische Sprache […] in solchem
Maße den amerikanischen Spracheinflüssen geöffnet wie das Deutsche. Es
kommt in vielen Redekontexten daher wie eine Dragqueen, aufgeputzt mit
allerlei Tinnef aus dem amerikanischen Englisch beziehungsweise aus dem,
was Deutsche dafür halten.«

Trabant stellt die Lage hier als aussichtslos dar: Die Deutschen flüch-
teten sich freiwillig in das von ihm so genannte »Globalesische«, Kritiker
würden als »Nazis« beschimpft und damit mundtot gemacht. Mit dem Bild
der »aufgeputzten« Dragqueen, also eines Mannes, der sich als Frau präsentiert, drückt Trabant zudem aus, dass die deutsch-englische Mischsprache äußerlich zwar bunt und Aufmerksamkeit heischend daherkomme,
jedoch über keine eindeutige und echte Identität verfüge. In der *SZ* schrieb
Trabant zwei Jahre später, mit dem »Ausstieg aus der deutschen Sprach-
gemeinschaft«, den vor allem die deutsche Elite durch ihre starke Nachfrage nach englischsprachigen Schulen und Universitäten betreibe, gefähr-
de diese »die traditionelle kulturelle Kohärenz der Nation«.[496] Schließlich
sei »die gemeinsame Sprache […] historisch der Kitt – im Grunde der einzige – der staatlichen Gemeinschaft der Deutschen« gewesen. Damit warnt
Trabant implizit vor einer Selbstauflösung der Deutschen durch Flucht aus
der gemeinsamen Sprache.

Auch die *Welt* prangerte 2007 die angeblichen »Zumutungen von angli-
sierten Sprechweisen« an, »denen es nicht um Herkunft und Zugehörigkeit
geht, sondern um Gleichmacherei.«[497] Die »Sorgen der Sprachschützer vor

---

495 Dieses u. alle folgenden Zit. aus Trabant, »Die gebellte Sprache«.
496 Dieses u. alle folgenden Zit. aus Trabant, »Die Sprachflüchter«.
497 Werner, »Schickes Platt«.

einer Verluderung des Deutschen« seien berechtigt, denn für den »Körper«
der deutschen Sprache seien »die fremden Wörter immer nur so etwas wie
grell aufgetragene Schminke geblieben.«[498] Die deutsche Sprache wird hier
als identitär, verwurzelt und natürlich charakterisiert, die »anglisierte
Sprechweise« dagegen als »gleichmacherisch« und oberflächlich. Der Terminus »Körper« im Zusammenhang mit dem Deutschen unterstreicht dabei, dass es sich um so etwas wie einen Organismus handele. Auf das Englische bezogen ist hingegen von einer »Sprechweise« die Rede, womit nahegelegt wird, dass es sich hier um keine wirkliche Sprache handele, sondern
lediglich um eine gekünstelte und aufgesetzte Art zu sprechen.

Die Opernsängerin Edda Moser behauptete dazu in einem Interview in
der *Welt*, die Verwendung von Anglizismen wie etwa »Sorry« statt »Verzei-
hung« sei »viel oberflächlicher« und zeuge von einer »tief sitzenden Angst
vor echten Gefühlsäußerungen« sowie einer »Scham vor der Farbe, vor der
Tiefe, vor dem Timbre der deutschen Sprache«.[499] Der *FAZ* sagte Moser,
»unsere heilige Sprache« werde »verunstaltet« und »mit Füßen« getreten:
»Denken Sie nur an den Duden-Verlag, der die deutsche Sprache einfach
ändern will, nur um damit Geld zu verdienen.«[500] Und: »Unsere Sprache ist
im Begriff, wie ein krankes Tier zu verenden.« Moser beschreibt die deutsche Sprache damit ebenfalls als gewachsenen, ganzheitlichen und kunst-
vollen Organismus, der durch »oberflächliche« Anglizismen bedroht werde. Dahinter sieht sie nicht nur ein mangelndes Selbstwertgefühl der
Deutschen, sondern auch kommerzielle Interessen, etwa des Duden-Ver-
lags. Dass Sprachen nichts Statisches sind, sondern sich historisch immer
wieder durch den Einfluss anderer Sprachen gewandelt haben,[501] blendet
sie dagegen einfach aus.

So bleibt die Kritik an der Ausbreitung des »Sprachgemischs« in
Deutschland hier wie auch in den anderen genannten Beispielen stereotyp
und projektiv: Darin zeigt sich vor allem ein Gefühl der Bedrohung der eigenen Identität durch die angeblich alles einebnende »Amerikanisierung«.
Erstere wird als tiefgründig und geistig wertvoll imaginiert, letztere hingegen als flach, kommerziell und daher umso gefährlicher.

---

498 Guratzsch, »Vom Reichtum des Deutschen«.
499 Zit. nach Werner, »Edda Moser: ›Anglizismen sind unerotisch‹«.
500 Dieses u. alle folgenden Zit. nach Mühl, »Unsere Sprache verendet wie ein krankes Tier«.
501 Vgl. dazu Deutscher, »Unglückliche Sprachen«; Reents, »Sprache hat das letzte Wort«.

»Allmacht des amerikanischen Kulturimperialismus«: US-Popmusik

In der deutschen Popkultur werden amerikanische Einflüsse ebenfalls seit langem bekämpft, zum Beispiel mit der Forderung nach einer Quote für deutsche Musik im Radio – bislang ohne Erfolg. Im Jahr 2004 erlebte die Debatte einen Höhepunkt, als die Initiative »Musiker in eigener Sache« mit einem entsprechenden Aufruf an die Öffentlichkeit trat. Unterschrieben hatten rund 600 Musiker, darunter BAP-Sänger Wolfgang Niedecken, Smudo von den Fantastischen Vier und Udo Lindenberg.[502]

Auf der Website www.alle-in-einer-sache.de werden zahlreiche Begründungen für die Quote aufgeboten. Zum Beispiel von Udo Lindenberg: »An den jungen Talenten zu sparen und sich nur auf die Amikultur zu stürzen, das ist ein Arschtritt für die Branche und ein Verrat an der eigenen Kulturidentität.«[503] Schlagerstar Heino wird mit folgender Aussage zitiert: »In Deutschland haben sie heute alle den Jugendwahn, und in der Musik ist alles Englisch. Aber da schließe ich mich nicht an, und viele junge Leute sind einer Meinung mit mir. Die lassen sich auch nicht verführen.« Das Vokabular ist bezeichnend: So behauptet Heino zwar einerseits, er sei sich in seiner Forderung nach weniger englischsprachiger Musik in Deutschland mit vielen Jüngeren einig. Andererseits konstatiert er jedoch eine »Verführung«, der offenbar Viele erliegen. In den Worten Lindenbergs wird gerade diese verführerische Macht durch die »Amikultur« als große Gefahr für die deutsche »Kulturidentität« erachtet.

Die Politik reagierte auf die Forderungen der Musiker-Initiative mit einer Bundestags-Anhörung. Der Ruf nach einer Quote wurde dabei unter anderem von der Grünen-Politikerin Antje Vollmer unterstützt. In einem Interview mit *Spiegel Online* sagte sie: »Es regiert ein globaler Musiksound, und wir müssen uns fragen: Sind wir zufrieden, wenn die großen amerikanischen Plattenfirmen mit wenigen, durch gigantisches Marketing durchgesetzten Produkten weltweit abgreifen?«[504] Auch der damalige Bundestagspräsident Wolfgang Thierse (SPD) forderte eine Radioquote, »damit deutsche und europäische Kultur sich gegen die Allmacht des amerikanischen Kulturimperialismus durchsetzen kann«.[505] Es gebe »mehr [...] als nur den amerikanischen Mainstream«, aber »die kleinen Pflänzchen der Kultur in

502 Vgl. Vens, »Noie Werte«.
503 Dieses u. alle folgenden Zit. nach www.alle-in-eigener-sache.de/zitate.htm (abgerufen am 1.3.2007).
504 Zit. nach Sontheimer, »Das ist keine nationalistische Deutschtümelei««.
505 Dieses u. alle folgenden Zit. nach »Wolfgang Thierse: Quote für deutsche Musik« (o. V.).

Deutschland und Europa« hätten dagegen »kaum eine Chance«. Mit der These von der »Allmacht des amerikanischen Kulturimperialismus« zeichnet Thierse ein Bild zwanghafter Unterwerfung.

Mal ist es also der machtvolle »Kulturimperialismus«, mal die »Verführung« – schon diese sich widersprechenden Argumente verdeutlichen die Problematik: Argumentiert wird hier nicht für eine stärkere Förderung deutscher Musiker, sondern vor allem gegen die Popkultur aus den USA, die als rein ökonomisch bestimmt, uniform und gleichmacherisch dargestellt wird. Thierse unterstreicht dies noch mit der konträren Beschreibung der deutschen und europäischen Kultur als »kleines Pflänzchen«, einer Metapher, die nahelegt, dass diese Kultur organisch und natürlich sei.

In zugespitzter Form findet sich die Ablehnung der amerikanischen Popkultur bei dem Musiker Heinz Rudolf Kunze, der die Forderung nach einer Quote in den 1990er-Jahren als einer der Ersten erhoben hatte. Kunze sagte der Nachrichtenagentur *AP* im März 2005, die »Amerikanisierung der Musikwelt« sei »ein kultureller Dritter Weltkrieg, der in vollem Gange ist«.[506] Damit beschreibt Kunze die Entwicklung im Bereich der Popmusik als vorsätzliche Aggression der USA gegen den Rest der Welt. Seine Äußerung kommt Argumentationsmustern nahe, die sich in rechtsextremistischen Texten finden.[507]

»Wegwerfästhetik«: Die Berliner US-Botschaft

Im Frühsommer 2008 entspann sich in den deutschen Medien eine Debatte über den Neubau der US-Botschaft am Pariser Platz in Berlin. Der Baubeginn hatte sich lange verzögert, unter anderem wegen erhöhter Sicherheitsvorschriften durch die US-Regierung nach den Anschlägen vom 11. September 2001. So wurden rund um das Gebäude versenkbare Betonpoller errichtet. Daneben hatte auch das Land Berlin enge städtebauliche Vorschriften für das Areal am Pariser Platz erlassen.[508] Am 4. Juli 2008 wurde die neue US-Botschaft schließlich offiziell eröffnet. An der Archi-

---

506 Zit. nach »Heinz Rudolf Kunze beklagt ›kulturellen Weltkrieg‹« (AP).

507 So ist in einem Pamphlet der NPD-Jugend von »dekadenten Produkten der us-amerikanischen Musikindustrie als Trägern von volkszersetzenden Inhalten« die Rede; Junge Nationaldemokraten Osnabrück (Hg.), »Neuigkeiten aus Persien«.

508 Für sämtliche Neubauten wurde eine sandsteinfarbene Fassade vorgeschrieben, die Fenster sollten eine bestimmte Größe nicht überschreiten. Der Entwurf für das Gebäude stammt vom amerikanischen Architekturbüro Moore Ruble Yudell.

Architektur gewordenes Reader's Digest

Abb. 27: Bebilderung des Artikels »Ein Anflug von Alcatraz«, FAZ, 4.7.2008

tektur des Gebäudes entzündete sich heftige Kritik – und auch bei dieser
Gelegenheit wurde Amerika insgesamt aufs Korn genommen.
Bereits am 20. April 2008 hieß es in der *Frankfurter Allgemeinen Sonntagszeitung*, der Neubau der US-Botschaft habe Elemente eines »Bunkers« oder
einer »Festung«.[509] Die Fenster wirkten dagegen, »als hätte sie ein pleitege-
gangener Bungalowbesitzer in einem Baumarkt bei Fargo gekauft, um seine
Behausung für den Winter dicht zu kriegen.« Es handle sich um »industriell
gefertigte[...] Wegwerfästhetik«, eine »Plastikkultur der Vorstädte«. Die
Botschaft sehe »wie ein Pappmodell aus, das vom nächsten Unwetter da-
vongepustet zu werden droht.« Angesichts der durchweg »billigen Materialien, den schießschartenartig verengten Fenstern, dem Wehrturm, dem nur
noch Zinnen fehlen«, könne man allerdings denken, »man sei gerade auf
dem Weg in die Green Zone von Bagdad.« Die Botschaft gleiche einer
»Ritterburg, die man sich im Baumarkt zusammenbasteln kann«. Vor allem
mit dem der Behrenstraße zugewandten fensterlosen Fassadenteil zeige
sich »Amerika als vollkommen undurchdringliche, erratische Bunkerexis-
tenz«, so dass man vermuten könne, »dort oben befände sich der Wellness-
und Waterboardingbereich« – eine Anspielung auf die 2005 aufgedeckte
Foltermethode des US-Geheimdienstes CIA, bei der Terrorverdächtige
durch die Simulation des Ertrinkens zu Geständnissen gezwungen werden

---

509 Dieses u. alle folgenden Zit. aus Maak, »Die Botschaft der Botschaft«.

sollten. Weiter heißt es in dem Artikel: »Die Botschaft ist das Bild eines von 9/11 und den Globalisierungsfolgen traumatisierten Landes, einer Nation, die so gepanzert ist, dass sie die Welt nicht mehr sehen kann.« Nun lässt sich die Architektur des Gebäudes mit guten Argumenten kritisieren. Die Fenster mögen billig wirken, die Bauweise einfallslos. Dass die Botschaft als »Bunker« bezeichnet wird oder mit einem »Waterboardingbereich« in Verbindung gebracht wird, ist jedoch bemerkenswert: Dadurch wird der Bau assoziativ mit abgelehnten Aspekten der US-Politik verknüpft. Wenn auf der anderen Seite eine billige »Plastik«- und »Wegwerfästhetik« kritisiert wird, die man eher in einer US-Provinzstadt wie Fargo erwarte, so erscheint diese mindere Qualität und Kulturlosigkeit zugleich als typisch amerikanisch.

Diese Verbindung stellt der Autor zum Schluss des Beitrags auch selbst her: Das Botschaftsgebäude lege alles in allem »eine Material- und Verarbeitungsschwäche an den Tag, die symptomatisch für die Vereinigten Staaten ist und fast alle Produktbereiche betrifft.« Amerika habe im Grunde »ein Stück aus seiner Mitte« gerissen, »knallt eine durchschnittliche Provinzverwaltungszentrale aus New Jersey an den Pariser Platz, die den Deutschen zeigt, wie große Teile von Amerika halt gerade aussehen; schlecht verarbeitet, verängstigt, nostalgisch, heruntergekommen.« Das Land habe »seine ästhetische Kultur verloren«. Der Grund liege unter anderem darin, »dass amerikanische Architektur ebenso wie amerikanisches Design meistens von anonymen Firmen produziert werden«. Einmal mehr wird die amerikanische Kultur so als durchökonomisiert und kommerzialisiert dargestellt. Dabei erscheint es fraglich, ob Architektur und Design aus Europa tatsächlich individueller und künstlerischer sind.

Die Zeitung blieb mit ihrer Kritik an der US-Botschaft nicht allein. Im Schwesterblatt *FAZ* hieß es einige Wochen später: »Den Allerweltsklassizismus eines solchen Baus hätte man in irgendeiner Stadt im Mittleren Westen der Vereinigten Staaten auch schon 1986 prämiert und würde ihn auch heute wählen, um irgendwelche Plätze zu zieren.«[510] Das Gebäude wirke am Pariser Platz »beleidigend billig«, das Vordach über dem Eingang scheine eher »für einen Drogerie- oder Baumarkt gemacht«. Von der Ebertstraße aus blicke man auf »die Fassade eines Mietshauses für den Mittelstand, dem allerdings metallene Vorsprünge über jedem Fenster einen Anflug von Alcatraz verleihen« – eine Anspielung auf das ehemalige

---

510 Dieses u. alle folgenden Zit. aus Bartetzko, »Ein Anflug von Alcatraz«.

Hochsicherheitsgefängnis Alcatraz in der Bucht von San Francisco. Fazit des Artikels: Die neue US-Botschaft sei »Architektur gewordenes ›Reader's Digest‹« (Abb. 27). Der Vergleich mit der US-Zeitschrift, die mit der Veröffentlichung von Auszügen populärer Bücher bekannt wurde, dient hier ebenfalls dazu, das Gebäude als amerikanische Durchschnitts- und Massenware zu charakterisieren.

In ähnlicher Weise wurde der Bau auch im Fernsehen vorgestellt. In einem Beitrag des ZDF-Kulturmagazins »aspekte« vom 30. Mai 2008 hieß es, das Gebäude sehe von vorne aus »wie die Volkshochschule einer mittleren Großstadt in Nordrhein-Westfalen. Und von hinten wie ein Flughafenhotel in, sagen wir mal, Columbus, Ohio.«[511] Der »postmoderne Schlenker über dem Eingang« gehöre »zum Formenrepertoire von Provinztankstellen« und die »seltsamen Roste über den Fenstern« wirkten, als seien sie »zum Wäscheaufhängen oder fürs samstägliche Barbecue« bestimmt. Die Botschaft würde »in keinem Industriegebiet groß auffallen« und stehe am Pariser Platz »in ihrer Ecke, ohne Beziehung und ohne Charakter.« Abermals wird das Gebäude hier als billig, provinziell und kitschig beschrieben – und als typisch amerikanisch, wie die Anspielung auf das Barbecue nahelegt. Wenn es zudem heißt, der Bau sei »ohne Beziehung und ohne Charakter« zu seinem Standort, so wird damit ausgedrückt, dass es sich um einen gesichtslosen und austauschbaren Fremdkörper handele.

Dass der Bau der US-Botschaft in den zitierten Beispielen ironisch oder auch hämisch kritisiert wird, verwundert nicht. Jenseits dessen wird das Gebäude aber auch als Symbol für den Zustand oder die Eigenschaften Amerikas insgesamt dargestellt: als kulturlose und schlecht verarbeitete Durchschnittsware. Zugleich wird es als Festung mit angeschlossener Folterkammer beschrieben. So werden Bilder auf das Gebäude projiziert, die eigentlich Amerika gelten. Die Architekturkritik dient dabei als Vehikel.

»Ohne Leben«: Städte und Landschaften in Amerika

Auch Städte und Landschaften in den USA werden im medialen Diskurs gelegentlich stereotyp und klischeehaft dargestellt. So ließ sich der Lyriker Durs Grünbein Anfang 2003 in einem *Spiegel*-Essay über Las Vegas aus: »Reisen bildet, sagt man, manchmal aber kommt es auch einer Wurzelbehandlung gleich. Heute erst fühle ich mich, nach mehreren Amerika-Besu-

---

511 Dieses u. alle folgenden Zit. aus Böttger, »Provinztankstelle oder Flughafenhotel?«.

chen, wieder als frisch gebackener Europäer. So geht einem die Lieblich-
keit der Lagunenstadt Venedig erst so richtig auf, nachdem man etwa Las
Vegas gesehen hat, die aufgedonnerte Hure unter den Städten der Neuen
Welt.«[512] Grünbein beschreibt Las Vegas hier als künstlichen Sündenpfuhl
mit greller Oberfläche, aber ohne kulturelle Tiefe und eigene Identität. Sich
selbst stellt er als Verführten dar, dem die Falschheit der Stadt nach einigen
Reisen schließlich doch noch bewusst geworden sei und ihn – einer »Wurzelbehandlung« gleich – endgültig von Amerika geheilt habe. Erst so sei
ihm seine Liebe zu Europa wirklich bewusst geworden.

Grünbein begründet seine Europa-Liebe also explizit in der negativen
Abgrenzung zu Amerika. Dass er als Beispiel ausgerechnet Las Vegas an-
führt, ist entlarvend. Denn die Aussage, dass die Stadt ein herausgehobenes
Beispiel für Kommerz und Unterhaltung darstellt, kann ja kaum bestritten
werden – jedoch ist diese damit nicht repräsentativ für die USA. Dadurch,
dass Grünbein als europäisches Gegenbeispiel die zum Weltkulturerbe zäh-
lende Stadt Venedig benennt – die wohl ebenfalls kaum typisch für Europa
ist –, beschwört er geradezu ein dualistisches Bild herauf: Amerika erscheint als künstlich und oberflächlich, Europa hingegen als natürlich gewachsen und kulturell tiefgründig.

Als 2005 der Hurrikan »Katrina« enorme Schäden im Südosten der
USA anrichtete, etwa 1.800 Menschen ums Leben kamen und New Orleans nach Dammbrüchen zu großen Teilen unter Wasser stand, geriet
auch diese Stadt in den Blickpunkt. Der *Spiegel* brachte eine Titelgeschichte
zu der Naturkatastrophe und veröffentlichte in der darauffolgenden Ausgabe etwa ein Dutzend Leserbriefe zum »Untergang von New Orleans«.[513]
Diese enthalten zahlreiche abwertende und rechtfertigende Schuldzuschreibungen. Da es sich um redaktionell ausgewählte Beiträge handelt, sollen einige dieser Äußerungen hier beispielhaft wiedergegeben werden.

So schreibt *Spiegel*-Leser Johannes Taphorn: »Bei all der Leichtigkeit in
New Orleans hatte man keine Zeit zur Vorsorge. Man hat nicht gelernt,
sich selbst zu helfen, jetzt müssen andere helfen, und zwar sofort. Irgendwie erinnert mich das an die Fabel von der Grille und der Ameise.« Kurzsichtig und leichtsinnig in den Tag hinein zu leben rächt sich eben irgendwann, so die Aussage: Wie bei der Fabel von der Grille, die den Sommer
über musiziert und beim Herannahen des Winters bemerkt, dass sie keine
Nahrungsvorräte gesammelt hat – und der die um Hilfe gebetene Ameise

---

512 Grünbein, »Die Verführung zur Freiheit«.
513 Dieses u. alle folgenden Zit. aus *Der Spiegel*, Nr. 37/12.9.2005, S. 10 ff.

nur zynisch entgegnet: »Gesungen habt Ihr? Ei der Daus, wohlan, so tanzet jetzt!«[514] Auch Helmut Woitas sieht die Probleme hausgemacht: »Die für uns manchmal merkwürdig aussehende Religiosität der US-Amerikaner scheint mir in einem Zusammenhang mit der Katastrophe in New Orleans zu stehen. Der auch vom Präsidenten oft gebrauchte Satz ›Gott schütze Amerika‹ steht für ein unerschütterliches Gottvertrauen, das menschliche Anstrengungen überflüssig macht. [...] Im Ganzen liefern die USA in New Orleans ein Bild, das einer kultivierten Nation unwürdig ist.« Hier wird die Katastrophe also vor allem mit der Religiosität der Amerikaner erklärt, die zu mangelnder Vorsicht geführt habe.

Dagegen schreibt Spiegel-Leser Kay-Uwe Goldbach: »Die amerikanische Gesellschaft muss sich die Frage gefallen lassen, warum gerade bei ihr eine Naturkatastrophe dazu führt, dass nach relativ kurzer Zeit alle zivilen Schranken fallen und eine Stadt in Chaos und Anarchie versinkt, während die asiatische Gesellschaft bei der Bewältigung der Tsunami-Katastrophe nicht die Aggressivität und Brutalität vermittelte, sondern ganz im Gegenteil eher durch große Hilfsbereitschaft untereinander auffiel.« Durch den kontrastierenden Vergleich mit der Bevölkerung in Asien wird die amerikanische Gesellschaft hier als extrem egoistisch und unzivilisiert charakterisiert. Kurz und bündig urteilt schließlich Veit Hennemann: »Man muss diese Stadt aufgeben. Da sie nur existieren kann, wenn riesige Pumpen laufen und Energie verschwendet wird, hat sie keine Zukunft.«

Der Tenor der Beiträge ist eindeutig: Nichts als Belehrungen, Rechtfertigungen und Häme. Die implizite Logik lautet, dass die Opfer des Hurrikans selbst schuld seien, da sie leichtsinnig in den Tag gelebt hätten, die Natur ignorierten und es an einem gemeinschaftlichen Miteinander vermissen ließen.

In einer Reisereportage über New York, die Ende 2009 im Jenaer Studentenmagazin Unique[515] erschien, wird ebenfalls ein Bild der Dekadenz gezeichnet. In dem Beitrag heißt es, die Stadt sei »riesig, laut, chaotisch, durch und durch automobil, voll mit viel zu vielen Menschen, nirgendwo greifbar, als urbaner Moloch im großen Ganzen sehr austauschbar. New York ist die Ursünde der alle kulturell-architektonischen Unterschiede ein-

---

514 Vgl. Jean de la Fontaine, »Die Grille und die Ameise«, www.kunstprozesse.de/von-grillen-und-ameisen/fabel.htm (abgerufen am 9.10.2011).
515 Das Magazin wird vom Studierendenrat der Fachhochschule Jena sowie dem Internationalen Büro der Friedrich-Schiller-Universität Jena getragen; vgl. www.unique-online.de/impressum (abgerufen am 1.4.2011).

ebnenden Globalisierung, ihrem natürlichen Verfallsdatum zudem schon bedrohlich nahe.«[516] Beim Stadtrundgang stolpere man »durch die Hochhausschluchten, vorbei an Megastores, dampfenden Hydranten, jüdischen Fleischereien, überquellenden Mülltonnen, Yellow Cabs, Starbucks« sowie »den Zentralen internationaler Investmentbanken«. Überall wehten »patriotisch die Stars and Stripes«. Die Stadt sei außerdem eine »Menschenwüste«: »In den Zügen sitzen auffällig viele in sich selbst versunkene Menschen mit erschreckend leeren Gesichtern, nicht selten mit geschlossenen Augen. Verhärmte Omas halten ihre fellbemützten Enkel fest, Yuppies krallen sich an ihre Aktenkoffer und Blackberrys«. In den Ghettos der Bronx lebten »Albaner, Russen, Latinos, Schwarze, Weiße« trostlos »zusammengepfercht«. Es sei »der steingewordene und zutiefst deprimierende amerikanische Albtraum.«

Der Reisebericht könnte kaum klischeebeladener sein. New York steht hier paradigmatisch für das Negative der Globalisierung, etwa für eine angebliche kulturelle Gleichmacherei. Das wird auch mit der Bezeichnung New Yorks als »Moloch« unterstrichen, also als einer gnadenlosen, alles verschlingenden Macht. Die ganze Stadt erscheint als Mischung aus Elend und Kapitalismus pur – zwischen Ghetto und Starbucks. Ebenso die Menschen, die trotz ihrer Multikulturalität aller Eigenheiten beraubt scheinen und wie lebende Tote wirken, die in der Stadt keine wirkliche Heimat haben, sondern der reinen kapitalistischen Verwertung unterworfen sind. Die als allgegenwärtig beschriebene amerikanische Flagge kann vor diesem Hintergrund nur als leerer Hohn erscheinen: Als durchsichtiger Versuch, die Verkommenheit mit Patriotismus zu übertünchen.

In einem *SZ*-Artikel vom Dezember 2008 wird auch die amerikanische Landschaft als derart trostlos und dem Untergang geweiht charakterisiert. Es handelt sich um eine Besprechung des Bildbandes *Over*, in dem der US-Fotograf Alex MacLean amerikanische Landschaften aus der Flugzeugperspektive dokumentiert.[517] Die Fotos zeigen in beeindruckender Weise große zersiedelte Gebiete, monotone Reihenhaussiedlungen, gigantische Park-

---

516 Dieses u. alle folgenden Zit. aus Luth, »Städtebericht New York City«.
517 MacLean, *Over. The American Landscape at the Tipping Point*. Schon die Vermarktung der bei Schirmer/Mosel erschienenen deutschen Ausgabe des Buches ist tendenziös. So lautet der Untertitel des Originalbuches dem Sinne nach, die amerikanische Landschaft befinde sich an einem Wendepunkt oder an einer kritischen Schwelle. Die deutsche Ausgabe trägt hingegen den Untertitel: »Der American Way of Life oder Das Ende der Landschaft«. Damit wird das »Ende« der amerikanischen Landschaft als fast unausweichliche Folge der amerikanischen Lebensweise dargestellt.

plätze oder auch landwirtschaftliche Nutzflächen. Dass sich in diesem Zusammenhang Fragen nach der landschaftsarchitektonischen, sozialen und ökologischen Sinnhaftigkeit der dort sichtbaren Entwicklungen stellen, ist nachvollziehbar. Bemerkenswert ist jedoch, wie die Bilder in der *SZ* darüber hinausgehend interpretiert werden. So heißt es in dem Beitrag, die von MacLean fotografierten Objekte stellten »Machtphantasien« dar.[518] Die Fotos zeigten, »wie sich die Menschen, einer gewaltigen Walze von Parasiten gleich, in und durch die Erde gefressen und sie ausgelaugt und zerpflügt zurückgelassen haben.« Das »überbaute[...] Land« sei »auf einmal voller Menschen [...] und doch ohne Leben.« In dem Beitrag werden dazu zahlreiche Beispiele genannt, etwa »Hunderte von Bungalows« in Tucson, Arizona, die »wie in der Steppe verstreute Abfalltüten« wirkten. Oder der »Landsitz eines der seltenen Profiteure auf einer versteckten Lichtung«, der »wie die Disney-Version europäischer Adelshäuser« aussehe. Und schließlich eine »Dorfkirche inmitten Hunderter leerer Parkplätze [...], für die das Land hektarweise überteert wurde«. Weiter heißt es: »In diesen Bildern steckt sie, die Zukunft der Pendlerpauschale und der Eigenheimzulage, übertragen auf amerikanische Verhältnisse, zurückgeworfen in den Rest der Welt als amerikanischer Traum.« MacLeans Bildband handele »vom Ende dieses Traums. Vielleicht läuft das Buch deshalb in Europa viel besser als in MacLeans Heimat«. Anschließend wird Alex MacLean mit den Worten zitiert: »Sie wollen es wohl nicht sehen, nicht wahrhaben«. Und der Beitrag endet mit der Aussage: »Wenn das der Traum ist von Freiheit und Individualität, dann muss man ihn mit MacLean nur einmal aus der Luft betrachten, um zu begreifen, dass er keine Zukunft hat.«

Der *SZ*-Beitrag geht über eine kritische Diskussion der auf den Fotos sichtbaren Entwicklungen weit hinaus. Denn Gebäude, Städte und Infrastruktur erscheinen hier grundsätzlich als künstlich und der Natur zuwider. Das macht etwa die Bezeichnung von Bungalows als »Abfalltüten« deutlich. Der erwähnte Landsitz wird mit der Beschreibung als »Disney-Version europäischer Adelshäuser« als Fälschung und künstliche Illusion à la Hollywood charakterisiert – und zugleich in einen Gegensatz zur europäischen Architektur gestellt. Selbst die amerikanische Bevölkerung wird als Fremdkörper beschrieben, weil das Land zwar »überbaut«, aber »ohne Leben« sei. Mit der Bezeichnung als »Parasiten« werden die Amerikaner gar

---

518 Dieses u. alle folgenden Zit. aus Steinberger, »Pendeln bis ans Ende der Welt«.

als Schmarotzer charakterisiert, welche die Landschaft verbrauchen, kaputt zurücklassen und dann zum nächsten Opfer weiterziehen. Das alles wird schließlich als Verkörperung des amerikanischen Traums dargestellt – mit der Schlussfolgerung, dieser sei am »Ende«. So erscheint die amerikanische Lebensweise insgesamt als dekadent und dem Untergang geweiht.

Der Hinweis, dass sich MacLeans Buch in Europa besser verkaufe, suggeriert dabei, dass die Europäer verantwortungsbewusster und aufgeklärter als die Amerikaner seien. Wenn es heißt, in den Fotos stecke »die Zukunft der Pendlerpauschale und der Eigenheimzulage«, wird damit aber auch vor einem Übergreifen der amerikanischen Zustände auf Europa gewarnt, falls Suburbanisierung und Zersiedelung weiter staatlich gefördert würden. So dient Amerika einmal mehr als Chiffre für abgelehnte Entwicklungen und Erscheinungen, die sich auch in Deutschland und Europa zeigen.

Detailanalyse: Der Videoclip »Amerika« von Rammstein

Im Folgenden werde ich den Popsong »Amerika« der deutschen Band Rammstein analysieren.[519] Das Stück stellt einen exemplarischen Ausschnitt aus dem medialen Diskurs zur amerikanischen Kultur dar, da es darin ebenfalls um Amerika geht – wenn auch in künstlerischer Form. Der Song kann als diskurstypisch gelten, weil er verschiedene Themen aus den zuvor analysierten Debatten aufgreift, kommerziell sehr erfolgreich war und breit rezipiert wurde.

Rammstein gründeten sich 1994 in Berlin. Laut der vom Billboard-Magazin ermittelten Charts ist die Band bis heute die international erfolgreichste deutschsprachige Musikgruppe; bis 2010 verkaufte sie weltweit über 22 Millionen Tonträger.[520] Mitglieder von Rammstein sind Till Lindemann (Gesang), Paul Landers (Gitarre), Richard Kruspe (Gitarre), Oliver Riedel (Bass), Christoph Schneider (Schlagzeug) und Christian Lorenz (Keyboard). Alle Bandmitglieder kommen aus Ostdeutschland und spielten zu DDR-Zeiten sowie Anfang der 1990er-Jahre in Gruppen, die überwiegend dem Punk-Milieu zuzuordnen sind.[521]

Die Musik von Rammstein kann als martialischer Hardrock charakterisiert werden, der sowohl Heavy-Metal-Gitarrenriffs als auch Electro-Ele-

519 Der Videoclip ist online zugänglich; siehe Rammstein, »Amerika« (Musikvideo).
520 Vgl. »Rammstein: Biography« (o. V.).
521 Vgl. »Rammstein: Biografie« (o. V.).

mente enthält. Die Songtexte handeln immer wieder von tabuisierten Themen wie Inzest oder Kannibalismus und provozierten teils heftige Kritik.
Sänger Lindemann trägt die Texte in einem tiefen, aggressiven Gesang mit
deutsch gerolltem »R« vor. Der Journalist Ulf Poschardt konstatiert, dadurch werde »die Provokation erhöht und zu einer Form von Aggressivität
stilisiert, die als Pop-Image gut funktioniert.«[522] Rammstein seien »weniger
ironisch als andere Pop-Bands – ihr Spiel mit dem Feuer hangelt sich stur
von Klischee zu Klischee.« Dazu gehört auch das Spiel mit proto-faschisti-
scher Ästhetik. So verwendeten Rammstein im Videoclip zu ihrem Song
»Stripped« (1998) Bilder aus dem Olympia-Film von Leni Riefenstahl. Den
Vorwurf der Anschlussfähigkeit nach Rechts wiesen die Musiker jedoch
stets zurück oder behaupteten, »unpolitisch« zu sein.[523] Spätestens seit
Rammstein mit ihrer Tournee 1998/99 weltweit bekannt wurden, ist die
Kritik an der Band weitgehend verstummt.

Der Song »Amerika« wurde am 13. September 2004 veröffentlicht und
stand drei Wochen lang auf Platz 2 der deutschen Charts.[524] Es handelt
sich um eine Single-Auskopplung aus dem vierten Rammstein-Studioal-
bum »Reise, Reise«, das zwei Wochen später veröffentlicht wurde und in
sieben Ländern, darunter in Deutschland, Österreich und der Schweiz,
direkt auf Platz 1 der Charts stieg.[525] Der Videoclip zum Song »Amerika«
(Regie: Jörn Heitmann) wurde in Deutschland bereits ab dem 20. August
2004 von den TV-Sendern MTV und Viva gezeigt.[526]

Die folgende Analyse bezieht sich nicht nur auf die Text- und Tonebene des Songs, sondern auch auf die Bilder des Videoclips. Dies erscheint
sinnvoll, weil das Visuelle Bedeutungen erzeugt, die über die Musik hinausgehen.[527] Videoclips zeichnen sich zudem durch Merkmale wie schnelle
Schnitte, inhaltliche Mehrdeutigkeit sowie das Zitieren und Verflechten

---

522 Dieses u. alle folgenden Zit. aus Poschardt, »Stripped«. Auch der Bandname ist eine Pro-
    vokation: Er spielt auf den Ort Ramstein an, in dem sich 1988 während einer Flugschau
    ein Unfall mit 70 Todesopfern ereignete.
523 Vgl. Pilz, »Rammstein sind Deutschlands erfolgreichste Lyriker«.
524 Vgl. *Charts.de* (hg. von media control), www.charts.de/song.asp?artist=Rammstein&title
    =Amerika (abgerufen am 3.6.2011).
525 Vgl. *Last.fm*, www.lastfm.de/music/Rammstein/Reise+ Reise (abgerufen am 3.6.2011).
526 Vgl. www.rammstein.de/amerika (abgerufen am 16.12.2008). Die Musikkonzerne pro-
    duzieren derartige Videoclips seit den 1980er-Jahren zu Popmusik-Singles. Zunächst
    wurden die Clips vor allem von TV-Sendern wie MTV und Viva gezeigt, heute sind sie
    auch auf Internet-Seiten wie Youtube zu sehen.
527 Vgl. Longhurst, *Popular Music and Society*, S. 158–195.

kulturhistorisch aufgeladener Symbolik aus.[528] In der Analyse können daher zusätzliche Aspekte herausgearbeitet werden: Musik, Bilder und Songtext können sich gegenseitig verstärken, aber auch hemmen oder widersprechen. Bei dem Videoclip »Amerika« von Rammstein handelt es sich um ein sogenanntes »Konzeptvideo«, in dem »in assoziativ-illustrativer Form Bild und Musik verknüpft« werden.[529] Die Bilder folgen keinem durchgängigen Erzählstrang, haben aber ähnliche Motive, so dass der Zuschauer sie – bewusst oder unbewusst – auf den Text beziehen und interpretieren muss.[530] Dies soll auch die folgende Analyse leisten.

Bereits der Songtitel »Amerika« legt nahe, dass es in dem Stück thematisch um Amerika geht. Genauer: Um die USA, denn der Begriff »Amerika« wird üblicherweise synonym dafür verwendet.[531] Der Name »Amerika« steht hier allein, ihm ist keinerlei Attribut zugeordnet. Wie der Titel gemeint ist und welche Aspekte in dem Song jenseits der pauschalen Bezeichnung »Amerika« thematisiert werden, bleibt also vorerst offen. Es handelt sich um eine Leerstelle, die, sofern sie nicht direkt vom Rezipienten mit Bedeutung aufgefüllt wird, ihren Sinn erst im Zusammenspiel mit dem kompletten Song erhält.

Die Kernaussage des Videoclips »Amerika« lautet, dass die USA die Welt kulturell dominieren. Überall setzten sich amerikanische Ideen, Konventionen und Produkte durch. Diese Botschaft wird sowohl über den Songtext als auch über die Bilder vermittelt.

Auf der Bildebene wird zunächst eine Art Rahmenhandlung gezeigt: Die sechs Bandmitglieder von Rammstein singen und spielen mit ihren Instrumenten den Song. Dabei stehen sie in einer Mondlandschaft und tragen Weltraum-Anzüge der US-Raumfahrtbehörde NASA. In diese Rahmenhandlung werden nun immer wieder Szenen geschnitten, in denen Menschen(-Gruppen) aus verschiedenen Ländern der Welt in ihrer jeweiligen Umgebung zu sehen sind. Teils visualisieren diese Bilder die Bedeutung des Songtextes, teils fügen sie auch neue Bedeutungen hinzu.

Auf der Tonebene lässt sich das Stück in acht Abschnitte unterteilen: Refrain, erste Strophe, Refrain, zweite Strophe, Refrain, Bridge und instrumentales Zwischenspiel, Refrain, Epilog. Der Refrain wird in melodiöser Form vorgetragen, die Strophen eher in einer Art Sprechgesang. Die Musik

---

528 Vgl. Neumann-Braun/Mikos, *Videoclips und Musikfernsehen*, S. 13.
529 Neumann-Braun/Schmidt, »McMusic«, S. 13.
530 Vgl. Hickethier, *Film- und Fernsehanalyse*, S. 158.
531 Vgl. dazu Fußnote 1 in der Einleitung dieses Buches.

ist durch das für Rammstein typische Zusammenspiel aus schweren Gitarren, Bass, Schlagzeug und Keyboard gekennzeichnet. Die Melodik ist schlicht und besteht aus Tonrepetitionen, einem aufsteigenden c-Moll-Dreiklang, dessen Spitzenton mit »Amerika« zusammenfällt und das Wort auf diese Weise betont. Auch im Weiteren wird durch die Melodieführung immer wieder »Amerika« betont. Durch die Tonart c-Moll erhält der Song einen pathetischen, ernsten, aber auch klagenden Charakter.[532]
Zwar fallen die Abschnitte der Tonebene nicht immer mit den Bildschnitten zusammen. Da die Tonebene jedoch wegen des Sinnzusammenhangs des Songtextes klarer strukturiert ist, scheint es für die Analyse ratsam, sich an den Tonabschnitten zu orientieren. Der Videoclip hat eine Gesamtlänge von 4 Minuten und 16 Sekunden.

1. Abschnitt (0:00–0:31): Refrain

> We're all living in Amerika,
> Amerika ist wunderbar.
> We're all living in Amerika,
> Amerika, Amerika.

Der Refrain wird zunächst gesungen und nur von einer Synthesizer-Melodie begleitet. Der Klang hört sich verzerrt an, wie aus einem Telefonhörer. Während der ersten Textzeile ist im Bild der Oberkörper einer Person mit Weltraumanzug aus leichter Obersicht-Perspektive[533] zu sehen. Die Person geht mit langsamen Schritten, wie in Zeitlupe oder in der Schwerelosigkeit, auf einen Mikrofon-Ständer zu, der im Vordergrund des Bildes steht. Das Bild ist verwackelt und schwarz-weiß. Es entsteht der Eindruck, dass es sich um eine Funkübertragung aus dem Weltall handeln könnte. Die Kamera zoomt näher heran, bis der Kopf der Person ins Bild rückt. Es handelt sich um Rammstein-Sänger Till Lindemann, der jetzt in der Großaufnahme zu sehen ist (Abb. 28). An der linken Schulter seines Anzugs ist eine US-Flagge befestigt, im Brustbereich das NASA-Logo. Zugleich wird das Bild scharf und farbig.
Der Refrain erklingt ein zweites Mal. Nun stimmt auch Lindemann darin ein, zeitgleich setzen Gitarre, Bass und Schlagzeug ein. Nach einem Schnitt sind in der Halbtotalen auch die fünf anderen Bandmitglieder mit

---

532 Vgl. Lempfrid, »Tonartencharakteristik – Moll-Tonarten«.
533 Bei der Bildanalyse folge ich der von Lothar Mikos vorgeschlagenen Operationalisierung; vgl. ders., *Film- und Fernsehanalyse*.

Abb. 28: Videoclip »Amerika« – Rammstein-Sänger Lindemann

ihren Instrumenten zu sehen. Sie stehen oder sitzen hinter dem Sänger in einer Mondlandschaft und tragen ebenfalls Weltraumanzüge. Es folgen mehrere Schnitte, in denen die verschiedenen Bandmitglieder jeweils kurz in der Naheinstellung gezeigt werden. Sie nehmen hier offenbar die Rollen amerikanischer Astronauten bei einer Mond-Mission ein.

Der Refrain-Text lässt zunächst einmal Raum für verschiedene Deutungen. Die Aussage »We're all living in Amerika«, also: »Wir leben alle in Amerika«, kann im engeren Wortsinn nur zutreffend sein, wenn sich das Personalpronomen »wir« auf die Bevölkerung der USA bezieht. Wenn man die Bilder einbezieht, könnte es im übertragenen Sinne auch bedeuten, dass die gesamte Menschheit in Amerika lebt – weil die USA mit der Mondmission den Weltraum erobert haben und demzufolge die ganze Welt »Amerika« ist. Diese Deutungsmöglichkeit wird dadurch unterstrichen, dass die Zeile »Wir leben alle in Amerika« in englischer Sprache vorgetragen wird, die Zeile »Amerika ist wunderbar« jedoch in Deutsch. Die Aussage wird also offensichtlich von einem Deutschen getroffen. Der Satz kann daher tatsächlich so interpretiert werden, dass nicht nur die Bürger der USA in »Amerika« leben, sondern im übertragenen Sinne auch die Bürger anderer Länder wie Deutschland.

Die Zeile »Amerika ist wunderbar« hat mehrere Bedeutungen. Das Adjektiv »wunderbar« ist zum einen eine emotionale Bezeichnung für etwas, das überaus schön und gut ist. Da es aus dem Substantiv »Wunder« und dem aktivischen Suffix »-bar« zusammengesetzt ist, kann es aber auch ein

Abb. 29: Videoclip »Amerika« – TV-Konsum in Afrika

außergewöhnliches Ereignis bezeichnen, das der Einwirkung von etwas Übernatürlichem zugeschrieben wird. Es liegt nahe, den Satz auf die dargestellte Raumfahrt-Szene zu beziehen. In diesem Sinne hätte Amerika dann ein »Wunder«, etwas Unglaubliches, vollbracht. Auffällig ist zudem, dass der Name »Amerika« in dem Refrain fünf Mal genannt wird, in der letzten Zeile – »Amerika, Amerika« – mit der rhetorischen Figur der Wiederholung sogar zweimal hintereinander. Die Aussage wird dadurch verstärkt und die Eindringlichkeit gesteigert. Durch die rhythmische Skandierung des Wortes entsteht der Eindruck eines Jubel-Rufs.

2. Abschnitt (0:31–1:06): Erste Strophe

> Wenn getanzt wird, will ich führen,
> auch wenn ihr euch alleine dreht,
> lasst euch ein wenig kontrollieren,
> Ich zeige euch wie's richtig geht.
> Wir bilden einen lieben Reigen,
> die Freiheit spielt auf allen Geigen,
> Musik kommt aus dem Weißen Haus,
> Und vor Paris steht Mickey Maus.

Auf der Bildebene gibt es bereits kurz vor Ende des vorigen Abschnitts, während der letzten Refrain-Zeile »Amerika, Amerika«, einen Wechsel. Die zuvor gezeigte Szene – der singende Till Lindemann – ist nun auf dem

Abb. 30: Videoclip »Amerika« – Pizza-Konsum in Afrika

Bildschirm eines Fernsehapparats zu sehen. Das Gerät wird in einer Detailaufnahme gezeigt (Abb. 29). Das Gehäuse besteht aus braunem Holz-Fur-
nier, dem Aussehen nach handelt es sich um ein älteres Gerät. Der Apparat
ist auf einigen am Boden liegenden Autoreifen aufgebaut, die zum Teil mit
einer rot-karierten Decke verhüllt sind. Es folgt ein weiterer Schnitt, man
sieht nun in Großaufnahme einen dunkelhäutigen Mann mit rot gefärbten
Haaren, der in eine rot-karierte Decke gehüllt ist. Er hüpft zum Takt der
Musik auf und nieder und singt den Refrain »Amerika, Amerika« mit.

Nach einem erneuten Schnitt ist in der Halbtotalen auch die nähere
Umgebung zu sehen: Mehrere dunkelhäutige Menschen hüpfen zu der Musik im Kreis. Sie befinden sich auf einem lehmbedeckten Platz, der von
Bäumen und einer strohbedeckten Hütte gesäumt wird. Offensichtlich
handelt es sich um ein traditionelles afrikanisches Dorf. Sodann wird wieder der Fernseher mit Sänger Lindemann auf dem Bildschirm gezeigt. Um
das Gerät herum hocken nun mehrere dunkelhäutige Frauen und Mädchen, die ebenfalls mit roten Tüchern bekleidet sind und teils bunten
Schmuck tragen. Eine der Frauen öffnet einen flachen Karton, auf dem die
Schrift »Pizza« zu lesen ist und das Bild einer US-Flagge prangt. In einer
der folgenden Einstellungen sieht man die Frauen Pizza-Stücke essen
(Abb. 30). Dazwischen sind wieder Einstellungen der Mond-Szene montiert. Diesmal sieht man eine Raumkapsel in der Mondlandschaft stehen,
aus der mit langsamen Bewegungen ein Astronaut steigt.

Zu Beginn des zweiten Teils der Strophe gibt es, wie schon am Anfang der Strophe, einen erneuten Wechsel auf der Bildebene. Wieder wird in einer Detailaufnahme ein Fernsehapparat mit der Übertragung der Mond-Szene gezeigt. Diesmal hat das Gerät ein schwarzes Gehäuse. Es scheint mit Schnee bedeckt oder vereist zu sein. Eine Person mit dicker, pelzbesetzter Jacke, die der Kamera halb den Rücken zuwendet, drückt einen Knopf des Fernsehers. Nach dem nächsten Schnitt sind ein Mann und ein Kind zu sehen, die in die Kamera schauen – offenbar in Richtung des Fernsehers. Die beiden haben eine gelbliche Hautfarbe, der Mann trägt einen Schnurrbart. Sie sind ebenfalls mit dicken, pelzbesetzten Jacken bekleidet und sitzen lächelnd auf einem Eisblock. Im Hintergrund sind Eisberge sowie eine vereiste Meeresoberfläche zu sehen. Offensichtlich spielt die Szene in der Arktis.

In der folgenden Einstellung sind die Astronauten in der Totalen zu sehen. Vier haben sich hinter einem Foto-Stativ versammelt. Im Hintergrund sind das Weltall und ein blauer Planet, vermutlich die Erde, sichtbar. Ein fünfter Astronaut steht im Vordergrund und winkt offenbar eine weitere Person heran, die sich in etwa auf der Position der Kamera befinden muss, mit der die Szene gefilmt wird (Abb. 31). So entsteht beim Betrachter des Videoclips der Eindruck, er werde herangewunken.

Es folgt eine neue Szene, die an diese Dynamik anschließt: In der Halbtotalen ist ein weiterer Fernseherapparat zu sehen, diesmal steht er auf einem Holztisch. Davor haben sich mehrere Menschen mit schwarzen, glatten Haaren und bunten T-Shirts versammelt. Im Hintergrund befindet sich eine saftig-grüne Landschaft, eine Stelle ist mit schlammigem Wasser bedeckt und die Luft wirkt neblig-feucht. Es scheint sich um ein Reisanbau-Gebiet zu handeln. Es strömen weitere Menschen auf die Versammlung vor dem Fernseher zu, die spitze, dreieckige Hüte tragen. Offensichtlich handelt es sich um Bilder aus dem ländlichen Asien.

Nach einem Schnitt wird die Detailaufnahme des Fußes eines Astronauten gezeigt, der mit seinem Schuh beim Gehen einen Abdruck in den staubigen Boden drückt. Sodann folgt eine Szene, in der mehrere dunkelhäutige Personen in einem Wäldchen zu sehen sind. Sie sind mit Lendenschurz, Haarbändern und einigen Tüchern bedeckt, ansonsten aber nackt. Sie tanzen im Rhythmus der Musik und schlagen auf Schellen, die sie in den Händen halten. Die Szene wirkt exotisch, ist aber nicht eindeutig lokalisierbar. Sie könnte im südamerikanischen Urwald spielen.

Abb. 31: Videoclip »Amerika« – Foto-Shooting der Astronauten

In den nächsten Einstellungen sind sämtliche Astronauten hinter dem Foto-Stativ zu sehen. Einer der sechs drückt den Selbstauslöser des Fotoapparats und gruppiert sich zu den anderen. Es blitzt und das Gruppenbild friert ein. Es wirkt dadurch wie ein Foto. Anschließend folgen Einstellungen, in denen die sechs Personen wieder musizieren.

Die verschiedenen Szenen auf der Bildebene unterstreichen den Inhalt des Songtextes, teils gehen sie auch darüber hinaus und geben ihm so eine zusätzliche Bedeutung. Die Rammstein-Musiker stellen US-Astronauten dar und preisen Amerika im Refrain. Dies lässt die Deutung zu, dass sie »Amerika« gewissermaßen verkörpern, für »Amerika« stehen. Die tanzenden Menschen in den verschiedenen Teilen der Welt dagegen scheinen anderen Kulturen anzugehören: Sie sind traditionell gekleidet und werden in ländlich-dörflicher Umgebung gezeigt. Sie stehen für verschiedene nicht-amerikanische ›Völker‹. Möglicherweise sogar für *alle* nicht-amerikanischen oder zumindest nicht-westlichen Völker, denn es werden Menschen aus ganz unterschiedlichen Erdteilen wie dem Fernen Osten, Asien, Afrika, Südamerika und der Arktis gezeigt, die eine breite Spanne repräsentieren.

Der Text des ersten Teils der Strophe scheint in Verbindung mit den Bildern zwar auszusagen, dass sich die tanzenden Menschen selbständig bewegen, jedoch macht der Sänger deutlich, dass er bestimmen will, *wie* die Menschen tanzen – er will sie »führen«, »kontrollieren« und ihnen »zeigen, wie's richtig geht«. Die Aktivität der Menschen erscheint wie gesteuert, dies wird auch durch die Passiv-Konstruktion »wenn getanzt wird« unterstrichen. Der Sänger betont seine aktive, »führende« Rolle noch mit dem Personalpronomen »ich« und dem starken, bestimmten Verb »will«. Die Zeile »lasst euch ein wenig kontrollieren« wirkt wegen der Einschränkung »ein wenig« eher wie eine Überredung, die Zeile »ich zeige euch wie's richtig geht« dagegen wie eine Bevormundung, bei der keine Rücksicht darauf genommen wird, ob die Menschen überhaupt gezeigt bekommen *wollen*, »wie's richtig geht«. Der Sänger scheint jedoch der Ansicht zu sein, dass nur er selbst im Besitz dieses »richtigen« Wissens ist.

Der zweite Teil der Strophe scheint zunächst eine heile Welt zu beschreiben, wenn es heißt: »Wir bilden einen lieben Reigen«. Der »Reigen« ist eine alte Tanzart in Kreis- oder Kettenform, die heute vor allem in Brauchtumstänzen lebendig ist. Und tatsächlich werden auf der Bildebene ja fremd wirkende, exotische ›Volksgruppen‹ präsentiert, die traditionell zu leben und zu tanzen scheinen. Auch das Adjektiv »lieb« klingt altmodisch. Allerdings wird es hier – wie gegenüber Kleinkindern – besonders betont ausgesprochen. Dadurch wirkt es verlogen.

Mit den folgenden Zeilen wird denn auch deutlich gemacht, dass es sich um einen ganz und gar ›amerikanischen‹ Reigen handelt. So spielt der Satz »die Freiheit spielt auf allen Geigen« auf das Selbstbild der USA an, Freiheit und Demokratie in der Welt durchzusetzen. Im Zeitraum der Veröffentlichung des Songs kurz nach dem Irak-Krieg wurde über dieses Postulat breit diskutiert. Die USA, so könnte man die Zeile deuten, bestimmen also den Ton der Musik und bedienen sich dabei der Anderen – die »Geigen« sind durch Passivität gekennzeichnet, denn auf ihnen wird gespielt. Die letzten beiden Zeilen bestätigen diese Deutung. Denn wenn gesagt wird, die Musik komme »aus dem Weißen Haus«, heißt das eindeutig, dass die USA definieren, wie diese Freiheit auszusehen hat. Die letzte Zeile, mit der auf den Freizeitpark Disneyland bei Paris angespielt wird, macht zudem deutlich, wie das konkret aussieht: Offenbar handelt es sich nur um eine ganz bestimmte Freiheit, nämlich um diejenige, amerikanische Produkte zu konsumieren.

Die Bilder zeigen, dass die Menschen dem Sänger offenbar widerspruchslos oder sogar begeistert folgen: Sie schauen ihm gebannt im Fernsehen zu und bewegen sich zum Takt seiner Musik. Möglicherweise sind sie auch von dem Fernsehapparat begeistert, der in ihrer traditionellen Umgebung wie ein Fremdkörper wirkt, aber jeweils an einem zentralen Platz aufgestellt ist. Zudem hat ein explizit amerikanisches Produkt wie die Fertig-Pizza, die in einem Karton mit US-Emblem steckt, in ihren Alltag Ein-

Abb. 32: Videoclip »Amerika« – Buddhistische Mönchsschüler

zug gehalten. Die US-Astronauten feiern sich unterdessen selbst, indem sie vor der Foto-Kamera posieren.

3. Abschnitt (1:06–1:20): Refrain

> We're all living in Amerika,
> Amerika ist wunderbar.
> We're all living in Amerika,
> Amerika, Amerika.

Während erneut der Refrain zu hören ist, sind auf der Bildebene abwechselnd die musizierenden Astronauten zu sehen sowie eine weitere Szene vermutlich aus Asien: Zunächst ist in der Totalen ein weißes Gebäude mit orangefarbenen Pagodendächern zu sehen. Es erinnert an einen buddhistischen Tempel. Auf dem breiten Plattenweg, der auf die Kamera zuführt, gehen fünf Personen in orangefarbenen Gewändern, wie man sie von buddhistischen Mönchen kennt. Zwei von ihnen tragen Sonnenschirme. Nach einem Schnitt werden die Personen in der Naheinstellung gezeigt: Es handelt sich um Jungen mit kurzgeschorenen Haaren, also offensichtlich um Mönchsschüler. In den Händen halten sie Burger-Brötchen, in die sie herzhaft hineinbeißen (Abb. 32). Sie kauen mit vollen Backen und scheinen die Burger hastig zu verschlingen. Einer der beiden trägt zudem einen blauen Pappbecher mit Strohhalm, wie sie in Fastfood-Ketten für Pepsi-Cola verwendet werden.

Abb. 33: Videoclip »Amerika« – Betender Muslim

Ähnlich wie in der Afrika/Pizza-Szene wird hier ein scheinbar extremer Gegensatz dargestellt: Die traditionelle buddhistische Kultur wirkt durchsetzt von westlichen Konsumgütern wie Fastfood und Cola. Es sind Kinder, die das Fastfood konsumieren – also Menschen, so könnte man denken, die noch kein ausgeprägtes Bewusstsein dafür haben und die sich möglicherweise leicht verführen lassen.

4. Abschnitt (1:20–1:56): Zweite Strophe

> Ich kenne Schritte, die sehr nützen,
> und werde euch vor Fehltritt schützen,
> und wer nicht tanzen will am Schluss,
> weiß noch nicht, dass er tanzen muss!
> Wir bilden einen lieben Reigen,
> ich werde euch die Richtung zeigen,
> nach Afrika kommt Santa Claus,
> und vor Paris steht Mickey Maus.

Während der ersten Zeile der Strophe, »Ich kenne Schritte, die sehr nützen«, wird auf der Bildebene ein sandiger Boden mit einem Perserteppich gezeigt. Davor steht eine Person mit wallenden Beinkleidern und Nike-Turnschuhen. Zunächst sind in der Großaufnahme nur die Schienbeine und Füße zu sehen. Die Person streift die Schuhe ab und stellt sich auf den Teppich. Zur zweiten Zeile werden wieder Bilder der musizierenden

Abb. 34: Videoclip »Amerika« – Rammstein-Musiker Lorenz

Raumfahrer gezeigt. Während der dritten und vierten Zeile, »und wer nicht tanzen will am Schluss, weiß noch nicht dass er tanzen muss!«, ist die Person auf dem Perserteppich in der Halbtotalen zu sehen. Es handelt sich um einen Mann, der ein langes dunkles Gewand nach Art eines Kaftans trägt sowie einen Fes, eine Kopfbedeckung in Form eines Kegelstumpfes, wie sie im arabischen und persischen Raum verbreitet ist. Der Mann verneigt sich nun nach rechts – vermutlich nach Mekka im Osten (Abb. 33). Offensichtlich handelt es sich um einen betenden Muslim. Hinter ihm befindet sich eine hohe Mauer, auf der Rohre installiert sind. Im Hintergrund befinden sich zwei hohe Stahlskelette, die wie Ölfördertürme aussehen.

Es folgt ein Schnitt. In halbnaher Einstellung ist nun der Rammstein-Keyboarder Christian Lorenz zu sehen, der sich nach links verneigt (Abb. 34). Lorenz lächelt, allerdings wirkt das Lächeln hämisch oder zynisch. Durch den Schnitt entsteht der Eindruck, dass sich der Muslim ehrerbietig vor dem (amerikanischen) Astronauten verneigt und dass dieser die Verneigung erwidert. Das schräge Lächeln des Astronauten lässt aber darauf schließen, dass es sich eher um eine oberflächliche Erwiderung handelt, die nicht von Herzen kommt. Der Astronaut scheint nur vorzutäuschen, dass er sich auf die Religion oder Kultur des betenden Menschen einlässt.

Nach einem weiteren Schnitt ist schräg von hinten wieder der Muslim zu sehen. Diesmal kniet er auf dem Teppich und erhebt seine Arme in Richtung der Mauer. Die Kamera schwenkt nach oben und die Ölförder-

Abb. 35: Videoclip »Amerika« – US-Flagge auf dem Mond

türme werden sichtbar, aus denen nun Flammen und dunkler Rauch schlagen. Es sieht so aus, als ob der Mann die Ölanlage anbetet. Während des zweiten Teils der Strophe werden in verschiedenen Einstellungen wieder die musizierenden Astronauten gezeigt. Zur Zeile »Wir bilden einen lieben Reigen« lässt Rammstein-Sänger Lindemann seine Arme rhythmisch kreisen. Beginnend mit der Zeile »ich werde euch die Richtung zeigen« sieht man zwei weitere Astronauten mit schulterhoher US-Flagge in der Hand, die schlaff herunterhängt. Die beiden schauen sich ein Papier an, auf dem eine Flagge sowie ein horizontaler Pfeil aufgezeichnet sind. Sie versuchen nun offensichtlich, die Flagge nach der Anleitung an einem Metallwinkel zu befestigen, so dass sie horizontal von der Fahnenstange abgeht und damit den Eindruck erweckt, zu wehen. Dies gelingt jedoch nicht, so dass sie die Flagge mit der Hand horizontal halten (Abb. 35). Dazu salutieren sie, indem sie die Hand an die Stirn legen.

Auf der Textebene variiert und erweitert die zweite Strophe die Aussagen der ersten Strophe. Die Zeilen »Ich kenne Schritte, die sehr nützen, und werde euch vor Fehltritt schützen« spielen in Verbindung mit den gezeigten Ölfeld-Bildern vermutlich auf die These vom Abhängigkeitsverhältnis der Länder in der Golfregion von den USA an. Demnach beuten diese Länder ihre Ressourcen nicht nur für sich selbst, sondern auch und vor allem für die USA aus. Im Gegenzug erhalten sie militärischen Schutz, Entwicklungs- oder Wirtschaftshilfe – und wer diesen Deal nicht freiwillig eingeht, wird dazu genötigt. Was unter einem »Fehltritt« zu verstehen ist, wird hier zwar nicht ausgeführt. Es liegt aber nahe, dass es sich dabei um sämtliche Verhaltensweisen handelt, die nicht im Interesse der USA liegen. Mit dem Futur »werde« wird zudem deutlich gemacht, dass der »Schutz vor Fehltritt« auf jeden Fall erfolgen wird – ob gewünscht oder nicht. Der Text des zweiten Teils der Strophe ist eine Wiederholung aus der ersten Strophe. Mit einer kleinen Variation: Statt »Musik kommt aus dem weißen Haus« heißt es nun: »nach Afrika kommt Santa Claus«. Damit wird offensichtlich ausgesagt, dass sich nicht nur US-Produkte, sondern auch amerikanische Bräuche in aller Welt verbreiten – obwohl sie dort scheinbar völlig fehl am Platze sind und nicht hingehören. Zumindest wirkt die Vorstellung eines rot-weiß gekleideten Weihnachtsmannes in Afrika absurd.

5. Abschnitt (1:56–2:26): Refrain

> We're all living in Amerika,
> Amerika ist wunderbar.
> We're all living in Amerika,
> Amerika, Amerika.
> We're all living in Amerika,
> Coca-Cola, Wonderbra,
> We're all living in Amerika,
> Amerika, Amerika.

Während der Refrain zwei Mal hintereinander zu hören ist, werden auf der Bildebene erneut die musizierenden Astronauten in verschiedenen Einstellungen gezeigt. Dazwischen sind mehrere andere Szenen geschnitten. So ist in einer Naheinstellung zunächst ein asiatisch aussehender junger Mann zu sehen, der auf einem Motorrad sitzt. Im Hintergrund befindet sich eine Wand mit asiatischen Schriftzeichen. Der Mann trägt eine Lederjacke mit einem T-Shirt darunter, auf dem eine stilisierte »1« in den Farben der US-Flagge zu sehen ist. Er schmiert sich Gel in die Haare und schaut in die Höhe. Nach einem Schnitt wird in der Totalen gezeigt, wohin der junge Mann offenbar schaut: Auf eine Riesenleinwand, auf der die musizierenden Astronauten zu sehen sind (Abb. 36). Die Leinwand ist an einem mehrstöckigen Haus angebracht, rechts dahinter sind weitere hell erleuchtete und mit asiatischen Reklametafeln bespickte Häuser zu sehen. Es könnte sich um eine Großstadt wie Hongkong, Peking oder Tokio handeln. Vor der Leinwand, ganz am unteren Bildrand, sieht man eine dunkle Menschenmasse, die rhythmisch in die Hände klatscht.

Abb. 36: Videoclip »Amerika« – Großbildleinwand in Asien

In einer weiteren Szene wird ein indisch aussehender Mann mit einem langen, schwarz-grauen Vollbart gezeigt – auch hier zunächst in einer Naheinstellung. Er trägt einen rot gemusterten Turban auf dem Kopf, bewegt sich im Takt der Musik und scheint den Text mitzusingen. Kurz darauf ist der Mann in der Großaufnahme zu sehen. Er zündet sich eine Zigarette an und hält eine Schachtel Zigaretten in der Hand, auf der das »Lucky Strike«-Logo zu erkennen ist.

Bei der Wiederholung des Refrains wird eine dritte Szene gezeigt: Ein alter Mann mit weißen Haaren und langem Bart in rot-weißer Weihnachtsmann-Bekleidung, auf dessen Schoß ein dunkelhäutiges Kind mit geflochtenen Haaren sitzt. Zu seinen Füßen stehen und sitzen zwei weitere Kinder (Abb. 37). Die Kinder tragen lediglich kurze Hosen. Im Hintergrund sieht man eine grünlich-bräunliche Steppenlandschaft. Der Weihnachtsmann singt den Text mit und wippt das Kind auf seinem Knie im Takt der Musik. Das Kind hält einen kandierten Apfel mit Stiel in der Hand. Der Mann zeigt darauf, als ob er erklären würde, wie man den kandierten Apfel isst. Das am Boden sitzende Kind schaut neugierig zu ihm auf.

Nach einem Schnitt folgt eine vierte Szene. Zunächst ist in der Halbtotalen eine Art Festumzug zu sehen: Junge, asiatisch aussehende Männer in dunkler Uniform, die sich vorwärts bewegen und dabei trommeln, vermutlich auf Becken. Hinter ihnen schreitet eine in Gold gekleidete Person mit Krone. Nach einem Schnitt sieht man in der Naheinstellung eine bunt gekleidete Tänzerin, die sich zum Takt der Musik bewegt. Nach einem wei-

Abb. 37: Videoclip »Amerika« – Santa Claus in Afrika

teren Schnitt ist abermals der Keyboarder von Rammstein zu sehen, der eine ähnliche Bewegung wie die Tänzerin vollführt – und wieder das bereits beschriebene zynische Grinsen zur Schau trägt.

Auf der Textebene wird der Refrain bei der Wiederholung geringfügig variiert: Während der Weihnachtsmann-Szene heißt es statt des bekannten »Amerika ist wunderbar« nun: »Coca-Cola, Wonderbra«. Damit wird nochmals unterstrichen, weshalb Amerika so »wunderbar« ist: Wegen Erfindungen wie Coca-Cola und Push-up-Büstenhaltern.

6. Abschnitt (2:26–2:57): Bridge und instrumentales Zwischenspiel

Der Abschnitt hebt sich auf der Text- wie auf der Bildebene deutlich vom Rest des Videoclips ab. Zunächst fällt auf, dass der Text hier selbstreferenziell wird und sich unmittelbar auf den Song bezieht:

> This is not a love song,
> this is not a love song.
> I don't sing my mother tongue,
> No, this is not a love song.

Die Zeile »This is not a love song« ist ein Zitat: Es handelt sich um einen Songtitel der New-Wave-Band Public Image Limited von 1983. Der Satz wird auch im gleichen Rhythmus wie bei Public Image Limited gesprochen. Mit dem Satz machen Rammstein klar und deutlich, wie sie ihren

Song »Amerika« verstehen: »Dies ist kein Liebeslied«, also kein Lied der
Bewunderung und Liebe gegenüber Amerika, wie der Songtext zunächst
suggeriert, sondern das genaue Gegenteil davon. Mit dem Satz »I don't sing
my mother tongue«, also »Ich singe nicht in meiner Muttersprache«, machen sie zudem klar, dass sie auch die englische Sprache für etwas halten,
das Amerika allen Anderen in der Welt aufzwängt. Tatsächlich texten
Rammstein üblicherweise in deutscher Sprache. Die englisch gesungene
Bridge und die wiederkehrende Zeile »We're all living in Amerika« dienen
also vor allem dazu, die Hauptaussage des Songs zu unterstreichen: Dass
Amerika, auch durch die englische Sprache, die Welt dominiert.

Auf der Bildebene unterscheidet sich der Abschnitt auch durch einen
Farbwechsel: Die Einstellungen sind hier in sepiabraun gehalten. Der Bild-
ausschnitt ist außerdem leicht abgerundet und wird von einem schwarzen
Rahmen umfasst. Dadurch wirkt es, als ob die Bilder auf einem alten Film-
projektor abgespielt werden. Zu sehen sind dabei in mehreren Einstellungen hintereinander die Bandmitglieder von Rammstein. Diesmal sind sie
wie Indianer gekleidet, tragen langes Haar und Kopfschmuck. Mit einem
Messer und mit den Fingern malen sie sich breite Farbstreifen ins Gesicht.
Die Szene wirkt kämpferisch, wie vor einer Schlacht. In der nächsten Einstellung werden die Indianer in der Halbtotalen gezeigt: Nun ist zu sehen,
dass sie trinken und an einer langen Pfeife rauchen. Sie sitzen um ein Lagerfeuer herum, im Hintergrund befindet sich ein spitzes Zelt (Abb. 38).

Wechselnd folgen nun Einstellungen, in denen Personen aus den vorangegangenen Szenen zu sehen sind, ebenfalls in sepiabraun: Einer der
Männer aus der Arktis-Szene, ein Mann und eine Frau aus der Afrika-
Szene, ein Mann aus der Südamerika-Szene und die Tänzerin aus der asiatischen Festumzugs-Szene. Alle schauen sehr ernst in die Kamera. Dazwischen sind mehrmals die Rammstein-›Indianer‹ geschnitten, die sich immer
heftiger die Gesichter bemalen und dazu rauchen und trinken.

Es liegt nahe, die Szene als Referenz an den (aussichtslosen) Kampf der
Indianer gegen die weißen Siedler zu interpretieren. Indem zwischendurch
immer wieder Personen gezeigt werden, die unterschiedliche Völker der
Erde repräsentieren, wird eine Analogie zwischen diesen Personen und den
Indianern hergestellt. Sie schauen jedoch nicht kämpferisch und wütend
drein wie die Indianer, sondern ernst. Es scheint, dass sie die Indianer beobachten und dabei erkennen, dass deren Kampf gegen die (weißen) Amerikaner aussichtslos ist. Man könnte auch schließen, dass Alkohol und
Tabak hier als Ursache dieser Aussichtslosigkeit präsentiert werden – in In-

Abb. 38: Videoclip »Amerika« – Indianer am Lagerfeuer

dianer-Romanen ist schließlich immer wieder zu lesen, die Weißen hätten die Indianer mit Alkohol abhängig und gefügig gemacht. Und tatsächlich bleiben die hier gezeigten Indianer ja am Lagerfeuer sitzen, auch wenn sie zugleich immer wütender zu werden scheinen. Möglicherweise wird damit eine Parallele gezogen zu den Methoden, mit denen die Amerikaner heutzutage angeblich andere Länder gefügig machen. In den vielen vorangegangenen Szenen wurde dies bereits angedeutet – mit Bildern von Fertigpizza, Coca-Cola, Burgern, Lucky-Strike-Zigaretten und so weiter.

Nach dem Ende des Textes der Bridge beginnt das instrumentale Zwischenspiel, das von einem Gitarrensolo dominiert wird. Das Bild wird wieder farbig und zeigt eine weitere Mond-Szene: Zunächst ist der als Astronaut verkleidete Rammstein-Bassist Oliver Riedel aus der Obersicht-Perspektive zu sehen. Er blickt schräg nach unten und scheint mit seinen Armen an etwas zu rütteln. Nach einem Schnitt wird klar, dass es sich um einen gelben Flipper-Spielautomaten handelt. Es folgen weitere Einstellungen, in denen der Schriftzug auf dem Gerät zu lesen ist: Es handelt sich um einen »Star-Trek«-Flipper.[534] Auch die anderen Rammstein-Astronauten stehen um den Flipper herum. Sie gestikulieren immer heftiger, schließlich schlagen einige von ihnen auf das Gerät ein.

---

534 Flipper-Automaten werden oft nach populären Filmen benannt und gestaltet – in diesem Fall nach der Science-Fiction-Weltraum-Fernsehserie »Star Trek«.

Abb. 39: Videoclip »Amerika« – Skandierende Menschenmenge

Die Flipper-Szene wirkt wie ein Verbindungsstück zwischen der vorigen Indianer-Szene und den Mond-Szenen: Die Astronauten werden zunehmend aggressiv – wie zuvor die Indianer. Doch ihre Aggression ist folgenlos, denn sie richtet sich nur gegen einen Spielautomaten. Möglicherweise steht der »Star-Trek«-Flipper hier auch als Metapher für die Mission der Astronauten. Ist diese Mission auch nur ein Spiel? Ein Spiel, das wütend und aggressiv macht?

7. Abschnitt (2:57–3:46): Refrain

> We're all living in Amerika,
> Amerika ist wunderbar.
> We're all living in Amerika,
> Amerika, Amerika.
> We're all living in Amerika,
> Coca-Cola, sometimes War,
> We're all living in Amerika,
> Amerika, Amerika.

Während nochmals der Refrain erklingt, wird auf der Bildebene zunächst einer der Astronauten in einer Großaufnahme, dann in der Halbtotalen gezeigt. Im Hintergrund des Bildes verläuft ein weißer Streifen, der an die Milchstraße erinnert. Der Astronaut ist an einem Schlauch befestigt und scheint schwerelos im All zu schweben, dabei spielt er Gitarre. Danach sind in verschiedenen Einstellungen wieder alle musizierenden Rammstein-Astronauten gemeinsam in der Mondlandschaft zu sehen. Dazwischen sind Einstellungen montiert, in denen abermals Personen aus den anderen Szenen gezeigt werden: Afrikanische Kinder, der Asiate auf dem Motorrad, der asiatische Festumzug, südamerikanische Ureinwohner, der betende Muslim. Viele dieser Personen lächeln, und alle scheinen den Refrain mitzusingen. Dieser Eindruck wird auf der Tonebene noch dadurch gefestigt, dass der Refrain diesmal nicht nur von den Rammstein-Musikern gesungen, sondern zusätzlich durch einen Chor verstärkt wird.

Zwei der vielen Einstellungen in diesem Abschnitt irritieren jedoch: Zu sehen sind nämlich auch Bilder von einer Menschenmenge, die im Rhythmus der Musik die Arme in die Luft reckt. Es scheint sich um eine Szene im Süden zu handeln, denn die Menschen haben eine dunkle Hautfarbe und im Hintergrund befinden sich Palmen. Das erste Mal ist die Menschenmenge in der Halbtotalen frontal zu sehen. Diese Einstellung fügt sich noch nahtlos in die anderen Bilder ein, denn die Menschen scheinen zu jubeln. Einer reckt eine Papptafel mit der Aufschrift »Rammstein« in die Luft. Die zweite Einstellung wirkt jedoch mehrdeutig: Diesmal ist die Menschenmenge in der Totalen von der Seite zu sehen. Die Armbewegung der Menschen wirkt dabei viel bedrohlicher, denn sie ist stark rhythmisch und gleichgerichtet schräg nach oben gerichtet (Abb. 39). Es scheint, als ob die Menschenmenge etwas skandiert. Vordergründig liegt zwar die Deutung nahe, dass die Menschen analog zum Songtext »Amerika, Amerika« skandieren. Es könnte sich aber auch um eine gegen Amerika gerichtete Demonstration handeln.

Auffällig ist auch, dass der Text des Refrains bei der Wiederholung erneut leicht abgewandelt wird: Statt »Coca-Cola, Wonderbra« heißt es nun: »Coca-Cola, sometimes War«. Damit wird ausgedrückt, dass Amerika nicht nur Konsumgüter in aller Welt verbreitet, sondern »manchmal« auch Krieg. Da ein Krieg mit Gewalt durchgeführt wird, spitzt dieser Halbsatz den Text erheblich zu. Denn in den vorigen Passagen ging es noch ausschließlich um eine scheinbare Freiwilligkeit, allenfalls um sanften Druck.

Es folgt ein kurzes instrumentales Zwischenspiel. Dabei sind zunächst die sechs Astronauten zu sehen, die sich an den Händen halten und im Kreis um die US-Flagge herumtanzen, die in den Boden der Mondlandschaft gerammt ist. In der nächsten Einstellung stehen drei der Astronauten auf dem Boden, auf ihren Schultern stehen zwei weitere und auf deren Schultern wiederum der sechste Astronaut – wie bei einer Zirkus-Formation. Zum Rhythmus der Musik breiten sie die Arme waagerecht aus. In einer dritten Einstellung sind die sechs Musiker zwar immer noch in der Mondlandschaft zu sehen, allerdings sind sie nun wieder als Indianer verkleidet und tanzen um eine mit Mustern verzierte Holzstange herum, die an einen Marterpfahl erinnert.

8. Abschnitt (3:46–4:16): Epilog

Zum letzten Takt des instrumentalen Zwischenspiels wird in der Großaufnahme einer der Astronauten gezeigt. Er blickt frontal in die Kamera. Zum letzten Tusch des Zwischenspiels reckt er seinen Zeigefinger in Richtung der Kamera, also zum Betrachter des Videoclips hin. Zeitgleich kommt von rechts eine Hand ins Bild, die einen Puderquast hält, mit dem der Astronaut nun abgepudert wird. Die Kamera beginnt, zurückzuzoomen. Dabei wird sichtbar, dass der Astronaut vor einer schwarzen Papp-Kulisse steht. Neben ihm kommt die Person ins Bild, die den Puderquast hält: Es ist eine Frau in Jeans und schwarzem Pullover. Rechts und links des Astronauten rücken Scheinwerfer, Kameras und weitere Personen ins Bild. Es scheint sich um die Mitglieder einer Filmcrew zu handeln.

Ein letztes Mal erklingt hier außerdem der Refrain. Diesmal hört sich der Sound allerdings blechern und hallig an, ähnlich wie zu Beginn des Songs – als ob er aus einem Lautsprecher kommt. Ein junger Mann in weißem T-Shirt ruft durch ein Megaphon: »Das war sehr schön, das war's, danke«. Die Menschen im Bild beginnen zu klatschen und der Sound der Musik wird leiser. Die Kamera zoomt währenddessen immer weiter weg. Dadurch rücken drei weitere Astronauten ins Bild, die ihre Arme um den Mann mit den rot gefärbten Haaren aus der Afrika-Szene legen und sich gegenseitig fotografieren. Es wirkt, als ob sie Erinnerungsfotos machen. Schließlich erlischt das Scheinwerfer-Licht (Abb. 40), dann wird der Ton ausgeblendet. Es blitzt.

Nach einem Schnitt sieht man in der letzten Einstellung den grauen Staub der Mondlandschaft. Die Kamera fährt langsam auf ein am Boden liegendes Foto zu, bis dieses in einer Detailaufnahme zu sehen ist. Das Foto zeigt die sechs Astronauten. Auf der Tonebene ist währenddessen nur ein Rauschen zu hören, dann ein verzerrter Funkspruch: »Say again please« – »Okay, Houston, we've had a problem here.« Dabei handelt es sich um Original-Ausschnitte aus dem berühmt gewordenen Funkverkehr von der »Apollo 13«-Mission der NASA aus dem Jahr 1970, bei der einer der Sau-

Abb. 40: Videoclip »Amerika« – Filmset mit Astronauten

erstofftanks des Apollo-Raumschiffs »Odyssey« explodiert war. Es liegt nahe, den Text »We've had a problem here«, also: »Wir haben hier ein Problem gehabt«, direkt auf das am Boden liegende Foto zu beziehen. Was wird damit ausgesagt?

Zum Verständnis muss zunächst noch einmal die vorangegangene Szene in Erinnerung gerufen werden, in der die Filmcrew zu sehen ist. Die Bilder legen nahe, dass die Mond-Szenen zur gespielt sind, dass es sich dabei um Filmaufnahmen mit Schauspielern handelt. Dies ist eine deutliche Anspielung auf die populäre Verschwörungstheorie, dass die erste bemannte Mondlandung 1969 gar nicht stattgefunden habe, sondern von der NASA und der US-Regierung vorgetäuscht und in einem Filmstudio oder in einer Wüste nachgestellt worden sei.[535] Zur Begründung wird in diesen Verschwörungstheorien unter anderem auf die US-Flagge verwiesen, die auf den offiziellen Bildern wehend abgebildet ist, in der Schwerelosigkeit jedoch herabhängen müsse[536] – ein Detail, auf das ja auch in einer Szene des Videoclips angespielt wird.

Die Rammstein-Astronauten posieren zudem immer wieder vor der Kamera, was den Eindruck verstärkt, dass es ihnen eigentlich nur um Show und gute Bilder geht. Das letzte, am Boden liegende Foto kann in

535 Vgl. Kresken/Dambeck, »Das Apollo-Komplott«.
536 Vgl. die kritische Auseinandersetzung mit dieser These von Lipinski, »Warum weht die Fahne, obwohl der Mond keine Atmosphäre besitzt?«.

dieser Logik als Beweisstück für die Foto-Session gesehen werden, das am Drehort vergessen wurde und den ganzen Schwindel der Mondmission auffliegen lässt – dazu passt dann auch der Ausspruch »We've had a problem here«.

Zusammenfassung

Die Hauptaussage des Videoclips »Amerika« von Rammstein lautet, dass die USA die ganze Welt ›amerikanisch‹ machen: Durch den Export kultureller Gepflogenheiten, politischer Ideen wie der Freiheit und nicht zuletzt amerikanischer Produkte wie Coca-Cola, Nike-Turnschuhe und Fastfood. Oberflächlich scheint es zunächst, dass die anderen, nicht-amerikanischen ›Völker‹ dies auch genauso wollen und glücklich damit sind. Allerdings wird schnell deutlich gemacht, dass die verführerischen amerikanischen (Kultur-)Produkte nur dazu dienen, auf subtile Weise die Vormachtstellung der USA in der Welt zu festigen. Demnach geht es den USA nur darum, neue Absatzmärkte zu schaffen und Ressourcen wie Öl zu importieren. Diese Botschaft wird sowohl über den Songtext als auch über die Bilder vermittelt.

»Amerika« erscheint dabei als Verkörperung von Kapitalismus und Ausbeutung. Die anderen ›Völker‹ dagegen gehören erkennbar nicht-westlichen Kulturkreisen an. Sie scheinen ihrer alten Tradition verhaftet zu sein, befinden sich meist fernab der Zivilisation, im Busch oder Dschungel. In der Art und Weise, wie sie dargestellt werden, entsprechen sie dem kulturalistischen Klischeebild von zurückgebliebenen Eingeborenen, die mit der Moderne noch kaum in Berührung gekommen sind. Allerdings scheinen sie fasziniert von Amerika zu sein, das im Clip vor allem durch die Astronauten repräsentiert wird. Sie beobachten gespannt die Bilder von der Mondmission in ihren Fernsehgeräten, tanzen zur Musik der Astronauten, singen deren Loblied auf Amerika mit und konsumieren amerikanische Produkte.

Die Astronauten dagegen wirken zynisch und verlogen. Sie erweisen den anderen ›Völkern‹ nur vordergründig ihren Respekt, dies machen etwa die zutiefst unehrlich wirkenden Verbeugungen deutlich. Im Epilog wird dann nochmals unterstrichen, wie verlogen die Amerikaner seien, denn die Mond-Mission entpuppt sich als großer Betrug. Im Text wird zudem deutlich, dass die Amerikaner unbedingt die Kontrolle behalten und den Takt angeben wollen. Und dass die Freiwilligkeit der Anderen nur so lange gegeben ist, wie nach der Pfeife der Amerikaner getanzt wird – denn anderenfalls würden auch Gewalt und Krieg (»sometimes War«) als Mittel der Machtdurchsetzung nicht ausgeschlossen.

Die Passage, in der die Indianer-Bilder gezeigt werden, zieht dabei eine Verbindungslinie von der behaupteten Dominierung und Ausbeutung der heutigen Welt durch Amerika zurück in die Zeit, als die weißen Siedler gewaltsam die Indianer in Amerika verdrängten. Es wird nahegelegt, dass sich die USA heute genauso wie damals gegenüber anderen ›Völkern‹ und Kulturen verhalten. Ob es möglich ist, dagegen aufzubegehren, bleibt unklar: Die Personen, die die verschiedenen Völker repräsentieren, scheinen die Indianer-Szene zwar aufmerksam zu beobachten. Daraus folgt jedoch nichts, sieht man von den Bildern der skandierenden Menschenmenge ab, die eine Großdemonstration gegen Amerika darstellen könnte.

So verharrt das Video in der Darstellung des vermeintlichen Status quo, es erzählt, wie »Amerika« heute ist – dies unterstreicht auch der schlagwortartige Songtitel. Demnach glauben wir zwar, eigenständig zu handeln, tanzen aber letztlich alle nach der amerikanischen Pfeife – gefügig gemacht durch billige Konsumgüter und oberflächliches Entertainment. Amerika macht alle Traditionen kaputt und ebnet alle kulturellen Besonderheiten ein, so die Aussage: Amerika regiert die Welt.

Resümee

Die Analysen aus dem kulturellen Diskursbereich zeigen, dass hier in recht unterschiedlichen Zusammenhängen antiamerikanische Bilder und Argumentationsmuster auftauchen, allerdings meist indirekt und fragmentarisch. Dabei werden zum einen die Amerikaner und ihre Lebensweise in teils drastischer Weise stereotyp charakterisiert und abgewertet, zum anderen aber auch die amerikanische Kultur.

So gelten die amerikanische Popmusik oder auch Hollywood-Filme als seicht, »pseudomäßig« und minderwertig, ausschließlich kommerziell und als beste Beispiele für amerikanische Künstlichkeit, kurz: als regelrechte *Unkultur*. Dass diese »Unterhaltungsware« in Deutschland dennoch erfolgreich ist, wird einerseits mit der enormen wirtschaftlichen Macht erklärt, die angeblich dahinter steht, sowie andererseits mit einer besonders perfiden Methode der »Verführung«, der die Deutschen erliegen würden. Ähnliches gilt für den Sport: Hier wird dem amerikanisierten »polyglotten Sonnyboy« Jürgen Klinsmann vorgeworfen, das »deutsche Fußballtraditionsunternehmen« völlig umzukrempeln. Die Folge:»Mehr Schein als Sein«. Umso stolzer wird dagegen das urwüchsige Heldentum der »bodenständigen« deutschen Handballer hervorgehoben.

Ähnlich werden amerikanische Einflüsse auch in anderen Bereichen abgewehrt: Etwa beim Fastfood, das als typisches Produkt des »American Way of Life« die ganze Welt »gleichmache«. Oder in der Debatte um die Verdrängung der deutschen Sprache durch die als künstlich und falsch charakterisierte Misch-Sprache »Denglisch«. Dahinter steht eine erkennbare Furcht vor Vermassung und Identitätsverlust. Eine derartige Zerstörung vermeintlich echter, tiefgründiger Kulturen und Traditionen wird nicht nur in Deutschland und Europa, sondern auf der ganzen Welt beklagt. In zugespitzter Form ist gar von »Kulturzerstörung« durch die »Massenvernichtungswaffe« des »American Way of Life« die Rede. So erscheint die amerikanische Kultur als künstliches, kommerzielles »Produkt«, das auch deshalb überall verbreitet werde, um die Macht der USA zu mehren.

Auch in dem *detailliert analysierten Videoclip* »Amerika« der Popgruppe Rammstein wird die Geschichte dieser angeblichen kulturellen Amerikanisierung erzählt: »Amerika« verführt demnach die Völker der Welt mit seinen Konsumgütern, zerstört so die traditionellen, gewachsenen Strukturen und setzt hinterrücks überall seine Gesellschaftsform und Lebensart durch.

Im Kleinen taucht dieses Weltbild aber auch in den Kreuzberger Abwehrkämpfen auf: Hier wird amerikanischen Unternehmen ebenfalls vorgeworfen, in eine vorhandene Gemeinschaft einzudringen, diese zu »zersetzen« und eine »Gegend ohne Gesicht und Seele« zu schaffen. In der Debatte um die neue Berliner US-Botschaft scheint das Bild von der seelenlosen amerikanischen Rationalität ebenfalls auf, wobei das Botschaftsgebäude nicht als bedauerlicher Einzelfall betrachtet wird, sondern als Ausdruck einer »anonymen« amerikanischen Gebrauchskunst vom Fließband. Wieder einmal lautet hier der Vorwurf: Kommerz statt Kultur. Auch amerikanische Städte und Landschaften gelten als unnatürlich, verkommen und dem Untergang geweiht.

Die *Amerikaner* werden als Verkörperung dieser »Seelenlosigkeit« beschrieben: Sie »wissen nicht, wo sie hingehören«, sind unverwurzelt und orientierungslos, pflegen naive, oberflächliche und heuchlerische soziale Umgangsformen – und kennen keine wirkliche »Gemeinschaft«, sondern verschwinden in der gleichförmigen Masse. Entsprechend wird ihnen vorgeworfen, egoistisch und kurzsichtig in den Tag hineinzuleben und nur auf ihren persönlichen Vorteil bedacht zu sein.

Darüber hinaus wird den Amerikanern nachgesagt, an allen Dingen jenseits der Landesgrenzen desinteressiert zu sein, über einen beschränkten geistigen Horizont zu verfügen und sich nur mit oberflächlichem Entertainment statt mit wirklichen Problemen zu beschäftigen. Sie werden als »prüde«, »puritanisch« und »gesundheitsbesessen« charakterisiert, zugleich jedoch als heuchlerisch, weil es eine mediale »Übersexualisierung« gebe und viele Amerikaner tatsächlich »fett« seien und ungesund lebten. Zusammengefasst: Amerikaner haben keine Kultur und übertünchen diesen Mangel mit kommerzieller, oberflächlicher Unterhaltung. Sie sind nicht innerlich, selbstlos und damit wahrhaft schöpferisch, sondern verfolgen ein materielles, eigennütziges Kalkül.

Im Vergleich zum politischen und wirtschaftlichen Diskursbereich fällt jedoch auf, dass antiamerikanische Deutungsmuster im Zusammenhang mit kulturellen Themen viel schwächer ausgeprägt sind. Die genannten Stereotype fallen überwiegend *beiläufig und vereinzelt*, scheinen im medialen Diskurs in Deutschland aber wie selbstverständlich als konsensuale Bilder von Amerika und den Amerikanern geteilt zu werden. Vor allem von der amerikanischen Oberflächlichkeit ist immer wieder die Rede. Zuschreibungen wie diese finden sich in fast allen großen Medien.

Darüber hinaus wird insgesamt der Eindruck erweckt, dass die Amerikaner über eine echte, geistig anspruchsvolle Kultur im Grunde gar nicht verfügen, sondern nur über durch und durch kommerzielle *»Kulturprodukte«* – im Gegensatz zur vermeintlich tiefgründigen, uneigennützigen Kultur der Europäer und der anderen ›Völkern‹ der Welt. Das Bild von den kulturlosen Amerikanern, die ihre Lebensweise überall auf der Welt mit Macht durchsetzen, ist quer durch die deutschen Medien verbreitet – von der *taz* bis zur *FAZ*. Teilweise dient die Form der Kunst- und Kulturkritik dabei als Vehikel zum Transport klassischer antiamerikanischer Klischees, die pauschal gegen Amerika gewendet werden.

Die größte Gefahr wird dabei in der vermeintlichen *Verführungskraft* der amerikanischen Kultur gesehen. Im Falle Deutschlands wird diese nicht zuletzt mit dem Sieg der USA über NS-Deutschland und die anschließende Besatzungszeit im Kalten Krieg erklärt: Auf diesem Wege sei den Deutschen die amerikanische Kultur – ob Popmusik, Hollywood-Filme oder auch die englische Sprache – regelrecht eingeimpft worden. »Amerikanisierung« also auch in der Kultur. Umso vehementer wird die angebliche Unkultur der Amerikaner im medialen Diskurs in Deutschland oft abgewertet – verbunden mit der Forderung, sich davon zu emanzipieren.

3. Elemente des Antiamerikanismus

Die vorangegangenen Analysen haben gezeigt, dass antiamerikanische Deutungsweisen im medialen Diskurs in Deutschland weit verbreitet sind – sie finden sich in fast allen großen Print-, Rundfunk- und Online-Medien. Dabei hat die Untersuchung ergeben, dass die antiamerikanischen Zuschreibungen zwar je nach Thema, Ereignis oder Akteur variieren, jedoch auf einigen grundlegenden Meta-Stereotypen aufbauen: Amerika wird als überaus gefährlich und eigennützig, profitgierig, künstlich, oberflächlich und dekadent charakterisiert.

Dennoch gibt es in den untersuchten Diskursbereichen deutliche Unterschiede. So tritt der Antiamerikanismus im Zusammenhang mit politischen Entwicklungen und Ereignissen am sichtbarsten zutage – etwa in Form verbalradikaler Dämonisierungen –, vermischt sich dabei aber oft mit sachlich begründeter Kritik. Dies ist in Bezug auf wirtschaftliche Themen anders: Dort ist der Antiamerikanismus zwar weniger auffällig, tatsächlich jedoch in einer viel *umfassenderen* Weise verbreitet. Im Zusammenhang mit kulturellen Themen wiederum zeigt er sich eher fragmentarisch.

Welche Schlussfolgerungen lassen sich daraus für die *diskursive Funktion* des Antiamerikanismus ziehen? Um dieser Frage näher zu kommen, werde ich im Folgenden zunächst die grundlegenden Argumentationsmuster herausarbeiten, auf denen der Antiamerikanismus basiert – also die innere Logik, nach der die verschiedenen Stereotype in den Texten sowie im Diskurs angeordnet und miteinander verknüpft sind. Nach dieser Analyse der *Strukturprinzipien des antiamerikanischen Deutungsmusters* werde ich dann die *Erscheinungsformen* des Antiamerikanismus in den drei Diskursbereichen Politik, Wirtschaft und Kultur erörtern. Konkret geht es um die Frage, ob es sich eher um einzelne Vorurteile oder um Ressentiments handelt, um ein geschlossenes Vorstellungskonstrukt wie eine Weltanschauung oder um eine Ideologie.

3.1 Strukturprinzipien

Als Erstes werde ich nun die grundlegenden Strukturprinzipien des antiamerikanischen Deutungsmusters aufschlüsseln. Es handelt sich um Dualismus, Projektion, Selbstaufwertung und Verschwörungsdenken. Diese Merkmale sind nicht in jedem einzelnen Diskursfragment zu finden – entscheidend ist hier der gesamte mediale Diskurs als übersituativer und intertextueller Zusammenhang.[537] Zudem überschneiden sich die Strukturprinzipien in mehrfacher Hinsicht. Jedoch haben alle vier Elemente eine zentrale Bedeutung im Antiamerikanismus.

Dualismus

Die Diskursanalysen zeigen, dass das antiamerikanische Sprechen über Amerika, die Amerikaner oder etwas vermeintlich Amerikanisches nicht nur in einer stereotypen Weise geschieht, sondern dass diese Stereotype auch in einem ganz bestimmen Verhältnis zueinander stehen. Erst in diesem Zusammenhang erhalten sie einen antiamerikanischen ›Sinn‹. So werden die auf Amerika bezogenen stereotypen Zuschreibungen immer wieder mit den vermeintlichen Eigenschaften des Eigenkollektivs kontrastiert. Diese ›Wir-Gruppe‹ stellen meist die Deutschen dar, oft aber auch die Europäer oder gar die gesamte nicht-amerikanische Welt. Auf diese Weise entsteht ein dualistisches Bild: In allen Bereichen werden mittels asymmetrischer Gegenbegriffe strikte Gegensätze konstruiert, die an den Polen ›gut‹ und ›schlecht‹ ausgerichtet sind.

Der Historiker Reinhart Koselleck schreibt dazu, dass »Selbst- und Fremdbezeichnungen [...] zum täglichen Umgang der Menschen« gehörten, weil sich in ihnen »die Identität einer Person und ihre Beziehung zu anderen Personen« artikulierten.[538] Von »asymmetrischen Gegenbegriffen« könne man aber dann sprechen, wenn die Bezeichnungen eine abschätzige Bedeutung enthielten. Die Wirksamkeit derartiger Zuordnungen steigere sich noch, wenn sie auf Gruppen bezogen würden. Für die »Wir-Gruppe« sei dieser Vorgang identitätsstiftend: »Eine politische oder soziale Handlungseinheit konstituiert sich erst durch Begriffe, kraft derer sie sich ein-

---

537 Vgl. Viehöfer, »Diskurse als Narrationen«, S. 182; Keller, »Wissenssoziologische Diskursanalyse«, S. 139.
538 Dieses u. alle folgenden Zit. aus Koselleck, *Vergangene Zukunft*, S. 211 f.

grenzt und damit andere ausgrenzt, und d. h. kraft derer sie sich selbst bestimmt.« Dies zeigt sich auch im antiamerikanischen Diskurs, in dem Amerika die schlechte Seite symbolisiert. Erst dieses Feindbild Amerika ermöglicht es, ein spiegelverkehrtes, positives Eigenbild zu konstruieren – dieses
ist also nur ein Gegenbild dessen, was als »typisch amerikanisch« abgewertet wird.[539]
Die entsprechenden Gegenbegriffe lassen sich in sechs Gruppen unterteilen: sie beziehen sich jeweils vorrangig auf die Außen- sowie auf die Innenpolitik, auf die Wirtschaft, die Kultur, die Bevölkerung sowie auf Land
und Gesellschaft. Dies wird im Folgenden ausgeführt.

1. *Gefährlich – gutartig; gewalttätig – friedlich; heimtückisch – ehrlich;*
   selbstsüchtig – selbstlos; unberechenbar – fair; rachsüchtig – großmütig;
   machtversessen – zurückgenommen:

Diese Zuschreibungen tauchen vor allem im Bereich der *Außenpolitik* auf,
hier insbesondere im Zusammenhang mit Kriegen und Konflikten. Den
USA wird dabei eine grundsätzlich kriegerische und gewalttätige Rolle zugeschrieben; Deutschland und Europa dagegen erscheinen als multilateral
orientiert, pazifistisch und friedlich. Darüber hinaus wird Amerika auch
deshalb als Bedrohung imaginiert, weil es derart rachsüchtig und machtbe-
sessen vorgehe, dass sich nicht nur die islamische Welt fürchten müsse,
sondern auch der vermeintlich friedliebende Teil des Westens. Dies zeigt
deutlich auch der detailliert analysierte *Spiegel*-Kommentar zum Afghanistan-Krieg, in dem die scharfe Kritik an der Kriegsbeteiligung Deutschlands
ausschließlich gegen die schwankenden deutschen Politiker gerichtet wird,
die sich von der Kriegsversuchung scheinbar blenden lassen. Die deutsche
Bevölkerung hingegen wird als friedliebend und kriegsskeptisch dargestellt
– im Gegensatz zu Amerika, das pauschal als kriegslüstern erscheint.

---

539 Ute Gerhard und Jürgen Link weisen darauf hin, dass »Nationalstereotype […] isoliert
    funktionslos« wären und ihren Sinn überhaupt erst in einem solchen »System von Äqui-
    valenzen und Gegensätzen« erhielten; dabei werde die Fremdgruppe »tendenziell durch-
    gehend mit Binäroppositionen zu den eigenen Symbolen belegt«. Gerhard/Link, »Zum
    Anteil der Kollektivsymbolik an den Nationalstereotypen«, S. 32.

2. Eigennützig – gemeinschaftlich; rüpelhaft – zivilisiert; fundamentalistisch – offen; totalitär – demokratisch:

Diese Gegenbegriffe beziehen sich überwiegend auf den Bereich der *Innenpolitik*. So werden die politischen Verhältnisse in den USA als gnadenloser Kampf der Starken gegen die Schwachen beschrieben. Die Starken, das sind in diesem Bild Waffennarren, bigotte Moralapostel oder schlicht die Superreichen und Besitzenden. Die Verhältnisse in Deutschland dagegen werden oft konträr dargestellt: demokratisch, gemeinschaftlich und fair.

3. Profitgierig – bescheiden; raffend – schaffend; abstrakt – konkret; quantitativ – qualitativ; unsolide – bodenständig; habgierig – genügsam; egoistisch – sozial; konsumorientiert – sparsam; kurzsichtig – nachhaltig:

Diese Dualismen kommen vor allem in Bezug auf die *Wirtschaft* zum Einsatz, teils aber auch im Zusammenhang mit kulturellen oder anderen gesellschaftlichen Phänomenen. Der amerikanische »Raubtierkapitalismus« etwa wird dem vermeintlich sozialen und nachhaltigen »rheinischen Kapitalismus« strikt gegenübergestellt. Amerika steht für Profitgier und Ausbeutung, Deutschland oder auch Europa für Fürsorge und Ehrlichkeit. Zugespitzt erscheint dies in der Diskussion über die US-Finanzinvestoren, die als »gierige«, parasitäre »Heuschrecken« charakterisiert werden, die »gesunde« deutsche Unternehmen »aussaugen« und »abgrasen« würden. Deutsche Unternehmen stehen demnach für die »Realwirtschaft« – für bodenständige Produktion, Qualität, Nachhaltigkeit und soziale Sicherheit; entsprechend werden die Unternehmer als schaffend, ehrlich und uneigennützig charakterisiert. Die amerikanische Wirtschaft dagegen wird als unsolide und qualitativ schlecht dargestellt: Im Zentrum stünden nicht Mensch und Produkt, sondern »virtuelle«, abstrakte Geldgeschäfte und Spekulation. Ähnliche Zuschreibungen werden auf die Bevölkerung bezogen: Die amerikanische Lebensweise gilt als kurzsichtig, konsumorientiert und auf Materielles fixiert, die deutsche dagegen als sparsam und nachhaltig. In dem detailliert analysierten Fernsehfilm »Tatort: Tod einer Heuschrecke« führt diese dualistische Deutungsweise gar dazu, dass der Interessengegensatz zwischen der Firmenleitung der Brom AG und den Arbeitern schlichtweg negiert wird – stattdessen steht der Kampf des Unternehmens gegen die Übernahmepläne des US-Investmentfonds im Vordergrund. Arbeitgeber und Arbeitnehmer werden so als Einheit mit identischem Interesse beschrieben und den US-Finanzinvestoren konträr gegenübergestellt – sie erscheinen fast als Antikapitalisten.

4. Künstlich – natürlich; eklektizistisch – schöpferisch; kulturlos – kultiviert; unterhaltend – künstlerisch; materiell – geistig; kommerziell – uneigennützig:

Zuschreibungen dieser Art werden in der Regel auf die *Kultur* bezogen, aber auch auf die Wirtschaft. Dabei lässt sich feststellen, dass amerikanische Kultur oft gar nicht als solche anerkannt, sondern vielmehr als kommerzielle Unterhaltung abgewertet wird, die wahlweise dumm, flach oder einfach nur schlecht sei – ob Hollywood-Filme oder Popkultur. Im Umkehrschluss erscheint die deutsche Kultur als niveauvoll, selbstlos und schöpferisch. Das gilt auch für die Sprache: Die Vermischung des Deutschen mit dem Englischen wird als unnatürlich und seelenlos erachtet, die deutsche Sprache hingegen als tiefgründig und echt. Auf der anderen Seite werden selbst deutsche oder europäische Wirtschaftsprodukte teils in einer Weise beschrieben, als handele es sich um Kunstwerke, etwa der Wein – im Gegensatz zu den angeblich künstlichen und billigen »Industrieweinen« aus den USA.

5. Oberflächlich – tiefgründig; leichtsinnig – vorausschauend; dumm – klug; heuchlerisch und prüde – ehrlich; täuschend – echt:

Derartige Dualismen finden sich im Zusammenhang mit der Charakterisierung von *Akteuren und der Bevölkerung*. So erscheinen die Amerikaner als oberflächlich, hinterwäldlerisch und konsumorientiert, die Europäer dagegen als kultiviert, gebildet und tiefgründig. Darüber hinaus werden die Amerikaner als bigott charakterisiert: Zum Beispiel, weil sie prüde und puritanisch seien, zugleich aber auch übersexualisiert. Weil sie sich von ungesundem Fastfood ernährten und zugleich dem Fitnesswahn verfallen seien. Oder weil sie stets Smalltalk betreiben würden, aber nicht an echten Freundschaften interessiert seien – im Gegensatz zu den Europäern, die sich nicht derart verstellen würden.

6. Dekadent – gesund; verführerisch – bescheiden; wurzellos – gewachsen; anonym – sichtbar; massenhaft – individuell; gleichmacherisch – identitär:

Diese Zuschreibungen werden vor allem auf *Land und Gesellschaft* bezogen. Amerika gilt dabei als traditionsloser, unnatürlicher Ort mit einer zusammengewürfelten Gesellschaft, in der die Menschen anonym und ohne eigene Identität nebeneinanderher leben – im Gegensatz zu den Deutschen beziehungsweise Europäern, deren Lebensweise als gemeinschaftlich und kulturell verwurzelt dargestellt wird. Stellenweise werden die gesellschaftlichen Verhältnisse in den USA auch als unzivilisiert und verkommen beschrieben, etwa bei der Charakterisierung amerikanischer Städte und Landschaften oder im Zusammenhang mit dem Rechtssystem. Oft schwingt die Aussage mit, dass es in Europa grundsätzlich anders sei – geordnet und sozial. Derartige Gegensätze sind auch im Bereich der Wirtschaft auszumachen, wenn etwa den US-Finanzinvestoren vorgeworfen wird, die gewachsenen, harmonischen Arbeitsstrukturen in Deutschland durch ihre Profitgier zu zerstören. Oder wenn es heißt, US-Kulturprodukte machten alles flach und gleich. Deutlich kommt dieser Dualismus auch in dem detailliert analysierten Videoclip von Rammstein zum Ausdruck: Demnach zerstört die amerikanische Dekadenz die Kulturen weltweit. Auch in den außenpolitischen Debatten heißt es immer wieder, die USA würden mit Gewalt den »American Way of Life« auf der Welt verbreiten und so alles nach ihrem Muster gleichmachen. Das ›gute‹ Eigenkollektiv sind in diesem Fall also nicht nur die Deutschen, sondern die gesamte nicht-amerikanische Welt, die Amerika konträr gegenübergestellt wird.

Die genannten dualistischen Gegenbegriffe des Antiamerikanismus überlappen sich teilweise, variieren und lassen sich nicht immer derart schematisch darstellen, wie das hier geschehen ist. Auch sind sie nicht in allen untersuchten Diskursfragmenten auszumachen. Aus den Analysen ergibt sich jedoch insgesamt ein deutliches Bild: Amerika wird in der Regel mit negativ konnotierten Eigenschaften charakterisiert, die Wir-Gruppe dagegen mit positiven Merkmalen. Diese dualistische Deutungsweise führt dazu, dass auf der einen Seite die Fremdgruppe, also Amerika, und auf der anderen Seite die Eigengruppe, also die Deutschen, die Europäer oder auch die nicht-amerikanische Welt insgesamt, als jeweils identitäre Einheiten oder Prinzipien imaginiert werden, die sich konträr gegenüberstehen: ›Die‹ versus ›wir‹. Dieser Dualismus ist konstitutiv für den antiamerikanischen Diskurs.

Projektion

Das Strukturprinzip des Dualismus führt zum zweiten konstitutiven Merkmal des Antiamerikanismus, der Projektion. Wie die Ergebnisse der Diskursanalysen und die daraus resultierenden Meta-Stereotype des Antiamerikanismus – Gefährlichkeit, Eigennützigkeit, Profitgier, Künstlichkeit, Oberflächlichkeit und Dekadenz – zeigen, wird Amerika oftmals als Verursacher aller möglicher als negativ empfundenen Entwicklungen und Ereignisse dargestellt, die im eigenen Umfeld, in Deutschland, Europa oder weltweit vor sich gehen. Derartige Vorgänge werden als von Amerika kommend beschrieben und entsprechend als »typisch amerikanisch« wahrgenommen. Die Verantwortung des Eigenkollektivs für diese Erscheinungen wird hingegen negiert.

Zwar ist »in gewissem Sinn [...] alles Wahrnehmen Projizieren«, wie die Philosophen Max Horkheimer und Theodor W. Adorno in der *Dialektik der Aufklärung* schreiben.[540] Zum »falschen Projizieren« werde das Wahrnehmen jedoch, wenn die Reflexion darin ausfalle und das Subjekt nicht mehr »zwischen dem eigenen und fremden Anteil am projizierten Material« unterscheide. Die Projektion diene dann dazu, »an anderen etwas zu sehen, dessen man sich bei sich selbst nicht bewußt werden möchte«, so der Psychoanalytiker Otto Fenichel.[541] Dabei kann das Projizieren sowohl individualpsychologische als auch soziale Funktionen übernehmen.[542] Im ersten Fall geht es um eine Zuschreibung verhasster und verleugneter Selbstanteile und Sehnsüchte auf ein äußeres Objekt, im zweiten Fall werden soziale Ängste und Probleme auf dieses Objekt übertragen. Vor allem der zuletzt genannte Aspekt tritt in den Diskursanalysen deutlich zutage: Das widerspruchsvolle Weltgeschehen wird dabei nur noch ausschnittweise wahrgenommen, so dass die einmal gefestigte Meinung, dass Amerika für alle Übel verantwortlich sei, stets aufs Neue bestätigt erscheint.

Das zeigt sich vor allem im Zusammenhang mit der *Wirtschaft*. So werden bestimmte abstrakte, kaum fassbare, bedrohlich wirkende Erscheinungsformen des globalen Kapitalismus begrifflich abgespalten – mit Schlagworten wie »Neoliberalismus« oder »Finanzkapitalismus« – und auf das Wirken der USA zurückgeführt sowie als »Amerikanisierung« beschrieben. Dieses projektive Muster ist auch in der Debatte um die »anglo-ameri-

---

540 Dieses u. alle folgenden Zit. aus Horkheimer/Adorno, *Dialektik der Aufklärung*, S. 196 u. 199.
541 Fenichel, »Elemente einer psychoanalytischen Theorie des Antisemitismus«, S. 45.
542 Vgl. Rensmann, *Kritische Theorie über den Antisemitismus*, S. 96–113.

kanischen Heuschrecken« zu beobachten, denen vorgehalten wird, geldgierig die »produktive« deutsche Wirtschaft zugrunde zu richten. Dabei werden konkrete Fälle verallgemeinert und als typisch amerikanisches Gebaren dargestellt. Dagegen wird das Profitstreben der ursprünglichen Eigentümer der betreffenden deutschen Unternehmen nicht in Frage gestellt. Ebenso wenig wird reflektiert, dass das Geschäft der Hedge Fonds und Private-Equity-Unternehmen nicht zuletzt auch durch renditehungrige Anleger in Deutschland ermöglicht wird. Und durch die deutsche Politik, welche die Geschäftsmodelle der Finanzinvestoren erst ermöglicht hat.

Auch bei den Vorwürfen, die Amerikaner seien geld- und konsumfixiert und lebten auf Pump, ist viel Projektion im Spiel. Denn vergleichbare Entwicklungen in Europa wie die wachsende Staatsverschuldung werden ignoriert oder negiert. Wenn im Zusammenhang mit Sozialabbau und wirtschaftlicher Deregulierung von »amerikanischen Verhältnissen« die Rede ist, so wird ebenfalls deutlich, dass es sich dabei um etwas handelt, das weniger mit Amerika zu tun hat als vielmehr mit dem Eigenkollektiv – schließlich wurden die genannten Entwicklungen Deutschland nicht von außen aufgezwungen, sondern auch von der deutschen Wirtschaft und Politik vorangetrieben. Indem die eigene Verstrickung in die negativ empfundenen, undurchschaubaren wirtschaftlichen Verhältnisse geleugnet und alle Verantwortung Amerika zugeschoben wird, kann das eigene Verhalten zugleich rationalisiert werden.

Das gilt auch für die *Kultur:* Wenn hasserfüllt über die dicken und ungesunden, konsumfixierten, oberflächlichen und dummen »Amis« hergezogen wird, handelt es sich oftmals nur um eine Projektion eigener Schwächen oder gesellschaftlicher Defizite auf die Amerikaner, denn mittels derartiger Personifizierungen tritt der eigene Anteil an den beklagten Problemen automatisch zurück. Besonders sichtbar wird dieser Mechanismus in den Debatten über Hollywood-Filme, Popmusik und die englische Sprache. Schließlich werden diese Dinge der deutschen Bevölkerung nicht von außen aufgezwungen. Das im medialen Diskurs zutage tretende vage Unwohlsein angesichts dieser kulturellen Erscheinungen mündet hier jedoch in einer projektiven Abwertung »amerikanischer« Kultur. So scheint man sich des eigenen Anteils am Abgelehnten problemlos zu entledigen: Schließlich ist ja vermeintlich Amerika daran schuld.

Im Zusammenhang mit der *Politik* tritt der Projektionsgehalt zunächst einmal weniger deutlich hervor. Allerdings zeigt sich bei genauerer Betrachtung, dass vor allem in den Debatten um die US-Außenpolitik die unterschiedlichsten Probleme weltweit vor allem auf das Dasein Amerikas zurückgeführt werden. Die USA erscheinen als größter Störenfried und werden – teils auch im Verbund mit Israel – für alle großen Konflikte verantwortlich gemacht, vor allem für den Nahostkonflikt, der vielen als Grundübel schlechthin gilt. Sogar der Terrorismus der al-Qaida wird oft allein auf das Wirken der USA zurückgeführt. Noch stärker zeigt sich das Strukturmerkmal der Projektion in den Debatten zu den innenpolitischen Verhältnissen in den USA, vor allem beim Thema Amoklauf: Obwohl es sich dabei auch um ein in Deutschland verbreitetes Problem handelt, werden Gewalt und Brutalität als gleichsam amerikanisch dargestellt.

Bei der Charakterisierung von US-Präsident George W. Bush und seinem Nachfolger Barack Obama wird darüber hinaus eine *projektive Personifizierung* sichtbar. Bush wird immer wieder ein unverstellter Hass entgegengebracht, er verkörpert das Schlechte per se, erscheint dabei aber zugleich als typischer Amerikaner und damit als genau derjenige Repräsentant, den Amerika verdient.

Obama hingegen wird bis kurz nach seiner Wahl in einen völligen Gegensatz zu Bush gestellt. In den deutschen Medien werden ihm Werte zugeschrieben, die man sich insgeheim auch für die eigenen Politik wünscht: Bildung, Kultiviertheit und Besonnenheit. In den Berichten über die rassistischen, gewalttätigen Amerikaner aus der weißen Unterschicht, die nach Obamas Amtsantritt gegen den neuen Präsidenten pöbelten, heißt es wiederum enttäuscht, dass das »andere« Amerika des Barack Obama nur ein atypischer Ausnahmefall und nicht von Dauer gewesen sei. Dabei zeigt sich einmal mehr, wie mit zweierlei Maß gemessen wird: Die amerikanische Realität *muss* geradezu enttäuschen, weil Obama zuvor in einer Weise idealisiert und verklärt wurde, wie es im Zusammenhang mit europäischen Politikern in der Regel nicht vorkommt: als »politischer Poet«, »Menschenfänger« mit »Aura«, »Erlöser« und »Superstar«.

Doch auch jenseits von Obama umfasst der Antiamerikanismus oftmals *verleugnete Wünsche*. So tritt selbst in der vordergründig scharfen Kritik an Amerika ein projektiver Neid zutage: Zum Beispiel, wenn vom kolonialistischen, diktatorischen »Rambo« USA die Rede ist oder vom »globalen Sheriff« und »Weltpolizist«, der die Welt beherrscht. In diesen Charakterisierungen Amerikas als starke, unbezwingbare Macht schwingt immer wieder auch der Wunsch nach einem einflussreicheren, mächtigeren Deutschland mit.

In den Debatten über die wirtschaftliche Globalisierung und die US-Finanzinvestoren zeigt sich ebenfalls Neid. Zum Beispiel, wenn den »Spekulanten« und »Heuschrecken« vorgehalten wird, durch »Nichtstun« von anderer Leute Arbeit zu leben. Gleiches gilt für die Sicht auf die amerikanische Lebensweise. Zwar werden der hemmungslose, verschwenderische Konsum sowie das vermeintlich ungesunde, »dekadente« Leben der Amerikaner kritisiert und verachtet. Stellenweise klingt jedoch auch die Frage mit: Warum dürfen *die* das – und *wir* sollen uns uneigennützig zurücknehmen, hart arbeiten und sparen?

Im kulturellen Diskursbereich schließlich werden ebenfalls verleugnete Wünsche sichtbar. Dass Coca-Cola, Burger oder auch Unterhaltungs-Fernsehen und Disneyland offensichtlich auch auf viele Menschen in Deutschland anziehend wirken, wird dadurch erklärt, dass die Deutschen mit kommerzieller Macht und mittels oberflächlicher positiver Reize heimtückisch zum Konsum dieser amerikanischen Kulturprodukte »verführt« würden. Der schöne Schein täusche nur darüber hinweg, dass es sich eigentlich um etwas Schlechtes handele. Der Publizist Wolfgang Pohrt hat diesen Abwehrmechanismus polemisch auf den Punkt gebracht: »Wenn Cola und Comics als scheußliche Laster dargestellt und als Sünde dämonisiert werden, deren lockender Verderbtheit und Verworfenheit keiner widerstehen kann, ohne mit aller Macht gegen sie ankämpfen zu müssen, dann handelt es sich ganz offensichtlich um eine Projektion eigener nichtgeduldeter Wünsche in die Außenwelt, weil man zum Konsum von Cola und Comics von niemand anderem gezwungen wird als von der eigenen Gier nach diesen Dingen.«[543]

Die Beispiele zeigen, dass das Muster der Projektion in sämtlichen Bereichen vorzufinden ist: Amerika werden ungeliebte oder unverstandene gesellschaftliche Entwicklungen, Ereignisse und Erscheinungen zugeschrieben, obwohl diese ihre Ursache auch im eigenen Umfeld haben. Um das eigene Verhalten dennoch rechtfertigen zu können, sich ein gutes Gewissen zu verschaffen und das Dasein erträglicher zu gestalten, wird das Undurchschaubare, Abgelehnte externalisiert. Darüber hinaus werden auf Amerika auch verleugnete Wünsche projiziert. So symbolisiert Amerika im medialen Diskurs in Deutschland die unterschiedlichsten politischen, wirtschaftlichen und kulturellen Phänomene in all ihren Widersprüchen: verhasst und insgeheim beneidet zugleich.

---

543 Pohrt, »Anti-Amerikanismus, Anti-Imperialismus«, S. 77.

Selbstaufwertung

Die Strukturmerkmale des Dualismus und der Projektion sind eng verknüpft mit dem dritten Wesensprinzip des Antiamerikanismus, der Selbstaufwertung. Wie die Analyse ergeben hat, werden im antiamerikanischen
Deutungsmuster mittels dualistischer Zuschreibungen zwei gegensätzliche
identitäre Einheiten konstruiert: ›Amerika‹ und ›wir‹. Auf Amerika werden
zahlreiche negative und unerwünschte Erscheinungen projiziert, es verkörpert alles Schlechte. Zugleich wird das Eigenkollektiv auf diese Weise von
der Verantwortung für die beklagte gesellschaftliche Misere entlastet. Dies
erleichtert in der Folge die Identifikation jedes Einzelnen mit dem Eigenkollektiv und ermöglicht eine kollektive moralische Selbstaufwertung.
Theodor W. Adorno schreibt dazu, es handele sich um einen »kollektive[n]
Narzißmus«, der den Individuen Ersatz für die Entsagungen und Enttäu-
schungen verspreche, die sie in demselben gesellschaftlichen Kollektiv täglich erführen – und der doch »irrational« sei, weil sich die Personen völlig
»zufällig« in einem Zusammenhang mit diesem Kollektiv befänden.[544] Die
»Stereotypie der Selbstbeweihräucherung« sei jedoch so schlicht wie wir-
kungsvoll: »Das, womit man sich identifiziert, die Essenz der Eigengruppe,
wird unversehens zum Guten; die Fremdgruppe, die anderen, schlecht.«[545]
    Dieses Muster der kollektiven Selbstaufwertung ist vor allem in den
Debatten zur *Politik* zu beobachten. Wenn etwa der typische Durchschnittsamerikaner als rüpelhafter Waffennarr und fanatischer, rechtsradi-
kaler Fundamentalist dargestellt wird, wird damit im Umkehrschluss ausgesagt, dass die Deutschen oder auch die Europäer zivilisierter, menschlicher,
besser seien. Im Streit um die US-Außenpolitik tritt dieses Muster noch
deutlicher zutage. Dort wird die Charakterisierung der USA als selbstsüchtig, gewalttätig und machtversessen mit konträren Zuschreibungen zu
Deutschland und Europa ergänzt – so erscheinen die Deutschen trotz Beteiligung am Afghanistan-Krieg als selbstlos, pazifistisch und gut. Das
stärkste Mittel der Selbstaufwertung stellt jedoch der NS-Vergleich dar:
Die hasserfüllte Charakterisierung von US-Präsident George W. Bush als
totalitärer »Nazi« impliziert eine Entlastung der Deutschen von der NS-
Vergangenheit und wirkt relativierend.[546] Denn Zweiter Weltkrieg und
Holocaust sind in dieser Logik nicht mehr einmalig, sondern ein schlimmes

---

544 Adorno, »Meinung Wahn Gesellschaft«, S. 589.
545 Adorno, »Auf die Frage: Was ist deutsch«, S. 691.
546 Vgl. dazu auch Eitz/Stötzel, »Nazi-Vergleich«.

Verbrechen unter vielen – oder werden noch übertroffen von den jüngsten »Verbrechen« der USA.

In der Debatte um den »Bombenkrieg« der Briten und Amerikaner gegen das nationalsozialistische Deutschland führt dies zu einem offenen Geschichtsrevisionismus, wenn etwa das Verhalten der Alliierten unmittelbar mit den Taten des NS-Regimes verglichen wird. Unter Verweis auf Hiroshima, Vietnam oder auch den Irak-Krieg heißt es zudem immer wieder, dass Deutschland aus seiner blutigen Vergangenheit gelernt habe – im Gegensatz zu den USA. Die Selbstaufwertung hat hier einen starken moralischen Impetus: Die Amerikaner werden als vordemokratisch und unbelehrbar imaginiert, die Deutschen dagegen als geläutert, zivilisiert und gut. Wenn den USA im Streit um Donald Rumsfelds Aussagen über das »Alte Europa« zudem ein »kolonialistisches« Verhalten vorgeworfen wird und Forderungen erhoben werden, Deutschland müsse die »Nibelungentreue« zu seiner »einstigen Schutzmacht« aufkündigen, so zeigt sich darin ein starker Impuls, die Schmach durch die Niederlage Deutschlands im Zweiten Weltkrieg, die daraus resultierende Teilung des Landes und die Besatzungszeit unter den US-Alliierten zu überwinden – durch die Dämonisierung Amerikas und die gleichzeitige moralische Aufwertung des deutschen Eigenkollektivs.

In den vordergründig sehr gegensätzlichen Aussagen zum »anderen Amerika« und der Präsidentschaftskandidatur Barack Obamas tritt diese Selbstaufwertung vielleicht am deutlichsten hervor. Denn Obama wird dabei als regelrechter Kandidat der Europäer vereinnahmt. So erscheint sein Wahlsieg auch als ein Sieg »europäischer« Werte über den amerikanischen Mainstream. Die Berufung auf amerikanische Amerika-Kritiker wie Michael Moore dient oft ebenfalls einer derartigen moralischen Erhebung über das vermeintlich typische Amerika, wie Dan Diner schreibt: »Dieses ›andere Amerika‹, dieses Amerika ist man selbst.«[547]

Das Prinzip der Selbstaufwertung ist aber auch im Zusammenhang mit *wirtschaftlichen* und *kulturellen* Themen auszumachen. So werden die europäische Wirtschaft und vor allem der »Rheinische Kapitalismus« dem amerikanischen »Raubtierkapitalismus« als vermeintlich bessere, weil nachhaltige, soziale und uneigennützige Formen der Wirtschaft gegenübergestellt. Verwiesen wird dabei immer wieder auf die wirtschaftliche Prosperität in der alten Bundesrepublik oder auf die Errungenschaften der »Deutschland

---

547 Diner, *Feindbild Amerika*, S. 35.

AG«. Interessant ist in diesem Zusammenhang, dass die deutsche wie auch
die europäische Wirtschaft oft als etwas zutiefst Kulturelles und damit Hö-
herwertiges charakterisiert werden – im Gegensatz zum nackten Profitstre-
ben, das vor allem mit Amerika assoziiert wird. Auch das Konsumverhalten der Amerikaner sowie der vermeintliche
Egoismus im amerikanischen Alltag werden als verwerflich und degeneriert
beschrieben. So kann die Eigengruppe als vorausschauend, sparsam und
ehrlich imaginiert werden – und damit als moralisch höherwertig. Ein ähnliches Muster zeigt sich, wenn es um die Verlockungen durch die Produkte
der US-Unterhaltungsindustrie geht: Die Abwehr dieser Verführung in
Deutschland oder weltweit wird als moralischer Kampf gegen minderwer-
tigen und verdummenden Schund dargestellt. Die gesamte amerikanische
Kultur erscheint dabei als durch und durch ökonomisiert. Die eigene Kultur oder auch die nicht-amerikanischen Kulturen generell werden dagegen
als kultiviert und geistig wertvoll charakterisiert. Unübersehbar tritt der
Mechanismus der moralischen Selbstaufwertung auch in den Diskursbeiträgen über die vermeintliche Oberflächlichkeit und Dummheit der Amerikaner zutage.

Die moralische Selbstaufwertung vor der Kontrastfolie ›Amerika‹ funktioniert nicht zuletzt deshalb so leicht und scheinbar schlüssig, weil die
USA ja tatsächlich mächtig sind und die Politik der Regierung zahlreiche
Anlässe zu Kritik liefert. Dass diese Kritik oft mit Dämonisierung, Hass
und grundsätzlicher Ablehnung einhergeht, ist kaum verwunderlich. Gänzlich irrational wird es jedoch, wenn das Eigenkollektiv im gleichen Zuge
von der Kritik ausgenommen und darüber hinaus noch als moralisch hö-
herwertiger verklärt wird. Genau dann kann von Kritik keine Rede mehr
sein. Der Publizist Matthias Horx schreibt, dies liege bereits im Wesen des
Moralischen begründet, das »immer etwas mit persönlicher Integrität zu
tun« habe.[548] Horx: »Als Moralismus, als öffentliche und kollektive Atti-
tüde, wird Moral schnell reaktionär. Sie mutiert zur Zeigefinger-Geste, zum
wohlfeilen Beißreflex, der vor allem die Abwertung anderer zum Ziel hat.
Moralismus sucht in der Absolutierung von Prämissen die eigene Entlastung.« Dieses Muster ist nicht in allen Diskursfragmenten auszumachen,
taucht aber immer wieder auf. Die moralische Selbstaufwertung stellt daher
ein zentrales Strukturmerkmal des Antiamerikanismus dar.

---

548 Dieses u. alle folgenden Zit. aus Horx, »Der Kick der Selbstgerechtigkeit«.

Verschwörungsdenken

Das vierte Strukturprinzip des Antiamerikanismus, das Verschwörungsdenken, baut auf den drei vorangegangenen Elementen auf und gibt dem antiamerikanischen Deutungsmuster eine geschlossene Form, so dass man stellenweise von Verschwörungstheorien sprechen kann. Der Begriff der Verschwörungstheorie ist in diesem Buch bereits mehrmals gefallen und soll hier zunächst kurz erläutert werden.[549] Verschwörungstheorien entstehen vor allem im Zusammenhang mit Krisen, Konflikten und gesellschaftlichen Umbrüchen. Sie reduzieren komplexe Vorgänge und Strukturen auf simple, überschaubare Zusammenhänge.[550] Dabei gehen sie von der Annahme aus, dass im Verborgenen agierende Verschwörer einen großen Plan mit betrügerischen Mitteln unter Täuschung der Bevölkerung umsetzen wollen. Verschwörungstheorien basieren also auf *Projektion* und *Personifizierung:* Stets wird einer kleinen, aber machtvollen Gruppe unterstellt, die Menschen über den Tisch zu ziehen – in Form eines manichäischen Kampfes der ›Bösen‹ gegen die ›Guten‹. Vordergründig täuschen Verschwörungstheorien dabei eine bestimmte Logik und innere Stimmigkeit vor, die in der Wirklichkeit in dieser Form nicht existiert. So sind Verschwörungstheorien bei genauem Hinsehen oft widersprüchlich: Willkürlich herausgegriffene Fakten werden in kausale Zusammenhänge gesetzt, andere jedoch unterschlagen. Zufälle werden bestritten, der äußere Schein in sein Gegenteil verkehrt. Die Leitfrage lautet dabei stets: »Cui bono?«[551] Sprich: Wem ein Ereignis nützt, der muss es in der Logik der Verschwörungstheorie auch verursacht haben. Ausgehend von der Antwort auf diese Frage werden dann ausgeklügelte Begründungszusammenhänge konstruiert. Der vermeintliche Täter steht also bereits von Anfang an fest.

Selbstverständlich gibt es auch reale Verschwörungen; historisch gibt es dafür viele Beispiele.[552] In einigen anderen Fällen kann man außerdem von »Verschwörungshypothesen« sprechen – im Sinne von Aussagen, die eine konspirative Handlungsweise zwar zunächst unterstellen, jedoch durch em-

---

549 Zum Begriff der Verschwörungstheorie vgl. auch Jaecker, *Antisemitische Verschwörungstheorien nach dem 11. September,* S. 14–22.

550 Vgl. Jaworski, »Verschwörungstheorien aus psychologischer und aus historischer Sicht«, S. 27.

551 Vgl. Pipes, *Verschwörung,* S. 75.

552 Vgl. Schulz (Hg.), *Große Verschwörungen.*

pirische Erfahrungen korrekturfähig bleiben.[553] Im Gegensatz zu derartigen Deutungsversuchen und offenen Fragen sowie zur Kritik an Regierungen und Entscheidungsträgern handelt es sich bei Verschwörungstheorien jedoch um wahnhafte Behauptungen und geschlossene Erklärungen, die resistent sind gegen Widersprüche und gegenteilige Beweise. Verschwörungstheorien klären daher nicht auf. Ihre Funktion besteht vielmehr in der Sinnstiftung und Weltdeutung: Sie ordnen undurchschaubare oder unfassbare Ereignisse in ein geschlossenes Weltbild ein und erleichtern es so, widersprüchliche Wahrnehmungen auszublenden und die Komplexität des Weltgeschehens radikal zu reduzieren.[554]

Verschwörungstheorien knüpfen dabei stets an die Wirklichkeit an, sie benötigen wenigstens ein kleines Körnchen Wahrheit, um plausibel zu erscheinen. Erfolgreich sind sie allerdings nur dann, wenn sie »in das vorherrschende Deutungsmuster einer Gruppe, Partei, Nation, Kultur, Religion« hineinpassen »wie der Schlüssel in ein Schloss«, so der Historiker Dieter Groh.[555] Dies ist insbesondere dann der Fall, wenn sie gesellschaftliche Stimmungen, Ressentiments und Vorurteile aufgreifen. Daher sind Verschwörungstheorien auch an den Antiamerikanismus anschlussfähig.

In den Diskursanalysen zeigt sich diese verschwörungstheoretische Zuspitzung an einigen Stellen in deutlicher Form. So werden die USA oder bestimmte amerikanische Akteure immer wieder als unfassbar mächtig imaginiert und für alle nur erdenklichen Vorgänge verantwortlich gemacht. Am deutlichsten tritt dies in den Verschwörungstheorien zu den *Terroranschlägen vom 11. September 2001* zutage. Diese werden als perfider Trick der USA gewertet: Alles sei nur »inszeniert«, um bereits geplante Kriege endlich umsetzen und begründen zu können. Dabei werden alle scheinbar passenden Ungereimtheiten und Fakten zusammengefügt, die diese These belegen; gegenteilige Hinweise werden unterschlagen. So entsteht das wahnhafte Bild, dass die USA die Welt heimtückisch betrügen und mithilfe des gigantischen Verbrechens vom 11. September zur Geisel nehmen. In der Folge werden auch hinter dem Irak-Krieg verschwörerische Pläne vermutet. Die Politiker der ersten Reihe gelten dabei als Strohmänner, die von »Strippenziehern« im Hintergrund gesteuert werden.

---

553 Vgl. Pfahl-Traughber, »›Bausteine‹ zu einer Theorie über ›Verschwörungstheorien‹«, S. 31.
554 Vgl. Groh, »Verschwörungen und kein Ende«, S. 15.
555 Groh, »Verschwörungstheorien revisited«, S. 189.

In den Debatten über die *neokonservative »Kosher Nostra«* und die *»Israel-Lobby«*, denen es um eine Neuordnung des Nahen und Mittleren Ostens zum Wohle Israels gehe, kommen in diesem Zusammenhang starke antisemitische Denkmuster zum Ausdruck. Denn Amerika und Israel werden als einander zuarbeitende Übeltäter beschrieben, die unter einer Decke stecken, die »Weltherrschaft« an sich ziehen und dem Rest der Welt nur Unglück bringen. Wahlweise ist in diesem Zusammenhang von Israel als »51. Staat der USA« die Rede oder von einer »Israelisierung der Welt« durch die US-Politik. Im ersten Fall wird Israel als Anhängsel Amerikas charakterisiert, im zweiten Fall scheint Israel die Politik der USA zu formen und für seine Zwecke zu benutzen. In dieser Sicht wird auch der Terror vom 11. September retrospektiv nur als Mittel gewertet, das dem Ausbau der amerikanisch-israelischen Vormachtstellung dient.

Derart antisemitisch-verschwörungstheoretisch konnotierte Deutungsweisen sind auch im Bereich der *Wirtschaft* auszumachen. Etwa im Zusammenhang mit dem Wall-Street-Betrüger Bernard Madoff, dessen jüdische Identität teils deutlich hervorgehoben und mit klassisch antisemitischen Stereotypen wie jüdischer Geldgier, Verschlagenheit und dem vermeintlichen Zusammenhalt aller Juden ergänzt wird. Auch im Streit um die Deutschland-Geschäfte des US-Medienunternehmers Haim Saban finden sich antisemitische Muster: Unter Verweis auf Sabans israelische Staatsbürgerschaft wird dem »amerikanisch-israelischen Medien-Tycoon« unterstellt, die Deutschen mit seiner Medienmacht und dem Druckmittel des Holocaust auf geistigem Gebiete umformen und auf eine pro-amerikanische und pro-israelische Linie bringen zu wollen.

Jenseits dieser antisemitischen Verschwörungstheorien ist im Zusammenhang mit wirtschaftlichen Themen jedoch auch allgemein eine personifizierende, verschwörungstheoretische Sicht verbreitet: Wirtschaftliche Prozesse, die auf das Zusammenspiel aller kapitalistisch verfasster Staaten und deren Akteure in Politik und Wirtschaft zurückzuführen sind, werden immer wieder einzelnen »Bankern« an der New Yorker Wall Street oder sonstigen vermeintlich Schuldigen wie den amerikanischen Finanzinvestoren zugeschrieben. Letztere werden als gierige, sich hemmungslos bereichernde »Spekulanten« und »Aussauger« oder als klassische Kapitalisten-Figuren mit Goldzahn, Geldkoffer und »Stars and Stripes«-Zylinder dargestellt. Zugleich wird suggeriert, die Deutschen wie auch der Rest der Welt seien deren Machenschaften hilflos ausgeliefert. Zum Teil sollen die Verschwörungsvorwürfe offensichtlich auch vom eigenen Versagen ablenken:

Das zeigt die im Herbst 2008 kursierende Behauptung, die US-Regierung habe die Pleite-Bank Lehman Brothers nur deshalb aufgegeben, weil Europa davon überproportional betroffen gewesen sei. Das Verschwörungsdenken zeigt sich jedoch nicht nur im Zusammenhang mit derart konkreten Fällen. So wird auch der wirtschaftliche Neoliberalismus auf einen geheimen Plan amerikanischer Strategen zurückgeführt, der seit Jahren mit aller Macht durchgesetzt werde – als »amerikanisches« Projekt. Zugespitzt erscheint diese Sicht in Naomi Kleins Theorie von der »Schock-Strategie«. Dabei werden alle möglichen politischen Umstürze, Terrorattacken oder auch Umweltkatastrophen als Mittel zum Zwecke der Durchsetzung des als »amerikanisch« apostrophierten Neoliberalismus interpretiert.

Im kulturellen Diskursbereich sind offene Verschwörungstheorien hingegen nur selten zu finden. Hier werden die Deutschen, die Europäer oder auch die gesamte nicht-amerikanische Welt eher implizit als Opfer einer machtvoll vorangetriebenen kulturellen Umwälzung gesehen, die als »Amerikanisierung« skandalisiert und abgelehnt wird.

Die Beispiele zeigen, dass das verschwörungstheoretische Denken im antiamerikanischen Diskurs zwar durchgängig verbreitet ist, sich jedoch vor allem im Zusammenhang mit politischen und wirtschaftlichen Phänomenen zu *geschlossenen* Verschwörungstheorien verfestigt. Da die USA tatsächlich mächtig und einflussreich sind, erhalten Verschwörungstheorien hier den Anschein einer hohen Glaubwürdigkeit. Das Verschwörungsdenken verbindet dabei die drei anderen Strukturprinzipien des Antiamerikanismus – Dualismus, Projektion und Selbstaufwertung – in einer Weise, welche die inneren Widersprüche dieses Denkens verwischt und alles überdeutlich erscheinen lässt. Demnach durchschauen die Deutschen oder auch die Europäer zwar die üblen Pläne und Machenschaften Amerikas, haben aber kaum eine Chance, gegen die amerikanische Übermacht anzukommen. So können alle undurchschaubaren Entwicklungen und gesellschaftlichen Missstände scheinbar schlüssig erklärt werden – bei gleichzeitigem Beharren auf der Überzeugung, selbst schuldlos an der Misere zu sein.

3.2 Erscheinungsformen

Wie gezeigt, basiert das antiamerikanische Deutungsmuster auf drei grundlegenden *Strukturprinzipien:* Dualismus, Projektion und Selbstaufwertung. In zugespitzter Form kommt als viertes Strukturmerkmal Verschwörungsdenken hinzu. Im Folgenden werde ich nun erörtern, um was es sich bei den verschiedenen *Erscheinungsformen* des Antiamerikanismus eigentlich handelt. In der Einleitung habe ich bereits erwähnt, dass sehr unterschiedliche Begriffe zur Bezeichnung des Antiamerikanismus kursieren. Am häufigsten ist von Vorurteil, Ressentiment, Weltanschauung und Ideologie die Rede, jedoch werden diese Begriffe selten zufriedenstellend hergeleitet und oftmals recht willkürlich verwendet. Zudem beziehen sie sich teils auf unterschiedliche Ebenen des Phänomens. Daher werde ich die genannten Konzepte nun anhand der Ergebnisse der Diskursanalysen auf ihre Tauglichkeit prüfen. Dabei geht es nicht darum, nur einen einzigen Ansatz für sinnvoll zu erklären. Vielmehr möchte ich die verschiedenen Begriffe so weit wie möglich nutzbar machen, um gerade auch die unterschiedlichen Formen des Antiamerikanismus, die sich im medialen Diskurs in Deutschland im Zusammenhang mit politischen, wirtschaftlichen oder kulturellen Themen zeigen, adäquat benennen zu können.

Vorurteil

Am häufigsten wird der Antiamerikanismus in der Forschung wie auch in der populärwissenschaftlichen Debatte als »Vorurteil« oder als Set von Vorurteilen bezeichnet. Der Historiker Günter Moltmann etwa schreibt, es handele sich um »Vorurteile, nationalistische Klischees, undifferenzierte Pauschaläußerungen und extreme Verdammung.«[556] Paul Hollander spricht von einer »Voreinstellung«, die »Ausdruck eines tief verwurzelten Sündenbock-Impulses« sei.[557] Peter J. Katzenstein und Robert Keohane führen aus, der Antiamerikanismus sei eine »Einstellung«, deren elementarste Ausprägung die »Verzerrung« (»bias«) sei; daher könne man von einer »Form

---

556 Moltmann, »Deutscher Anti-Amerikanismus heute und früher«, S. 85.
557 Eigene Übersetzung. Wörtlich schreibt Hollander: »Anti-Americanism is a [...] predisposition [...], an expression of a deeply rooted scapegoating impulse«. Hollander, »Introduction«, S. 9.

des Vorurteils« sprechen.[558] Doch inwiefern trifft die wissenschaftliche Definition eines Vorurteils auf den Antiamerikanismus tatsächlich zu? Das Wort wird seit dem 20. Jahrhundert – jenseits des alltagssprachlichen Gebrauchs – meist als soziologischer oder psychologischer Terminus verwendet und ist vor allem in der Sozialpsychologie verbreitet.[559] In den 1950er-Jahren wurde der Begriff durch den Psychologen Gordon Allport geprägt. In seinem Werk *The Nature of Prejudice* grenzt Allport Vorurteile zunächst von vorläufigen Urteilen oder Fehlurteilen ab, die sich durch neue Erfahrungen korrigieren ließen, und definiert den Begriff folgendermaßen: »Ein ethnisches Vorurteil ist eine Antipathie, die sich auf eine fehlerhafte und starre Verallgemeinerung gründet. Sie kann gefühlt oder ausgedrückt werden. Sie kann sich gegen eine Gruppe als Ganzes richten oder gegen ein Individuum, weil es Mitglied einer solchen Gruppe ist.«[560] Für Allport haben Vorurteile also in der Regel eine negative Implikation, womit er an die alltagssprachliche Verwendung des Begriffs anschließt.

Allports Erkenntnisse wurden zum Ausgangspunkt einer breiten und vielschichtigen Vorurteilsforschung, die Phänomene wie Ethnozentrismus, Rassismus, Sexismus, Religions- und Altersdiskriminierung untersucht. Dabei lassen sich psychodynamische, soziokulturelle und kognitive Erklärungsansätze unterscheiden.[561] In einem herrscht jedoch weitgehend Einigkeit: Vorurteile werden als Ausdruck von Einstellungen verstanden, die sich gegen eine soziale Gruppe richten beziehungsweise gegen Personen, die einer solchen Gruppe zugeordnet werden.[562] In der Regel werden Vorurteilen dabei drei Komponenten zugeschrieben: eine kognitive, eine affektive und eine verhaltensbezogene.[563] Die kognitive Komponente bezieht sich auf die Art und Weise, in der die Fremdgruppe wahrgenommen wird. Zur Beschreibung dieser Wahrnehmungsebene wird vor allem an das Ste-

---

558 Eigene Übersetzung. Wörtlich:»Anti-Americanism could be viewed as an attitude. […] Bias is the most fundamental form of anti-Americanism, which can be seen as a form of prejudice.« Katzenstein/Keohane, »Varieties of Anti-Americanism«, S. 12.
559 Zur Begriffsgeschichte vgl. auch Six, »Vorurteil (II. Sozialpsychologie)«.
560 Eigene Übersetzung. Wörtlich:»Ethnic prejudice is an antipathy based upon a faulty and inflexible generalization. It may be felt or expressed. It may be directed toward a group as a whole, or toward an individual because he is a member of that group.« Allport, *The Nature of Prejudice*, S. 9.
561 Vgl. Nelson (Hg.), *Handbook of Prejudice, Stereotyping, and Discrimination;* Petersen/Six (Hg.), *Stereotype, Vorurteile und soziale Diskriminierung;* Zick, *Vorurteile und Rassismus.*
562 Vgl. Petersen/Six, »Vorurteile«, S. 109; Whitley/Kite, *The Psychology of Prejudice and Discrimination*, S. 7.
563 Vgl. im Folgenden Estel, *Soziale Vorurteile und soziale Urteile*, S. 154–157.

reotypenkonzept angeknüpft, wonach der Fremdgruppe schematisch bestimmte Verhaltensweisen oder Eigenschaften zugeschrieben werden, die negativ konnotiert sind und daher abwertend wirken.[564] Die affektive Komponente des Vorurteils umfasst Gefühle wie Wut und Hass. Und mit der verhaltensbezogenen Komponente sind alle auf die Fremdgruppe bezogenen Handlungen gemeint – von praktischer Diskriminierung bis hin zur körperlichen Verfolgung.

Vorurteile müssen jedoch nicht zwangsläufig negativ konnotiert sein, sondern können auch Inhalte haben, die für die Vorurteilsträger positiv besetzt sind – etwa bei sexistischen Geschlechterbildern.[565] Zudem sind Vorurteile nicht starr und unveränderlich, sondern passen sich flexibel an unterschiedliche soziale Kontexte an. So widmet sich die Forschung heute verstärkt subtilen, ambivalenten, symbolischen oder aversiven Formen des Vorurteils.[566] Demnach vermeiden es viele Menschen, Vorurteile offen zu artikulieren, weil diese in der Öffentlichkeit geächtet sind. Außerdem widersprechen platte Vorurteile oftmals den egalitären Werten, die gesellschaftlich durchgesetzt sind. Und schließlich gehen starke negative Vorurteile gegen eine Gruppe gelegentlich mit extrem positiven Ansichten über diese Gruppe einher. In all diesen Varianten sind die Vorurteile jedoch nicht verschwunden, sondern äußern sich lediglich in einer weniger offensichtlichen Form.

Der Psychologe Andreas Zick betont in seiner Definition ethnischer Vorurteile zudem deren Funktion für die Identität der Eigengruppe: »Negative ethnische Vorurteile bezeichnen die Tendenz eines Individuums, ein Mitglied einer Outgroup oder die Outgroup als ganze negativ zu beurteilen und damit die Ingroup, zu der sich das Individuum zugehörig fühlt, positiv zu beurteilen.«[567] Der Psychologe Charles Stangor schreibt, »soziale Identität« sei »ein – vielleicht sogar der – grundlegende Antrieb« für Vorurteile.[568]

---

564 Das Vorurteils- geht über das Stereotypen-Konzept also deutlich hinaus. So werden Stereotype in der Regel auch von Menschen verwendet, die kaum vorurteilsbehaftet sind. Stereotype sind kognitive Schemata, die sich zu Vorurteilen verfestigen *können*, aber keinesfalls müssen. Vgl. Whitley/Kite, *The Psychology of Prejudice and Discrimination*, S. 7.

565 Vgl. Eagly/Diekman, »What is the Problem?«.

566 Vgl. im Folgenden Zick/Küpper, »Rassismus«, S. 116.

567 Zick, *Vorurteile und Rassismus*, S. 39.

568 Eigene Übersetzung. Wörtlich: »Social identity is a – perhaps *the* – fundamental underlying motivation behind prejudice and discrimination«. Stangor, »The Study of Stereotyping, Prejudice, and Discrimination Within Social Psychology«, S. 3 (Hervorhebung im Original).

Vorurteile werden gesellschaftlich »gelernt«, so der Sozialwissenschaftler Rainer Erb: »in Gruppen, in der Sozialisation, in der Aneignung der herrschenden Kultur.«[569] Allerdings ist der Vorurteilsbegriff nicht unproblematisch, da er dem alltagssprachlichen Wortsinn nach suggeriert, dass es sich um einen individuellen Irrtum handelt, der sich durch bessere Erfahrung korrigieren lässt. Der Migrationsforscher Mark Terkessidis betont demgegenüber, dass die Frage, ob ein Urteil über eine Gruppe »richtig« oder »falsch« ist, irreführend sei – vielmehr gehe es um die Art und Weise, in der die Gruppe kollektiv bewertet und in ein Verhältnis zur Eigengruppe gesetzt werde.[570] Diese grundsätzliche Kritik am Begriff soll jedoch zunächst einmal zurückgestellt werden.

Inwiefern ist das Vorurteilskonzept – unter vorläufiger Anerkennung seiner Prämissen – tatsächlich hilfreich, um den Antiamerikanismus in Deutschland zu Beginn des 21. Jahrhunderts zu fassen? Einschränkend muss zunächst betont werden, dass es sich in erster Linie um ein Konzept zur Beschreibung psychischer Einstellungen, Affekte und Verhaltensweisen handelt. Geht es jedoch um den *Diskurs* und das *Deutungsmuster* des Antiamerikanismus, so weist das Vorurteils- kaum über das Stereotypenkonzept hinaus, da es sich mit diesem auf der kognitiven Ebene weitgehend überlappt.[571] Davon abgesehen trifft der Vorurteilsbegriff aber einige wesentliche Aspekte des Phänomens. So basiert der Antiamerikanismus nicht nur auf stereotypen Bildern, sondern wirkt auch pauschalisierend: Wenn von bestimmten Amerikanern oder etwas »Amerikanischem« die Rede ist, geht es nicht nur um die konkreten Einzelfälle. Vielmehr wird dabei von einem imaginierten Amerika-Bild auf den jeweiligen Einzelfall geschlossen, in dem dann nur diejenigen Eigenschaften erblickt werden, die erwartet wurden – in Form einer selbsterfüllenden Prophezeiung: »Typisch amerikanisch!« Dabei sind vor allem die Strukturprinzipien des Dualismus und der Selbstaufwertung von Bedeutung. Denn die stereotypen Zuschreibungen zu Amerika – die in der Regel einen abwertenden Charakter haben – gehen mit einer identitätsstiftenden Selbstaufwertung des Eigenkollektivs einher. Damit sind die Merkmale eines Vorurteils – zumindest in Bezug auf dessen kognitive Komponente – erfüllt.

Allerdings können Vorurteile definitionsgemäß nur auf Gruppen bezogen werden oder auf Individuen, die einer bestimmten Gruppe zugeordnet

569 Erb, »Die Diskriminierung von Minderheiten«, S. 17.
570 Terkessidis, *Psychologie des Rassismus*, S. 59 f.
571 Vgl. Whitley/Kite, *The Psychology of Prejudice and Discrimination*, S. 7.

werden. Vom Antiamerikanismus als gruppenbezogenem Vorurteil im engeren Sinn kann also nur dann gesprochen werden, wenn es sich um Zuschreibungen zu bestimmten Akteuren oder »den Amerikanern« allgemein handelt. In den Debatten zur Politik ist dies vor allem dann der Fall, wenn es um ›schlechte‹ Amerikaner wie George W. Bush und die angeblichen Strippenzieher der Macht im Hintergrund geht, aber auch um ›gute‹ Amerikaner wie Barack Obama oder Michael Moore. Auch bei den Diskussionen um das politische System der USA – etwa zur Rolle von Gewalt und Waffen oder des Rechts – könnte man von Vorurteilen sprechen. Im Wirtschaftsbereich wiederum passt die Bezeichnung, wenn die vermeintlich unsolide, kurzsichtige, prassende und habgierige Lebens- und Arbeitsweise der Amerikaner angeprangert wird. Am stärksten scheinen Vorurteile jedoch im Zusammenhang mit kulturellen Themen verbreitet. Die Amerikaner als »oberflächliche«, »dumme«, konsumorientierte, ja kulturlose Menschen: dies sind klassische Vorurteile.

Derartige Vorurteile machen jedoch nur einen Teilaspekt aus. Denn der antiamerikanische Diskurs in Deutschland dreht sich ja nicht an erster Stelle um die Amerikaner selbst. Vor allem in den Debatten zur Wirtschaft, aber auch zur Politik stehen vielmehr verschiedene als negativ erachtete Entwicklungen und Ereignisse – in der deutschen Gesellschaft, aber auch weltweit – im Mittelpunkt, die auf Amerika zurückgeführt oder damit erklärt werden. Dieser Umstand lässt sich mit dem Begriff des Vorurteils kaum beschreiben: Das Strukturmerkmal der Projektion, das den Antiamerikanismus hier konstituiert, weist darüber deutlich hinaus. Vor allem aber taugt das Vorurteilskonzept nicht, um das verschwörungstheoretische Element des Antiamerikanismus zu fassen. Von den Verschwörungstheorien über die angebliche »Wahrheit« hinter den Terroranschlägen vom 11. September 2001 bis zu den »Strippenziehern« amerikanischer Wirtschaftsmacht: Dies sind keine wie auch immer gearteten Vorurteile mehr, sondern Vorstellungskonstrukte, die darüber hinausgehen.

Insgesamt muss daher konstatiert werden, dass der Antiamerikanismus als Ganzes mit dem Begriff des Vorurteils nicht hinreichend beschrieben werden kann. Im Anschluss an die Vorurteilsforschung können allenfalls einzelne Ausprägungen des Antiamerikanismus als Vorurteil bezeichnet werden, und zwar vor allem jene, bei denen es tatsächlich um gruppenbezogene Zuschreibungen geht. Den Aspekt, dass der Antiamerikanismus auch ein diskursives *Deutungsmuster* für Entwicklungen in der deutschen Gesellschaft darstellt, erfasst der Begriff hingegen nur unzureichend.

Ressentiment

Regelmäßig wird der Antiamerikanismus auch als »Ressentiment« bezeichnet. Dan Diner führt den Begriff bereits im Untertitel seiner Studie *Feindbild Amerika* an.[572] Der Politikwissenschaftler Manfred Henningsen schreibt, der Antiamerikanismus basiere auf einer »Haltung des Ressentiments« und »klischee-fixierten Besessenheit«.[573] Die Soziologen Heiko Beyer und Ulf Liebe argumentieren, der Terminus biete sich auch deshalb an, weil Ressentiments im Unterschied zu Vorurteilen »weitaus emotionaler und geschlossener« seien.[574] Doch wie wird der Begriff im Allgemeinen definiert?

»Ressentiment« ist ein Lehnwort aus dem Französischen und bezeichnet ein Gefühl heimlichen Grolls.[575] Es handelt sich um eine Substantivierung des Verbs »ressentir«, was so viel wie nach-empfinden – im zeitlichen Sinne – bedeutet. Gemeint ist das wiederholte Nacherleben eines oft schmerzlichen Gefühls dauernder Ohnmacht oder persönlichen Zurückgesetztseins, das mit Abneigung, Häme und Neid verbunden ist. Im deutschen Sprachgebrauch wurde das Wort wesentlich durch Friedrich Nietzsche geprägt, für den es der Schlüsselbegriff zur *Genealogie der Moral* (1887) war. Nietzsche beschreibt das Ressentiment als einen »ungesättigten Instinkt« und »Machtwillen«, der sich hinter dem »Selbstwiderspruch« des asketischen Lebens verstecke.[576] Dabei richte sich »der Blick grün und hämisch gegen das physiologische Gedeihen […], die Schönheit, die Freude«, während »an der Entselbstung, Selbstgeisselung, Selbstopferung ein Wohlgefallen empfunden und *gesucht*« werde. So bestimme sich der Mensch erst über die Abgrenzung zum anderen: Er brauche »*›den Bösen‹*, und zwar als Grundbegriff, von dem aus er sich als Nachbild und Gegenstück nun auch noch einen ›Guten‹ ausdenkt – sich selbst!«[577]

Der Philosoph und Soziologe Max Scheler knüpfte 1915 an Nietzsche an. Scheler definiert das Ressentiment als »eine dauernde psychische Einstellung, die durch systematisch geübte Zurückdrängung von Entladungen

---

572 Zur Begründung des Begriffs siehe Diner, *Feindbild Amerika*, S. 8.

573 Henningsen, *Der Fall Amerika*, S. 20.

574 Beyer/Liebe, »Antiamerikanismus und Antisemitismus«, S. 216.

575 Zur Begriffsgeschichte vgl. auch Probst, »Ressentiment«.

576 Dieses u. alle folgenden Zit. aus Nietzsche, *Jenseits von Gut und Böse*, S. 361 (Hervorhebung im Original).

577 Ebenda, S. 289 (Hervorhebung im Original).

gewisser Gemütsbewegungen und Affekte« entstehe.[578] Bei diesen zurück-
gehaltenen Gefühlen und Affekten handele es sich vor allem um »Rachege-
fühl und -impuls, Haß, Bosheit, Neid, Scheelsucht, Hämischkeit.« Die
Ressentimentbildung trete jedoch erst dort ein, wo diese Gefühle weder
überwunden noch in ein »Handeln« oder eine andere adäquate Reaktion
überführt würden, weil dem »ein noch ausgeprägteres Bewußtsein der
Ohnmacht« entgegenstehe.[579] Im Grunde handele es sich also um ein wie-
derholtes »Durch- und Nachleben einer bestimmten emotionalen Ant-
wortsreaktion gegen einen Anderen«.[580] Dieses finde sich vor allem bei den
»Dienenden, Beherrschten«.[581]

Als wissenschaftliches Konzept hat sich der Begriff des Ressentiments
vor allem in der Psychoanalyse durchgesetzt. Alexander und Margarete
Mitscherlich interpretieren es als fehlgeleitete Reaktion des Individuums
auf gesellschaftliche Tabus: »Allein der Groll gegen die Verbote der *eigenen*
Gesellschaft bilden den Anstoß unserer Ressentiments gegen unsere privaten oder kollektiven Feinde – und nicht etwa deren lästige Eigenschaften.«[582] Dahinter stehe ein »Verinnerlichungsvorgang«, bei dem die in der
Gesellschaft herrschenden sozialen Ge- und Verbote erlernt und als gegeben angenommen würden.[583] In der Folge würden die Individuen Enttäu-
schungen und Niederlagen nicht auf die tatsächlichen Ursachen beziehen,
sondern diese »projektiv […] verschieben auf mehr oder weniger zufällig
sich anbietende *andere* Objekte«. So sei »das *eigene* Unvermögen, konstruk-
tiv, spannungslösend auf das Verhalten anderer hin antworten zu können,
[…] der innerste Kern des Ressentiments.«[584]

Inwiefern ist der Begriff nun hilfreich, um das Phänomen des Antiamerikanismus zu fassen? Zunächst muss festgestellt werden, dass es sich um
einen psychopathologischen Terminus handelt, der zur Beschreibung sozialer oder diskursiver Phänomene nur bedingt tauglich erscheint. Denn er
bezeichnet eine bestimmte Form von Affektivität. In Texten aber sind Gefühle nur unzureichend nachweisbar. Dennoch lassen sich mit dem Begriff

---

578 Dieses u. alle folgenden Zit. aus Scheler, »Das Ressentiment im Aufbau der Moralen«,
    S. 51.
579 Ebenda, S. 55.
580 Ebenda, S. 47.
581 Ebenda, S. 56.
582 Mitscherlich/Mitscherlich, *Die Unfähigkeit zu trauern*, S. 112 (Hervorhebung im Original).
583 Dieses u. alle folgenden Zit. aus ebenda, S. 113 (Hervorhebung im Original).
584 Ebenda, S. 112 (Hervorhebung im Original).

des Ressentiments wichtige Aspekte des Antiamerikanismus benennen. Vor allem bringt er dessen *Widersprüchlichkeit* zum Ausdruck. So zeigen insbesondere die Strukturprinzipien der Projektion und des Verschwörungsdenkens, dass Amerika nicht nur für zahlreiche Probleme und abgelehnte Entwicklungen, ja für alles Unglück verantwortlich gemacht und dafür gehasst wird, sondern zugleich auch beneidet: für das Selbstbewusstsein und die scheinbar grenzenlose Macht, sich alles erlauben zu können auf der Welt. Das wird etwa in den Debatten zur amerikanischen Außenpolitik deutlich, in denen den USA ein diktatorisches Verhalten und Weltherrschaftsstreben zugeschrieben wird und zugleich immer wieder Unterlegenheitsgefühle zum Ausdruck kommen, die von dem impliziten Wunsch zeugen, dass auch dem als moralisch höherwertig imaginierten Eigenkollektiv endlich eine selbstbewusste Außenpolitik gestattet werden müsse. Umso größer ist dann die Häme über politische und militärische Fehler oder Niederlagen der USA. Am klarsten tritt dies wohl in der Debatte um die Terroranschläge vom 11. September 2001 zutage, wenn es heißt, die Anschläge seien »nicht ohne Grund« geschehen.

Auch in den Diskussionen zur Wirtschaft zeigt sich ein hass- und neiderfülltes Ressentiment: So wird den USA nicht nur vorgeworfen, die ganze Welt wirtschaftlich zu beherrschen und nach ihrem Muster gleichzumachen. Vielmehr werden sie für eben diese Wirtschaftsmacht auch beneidet – verbunden mit der Überzeugung, dass die deutschen oder europäischen Wirtschaftsprodukte eigentlich qualitativ besser seien. Dabei tritt regelmäßig Schadenfreude zutage: so etwa, wenn die amerikanische Infrastruktur als veraltet und schlecht bezeichnet wird und es heißt, der »Koloss« stehe »auf tönernen Füßen«. Ähnliches gilt für die Kultur: So werden die amerikanischen »Kulturprodukte« zwar als minderwertig und kommerziell verschmäht, zugleich jedoch mit erkennbarer Faszination betrachtet.

Einleuchtend ist in diesem Zusammenhang die Analyse der Mitscherlichs, wonach das Ressentiment oft nur das »*eigene* Unvermögen« kaschiere, systemimmanente gesellschaftliche Missstände zu durchschauen oder gar aufzulösen, und diese stattdessen projektiv auf ein äußeres Objekt zu verschieben. Bemerkenswert ist auch, dass das Ressentiment schon nach Nietzsches Definition auf dem Strukturprinzip der Selbstaufwertung basiert: Hass, Häme und Neid bringen eine moralische Erhebung der Wir-Gruppe mit sich, die sich so guten Gewissens als höherwertig und zugleich als Opfer fühlen kann, da sie sich ja machtlos gegenüber Amerika wähnt. Die reale Größe und Macht der USA bieten hierfür einen idealen äußeren

Anlass. So kann resümiert werden, dass das Ressentiment im Antiamerikanismus klar erkennbar ist.

Jedoch stellt sich die Frage, ob die Bezeichnung tatsächlich als Oberbegriff taugt, um das Phänomen des Antiamerikanismus konzeptuell zu fassen. Denn mehr noch als beim Vorurteil muss beim Begriff des Ressentiments konstatiert werden, dass sich der Antiamerikanismus in seiner Ausprägung als diskursives *Deutungsmuster* darin kaum wiederfindet – schließlich bezeichnet das Ressentiment ein eher diffuses, in sich widersprüchliches Gefühl. Insgesamt muss daher festgehalten werden, dass der Begriff des Ressentiments zwar einige konstitutive Merkmale des Antiamerikanismus benennt, andere wichtige Aspekte jedoch nicht zu fassen vermag.

Weltanschauung

Neben den Bezeichnungen des Antiamerikanismus als Vorurteil und Ressentiment wird gelegentlich auch der Begriff der »Weltanschauung« verwendet. Die Publizisten Richard Herzinger und Hannes Stein etwa schreiben, der Antiamerikanismus sei eine »Weltanschauung, die auf tief [...] verwurzelten, erfahrungsresistenten Topoi« beruhe und sich »als geschlossene Vorurteilsstruktur« in den Köpfen vieler Menschen festgesetzt habe.[585] Auch Detlev Claussen benutzt den Begriff und betont, »die antiamerikanische Weltanschauung« decke sich »gemeinhin mit dem Bewusstsein des Durchschnittsmenschen«, der Selbstbestätigung und Sicherheit in unsicheren Zeiten suche und das Alltägliche dabei »in den Rang einer Religion« erhebe.[586] Doch was ist eine Weltanschauung genau?

Der Begriff »Weltanschauung« ist ein Kompositum, das sich erstmals in Immanuel Kants Werk *Kritik der Urteilskraft* von 1790 nachweisen lässt.[587] Kant bezeichnet damit ganz allgemein die Fähigkeit des Menschen, die Erscheinungen der Welt sinnlich zu erfassen und in einer subjektiven Ge-

---

585 Herzinger/Stein, *Endzeit-Propheten*, S. 23 u. 35.

586 Eigene Übersetzung. Wörtlich schreibt Claussen: »Anti-Americanism can best be understood as part of a *Weltanschauung* [...]. The anti-American *Weltanschauung* commonly intersects with the consciousness of the average person who, in coping with the demands that society places on a sovereign citizen, elevates the everyday to the status of a kind of religion. [...] These self-affirming certainties are meant to provide security in uncertain times.« Claussen, »Is There a New Anti-Americanism?«, S. 91 f. (Hervorhebungen im Original).

587 Zur Begriffsgeschichte vgl. auch Thomé, »Weltanschauung«.

samtanschauung von der Welt zu vereinheitlichen, die über die gewöhnlichen Grenzen der Wahrnehmung hinausweist.[588] In der Philosophie des deutschen Idealismus hat der Terminus auch bei Fichte und Schelling einen derart transzendentalen Sinngehalt.[589]

Um 1800 wurde der Begriff der Weltanschauung im Kreise der Romantiker populär, wo er eine metaphysische und totalisierende Bedeutung erhielt, die ihm auch heute noch anhaftet. So impliziert das Wort einen Geltungsanspruch, der sich nicht allein auf empirische Tatsachen stützt, sondern auch auf unhinterfragbare Glaubenssätze wie religiöse oder esoterische Erkenntnisse. In diesem Sinne erlebte das Weltanschauungskonzept in der Zeit der neuen Heilslehren und Erlösungsversprechen selbsternannter Propheten und anderer charismatischer Persönlichkeiten am Ende des 19. Jahrhunderts und im ersten Drittel des 20. Jahrhunderts seinen Höhepunkt.[590] Dabei wurde der Begriff affirmativ zum Zwecke der Selbstidentifikation verwendet.

Zugleich wurden auch philosophische oder politische Ideen wie der Sozialismus vermehrt als Weltanschauung bezeichnet. Damit weitete sich der Begriff bis zur Unkenntlichkeit. Exzessiv wurde er schließlich in rechtskonservativen und nationalistischen Kreisen verwendet – und nicht zuletzt auch in der nationalsozialistischen Propaganda: Adolf Hitler und Alfred Rosenberg sprachen vom Nationalsozialismus als einer »totalen Weltanschauung«, die alle Deutschen miteinander verbinde und sämtliche Lebensbereiche durchdringe.[591] Dadurch wurde der Begriff nachhaltig diskreditiert. Der Soziologe Karl-Siegbert Rehberg resümiert, dieser sei heute unaufhebbar mit dem Wortgebrauch der Nationalsozialisten verbunden und daher »kaum mehr unbefangen zu gebrauchen, sozusagen immer nur in Anführungszeichen zu setzen.«[592]

Betrachtet man den Begriff in seiner populären, vor allem im 19. Jahrhundert geläufigen Verwendung, so lässt sich eine Weltanschauung als umfassende, rational nicht hinterfragbare Sicht auf die Welt verstehen, die metaphysische Elemente enthält. Der Philosoph Johannes Rohbeck schreibt, Weltanschauungen seien »*dogmatisch*, weil sie eine vortheoretische und unre-

588 Vgl. Kant, *Kritik der Urteilskraft*, Erster Theil, Zweites Buch, § 26, S. 114–122.
589 Vgl. Braun, »Welt«, S. 471–474.
590 Vgl. Rehberg, »Weltanschauung‹ und Menschenbilder«, S. 68–71. Zur Begriffsgeschichte vgl. auch Orth, »Ideologie und Weltanschauung«.
591 Vgl. etwa Rosenberg, *Der Kampf um die Weltanschauung*.
592 Rehberg, »Weltanschauung‹ und Menschenbilder«, S. 69.

flektierte Betrachtungsweise der Welt« darstellten und »allumfassende Sinn-entwürfe« beanspruchten, »die sich nicht argumentativ einlösen« ließen.[593] Weltanschauungen seien »einheitlich und abgeschlossen«. Sie verweigerten sich jeder Kritik; meist handele es sich um »verzweifelte Versuche, in der komplexen und unübersichtlichen Welt der Moderne überschaubare Orientierungen zu liefern.« Weltanschauungen seien aber auch »*relativistisch*«, da sie stets an einzelne Personen oder »Gemeinschaften« gebunden seien: »Dies bedeutet aber, daß es immer mehrere Weltanschauungen gibt, die sich gegenseitig in Frage stellen.« Entsprechend werden Weltanschauungen *bewusst* vertreten und geteilt – oder eben nicht.

Inwiefern ist der Begriff – in diesem Sinne verstanden – geeignet, die aktuellen Formen des Antiamerikanismus zu fassen? Zweifellos trifft er einige Aspekte des Phänomens. So betont der Begriff der Weltanschauung den sinnstiftenden und welterklärenden Charakter des Antiamerikanismus, der oftmals der Deutung und Rationalisierung gesellschaftlicher Mängel und Missstände dient. Im Gegensatz zum Vorurteil oder Ressentiment unterstreicht der Weltanschauungsbegriff auch, dass es sich um ein Deutungsmuster handelt, das sämtliche gesellschaftlichen Bereiche umfasst, wobei verschiedene Einzelaspekte zu einem einheitlichen Bild verknüpft werden. Dabei wird die Welt durch ein antiamerikanisches Raster angeschaut, das man, wenn es in zugespitzter, geschlossener Form auftritt, durchaus als »antiamerikanische Weltanschauung« bezeichnen könnte. Darin sind auch sämtliche Strukturprinzipien des Antiamerikanismus klar erkennbar: So wird die Welt in einer dualistischen Weise an den Polen ›gut‹ und ›schlecht‹ ausgerichtet, wobei sowohl auf das Eigenkollektiv als auch auf die Außenwelt entsprechende Zuschreibungen projiziert werden, zugespitzt in Form von Verschwörungstheorien.

Allerdings sind derart geschlossene antiamerikanische Weltbilder im medialen Diskurs nur vereinzelt zu finden. Wie die Analysen ergeben haben, überwiegt insgesamt die *fragmentarische* Form des Antiamerikanismus. Einzig im wirtschaftlichen Diskursbereich sind wiederholt Aussagen und Texte zu finden, die geschlossenen Charakter haben und den ganzen wirtschaftlichen Lauf der Welt mit Amerika erklären. In den Debatten zur Politik wiederum ist eine annähernd geschlossene Deutungsweise allenfalls im Zusammenhang mit außenpolitischen Themen festzustellen. Gegen den Begriff der Weltanschauung spricht darüber hinaus aber auch, dass der

---

593 Dieses u. alle folgenden Zit. aus Rohbeck, »Vorwort«, S. 9 (Hervorhebungen im Original).

Antiamerikanismus keine metaphysischen Elemente enthält – und wohl allenfalls im rechtsextremistischen oder antiimperialistischen Spektrum *bewusst* vertreten und propagiert wird. Im gesellschaftlichen Mainstream dagegen wird die Existenz des Antiamerikanismus vielmehr gerade abgestritten und betont, dass es doch nur um eine Kritik am politischen, wirtschaftlichen oder kulturellen Handeln der USA gehe.

So kann insgesamt festgehalten werden, dass der Begriff der Weltanschauung zwar einige Merkmale des Antiamerikanismus zu fassen vermag, vor allem in seiner Erscheinungsform im rechtsextremistischen oder auch im antiimperialistischen Spektrum. Als analytischer Oberbegriff zur Beschreibung des Antiamerikanismus im medialen Diskurs in Deutschland taugt das Wort hingegen nicht.

Ideologie

Geläufig ist schließlich auch die Bezeichnung des Antiamerikanismus als »Ideologie«. Andrei S. Markovits schreibt, der Antiamerikanismus sei für Europa identitätsstiftend – es handele sich um einen »Ismus, den Institutionalisierung und Nutzung zu einer modernen Ideologie machen.«[594] Diese These vertritt auch der Literaturwissenschaftler Russell A. Berman.[595] Der Sozialwissenschaftler Timo Nitz betont dagegen den spezifisch deutschen Aspekt: Der Antiamerikanismus sei ein zentraler Kern der »deutsche[n] Ideologie, die durchzogen ist mit der Abwehr gegen die Moderne, gegen die westliche Demokratie und gegen die universalistischen Prinzipien.«[596] Der Politikwissenschaftler James Ceaser wiederum schreibt, der Antiamerikanismus sei heute die einzige Ideologie mit einer wirklich weltumspannenden Reichweite.[597]

Es gibt wohl wenige Begriffe, die so umstritten sind wie derjenige der Ideologie. Während in der Alltagssprache gemeinhin ein verfälschendes, simplifizierendes Denken, ein die wahren Absichten und gesellschaftlichen

---

594 Markovits, *Amerika, dich haßt sich's besser*, S. 17.
595 Berman schreibt: »As the process of European unification progressed, anti-Americanism proved to be a useful ideology for the definition of a new European identity.« Berman, *Anti-Americanism in Europe*, S. xii.
596 Nitz, *Deutscher Antiamerikanismus*, S. 42.
597 Wörtlich schreibt Ceaser: »Only one opinion or ideology in the world today has a truly global reach. It is anti-Americanism.« Ceaser, »The Philosophical Origins of Anti-Americanism in Europe«, S. 45.

Machtverhältnisse verschleierndes Sprechen oder auch – synonym zum Begriff der Weltanschauung – politische Modelle wie der Sozialismus als »ideologisch« bezeichnet werden, kursieren in der Wissenschaft, vor allem in Philosophie und Soziologie, eine Vielzahl an Definitionen, die sich zum Teil deutlich unterscheiden. Diese können im Folgenden nur angerissen werden. Dabei sollen in erster Linie die zentralen Thesen, die für die Begriffsgeschichte eine Rolle spielen, herausgearbeitet werden.[598] Dazu muss ein wenig ausgeholt werden.

Als moderner Neologismus geht der Begriff auf den Philosophen Destutt de Tracy zurück, der 1796 die von ihm und seinen Anhängern begründete »Wissenschaft der Ideen« als »Ideologie« bezeichnete. Unter »Ideen« verstand Destutt de Tracy dabei sinnliche Wahrnehmungen, aus denen der Mensch Erkenntnisse über sich selbst und die Außenwelt gewinne und auf denen auch jedes höhere Wissen aufbaue.[599] Eine neue, abwertende Bedeutung erhielt der Begriff dann durch Napoleon Bonaparte, der die »Ideen« als von der Wirklichkeit losgelöste Theorien diffamierte und »Ideologie« zum Kampfbegriff gegen alle philosophischen Theorien mit praktischem Geltungsanspruch machte.

Für das heutige Verständnis von Ideologie wurde die Verwendung des Begriffs bei Karl Marx und Friedrich Engels prägend. In der Auseinandersetzung mit den Idealisten der Aufklärung schreiben Marx und Engels in ihrer Schrift *Die deutsche Ideologie* (1845/46): »Das Bewußtsein kann nie etwas Andres sein als das bewußte Sein, und das Sein der Menschen ist ihr wirklicher Lebensprozeß.«[600] Damit stellen sie fest, dass es nicht die Vorstellungen des Menschen von der Welt sind, die das Dasein bestimmen, sondern dass im Gegenteil die materiellen Verhältnisse das menschliche Bewusstsein determinieren.

Marx und Engels hängen aber keineswegs einer plumpen Widerspiegelungstheorie an. Dies wird deutlich, wenn sie die Bedeutung der Sprache bei der Konstituierung des Bewusstseins hervorheben: »Der ›Geist‹ hat von vornherein den Fluch an sich, mit der Materie ›behaftet‹ zu sein, die hier in der Form [...] der Sprache auftritt. Die Sprache ist so alt wie das Bewußtsein – die Sprache ist das praktische, auch für andre Menschen existierende, also auch für mich selbst erst existierende wirkliche Bewußtsein. [...]

---

598 Zur Vertiefung der Begriffsgeschichte und -diskussion siehe Eagleton, *Ideologie;* Rehmann, *Einführung in die Ideologietheorie.*
599 Vgl. hierzu u. im Folgenden Dierse, »Ideologie (I.)«, S. 158–160.
600 Marx/Engels, »Die deutsche Ideologie«, S. 26.

Das Bewußtsein ist also von vornherein schon ein gesellschaftliches Produkt und bleibt es, solange überhaupt Menschen existieren.«[601] Demnach wird das Bewusstsein nicht rein ökonomisch, sondern *gesellschaftlich* determiniert, und zwar vermittelt über die Sprache, welche die materiellen Verhältnisse erst in konkrete Worte fasst und damit dem Bewusstsein zum Ausdruck verhilft, so dass das Sein zum *Bewusst*-Sein werden kann.

Bei der Ideologie handele es sich dagegen um »ein verkehrtes Weltbewusstsein«, »Hirngespinst« und »Spekulation«, so Marx und Engels[602] – und zwar in dem Sinne, dass sich das Bewusstsein einbilde, »etwas andres als das Bewußtsein der bestehenden Praxis zu sein« und »sich von der Welt […] emanzipieren« zu können.[603] Dies sei jedoch nur scheinbare Emanzipation, die vor den sozialen Widersprüchen der Klassengesellschaft kapituliere. Nach Marx und Engels drängt die Ideologie vielmehr auf die Verewigung historisch bedingter Machtverhältnisse und dient damit der herrschenden Klasse – die entfremdeten Bewußtseinsformen der Individuen im Kapitalismus bilden demnach den gesellschaftlich notwendigen Schein, ohne den das kapitalistische System nicht fortbestehen kann.[604] Allerdings bezeichnen sie nicht jede Bewusstseinsform als Ideologie.[605] Die »wirkliche, positive Wissenschaft«, die den Boden der »Spekulation« verlasse und sich der »Darstellung der praktischen Betätigung, des praktischen Entwicklungsprozesses der Menschen« widme, sei nicht ideologisch, so Marx und Engels.[606]

Während der Ideologiebegriff in Marx' späteren Schriften fast völlig verschwand, popularisierten Sozialdemokraten wie auch Leninisten eine Ideologiekritik, die an das sogenannte »Basis-Überbau-Modell« in Marx' *Kritik der politischen Ökonomie* anknüpfte, wonach sich über der »ökonomische[n] Struktur der Gesellschaft« ein »Überbau« von »juristischen, politischen, religiösen, künstlerischen oder philosophischen, kurz, ideologischen […] Bewußtseinsformen« erhebe, die dieser Struktur entsprächen.[607] In der vulgär-marxistischen Lesart, wonach der Klassenzugehörigkeit ein bestimmtes Bewusstsein entspricht, wurde der Ideologiebegriff infolgedessen neutralisiert. So wurde bald auch der Sozialismus affirmativ als Ideologie

---

601 Ebenda, S. 30 f.
602 Zit. nach Dierse, »Ideologie«, S. 148.
603 Marx/Engels, »Die deutsche Ideologie«, S. 31.
604 Vgl. Kurt Lenk, »Problemgeschichtliche Einleitung«, S. 30 u. 28.
605 Vgl. Dierse, »Ideologie«, S. 153.
606 Marx/Engels, »Die deutsche Ideologie«, S. 27.
607 Marx, »Vorwort: Zur Kritik der politischen Ökonomie«, S. 8 f.

bezeichnet. Dieser noch heute nachwirkende Paradigmenwechsel ist nicht zuletzt damit zu erklären, dass die für das Marx'sche Ideologieverständnis so wichtige *Deutsche Ideologie* erst 1932 vollständig veröffentlicht wurde.[608] Auch in der Wissenssoziologie wurde der Ideologiebegriff aufgegriffen, allerdings in konservativer Spielart: 1929 entwickelte Karl Mannheim den Begriff der »*totalen* Ideologie«, womit er »die Eigenart und die Beschaffenheit der totalen Bewußtseinsstruktur [...] eines Zeitalters oder einer historisch-sozial konkret bestimmten Gruppe« bezeichnet.[609] Nach Mannheim ist also jedes Denken ideologisch – damit erscheint der Begriff relativiert und entwertet.

Allerdings war der Ideologiebegriff schon 1922 von Georg Lukács in kritischer Weise wieder aufgenommen worden. In seinem Werk *Geschichte und Klassenbewusstsein* knüpft Lukács an Marx' Analysen zum Waren- und Kapitalfetisch an und entwickelt daraus eine umfassende Kritik des »ideologische[n] Phänomen[s] der Verdinglichung«.[610] Damit bezeichnet Lukács das Phänomen, dass in der kapitalistischen Gesellschaft alles und jedes zum Tauschobjekt werde und sich damit in einer Form zeige, die dem Menschen als unveränderlich erscheine. So werde dem Menschen selbst »seine eigene Tätigkeit, seine eigene Arbeit als etwas Objektives, von ihm Unabhängiges, ihn durch menschenfremde Eigengesetzlichkeit Beherrschendes gegenübergestellt«, und zwar »sowohl in objektiver wie in subjektiver Hinsicht«.[611] Das verdinglichte und somit »falsche Bewusstsein« sei »ein Moment jener geschichtlichen Totalität, der es angehört«, so Lukács.[612] Dies zeige »die objektive Unmöglichkeit, durch bewußtes Handeln in den Gang der Geschichte einzugreifen«.[613] Das »falsche Bewusstsein« ist nach Lukács also – auch wenn er dies selbst nicht wörtlich so ausdrückt – *notwendig* falsch. Wie das ideologische Denken überwunden werden kann, bleibt in diesem Zusammenhang jedoch unklar.[614]

Die Kritischen Theoretiker spitzten Lukács' Thesen noch zu. Theodor W. Adorno beschrieb 1949 die verdinglichte Welt des fortgeschrittenen Kapitalismus am Beispiel der »Kulturindustrie« als kaum noch zu durchbrechenden »gesellschaftlichen Verblendungszusammenhang«: »Die Ideo-

---

608 Vgl. Rehmann, *Einführung in die Ideologietheorie*, S. 55.
609 Mannheim, *Ideologie und Utopie*, S. 54 (Hervorhebung im Original).
610 Lukács, »Geschichte und Klassenbewußtsein«, S. 269.
611 Ebenda, S. 261.
612 Ebenda, S. 222.
613 Ebenda, S. 495.
614 Vgl. Romberg, »Ideologie (II.)«, S. 167.

logie, der gesellschaftlich notwendige Schein, ist heute die reale Gesellschaft selber, insofern deren integrale Macht und Unausweichlichkeit, ihr überwältigendes Dasein an sich, den Sinn surrogiert, welchen jenes Dasein ausgerottet hat.«[615] Adorno versteht das Ideologische also nicht mehr als von der materiellen Wirklichkeit abgelöst, sondern er sieht beides in eins gesetzt. In der *Negativen Dialektik* (1959–66) führt Adorno aus, die Ideologie ebne alles Differente und Widersprüchliche ein, sie zeige sich als »Herrschaft des Identitätsprinzips«.[616] Damit aber sei »die Ideologie derart fortgeschritten, daß sie nicht mehr zum gesellschaftlich notwendigen und damit zur wie immer brüchigen Selbständigkeit« sich ausbilde, »sondern nur noch als Kitt: falsche Identität von Subjekt und Objekt.«[617] Widerstand, Subversion und Befreiung scheinen hier kaum noch möglich.

Allerdings sind Adornos Aussagen nicht durchgängig derart resignativ. So schreibt er 1954 zwar, in der fortgeschrittenen bürgerlich-kapitalistischen Gesellschaft sei die Ideologie eine »überhöhende Verdoppelung und Rechtfertigung des ohnehin bestehenden Zustandes«.[618] Allerdings bestehe sie aus einer »Verschränkung des Wahren und Unwahren«, unterscheide sich also »von der vollen Wahrheit ebenso [...] wie von der bloßen Lüge«.[619] Daher sei eine »Ideologiekritik, als Konfrontation der Ideologie mit ihrer eigenen Wahrheit«, durchaus möglich. Konkret fordert Adorno eine Kritik der »Massenmedien«: »Angesichts der unbeschreiblichen Gewalt, welche jene Medien über die Menschen heute ausüben [...], ist die konkrete Bestimmung ihres ideologischen Gehalts unmittelbar dringlich. Er zielt auf synthetische Identifikationen der Massen mit den Normen und Verhältnissen, welche, sei es anonym, hinter der Kulturindustrie stehen, sei es bewußt von dieser propagiert werden.«[620] Um die in der Ideologie »verdoppelten« gesellschaftlichen Verhältnisse mit der Wahrheit zu konfrontieren, muss die Ideologiekritik nach Adorno also erst einmal die uniforme Erzählung der Massenmedien durchbrechen.

Aber wer soll diese Art von Ideologiekritik leisten? Wie kann »Wahrheit« auch nur gedacht werden, wenn die Ideologie doch alles und jeden vereinnahmt? Die Ideologie*kritik* war hier in eine Sackgasse geraten. Der

---

615 Adorno, »Kulturkritik und Gesellschaft«, S. 22.
616 Adorno, »Negative Dialektik«, S. 340.
617 Ebenda, S. 341 f.
618 Adorno, »Beitrag zur Ideologienlehre«, S. 476.
619 Dieses u. alle folgenden Zit. aus ebenda, S. 465.
620 Ebenda, S. 476.

marxistische Philosoph Louis Althusser unterzog den Ideologiebegriff deshalb 1969 einer strukturalistischen Analyse und begründete damit – unter Einbeziehung von Antonio Gramscis Hegemoniekonzept und der Psychoanalyse Jacques Lacans – eine neue Form der Ideologie*theorie*.[621] Althusser geht es vor allem um die gesellschaftlichen Konstitutionsbedingungen und die Wirkungsweise des Ideologischen. Dabei begreift er Ideologie nicht mehr als bewusstes Denken oder falsches Bewusstsein, sondern als etwas, das sich tief ins habituelle Verhalten der Subjekte eingeschliffen habe.

Althussers zentrale These lautet, dass die Ideologie »eine ›Vorstellung‹ des imaginären Verhältnisses der Individuen zu ihren realen Existenzbedingungen« sei[622] – und dass sie die Individuen als Subjekte »anrufe« und so erst zu Subjekten konstituiere.[623] Die »Anrufung« erfolgt dabei laut Althusser durch Institutionen wie Kirche, Schule, Familie, Medien, Kunst oder Sport, die er etwas missverständlich als »ideologische Staatsapparate« bezeichnet.[624] Diese seien jedoch nicht einfach nur repressiv. Vielmehr würden sich die Individuen ihnen durch rituelle Praktiken größtenteils völlig freiwillig unterwerfen, da sie sich überhaupt erst im Akt der Anrufung und Unterwerfung als Subjekt »erkennen« würden. Daher würden die Subjekte auch »in der riesigen Mehrzahl der Fälle ›ganz von alleine‹ [...] ›funktionieren‹«.[625] Nach Althusser findet die Ideologieproduktion also nicht nur virtuell im Bewusstsein statt, sondern es handelt sich um einen Vorgang, bei dem sich die kapitalistischen Produktionsverhältnisse in den Subjekten und vor allem *durch sie* reproduzieren.

Mit seinen Thesen zur Verinnerlichung von Ideologie gelang Althusser eine wegweisende Erneuerung des Ideologiebegriffs. Problematisch erscheint jedoch, dass in seiner Konzeption tendenziell *alles* materiell und ideologisch ist. Der Philosoph Jan Rehmann konstatiert, die Rede von der Subjekt-Konstitution werde »zur abstrakten Phrase, wenn man es versäumt, die Anrufungen im Verhältnis zu einem widersprüchlich zusammengesetzten Alltagsbewusstsein zu konzipieren, das ihnen sowohl entgegenkommen als auch widersprechen kann.«[626] Eine Kritik des Ideologi-

---

621 Vgl. Rehmann, *Einführung in die Ideologietheorie*, S. 102–120.

622 Althusser, *Ideologie und ideologische Staatsapparate*, S. 133.

623 Ebenda, S. 140.

624 Althusser meint damit nicht die repressiven Staatsapparate wie Polizei, Armee etc. Vielmehr rechnet er die ideologischen Staatsapparate größtenteils dem »*privaten* Sektor« zu; vgl. ebenda, S. 120.

625 Ebenda, S. 148.

626 Rehmann, *Einführung in die Ideologietheorie*, S. 120.

schen scheint so kaum möglich. In der Folge sollte das Ideologiekonzept denn auch generell an Bedeutung verlieren. Althussers Schüler Michel Foucault verwendete Begriffe wie »Macht« und »Diskurs«, um die Produktion ähnlicher körperlicher und institutioneller Effekte zu bezeichnen. In den 1980er-Jahren unternahm schließlich der Soziologe Stuart Hall den Versuch, den Ideologiebegriff mit Marx und unter Einbeziehung des Gramsci'schen Hegemoniekonzepts sowie diskurstheoretischer Ansätze neu zu fassen. Hall widerspricht nicht nur einem totalisierenden und damit entwertenden Verständnis von Ideologie, sondern auch der Vorstellung, es handele sich um festgefügte Ideen, die im Interesse bestimmter Klassen oder Gruppen gehandelt würden. Nach Hall sind Ideologien vielmehr tief im Alltagsbewusstsein verankert. Sie seien »die mentalen Rahmen – die Sprachen, Konzepte, Kategorien, Denkbilder und Vorstellungssysteme –, die verschiedene Klassen und soziale Gruppen entwickeln, um der Funktionsweise der Gesellschaft einen Sinn zu geben, sie zu definieren, auszugestalten, verständlich zu machen.«[627] Wirkmächtig würden sie jedoch vor allem im gesellschaftlichen Kampf um Hegemonie, so Hall.[628] Dabei seien ideologische Aussagen stets »dann am wirksamsten, wenn uns nicht bewußt ist, daß der Art, wie wir eine Aussage formulieren und zusammenbauen, ideologische Prämissen zugrundeliegen, und wenn es so aussieht, als seien unsere Formulierungen nur schlichte Beschreibungen dessen, wie die Dinge sind.«[629] Damit gelingt es Hall, den Ideologiebegriff auf den Boden der widersprüchlichen Wirklichkeit zurückzuholen.

Allerdings stellt sich nach wie vor die Frage, wo das Ideologische konkret beginnt – und wie es sich vom Nicht-Ideologischen unterscheidet. Wie könnte also eine zweckmäßige Definition von Ideologie aussehen, die sowohl die wechselvolle Begriffsgeschichte integriert als auch die alltagssprachliche Praxis berücksichtigt, wonach Ideologien so etwas wie verzerrte, falsche Vorstellungen und Ideen sind, die bestimmte Interessen und Machtverhältnisse verschleiern?

Max Horkheimer hat den Begriff bereits 1962 in hellsichtiger Weise dargelegt: »Der Name der Ideologie sollte dem seiner Abhängigkeit nicht bewußten, geschichtlich aber bereits durchschaubaren Wissen, dem vor der fortgeschrittensten Erkenntnis bereits zum Schein herabgesunkenen Mei-

---

627 Hall, »Ideologie und Ökonomie«, S. 99.
628 Vgl. ebenda, S. 119.
629 Hall, »Die Konstruktion von ›Rasse‹ in den Medien«, S. 152.

nen, im Gegensatz zur Wahrheit vorbehalten sein.«[630] Nach Horkheimer zeichnet sich ideologisches Denken also dadurch aus, dass es sich gegen neue Erfahrungen und Erkenntnisse abschottet und die Sicht auf die Welt zu einem fixen Bild gerinnen lässt. Der Politikwissenschaftler Kurt Lenk ergänzt, Ideologien enthielten stets »richtige *und* falsche Momente, nur eben *un*geschieden voneinander.«[631] Ideologieverdächtig sei »jenes Bewußtsein, das sich – aus welchen Gründen immer – seiner eigenen Konstitution nicht bewußt wird und daher zwischen *un*bewußter Verschleierung und gesellschaftlich bedingter Selbsttäuschung oszilliert.«[632]

Der Literaturwissenschaftler Terry Eagleton resümiert, Ideologie sei »ein entscheidender Versuch des Subjekts, die Widersprüche der Existenz, die es zerreißen und es im Kern konstituieren, ›zusammenzunähen‹«, also zu rationalisieren.[633] Dabei knüpfe die Ideologie stets an die Widersprüche der gesellschaftlichen Wirklichkeit an, um »Geschlossenheit [...] auf einer imaginären Ebene wieder herzustellen«, so Eagleton.[634] Häufig anzutreffende Merkmale seien dabei »Vereinheitlichung, falsche Gleichsetzungen, Naturalisierung, Täuschung, Selbsttäuschung, Universalisierung und Rationalisierung«. Damit greift Eagleton die Bedeutungszuschreibungen von Marx, Lukács und Adorno über Althusser bis hin zur Diskurstheorie auf, wonach das Ideologische als eine Art Denk-, Welterklärungs- und Verhaltensmuster beschrieben werden kann, das keine reflektierte Betrachtung der komplexen gesellschaftlichen Verhältnisse zulässt, sondern diese zukleistert, normiert, mit falschen Bedeutungen versieht und dadurch scheinbaren Sinn schafft.

Inwiefern trifft diese Definition von Ideologie nun auf den Antiamerikanismus im medialen Diskurs in Deutschland zu Beginn des 21. Jahrhunderts zu? Zunächst hat der Ideologiebegriff – im Gegensatz zu dem der Weltanschauung – den Vorteil, dass er gerade *nicht* einen bewusst und affirmativ artikulierten politischen oder religiösen Welt- oder Gesellschaftsentwurf bezeichnet, sondern vielmehr Vorstellungen und Ideen über die Wirklichkeit, die all denjenigen, die sie äußern, als wahr erscheinen – wahr in dem Sinne, dass sie davon überzeugt sind, dass es sich um überprüfbare Fakten und Argumente handelt.

---

630 Horkheimer, »Ideologie und Handeln«, S. 47.
631 Lenk, »Zehn Thesen 78«, S. 360 (Hervorhebungen im Original).
632 Ebenda, S. 357 (Hervorhebung im Original).
633 Eagleton, *Ideologie*, S. 229.
634 Dieses u. alle folgende Zit. aus ebenda, S. 254.

Tatsächlich zeigen die Diskursanalysen, dass abgelehnte politische, wirtschaftliche und kulturelle Vorgänge immer wieder projektiv auf Amerika zurückgeführt oder gar in Form von Verschwörungstheorien scheinbar schlüssig erklärt werden – und zwar im Gestus einer aufklärerischen, fortschrittlichen Gesellschaftskritik. Dabei werden oberflächlich sichtbare negative Phänomene an einzelnen amerikanischen Akteuren festgemacht oder als Ausdruck »amerikanischer Verhältnisse« gedeutet, wobei auch die bekannten Stereotype, Metaphern und Bilder ins Spiel kommen. Das Eigenkollektiv wird dagegen nur in einer passiven Opferrolle gesehen – so bleibt die eigene Verstrickung in die beklagten gesellschaftlichen Zustände ausgeblendet. Derartige verschrobene und in diesem Sinne falsche Deutungen des Zeitgeschehens wirken oft *scheinbar* plausibel, weil die reale Macht der USA und ihr tatsächlicher politischer, wirtschaftlicher und kultureller Einfluss immer wieder passende Anlässe liefern. So können die vorgeblich wahren Gründe für die gesellschaftlichen Zumutungen, mit denen sich die Individuen täglich konfrontiert sehen, ›entlarvt‹ werden, die Welt wirkt wieder überschaubar und das eigene Handeln und Leben erscheint als moralisch gut.

Demzufolge ist der Antiamerikanismus vor allem in den Debatten zur Wirtschaft ideologisch. Zwar hat er hier einen starken gesellschaftskritischen Anstrich, jedoch erschöpft sich die vermeintliche Kritik meist in der Klage über wirtschaftliche »Auswüchse« wie Neoliberalismus, Finanzkapitalismus und Spekulation, die auf Amerika zurückzuführen seien – und verdeckt die gesellschaftlichen Machtverhältnisse so eher noch mehr. Denn tatsächlich liegen diese abgelehnten wirtschaftlichen Erscheinungen in der Verfasstheit und fortschreitenden Entwicklung *jeder* kapitalistischen Gesellschaft begründet; Finanz- und Produktivwirtschaft sind Kapitalformen, die sich gegenseitig bedingen. Die abstrakten kapitalistischen Herrschaftsverhältnisse und daraus resultierende gesellschaftliche Widersprüche werden also nicht offengelegt, sondern *rationalisiert*, indem Unzufriedenheit und Kritik gegen einen mächtigen Äußeren und daher scheinbar Schuldigen – Amerika – gewendet werden.

Auch im Zusammenhang mit politischen Themen nimmt der Antiamerikanismus teilweise ideologische Formen an. So etwa, wenn Gewalt und Krieg oder anti-rechtsstaatliche Tendenzen als »amerikanische« Phänomene betrachtet werden – und die deutsche Verantwortung für derartige Vorgänge ausgeblendet bleibt. In anderen Zusammenhängen ist der Antiamerikanismus dagegen weniger ideologisch und geht mit sachlicher Kritik einher; in Bezug auf kulturelle Phänomene zeigt er sich oft nur fragmentarisch. Daher bietet es sich hier – wie zuvor bereits dargelegt – eher an, von Vorurteilen oder Ressentiments zu sprechen.

Diskursübergreifend laufen antiamerikanische Deutungen jedoch stets Gefahr, zur Ideologie zu gerinnen. Denn der Antiamerikanismus bietet für jeden zentralen gesellschaftlichen Bereich – ob Politik, Wirtschaft oder Kultur – scheinbare Erklärungen für undurchschaubare oder abgelehnte Entwicklungen und Ereignisse, die nach Bedarf abgerufen werden können und ohne größere Schwierigkeiten sofort verstanden und für schlüssig gehalten werden. Dazu tragen auch die Gedankengebilde und Vorstellungen bei, die sich eher in Form von Vorurteilen oder Ressentiments zeigen: So genügen oft nur einzelne Andeutungen oder Schlagworte à la »Rambo Amerika«, »Cowboy Bush«, »Wall Street« oder »Hollywood«, um einen ganzen antiamerikanischen Bedeutungszusammenhang herzustellen, der nicht weiter erläutert werden muss. Im wirtschaftlichen Diskursbereich ist diese ideologische Verdichtung besonders klar zu sehen.

3.3 Besonderheiten in Politik, Wirtschaft und Kultur

Im Folgenden werde ich den Antiamerikanismus in den drei Diskursbereichen Politik, Wirtschaft und Kultur noch einmal vergleichend diskutieren, um die unterschiedliche Ausprägung der genannten Strukturprinzipien und Erscheinungsformen in diesen drei Bereichen zu verdeutlichen – aber auch die verbindenden Elemente. Letztlich geht es dabei um die Frage, was den Antiamerikanismus heute im Kern ausmacht.

So hat sich gezeigt, dass der Antiamerikanismus in den Debatten zur amerikanischen *Politik* nur *vordergründig* am stärksten ist. Zwar werden die USA für viele als negativ empfundene Entwicklungen, für Krisen und Kriege auf der ganzen Welt allein verantwortlich gemacht, oft im Verbund mit Israel – und dabei mit NS-Vergleichen und abwertenden Metaphern hasserfüllt herabgesetzt. So klar sich der Antiamerikanismus hier jedoch scheinbar zeigt, verschwimmen zugleich auch die Grenzen zur Kritik, so dass man lediglich in Einzelfällen von einem geschlossenen Antiamerikanismus sprechen kann. Die Tatsache, dass Amerika über eine große weltpolitische Macht verfügt und diese auch einsetzt, trägt fraglos dazu bei, dass die Kritik oft sehr heftig ausfällt.

Allerdings sind auch vermeintlich kritische Diskursbeiträge zur US-Politik häufig mit antiamerikanischen Stereotypen und Bildern angereichert, wie das Beispiel des detailliert analysierten *Spiegel*-Kommentars verdeutlicht: Die sachlich zunächst nachvollziehbare Kritik am US-geführten Militäreinsatz in Afghanistan wird vom konkreten Fall ausgehend stereotyp verallgemeinert und gerät schließlich zu einer Generalabrechnung mit Amerika, wobei sich die Abneigung gegen die militärische Übermacht der USA immer wieder mit neiderfüllten Projektionen mischt. So zeigt sich der Antiamerikanismus im politischen Diskursbereich vor allem in der Erscheinungsform des *Ressentiments*. Zudem wird die US-Politik immer wieder an einem hehren Idealbild von Amerika gemessen, das in der Wirklichkeit kaum erreicht werden kann – dies kommt beispielhaft in der Sicht auf Barack Obama zum Ausdruck. Auch hier tritt das Strukturprinzip der Projektion klar zutage: Auf Amerika und dessen Repräsentanten werden Bilder und Hoffnungen projiziert, die geradezu enttäuscht werden *müssen* – und das Bild vom typischen Amerika einmal mehr bestätigen.

In den Debatten zur *Wirtschaft* ist der Antiamerikanismus zunächst weniger auffällig. Bei genauerem Hinsehen zeigen sich die antiamerikanischen Strukturprinzipien jedoch in einer viel *umfassenderen* Weise, vor allem Dualismus und Projektion: Abstrakt und bedrohlich erscheinende Ausprägungen des Kapitalismus wie Neoliberalismus, Finanzkapitalismus oder Börsenspekulation werden als »amerikanisch« charakterisiert und der angeblich sozialen, produzierenden Wirtschaft in Europa diametral gegenübergestellt. So wird die Verantwortung für diese Erscheinungen bequem nach außen verlagert – und das Eigenkollektiv im gleichen Zuge moralisch aufgewertet. Dass die Finanzwirtschaft ein essenzieller Bestandteil jedes kapitalistisch verfassten Wirtschaftssystems ist, bleibt dabei ausgeblendet. In einer ähnlich projektiven und dualistischen Weise wird auch die Art und Weise des Wirtschaftens dargestellt: Demnach scheint es sich in Deutschland und Europa um eine regelrechte Kunst zu handeln, bei der das Profitstreben kaum eine Rolle spielt. Die Tätigkeit amerikanischer Unternehmer dagegen erscheint als parasitär und profitorientiert, kurz: als Kapitalismus pur.

So treten die Strukturprinzipien des antiamerikanischen Deutungsmusters im wirtschaftlichen Diskursbereich am deutlichsten hervor: Dualismus, Projektion, Selbstaufwertung und Verschwörungsdenken konstituieren den Antiamerikanismus hier oft in *geschlossener Form*. Der detailliert analysierte »Tatort«-Film »Tod einer Heuschrecke« zeigt, dass sich die Geschichte von der gierigen und kurzlebigen amerikanischen Wirtschaft, welche die solide deutsche Wirtschaft bedroht, längst verselbständigt hat. Sie wird im Diskurs ohne große Erklärungen verstanden und als Tatsache angenommen – oder gar für gesellschaftskritisch gehalten –, ohne dass eine reflektierte Auseinandersetzung mit den komplexen ökonomischen Verhältnissen noch nötig wäre. So können wirtschaftliche Missstände und Widersprüche ohne Weiteres projektiv Amerika in die Schuhe geschoben werden – und die Rolle des Eigenkollektivs erscheint in einem besseren Licht. Der Antiamerikanismus verdichtet sich hier zur *Ideologie*.

In den Diskursbeiträgen zur amerikanischen *Kultur* hingegen sind antiamerikanische Bilder und Deutungsmuster am *geringsten* verbreitet, obgleich eine dualistische, projektive Deutungsweise auch in diesem Bereich zu finden ist. So stoßen amerikanische Kulturprodukte wie Hollywood-Filme in Deutschland zwar auf Zuspruch, werden zugleich jedoch als etwas Minderwertiges beschrieben, das mit Kultur im eigentlichen Sinne nichts zu tun habe. Um dies vermeintlich zu belegen, wird wiederholt auch auf die »dummen«, »prüden« oder »oberflächlichen« Amerikaner verwiesen – nach dem Motto: Seht, was aus uns werden kann, wenn wir der amerikanischen Unkultur nicht Einhalt gebieten. Derartige Aussagen konstituieren sich in der Regel durch einzelne *Vorurteile;* von einer Ideologie kann man hier nur selten sprechen.

Dabei zeigt sich – in abgeschwächter Form – ein vergleichbares Muster wie in den Debatten zur Wirtschaft: Amerika wird für eine Vielzahl kultureller Entwicklungen innerhalb Deutschlands verantwortlich gemacht. Und ähnlich lautet der Vorwurf auch hier, dass Amerika nicht nur Deutschland, sondern die ganze Welt mit seiner Konsumkultur gleichmache und die anderen Kulturen zerstöre. Dass sich die amerikanische Kultur offenbar weithin ohne Zwang verbreitet, wird als besonders perfide und heimtückische Strategie angesehen. Dies verdeutlicht exemplarisch der detailliert analysierte Musikvideo-Clip »Amerika« von Rammstein. So geht der Diskurs im kulturellen Bereich mit einem starken Ressentiment einher: Die amerikanische Kultur wird nicht nur verächtlich gemacht, sondern – zumindest implizit – auch als anziehend und beneidenswert imaginiert.

Stellt man die antiamerikanische Deutung wirtschaftlicher und kultureller Phänomene insgesamt nebeneinander, ergibt sich eine verblüffend klare dualistische Zuordnung: Die »echte«, »wahre« Kultur wird mit Europa assoziiert, sie scheint dort die gesamten gesellschaftlichen Verhältnisse zu prägen, auch das Wirtschaftsleben. Der nackte profitorientierte Kapita-

lismus dagegen wird als etwas Amerikanisches imaginiert, das Amerika
komplett durchdringe, auch dessen Kultur. So dient der Antiamerikanismus in Deutschland im 21. Jahrhundert als
umfassendes Deutungsmuster zur Erklärung des Weltgeschehens – ich
möchte ihn hier deshalb als *Welterklärungsmuster* bezeichnen. Dieses ist
nicht durchgängig und geschlossen, bietet aber zu vielen Anlässen ideale
Rationalisierungsmöglichkeiten. Ob der Ausgangspunkt dabei eine gene-
relle Unzufriedenheit mit den gesellschaftlichen Verhältnissen ist oder
schlicht Ratlosigkeit angesichts undurchschaubarer Ereignisse – der Antiamerikanismus stellt scheinbare Erklärungen bereit und wirkt auf diese
Weise sinnstiftend. Er wird größtenteils für aufklärerisch und wahr gehalten, verschleiert die gesellschaftlichen Machtverhältnisse aber eher, indem
er negative Erscheinungen auf ein Äußeres projiziert – zugespitzt in Form
von Verschwörungstheorien. Dies wird vor allem bei der Finanz- und
Wirtschaftskrise ab 2008 deutlich, aber auch im Zusammenhang mit den
außenpolitischen Konflikten nach dem 11. September 2001.

Die Analyse des antiamerikanischen Sagbarkeitsfeldes, der Strukturprinzipien sowie der Erscheinungsformen führt daher in der Gesamtschau der
drei Diskursbereiche zu dem Ergebnis, dass der Antiamerikanismus mehr
als ein Set von Vorurteilen und Ressentiments darstellt: Es handelt sich um
ein *Welterklärungsmuster, das zur Ideologie gerinnen kann.* Die in Teilen des medialen Diskurses eher fragmentarisch verbreiteten antiamerikanischen Vorurteile oder Ressentiments sind demnach nicht zwangsläufig ideologisch.
Sie leisten aber einem Denken Vorschub, das nach einfachen Erklärungen
sucht. In bestimmten diskursiven Zusammenhängen können sie sich so zu
einer antiamerikanischen Ideologie verdichten.

Doch warum ist der Antiamerikanismus heute so erfolgreich? Wie ist er
gesellschaftlich zu erklären? Und warum gerät ausgerechnet Amerika ins
Visier? Bevor ich diese abschließenden Fragen erörtere, werde ich zunächst
die historische Entwicklung des Antiamerikanismus in Deutschland darlegen, da dies zur Klärung bereits einiges beitragen kann.

4. Rückblick: Antiamerikanismus seit 1492

Der folgende Rückblick auf die Geschichte des Antiamerikanismus in Deutschland soll vor allem die entscheidenden Entstehungs- und Wendepunkte, Brüche und Kontinuitäten aufzeigen. Dazu werde ich kursorisch Originalquellen wie Sach- oder Reisebücher über Amerika heranziehen, die – ebenso wie die in den Diskursanalysen untersuchten Medien – den Antiamerikanismus im gesellschaftlichen Mainstream repräsentieren.[635] So kann nachvollzogen werden, wie sich der Antiamerikanismus in Deutschland diskursiv entwickelt hat, das heißt vor allem: welche Stereotype und Denkstrukturen ihn historisch prägten und in welchen Erscheinungsformen er jeweils wirkmächtig wurde.

4.1 Die Anfänge

Als Amerika 1492 durch Christoph Kolumbus ›entdeckt‹ wurde, bestand das Interesse der Europäer zunächst darin, diese ›Neue Welt‹ zu erobern.[636] Vor allem wollte man die Einwohner zum Christentum bekehren und die materiellen Reichtümer des bislang unbekannten Kontinents aufspüren und nutzbar machen. Die Neue Welt sollte möglichst ›europäisch‹ werden, zum Beispiel durch den Export europäischer Tiere und Pflanzen und die Verbreitung europäischer Sprachen. Nur wenige waren an dem Land und seiner Kultur interessiert.

Andrei S. Markovits weist darauf hin, dass einige der zentralen, heute noch aktuellen Bilder des Antiamerikanismus wie Käuflichkeit, Mittelmäßigkeit und Inauthentizität bereits damals entstanden – in einer Zeit, als

---

635 Dabei muss noch einmal betont werden, dass es zu jeder Zeit auch amerikabegeisterte Stimmen in Deutschland gegeben hat – diese werde ich hier nur andeuten.

636 Vgl. im Folgenden Kupperman, »Introduction«, S. 5.

Nordamerika noch lange nicht unabhängig und schon gar nicht mächtig war.[637] Viele Europäer erachteten das amerikanische Land als unfruchtbar und sahen auch die einheimische Bevölkerung, die sogenannten Indianer, als entsprechend minderwertig an. Der französische Anthropologe Georges Louis Leclerq alias Comte de Buffon etwa beschrieb die nordamerikanischen Ureinwohner als körperlich und geistig degeneriert und warnte davor, dass dies zwangsläufig auch auf die europäischen Einwanderer übergreifen werde. Zahlreiche Europäer entwickelten eine große Furcht vor einer solchen ›Indianisierung‹. Allerdings waren die Entdecker überwiegend der Ansicht, dass die Ureinwohner ihre eigene Kultur und Religion bald für die importierte aufgeben würden. Einige christliche Missionare vermuteten gar, die Indianer seien Nachkommen der zehn verlorenen Stämme Israels und daher in der fernen Vergangenheit bereits mit dem Alten Testament vertraut gewesen; möglicherweise hätten sie auch schon die christliche Botschaft erfahren und müssten also nur zum Christentum zurückgeführt werden.[638]

Ab dem 17. Jahrhundert erwägten immer mehr Europäer, nach Amerika auszuwandern. Vor allem in den unteren sozialen Schichten waren viele Menschen fasziniert von den neuen Möglichkeiten und der Hoffnung auf eine Verbesserung ihres Lebens. Amerika war für sie ein leeres Gebiet, in dem sie ein neues Europa ohne die Nachteile der Alten Welt errichten wollten. Das Leben der Indianer wurde romantisiert, teils aber auch als Ausbund der Verderbnis dargestellt. Der Schriftsteller Eberhard Werner Happel schrieb 1685 in seinen *Grösten Denckwürdigkeiten der Welt*, die Indianer seien »wilde / unbendige / treulose und falsche Leuthe« von »grosse[r] Einfalt«, die einem teuflischen Götzendienst fröhnten.[639] Die Auswanderer hingegen empfanden sich zunehmend selbst als »Amerikaner«: Bis zu Beginn des 18. Jahrhunderts wurden so in der Regel nur die Ureinwohner bezeichnet, ab diesem Zeitpunkt jedoch auch Personen, die von europäischen Einwanderern abstammten, aber in Amerika geboren wurden. Und diese »neuen Amerikaner« betonten mehr und mehr ihre Eigenständigkeit gegenüber Europa.[640]

In der europäischen Aristokratie und dem Klerus begann man die von Amerika ausgehenden Veränderungen immer stärker zu spüren. Eine vage

---

637 Vgl. im Folgenden Markovits, *Amerika, dich haßt sich's besser*, S. 68 ff.
638 Vgl. Kupperman, »Introduction«, S. 9.
639 Zit. nach Meid, »Francisci, Happel und Pocahontas«, S. 22.
640 Vgl. im Folgenden Kupperman, »Introduction«, S. 22 f.

Furcht machte sich breit: Die Erschütterung der althergebrachten Positionen zu Gott und der Welt, die durch die Entdeckung Amerikas ausgelöst worden war, bereitete vielen Unbehagen. Immer lauter wurden die sichtbar werdenden Differenzen in Amerika benannt. In abwertender Weise wurde vor einer »Degeneration« europäischer Pflanzen, Tiere und nicht zuletzt Menschen sowie vor einer neuen »Mischkultur« in Amerika gewarnt. Die Sozialhistorikerin Karen Ordahl Kupperman resümiert, dass Amerika und die Amerikaner für viele europäische Intellektuelle zur Projektionsfläche für die eigenen Ängste und Phantasien wurden – und dass sich viele Europäer provoziert fühlten, weil sie sich in den Amerikanern zunehmend selbst erblickten.[641]

Auftrieb erhielt die europäische Amerika-Debatte mit der amerikanischen Revolution von 1776 und der Unabhängigkeit der nordamerikanischen Kolonien, die sich kurze Zeit später »Vereinigte Staaten« nannten. Vor allem auf die Humanisten übte das Land eine große Anziehungskraft aus, einige erblickten darin ein Vorbild für Europa.[642] Doch insgesamt war die europäische Haltung ambivalent. Einerseits galt Amerika als Utopie – als ein unberührtes, paradiesisches Land, das es durch Verbreitung des Christentums und europäischer Zivilisation zu erlösen galt. Andererseits jedoch, so Dan Diner, sah man in Amerika zunehmend »die von ebenjener Zivilisation vergewaltigte unschuldige Natur, ein umgeschlagenes Paradies, das als Ausbund der Moderne und Verderbnis der Welt Wut und Enttäuschung magnetisch auf sich zieht.«[643]

Zusammenfassend lässt sich festhalten, dass Amerika zwar noch ein weit entfernter Kontinent war – und für die meisten Menschen in Europa jenseits ihrer Vorstellungskraft. Jedoch rückte es immer stärker in den Fokus. Dabei entstanden stereotype Zuschreibungen wie Minderwertigkeit, Degeneration und Falschheit, die bis heute verbreitet sind. Die Indianer glaubte man noch bekehren zu können, die Auswanderer wollten viele am liebsten zurück in die Heimat holen – auf keinen Fall sollten sie sich den amerikanischen Lebensverhältnissen anpassen. Da Amerika vielen Auswanderern als Land der Verheißung und neuen Möglichkeiten galt, wurde es in Europa zunehmend als Bedrohung empfunden.

---

641 Vgl. ebenda, S. 23.
642 Vgl. Diner, *Feindbild Amerika*, S. 14.
643 Ebenda, S. 15.

4.2 Das 19. Jahrhundert

An der Wende zum 19. Jahrhundert hielten die Ideen der Romantik Einzug in das deutsche Schrifttum. Mit Blick auf Amerika wurde vor allem die unberührte mächtige Natur, das Ursprüngliche und »Organische« thematisiert. Eine zentrale Rolle spielte dabei der Indianer als ein unverdorbener und von Natur aus edler Mensch. Dieses romantische Amerikabild wurde in den 1820er-Jahren auch durch die *Lederstrumpf*-Romane von James Fenimore Cooper popularisiert.[644] Außerdem erschienen exotisierende Reiseberichte. Daneben äußerten zahlreiche Repräsentanten der deutschen Bildungsschicht aber auch Unverständnis und Abscheu gegenüber den Gegebenheiten in Amerika, vor allem in politischer Hinsicht. Denn die Romantiker verbanden die Amerikanische Revolution von 1776 wie auch die Französische Revolution 1789 mit kaltem Rationalismus und Materialismus; die neuen politischen Institutionen erschienen ihnen »unnatürlich« und abstrakt.[645]

Der Historiker Johann Georg Hülsemann, der 1838 erster Botschafter Österreichs in den USA wurde, stellte die »in Nord-Amerika geltenden Prinzipien« den europäischen als »feindselig« gegenüber und begründete dies folgendermaßen: »Die in Nord-Amerika herrschende Tendenz ist in einem bestimmten Kampfe [...] mit unsern monarchisch aristokratischen Interessen und Gesinnungen, und eben daher kann der Verfasser alles dasjenige, was auf dieser transatlantischen Basis beruhet, nicht anders als verderblich nennen.«[646] Hülsemann lehnt die amerikanische Demokratie hier als unheilvoll für die politischen Verhältnisse in Europa ab – von einem aristokratischen Standpunkt aus. Der preußische Militärschriftsteller Adam Heinrich Dietrich von Bülow wiederum schrieb in seiner Abhandlung *Despotismus in dem Freistaat Nordamerikas*, die Amerikaner seien »ein Gemisch aller Völker« und hätten »gar keinen Charakter«, da sie »das Geld [...] liebten« und bei ihren »Wahlintrigen« selbst vor Prügeleien und Bestechungsversuchen nicht zurückschreckten.[647] Hier zeigt sich bereits deutlich das Stereotyp des pöbelhaften, materialistischen Mischvolks.

644 Vgl. Meyer, *Nord-Amerika im Urteil des Deutschen Schrifttums*, S. 23.
645 Vgl. Diner, *Feindbild Amerika*, S. 42.
646 Hülsemann, *Geschichte der Democratie in den Vereinigten Staaten von Nord-America*, S. VIII.
647 Adam Heinrich Dietrich von Bülow, *Despotismus in dem Freistaat Nordamerikas*, Berlin 1800, S. 186 u. 183, zit. nach Meyer, *Nord-Amerika im Urteil des Deutschen Schrifttums*, S. 11.

Auch die Philosophen der Aufklärung befassten sich mit Amerika, zum Beispiel Georg Wilhelm Friedrich Hegel. In seinen *Vorlesungen über die Philosophie der Geschichte* von 1822/23 charakterisiert dieser die Vereinigten Staaten zwar als Land mit großer Zukunft. Die amerikanische Gegenwart beschreibt er jedoch als egoistisch, maßlos und falsch: Der »Grundcharakter [...] des Privatmannes« bestehe »auf Erwerb und Gewinn [...], in dem Überwiegen des partikularen Interesses, das sich dem Allgemeinen nur zum Behufe des eigenen Genusses zuwendet.«[648] Zwar gebe es »ein formelles Rechtsgesetz«, jedoch handele es sich dabei um eine »Rechtlichkeit [...] ohne Rechtschaffenheit, und so stehen denn die amerikanischen Kaufleute in dem üblen Rufe, durch das Recht geschützt zu betrügen.« Hegel beschreibt das amerikanische Recht somit als ein Recht des Stärkeren – und damit als reine Heuchelei. Auch die Religiosität der eingewanderten Amerikaner empfindet er als scheinheilig: Es herrsche »das mannigfaltigste Belieben« und im Grund könne »jeder [...] eine eigene Weltanschauung, also auch eine eigene Religion haben«, was sich in der Existenz zahlreicher Sekten niederschlage, »die sich bis zum Extreme der Verrücktheit steigern«.[649] Selbst die Religion sieht Hegel also zur eigennützigen Privatsache verkommen – ein Bild, das sich im Spott über die religiöse Praxis der Amerikaner bis heute zeigt.

Andere Gelehrte waren überwiegend begeistert von Amerika. Johann Wolfgang von Goethe etwa betonte die neuen Möglichkeiten, die sich den Einwanderern in der Neuen Welt böten, unbehindert von den engen Grenzen des europäischen Lebens.[650] Oft zitiert ist sein Gedicht »Den vereinigten Staaten« von 1827, das in diesem Buch bereits bei der Detailanalyse des *Spiegel*-Kommentars eine Rolle spielte. Einige zeitgenössische Denker unternahmen zudem ausführliche Studienreisen in die USA. An erster Stelle ist hier der französische Publizist und Politiker Alexis de Tocqueville zu nennen, der von der Regierung seines Landes beauftragt wurde, das Rechtssystem und den Strafvollzug in den USA zu studieren. In seinem Werk *Über die Demokratie von Amerika* (1835/40) beschreibt Tocqueville zahlreiche Aspekte der amerikanischen Gesellschaftsordnung wie Volkssouveränität, Pressefreiheit oder geistiges Leben. Fasziniert zeigt er sich vor allem von der gesellschaftlichen Gleichheit: »Die Gegensätze sind fast durchweg gemildert und verwischt; fast alle hervorragenden Punkte ver-

---

648 Dieses u. alle folgenden Zit. aus Hegel, *Vorlesungen über die Philosophie der Geschichte*, S. 112.
649 Ebenda, S. 112 f.
650 Vgl. Lange, »Goethes Amerikabild«, S. 69.

schwinden, um einem Mittelmaß zu weichen […]. Die Gleichheit ist vielleicht weniger erhaben; sie ist aber gerechter, und ihre Gerechtigkeit macht
ihre Größe und ihre Schönheit aus.«[651] So empfiehlt Tocqueville die Vereinigten Staaten als Modell für zukünftige demokratische Gesellschaften.
Das Beispiel zeigt aber auch, dass selbst Tocquevilles Begeisterung mit stereotypen Zuschreibungen wie der »Mittelmäßigkeit« einhergeht.

Tocquevilles Werk wurde breit rezipiert und animierte auch andere Gelehrte zu Reisen nach Amerika. Bis zur Mitte des 19. Jahrhunderts entwickelte sich so ein Amerika-Bild, das nicht mehr nur exotisierend daherkam.
Viele Beobachter glichen die Neue Welt mit Deutschland ab. Alle möglichen Bereiche wurden beschrieben und einander gegenübergestellt: Land
und Leute, politisches System, Wirtschaftsleben, Kultur, Erziehung, Ge-
schlechterverhältnisse und andere gesellschaftliche Aspekte.

Als die Liberalen in Deutschland politische Rückschläge erleiden mussten, etwa nach den ›Befreiungskriegen‹ oder der gescheiterten Revolution
von 1848, bekam Amerika zudem eine ganz praktische Bedeutung – als
Land der politischen Freiheit. Immer mehr Deutsche wanderten aus. Zwischen 1820 und 1880 stellten die Deutschen mit 3,1 Millionen die bei wei-
tem größte Zuwanderergruppe in den USA, gefolgt von den Iren mit 2,8
und den Engländern mit 1,9 Millionen.[652] Diese Entwicklung machte es
unmöglich, Amerika länger zu ignorieren. Im Gegenteil: Viele Zeitgenossen fühlten sich herausgefordert, Stellung zu beziehen. Zahlreiche Auswanderer veröffentlichten ihre Erlebnisse und Beobachtungen in Form von
Sach- und Reisebüchern oder verarbeiteten sie zu fiktiven Geschichten.
Die Germanistin Hildegard Meyer schreibt:»Nie wurde Nordamerika so
verklärt gesehen, wie bei den politischen Dichtern dieser Zeit, nie aber
auch so abschreckend in allen seinen Erscheinungen gemalt, wie von eben-
diesen, wenn sie zu entdecken glaubten, daß die politische Ordnung und
der Freiheitsbegriff der Bürger Nordamerikas nichts mit den Idealen des
deutschen Liberalismus zu tun habe oder ihnen geradezu widerspreche.«[653]
Exemplarisch steht dafür die Haltung des Dichters Nikolaus Lenau, der
zunächst von der weiten Natur und der politischen Freiheit in Amerika
schwärmte, diese Einstellung während seiner Amerika-Reise jedoch völlig

---

651 Tocqueville, *Über die Demokratie in Amerika*, S. 828 f.
652 Vgl. Nagler, »Territoriale Expansion, Sklavenfrage, Sezessionskrieg, Rekonstruktion«,
    S. 49. Zur Geschichte der deutschen Einwanderung in die Vereinigten Staaten vgl. auch
    Trommler (Hg.), *Amerika und die Deutschen*.
653 Meyer, *Nord-Amerika im Urteil des Deutschen Schrifttums*, S. 26.

revidierte. So beschrieb er die Amerikaner nun als »himmelanstinkende Krämerseelen« und verkündete trotzig: »Mag der Amerikaner bei seinem Glase *Cider* seine Spottdrossel behorchen mit seinen *Dollars* in der Tasche, ich setze mich lieber zum Deutschen und höre bei seinem Wein die liebe Nachtigall, wenn auch die Tasche ärmer ist.«[654] Die Amerikaner als habgierige und oberflächliche Kulturbanausen, der deutsche Dichter hingegen kultiviert, genügsam, tiefgründig und in sich gekehrt: Hier ist schon klar der mit Selbstaufwertung verbundene kulturelle Dualismus zu sehen, der den deutschen Antiamerikanismus fortan prägen sollte – auch in der Bildungsschicht, die der politischen Demokratie zwar durchaus offen gegenüberstand, zugleich jedoch ihre kulturell-elitäre Einstellung pflegte.

So sah auch der Dichter Heinrich Heine die gesellschaftlichen Verhältnisse in Amerika in einem negativen Licht: Es gebe »weder Fürsten noch Adel, alle Menschen sind dort gleich, gleiche Flegel…«[655] Auch von einer wirklichen Freiheit könne man in diesem »ungeheuren Freiheitsgefängnis« kaum sprechen, »wo der widerwärtigste aller Thyrannen, der Pöbel, seine rohe Herrschaft ausübt!« Zudem beklagt Heine einen kalten Materialismus der Amerikaner: »Der weltliche Nutzen ist ihre eigentliche Religion, und das Geld ist ihr Gott.« Heine zeichnet die amerikanische Gesellschaft hier unverkennbar negativ: unkultiviert, verderbt und roh.

Zu einem großen Bestseller wurde der Roman *Der Amerikamüde* (1855) des Schriftstellers Ferdinand Kürnberger, der selbst nie in Amerika war. Hauptfigur ist ein Deutscher namens »Dr. Moorfeld«, der mit einem Auswandererschiff in die USA reist, um sich dort niederzulassen.[656] Er wird jedoch auf allen Ebenen enttäuscht und betrogen – und kehrt schließlich fluchtartig nach Europa zurück. Die Geschichte ist vor allem deshalb interessant, weil sie zahlreiche Aspekte der amerikanischen Gesellschaft thematisiert und im Grunde als totale Absage an Amerika gelesen werden kann. Das beginnt bereits bei Moorfelds Ankunft in New York mit der Schilderung einer allgegenwärtigen Geschäftemacherei. In den Straßen erblickt er »Kaufhalle an Kaufhalle, Bude an Bude, jedes Haus ein Markt, jedes Wort ein Geschäft« – und »sogar der Sarghändler stellt sein Produkt

---

654 Lenau, *Werke und Briefe*, S. 230 (Hervorhebungen im Original).

655 Dieses u. alle folgenden Zit. aus Heine, *Über Ludwig Börne*, S. 60 f.

656 In der Figur des Moorfeld wird vielfach der Dichter Nikolaus Lenau gesehen; vgl. Meyer, *Nord-Amerika im Urteil des Deutschen Schrifttums*, S. 72 f.

zwischen Türme von Baumfrüchten aus«.[657] Der Kommerz ist einfach
überall. An anderer Stelle heißt es, der »Yankee« gehe bei seinen Geschäften mit allerlei »Listen und Tücken« vor: »Er kann nicht leben ohne das
Gefühl der Überlegenheit über andere.«[658] Dazu passt für Moorfeld, dass
sich die Amerikaner wie die Juden als »auserwähltes Volk« wähnten: »Der
liebe Gott sollte mit den Juden umgegangen sein und mit Amerikanern
nicht umgehen wollen? Konkurrenz!«[659]

Auch die kulturellen Gepflogenheiten in Amerika missfallen Moorfeld,
zum Beispiel das von einem Diener zubereitete Essen. Er klagt, alles
schmecke »gleich schlecht« und sei offenbar zubereitet »ohne jenes liebe-
volle Eingehen auf das zartere Spiel der Individualitäten, auf die hinge-
bende Empfänglichkeit des Koteletts und auf den charakterfesten Widerstand des Roastbeefs. Wahrlich, es fehlte die Frauenhand in diesem fa-
briksmäßigen Geköche!«[660] Moorfeld prangert hier also nicht nur eine un-
kultivierte, »fabriksmäßige« Nahrung an – ganz im Stile der jüngeren Klagen über amerikanisches Fastfood –, sondern auch eine unnatürliche Ver-
teilung der Geschlechterrollen. Zudem haben die Amerikaner in seinen
Augen durchweg kein Benehmen. So bemerkt er im Theater, dass die Zuschauer laut durcheinander schreien. Als er seinen Nachbarn nach einem
Kommentar zum Stück fragt, fährt dieser »wie aus einem Traume empor«
und fragt Moorfeld erstaunt: »Sind Sie dem Stücke gefolgt? [...] Wahrscheinlich sind Sie selbst Dichter?«[661] Hier tauchen also bereits Stereotype
wie Rüpelhaftigkeit, Oberflächlichkeit und Dummheit auf.

Das ganze Land erscheint Moorfeld kulturlos. An seiner Unterkunft
fehlen ihm der »gemütliche Zug« und die »organische Wärme der Häus-
lichkeit«.[662] Entsprechend negativ sieht er die amerikanischen Städte: »Oft
kommt die ganze Stadt auf dem Transportwagen, noch glänzend vom
Hobel her, und stellt sich auf wie eine Puppenschachtel. Fällt dir vor solch
einem lackierten Ding irgendein bemooster Dorfknorren in Franken oder
Schwaben ein, so vergehen dir alle Sinne.«[663] Auch die Landschaft beschreibt Moorfeld als eintönig: »Von ›Kulturlandschaft‹ ist eigentlich nur

657 Kürnberger, *Der Amerikamüde*, S. 20. Die hier zitierte Ausgabe von 1985 folgt der zwei-
    ten, korrigierten und modernisierten Auflage von 1889.
658 Ebenda, S. 157.
659 Ebenda, S. 441.
660 Ebenda, S. 42.
661 Ebenda, S. 108 f.
662 Ebenda, S. 34.
663 Ebenda, S. 324.

unter deutschen Händen die Rede. [...] Der Amerikaner [...] hat kein Ge-
mütsverständnis zum Boden, auf dem er sitzt.«[664] Die Ursache sieht
Moorfeld nicht zuletzt in der Rastlosigkeit der Menschen, die stets unterwegs seien, um Geschäfte zu machen:»Hier handelt alles, was sein bißchen
Mark noch fühlt. [...] Wer sich [...] rühren kann, dem ist die Straße sein
Haus; sein Haus nur Absteigquartier.«[665] Künstlichkeit, Kulturlosigkeit und
ein Leben für das schnöde Geschäft: Bilder, die noch heute verbreitet sind.
Wiederholt lässt Kürnberger seine Romanfigur Moorfeld dabei Vergleiche zu Deutschland ziehen. Die zentrale Passage spielt in einem Gasthaus,
in dem einige ausgewanderte deutsche Handwerker zum Abendbrot versammelt sind:»Ihre Mienen waren mit ganzer Andacht und Bedächtigkeit
bei dem Genusse; hier wurde nicht amerikanisch gejagt und geschluckt,
jeder Bissen ging ins Bewußtsein über, man speiste im Geiste wie in der
Form deutsch.«[666] Den Handwerkern geht es jedoch wirtschaftlich schlecht
– weil ihre Qualitätsarbeit in Amerika nichts zähle, wie einer anmerkt. So
würden Nägel hier »gegossen, nicht geschmiedet«.[667] Moorfeld warnt nun
die versammelte Runde eindringlich davor, sich den Verhältnissen anzu-
passen, um nicht »hyperyankeesiert« zu werden.[668] Konkret nennt er das
»Sprachkauderwelsch des Pennsylvaniadeutsch«, bei dem eine »fortschreitende Verödung« festzustellen sei, wie er sogleich mit einem praktischen
Beispiel demonstriert:»Ein Fischer z.B. spricht: *below* werden die Fische
umgepackt, *inspected* und dann wieder *vereingepackt again*.«[669] Amerika kann
daher für Moorfeld nur als abschreckendes Beispiel dienen, »daß wir an
solchen Zerrbildern unsre eigene Kultur fühlen lernen.«[670]

Tatsächlich erscheinen Amerika und die dort lebenden Menschen bei
Kürnberger durch und durch oberflächlich, traditions- und kulturlos. Die
Amerikaner jagen demnach nur dem Kommerz hinterher, sind ohne Sitten
und Geschmack, verlogen, heuchlerisch und gerissen. Die Verhältnisse in
Deutschland dagegen werden als kulturell tiefgründig und grundehrlich
dargestellt. Im Vergleich zu früheren Darstellungen fällt auf, dass vor allem
der kulturelle Gegensatz zwischen Deutschland und Amerika deutlich betont wird: Hier die gewachsene, tiefgründige deutsche Kulturgemeinschaft,

664 Ebenda, S. 323.
665 Ebenda, S. 361.
666 Ebenda, S. 117.
667 Ebenda, S. 133.
668 Ebenda, S. 399.
669 Ebenda, S. 318 (Hervorhebungen im Original).
670 Ebenda, S. 137.

dort das Land des oberflächlichen und hektischen Geldverdienens. Interessanterweise taucht dabei selbst das im neueren Antiamerikanismus so zentrale Bild von der schlechten Qualität amerikanischer Produkte bereits auf. Ebenso die Klage über die uniforme, eintönige Stadt- und Landschaftsarchitektur.

Die starke Betonung kultureller Identität muss dabei vor dem Hintergrund gesehen werden, dass ein einheitlicher deutscher Nationalstaat zu dieser Zeit nicht existierte.[671] Dies leistete der romantischen Vorstellung von Deutschland als einer »Kulturnation« Vorschub, die organisch aus sich selbst heraus erwachsen werde[672] – und die wiederholt dem Staat in Frankreich und den USA gegenübergestellt wurde, der nur ein abstraktes, unnatürliches »Gebilde« sei. So erschließt sich auch, warum es der Romanfigur Moorfeld so sehr missfällt, dass sich die selbstbewussten Amerikaner als »auserwähltes Volk« begreifen – und er selbst sich unterdrückt fühlt, obwohl er ja freiwillig nach Amerika gegangen ist. Auch Moorfelds Kritik an den »hyperyankeesierten« deutschen Einwanderern sowie deren (Sprach-) Mischmasch – eine Klage, die verblüffend an die heutige Kritik des »Denglisch« erinnert – verdeutlicht, dass Kürnberger vor allem die deutsche Identität bedroht sieht. Damit drückt er ein Gefühl der Unsicherheit aus, das für viele Zeitgenossen typisch war.

Davon zeugen auch die Indianer-Bücher von Karl May, die im 20. Jahrhundert von Millionen Kindern in Deutschland geradezu verschlungen wurden. Der Deutsche Old Shatterhand – arbeitsam und brav – verbrüdert sich darin mit den Mescalero-Apachen, deren Häuptling Winnetou den ›edlen Wilden‹ verkörpert. Gemeinsam versuchen sie, sich gegen die gewissenlosen, geldgierigen »Yankees« zur Wehr zu setzen, die ausschließlich nach Profit streben und mit ihrem Geld die heile Welt der Indianer zerstören wollen.[673]

Auch in Gustav Freytags Roman *Soll und Haben* (1855), der zu den meistgelesenen Büchern des 19. Jahrhunderts gehört, wird ein solcher Zweikampf ausgetragen. Schauplatz ist hier die Kaufmanns-Handlung T.O. Schröter, wo der Romanheld Anton Wohlfart, ein strebsamer Lehrling aus der deutschen Provinz, auf den Volontär Fritz von Fink trifft, der seine Jugend bei seinem Onkel in New York verbracht hat. Fink hat sich bei seinem Onkel, der »ein großer Landspekulant« und »vielleicht der

671 Vgl. Schwaabe, *Antiamerikanismus*, S. 23.
672 Vgl. Giesen/Junge, »Vom Patriotismus zum Nationalismus««.
673 Vgl. Ripplinger, »Der Schatz im Silbersee«.

reichste Mann der Wallstreet« ist,[674] offenbar die größten Unarten ange-
wöhnt: Er behandelt seine Mitmenschen »mit einem wahren Despotismus«, ist zugleich jedoch von einem »nachlässigen Wesen«.[675] Schnell wird
klar, dass Fink nicht nach Europa passt, da er in Antons Sicht ein »wuche-
rischer Geldmann wie sein Verwandter in Amerika« ist und seine »Lebens-
kraft in raffiniertem Genuß vergeudet«.[676] So kehrt Fink nach Amerika zurück. Anton dagegen »verrichtet seine Arbeit in der deutschen Weise«, also
uneigennützig: »Keinem von uns fällt ein zu denken, soundsoviel Taler er-
halte ich von der Firma, folglich ist mir die Firma soundsoviel wert. Was
etwa gewonnen wird durch die Arbeit, bei der wir geholfen, das freut auch
uns und erfüllt uns mit Stolz.«[677]

Wie bei Kürnberger wird auch bei Freytag die »deutsche Arbeit« als
tiefgründig und geistig geschildert: Arbeit nicht um des schnöden Geldes,
sondern um ihrer selbst willen. Doch obwohl die »deutsche Arbeitsweise«
hier im Gegensatz zur amerikanischen Geschäftemacherei und »Spekulation« als rechtschaffen und moralisch gut charakterisiert wird, empfindet
Anton ein Gefühl gegenüber Fink, das »halb glühender Haß war und halb
Bewunderung«.[678] Damit repräsentiert die Figur des Anton symbolisch die
zwiespältige Haltung der Deutschen zu Amerika im 19. Jahrhundert, die
sich nicht nur in schlichten Vorurteilen, sondern auch in einem immer stärkeren Ressentiment ausdrückte: hass- und neiderfüllt zugleich.

Die Verfestigung dieses stereotypen Amerika-Bildes ist nur mit den
grundlegenden Umwälzungen in Deutschland in jener Zeit zu erklären.
Denn das 19. Jahrhundert war die Zeit der Demokratisierung, Industrialisierung und gesellschaftlichen Modernisierung. Viele dieser bedrohlich erscheinenden Entwicklungen wurden zuerst in Amerika wahrgenommen. So
beschrieben zahlreiche Zeitgenossen Erscheinungen wie Rationalisierung,
Geld, Massenkultur, die Privatisierung des Religiösen oder auch die Verstädterung als *amerikanische* Phänomene, wobei hier betont werden muss,
dass die meisten dieser abgelehnten Entwicklungen noch weitaus stärker
mit den Westmächten Europas, also vor allem England und Frankreich,
verknüpft wurden. Amerika wurde vorerst noch weit entfernt am Horizont
verortet und schien den meisten Menschen mit den Verhältnissen in

---

674 Freytag, *Soll und Haben*, S. 253.
675 Dieses u. alle folgenden Zit. aus ebenda, S. 83.
676 Ebenda, S. 107.
677 Ebenda, S. 221 f.
678 Ebenda, S. 71.

Deutschland unvereinbar. Doch gerade weil Amerika so fern erschien, ging die Beschreibung oft ins Karikatureske. So wurde ›Amerika‹ zum schrillen und abschreckenden Symbol für die moderne, demokratische, kapitalistische Massengesellschaft.

Bei den deutschen Sozialisten hingegen überwog eine durchaus interessierte Haltung. Der Soziologe und Volkswirtschaftler Werner Sombart etwa untersuchte in seiner 1906 veröffentlichten Abhandlung *Warum gibt es in den Vereinigten Staaten keinen Sozialismus?* das Phänomen, dass die amerikanischen Arbeiter das kapitalistische Wirtschaftssystem nicht grundsätzlich in Frage stellten. Er erklärt dies unter anderem damit, dass Freiheit und Gleichheit für die amerikanischen Arbeiter keine leeren Begriffe seien, »sondern zum guten Teil Wirklichkeiten«.[679] Zudem gehe es ihnen materiell viel besser als den europäischen Arbeitern: »An Roastbeef und Apple-Pie wurden alle sozialistischen Utopien zuschanden.«[680] Letztlich hinterlässt seine Darstellung einen überwiegend positiven Eindruck von Amerika, obwohl er zugleich mit vielen Klischees operiert. Dies verschärft sich noch erheblich in Sombarts Schrift *Die Juden und das Wirtschaftsleben* von 1911. Darin erklärt er das gesamt moderne Wirtschaftsleben durch das Wirken der Juden und schreibt: »Das, was wir Amerikanismus nennen, ist zu einem sehr großen Teile nichts anderes als geronnener Judengeist.«[681] In seiner Weltkriegs-Apologie *Händler und Helden* (1915) schließlich feiert er ein heroisches deutsches »Heldentum«, das dem westlichen »Händlertum« überlegen sei.[682] Sombarts Heldenkult ist vor allem gegen England gerichtet, konstruiert aber faktisch einen unüberbrückbaren Antagonismus zwischen Deutschland und dem gesamten Westen.

Gerade die traditionelle deutsche Englandfeindlichkeit vermischte sich um die Jahrhundertwende immer stärker mit dem Antiamerikanismus und ging so in eine Abwehr des »Angelsachsentums« über. Dan Diner wendet jedoch ein, dass England trotz der zugeschriebenen »Krämerhaftigkeit« durchaus eine eigene Kultur zuerkannt wurde, wogegen Amerika »kulturell und sozial wie eine zur Nation aufgeblähte Unterschicht wahrgenommen« worden sei.[683] Im Abscheu gegenüber dem »Pöbel« in Amerika fanden sich dabei selbst fortschrittliche Intellektuelle, die den deutschen Obrigkeits-

---

679 Sombart, *Warum gibt es in den Vereinigten Staaten keinen Sozialismus?*, S. 127.
680 Ebenda, S. 126.
681 Sombart, *Die Juden und das Wirtschaftsleben*, S. 44.
682 Vgl. Schwaabe, *Antiamerikanismus*, S. 41.
683 Diner, *Feindbild Amerika*, S. 64.

staat bekämpften, an der Seite der Romantiker wieder. Gesine Schwan interpretiert den Antiamerikanismus dieser Zeit daher als »kulturell begründete letztliche Gegnerschaft gegen die amerikanische liberale Demokratie« und damit als »Antiliberalismus«.[684] Immer größer wurden dabei die Ängste, dass Europa so werden könnte wie Amerika. Dies zeigt exemplarisch der Reisebericht *Das Land der Zukunft* von 1903, in dem der Schriftsteller Wilhelm von Polenz als einer der ersten deutschen Autoren vor einer »Amerikanisierung«[685] warnt: »Von Europa verlangen, daß es sich amerikanisieren solle, ist ebenso verkehrt, wie den Amerikanern Rückkehr zu unseren Anschauungen zuzumuten. Jede Art hat ihre Berechtigung, wenn sie nur organisch entstanden ist.«[686]

Besonders negativ zeichnet von Polenz das Verhältnis der Amerikaner zum Geld, vor allem in den Städten: Nirgendwo sonst nehme »die Jagd nach dem Dollar [...] so brutale Formen an, wie in diesen Zentren des Verkehrs, des Bankwesens und der Industrie. Wenn man durch ein Geschäftsviertel von New-York oder Chicago geht und beobachtet die Menge, blickt in diese abgehetzten, nervösen, dabei harten, von Gier verzehrten Menschenlarven, sieht, wie sich Eitelkeit, Hysterie, Frivolität in tollen Zuckungen überschlagen [...], dann sollte man glauben, die moderne Großstadt sei ein Tollhaus«.[687] In der Wirtschaft beklagt von Polenz zudem die Entstehung undurchschaubarer Großindustrien: »Die Kräfte, die sie treiben, bleiben unsichtbar im Hintergrunde. Der einzelne ist nur eine kleine Schraube, ein Maschinenteil, mechanisch angetrieben, einer Kraft gehorchend, die nicht aus ihm selbst stammt.«[688] Überhaupt sieht er die ganze Gesellschaft vom großen Geld gesteuert. Vor allem die Politik, in der »Mittelmäßigkeit« als »eine gute Empfehlung« gelte: »In der Reihe der Männer, die im Weißen Hause residiert haben, überwiegen die Nullen.«[689]

Interessant ist dabei seine Erklärung für diese Zustände: Die »Bildung des eigentlichen amerikanischen Typus« sei »von Anfang an nur eine Fortbildung des Engländers« gewesen, so von Polenz.[690] Die bescheidenen

---

684 Schwan, *Antikommunismus und Antiamerikanismus in Deutschland*, S. 58.

685 Der Begriff wurde durch den britischen Journalisten William Thomas Stead in seiner 1901 veröffentlichten Studie *The Americanization of the World or The Trend of the Twentieth Century* (New York) geprägt.

686 Polenz, *Das Land der Zukunft*, S. 1.

687 Ebenda, S. 198 f.

688 Ebenda, S. 203.

689 Ebenda, S. 129.

690 Ebenda, S. 19.

Deutschen hätten sich nicht durchsetzen können, im Gegensatz zu den
»Irländern«: »Paddy schwimmt daher auf den hochgehenden Wogen des
amerikanischen Lebens wie ein Kork, während der gehaltvollere Deutsche
zur Tiefe sinkt.«[691] Damit wird abermals deutlich, wie verbreitete antiwest-
liche und vor allem antibritische Stereotype, hier die Oberflächlichkeit, immer stärker auf Amerika übertragen wurden.

Hinzu kommt ein antisemitischer Einschlag. So beklagt von Polenz,
Amerika ziehe generell »alle zigeunerhaften Existenzen an sich«, wie der
wachsende Bevölkerungsanteil der »durch und durch internationalen Juden« zeige.[692] Die eingewanderten Juden würden Amerika zunehmend
nach ihren Prinzipien formen: »Die Physiognomie gewisser einflußreicher
Kreise Newyorks beweist, daß auch in der neuen Welt dem Semiten die
Eigenschaft nicht abhanden gekommen ist, das eigne Wesen unverändert
zu wahren und das Wirtsvolk durch seine Art tief zu beeinflussen.«[693] Vor
dem Hintergrund des im Kaiserreich grassierenden Antisemitismus können
diese Zuschreibungen kaum überraschen, galten die Juden vielen Deutschen doch als Verkörperung und Urheber der Moderne schlechthin.[694]
Wenn Amerika hier nun als zunehmend jüdisch geprägt charakterisiert
wird, so wird damit entsprechend auch das Bild eines hypermodernen und
damit umso unheimlicher erscheinenden Staates gezeichnet.

Von Polenz' Darstellung ist symptomatisch für das Amerika-Bild der
deutschen Intellektuellen jener Zeit. Der Soziologe Georg Kamphausen
schreibt, diese hätten nach der Moderne gefragt und dabei auf Amerika
geblickt; jedoch seien sie nur selten daran interessiert gewesen, zu verstehen, »was und wie Amerika *ist*« – vielmehr hätten sie vor allem danach gefragt, »was Amerika für Europa *bedeutet*«.[695] So sei Amerika »zu einem Bild,
einer Chiffre für eine ›Moderne‹« geworden, »die man als Verlust der eigenen Identität« begriffen habe. Die zitierten Beispiele zeigen, wie Amerika
dabei im Laufe des 19. Jahrhunderts als immer bedrohlicher erachtet wurde
– nicht mehr nur in kultureller Hinsicht, sondern auch in Bezug auf die
Politik. Die amerikanische Demokratie galt in dieser Sicht als Ausdruck
kalter Rationalität, sie stand für die »Pöbelherrschaft« der zusammengewür-

---

691 Ebenda, S. 381.
692 Ebenda, S. 154 f.
693 Ebenda, S. 159.
694 Vgl. dazu auch Kapitel 5.4.
695 Dieses u. alle folgenden Zit. aus Kamphausen, *Die Erfindung Amerikas in der Kulturkritik
der Generation von 1890*, S. 20 f. (Hervorhebungen im Original).

felten, »unorganischen« US-Gesellschaft, für Mittelmaß und Künstlichkeit
– im Gegensatz zur »gewachsenen« deutschen Volksgemeinschaft.

Vor allem aber wurden die wirtschaftlichen Verhältnisse in Amerika als
verdorben beschrieben. Hier beklagte man nackte Gier und Gewinnsucht:
In Amerika werde ausgebeutet, geschachert und Geld gemacht, aber nichts
Bleibendes geschaffen. Die Amerikaner hätten keine »Tiefe« und Schöp-
fungskraft, sondern bewegten sich stets nur an der Oberfläche. Die gesamten gesellschaftlichen Verhältnisse sowie die Beziehungen der Menschen
untereinander galten als rationalisiert, ökonomisiert und künstlich. Als Kul-
minationsort dieser Entwicklungen wurden die anonymen, entfremdeten
Städte erachtet. Die vermeintlich natürlichen, sozialen und geborgenen
Verhältnisse in Deutschland wurden dem diametral gegenübergestellt. Es
sind Zuschreibungen, die in abgeschwächter Form noch heute verbreitet
sind.

So rückte Amerika im 19. Jahrhundert immer stärker in den Fokus der
deutschen Öffentlichkeit. Während viele der heute noch populären Stereotype bereits in der Zeit des Vormärz entstanden, verdichteten sich diese bis
zur Jahrhundertwende zu einem *umfassenden antiamerikanischen Bild*. Dieses
basierte auf einem starken Nationalismus und war kaum zu trennen von
einer breiteren antiwestlichen Einstellung, die sich auch gegen Großbritannien und Frankreich richtete. Hinzu kam ein starker Affekt gegen die Moderne und die sich entwickelnde kapitalistische Gesellschaft.

Allmählich geriet auch die außenpolitische Rolle der USA in den Blickpunkt. Dies hing mit der zunehmend expansiven Außenpolitik des Landes
zusammen, die 1898 im amerikanisch-spanischen Krieg gipfelte und damit
den Aufstieg der USA zur Weltmacht besiegelte.[696] 1904 rief zudem die
Erweiterung der Monroe-Doktrin durch Präsident Theodore Roosevelt[697]
empörte Reaktionen im wilhelminischen Deutschland hervor, das immer
aggressiver nach eigenen Kolonien und einem »Platz an der Sonne« strebte.
England, Frankreich und die USA wurden gehasst wie nie zuvor. Der
Nationalismus und die Feindseligkeit gegenüber dem »dekadenten« Westen
endeten 1914 schließlich im Ersten Weltkrieg.

---

696 Vgl. Avery/Steinisch, »Industrialisierung und ihre sozialen und politischen Folgen,
S. 105.
697 Demnach beanspruchten die USA im Falle einer europäischen Einmischung in latein-
amerikanische Angelegenheiten künftig das Recht, militärisch zu intervenieren; vgl. Nagler, »Territoriale Expansion, Sklavenfrage, Sezessionskrieg, Rekonstruktion«, S. 42.

4.3 Weimarer Republik und NS-Zeit

Das Amerika-Bild in der Weimarer Republik wurde zunächst wesentlich durch die deutsche Niederlage im Ersten Weltkrieg geprägt. Diese ging mit einem ausgeprägten Hass auf US-Präsident Woodrow Wilson einher. Wilson wurden »typisch angelsächsische« Eigenschaften zugeschrieben, da er zwar stets von hehren Prinzipien rede, aber nur den schnöden Mammon meine.[698] So unterstellte man den Vereinigten Staaten rein materielle Motive für ihren Kriegseintritt 1917. Nach dem Waffenstillstand von 1918 sah man sich durch Wilson getäuscht, obwohl die Oberste Heeresleitung die Reichsregierung selbst dazu gedrängt hatte, Wilsons »Vierzehn-Punkte-Programm« anzunehmen.[699] Vom rechten bis zum linken politischen Lager herrschte die Meinung vor, das deutsche Volk sei durch den »schändlichen« Vertrag von Versailles betrogen worden. Innenpolitisch wurden dabei die Juden beschuldigt, dem Heer den »Dolchstoß« versetzt zu haben.[700] Die angeblich von der »Wall Street« beherrschten Vereinigten Staaten wie auch die sowjetischen »Bolschewisten« wähnte man als außenpolitische Handlanger einer »jüdischen Weltverschwörung« gegen Deutschland.[701]

Dabei wurde gemunkelt, die Juden würden in Amerika nicht nur die Wirtschaft, sondern auch zahlreiche politische und gesellschaftliche Organisationen als »Drahtzieher« kontrollieren.[702] Die »Vierzehn Punkte« seien jüdisch inspiriert gewesen und die »Versklavung« Deutschlands durch den Versailler Vertrag auf den jüdischen Finanzmagnaten und Wilson-Berater Bernard Baruch zurückzuführen. Die *Deutsche Zeitung* bezeichnete Wilson als »gefügiges Werkzeug der Geldmächte« sowie »Puppe der Großbanken und Millionärsinteressen, dem die Aufgabe zugeschoben war, das idealistische Feigenblatt für eine schamlose Geschäftemacherei internationaler Finanziers zu bilden.«[703] Es sind Zuschreibungen, die auch in der Sicht auf Präsident George W. Bush zutage treten.

Auch der nach 2001 erhobene Vorwurf einer »heuchlerischen« Außenpolitik der USA, die sich hinter vermeintlich hehren Zielen verschanze, zeigt sich in ähnlicher Form zu Beginn der Weimarer Republik. Der Alt-

---

698 Vgl. Diner, *Feindbild Amerika*, S. 68 f.
699 Vgl. Winkler, *Der lange Weg nach Westen*, Bd. 1, S. 360 f. u. 366.
700 Vgl. Berding, *Moderner Antisemitismus in Deutschland*, S. 177.
701 Vgl. Benz/Bergmann, »Antisemitismus – Vorgeschichte des Völkermords?«, S. 12 f.
702 Vgl. im Folgenden Diner, *Feindbild Amerika*, S. 74.
703 Zit. nach Berg, *Deutschland und Amerika 1918–1929*, S. 45.

historiker Eduard Meyer schrieb, wenn die USA nur »offen aussprächen, daß sie ihrer Rachsucht ungezügelt freien Lauf lassen und die Deutschen nach Möglichkeit vernichten« wollten, dann wäre das »wenigstens noch ehrlich«.[704] Jedoch verhüllten »sie diese Taten unter den Mantel der Gerechtigkeit und den verlogenen Phrasen von Menschenliebe, von Völkerbund und ewigem Frieden«. Wilson sei der »Typus eines salbungsvollen, scheinheiligen Heuchlers, in dessen Gestalt sich alles zusammenfaßt, was dem deutschen Wesen entgegengesetzt und im innersten zuwider ist«.[705] Durch seine »Unterwerfung unter die wilde Rachsucht Frankreichs und den kaltherzigen Egoismus Englands« sei Wilson auch zum »Henker der europäischen Kultur geworden«.[706] Die letzte Passage ist aufschlussreich: Nationalistische Stereotype wie »Rachsucht« und »Egoismus«, die sich zunächst gegen Frankreich und England richteten, werden hier auf Amerika übertragen. Deutschland als vermeintlicher Träger einer »europäischen Kultur« scheint dem verderblichen Westen in diesem Bild hilflos ausgeliefert zu sein und ist vom Untergang bedroht.

Auch die Weimarer Republik wurde als von außen aufgezwungenes »Gebilde«, als Ausbund von »Verwestlichung« und »Amerikanisierung« verdammt. Der Schriftsteller Thomas Mann schrieb 1918 in seinen *Betrachtungen eines Unpolitischen*, »daß Demokratie, daß Politik selbst dem deutschen Wesen fremd und giftig« sei.[707] Sein Innerstes sträube sich gegen »die ›Politisierung des Geistes‹, die Umfälschung des Geist-Begriffes in der der besserischen Aufklärung«.[708] Und er führt aus: »Der Unterschied von Geist und Politik enthält den von Kultur und Zivilisation, von Seele und Gesellschaft, von Freiheit und Stimmrecht, von Kunst und Literatur; und Deutschtum, das ist Kultur, Seele, Freiheit, Kunst und *nicht* Zivilisation, Gesellschaft, Stimmrecht, Literatur.« Zwar spricht Mann hier nicht von Amerika, sondern allgemein von den Prinzipien des Westens. Aber er benennt die klassischen Gegensatzpaare, die den deutschen Antiamerikanismus prägen: Zivilisation und Gesellschaft versus Kultur, Seele und Kunst. Darüber hinaus knüpft Mann an die kursierenden Verschwörungstheorien an und spekuliert darüber, »welche Rolle das internationale Illuminaten-

---

704 Dieses u. alle folgenden Zit. aus Meyer, *Die Vereinigten Staaten von Amerika*, S. 287.
705 Ebenda, S. 288.
706 Ebenda, S. 289.
707 Mann, *Betrachtungen eines Unpolitischen*, S. 30. Mann betont, dass die Begriffe »Politik« und »Demokratie« für ihn identisch seien. Insofern ist bereits der Titel *Betrachtungen eines Unpolitischen* eine klare Positionierung gegen die Demokratie.
708 Dieses u. alle folgenden Zit. aus ebenda, S. 31 (Hervorhebung im Original).

tum, die Freimaurer-Weltloge, [...] bei der geistigen Vorbereitung und wirklichen Entfesselung des Weltkrieges, des Krieges der ›Zivilisation‹ *gegen Deutschland*, gespielt« habe.«[709] Freilich bewegte sich Mann mit diesen Aussagen im Mainstream seiner Zeit. So wurden die USA wiederholt beschuldigt, eine »Pax Americana« durchsetzen zu wollen. Dies zog auch eine strikte Ablehnung des Völkerbundes nach sich. Selbst ein liberaler Politiker wie Friedrich Naumann bezeichnete diesen als »System angelsächsischer und imperialistischer Vorherrschaft« und »Syndikat«, das nur dazu diene, die angelsächsische »Erwerbsordnung« weltweit durchzusetzen und Deutschland die Rolle des »Heimarbeiters der Nationen« zuzuweisen.[710] Deutschland wird in diesem verschwörungstheoretisch konnotierten Bild in aufrechter Frontstellung gegen den gesamten kapitalistischen Westen gesehen, der nur dem schnöden Mammon hinterherjage.

Auch auf der Linken wurde im Zuge einer oberflächlichen Imperialismuskritik immer heftiger gegen Amerika agitiert. Das KPD-Organ *Rote Fahne* beschuldigte die ausländischen »Finanzkapitalisten«, »Geldsäcke«, »Spekulanten« und »Wucherer«, eine schamlose »Ausplünderung« des »werktätigen deutschen Volks« zu betreiben.[711] Überall strecke »die Spinne des Finanzkapitals ihre Fangarme aus«. Überaus populär wurde das 1927 in Deutschland veröffentlichte Buch *Dollar-Diplomatie*, in der die beiden antiimperialistischen US-Autoren Scott Nearing und Joseph Freeman die Aktivitäten von US-Regierung und -Unternehmern in Lateinamerika kritisierten. Wie problematisch die Verbreitung einer derart scharfen inneramerikanischen Kritik im deutschen Kontext sein kann, zeigt das Vorwort des deutschen Geopolitikers Karl Haushofer, der die Vereinigten Staaten als »stahlharte[...] Raffmaschine« beschreibt, die »rücksichtslos auf rein materiellen Erwerb im größten Stil« ausgerichtet sei und, einem Raubtier gleich, weltweit ihre »Tatzen in die wertvollsten Wirtschaftsräume [...] hineingeschlagen« habe.[712]

Es war der Durchbruch einer bereits im 19. Jahrhundert entstandenen oberflächlichen Kapitalismuskritik, die sich ausschließlich gegen ein von

---

709 Ebenda, S. 32 (Hervorhebung im Original).
710 Zit. nach Diner, *Feindbild Amerika*, S. 73.
711 Dieses u. alle folgenden Zit. nach Haury, »Von der Demokratie zum Dollarimperialismus«, S. 60 f.
712 Haushofer, »Einführung zur ›Dollar-Diplomacy‹«, S. V. u. VII.

außen kommendes, spekulatives Finanzkapital richtete.[713] Der NSDAP-Wirtschaftssprecher Gottfried Feder brachte dies in den 1930er-Jahren auf den Punkt, indem er das »raffende« jüdische Finanzkapital dem »schaffenden« deutschen Produktivkapital gegenüberstellte.[714] Zwar handelt es sich dabei um ein vorrangig antisemitisches Bild. Jedoch wurde diese vermeintlich jüdische Form des Kapitalismus bereits in der Weimarer Republik massiv in Amerika verortet. Die jüngsten Debatten um die »US-Finanzinvestoren«, »Heuschrecken« und »Wall-Street-Spekulanten« knüpfen an diese Vorstellung an.

Da die Weimarer Republik von einer tiefgreifenden Modernisierung auf allen Ebenen geprägt war, rückte Amerika auch im Zusammenhang mit innergesellschaftlichen Entwicklungen immer stärker in den Blickpunkt. Das Schlagwort »Amerikanismus« wurde zu einer »Chiffre für vorbehaltlose und bindungslose Modernität«, so der Historiker Detlev Peukert.[715] Dabei habe sich die Debatte stets zwischen den beiden Polen »Rationalisierungseuphorie« und »Zivilisationskritik« bewegt. So wurden auf der einen Seite begeistert die in den USA zu besichtigenden wirtschaftlichen und technischen Neuerungen wie Standardisierung, Rationalisierung und Fließbandtechnik studiert. 1923 erschien das Buch *Mein Leben und Werk* des amerikanischen Automobil-Herstellers Henry Ford in deutscher Sprache: Es galt bald als Bibel des Wirtschaftsliberalismus, insbesondere wegen Fords Erfolgsrezept, die tayloristische Rationalisierung aller Arbeitsgänge auf sämtliche Bereiche des Fabrikationsbetriebs anzuwenden. Zugleich wurden diese Entwicklungen jedoch heftig bekämpft. So beklagte Peter Mennicken in seinem Buch *Anti-Ford*, dass Fords Schrift »nur von materiellen Dingen« handele: »Im Civilisationsmenschen ist alles Kulturhafte preisgegeben«.[716]

Was man an der Modernisierung ablehnte, wurde dabei immer öfter als »amerikanisch« etikettiert.[717] Einen interessanten Vergleich stellt dazu Moritz Julius Bonn in seinem Buch *Amerika und sein Problem* von 1925 auf. Bonn behauptet, die Entwicklungen im Wirtschaftsbereich spiegelten sich in einem »soziale[n] System des Amerikanismus« wider: »Weil Amerika demokratisch im Sinne der sozialen Gleichheit war, ist seine Industrie

713 Vgl. Loeffler, »Das ›Finanzkapital‹«.
714 Vgl. Senft, »Antikapitalismus von Rechts?«, S. 18–32.
715 Dieses u. alle folgenden Zit. aus Peukert, *Die Weimarer Republik*, S. 179.
716 Mennicken, *Anti-Ford*, S. 38 u. 36.
717 Vgl. Trommler, »Aufstieg und Fall des Amerikanismus in Deutschland«, S. 667.

322 HASS, NEID, WAHN

normalisiert worden. Und weil seine Industrie normalisiert worden ist, wird seine Demokratie in der äußeren Lebensführung immer wieder in zu jeder Zeit nachlieferbaren Formen gepreßt. Die soziale Konvention wird zum Markenartikel, zur Serienware. Amerika, das Land der unbegrenzten Möglichkeiten, wird das Land der Monotonie.«[718] In diesem Bild stellt Amerika so etwas wie ein industrielles Fließbandprodukt dar, das politisch, sozial und wirtschaftlich völlig gleichförmig ist. Als Ursache benennt Bonn die soziale Gleichheit in der amerikanischen Demokratie.

Auch auf kulturellem Gebiet wurde Amerika mit gemischten Gefühlen betrachtet. Denn in der Freizeitkultur der deutschen Großstädte, vor allem in Berlin, setzte sich unumkehrbar eine moderne Massenkultur durch: Freizeitangebote wie Rummelplätze, Varietés, große Filmtheater und Boxarenen verbreiteten sich, moderne amerikanische Musikstile wie Schlager und Jazz wurden immer beliebter.[719] Die Berliner Künstler- und Literaten-Avantgarde begeisterte sich für die kulturelle Modernität westlicher Prägung und pries die amerikanische »Massenkultur« als radikale Alternative zur elitären deutschen Kultur der Vorkriegszeit und ihrer bürgerlichen Tradition.[720] Doch auch die Anhänger des »Amerikanismus« schwelgten oft in Stereotypen. Eine ambivalente Einstellung zu Amerika zeigt sich etwa bei Bertolt Brecht. Zu Beginn der 1920er-Jahre begeisterte er sich für den Boxsport und verfasste Stücke wie *Im Dickicht der Städte* (1923), in dem er den sportlichen »Kampf an sich« beschwor.[721] Nachdem er sich um 1926 zum Marxismus hingewendet hatte, kritisierte er Amerika jedoch immer schärfer. In dem Gedicht »Verschollener Ruhm der Riesenstadt New York« (1930) zählt Brecht zahlreiche Klischees über die Amerikaner auf: den Mund stets »voll von Kaugummi«, ein »Pokerface« und dazu ein Dauerlächeln im Gesicht.[722]

Andere Intellektuelle kritisierten die kapitalistische Kulturproduktion und sahen darin etwas genuin Amerikanisches. Der Journalist Herbert Ihering schrieb 1926 über die Besucher der Hollywood-Filme: »Sie alle werden dem amerikanischen Geschmack unterworfen, werden gleichgemacht, uniformiert. [...] Der amerikanische Film ist der neue Weltmilitarismus. Er rückt an. Er ist gefährlicher als der preußische. Er verschlingt nicht Einzel-

718 Bonn, *Amerika und sein Problem*, S. 26 u. 90.
719 Vgl. Peukert, *Die Weimarer Republik*, S. 177.
720 Vgl. Kaes, »Massenkultur und Modernität«, S. 657.
721 Vgl. im Folgenden Hoover, »Ihr geht gemeinsam den Weg nach unten««, S. 299.
722 Brecht, »Verschollener Ruhm der Riesenstadt New York«.

individuen. Er verschlingt Völkerindividuen.«[723] Auch hier also das Bild einer weltweiten »Gleichmacherei« durch Amerika, das sich noch heute in der Ablehnung amerikanischer Filme oder sonstiger US-»Kulturprodukte« zeigt. Dominanter war aber die antiamerikanische Kulturkritik rechts-konservativer und völkischer Kreise. In deren Perspektive war die fortschreitende »Amerikanisierung« Deutschlands ein Zeichen für den von Oswald Spengler prophezeiten »Untergang des Abendlandes«.[724]

Als populärster Vertreter des konservativen Antiamerikanismus jener Zeit kann der Amerika-Kenner Adolf Halfeld gelten, dessen 1927 veröffentlichtes Buch *Amerika und der Amerikanismus* den Charakter einer programmatischen Kampfschrift hat. Darauf verweisen schon die Kapitelüberschriften, etwa: »Amerikanisierung Europas«, »Die Allmacht des Erfolgsgedankens« oder »Geplante und gewordene Kultur«. Auch Halfeld sieht die amerikanische Gesellschaft als völlig gleichförmig an: Der »Amerikanismus« ersetze »die organische Gliederung der Gemeinschaft durch eine neuartige Mechanik des menschlichen Zusammenlebens« und erhebe »das Populäre, das Konventionelle und Gültige zur obersten Pflicht«.[725] So würden sämtliche Amerikaner dieselben Kleider tragen, dieselben Magazine lesen und hätten überhaupt einen einheitlichen Geschmack. Dies bringe eine große Oberflächlichkeit mit sich: Bei Abendeinladungen habe der Gastgeber »in jedem Augenblick für Zerstreuung zu sorgen und seine Gäste mit Unterhaltungssurrogaten wie Tanz, Vorträgen oder Autofahrten zu traktieren [...]. Denn zum zwanglosen Anknüpfen eines angeregten Gespräches fehlt hier jede Voraussetzung.«[726]

Damit einher gehe eine »Prüderie der bürgerlichen Schichten und Feminisierung der geistigen Sphäre«.[727] Beispielhaft macht Halfeld dies an der Stellung der Frau deutlich. So gelte »die amerikanische Frau a priori als Ausbund der Tugend, und wehe dem Mann, den sie eines noch so verzeihlichen Übergriffes auf ihre weiblichen Privilegien zeiht. Er muß bezahlen, heiraten oder Gefängnis absitzen.«[728] Einzig die beklagte Verweichlichung durch Verweiblichung mutet vom heutigen Standpunkt aus eher unge-

---

723 Zit. nach Kaes, »Einleitung«, S. XXIX.
724 Vgl. ebenda, S. XLII.
725 Halfeld, *Amerika und der Amerikanismus*, S. 34.
726 Ebenda, S. 35.
727 Ebenda, S. 179.
728 Ebenda, S. 84.

wöhnlich und skurril an – die übrigen Stereotype spielen noch im jüngeren
Diskurs zur amerikanischen Kultur eine tragende Rolle.

Frei nach Nietzsche fasst Halfeld schließlich den ganzen verderblichen
Einfluss der »Amerikanisierung« in der Behauptung zusammen, dass eine
»amerikanische Umwertung aller Werte«[729] vor sich gehe – und schreibt
damit schlicht *alle* ihm negativ erscheinenden gesellschaftlichen Umwälzungen Amerika zu. So stellt er letztlich alles in einen amerikanisch-euro-
päischen Gegensatz: »Amerika« ist dabei Synonym für eine degenerierte
Moderne, in der nichts organisch ist, sondern alles künstlich und abstrakt.
Der amerikanischen Zivilisation des »Gleichförmigen« setzt Halfeld den
europäischen Kulturbegriff der »Vielgestaltigkeit« entgegen: Europa sei
»eine Häufung von Kreisen, die in wechselseitiger Berührung stehen. Und
jeder dieser Mittelpunkte bedeutet Volkstum, Landschaft, Überlieferung,
bedeutet Scholle, Trachten und alte Bräuche.«[730] Jedoch ist Halfeld keineswegs ein überzeugter Europäer. Vielmehr dient die Lobpreisung Europas
hier nur der Verschärfung des Kontrasts zu Amerika. So beharrt Halfeld
auf einem nationalistischen Überlegenheitsanspruch innerhalb Europas:
Deutschland sei »der Hüter des europäischen Gedankenfortschritts« und
»Europamitte nicht nur im geographischen Sinne«.

In der Zeit des Nationalsozialismus ging der deutsche Antiamerikanismus eine immer stärkere Verbindung mit dem Antisemitismus ein – die
NS-Propaganda wähnte das »internationale Judentum« als verschwörerische Kraft hinter allen innen- wie außenpolitischen Problemen.[731] So heißt
es in Adolf Halfelds zweitem Amerika-Bestseller *USA greift in die Welt* von
1941, die US-Wirtschaft werde mehr und mehr durch »das anonyme Kapital der Wall Street« beherrscht.[732] Dahinter stecke unübersehbar »der
Jude«: »Seinem rechnenden Verstande kam die Zweckkultur der Neuen
Welt, der Tanz ums Goldene Kalb und die Erfolgsmoral der Nordamerika-
ner in jedem Sinn entgegen.«[733] Dies gelte auch für die amerikanische Tradition der Menschenrechte: Der »Jude der Vereinigten Staaten« glaube »an
die Vereinigten Staaten als die irdische Heimat seines Weltbürgertums. Ihm
sind die Human Rights das Evangelium des nordamerikanischen Men-

729 Ebenda, S. 146.
730 Dieses u. alle folgenden Zit. aus ebenda, S. 49.
731 Vgl. Bergmann, *Geschichte des Antisemitismus*, S. 76.
732 Halfeld, *USA greift in die Welt*, S. 176.
733 Ebenda, S. 188.

schen, die Botschaft, die er allen Völkern zu verkünden hat.«[734] Halfeld beschreibt hier den angeblichen amerikanischen Materialismus als den »jüdischen Prinzipien« direkt entsprechend und wirft Amerika wie auch den Juden ein zutiefst gerissenes und scheinheiliges Verhalten vor: Sie würden zwar heuchlerisch vorgeben, die Menschenrechte in die Welt zu tragen, hätten es in Wahrheit jedoch nur darauf abgesehen, Profit zu machen. Damit knüpft er an das deutsche Wilson-Bild nach dem Ersten Weltkrieg an.

Nach dem Kriegseintritt der USA Ende 1941 verschärfte sich die Hetze noch einmal erheblich. Waren das Amerika-Bild Adolf Hitlers wie auch die Verlautbarungen der Nationalsozialisten zu Amerika anfangs noch ambivalent gewesen, so gab das Reichspropagandaministerium nun die offizielle Anweisung, propagandistische Schriften gegen die USA aufzulegen.[735] Darin erscheint der Antiamerikanismus als zentraler Bestandteil der antisemitischen Weltanschauung der Nationalsozialisten. Der Schriftsteller Giselher Wirsing schrieb in seinem Buch *Der maßlose Kontinent* (1942), dass hinter der »Wendung des Amerikanismus zu einem weltbeherrschenden Imperialismus« die Juden steckten.[736] Seine perfide Argumentation lautet dabei, dass die Juden den Amerikanern aufgrund ihrer Verstreuung über die Welt als eine Art trojanisches Pferd dienten: Das Judentum sei »überall, wo es in der Welt auftrat, zum Vorposten des Amerikanismus geworden«.[737] Hinzu komme, dass sich die Amerikaner, ähnlich wie die Juden, als »auserwähltes Volk« begriffen: »In Amerika heißt die Formel für diese Auserwähltheit ›Gods own Country‹ – Gottes eigenes Land.«[738]

Wirsing beschuldigt die Juden jedoch auch, Amerika in verschwörerischer Weise unterwandert zu haben. Unter anderem führt er die »Lobbies der Hochfinanz« an, die ihr einflussreiches Netz in Washington gespannt hätten.[739] Unter dem »Freimaurer«-Präsidenten Franklin D. Roosevelt habe es ein »Vordringen des Judentums auf die Kommandobrücke des Staates« gegeben.[740] Zudem gebe es eine »fast totale jüdische Herrschaft über Presse, Rundfunk und Film«.[741] Seine Schilderung nimmt immer schrillere Töne an: »Präsident Roosevelt [...] predigte zum Kreuzzug, um die ganze

---

734 Ebenda, S. 189.
735 Vgl. Urban, »Offizielle und halboffizielle Amerikabilder im ›Dritten Reich‹«, S. 57 u. 67 f.
736 Wirsing, *Der maßlose Kontinent*, S. 437.
737 Ebenda, S. 424.
738 Ebenda, S. 42.
739 Ebenda, S. 145.
740 Ebenda, S. 163.
741 Ebenda, S. 417.

Welt für die amerikanischen Ideen zu retten! […] Die Maschine, von dem geheimen Kreis um das Weiße Haus gesteuert, begann zu stampfen. Die Hasspropaganda schwoll an.«[742] Und er fasst dies mit einem einprägsamen Bild zusammen: »Onkel Sam hatte sich in Onkel Shylock verwandelt«.[743]

Wirsings Darstellung ist ein typisches Beispiel für die Symbiose von Antiamerikanismus und Antisemitismus in der NS-Zeit. Im Wahnbild der Nationalsozialisten stellte das »jüdisch durchsetzte« Amerika gemeinsam mit dem »jüdischen Bolschewismus« aus der Sowjetunion eine schier grenzenlose Gefahr für die deutsche »Volksgemeinschaft« dar. Dies wird auch in einer vom Reichsführer SS Heinrich Himmler herausgegebenen Schrift mit dem Titel *Amerikanismus – eine Weltgefahr* deutlich, in der es heißt, von »jüdischer Seite« sei Amerikas »Glaube, die Welt erobern zu müssen«, geradezu »die praktische Ausführung und die Aktivierung der fundamentalen Grundsätze des Judaismus«.[744] So verbänden sich »alttestamentarischer und somit jüdischer Sendungsanspruch […] mit einer angemaßten demokratischen Mission, der Welt die in den USA entwickelte Lebensform und heute auch die politische Macht aufzuzwingen.«

Die NS-Propaganda zum Einfluss der Juden in Amerika ist beispiellos. Jedoch ist kaum zu übersehen, dass sich ähnliche Argumentationsmuster – wenngleich in sprachlich abgemilderter Form – auch in den jüngeren Debatten über den Einfluss der »jüdischen Lobby« auf die US-Außenpolitik und die Rolle der Juden in Wirtschaft und Medien wiederfinden. Auch die Kritik des »Sendungsanspruchs« und der »angemaßten demokratischen Mission« der USA erscheint angesichts der Debatten über die Kriege in Afghanistan und Irak vertraut.

Als die antiamerikanische Hetze in den letzten Kriegsjahren aufgrund der offensichtlichen militärischen Überlegenheit der USA zunehmend weniger fruchtete, geriet die NS-Propaganda allerdings in ein Dilemma. Denn jenseits der Kriegspropaganda und der Agitation gegen die »dekadente« amerikanische Massenkultur hatten viele Nationalsozialisten die in Amerika zu besichtigenden modernen Entwicklungen wie ökonomische Rationalisierung oder technischen Fortschritt durchaus bewundert oder gar nachgeahmt. Dahinter verbarg sich ein paradox erscheinender reaktionärer Mo-

---

742 Ebenda, S. 169.
743 Ebenda, S. 182. Shylock ist die Gestalt eines jüdischen Wucherers in Shakespeares Schauspiel *Der Kaufmann von Venedig*.
744 Dieses u. alle folgenden Zit. aus Reichsführer SS/SS-Hauptamt (Hg.), *Amerikanismus – eine Weltgefahr*, S. 19.

dernismus, so der Historiker Philipp Gassert:»Technik sollte von den Beimengungen der ›Zivilisation‹ befreit und in das Reich der ›Kultur‹ aufgenommen werden.«[745] In Presse und Literatur wurde daher zum Kriegsende wieder vorwiegend an die zivilisationskritischen Amerika-Stereotype angeknüpft, um eine qualitative Überlegenheit des Deutschen Reiches gegenüber der»degenerierten« amerikanischen Gesellschaft zu demonstrieren.[746] Ein Beispiel ist das 1942 im Zentralverlag der NSDAP Franz Eher erschienene Bändchen *In Gottes eigenem Land. Ein Blick ins »Dollar-Paradies«* von Eduard Ahlswede. Das Buch enthält zahlreiche Fotos mit vermeintlich typisch amerikanischen Motiven: Schönheitsköniginnen, steinalte Männer mit blutjungen Ehefrauen oder auch ein feiner Herr, hinter dem ein Bettler den Hut aufhält – Bildunterschrift:»Entweder steinreich – oder bettelarm. Das ist Amerika!«[747] Die verachtenswerte amerikanische Zivilisation malt Ahlswede in den schillerndsten Farben aus: Die Amerikaner seien»Einheitsbanausen«, hätten»alle die gleichen Ansichten« und würden»grinsen, einer wie der andere, fast den ganzen Tag«.[748] Auch über die allgegenwärtige Reklame macht er sich lustig:»Alles wird in Beziehung zum sex-appeal gebracht, sogar die Eisschränke.«[749]

Die Zitate muten skurril an. Sie zeigen jedoch, dass sich der kulturelle Antiamerikanismus in der Weimarer Republik und der NS-Zeit auf breiter Basis durchsetzen konnte. Dies ist nur vor dem Hintergrund zu erklären, dass Amerika in dieser Zeit unübersehbar ins Blickfeld rückte: Kommerzialisierung der Gesellschaft, moderne Massenkultur oder Emanzipation der Frau – all diese Umwälzungen im Zuge der Moderne setzten sich nach Amerika nun auch in Deutschland durch. Entsprechend richtete sich der Antiamerikanismus nicht mehr nur gegen etwas Äußerliches, also gegen Erscheinungen und Vorgänge in den USA selbst, sondern vermehrt gegen *innergesellschaftliche* Entwicklungen, die als»Amerikanisierung« bekämpft wurden. Die beklagte Gleichförmigkeit der Kultur sowie die damit einhergehende»Vermassung« und Verflachung des Geistes, die man im Zuge der »Amerikanisierung« über Deutschland hereinbrechen sah, wurden dabei auf das Wesen Amerikas zurückgeführt: auf die»unorganische« Einwanderungsgesellschaft und die egalitäre Demokratie. Gesine Schwan merkt da-

745 Gassert, *Amerika im Dritten Reich*, S. 15 f.
746 Vgl. ebenda, S. 371.
747 Ahlswede, *In Gottes eigenem Land*, S. 32 ff.
748 Ebenda, S. 4.
749 Ebenda, S. 11.

her an, dass diese antiamerikanische Kulturkritik »ihrer inneren Logik gemäß politisch konservativ« sei.[750] Darüber hinaus verband sich der Antiamerikanismus in der Weimarer Republik endgültig mit einer schiefen Form der Kapitalismus-Kritik – und verdichtete sich so zur Ideologie. Viele abgelehnte Erscheinungen des deutschen Wirtschaftslebens wurden nun Amerika zugeschrieben, sei es die zunehmende Standardisierung oder die wachsende Rolle des Finanzkapitalismus. Insbesondere auf der Linken ging dieser antiamerikanische Antikapitalismus mit einem platten, teils verschwörungstheoretisch grundierten Antiimperialismus einher. Zudem wurden die undurchschaubaren wirtschaftlichen Entwicklungen oftmals personifizierend einzelnen Übeltätern in der »Hochfinanz«, an der »Wall Street« oder anderswo zugeschrieben – mit teils antisemitischem Unterton. So konnte das angeblich von Juden durchsetzte Amerika in Form einer modernen, heterogenen und kapitalistischen Gesellschaft als striktes Gegenbild zur deutschen Volksgemeinschaft gezeichnet werden.

Der auf allen Ebenen sichtbare Antiamerikanismus speiste sich auch aus der Furcht vor dem Aufstieg der USA zur politischen Weltmacht. Im Zweiten Weltkrieg ging er dabei mit einem rassistischen und nationalistischen Überlegenheitsanspruch einher, der sich nicht nur gegen Amerika richtete, sondern auch gegen alle übrigen europäischen Staaten und die Sowjetunion. In der nationalsozialistischen Weltanschauung stellten die Juden, der »Amerikanismus« und der »Bolschewismus« die zentralen Feindbilder dar, was vor allem die wüsten Verschwörungstheorien jener Zeit belegen. Der Literaturwissenschaftler Frank Trommler konstatiert, dass der Erfolg der Nationalsozialisten zweifellos auch auf der Tatsache basierte, dass sie an das ambivalente Amerika-Bild von Weimar anknüpfen konnten, indem sie Arbeit und Wohlstand für alle ohne die entfremdenden Begleiterscheinungen der Moderne und des westlichen Kapitalismus versprachen.[751] Zentrale Elemente dieses in der Weimarer Republik ausgebildeten antiamerikanischen Deutungsmusters sind noch heute wirkmächtig – vor allem der Topos von der »Amerikanisierung« in Wirtschaft und Kultur, aber auch das Ressentiment gegen die demokratische »Mission« der US-Außenpolitik.

---

750 Schwan, *Antikommunismus und Antiamerikanismus in Deutschland*, S. 53.
751 Vgl. Trommler, »Aufstieg und Fall des Amerikanismus in Deutschland«, S. 672.

4.4 Von 1945 bis zur Jahrtausendwende

Das deutsche Amerika-Bild nach 1945 war von einem verbreiteten Gefühl der Demütigung aufgrund der Kriegsniederlage sowie einer zwiespältigen bis ablehnenden Haltung in Bezug auf die Rolle der USA als alliierter Schutzmacht bestimmt. Zwar heißt es über die frühe Bundesrepublik oft, damals sei eine proamerikanische Stimmung vorherrschend gewesen; der Publizist Emil-Peter Müller behauptet gar, die Kriegs- und Nachkriegsgeneration habe »ein positives bis euphorisches Bild von den Vereinigten Staaten entwickelt«.[752] Doch auch wenn es zutrifft, dass viele Deutsche die GIs bewunderten und den Amerikanern angesichts von Care-Paketen und Luftbrücke aufrichtig dankbar waren,[753] sollte die Akzeptanz Amerikas rückblickend nicht überschätzt werden. So weist Dan Diner darauf hin, dass Bundeskanzler Konrad Adenauer zwar erfolgreich das Ziel einer institutionellen politischen Integration der Bundesrepublik in den Westen verfolgte, dabei jedoch keinesfalls einen »blinden Proamerikanismus« vertreten habe, wie vielfach behauptet werde.[754]

Mit der Rolle der USA als Siegermacht des Zweiten Weltkriegs verbanden viele Menschen nicht nur positive, sondern auch ausgesprochen negative Assoziationen.[755] Stellenweise verdichtete sich die Furcht vor Bestrafung durch die Alliierten zu einer Stimmung, die nahtlos an die antiamerikanische und antisemitische Propaganda aus der Zeit des Nationalsozialismus anknüpfte. Zentral war dabei das Bild von US-Finanzminister Henry Morgenthau und dem nach ihm benannten »Morgenthau-Plan« von 1944. Dabei handelte es sich um ein Memorandum zum Umgang mit Deutschland nach dessen Niederlage, das die jeweils weitestgehenden Vorschläge enthielt, die in der Kriegszieldebatte der Alliierten bis dahin diskutiert worden waren: Demilitarisierung und Denazifizierung, Dekartellisierung und Demokratisierung.[756] Jedoch stand der »Morgenthau-Plan« nie offiziell zur Diskussion und wurde von US-Präsident Roosevelt schnell verworfen; für die spätere Politik der Alliierten blieb er ohne jede Bedeutung. Die NS-Propaganda hatte ihn jedoch erfolgreich skandalisiert und damit im kollektiven Bewusstsein verankert. Von Propagandaminister Joseph Goebbels

---

752 Müller, *Antiamerikanismus in Deutschland*, S. 109.
753 Dies hebt Christian Schwaabe hervor; vgl. ders., *Antiamerikanismus*, S. 110 f.
754 Vgl. Diner, *Feindbild Amerika*, S. 117.
755 Vgl. Greiner, »Test the West«, S. 20 ff.
756 Vgl. hierzu u. im Folgenden Greiner, *Die Morgenthau-Legende*.

etwa ist folgendes Zitat überliefert:»Haß und Rache von wahrlich alttesta-
mentarischem Charakter sprechen aus diesen Plänen, die von dem amerikanischen Juden Morgenthau ausgeheckt wurden. Das industrialisierte
Deutschland soll buchstäblich in einen riesigen Kartoffelacker verwandelt
werden.«[757] Darauf aufbauend wurde Morgenthau noch lange nach der
Kriegsniederlage als rachsüchtiger Jude charakterisiert, der Amerika dazu
aufwiegeln wollte, Deutschland ins Verderben zu stürzen.

Zwar wollten die US-Alliierten Deutschland gründlich »entnazifizie-
ren«, also alle ehemaligen Nazis aus dem öffentlichen Leben und der Wirtschaft entfernen, jedoch ließ sich diese Linie nicht lange durchhalten.[758]
Schon 1946 nahm der US-Militärgouverneur Lucius Clay einen Kurswech-
sel vor: Wie in den anderen Zonen setzten nun auch die Amerikaner stärker auf Rehabilitierung und weniger auf Bestrafung. Die Maßnahmen zur
»Re-education« der Deutschen – die Einführung eines demokratischen
Schulsystems sowie Presse- und Rundfunkwesens, aber auch der Aufbau
von Amerikahäusern und die Förderung von Literatur- und Filmimporten
aus den USA – wurden dennoch mit Argwohn betrachtet und oftmals als
»Umerziehung« verunglimpft.

Vor allem auf der politischen Rechten wurde die Politik der Alliierten
mit einer heftigen revisionistischen Kritik gekontert. Ein illustres Beispiel
stellen die Auslassungen von Caspar Schrenck-Notzing dar, der ab 1970
die neu-rechte Zeitschrift *Criticón* herausgab. In seinem 1965 veröffentlichten Buch *Charakterwäsche* behauptet Schrenck-Notzing, »daß die Besat-
zungsgeschichte kaum wesentlich anders verlaufen wäre, wenn es in
Deutschland nie eine NSDAP gegeben hätte.«[759] Die Nachkriegspolitik der
Alliierten resultiere nicht etwa aus der deutschen Schuld – Amerika habe es
vielmehr schon vor dem Kriegseintritt auf die Zerstörung Deutschlands
abgesehen, wie auch der Morgenthau-Plan belege. Als Drahtzieher hinter
der »zur Weltanschauung gewordene[n] Deutschfeindlichkeit«[760] der Amerikaner sieht Schrenck-Notzing dabei die jüdischen Emigranten vom
Frankfurter Institut für Sozialforschung, darunter Friedrich Pollock, Theodor W. Adorno und Leo Löwenthal, da die von ihnen entwickelte Lehre
von der autoritären Persönlichkeit »zur Praxis der Umerziehung der Deut-

---

757 Zit. nach ebenda, S. 14.
758 Vgl. hierzu u. im Folgenden Benz, »Demokratisierung durch Entnazifizierung und Er-
     ziehung«.
759 Schrenck-Notzing, *Charakterwäsche*, S. 11.
760 Ebenda, S. 62 (Fußnote).

schen«[761] geführt habe. Aufgrund dieser »Charakterwäsche« sei die deutsche Elite heute durchweg linksliberal eingestellt, spreche von »Vergangenheitsbewältigung« und sympathisiere mit dem Kommunismus.[762] Schrenck-Notzings Thesen muten absurd an, führt man sich die frühe Bundesrepublik mit ihrer konservativen Regierung und den zahlreichen personellen und institutionellen Kontinuitäten zur NS-Zeit vor Augen. Zwar waren die kulturellen Einflüsse Amerikas nicht zu übersehen: In den 1950er-Jahren wurden in Deutschland der amerikanische Jazz, die Rock-Musik Elvis Presleys, James-Dean-Filme und Western sowie amerikanische Comics populär. Allerdings verachteten viele Intellektuelle diese »Boogie-Woogie-Kultur« als oberflächliches Amüsement und lehnten sie ab.[763] Davon zeugt auch das 1953 bei Rowohlt erschienene Buch *Die Entdeckung Amerikas* des Reiseschriftstellers Leo L. Matthias, das vor allem an den konservativen Antiamerikanismus anknüpft. So beklagt Matthias das Fehlen einer natürlichen »Rangordnung« in Amerika und begründet dies damit, dass es dort niemals Stände gegeben habe und sich folglich »auch kein Standesbewußtsein oder Klassenbewußtsein« entwickeln konnte.[764] Auch das Geschlechterverhältnis ist ihm ein Dorn im Auge. Die amerikanische Frau sei »entsexualisiert« worden, was zur Folge gehabt habe, dass der Reiz zwischen den Geschlechtern verloren gegangen sei: »Der Rang ist verschwunden, und die Liebe ist auch verschwunden.«[765] Auch sonst sieht Matthias überall Niedergang. Die Bevölkerung sei ungebildet: »Der Amerikaner liest nicht.«[766] Die Häuser der Amerikaner wiederum seien aufgrund ihrer billigen Bauweise in einem schlechten Zustand; die Nahrungsmittel mangelhaft, weil rein industriell hergestellt. Minderwertigkeit, Künstlichkeit und der Verlust der natürlichen, organischen Ordnung: All dies sind klassisch konservative Bilder. Die offene Verdammung gesellschaftlicher Gleichheit mutet aus heutiger Sicht antiquiert an. Geblieben sind jedoch die implizit daraus abgeleiteten Bilder einer in Amerika allgegenwärtigen Minderwertigkeit, Verdummung und Oberflächlichkeit, wie die Analyse des neueren Antiamerikanismus gezeigt hat.

---

761 Ebenda, S. 123.
762 Ebenda, S. 132.
763 Vgl. Hermand, »Resisting Boogie-Woogie Culture, Abstract Expressionism, and Pop
    Art«.
764 Matthias, *Die Entdeckung Amerikas Anno 1953*, S. 16.
765 Ebenda, S. 241 u. 230.
766 Ebenda, S. 96.

Hatte Matthias' erstes Amerika-Buch nur bescheidenen Erfolg, wurde sein 1964 veröffentlichter Nachfolgeband *Die Kehrseite der USA* zu einem Bestseller.[767] Darin geht Matthias noch stärker auf die bundesrepublikanische Diskussion um die Re-education ein und schreibt, die Deutschen hätten ihre »Seele an die Vereinigten Staaten verkauft«, indem sie den »*American way* […] importiert« hätten.[768] Zudem knüpft Matthias verstärkt an klassisch ›linke‹ Argumentationsmuster an. So betont er, selbst zehn Jahre lang in den USA verbracht zu haben: »Es fiel mir schwer, in diesem Lande zu atmen. Ich hatte das Gefühl, in einem Warenhaus zu leben.«[769] Selbst der Sport sei in Amerika nur professionell betriebene Unterhaltung, da die Menschen allgemein unsportlich seien: »Alle Amerikaner sind leidenschaftliche Angler. Es ist der bequemste Sport. Bewegen müssen sich in diesem Fall nur die Forellen.«[770] Auch dieses Bild – Sport, der nur dem Kommerz und der Unterhaltung dient – ist heute noch verbreitet.

Matthias beschreibt Amerika durchweg als Gegenbild zu Europa und greift dabei auch Adolf Halfelds Topos von der »Umwertung aller Werte«[771] auf. Diese Umwertung beginne schon mit dem »Märchen von der demokratischen Verfassung«, die in Wirklichkeit von einer kleinen Gruppe durchgesetzt worden sei.[772] Interessant ist auch das letzte Kapitel, denn darin skizziert Matthias das positive Gegenbild eines anderen, besseren Amerikas: »Der Sieg der falschen Mächte: Die Ermordung des Präsidenten Kennedy«.[773] Matthias schreibt, dass Kennedy stets eine kritische Distanz zu seinem Land gehabt habe. Aus diesem Grund habe es ein Komplott gegen ihn gegeben, dessen Geheimnis »von offizieller Seite mit allen zur Verfügung stehenden Mitteln geschützt« werde.[774] Anschließend knüpft er vage an die kursierenden Verschwörungstheorien zu Kennedys Ermordung im Jahr 1963 an: »Es ist die Geschäftswelt, die heute wieder regiert und ihre Macht durch das Militär und die Geheimpolizei stützt. Die Frage, wem das Attentat gedient hat *(cui bono?)*, ist damit beantwortet worden.«[775] Das Beispiel zeigt, dass das Bild vom »anderen« Amerika nicht erst seit US-Prä-

---

767 Vgl. Gassert, »Antiamerikaner?«, S. 256.
768 Matthias, *Die Kehrseite der USA*, S. 137 u. 420 (Hervorhebung im Original).
769 Ebenda, S. 7.
770 Ebenda, S. 282.
771 Ebenda, S. 37.
772 Ebenda, S. 21.
773 Ebenda, S. 387.
774 Ebenda, S. 415.
775 Ebenda, S. 420.

sident Obama besteht: Selbst ein unzweifelhaft antiamerikanisch argumentierender Autor wie Matthias nutzt dieses Konstrukt, um das in seinen Augen typische Amerika in umso schauerlicheren Tönen beschreiben zu können.

In der DDR trat der Antiamerikanismus noch offener zutage als in der Bundesrepublik, da ihn hier auch die Staats- und Parteiführung nach Kräften beförderte. Die Geschichte des Zweiten Weltkriegs wurde dabei national umgedeutet – ganz im Zeichen des aufkommenden Kalten Krieges. Heftige Kritik wurde etwa an der Bombardierung Dresdens am 13. Februar 1943 durch die westlichen Alliierten geübt. In einer vom DDR-Informationsamt herausgegebenen Broschüre mit dem Titel *Ami go home!* heißt es dazu, die »anglo-amerikanischen Luftgangster« hätten Dresden »vernichtet« und einen »beabsichtigten Massenmord« verübt.[776] Selbst für eine in der ostdeutschen Landwirtschaft grassierende heftige Kartoffelkäferplage wurden die Amerikaner verantwortlich gemacht: Die Amerikaner seien »gelehrige Schüler Hitlers« und hätten ihre Flugzeuge von Westdeutschland aus »zu einem weiteren Verbrechen« gestartet: »Sie warfen über die Länder der Deutschen Demokratischen Republik Kartoffelkäfer ab.«[777] Die Beispiele verdeutlichen, wie die DDR-Propaganda die Motive des Nationalsozialismus und der USA unverhohlen miteinander gleichsetzte.[778]

Hinzu kam der Vorwurf des Wirtschaftsimperialismus. Überall machte die SED verschwörerische »Pläne« aus – die »Herren der Wallstreet« würden die Menschen mit Hilfe ihrer »bezahlten Politiker und Schreiberlinge« und durch »hinterhältige Methoden des Volksbetruges« ruhigstellen.[779] Das »amerikanische Finanzkapital« sei »unsichtbar, aber allgewaltig«. Auch die BRD sei nur ein »Marionetten›staat‹« der Amerikaner, der mit »Wucherzinsen« für die Marshallplan-Kredite ausgeplündert werde.[780] All dies sind Bilder, die schon in der Weimarer Republik verbreitet waren und auch in den jüngeren Wirtschaftsdebatten sichtbar geworden sind.

In der westdeutschen Studentenbewegung hingegen herrschte zunächst eine starke kulturelle Hinwendung zu Amerika vor. Viele begeisterten sich für die US-Bürgerrechtsbewegung, die linke Subkultur der Hippies und

---

776 Amt für Information der Regierung der DDR (Hg.), *Ami go home!*, S. 5.
777 Ebenda, S. 59.
778 Vgl. dazu auch Poutrus, »Bomben auf Elbflorenz«, S. 150.
779 Dieses u. alle folgenden Zit. nach Haury, »Von der Demokratie zum Dollarimperialismus«, S. 50 f.
780 Ebenda, S. 52.

amerikanische Musiker wie Bob Dylan. Zahlreiche Protagonisten der Studentenbewegung wurden »quasi ›amerikanisch‹ sozialisiert«, wie Philipp Gassert schreibt.[781] Die kulturelle Offenheit wurde jedoch bald überdeckt von einer scharfen Kritik an der Politik der USA, vor allem im Zuge der Eskalation des Vietnamkriegs ab Mitte der 1960er-Jahre.[782] In der historischen Situation des Kalten Krieges und vor dem Hintergrund der weltweiten Entkolonialisierung entwickelte die sich formierende Neue Linke eine Imperialismustheorie, wonach der Klassenkampf nicht länger als innergesellschaftlicher Konflikt begriffen wurde, sondern als Auseinandersetzung zwischen den kapitalistisch hoch entwickelten Staaten einerseits und den unterdrückten und ausgebeuteten »Völkern« der »Dritten Welt« andererseits.[783] Dies hatte eine Solidarisierung mit Befreiungsbewegungen auf der ganzen Welt zur Folge. Problematisch war dabei, dass viele Linke nicht nur emanzipatorische Ansätze unterstützten, sondern nationale Befreiungsbewegungen oft per se als positiv ansahen. So auch die palästinensische PLO, die einen bedingungslosen Kampf gegen Israel führte. Der Journalist Michael Hahn konstatiert: »Das neue antiimperialistische Weltbild war bisweilen recht einfach nach dem Gut-Böse-Muster gestrickt: auf der einen Seite die gute Dritte Welt und auf der anderen der böse Westen mit seiner Führungsmacht USA (und seinem Vorposten Israel).«[784] So entstanden in dieser Zeit auch neue antiamerikanische Argumentationsfiguren.

Ein Kernelement des neu-linken Antiamerikanismus war die Gleichsetzung der USA mit dem Nationalsozialismus – nicht unähnlich der DDR-Propaganda. Auf Demonstrationen gegen den Vietnam-Krieg wurden Transparente mit nebeneinandergestellten Bildern von US-Präsident Lyndon B. Johnson und Adolf Hitler getragen, die Parole »USA-SA-SS« war populär.[785] In zugespitzter Form zeigt sich dieses Muster in den Erklärungen der Terrororganisation Rote Armee Fraktion (RAF).[786] Nach dem

781 Gassert, »Antiamerikaner?«, S. 256. Vgl. auch Kraushaar, »Die transatlantische Protestkultur«, S. 257–284.
782 Vgl. Müller, *Antiamerikanismus in Deutschland*, S. 97.
783 Vgl. Postone, »Die Antinomien der kapitalistischen Moderne«, S. 449 ff.
784 Hahn, »Tägliche Faschismus-Vergleiche«, S. 30. Vgl. auch Pohrt, »Anti-Amerikanismus, Anti-Imperialismus«, S. 74 f.
785 Vgl. Greiner, »Saigon, Nuremberg, and the West«, S. 52.
786 So heißt es in einer RAF-Erklärung zur Kriegsführung der USA in Vietnam: »Das ist Genozid, Völkermord, das wäre die ›Endlösung‹, das ist Auschwitz.« (zit. aus »Erklärung vom 25.5.1972«, in: *Rote Armee Fraktion*, S. 147 f.).

Sechs-Tage-Krieg von 1967 wurde in ähnlicher Weise auch Israel mit dem NS-Staat gleichgesetzt: Das Land sei ein »chauvinistisches und rassistisches Staatsgebilde« und »Brückenkopf des US-Imperialismus« im Nahen Osten; der »zionistischen Kolonisierung Palästinas« und dem »Weltzionismus« müssten Einhalt geboten werden.[787] Faktisch handelte es sich dabei um eine projektive Entlastung von der nationalsozialistischen Vergangenheit: Die Darstellung der Holocaust-Opfer wie auch der Sieger über NS-Deutschland als ›neue Nazis‹ relativierte die deutsche Schuld und ging mit einer moralischen Selbstaufwertung einher.

Ein aussagekräftiges Beispiel für diese Art des Antiamerikanismus stellt das Buch *Täglicher Faschismus* (1971) von Reinhard Lettau dar, einem deutschen Literaturwissenschaftler an der Universität von Kalifornien in San Diego. Auffällig ist, dass Lettau im Vorwort erst einmal an den kulturellen – und traditionell eher konservativen – Antiamerikanismus anknüpft, indem er die USA als Ort unmenschlichen Grauens beschreibt: »Man durchfährt baumlose Garagenlandschaften, beherrscht von einer armseligen Einheitsarchitektur; manchmal protzender Reichtum. [...] Müßige, vor Langeweile fast ohnmächtige, grell, hauteng gekleidete Greisinnen und Greise, die sich *senior citizens* nennen lassen, und wellenreitende, braungebrannte Hünen, riesenhafte Blondinen, stumpfsinnige, brutale Musik: das sind die Wahrzeichen Kaliforniens, sie beherrschen das Straßenbild San Diegos, wo, oft auch in Nebenstraßen, alle fünf Meter eine amerikanische Fahne, von Januar bis Dezember, von morgens bis abends, auf dem Bürgersteig flattert, [...] daß man nie vergißt, wo man ist, nämlich in Amerika.«[788] Amerika als eintöniger, künstlicher und oberflächlicher Ort, dessen Bevölkerung nur durch einen übersteigerten Patriotismus zusammengehalten wird – so verbindet Lettau den kulturkritisch-konservativen Antiamerikanismus geschickt mit der Kritik vieler Linker am Patriotismus und vermeintlichen Faschismus in den USA.

Der Hauptteil von Lettaus Buch besteht aus gesammelten Presseartikeln und -ausschnitten, die mit kommentierenden Überschriften und Anmerkungen versehen sind. Vermeintlich neutral, weil US-Quellen zitierend, wird dabei allein durch die Auswahl ein extrem einseitiges Bild vom amerikanischen Alltagsleben gezeichnet. Der Tenor lautet, dass es in den USA zunehmend Gewalt, Rassismus und Polizeiterror sowie einen starken Abbau bürgerlicher Freiheiten gebe. Lettau reichert dieses Bild zudem mit

---

787 Zit. nach Kloke, *Israel und die deutsche Linke*, S. 130, 125, 171 u. 135.
788 Lettau, *Täglicher Faschismus*, S. 7 f. (Hervorhebung im Original).

zahlreichen ressentimentgeladenen Anmerkungen an. US-Politiker sind demnach durchweg dumm; selbst die »engsten Berater des Präsidenten« hätten einen »Disneyland- oder Strumpffabrik-*background*«.[789] US-Präsident Nixon bezeichnet er als »Filmschauspieler«.[790] Auf der anderen Seite konstatiert er einen »herannahenden Faschismus«[791] und eine bereits allgegenwärtige »Gleichschaltung«[792] in den USA. Der Präsident als dumme Strohpuppe, die gleichgeschaltete Bevölkerung – es sind Bilder, die auch im neueren Antiamerikanismus nach 2001 auftauchen.

In der Zeit der Studentenbewegung fiel Lettaus Konvolut auf fruchtbaren Boden. Bereits 1970 hatte er Auszüge davon im *Kursbuch* veröffentlicht, einem in der Neuen Linken viel gelesenen Periodikum. Die betreffende Ausgabe enthält auch ein Gespräch des Herausgebers Hans Magnus Enzensberger mit Herbert Marcuse, das an Lettaus Konvolut nahtlos anknüpft. So spricht Enzensberger von einer Verschärfung der politischen Verhältnisse in den USA: Die amerikanische Linke habe »Listen von Konzentrationslagern veröffentlicht, die schon jetzt bereitstehen sollen«, und es gebe Gerüchte, dass die Präsidentschaftswahlen 1972 »abgesagt« werden könnten, dass »man einfach keine Wahlen mehr stattfinden ließe«.[793] Es sei zu vermuten, »daß das ganze System von Law and Order mit seiner Kehrseite immer mehr identisch wird, also Gesetzlichkeit mit Gangstertum, Ordnung mit Willkür: ein fast fugenloses Ineinander von Politik und Verbrechen, von Mafia und Regierung.« Das Beispiel ist typisch für jene Zeit: Enzensberger beklagt – von einem demokratischen Standpunkt aus – eine Abkehr der USA von ihren eigenen Idealen. Dabei setzt er die USA mit dem nationalsozialistischen Deutschland gleich – und erhebt sich so moralisch über die Siegermacht im Zweiten Weltkrieg.

Mit der Debatte um die Stationierung amerikanischer Mittelstreckenraketen in Europa Anfang der 1980er-Jahre stellte ein immer größerer Teil der bundesdeutschen Bevölkerung die enge Bindung an Amerika in Frage. 1981 und 1983 demonstrierten in Bonn hunderttausende Menschen gegen entsprechende Pläne der USA – es waren die größten politischen Demonstrationen in der Geschichte der Bundesrepublik.[794] In Teilen der Friedens-

---

789 Ebenda, S. 50 (Hervorhebung im Original).
790 Ebenda, S. 64 u. a.
791 Ebenda, S. 54.
792 Ebenda, S. 51.
793 Dieses u. alle folgenden Zit. aus Enzensberger, »USA: Organisationsfrage und revolutionäres Subjekt«, S. 45.
794 Vgl. Müller, *Antiamerikanismus in Deutschland*, S. 9.

bewegung herrschte dabei eine Tendenz zur Renationalisierung vor. Der SPD-Kulturfunktionär und Liedermacher (und heutige Linken-Politiker) Diether Dehm schrieb im Geleittext zu einer Platte der linken Musikgruppe Zupfgeigenhansel:»Unser Volk war die bereitwilligste Manövriermasse für die Kulturmonopolisten aus den USA [...] Derart intensiv ist kein Volk in Westeuropa jemals kulturell fremdbestimmt worden [...]. Der deutsche Wald, die Heimat können sich nur noch auf die Linke verlassen, sei sie nun rot oder grün oder am besten beides.«[795] Das Ressentiment gegen die kulturelle »Amerikanisierung« erscheint hier angereichert mit einem nationalistischen, geschichtsrevisionistischen Unterton.

Derartige Ansichten waren auch im Mainstream der Bundesrepublik verbreitet. Das belegt der Bestseller *Ami go home* (1989) des ehemaligen Chefredakteurs der Zeitschriften *stern* und *Geo*, Rolf Winter. Dieser schreibt, die Bundesrepublik gleiche »einer amerikanischen Kolonie«.[796] Die Deutschen hätten sich stets billig abspeisen lassen: Der Ausspruch »Ich bin ein Berliner« des amerikanischen Präsidenten John F. Kennedy etwa sei »nur ein hübscher, in der Schreibstube des Weißen Hauses erfundener Gag« gewesen, von den Berlinern jedoch »devot« bejubelt worden.[797] Kritik an Amerika hingegen werde nicht geduldet: Der Vorwurf des »Anti-Amerikanismus« sei eine »rhetorische Keule, deren Schlag ein Politiker [...] kaum überstehen kann.«[798] Auch die amerikanische Demokratie beschreibt Winter in vertrauter Weise als pure Farce: Es handele sich um »institutionalisierte Gier«, weil hier nur die Reichen das Sagen hätten.[799] Diese würden ihre Günstlinge an den wichtigen Schaltstellen positionieren. Als Beleg gilt ihm die Person des US-Präsidenten Ronald Reagan, der nur dreist und dumm sei. Dass ein solcher »Schauspieler« Präsident werden könne, hänge mit der »politischen Anspruchslosigkeit« im Land zusammen.[800] Es sind Zuschreibungen, die frappierend an die Charakterisierung George W. Bushs erinnern.

Im Zuge der Deutschen Einheit 1990 wurde der Antiamerikanismus leiser. Mit der Unterzeichnung des Zwei-plus-Vier-Vertrags im September erhielt Deutschland die volle Souveränität über seine inneren und äußeren

795 Zit. nach Herzinger/Stein, *Endzeit-Propheten*, S. 51 f.
796 Winter, *Ami go home*, S. 31.
797 Ebenda, S. 23.
798 Ebenda, S. 30.
799 Ebenda, S. 120.
800 Ebenda, S. 367.

Angelegenheiten zurück;[801] die Alliierten zogen ihre Truppen in den folgenden Jahren weitgehend ab. Die transatlantischen Beziehungen wie auch die weltpolitische Lage überhaupt schienen in den 1990er-Jahren stabil. In den Feuilletons wurde über das »Ende der Geschichte« diskutiert.[802] Als US-Präsident Bill Clinton im Juli 1994 das Brandenburger Tor durchschritt, feierte die *Bild*-Zeitung das »Ende des Antiamerikanismus«.[803]

Jedoch hatte sich die Stimmung bereits während des Zweiten Golfkriegs 1990/91 erneut frontal gegen Amerika gerichtet.[804] Dass zentrale Inhalte des Antiamerikanismus jederzeit reaktivierbar waren, zeigt auch der Bestseller *Der Moloch. Zur Amerikanisierung der Welt* des Religionskritikers Karlheinz Deschner von 1992, der seitdem mehrmals neu aufgelegt wurde. Darin beklagt Deschner, die USA seien eine »reine Erwerbsgesellschaft« – Freiheit, Demokratie und Gott hätten »nur den Geldrausch zu vertuschen, den Tanz ums goldene Kalb«.[805] Der klassische Vorwurf der Heuchelei also. Weiter schreibt Deschner, die »Yankees« streckten »polypenartig [...] ihre Raubarme aus«, um sich immer noch mehr Geld, Rohstoffe, Absatzmärkte einzuverleiben.[806] Dazu kolportiert er geschichtsrevisionistische Verschwörungstheorien: Gewisse »Wallstreet-Kreise« hätten nicht nur »1917 die bolschewistische Revolution finanziert«, sondern auch Adolf Hitler »gekauft [...], um den Zweiten Weltkrieg zu inszenieren«; nebulös deutet er an, dass dies ein bekanntes Muster »jüdischer Politik« sei.[807]

Deschners Pamphlet stellt in der deutschen Amerika-Debatte der 1990er-Jahre ein extremes Beispiel dar. Allerdings zeigt der Erfolg des Buches, dass ein ganzes Set antiamerikanischer Stereotype offenbar nach wie vor breit anschlussfähig war. Auch das Muster antisemitischer Andeutungen war gängig: Im Zuge der Entschädigungsverhandlungen für ehemalige NS-Zwangsarbeiter um die Jahrtausendwende hieß es in der deutschen Presse, dass jüdische Organisationen und Anwälte die amerikanischen

---

801 Vgl. Winkler, *Der lange Weg nach Westen*, Bd. 2, S. 598.

802 So die These des Politikwissenschaftlers Francis Fukuyama, nach der sich die liberale Demokratie nach dem Ende der Blockkonfrontation weltweit endgültig durchgesetzt habe; vgl. ders., *Das Ende der Geschichte*.

803 Zit. nach Schwaabe, *Antiamerikanismus*, S. 198.

804 Viele hielten es für ausgemacht, dass die USA ausschließlich aus Gier nach Öl am Golf intervenierten, auf Demonstrationen ertönte die Parole »Kein Blut für Öl«. Diner, *Feindbild Amerika*, S. 151.

805 Deschner, *Der Moloch*, S. 141.

806 Ebenda, S. 15.

807 Ebenda, S. 219.

Medien und die US-Regierung in ihre Dienste eingespannt hätten, um Deutschland zu hohen Geldzahlungen zu erpressen.[808] So wurden die USA und die dort angeblich an den Schaltstellen der Macht sitzenden Juden beschuldigt, Deutschland aufgrund seiner NS-Vergangenheit am Gängelband zu führen – auch nach dem Abzug der Alliierten noch.

Insgesamt zeigen die angeführten Beispiele, dass sich der Antiamerikanismus nach 1945 in einigen zentralen Punkten veränderte. Im kulturellen Bereich war er nur noch schwach ausgeprägt, was unter anderem vermutlich mit der allgemeinen Verwestlichung der Populärkultur in Deutschland zusammenhängt. Auch im Wirtschaftsbereich war der Antiamerikanismus nicht mehr so stark wie noch in der Weimarer Republik – dies kann möglicherweise mit der langen Phase wirtschaftlicher Prosperität in der Bundesrepublik erklärt werden. Jedoch ließen die DDR-Propaganda wie auch Teile der westdeutschen Linken den altbekannten vulgären Antikapitalismus und Antiimperialismus neu aufleben, wonach der amerikanische »Raubtierkapitalismus« und das US-Finanzkapital die »Völker« der ganzen Welt am Gängelband halte. Hinzu kommt das auch in der jüngeren Zeit verbreitete Ressentiment gegen die die amerikanische Konsumkultur, die mit einer Mischung aus Abscheu und Faszination betrachtet wurde. Die Muster dieses kulturkritischen Antiamerikanismus, der sich etwa bei Leo L. Matthias, Reinhard Lettau oder Rolf Winter zeigt, schließen an den traditionellen konservativen Antiamerikanismus an, der Amerika als unnatürlich, gleichmacherisch, eintönig und oberflächlich verdammt.

Vor allem aber war die Zeit von 1945 bis zur Jahrtausendwende von heftigen Ressentiments bestimmt, die sich an der Rolle der USA als alliierter Schutzmacht in Deutschland sowie als politischer und militärischer Weltmacht entzündeten – in Bezug auf den Vietnamkrieg, die Nachrüstung, den Golfkrieg oder den Nahost-Konflikt. Ein zentrales Element dieses Antiamerikanismus stellt die Charakterisierung der USA als »Nazi-Staat« mit einem meist dummen, heuchlerischen und von mächtigen Strippenziehern gesteuerten Präsidenten an der Spitze dar – ob Nixon, Reagan oder Bush. Die Kontrastierung mit einem »anderen«, besseren Amerika – bei Leo L. Matthias und Rolf Winter wird dies durch Kennedy repräsentiert, im medialen Diskurs der jüngeren Zeit durch Obama – verstärkt dieses Bild vom typischen Amerika nur einmal mehr.

---

808 Vgl. Rensmann, *Demokratie und Judenbild*, S. 428–442.

5. Antiamerikanismus und Gesellschaft

Nach dem historischen Exkurs wird deutlich, dass der Antiamerikanismus in Deutschland zu Beginn des 21. Jahrhunderts zwar einige Kontinuitäten aufweist, aber in vielerlei Hinsicht auch in neuen Formen auftritt. So waren antiamerikanische Zuschreibungen wie *Kommerz, Massenkultur* oder *Gleichmacherei* bereits im 19. Jahrhundert verbreitet. Doch die Rolle, die Amerika damals im Diskurs einnahm, unterscheidet sich grundlegend von der heutigen. Zwar standen die Vereinigten Staaten symbolisch für viele der als bedrohlich erachteten Entwicklungen und Umwälzungen im Zuge der Modernisierung, Industrialisierung und Demokratisierung. Allerdings wurden sie – nicht nur im geographischen Sinne – noch *weit entfernt* verortet. Mit den Verhältnissen in Deutschland schienen die »amerikanischen Zustände« gänzlich unvereinbar zu sein. So gab Amerika lange Zeit eher ein *äußeres* Schreckensbild ab. Dies änderte sich mit der Massenauswanderung vieler Deutscher nach Amerika. Den Zurückgebliebenen erschien das Land nun zunehmend als reale Bedrohung für die alte deutsche Ordnung.

In der Weimarer Republik rückte Amerika dann unübersehbar auch *innerhalb* der deutschen Gesellschaft ins Blickfeld: Standardisierte Produktionsmethoden, Verstädterung, moderne Massenkultur und Emanzipation der Frau – viele dieser Erscheinungen der Moderne waren zuerst in Amerika sichtbar und wurden entsprechend als Ausdruck eines weltweit um sich greifenden »Amerikanismus« gedeutet. Hinzu kam der Schritt der USA auf die Bühne der Weltpolitik: Vor allem die von Deutschland begonnenen und verlorenen Weltkriege führten dazu, dass Amerika nun auch im Bereich der Politik als verschwörerisches Machtzentrum der Weltgeschichte wahrgenommen wurde, dem Deutschland hilflos ausgeliefert sei. Diese Sicht wirkte massiv noch in der DDR und in der alten Bundesrepublik nach. In Westdeutschland war zugleich – mit wachsendem wirtschaftlichen Wohlstand und einer verhältnismäßig hohen sozialen Sicherheit – ein Abflauen des wirtschaftlichen Antiamerikanismus zu beobachten. Nach dem

ANTIAMERIKANISMUS UND GESELLSCHAFT 341

Ende des Kalten Krieges und dem Rückzug der Alliierten aus Deutschland schien der Antiamerikanismus dann auch insgesamt schwächer zu werden. Doch die Ruhe im ausgehenden 20. Jahrhundert sollte sich als trügerisch erweisen. Im neuen Jahrhundert fällt vordergründig zunächst eine heftige Dämonisierung Amerikas im politischen Diskursbereich ins Auge, die an entsprechende Bilder aus den vorangegangenen Jahrzehnten anschließt. Am stärksten ist der Antiamerikanismus jedoch im Zusammenhang mit der Wirtschaft: Wie die Diskursanalysen gezeigt haben, stellt er hier ein ausgeprägtes *Welterklärungsmuster* dar, das der Deutung und Rationalisierung aller möglichen undurchschaubaren oder abgelehnten Entwicklungen dient – und verdichtet sich so zur Ideologie. Diese Vehemenz des wirtschaftlichen Antiamerikanismus hat eine neue Qualität. Wie ist dies zu erklären? Dazu werde ich den Antiamerikanismus nun abschließend vor dem Hintergrund der gesellschaftlichen Umbrüche diskutieren, die das neue Jahrtausend mit sich gebracht hat.

5.1 Das Unbehagen im entgrenzten Kapitalismus

Bereits ein schlaglichtartiger Blick auf die Lage der Welt zu Beginn des neuen Jahrtausends zeigt, dass von einem »Ende der Geschichte« (Francis Fukuyama) keine Rede sein kann. Ein tiefgreifender wirtschaftlicher, kultureller und auch politischer Wandel ist im Gange, der das Gewohnte und Vertraute auf allen Ebenen in Frage stellt. Eine höher drehende Globalisierung, die kaum mehr zu übersehende Krisenhaftigkeit des Kapitalismus und neue weltpolitische Konflikte von den Terroranschlägen vom 11. September 2001 über die Kriege in Afghanistan und Irak bis zu den Umbrüchen in der arabischen Welt sind hier die Stichworte.

Zwar hat es Umbrüche und Krisen zu jeder Zeit gegeben. Selbst die Phase des Kalten Krieges, die heute nicht selten als ruhig, ja fast idyllisch verklärt wird, lässt sich allenfalls mit dem Wissen um ihr Ende derart beschreiben. Und auch die wirtschaftliche Globalisierung ist kein neues Phänomen.[809] Aber einige grundlegende Entwicklungen sind heute anders, so

---

809 Die erste wirtschaftliche Globalisierungsphase setzte Mitte des 19. Jahrhunderts ein und dauerte bis zum Beginn des Ersten Weltkriegs 1914. Sie führte zu einer Internationalisierung der Volkswirtschaften, die dem Stand um die Jahrtausendwende vergleichbar ist. Vgl. Scherrer/Kunze, *Globalisierung*, S. 32–40; Fäßler, *Globalisierung*, S. 219–221.

dass es gerechtfertigt erscheint, von einem »Epochenbruch«[810] zu sprechen. Der Soziologe Ulrich Beck schreibt, es handele sich um einen »*Metawandel* der Ökonomie, des Politischen und der Staatlichkeit im globalen Zeitalter«,[811] einen Wandel also, der sich nicht mehr innerhalb der vertrauten Koordinaten der Moderne abspiele, sondern darüber hinausweise. Beck bringt daher den Begriff der »Zweiten Moderne« ins Spiel.[812] Der Übergang zu dieser Epoche sei dadurch gekennzeichnet, dass die Regeln und Institutionen der Moderne wie Familie, Haushalt, Klasse, Demokratie oder Staat nach wie vor Bestand hätten, der Wirklichkeit aber immer weniger gerecht würden.[813] So gebe es eine gewaltige Machtverschiebung: Insbesondere die Wirtschaft sei »aus dem Käfig des territorialen, nationalstaatlich organisierten Machtspiels ausgebrochen« und habe sich »neue Machtstrategien im digitalen Raum gegenüber den territorial verwurzelten Staaten erobert«.[814] Damit einher gingen zunehmend prekäre Arbeitsverhältnisse, sich verschärfende soziale Ungleichheiten sowie globale ökonomische und ökologische Krisen, aber auch Chancen: Individualisierung, kultureller Austausch und ein neuer »Kosmopolitismus«.[815]

Der »Metawandel«, den Beck hier beschreibt, begann bereits in den 1970er-Jahren mit der Beseitigung des Nachkriegssystems der festen Wechselkurse und Kapitalverkehrskontrollen.[816] In der Folge nahm die Standortkonkurrenz zwischen den Staaten um Unternehmensinvestitionen zu. Die Mitgliedstaaten der Organisation für wirtschaftliche Zusammenarbeit und Entwicklung (OECD) trieben den Prozess durch Deregulierungsmaßnahmen aktiv voran.[817] Daneben wurden sukzessive öffentliche Aufgaben privatisiert. Außerdem ermöglichte die Computertechnologie neue Formen der Datenverarbeitung, Virtualisierung und weltweiten Vernetzung. So entstanden transnationale Firmenkonglomerate, die effektiv in

---

810 So Beck u. a., »Theorie reflexiver Modernisierung«, S. 25.
811 Beck, *Macht und Gegenmacht im globalen Zeitalter*, S. 17 (Hervorhebung im Original).
812 Beck betont, dass die vergangene Epoche keineswegs »abrupt« zu Ende gegangen sei. Die Unterscheidung zwischen Erster und Zweiter Moderne sei lediglich als »Heuristik« zu verstehen, »die die Frage nach neuen Kategorien und theoretischen Bezugsrahmen des Wandels für die Sozialwissenschaften stellt und diese zugleich in die Lage versetzt, unterschiedliche, gegensätzliche, aber doch widersprüchlich in einander verwickelte Konstellationen der Zweiten Moderne systematisch zu unterscheiden.« Ebenda, S. 173.
813 Vgl. ebenda, S. 94.
814 Ebenda, S. 96.
815 Ebenda, S. 407.
816 Vgl. Schumann/Grefe, *Der globale Countdown*, S. II.; Streeck, *Gekaufte Zeit*, S. 23.
817 Vgl. hierzu u. im Folgenden Leggewie, *Die Globalisierung und ihre Gegner*, S. 23–26.

mehreren Staaten gleichzeitig tätig sind und deren Umsätze dem Bruttoso-
zialprodukt von Schwellenländern entsprechen. Die Nationalökonomien
verloren im Gegenzug zusehends an Bedeutung.

Mit der Verbreitung von Internet und Mobiltelefonie seit den 1990er-
Jahren gingen schließlich Veränderungen kultureller Art einher, deren Aus-
maß noch kaum zu erfassen ist. Der Philosoph Paul Virilio spricht von
einer »von den Echtzeit-Technologien ausgelösten Revolution«, die sich
»nicht auf die bloße Beschleunigung der Informationsübertragung« beschränke, sondern zugleich einen »völlig neuen Zugang zur Welt« biete.[818]
E-Mails und soziale Netzwerke verbinden die Menschen quer über den
Globus. Blogs und Online-Publikationen schaffen eine neue Weltöffent-
lichkeit. Kulturelle Entwicklungen finden vermehrt auf einer globalen Ebene statt – die Bedeutung der alten Sprachgrenzen schwindet dabei. Auch
klassische Kulturprodukte wie Fernsehserien oder Musikvideos werden
heute über das Internet an vielen Orten auf der Welt gleichzeitig konsumiert und geteilt. So ist eine »neue, global synchronisierte« Kultur der
»Gleichzeitigkeit« entstanden, wie der Journalist Jan Füchtjohann
schreibt.[819] Versuche der Nationalstaaten, diesen freien Austausch etwa im
Namen des Urheberschutzes zu beschränken, ließen sich bislang nur selten
wirksam durchsetzen.

Der Politikwissenschaftler Claus Leggewie betont, dass der Begriff der
»Globalisierung« die genannten Entwicklungen nur unzureichend erfasse,
da es sich gerade *nicht* um eine weltweite Homogenisierung handele, sondern um Prozesse der »Entgrenzung«, »Glokalisierung« und »Hybridisierung«.[820] Charakteristisch sei ein »Zusammenspiel globaler und lokaler Faktoren«, das neue »kulturelle Misch- und Zwittergebilde« hervorbringe.[821]
Damit einher gehe auch ein Bedeutungswandel des Nationalen, so Leggewie: »Der Vorgang der Entgrenzung löst jene binären Vorstellungen auf,
die der alten Staatenwelt eigen waren, darunter Inland und Ausland und die
Gegenüberstellung von Eigenem und Fremdem.«[822] Allerdings bedeute
dies noch lange nicht das Verschwinden des Nationalstaats, wie sich etwa
an den für Flüchtlinge und Migranten kaum zu überwindenden Außen-
grenzen der Europäischen Union zeige. Auch in vielen anderen Bereichen

818 Virilio, *Revolutionen der Geschwindigkeit*, S. 12.
819 Füchtjohann, »Am Puls der geteilten Gegenwart«, S. 11.
820 Dieses u. alle folgenden Zit. aus Leggewie, *Die Globalisierung und ihre Gegner*, S. 16.
821 Vgl. auch Wagner, »Kulturelle Globalisierung«; Seeßlen, »Global Pop made in USA«.
822 Leggewie, *Die Globalisierung und ihre Gegner*, S. 20.

HASS, NEID, WAHN

bilden die Nationalstaaten weiterhin den wesentlichen Orientierungsrahmen; die nationalen politischen Institutionen und Rechtsordnungen haben nach wie vor Bestand.[823]

Tatsächlich handelt es sich also um eine Entgrenzung, die von Ungleichzeitigkeit geprägt ist: Während sich Wirtschafts- und Kulturräume zunehmend vermischen und neue Formen bilden, verbleibt die Politik bislang weitgehend in den alten Grenzen und Kategorien. Die nationalstaatlich organisierten liberalen Demokratien stellt das vor existenzielle Probleme. Der Historiker Eric Hobsbawm schreibt, die Regierungen könnten angesichts ihres Steuerungsverlustes nicht einfach kapitulieren, sondern müssten beständig Handlungsfähigkeit demonstrieren, um zumindest »als regierend *wahrgenommen*« zu werden.[824] Die Finanz- und Wirtschafskrise ab 2008 führt dies vor Augen: Die Banken wurden mit Liquidität versorgt, Konjunkturprogramme sollten den Arbeitsmarkt beruhigen. Doch die Regeln der Finanzmärkte wurden nur geringfügig verändert – man bekämpfte also lediglich die Symptome der Krise.[825] Der Umgang mit der Euro-Krise ab 2010 zeugt ebenfalls von Hilflosigkeit. Denn die Staats- und Regierungschefs beschlossen auf immer neuen Gipfeltreffen milliardenschwere »Rettungspakete«, deren Wirkung und Folgen sie kaum absehen konnten. Den gewählten Volksvertretern kam lediglich eine Statistenrolle zu.[826]

Ein Kontrollverlust der Nationalstaaten ist aber nicht nur im Bereich der Wirtschaft zu konstatieren, sondern auch im internationalen politischen Machtgefüge. Hier ging der Einschnitt mit dem Ende der bipolaren Weltordnung und dem Zusammenbruch der Sowjetunion in den Jahren ab 1989 einher. Die USA sind als dominierende militärische Großmacht verblieben, jedoch kaum in der Lage, außerhalb ihres Territoriums für Stabilität und Sicherheit zu sorgen. Dies hängt auch damit zusammen, dass sich die Konflikte verlagert haben. Die für das 20. Jahrhundert typische Form des Krieges zwischen Staaten ist rückläufig. Die »neuen Kriege«, wie der Politikwissenschaftler Herfried Münkler sie nennt, zeichnen sich durch »eine weitgehende Entstaatlichung der Akteure sowie eine durchgängige

---

823 Darauf weist bei aller Euphorie für den entstehenden neuen »Kosmopolitismus« auch Ulrich Beck hin; vgl. ders. »Verwurzelter Kosmopolitismus«, S. 35.
824 Hobsbawm, *Globalisierung, Demokratie und Terrorismus*, S. 110 (Hervorhebung im Original). Der Politikwissenschaftler Colin Crouch schreibt dazu pointiert, die westlichen Demokratien entwickelten sich in Richtung einer »Postdemokratie«; vgl. ders., *Postdemokratie*.
825 Vgl. Plumpe, *Wirtschaftskrisen*, S. 113.
826 Vgl. Bommarius, »Der Staat als Statist«.

Asymmetrierung ihrer Fähigkeiten und Rationalitäten« aus.[827] Regional verankerte Warlords und Clans, kriminelle Banden und sogenannte Freiheitskämpfer untergraben vielerorts das Gewaltmonopol des Staates; in den Jahren nach den Terroranschlägen vom 11. September 2001 hat das transnational agierende al-Qaida-Netzwerk die weltpolitische Agenda bestimmt. Die »asymmetrische« Macht der Terroristen resultiert dabei nicht zuletzt aus der Wucht der Bilder, die die wiederholten Anschläge erzeugen.[828] Diese Wirkung wäre ebenfalls nicht ohne das Internet denkbar, das neben der Live-Berichterstattung des Fernsehens ein neues Maß an globaler Aufmerksamkeit für Konflikte aller Art geschaffen hat. Der lange »Anti-Terror-Krieg« der USA und ihrer Alliierten in Afghanistan und Irak zeigt, wie schwer dem mit Mitteln konventioneller Kriegführung zu begegnen ist. Die Macht der Vernetzung durch Internet und Mobiltelefone spielte auch bei den Aufständen in der arabischen Welt ab 2011 eine entscheidende Rolle. Dabei wurden die autokratischen Regime ebenfalls in einer Weise aus der Fassung gebracht, die international für Überraschung sorgte und eine entsprechende Rat- und Hilflosigkeit nach sich zog.[829]

Die Umbrüche im internationalen Machtgefüge, der entgrenzte Kapitalismus und die tiefgreifenden kulturellen Veränderungen verunsichern viele Menschen und bereiten ihnen ein diffuses Unbehagen – nicht zuletzt deshalb, weil sie das Gefühl haben, den Verhältnissen machtlos ausgeliefert zu sein. Dies gilt vor allem in Bereichen, in denen die Umwälzungen besonders negativ erlebt werden. Ökonomisierung und Flexibilisierung sind allgegenwärtig, feste Arbeitsverhältnisse werden zur Seltenheit, die soziale Sicherheit erodiert. Die Digitalisierung des Alltags lässt die Grenzen zwischen Öffentlichkeit und Privatsphäre verschwinden und verändert die persönlichen Beziehungen. Hinzu kommen Ängste vor Terror und Krieg. Wie es weitergeht, ist ungewiss; vielen erscheint die Zukunft mehr bedrohlich denn verheißungsvoll.

Neue Begriffe oder gar Ordnungsprinzipien, mit denen die Veränderungen gefasst werden könnten, sind bislang kaum gefunden. So verwundert es nicht, dass ideologische Weltdeutungen die Oberhand gewinnen. Denn um die Unzufriedenheit und Angst zu verarbeiten, müssen die unbehaglichen, abstrakt erscheinenden Entwicklungen in irgendeiner Weise rationalisiert werden. Dies funktioniert am einfachsten, indem das Neue

---

827 Münkler, *Der Wandel des Krieges*, S. 11.
828 Vgl. Waldmann, *Terrorismus*, S. 83–90; Palm/Rötzer (Hg.), *MedienTerrorKrieg*.
829 Vgl. Abdel-Samad, *Krieg oder Frieden*, S. 12 f.

entlang der *alten*, nationalen Kategorien erklärt wird – und »Drahtzieher«
und geheimnisvolle »Mächte« benannt werden, die angeblich als treibende
Kräfte hinter allen Übeln stecken. Warum gerät dabei ausgerechnet Amerika ins Visier?

5.2 Amerika als Symbol

Dass Amerika in einer so umfassenden Weise für politische, kulturelle und
vor allem wirtschaftliche Vorgänge in Deutschland und auf der ganzen
Welt verantwortlich gemacht wird, lässt sich rational nicht begründen. Tat-
sächliche politische, wirtschaftliche oder kulturelle Unterschiede zwischen
den USA und Europa vermögen den Antiamerikanismus kaum zu erklären
– in der antiamerikanischen Welterklärung stellt ›Amerika‹ vielmehr ein
Symbol dar. Die Diskursanalysen haben gezeigt, dass all die Phänomene, die
mit Chiffren wie »Amerikanisierung« oder »amerikanische Verhältnisse«
scheinbar einleuchtend erklärt werden, mehr mit der deutschen Gesellschaft selbst als mit Amerika zu tun haben. Dass diese Phänomene vielen
dennoch als »amerikanisch« erscheinen, ist vor allem mit einer *Ungleichzeitigkeit der gesellschaftlichen Entwicklungen* zu erklären.[830] So sind die Verhältnisse in Amerika in einigen Bereichen fortgeschrittener als in Deutschland
– und umgekehrt. Doch weil Amerika so groß und zweifellos auch mächtig
ist, sind diese Entwicklungen dort oft viel klarer zu erkennen. Das macht
Amerika zur idealen Projektionsfläche für alle möglichen Ängste und Sorgen wie auch für verleugnete Wünsche.

Der Exkurs zur Geschichte des Antiamerikanismus hat gezeigt, dass
das deutsche Amerika-Bild bereits seit der ›Entdeckung‹ des Kontinents
von derartigen Projektionen bestimmt ist – positiven wie negativen. Dies
ist zunächst einmal damit zu erklären, dass es Europäer waren, die die Vereinigten Staaten gründeten – Europäer, die ihre Herkunftsländer aus kon-
fessionellen, wirtschaftlichen oder politischen Gründen verlassen hatten.
Amerika wurde gewissermaßen zu »Europas Alter Ego«, wie Dan Diner
schreibt[831] – diesem verwandt und doch in bestimmter Hinsicht voraus.
Denn während die europäische Staatenwelt noch von Absolutismus und
Ständeordnung bestimmt war, schien in Amerika bereits vieles möglich:

---

830 Vgl. auch Werz/Fried, »Modernity, Resentment and Anti-Americanism«, S. 264 u. 269.
831 Diner, *Feindbild Amerika*, S. 17.

Die Unabhängigkeitserklärung von 1776 versprach Freiheit, Gleichheit und den »Pursuit of Happiness«, das Streben nach Glück.[832] Die USA waren eine Einwanderungsgesellschaft, die potenziell jedem Erdbewohner offen stand.[833] Die bis 1890 andauernde Ausdehnung der Grenze nach Westen ermöglichte vielen Neuankömmlingen materiellen Wohlstand und sorgte für einen enormen wirtschaftlichen Aufschwung.[834] Demokratie, Kapitalismus und kulturelle Moderne konnten sich hier weitgehend ungebremst von überkommenen Traditionen entfalten. Entsprechend zeigte sich in der Sicht der Europäer auf Amerika »das manchmal auf phantastische Weise übertriebene und verzerrte Bild von einer Realität, in der sich die allerneuesten Wesenszüge europäischer Zivilisation in nahezu unverfälschter Reinheit entwickelt hatten«, wie Hannah Arendt schreibt.[835]

Ein Vergleich der gesellschaftlichen Entwicklungen diesseits und jenseits des Atlantiks zeigt jedoch, dass es sich keinesfalls um einen einseitigen Prozess handelte. Die Historiker Christof Mauch und Kiran Klaus Patel sprechen im Hinblick auf Deutschland und die USA von einem »Wettlauf um die Moderne« und belegen dies mit eindrucksvollen Beispielen.[836] So erlebten sowohl das Deutsche Reich als auch die Vereinigten Staaten zum Ende des 19. Jahrhunderts einen starken wirtschaftlichen Aufschwung und entwickelten sich zu reichen Industriestaaten – geprägt vor allem durch die Schwerindustrie. Auch im Welthandel wurden beide Länder bis zum Ersten Weltkrieg mächtige Akteure und bestimmten wesentlich die erste Welle der ökonomischen Globalisierung. Nirgendwo sonst gab es so viele Erfindungen wie in Deutschland und den USA. Und nirgendwo sonst wuchsen die Städte schneller. Von damals bis heute seien die gesellschaftlichen Entwicklungen in Deutschland und den USA durch »ein permanentes Wechselspiel von Auseinanderdriften und Annäherung« bestimmt, schreiben Mauch und Patel.[837] So habe sich zu Beginn des 21. Jahrhunderts zwar vieles verändert, jedoch keineswegs nur zu Gunsten einer Seite. Während die

832 Dabei soll nicht unterschlagen werden, dass diese Versprechen für ganze Bevölkerungsgruppen wie die aus Afrika eingeschleppten Sklaven faktisch nicht galten. Dennoch war die von 1787–1791 erarbeitete und ratifizierte Verfassung der Vereinigten Staaten vom Grundsatz her egalitär und damit wegweisend – auch für Europa. Vgl. Heideking, »Revolution, Verfassung und Nationalstaatsgründung«, S. 17–41.
833 Vgl. Voigt, *Die Dialektik von Einheit und Differenz.*
834 Vgl. Nagler, »Territoriale Expansion, Sklavenfrage, Sezessionskrieg, Rekonstruktion«.
835 Arendt, »Europa und Amerika«, S. 73.
836 Vgl. hierzu u. im Folgenden Mauch/Patel, »Wettlauf um die Moderne«.
837 Ebenda, S. 26.

USA etwa in Bildung und Forschung führend seien, liege Deutschland beim Umweltschutz vorn. Die Ökonomien der USA und Deutschlands seien heute miteinander verflochten wie nie zuvor. Enge Austauschprozesse gebe es auch in Wissenschaft und Kultur.

Vergleicht man die gesellschaftlichen Verhältnisse in den Vereinigten Staaten mit denjenigen in einzelnen EU-Staaten, so wird noch deutlicher, dass die Gemeinsamkeiten überwiegen. Der Historiker Peter Baldwin hat dazu zahlreiche Statistiken aus den USA und der EU zusammengetragen und miteinander verglichen.[838] Das Resultat: Ob in der Sozial-, Gesundheits- und Rentenpolitik, bei der Kriminalitätsrate, der Müllproduktion oder selbst in religiösen Fragen – die Unterschiede zwischen den einzelnen EU-Staaten sind in fast allen Bereichen größer als diejenigen zwischen Europa als Ganzem und den USA.[839] Und auch innerhalb der Vereinigten Staaten sind die Differenzen zwischen Stadt und Land sowie den verschiedenen Bundesstaaten teils erheblich.

Im Vergleich der USA mit Deutschland sind heute auch die Gemeinsamkeiten auf der politisch-kulturellen Ebene evident. Nach dem Nationalsozialismus, der laut dem Historiker Heinrich August Winkler als »Gipfelpunkt der deutschen Auflehnung gegen die politischen Ideen des Westens« – also gegen Freiheit, Demokratie und Rechtsgleichheit – angesehen werden kann, folgte in der Nachkriegszeit ein »Kontinuitätsbruch«.[840] Unter Kanzler Adenauer – und dem Druck der Alliierten – band sich die Bundesrepublik fest an die Westmächte. Die Studentenbewegung ab Ende der 1960er-Jahre sorgte – bei allem Antiamerikanismus – auch für eine kulturelle Öffnung des Landes sowie für eine politische Liberalisierung.[841] Mit der Deutschen Einheit 1990 wurde die Bundesrepublik schließlich als Ganzes im Westen verankert. Winkler resümiert: »Unsere Westbindung ist als solche nicht mehr umstritten. Die tragenden Kräfte der Republik stellen weder unsere Mitgliedschaft in der EU noch in der Nato in Frage.«[842]

Die Gegensätze zwischen Deutschland und Amerika – ob auf politischer, wirtschaftlicher oder kultureller Ebene – sind heute also marginal. Wie ist es zu erklären, dass dennoch so viele als negativ empfundene Er-

---

838 Baldwin, *The Narcissism of Minor Differences*.

839 Besonders deutlich zeigt das der Blick auf die Sozialsysteme innerhalb der EU, die wahlweise marktliberal (Großbritannien), staatsorientiert (Frankreich) oder korporatistisch (Deutschland) orientiert sind; vgl. Randow, »Was ist Kapitalismus?«.

840 Winkler, *Der lange Weg nach Westen*, S. 648 u. 651.

841 Vgl. Greiner, »Test the West«, S. 30 f.

842 Zit. nach Schuster, »Was ist das überhaupt: der Westen?«.

scheinungen kausal auf Amerika zurückgeführt werden – ob Finanzkapitalismus oder Börsenturbulenzen, die Kommerzialisierung des Alltagslebens oder der Wandel der deutschen Sprache?

Vordergründig werden derartige Vorstellungen durch die tatsächlich einzigartige Machtposition der USA und eine entsprechend deutlich sichtbare Politik, Wirtschaft und Kultur immer wieder *scheinbar* bestätigt. Dem muss jedoch entgegengehalten werden, dass gerade im Bereich der Wirtschaft – in dem die stärksten antiamerikanische Deutungen zu finden sind – von einer »Amerikanisierung« nicht die Rede sein kann. Die Globalisierung ist vielmehr, wie bereits erläutert, als ein Prozess wechselseitiger Durchdringung zu verstehen, der dazu geführt hat, dass mittlerweile auch zahlreiche US-Konzerne von ausländischen Eigentümern gelenkt werden.[843] Ein prominentes Beispiel ist der Autohersteller Chrysler, der von 1998 bis 2007 ein Tochterunternehmen der deutschen Daimler AG war und heute mehrheitlich zum italienischen Fiat-Konzern gehört. Konzerne aus Europa wie aus den USA konkurrieren auf dem Weltmarkt auf Augenhöhe.[844]

Zudem machen die in vielen Ländern zu beobachtenden Standardisierungs- und Homogenisierungsprozesse, die unter dem Schlagwort »McDonaldisierung« abgehandelt werden, keinesfalls alles einseitig nach »amerikanischem Muster« gleich, wie es im medialen Diskurs oft heißt.[845] Denn längst nicht alle Unternehmensketten sind amerikanischen Ursprungs. Hinzu kommt, dass derartige Entwicklungen auch die kulturelle und regionale Vielfalt innerhalb der USA verändern, die von den heterogenen Traditionen der Einwanderer geprägt wurde. Auf der anderen Seite sind diese importierten Traditionen ihrerseits zum Erfolgsrezept weltweit operierender Konzerne geworden – etwa bei Pizza Hut oder Taco Bell. Ähnlich wechselseitig sind die Einflüsse in der Popmusik[846] oder auch in der Filmindustrie, die heute eher von länderübergreifenden Koproduktionen geprägt ist.[847] So führt die »Amerikanisierungs«-These auch im Bereich der Kultur in die Irre.

Befeuert wurden antiamerikanische Welterklärungen zu Beginn des 21. Jahrhunderts jedoch durch die umstrittene Außenpolitik der US-Regierung nach den Anschlägen vom 11. September 2001. Der »War on Terror« ge-

---

843 Vgl. Ritzer/Stillman, »McDonaldisierung, Amerikanisierung und Globalisierung«, S. 59.
844 Vgl. Sobich, »Kampfplatz: Weltmarkt«, S. 116.
845 Vgl. im Folgenden ebenda, S. 58.
846 Vgl. Seeßlen, »Global Pop made in USA«, S. 17.
847 Vgl. Meier, »Deutsche fordern Hollywood heraus«.

gen die Taliban in Afghanistan und vor allem gegen das Regime von Saddam Hussein im Irak, aber auch die Einrichtung des Gefangenenlagers Guantanamo und die Folterpraktiken der CIA provozierten viel Kritik. Die Diskursanalysen zeigen, dass diese Kritik immer wieder in antiamerikanische Vorurteile, Ressentiments und Welterklärungen umschlägt. Denn unabhängig von der Frage, wie die politische Rolle der USA heute zu bewerten ist – ob es sich etwa um eine »Hegemonialmacht«, »Hypermacht« oder ein »Imperium« handelt und ob die USA der damit verbundenen Verantwortung gerecht werden[848] – wird dabei oft der Eindruck erweckt, Amerika sei verantwortlich für alle Übel überhaupt.

Die Dämonisierung der politischen Rolle der USA hat einen doppelten Effekt: Zum Ersten ist dieses Deutungsmuster bequem, weil es den Blick von der deutschen beziehungsweise europäischen Politik ablenkt und die Frage umgeht, wie eine bessere Weltordnung denn stattdessen durchgesetzt werden könnte – und wie eine solche wohl aussehen würde, wenn der Sicherheits- und Stabilitätsfaktor USA wegfiele.[849] Und zum Zweiten bewirkt die übersteigerte Kritik an der »Weltherrschaftspolitik« der USA, dass zugleich auch abgelehnte wirtschaftliche und kulturelle Phänomene viel leichter als »amerikanisch« verurteilt werden können. So verschmilzt alles zu einer gigantischen Bedrohung: Amerika scheint einfach überall die Weichen zum Negativen hin zu stellen – und ›wir‹ wie auch die anderen Nationen der Welt geraten dabei unter die Räder. Dass dieses Welterklärungsmuster auch nach dem Ende der Bush-Präsidentschaft trefflich weiterlebt, zeigen insbesondere die Debatten zur Finanz- und Wirtschaftskrise.

Gerade in einer Zeit, die von Prozessen der Entgrenzung, Glokalisierung und Hybridisierung geprägt ist, wird also paradoxerweise alles Schlechte auf einen bestimmten Staat projiziert, auf Amerika. Im Gegenzug werden die angeblichen politischen, wirtschaftlichen und kulturellen Besonderheiten Deutschlands und Europas, aber auch anderer ›Völker‹ oder Gruppen verstärkt betont.[850] So kommt es zu einer Re-Konstruktion deutscher Identität sowie zur Beschwörung einer neuen europäischen Identität. Der Antiamerikanismus ist folglich nationalistisch grundiert, obgleich es sich nicht um einen klassischen Nationalismus handelt. Wie die

---

848 Zur Diskussion um diese Fragen vgl. Speck/Sznaider, *Empire Amerika;* Joffe, *Hypermacht;* Münkler, *Imperien.*
849 Vgl. dazu auch Maresch, »Unentbehrlicher Schurkenstaat«.
850 Zur Renaissance des Kulturalismus vgl. auch Leggewie, *Die Globalisierung und ihre Gegner,* S. 45.

Diskursanalysen gezeigt haben, ist er darüber hinaus auch mit dem Antisemitismus verknüpft. Wie sehen diese Verbindungen im Einzelnen aus? Und was lässt sich daraus für die Funktion und Bedeutung des Antiamerikanismus schließen? Dies werde ich im Folgenden erläutern.

5.3 Antiamerikanismus und Nationalismus

Zunächst zur Rolle des Nationalismus. Wie beschrieben, wird im antiamerikanischen Diskurs beständig die kollektive Identität der Wir-Gruppe betont und bestärkt. Dabei verbindet sich der Antiamerikanismus mit einem teils *deutschen*, teils *europäischen* Nationalismus.

Dazu muss zunächst gesagt werden, dass der Nationalismus nicht notwendig die Existenz eines Nationalstaats voraussetzt.[851] Auch stellte die ›Nation‹ noch nie eine natürliche Einheit dar, sondern war stets konstruiert. Der Politikwissenschaftler Benedict Anderson schreibt:»Sie ist eine vorgestellte politische Gemeinschaft – vorgestellt als begrenzt und souverän. Vorgestellt ist sie deswegen, weil die Mitglieder selbst der kleinsten Nation die meisten anderen niemals kennen, ihnen begegnen oder auch nur von ihnen hören werden, aber im Kopf eines jeden die Vorstellung ihrer Gemeinschaft existiert.«[852] Entsprechend kann der Nationalismus als »Ideensystem« oder »Weltbild« verstanden werden,»das der Schaffung, Mobilisierung und Integration eines größeren Solidarverbandes (Nation genannt), vor allem aber der Legitimation neuzeitlicher politischer Herrschaft« dient, wie der Historiker Hans-Ulrich Wehler schreibt.[853] In der Konsequenz bedeutet dies nicht nur eine *äußere* Abgrenzung zu allen »Anderen«, die der vorgestellten Gemeinschaft nicht angehören, sondern zieht auch eine verstärkte Homogenisierung im *Inneren* nach sich.[854] Der Soziologe Bernhard Giesen bemerkt dazu:»Identität ergibt sich hier vor allem aus dem Zwang zu Abgrenzung und Distinktion«.[855]

In Deutschland gab es diesbezüglich 1945 einen Bruch. Nachdem der antisemitische, rassistische und völkische Nationalismus der NS-Zeit zur

851 Vgl. Hobsbawm, *Nationen und Nationalismus*, S. 8.
852 Anderson, *Die Erfindung der Nation*, S. 15.
853 Wehler, *Nationalismus*, S. 13.
854 Vgl. ebenda, S. 50.
855 Giesen, »Einleitung«, S. 13.

Vernichtung der europäischen Juden und in den Zweiten Weltkrieg geführt hatte, machten es der Zusammenbruch des ›Dritten Reichs‹ und die anschließende Präsenz der Alliierten im geteilten Deutschland schwieriger, offen nationalistisch zu agieren. »Vierzig Jahre lang diente der Nationalismus nicht mehr als Legitimationsbasis dieser Staaten«, so Hans-Ulrich Wehler.[856] »Seine Mobilisierungs- und Integrationskraft tendierte in der Bundesrepublik […] gegen Null.« In diesem »Vakuum« habe sich »als neuer Loyalitätspol erst ›Europa‹, dann der Leistungsstolz auf die Bundesrepublik festsetzen« können. Jedoch blieb der Wunsch nach nationaler Selbstversöhnung stets präsent – nur dass seiner Verwirklichung nach wie vor die Verbrechen der NS-Zeit im Wege standen.

Sowohl der historische Exkurs zum Antiamerikanismus der Nachkriegszeit als auch die Analysen zur jüngeren Zeit haben gezeigt, dass der im medialen Diskurs zutage tretende Antiamerikanismus nicht zuletzt auch dazu dient, das Sprechen über deutsche Identität und vermeintliche positive Eigenschaften des deutschen Kollektivs überhaupt erst wieder zu *ermöglichen*. Denn die wiederholten Gleichsetzungen der USA mit NS-Deutschland – etwa mit der Aussage, in den USA herrsche »Faschismus«[857] oder der Bezichtigung der Bush-Regierung, »Staatsterrorismus« à la »Adolf Hitler« zu betreiben[858] – haben den entlastenden Effekt, die deutsche NS-Geschichte zu relativieren. In der Folge erscheinen Holocaust und Vernichtungskrieg nur mehr als ein Verbrechen unter vielen. Noch weiter geht in dieser Hinsicht die Debatte um den Bombenkrieg der Alliierten gegen Deutschland im Zweiten Weltkrieg, in der die Deutschen oftmals zu Opfern grundloser Angriffe erklärt werden. So werden die »Angloamerikaner« im Umkehrschluss zu den eigentlichen Übeltätern gemacht. In den Diskussionen zum Irak-Krieg wird schließlich wiederholt behauptet, Deutschland habe aus den dunklen Kapiteln seiner Geschichte gelernt und sei heute ein pazifistisch eingestelltes Land.

Diese Argumentation ist vor dem Hintergrund der historischen Entwicklung des Antiamerikanismus in Deutschland bemerkenswert. Denn noch bis weit ins 20. Jahrhundert hinein wurden den Amerikanern vor allem Attribute wie Verweichlichung, Verweiblichung und eine unheldenhafte Feigheit zugeschrieben, die amerikanische Demokratie galt als verkommene »Pöbelherrschaft«. Es war ein in wesentlichen Punkten *antiwestliches*

---

856 Dieses u. alle folgenden Zit. aus Wehler, *Nationalismus*, S. 88.
857 Wolfgang Schivelbusch, zit. nach Laudenbach, »Der große Schwindel«.
858 Bastian, *55 Gründe, mit den USA nicht solidarisch zu sein*, S. 55 f.

Ressentiment. Dies ist heute größtenteils anders. Die affirmative Besetzung von Begriffen wie Demokratie und Frieden und die damit einhergehende Selbstzuschreibung einer im Vergleich zu den USA höheren Aufgeklärtheit und Demokratiefestigkeit sind in Deutschland erst seit den 1960er-Jahren verbreitet. Spätestens seit dem Irak-Krieg gehört dieses Muster zum Kernbestand des antiamerikanischen Diskurses. Dass die Regierung Schröder 2002 so offen den »deutschen Weg«[859] propagierte, wäre Jahre zuvor noch nicht möglich gewesen – das dabei zutage tretende neue Selbstbewusstsein setzte die vorherige diskursive Umschreibung vom ›Bösen‹ zum ›Guten‹ notwendig voraus.

So kommt der deutsche Nationalismus heute in einem fortschrittlichen Gewand daher. Freilich zeigt sich darin die altbekannte chauvinistisch-kulturelle Überheblichkeit, dass die Deutschen etwas Besseres als der amerikanische »Pöbel« seien. Heute gerade *wegen* ihrer undemokratischen Geschichte: Als geläuterter Musterschüler der Demokratie und Vorbild für die ganze Welt. Die an die Adresse der US-Regierung gerichteten Worte, Deutschland sei kein »Protektorat« und »Vasall« Amerikas mehr, zeugen dabei von einem anhaltenden Minderwertigkeitskomplex gegenüber der einstigen Sieger- und Besetzungsmacht sowie dem Wunsch, die Nachkriegszeit endlich hinter sich zu lassen.[860]

Der Antiamerikanismus verschränkt sich an dieser Stelle mit einem weitergehenden Relativierungs- und Normalisierungsdiskurs, der seit den 1980er-Jahren in regelmäßigen Abständen aufflackert und seit der Deutschen Einheit erheblich an Fahrt gewonnen hat. Zu nennen sind hier der Historikerstreit über die Singularität des Holocaust von 1986/87, die Kontroverse um die vermeintlichen Fehler der Wanderausstellung »Verbrechen der Wehrmacht« ab 1995 oder die Debatte, die der Schriftsteller Martin Walser 1998 mit seiner Klage über die tägliche »Dauerrepräsentation unserer Schande« in den Medien auslöste.[861] In all diesen Debatten

---

859 Franz Müntefering, zit. nach Beste u. a., »Du musst das hochziehen«.

860 Richard Herzinger schreibt dazu, Deutschland könne zu Recht stolz auf seine Wandlung zu einer gut funktionierenden Demokratie sein, doch es bleibe der »historische Makel«, dies nur durch den äußeren Zwang der Alliierten geschafft zu haben: »Dieses Faktum wirkt auf die Entfaltung eines neuen nationalen Selbstbewusstseins nach wie vor hemmend.« Infolgedessen würden »die moralischen Motive« der USA zunehmend in Zweifel gezogen »und damit deren Anteil an der demokratischen Läuterung der Deutschen nach 1945 zu minimieren versucht« (Herzinger, »Der Sondermusterschüler«).

861 Zu den genannten Debatten vgl. *»Historikerstreit«;* Thiele (Hg.), *Die Wehrmachtsausstellung;* Brumlik u. a. (Hg.), *Umkämpftes Vergessen.*

wurde vehement auf die deutschen Opfer verwiesen – nicht nur im Bombenkrieg, sondern auch im Zuge von Flucht und Vertreibung zum Ende des Zweiten Weltkriegs –, um im Gegenzug die historischen Verbrechen der Deutschen herunterzuspielen.[862] Darüber hinaus ist seit der Jahrtausendwende ein zunehmend offensiver Umgang mit deutscher Identität und Nationalstolz zu beobachten.[863] Filme wie Sönke Wortmanns »Das Wunder von Bern« (2003) beschwören positiv besetzte nationale Mythen wie den Sieg der deutschen Nationalmannschaft bei der Fußball-WM 1954.[864] Bei der in Deutschland ausgetragenen Weltmeisterschaft 2006 wurde das Tragen der Nationalfarben zum Markenzeichen eines betont ›unverkrampften‹ Nationalstolzes, den die Bild-Zeitung mit der Schlagzeile »Schwarz, Rot, Geil!« auf den Punkt brachte.[865] Dass es sich bei diesem ›sportlichen‹ Nationalismus nicht nur um harmlosen Lifestyle-Patriotismus handelt, zeigt die Diskursanalyse zum deutschen Handball: So werden die männlich-kernigen »Werte« und die »Bodenständigkeit« der deutschen Spieler in expliziter Abgrenzung zur »lässig-alberne[n] amerikanische[n] Profi-Mentalität« beschworen.[866]

Die neue Identifikation mit der deutschen Nation ist aber nur die eine Seite. Wie die Diskursanalysen darüber hinaus ergeben haben, enthält der Antiamerikanismus auch europäisch-nationalistische Elemente. Dies ist zweischneidig. Denn das Projekt eines geeinten Europas stellt nach Jahrhunderten erbitterter ›Erbfeindschaften‹ und zerstörerischer Kriege erst einmal einen Fortschritt dar. Doch der Einigungsprozess schreitet nur langsam voran. Die nationalstaatlichen Interessen konkurrieren auch innerhalb der EU miteinander; zugleich brauchen die Mitglieder den gemeinsamen Erfolg des Bündnisses, da dies auch ihre eigene Machtposition stärkt.[867] Vor dem Hintergrund dieses Wechselspiels erhält der Antiamerikanismus eine neue Funktion: Er dient als negative Folie zur Begründung eines europäischen Ersatz-Nationalismus. Dazu eignet er sich auch deshalb so gut, weil er in fast allen europäischen Ländern verbreitet ist, wie Andrei S. Markovits nachgewiesen hat.[868] So könne der Antiamerikanismus »bewußt als Mittel

---

862 Vgl. Frevert, »Die Rückkehr der Opfer im Land der Täter«.
863 Vgl. Götz, Deutsche Identitäten.
864 Vgl. Diedrichsen, »Weil Opi halt so rührend war«.
865 Bild, 12.6.2006. Vgl. dazu auch Schediwy, Ganz entspannt in Schwarz-Rot-Gold?
866 Achilles, »Werdet Handballer!«. Zum Sport als Forum eines »politisierten Identitätskults« siehe auch Markovits/Rensmann, Querpass, S. 149–181.
867 Vgl. Bischoff/Schröder/Sobich, »Ex invidiis unum«, S. 22 f. u. 33 f.
868 Vgl. Markovits, Amerika, dich haßt sich's besser, S. 74.

zur Mobilisierung der Öffentlichkeit eingesetzt« werden, um »eine Identität des wachsenden Machtblocks Europa begründen« zu helfen.[869] Eine Identität, die vor allem anders und besser als die der USA sein soll.[870] Dies zeigt sich im medialen Diskurs in deutlicher Form, wenn etwa behauptet wird, Europa sei nach den Erfahrungen der ersten Hälfte des 20. Jahrhunderts einen »Weg der Friedenspolitik« gegangen und heute eine pazifistische Macht – die USA dagegen hätten nichts gelernt, agierten chauvinistisch, nationalistisch und seien daher als »strukturell rückständig« anzusehen.[871] Oder wenn die amerikanische Demokratie als heuchlerisch, oligarchisch und plutokratisch charakterisiert wird, weil es dort keine echten Wahlen gebe, sondern nur »Show« – und »im Gegensatz zu Europa [...] über weite Teile der Politik anderswo entschieden«[872] werde, nämlich in der »Hochfinanz«, in Lobbygruppen oder Verschwörer-Zirkeln. Es ist bezeichnend, dass selbst die Philosophen Jürgen Habermas und Jacques Derrida in ihrem 2003 in der *FAZ* veröffentlichten Manifest »Unsere Erneuerung« eine neue »europäische Identität« heraufbeschwören, die sie explizit in Abgrenzung zu Amerika formulieren – im Inneren von »sozialer Gerechtigkeit« geprägt, nach Außen »dialogfähig« und »friedlich«.[873]

Diese Rhetorik kann jedoch nicht verdecken, dass die EU-Mitgliedstaaten auch weiterhin ihre ganz eigenen Interessen verfolgen. Das zeigen nicht nur die Verwerfungen im Vorfeld des Irak-Kriegs zwischen Gegnern und Befürwortern eines Militäreinsatzes, sondern auch der Streit um ein UN-Mandat für den Krieg gegen das Gaddafi-Regime in Libyen 2011, bei dem Frankreich im Sicherheitsrat vorpreschte und Deutschland sich enthielt.[874] Von einer einheitlichen Finanz-, Wirtschafts- und Sozialpolitik ist Europa ebenfalls weit entfernt, wie die durch die Euro-Krise ab 2010 ausgelösten Turbulenzen vor Augen führen. Wenn der Historiker Niall Ferguson angesichts dessen von einer »Auflösung Europas«[875] spricht, scheint

---

869 Ebenda, S. 26 f.

870 So auch Timothy Garton Ash, in: ders., *Freie Welt*, S. 26. Vgl. dazu auch Katzenstein/ Keohane, »Varieties of Anti-Americanism«, S. 13.

871 Robert Menasse, zit. nach »Das alte Europa antwortet Herrn Rumsfeld« (div. Verf.).

872 Pilz, *Mit Gott gegen alle*, S. 80 f.

873 Habermas und Derrida schreiben wörtlich, die Demonstrationen gegen den Irak-Krieg in vielen Städten Europas könnten »rückblickend als Signal für die Geburt einer europäischen Öffentlichkeit in die Geschichtsbücher eingehen« (Habermas/Derrida, »Unsere Erneuerung«). Vgl. dazu Markovits, *Amerika, dich haßt sich's besser*, S. 225–236; Langguth, »Habermas, die deutschen Intellektuellen und der Antiamerikanismus in Deutschland«.

874 Vgl. Kornelius, »Das unberechenbare Deutschland«.

875 Ferguson, »Europas schleichende Auflösung«.

dies zwar verfehlt. Denn die Vorteile, die das Bündnis weiterhin jedem einzelnen Mitglied bietet, sind erheblich. Allerdings zeigt sich deutlich, dass viele Menschen in Zeiten der Krise vor allem Halt und Sicherheit im vertrauten nationalstaatlichen Kollektiv suchen[876] – ungeachtet der Tatsache, dass die Handlungsfähigkeit der Nationalstaaten in der globalisierten Welt weiter schwindet.

So bleiben die länderspezifischen Motive des Antiamerikanismus weiter aktuell – und der Diskurs changiert je nach politischer Lage: mal dient er vor allem der Bestärkung des deutschen Nationalgefühls, dann wieder der Identifikation mit Europa. Allerdings werden die nationalen Mythen auch im letzteren Fall nur selten in Frage gestellt, sondern vielmehr für Europa funktionalisiert – als Teil der »europäischen Vielfalt«.[877] Dies wird besonders im Bereich der Wirtschaft und Kultur sichtbar. In der Diskussion um die Geschäfte der »US-Finanzinvestoren« ist etwa von einem »Kampf der Kulturen« gegen die »*Deutschland* AG« die Rede,[878] im Zusammenhang mit der Opel-Krise wird die »*deutsche*[…] Ingenieurskunst« gegen das »Krämer«-Gebaren des Mutterkonzerns GM verteidigt.[879] In der Debatte um die Weinwirtschaft wiederum werden vor allem *europäische* Werte beschworen. Besonders deutlich kommen beide Ebenen in den Debatten zur Finanz- und Wirtschaftskrise ab 2008 ins Spiel, wenn sowohl der »Rheinische Kapitalismus« in Deutschland als auch die europäische »Kultur sozialer Marktwirtschaft« verklärt werden – in Abgrenzung zur »angelsächsisch geprägten Kultur«, die mit Begriffen wie »maximales Risiko, hohe Profite, […] wenig Regulierung, Rückzug des Staates« umrissen wird.[880] Deutsche und europäische Werte erscheinen hier identisch.

Es mutet paradox an, wenn dabei im medialen Diskurs der Eindruck erweckt wird, dass die »eigene« nationale Wirtschaftsform zwar eigentlich überlegen sei, aber dennoch völlig ungewollt »amerikanisiert« werden konnte. Ebenso wie die Kultur – ob im Bereich der Popmusik oder im Film. Dies zeigt, dass der Antiamerikanismus über den gewöhnlichen Nationalismus in einem wichtigen Punkt hinausgeht: das »Amerikanische« wird nicht nur als etwas Negatives charakterisiert, das sich auf den abgelehnten

---

876 Vgl. Lacqueur, »Ach, Europa!«.
877 Siebert/Sobich, »Zwei Herzen in der Brust – ein Standpunkt im Kopf«, S. 158.
878 Seifert/Voth, *Invasion der Heuschrecken*, S. 16 (Hervorhebung nicht im Original).
879 Ahlemeier, »Die Republik braucht Opel«; Büschemann, »Der Zahlenmensch« (Hervorhebung nicht im Original).
880 Norbert Röttgen, in: »Hart aber fair«, 1.10.2008.

Nationalstaat USA begrenzen lässt, sondern zugleich als etwas Übermächtiges und Bedrohliches – als weltumspannende Gefahr, die gleichsam überall ist und die Gesellschaften bereits unmerklich infiltriert hat. Amerika stellt in diesem Bild so etwas wie eine ›Anti-Nation‹ dar, die sich die Globalisierung geschickt zunutze macht, um alle ›Völker‹ und ihre Kulturen nach seinen Prinzipien umzugestalten und gleichzumachen.

Das deutsche wie auch das europäische ›Wir‹ verspricht dabei zwar festen Halt in der von Veränderungen und Ungewissheiten bestimmten Zeit. Es geht jedoch mit der Vorstellung einher, nicht nur schuldlos an den negativen Seiten der Entwicklung zu sein, sondern auch weitgehend machtlos. So ist es vor allem das Strukturprinzip des Verschwörungsdenkens, das den Antiamerikanismus vom klassischen Nationalismus unterscheidet. In dieser Hinsicht greift der Antiamerikanismus wiederum ein zentrales Element des Antisemitismus auf, wie das folgende Kapitel zeigt.

5.4 Antiamerikanismus und Antisemitismus

Die Verschränkung des Antiamerikanismus mit dem Antisemitismus ist im medialen Diskurs auf zwei Ebenen ersichtlich. Teils tauchen antisemitische Zuschreibungen in *offener* Form im Antiamerikanismus auf, teils handelt es sich um Parallelen auf der *strukturellen* Ebene.[881]

Die *direkten* Verbindungen sind vor allem im Zusammenhang mit der als übermäßig groß erachteten Macht Amerikas evident. Davon zeugen insbesondere die Verschwörungstheorien aus dem Bereich der Politik – etwa zu den vermeintlichen jüdischen Hintermännern der Anschläge vom 11. September 2001 oder dem Einfluss der amerikanischen Neokonservativen, der »Israel-Lobby« und allgemein »der Juden« auf die US-Politik.

Das Stereotyp verschwörerischer jüdischer Macht gehört zum Kernbestand des modernen Antisemitismus, der sich im 19. Jahrhundert aus dem traditionellen christlichen Antijudaismus heraus entwickelte: Im Zeitalter des aufkommenden Kapitalismus, der Demokratisierung und gesellschaftlichen Modernisierung wurden »die Juden« als Profiteure und Drahtzieher »hinter« den beunruhigenden gesellschaftlichen Entwicklungen ausge-

---

881 Vgl. dazu auch Jaecker, »Rambo will die Welt beherrschen«.

macht.[882] Im antisemitischen Weltbild verkörpern sie daher nicht nur etwas Minderwertiges, sondern zugleich etwas Übermächtiges und Bedrohliches.[883] Bereits im 19. Jahrhundert wurden antisemitische Verschwörungstheorien kolportiert, deren Muster sich noch im aktuellen Diskurs wiederfinden.[884] Vergleicht man etwa die Vorwürfe gegen die »jüdischen Strippenzieher« in den USA mit der zu Beginn des 20. Jahrhunderts in Umlauf gebrachten Hetzschrift *Die Protokolle der Weisen von Zion*, so zeigen sich deutliche Parallelen.[885] Der Kern der *Protokolle* besteht aus der Legende einer konspirativen jüdischen Untergrundregierung und des Strebens der Juden nach Weltherrschaft, die insbesondere durch eine Zersetzung der alten Gesellschaftsstrukturen durch Liberalismus und Demokratie herbeigeführt werden solle. Auch die Kriege zwischen den »Völkern« werden auf das Machtstreben der Juden zurückgeführt. Die gewählten Politiker und »Präsidenten« seien dabei nur »Strohpuppen« in den Händen der Juden.[886]

Die diskursiven Zuschreibungen zu den amerikanischen Neokonservativen in der Zeit nach dem 11. September 2001 knüpfen an diese Bilder an: Auch die Neokonservativen werden als verschworene jüdische Gruppe charakterisiert, welche die politische Macht der USA »an sich gerissen«[887] habe und eine Demokratisierung des Nahen und Mittleren Ostens nur propagiere, um letztlich die Welt zu beherrschen – mit den »Machtmitteln«[888] der USA und im Interesse des jüdischen Staates Israel. Der Exkurs zur Geschichte des Antiamerikanismus hat gezeigt, dass diese Verortung der »jüdischen Weltverschwörung« in Amerika bereits in der Weimarer Republik weit verbreitet war.

Von der »Macht der amerikanischen Juden« ist auch in den Debatten zur Wirtschaft die Rede. Jenseits der rechtsextremistischen Agitation gegen das angeblich von Juden beherrschte Börsengeschäft fallen dabei insbesondere die Diskursbeiträge zum Investment-Betrüger Bernard Madoff ins

882 Vgl. Berding, *Moderner Antisemitismus in Deutschland;* Rürup, *Emanzipation und Antisemitismus;* Greive, *Geschichte des modernen Antisemitismus in Deutschland.*
883 Vgl. Postone, »Nationalsozialismus und Antisemitismus«, S. 244.
884 Vgl. dazu auch Jaecker, *Antisemitische Verschwörungstheorien nach dem 11. September,* S. 42–58; Wippermann, *Agenten des Bösen.*
885 Vgl. im Folgenden Sammons (Hg.), *Die Protokolle der Weisen von Zion.* Vgl. dazu auch Benz, »Diffamierung aus dem Dunkel«, S. 207 f.
886 Zit. nach Sammons (Hg.), *Die Protokolle der Weisen von Zion,* S. 62.
887 Streck/Wiechmann, »Der Überzeugungs-Täter«.
888 Dieses u. alle folgenden Zit. aus Calebow, »Der Einfluß der Neokonservativen«.

Auge, der in eine Tradition »jüdische[r] Gangster«[889] gestellt und als ein zwar extremes, aber durchaus typisches Beispiel für die Exzesse an der Wall Street beschrieben wird. Die Verknüpfung von Judentum, Amerika und Kapitalismus ist ebenfalls altbekannt, obgleich sich die Agitation gegen Handel, Geld und Spekulation bis zu Beginn des 20. Jahrhunderts noch vorrangig gegen die Juden in Deutschland sowie gegen England richtete. Dass sich der Antisemitismus hier im antiamerikanischen Diskurs derart deutlich zeigt, ist bemerkenswert. Denn generell muss konstatiert werden, dass *offener* Antisemitismus in der deutschen Öffentlichkeit seit 1945 nicht mehr geduldet wird. Zwar sind antisemitische Einstellungen nach wie vor verbreitet[890] – sie kommen jedoch im medialen Diskurs nur selten zum Ausdruck und verbleiben so in einem Zustand der »Kommunikationslatenz«.[891] Dass in den deutschen Medien zu Beginn des 21. Jahrhunderts wieder so unverstellt über die Macht »der Juden« gesprochen werden kann, lässt sich nur damit zu erklären, dass derartige Behauptungen durch die politische und wirtschaftliche Machtposition der USA *scheinbar* an Plausibilität und damit an Legitimität gewinnen. Ähnlich ist es mit der Zuschreibung von Geldgier, Gerissenheit, Gefährlichkeit und vor allem verschwörerischer, undurchschaubarer Umtriebe. Auch dabei handelt es sich um Bilder, die nicht nur im Antisemitismus, sondern auch im Antiamerikanismus eine zentrale Rolle einnehmen. Fallen beide Feindbilder zusammen, können sich die Stereotype wechselseitig verstärken – und wirken auf diese Weise umso schlüssiger.

Dieser *offene* Antisemitismus im Antiamerikanismus ist jedoch nur ein Aspekt. Darüber hinaus finden sich im antiamerikanischen Diskurs auch *stereotype Zuschreibungen* und *Denkmuster*, die aus dem Antisemitismus bekannt sind. Wenn etwa vom »Tanz um das Goldene Kalb« in der amerikanischen Finanzwelt die Rede ist, so handelt es sich um eine Metapher, mit der seit dem Mittelalter vor allem die Juden beschuldigt wurden, Gold,

---

889 Winkler, »Wir sind größer als U.S. Steel«.

890 Vgl. die zusammenfassende Darstellung im Bericht des Unabhängigen Expertenkreises Antisemitismus, *Antisemitismus in Deutschland*, S. 54–65.

891 Vgl. Beyer/Krumpal, »Aber es gibt keine Antisemiten mehr«. Jenseits der Ebene der Massenmedien werden antisemitische Äußerungen dagegen nach wie vor offen und ungehemmt artikuliert, wie eine neue sprach- und kognitionswissenschaftliche Analyse von über 14.000 E-Mails und Briefen an den Zentralrat der Juden und die Israelische Botschaft in Deutschland aus den Jahren 2002 bis 2012 zeigt; siehe Schwarz-Friesel/Reinharz, *Die Sprache der Judenfeindschaft im 21. Jahrhundert*.

Geld und Reichtum anzubeten.[892] Auch die »Heuschrecken«- und »Aussauger«-Metaphern, die im Zusammenhang mit den Finanzinvestoren verbreitet sind, wurden historisch gegen die Juden verwendet. So war bereits bei den antisemitischen »Hep-Hep-Krawallen« 1819 von Juden die Rede, »die hier unter uns leben, die sich wie verzehrende Heuschrecken unter uns verbreiten«.[893] Wenn es heute über das Geschäftsgebaren der US-Finanzinvestoren heißt, »sie kaufen deutsche Firmen auf, saugen die Euros aus den Betrieben ohne Rücksicht auf Menschen und Regionen wie Mücken das Blut, um den Rest dann weiter zu verscherbeln«,[894] so wird damit auf eine ähnliche Metapher zurückgegriffen: Gefährliche Parasiten treiben weltweit ihr Unwesen und bedrohen die arbeitenden Menschen.[895]

Die Gegenüberstellung von »amerikanischen Finanzspekulanten« und produzierender Wirtschaft in Deutschland wiederum knüpft strukturell an die antisemitische Unterscheidung zwischen »schaffendem« deutschen Produktivkapital und »raffendem« jüdischen Finanzkapital an, die seit Ende des 19. Jahrhunderts populär war.[896] Und die Warnung vor einer »schleichende[n] Amerikanisierung« des »deutschen Wirtschaftsorganismus«[897] erinnert an organistisch-biologistische Bilder, die im Nationalsozialismus verbreitet waren – etwa das Wahnbild von der »Verjudung« des deutschen »Wirtschaftskörpers«. Die Wortwahl impliziert, dass die deutsche Wirtschaft ein eigentlich gesundes Lebewesen sei, das von einer wesensfremden Wirtschaftsform infiltriert und zerstört werde.[898]

Die hier zum Ausdruck kommenden inhaltlichen und strukturellen Parallelen zwischen den Sprachbildern des Antisemitismus und des Antiamerikanismus sind zunächst einmal nicht leicht zu erklären, geht es dabei doch um sehr unterschiedliche Objekte: Die Juden stellten in Europa eine diskriminierte Minderheit innerhalb der Gesellschaft dar, sie wurden auch aus religiösen und rassistischen Gründen ausgegrenzt, verfolgt und ermordet – weil sie Juden waren. All dies ist beim Antiamerikanismus nicht der Fall: Dabei steht keine marginalisierte gesellschaftliche Gruppe im Fokus, sondern ein mächtiger Staat.

---

892 Vgl. Loewy, »Der Tanz ums ›goldene Kalb‹«, S. 10.
893 Zit. nach Berding, *Moderner Antisemitismus in Deutschland*, S. 71.
894 »Asoziales Verhalten« (o. V.).
895 Zum antisemitischen Gehalt der Parasiten-Metaphorik vgl. auch Salzborn, »Ungeziefer muss vernichtet werden«; Enzensberger, *Parasiten*.
896 Vgl. Loeffler, »Das ›Finanzkapital‹«; Senft, »Antikapitalismus von Rechts?«.
897 Hübner, »Genug ist genug«.
898 Vgl. dazu auch Markovits, *Amerika, dich haßt sich's besser*, S. 117 f.

Allerdings sind beide Phänomene von projektiven Rationalisierungs- und Welterklärungsversuchen bestimmt. Der Historiker Werner Jochmann schreibt, der moderne Antisemitismus könne im Kern als eine »Gegenbewegung gegen die Prinzipien der modernen Gesellschaft« angesehen werden.[899] Laut dem Historiker Reinhard Rürup avancierte »der Jude« so im 19. Jahrhundert zur »Symbolfigur der bürgerlich-kapitalistischen Konkurrenzgesellschaft«[900] und wurde entsprechend mit allen Erscheinungsformen der modernen Ökonomie identifiziert. Wie der Historiker Moishe Postone ausführt, geriet dabei nur die »abstrakte Seite« des Kapitalismus in den Blick, also Geld, Spekulation, Handel, Finanzkapital, Banken und Börse.[901] Dagegen wurde alles »Konkrete« und »Stoffliche«, das man vor allem mit den althergebrachten Wirtschaftsformen verband, als »natürlich« wahrgenommen und somit fetischisiert: Die Ware, die Arbeit, das Handwerk und das Industriekapital. Ähnlich wurden die Juden auch mit den abstrakten Herrschafts- und Rechtsbeziehungen in der Politik in Verbindung gebracht sowie mit den als bedrohlich empfundenen Entwicklungen der aufkommenden Massenkultur und der modernen Lebensweise. Jenseits der genannten wesentlichen Unterschiede zum Antiamerikanismus – vor allem, dass sich dieser gerade *nicht* gegen eine gesellschaftliche Minderheit richtet – erfüllte der moderne Antisemitismus damit in Deutschland vom 19. Jahrhundert bis in die Zeit des Nationalsozialismus hinein eine *ähnliche ideologische Funktion* wie der neuere Antiamerikanismus.

Entsprechend finden sich auch die wesentlichen Strukturmerkmale des Antiamerikanismus im Antisemitismus wieder. Der Soziologe Thomas Haury sieht das antisemitische Weltbild durch »drei grundlegende Denkprinzipien« bestimmt: »Personifizierung gesellschaftlicher Prozesse mit daraus resultierender Verschwörungstheorie; Konstruktion identitärer Kollektive; Manichäismus, der die Welt strikt in Gut und Böse teilt«.[902] Dabei werde dem personifizierten »Bösen«, den Juden, automatisch das »gute« Eigenkollektiv gegenübergestellt – wobei die Juden als einzige Gruppe »zur Antiidentität und zum Gegenprinzip zur ›Nation‹ überhaupt stilisiert«[903]

899 Jochmann, *Gesellschaftskrise und Judenfeindschaft in Deutschland 1870–1945*, S. 52. Vgl. auch Salzborn, *Antisemitismus als negative Leitidee der Moderne*.
900 Rürup, *Emanzipation und Antisemitismus*, S. 105.
901 Dieses u. alle folgenden Zit. aus Postone, »Nationalsozialismus und Antisemitismus«, S. 246–251. Postone knüpft hier an Marx' Ausführungen zum »Doppelcharakter« der Ware (Wert und Gebrauchswert) sowie zum Warenfetisch an.
902 Haury, *Antisemitismus von links*, S. 106 u. 158.
903 Ebenda, S. 84.

würden, da man ihnen vorwerfe, die »Völker« weltweit von innen zu unterwandern und zu zersetzen.[904] Haury schreibt: »Für alle Bereiche – Körperbild, Charaktereigenschaften, gesellschaftliche Phänomene – werden binäre Gegensatzpaare aufgebaut, die über das Feindbild ›Jude‹ das Eigenkollektiv als dessen spiegelverkehrtes Gegenbild konstruieren und alles Abgelehnte mit dem Signum ›jüdisch‹ versehen: Arbeitsfreude/Arbeitsscheu, schaffendes/raffendes Kapital, Arbeit/Ausbeutung, Bescheidenheit/Habgier, Gemeinsinn/Selbstsucht, Aufopferung/Egoismus, staatenbildend/zersetzend, konkret-bodenständig/abstrakt-wurzellos, idealistisch/materialistisch, wahre Kultur/oberflächliche Zivilisation, schöpferisch/geistig unfruchtbar, Gemeinschaft/Gesellschaft.«[905]

Die Übereinstimmung dieser Gegensatzpaare mit den dualistischen Zuschreibungen des Antiamerikanismus ist nicht zu übersehen. Beide Deutungsmuster beinhalten im Kern eine Projektion der abstrakten, unverstandenen und abgelehnten Erscheinungen der kapitalistischen Moderne auf ein ›Anderes‹ – und stellen dem das Konkrete, »Natürliche«, »Gewachsene« und »Verwurzelte«, die vermeintliche Schaffenskraft, Kultur und solidarische Gemeinschaft des Eigenkollektivs gegenüber. Ein großer Unterschied ist freilich, dass die abgespaltenen, negativen Aspekte der Moderne im Weltbild des Antisemitismus in den Juden *personifiziert* werden, dass hier also Angehörige einer gesellschaftlichen Minderheit im Fokus stehen. Im antiamerikanischen Welterklärungsmuster hingegen wird die Projektion in erster Linie auf einen mächtigen *Staat* und dessen Repräsentanten bezogen, obgleich dabei wiederholt auch die Bevölkerung ins Visier gerät – die »dummen«, »oberflächlichen« und »eigennützigen« »Amis«.

Daneben verbindet sich der Antiamerikanismus allerdings auch mit dem »neuen Antisemitismus«[906], der in der Fokussierung auf den Staat Israel ein Ventil gefunden hat.[907] Wie die Diskursanalysen gezeigt haben, wer-

904 Vgl. dazu auch Berding, *Moderner Antisemitismus in Deutschland*, S. 63 u. 81. Der Soziologe Klaus Holz unterstreicht daher, dass der moderne Antisemitismus quer zu allen anderen Zuschreibungen »durch seine Verknüpfung mit dem Nationalismus konstituiert« sei, in: Holz, *Nationaler Antisemitismus*, S. 11 f.
905 Haury, *Antisemitismus von links*, S. 109 f.
906 Strauss, »Vom modernen zum neuen Antisemitismus«.
907 Kennzeichnend für diesen neuen Antisemitismus ist zum einen, dass Israel mit einem strengeren Maß als andere Länder beurteilt, dämonisiert und delegitimiert wird (Sharansky, »3D Test of Anti-Semitism«). Zum anderen werden traditionelle antisemitische Stereotype gegen Israel gewendet und damit aktualisiert. Der Publizist Henryk M. Broder konstatiert daher: »Was früher das Weltjudentum war, das ist heute der Zionismus und seine Zentrale: Israel.« (Broder, *Der ewige Antisemit*, S. 19). Zum »neuen Antisemitismus«

den Amerika und Israel nicht nur beide als wurzellose, künstliche Nationen imaginiert – die USA als »traditionslos«, Israel gar als »Fremdkörper« im Nahen Osten[908] –, sondern insbesondere im Bereich der Politik auch als zusammenhängende, verschworene Macht, die sich gegen den Rest der Welt verbündet hat. Insbesondere die amerikanische Unterstützung des Staates Israel wird als Grundübel erachtet, das nicht nur den Nahen Osten, sondern die ganze Welt in Unruhe versetzt.

Eine besondere Dynamik ergibt sich dabei aus der deutschen Geschichte – der Vernichtung der europäischen Juden im Holocaust. So wird dem »amerikanisch-israelischen Medien-Tycoon«[909] Haim Saban unterstellt, die Deutschen mit seiner Medienmacht auf eine ideelle pro-amerikanische und pro-israelische Linie bringen zu wollen, indem er ihnen die NS-Vergangenheit vorhalte und sie damit für gegenwärtige politische Zwecke erpresse. In ähnlicher Weise werden auch die ›inflationären‹ Antisemitismus-Vorwürfe etwa durch Vertreter der amerikanischen »Israel-Lobby« zurückgewiesen, da diese Vorwürfe nur ein Mittel seien, um die Deutschen mundtot zu machen. An dieser Stelle mischt sich der Antiamerikanismus mit Elementen des »sekundären Antisemitismus« nach Auschwitz, der sich, wie der Soziologe Werner Bergmann schreibt, aus dem »Normalisierungswunsch und der Verhinderung seiner Erfüllung durch die Juden« speist[910] und oftmals zu einer »Schuldprojektion auf die Juden« und den Staat Israel führt.[911] So wird Israel im medialen Diskurs denn auch – ähnlich den USA – als gewalttätig, heimtückisch und rachsüchtig charakterisiert und mit NS-Vergleichen herabgesetzt, so dass die historischen Verbrechen der Deutschen hier ebenfalls relativiert erscheinen.[912]

Zusammenfassend kann festgehalten werden, dass sich der Antiamerikanismus stellenweise radikalisiert, indem er sich mit offenem Antisemitismus verbindet – vor allem, wenn es um die vermeintliche Macht der ameri-

---

siehe auch Rensmann, *Demokratie und Judenbild;* Rensmann/Schoeps (Hg.), *Politics and Resentment;* Rabinovici u. a. (Hg.), *Neuer Antisemitismus?;* Faber u. a. (Hg.), *Neu-alter Judenhass;* Wistrich, *A Lethal Obsession.*

908 Gauland, »Konservative Skepsis gegen Amerika«; ders., »Mehr Respekt vor der arabischen Welt«.

909 Watzal, »Haim Saban, die Medien und Israel«.

910 Bergmann, »Der Antisemitismus in der Bundesrepublik Deutschland«, S. 159.

911 Bergmann, *Geschichte des Antisemitismus*, S. 118. Vgl. auch Rensmann, *Demokratie und Judenbild*, S. 86–91; Salzborn, »Anti-Jewish Guilt Deflection and National Self-Victimization«.

912 Vgl. dazu auch die Medienanalysen von Jäger/Jäger, *Medienbild Israel;* Behrens, »*Raketen gegen Steinewerfer«.*

kanischen Juden geht. Darüber hinaus transportiert er einige Bilder des
modernen Antisemitismus und weist in Teilen strukturelle Parallelen auf.
Dies kann damit erklärt werden, dass beide Phänomene auf der *diskursiven*
Ebene ein ideologisches Welterklärungsmuster in der kapitalistischen Moderne darstellen. Allerdings hat der Antisemitismus nicht nur eine gänzlich
andere Geschichte, sondern auch eine gewalttätige Praxis: die Diskriminierung, Verfolgung und Vernichtung der Juden. Daher wäre es verkürzend
und falsch, den Antiamerikanismus als »strukturellen Antisemitismus«[913] zu
bezeichnen. Vielmehr sind die Überschneidungen ausschließlich in der
Denkweise auszumachen.[914] Im Zusammenhang mit dem »neuen Antisemitismus«, der sich gegen den Staat Israel richtet, fallen beide Phänomene
dabei wieder unverstellt zusammen.

5.5 Die konformistische Rebellion

Das wachsende Unbehagen vieler Menschen angesichts der Umbrüche,
Krisen und Instabilitäten zu Beginn des neuen Jahrtausends schlägt sich
nicht nur in antiamerikanischen Welterklärungen nieder, sondern geht mit
einer Vielzahl weiterer Vorurteile und Ressentiments einher. Der Soziologe
Wilhelm Heitmeyer spricht nach Abschluss der von ihm geleiteten Lang-
zeitstudie zur »Gruppenbezogenen Menschenfeindlichkeit« von einem
»entsicherten Jahrzehnt«: Es sei ein allgemeiner Anstieg kollektiver Schuldzuschreibungen und kultureller Abwehrhaltungen zu verzeichnen.[915] Dies
schlage sich unter anderem in Islamfeindlichkeit, Antisemitismus, Rassismus und Fremdenfeindlichkeit nieder, aber auch in einer zunehmenden
Abwertung von als »nutzlos« empfundenen Gruppen wie Obdachlosen.
Heitmeyer: »Um die fünfzig Prozent der Befragten haben ein Gefühl der
Unordnung, niemand wisse mehr, wo man eigentlich steht, die Dinge seien
heute sehr schwierig und undurchschaubar geworden, so daß man nicht

---

913 So etwa Schmidinger, »Struktureller Antisemitismus und verkürzte Kapitalismuskritik«.
914 Vgl. dazu auch Rensmann, *Demokratie und Judenbild*, S. 84 f.; Haury, »… ziehen die Fäden
    im Hintergrund«, S. 83; Beyer/Liebe, »Antiamerikanismus und Antisemitismus«, S. 216–
    218; Markovits, »European Anti-Semitism and Anti-Americanism«; Diner, *Feindbild Ame-
    rika*, S. 33; Leggewie, »Hässliche Feindbilder gesucht«.
915 Heitmeyer, »Gruppenbezogene Menschenfeindlichkeit (GMF) in einem entsicherten
    Jahrzehnt«, S. 15.

mehr sagen könne, was eigentlich los ist.«[916] Es sei »eine explosive Situation als Dauerzustand«.[917] Auch der von Einigen schon totgesagte klassische Nationalismus wird dabei wieder sichtbar. So reaktivierten deutsche Boulevardmedien angesichts der desaströsen Finanzlage Griechenlands das Klischee vom faulen, schmarotzenden Südländer.[918] In der Euro-Krise wurden auch gegenüber anderen EU-Staaten überhebliche Töne laut: Wären nur alle so fleißig, diszipliniert und genügsam wie die Deutschen, müssten diese nicht länger die »Zahlmeister Europas« sein.[919] Auf der anderen Seite rücken vermehrt Großmächte wie Russland und China in den Fokus, von deren Macht ein angsteinflößendes Schreckensbild gezeichnet wird. So scheint in der Kritik an russischen Demokratie-Defiziten, staatlicher Willkür und erpresserischer Energiepolitik gelegentlich das alte Vorurteil vom rückständigen, bösen Russen wieder auf.[920] Noch offener treten die Ressentiments gegenüber China zutage: In Bezug auf dessen wirtschaftliche Rolle kursieren in den Medien Schlagworte wie »Räuber der Globalisierung«, »Produktpiraten« oder »gelbe Gefahr«.[921]

All diese Ressentiments und Vorurteile sind besorgniserregend und gefährlich – ob sie sich gegen gesellschaftlich Marginalisierte und Ausgegrenzte richten oder gegen Nationalstaaten. Der Antiamerikanismus unterscheidet sich jedoch in mehrerer Hinsicht von den genannten Erscheinungen, und zwar vor allem auf der ideologischen Ebene. So stellt er *erstens* ein Welterklärungsmuster in allen wesentlichen Gesellschaftsbereichen dar: vor allem in Bezug auf die Wirtschaft, aber auch auf Politik und Kultur. *Zweitens* ist der Antiamerikanismus dabei besonders wirksam, weil ihm die Machtposition der USA vor dem Hintergrund der Umbrüche und Krisen einen scheinbar großen Wahrheitsgehalt zur Deutung gesellschaftlicher Vorgänge verleiht. *Drittens* kann er an stereotype Bilder anknüpfen, die seit dem 19. Jahrhundert tradiert sind und in vielen Bereichen nur aktualisiert werden müssen. *Viertens* erhält der Antiamerikanismus durch die stellenweise Radikalisierung mit Elementen des Antisemitismus, vor allem in Form von Verschwörungstheorien, zusätzliche Wucht. Und *fünftens* ermög-

916 Ebenda, S. 23.
917 Ebenda, S. 34.
918 Vgl. Kaufmann, »*Verkauft doch eure Inseln, ihr Pleite-Griechen!*«.
919 Vgl. Trampert, »An die Wand gedeutscht«.
920 Vgl. Grobe, »Bedingte Reflexe«.
921 Vgl. Richter/Gebauer, *Die China-Berichterstattung in den deutschen Medien.*

licht die Dämonisierung der USA mit NS-Vergleichen den Deutschen – gerade vor dem spezifischen Hintergrund der deutsch-amerikanischen Geschichte – eine moralische Selbstaufwertung und neue Identifikation mit dem nationalen Eigenkollektiv.

Es ist diese besondere Kombination aus umfassender Welterklärung und einer damit einhergehenden kollektiven Selbstaufwertung, die den Antiamerikanismus in Deutschland von anderen Vorurteilen, Ressentiments und Ideologien wesentlich unterscheidet. Hinzu kommt, dass antiamerikanische Deutungen im medialen Mainstream offenbar als völlig legitime Form der Kritik betrachtet werden – schließlich geht es ja gegen die »Supermacht«.

Dabei handelt es sich nicht nur um ein Medienphänomen. So zeigen Daten aus der Meinungsforschung, dass antiamerikanische Einstellungen in der deutschen Bevölkerung breit verankert sind. Laut der Studie einer Forschungsgruppe um den Psychologen Oliver Decker stimmten bei einer repräsentativen Meinungsumfrage aus dem Jahr 2003 35,1 Prozent der Befragten der Aussage zu:»Ich kann es gut verstehen, wenn manchen Leuten die US-Amerikaner unangenehm sind«.[922] Bis 2010, dem zweiten Jahr der Amtszeit von US-Präsident Barack Obama, erhöhte sich diese Zahl sogar noch auf 39,3 Prozent. Zugleich ist Obama selbst in Deutschland so beliebt wie in kaum einem anderen Land, wie die jährlichen repräsentativen Umfragen des amerikanischen Pew Research Centers belegen: 2009 sagten hier rund 90 Prozent der Befragten, sie würden Obama vertrauen.[923] Das Vertrauen in George W. Bush hingegen hatte 2007, kurz vor Ende seiner Amtszeit, nur bei 19 Prozent gelegen – und damit im weltweiten Ländervergleich am unteren Ende.[924]

Die außerordentlich großen Unterschiede in der Beurteilung Bushs und Obamas stützen das Ergebnis der Diskursanalysen, wonach das Bild der US-Präsidenten in den deutschen Medien von extremen Projektionen geprägt ist. Sie zeigen aber auch, dass die Beurteilung des Präsidenten *kein* Gradmesser für *antiamerikanische* Einstellungen ist. Diese liegen trotz der Begeisterung für Obama auf einem konstant hohen Niveau. So stimmten laut der Decker-Studie 2003 rund 40,4 Prozent der Befragten der Aussage

---

922 Vgl. hierzu u. im Folgenden Decker u. a., *Die Mitte in der Krise*, S. 122–132.
923 Vgl. Pew Research Center (Hg.), *Obama More Popular Abroad Than At Home*, S. 26. Höhere Zustimmungsraten erhielt Obama nur in Kenia, dem Heimatland seines Vaters.
924 Vgl. Pew Research Center (Hg.), *Global Unease With Major World Powers*, S. 62.

zu: »Die US-Amerikaner sind daran schuld, dass wir so viele Weltkonflikte haben«.[925] 2010 waren es noch mehr, nämlich 47,3 Prozent.

Selbst die verschiedenen Verschwörungstheorien werden von einer erheblichen Zahl an Menschen goutiert. Nach einer repräsentativen Umfrage von 2003 glaubten rund 19 Prozent der Befragten, dass die US-Regierung die Anschläge vom 11. September »selbst in Auftrag gegeben hat«.[926] Vergleichbare Erhebungen in den folgenden Jahren ergaben sogar noch höhere Zustimmungsraten.[927] Auch der in vielen Verschwörungstheorien zutage tretende Antisemitismus ist kein Randphänomen: Laut einer Studie des American Jewish Committees von 2002 stimmten rund 40 Prozent der Deutschen der Aussage zu, die Juden übten heute wie in der Vergangenheit einen zu großen Einfluss auf das Weltgeschehen aus; 26 Prozent vertraten die Auffassung, der »jüdische Einfluss auf die US-Politik« sei ein »entscheidender Faktor« bei der Planung des Krieges gegen den Irak gewesen.[928]

Felix Knappertsbusch und Udo Kelle liefern darüber hinaus bemerkenswerte Umfragedaten zum kulturellen und wirtschaftlichen Antiamerikanismus im Jahr 2009. Der Aussage »Die Menschen in den USA sind überaus eigennützig und egoistisch« stimmten demnach 32,7 der Befragten »eher« oder »voll und ganz« zu.[929] 49,1 Prozent vertraten die Meinung: »Die US-amerikanische Kultur ist oberflächlich«. Der Aussage »Mit ihrer Schuldenmacherei haben die Amerikaner die Weltwirtschaft zugrunde gerichtet« stimmten sogar 72,9 Prozent »eher« oder »voll und ganz« zu. Die Behauptung »Die US-amerikanischen Spekulanten zerstören die Werte der sozialen Marktwirtschaft« befürworteten insgesamt 82,5 Prozent – also rund vier Fünftel der Befragten.

---

925 Vgl. hierzu u. im Folgenden Decker u. a., *Die Mitte in der Krise*. Dies bestätigen auch zahlreiche andere Umfragen, in denen die USA – neben Israel – regelmäßig an der Spitze liegen, wenn nach der größten Bedrohung für den Weltfrieden gefragt wird; vgl. Güßgen, »Deutsche halten USA für bedrohlicher als den Iran«; »Israel, Iran und USA sind Image-Loser« (o. V.).

926 Vgl. Cziesche u. a., »Panoptikum des Absurden«. Von den unter 30-Jährigen bejahten diese Aussage sogar 31 Prozent, von den Ostdeutschen 29 Prozent.

927 So stimmten in einer Umfrage von 2008 rund 23 Prozent der Befragten der Aussage zu, dass die US-Regierung die Schuld an den Anschlägen habe; vgl. »Wer ist schuld an 9/11?« (Reuters/jtr/ihe).

928 Vgl. American Jewish Committee (Hg.), *German Attitudes Toward Jews, The Holocaust an the U.S.*

929 Vgl. hierzu u. im Folgenden Knappertsbusch/Kelle, »›Mutterland des nomadisierenden Finanzkapitals‹«, S. 151.

HASS, NEID, WAHN

Dass es sich dabei nicht nur um tagesaktuelle Momentaufnahmen handelt, zeigt eine Studie von Heiko Beyer, für die 2011 erstmals statistisch vergleichbare Daten zu *allen drei* gesellschaftlichen Bereichen – Politik, Wirtschaft und Kultur – erhoben wurden. Demnach sind die eben angeführten Zahlen nicht nur unverändert hoch, sondern politische, ökonomische und kulturelle antiamerikanische Einstellungen sind auch »eng miteinander verknüpft«.[930] Der Kommunikationswissenschaftler Thomas Petersen vom Institut für Demoskopie Allensbach schreibt gar, die regelmäßigen Umfragen seines Instituts ließen eine »schleichende *Zunahme* des Antiamerikanismus« erkennen.[931] In jedem Fall belegen die hier genannten Zahlen, dass antiamerikanische Einstellungen – ob geschlossen oder fragmentarisch – nicht nur bei einer kleinen Minderheit, sondern im Mainstream der deutschen Bevölkerung verbreitet sind.

Was den Antiamerikanismus gefährlich macht, ist aber nicht allein die Tatsache, dass er gesellschaftlich breit akzeptiert und allgegenwärtig ist, sondern dass es sich um einen großen Selbstbetrug handelt. Denn antiamerikanische Welterklärungen geben zwar vor, die ›wahren‹ Gründe für die gesellschaftlichen Ungerechtigkeiten und Zumutungen oder andere als negativ oder unübersichtlich empfundene Erscheinungen zu benennen; tatsächlich werden die gesellschaftlichen Verhältnisse jedoch gerade nicht reflektiert betrachtet und kritisiert, sondern lediglich deren unerwünschte, oberflächlich sichtbare Anteile abgespalten und projektiv auf Amerika zurückgeführt: politische Krisen, der »Finanzkapitalismus«, die kommerzialisierte Kultur. Es ist eine *konformistische Rebellion*, die sich stets nur gegen »Auswüchse« und deren vermeintliche Drahtzieher und Profiteure richtet und die herrschenden Verhältnisse auf diese Weise erträglicher zu machen sucht.[932]

So kommt der Antiamerikanismus zwar in einem aufgeklärten und fortschrittlichen Gewand daher, entpuppt sich bei näherer Betrachtung aber nur als ein oberflächliches Meinen, das vorgibt, den Grund für das Elend auf der Welt zu durchschauen: Ohne den verderblichen Einfluss Amerikas wäre demnach alles besser. Theodor W. Adorno schreibt über diese Art von ideologischer Meinung: »Sie bietet Erklärungen an, durch die man die

---

930 Beyer, *Die Soziologie des Antiamerikanismus*, S. 135.
931 Petersen, »Schleichende Zunahme des Antiamerikanismus«, (Hervorhebung nicht im Original).
932 Der Begriff der »konformistischen Rebellion« geht auf Detlev Claussen zurück; vgl. ders., *Was heißt Rassismus?*, S. 21.

widerspruchsvolle Wirklichkeit widerspruchslos ordnen kann, ohne sich groß dabei anzustrengen. Hinzu kommt die narzißtische Befriedigung, welche die Patentmeinung gewährt, indem sie ihre Anhänger darin bestärkt, sie hätten es immer gewußt und gehörten zu den Wissenden.«[933] Zugleich betont Adorno, dass diesem falschen Meinen eine »reale Ohnmacht des Einzelnen gegenüber der vergesellschafteten Apparatur« zugrunde liege; die »Identifikation mit der Macht und Herrlichkeit des Kollektivs« biete hierfür »Ersatz«. Dies ist das Paradox des Antiamerikanismus: dass er einem tiefen Unbehagen an den gesellschaftlichen Zuständen entspringt und diese doch nur mystifiziert, reproduziert und damit zementiert.

Im ersten Jahrzehnt des 21. Jahrhunderts fallen dabei zwei Schlüsselereignisse besonders ins Auge: das Aufbegehren gegen den »War on Terror« der USA sowie die Schuldzuschreibungen in der Finanz- und Wirtschaftskrise ab 2008. So war die Kritik an den Kriegsplänen der USA in Deutschland vermutlich nicht zuletzt deshalb so populär, weil sie auf einer Linie mit der deutschen Regierungspolitik lag und zugleich vom Einzelnen wenig forderte – ihm aber mit der Begründung, sich für etwas moralisch Hochstehendes wie den Frieden einzusetzen, zu einem neuen Selbstbewusstsein in der Gemeinschaft Gleichgesinnter verhalf.[934] Hinzu kam das gute Gefühl, die dunklen Seiten der deutschen Geschichte endgültig hinter sich zu lassen und endlich eine ›normale‹ Nation zu sein – in Abgrenzung zu den USA. Dagegen wird der von Deutschland mitgetragene Kriegseinsatz in Afghanistan bis heute mit einem anderen Maß gemessen, wie der Journalist Malte Lehming polemisch anmerkt: »Da wollen die Deutschen belogen werden, da sehnen sie sich nach Augenwischerei, da respektieren sie Stillhalteabkommen und Nebelkerzenwerfer. Anders ist nicht zu erklären, warum kein landesweites Lachkonzert einsetzt, wenn etwa die Verlängerung des Afghanistaneinsatzes der Bundeswehr damit begründet wird, dass rund um Kabul ein ›demokratischer Staat ohne Krieg, Korruption und Drogenanbau‹ entsteht.«[935]

Noch deutlicher zeigt sich das Muster der konformistischen Rebellion in der Debatte zur Finanz- und Wirtschaftskrise, wenn einzelne, in den USA sichtbare Krisenerscheinungen verabsolutiert, andere Aspekte dagegen ausgeblendet werden. Die kapitalistische Produktionsweise und der Verkauf der eigenen Arbeitskraft können so auch weiterhin als normal und

---

933 Dieses u. alle folgenden Zit. aus Adorno, »Meinung Wahn Gesellschaft«, S. 580.
934 Vgl. dazu auch Findeis, »Kritisch konform«.
935 Lehming, »Geliebte Lügner«.

natürlich affirmiert werden, während die darin angelegten Zumutungen dem Wirken der »Heuschrecken«, »Finanzkapitalisten« und »Spekulanten« aus den USA zugeschrieben werden. Moishe Postone schreibt, dabei offenbare sich ein »fetischistisches Denken«, dessen »zentrales Charakteristikum« die »verdinglichte[...] Gleichsetzung der abstrakten und dynamischen Herrschaft des globalen Kapitals mit den Vereinigten Staaten« ist.[936] In dieser Weltdeutung wird der deutsche Unternehmer unversehens zum ›sozialen Kapitalisten‹, der doch nur Gutes tun würde, wenn das amerikanische Kapital ihn nicht unter Zugzwang setzen würde.

Die grundsätzliche Identifikation mit den herrschenden Verhältnissen wird dabei auch über eine Verklärung des Vergangenen hergestellt – vor allem durch die stolze Beschwörung der ›goldenen Jahre‹ der alten Bundesrepublik, die von wirtschaftlichem Wohlstand und klaren politischen Verhältnissen geprägt waren. So wird die Illusion gewahrt, dass die Verhältnisse doch eigentlich in Ordnung wären, wenn nicht die »Amerikanisierung« um sich gegriffen und so vieles zum Schlechteren geführt habe. Die seit dem 19. Jahrhundert tradierten Bilder von der schöpferischen deutschen Arbeit, Uneigennützigkeit und kulturellen Tiefe dienen dabei der Untermalung – ebenso wie der Mythos von der einzigartigen Vielfalt der Traditionen in Europa. Es sind imaginierte deutsche oder europäische Eigenheiten, die der nackten kapitalistischen Verwertung entgegengesetzt erscheinen. So kann der »Raubtierkapitalismus« bequem als ein den Deutschen wesensfremdes Unglück rationalisiert werden, das, aus Amerika kommend, die ganze Welt bedroht. Was bleibt, ist das gute Gefühl, Amerika zumindest ideell und moralisch überlegen zu sein.

Dies erklärt, warum gerade das nationalisierende Deutungsmuster des Antiamerikanismus in der unübersichtlichen Welt des beginnenden neuen Jahrtausends so gut greift: Es gibt dem Übel einen festen Ort außerhalb des Selbst, suggeriert damit Halt und Orientierung in der Gemeinschaft – und verschafft der diffusen Angst und den Ohnmachtsgefühlen schnelle Erleichterung.

---

936 Postone, »Die Antinomien der kapitalistischen Moderne«, S. 450.

6. Antiamerikanismus heute: Sechs Thesen

Die Dimensionen des Antiamerikanismus in Deutschland sowie dessen Charakteristika sind, wie ich zu Beginn des Buches dargelegt habe, umstritten. Unter anderem deshalb, weil der Antiamerikanismus nach der Jahrtausendwende überwiegend mit der Außenpolitik der USA in Verbindung gebracht wird – nur selten wird er auch im Zusammenhang mit wirtschaftlichen und kulturellen Erscheinungen betrachtet. Zur Frage, was Antiamerikanismus überhaupt ist und welche individuelle oder gesellschaftliche Funktion er erfüllt, gibt es unzählige Meinungen. Übereinstimmung herrscht nur dahingehend, dass er sich als stereotypes Deutungsmuster auf der Einstellungsebene und in der öffentlichen sowie nicht-öffentlichen Kommunikation zeigt.

Vor diesem Hintergrund habe ich zunächst den medialen Diskurs in seiner ganzen Breite analysiert – getrennt nach politischen, wirtschaftlichen und kulturellen Themen –, um anschließend systematisch die zentralen Merkmale des Antiamerikanismus herauszuarbeiten und dessen diskursive und gesellschaftliche Funktion zu erörtern. Ein Rückblick auf die Geschichte sollte zudem zeigen, inwiefern die heutigen Erscheinungsformen des Antiamerikanismus neu oder beständig sind. Im Folgenden werde ich die wichtigsten Ergebnisse thesenhaft zusammenfassen.

Erstens: Der Antiamerikanismus stellt im medialen Mainstream Deutschlands ein Welterklärungsmuster dar, das im Zusammenhang mit wirtschaftlichen Themen am stärksten ausgeprägt ist.

In diesem Diskursbereich ist der Antiamerikanismus allgegenwärtig und erscheint oft in geschlossener Form – ob es um die Beschreibung der Globalisierung als »Amerikanisierung«, die Schuldzuweisungen an US-Finanzinvestoren begzüglich des Niedergangs deutscher Unternehmen oder die Deutung der Finanzkrise als Krise des »amerikanischen Kapitalismus« geht.

Im Bereich der Politik überwiegt dagegen eine überspitzte Kritik, die immer wieder in hasserfüllte, dämonisierende Anschuldigungen umschlägt, nach denen die USA für zahlreiche Kriege und Konflikte allein verantwortlich seien und mit ihrer egoistischen, anti-rechtsstaatlichen Politik die ganze Welt zugrunde richteten. Im kulturellen Diskursbereich taucht der Antiamerikanismus wiederum eher fragmentarisch auf, wobei hier die Klage über die kommerzielle und oberflächliche amerikanische »Unkultur« dominiert, die weltweit alles gleichmache. Derartige antiamerikanische Deutungen des wirtschaftlichen, politischen und kulturellen Geschehens finden sich in fast allen großen deutschen Print-, Rundfunk- und Online-Medien. Befeuert werden sie oftmals durch Äußerungen von Politikern, Wirtschaftsakteuren oder prominenten Künstlern und Intellektuellen. Dabei fällt auf, dass der Antiamerikanismus nicht bestimmten politischen Milieus oder Medien zugeordnet werden kann. Es handelt sich um ein Welterklärungsmuster, das im gesellschaftlichen Mainstream breit verankert und akzeptiert ist.

Zweitens: Die narrative Form des antiamerikanischen Welterklärungsmusters wird durch vier grundlegende Strukturprinzipien bestimmt – Dualismus, Projektion, Selbstaufwertung und Verschwörungsdenken.

Erst innerhalb dieser spezifischen Struktur erhalten die einzelnen Stereotype einen antiamerikanischen ›Sinn‹. Dabei korrespondiert die projektive Zuschreibung negativer politischer, wirtschaftlicher und kultureller Vorgänge zu Amerika mit einer kollektiven moralischen Selbstaufwertung, so dass ein dualistisches Bild entsteht: ›Amerika‹ gegen ›uns‹. Im Extremfall kann sich dies zur Verschwörungstheorie ausweiten – in einer derartigen wahnhaften Vorstellung regiert Amerika dann die ganze Welt. Es ist dieses Zusammenspiel von Dualismus, Projektion, Selbstaufwertung und – zugespitzt – Verschwörungsdenken, das die Kritik zum Antiamerikanismus gerinnen lässt. Entscheidend sind dabei nicht einzelne Aussagen, sondern der diskursive Zusammenhang, in dem diese stehen. Die drei Detailanalysen belegen aber auch am Einzelfall, wie sich die widerspruchsvolle Wirklichkeit nach diesem Muster scheinbar widerspruchslos ordnen und in Form einer runden Geschichte erzählen lässt. Sie zeigen zudem beispielhaft, dass sich das antiamerikanische Welterklärungsmuster nicht nur in journalistischen Texten findet, sondern auch in Fernsehfilmen und in der Popkultur. Es ist gerade deshalb so wirkmächtig, weil es jeder kennt.

Drittens: Der Antiamerikanismus hat die ideologische Funktion, die unübersichtliche Lebenswirklichkeit im 21. Jahrhundert scheinbar schlüssig zu erklären und einen vermeintlich Schuldigen für gesellschaftliche Missstände und Krisen zu benennen.

Die stereotype Verdammung Amerikas und der Amerikaner als gefährlich, eigennützig, profitgierig, künstlich, oberflächlich und dekadent kann als projektive Verschiebung abgelehnter sowie abstrakt und bedrohlich erscheinender gesellschaftlicher Tendenzen, aber auch verleugneter Wünsche auf ein Äußeres verstanden werden. So erscheint die Welt wieder klar und übersichtlich. Demnach verdichtet sich der Antiamerikanismus heute vor allem im wirtschaftlichen Diskursbereich zur Ideologie: Hier stellt er den Versuch dar, die undurchschaubaren, als negativ erachteten Erscheinungen des globalisierten – oder besser: entgrenzten und hybridisierten – Kapitalismus zu rationalisieren, indem Amerika die Schuld daran gegeben wird. Die in Teilen des medialen Diskurses eher fragmentarisch verbreiteten antiamerikanischen Vorurteile oder Ressentiments sind hingegen nicht zwangsläufig ideologisch. Sie leisten aber einem Denken Vorschub, das nach einfachen Erklärungen sucht.

Viertens: Der Antiamerikanismus radikalisiert sich zusätzlich, indem er Elemente des Antisemitismus aufnimmt.

So verbindet sich der Antiamerikanismus stellenweise mit offenem Antisemitismus – vor allem, wenn es um die vermeintliche Macht der amerikanischen Juden und das Zusammenwirken der USA und Israels geht. Neben diesen direkten Verknüpfungen enthält der Antiamerikanismus aber auch stereotype Bilder, die aus dem Antisemitismus bekannt sind, und weist in Teilen strukturelle Parallelen auf. Dies kann damit erklärt werden, dass der Antisemitismus, der sich im 19. Jahrhundert herausbildete, ebenfalls ein ideologisches Welterklärungsmuster in der kapitalistischen Moderne darstellt. Allerdings gibt es einen fundamentalen Unterschied: Der Antisemitismus richtete sich gegen eine gesellschaftliche Minderheit – und hatte eine gewalttätige, mörderische Praxis. Daher muss betont werden, dass die Überschneidungen ausschließlich in der Denkweise auszumachen sind. Der Antiamerikanismus ist dabei heute auch deshalb so erfolgreich, weil es hier – im Gegensatz zum Antisemitismus – kaum eine Hemmschwelle in der öffentlichen Debatte gibt. Die fraglos mächtige Stellung der USA macht das Land in dieser Hinsicht zu einer idealen Projektionsfläche.

Fünftens: Der Antiamerikanismus dient auch als Treibmittel zu einem ungehemmten, scheinbar fortschrittlichen Nationalismus.

Indem der Antiamerikanismus negative gesellschaftliche Erscheinungen auf Amerika verlagert, erzeugt er ein falsches Gefühl von Sicherheit in der heimeligen Welt des nationalen Kollektivs und verschafft kulturelle Distinktion. Dies erleichtert dem Einzelnen die Identifikation mit der Nation – in einer Zeit, die von wirtschaftlicher und kultureller Entgrenzung sowie einem Steuerungsverlust der Nationalstaaten geprägt ist. Da Amerika als Drahtzieher hinter der Globalisierung gewittert wird, stellt es im antiamerikanischen Denken eine regelrechte ›Anti-Nation‹ dar, die alle anderen Nationen und Kulturen auf der Welt bedroht. Der Antiamerikanismus erweckt den Schein, eine fortschrittliche Gegenbewegung zu dieser Bedrohung zu sein. Im Falle Deutschlands ermöglicht er zudem erst wieder ein offensives Bekenntnis zur Nation. Denn nach den NS-Verbrechen, den Weltkriegs-Niederlagen und der Anwesenheit der US-Besatzungsmacht im Kalten Krieg dreht die dämonisierende, hämische Abwertung Amerikas das deutsch-amerikanische Verhältnis auf einer imaginären Ebene wieder um: ›Wir‹ sind jetzt die ›Guten‹ – und müssen uns nicht mehr unterlegen fühlen. Am deutlichsten demonstrieren dies die wiederholten Gleichsetzungen der USA mit NS-Deutschland. Auf der europäischen Ebene wiederum erhält der Antiamerikanismus die willkommene Funktion, eine gemeinsame Identität neu zu konstruieren – eine Identität, die vor allem anders als die amerikanische sein soll. Diese Identitätskonstruktion durch Abgrenzung verdeckt die divergierenden Interessen der EU-Staaten und das demokratische Defizit der Europäischen Union.

Sechstens: Zwar hat sich der Antiamerikanismus historisch verändert, jedoch ist nicht absehbar, dass er bald verschwinden wird.

Wie der Blick auf die Geschichte zeigt, waren antiamerikanische Deutungen auch in früheren Umbruch- und Krisenzeiten populär. Es handelt sich aber keineswegs um eine ewige Wiederkehr des Gleichen. So wurden die USA bis weit ins 20. Jahrhundert hinein für ihre demokratische Gesellschaftsordnung verachtet – heute werden ihnen diesbezüglich starke Defizite attestiert. Die Außenpolitik von US-Präsident George W. Bush hat dabei zweifellos als Verstärker gedient. Doch auch unter seinem Nachfolger Barack Obama lebt der Antiamerikanismus fort: Die anfängliche übersteigerte Begeisterung wich schon bald der enttäuschten Klage, dass Obama politisch gescheitert sei und sich in vielerlei Hinsicht kaum anders als Bush verhalte. So erscheint das Bild vom rückständigen Amerika einmal mehr bestätigt. Die starken Schuldzuschreibungen in der Finanz- und Wirtschaftskrise zeigen wiederum, dass der Antiamerikanismus hier Elemente des antisemitischen, aber auch des antibritischen Ressentiments übernommen hat, wie es an der Wende zum 20. Jahrhundert verbreitet war – einer Zeit, in der viele Menschen ebenfalls von gesellschaftlichen Umbrüchen und Globalisierungsprozessen verunsichert waren. Wie sich der Antiamerikanismus in Zukunft entwickeln wird, ist somit kaum vorhersehbar. Vorerst deutet wenig darauf hin, dass er schnell verschwindet.

* * *

Der Antiamerikanismus im medialen Diskurs in Deutschland, der hier im Blickpunkt stand, ist nicht repräsentativ. Vieles erscheint in den Massenmedien geglättet, anderes zugespitzt. Jedoch geben die zitierten Beispiele eine im gesellschaftlichen *Mainstream* verbreitete und (re)produzierte Stimmung wieder, die Ausdruck einer Suche nach einfachen Erklärungen und Interventionsmöglichkeiten angesichts der tiefgreifenden Umbrüche zu Beginn des neuen Jahrtausends ist. Zugleich dienen antiamerikanische Deutungen auch dazu, die eigene Verantwortung für unliebsame gesellschaftliche Vorgänge kleinzureden oder das Handeln deutscher Politiker und Wirtschaftsakteure zu legitimieren – ob bewusst oder unbewusst. Der mediale Diskurs stellt dabei nur *eine* Ebene dar, gewissermaßen an der Oberfläche. Dieser Diskurs hat aber Wirkungsmacht, weil er Deutungsansätze für politische, wirtschaftliche und kulturelle Entwicklungen liefert, eine wichtige Rolle bei der Meinungsbildung spielt und das Feld des öffentlich Sagbaren in der Gesellschaft markiert.

Doch antiamerikanische Welterklärungen sind falsche Antworten. Denn sie erwecken zwar den Anschein, gesellschaftskritisch zu sein, beschwören aber oftmals nur den Status quo – und mehr noch eine idyllisierte Vergangenheit. So leistet der Antiamerikanismus einer Entdemokratisierung der Gesellschaft Vorschub: Er ist Ausdruck einer konformistischen Haltung, die sich nur gegen gesellschaftliche ›Auswüchse‹ und deren vermeintliche Verursacher richtet, statt die Herrschaftsverhältnisse in ihrer Komplexität und Widersprüchlichkeit zu reflektieren und mehr Demokratie einzufordern – ob in Deutschland, Europa oder Amerika. Und vor allem quer zu den nationalstaatlichen Grenzen, wie es heute nötig wäre. Damit läuft das antiamerikanische Aufbegehren zwangsläufig ins Leere, es bleibt ohne Konsequenz für die Missstände in der Gesellschaft. Und mehr noch: Es suggeriert, dass bei ›uns‹ doch eigentlich alles in Ordnung wäre, wenn der große Übeltäter Amerika die Welt nicht ins Unglück stürzen würde. Der Antiamerikanismus kleistert real vorhandene Probleme also zu und befördert einen nationalen Chauvinismus. Vor allem in Krisenzeiten ergibt sich daraus ein gefährliches Gebräu aus Hass, Neid und Wahn.

Es ist unbestritten, dass Journalismus ohne Zuspitzungen, stereotype Bilder und spannende Geschichten nicht funktioniert. Wir brauchen »Bilder in unseren Köpfen« (Walter Lippmann), um in der Welt zurechtzukommen. Die Ambivalenz und Abstraktheit moderner Vergesellschaftung lässt sich aber nicht in Schwarz-Weiß-Kategorien pressen. Gerade in Zeiten gesellschaftlicher Umbrüche, Verunsicherungen und Ängste muss die Rolle der Medien darin bestehen, die soziale Wirklichkeit differenziert und kritisch zu durchdringen. Dazu gehört auch, dualistische Deutungen und projektive Schuldzuweisungen zu vermeiden. Der *Zeit*-Journalist Gunter Hofmann schreibt, es sei dringend erforderlich, »daß die moderne Demokratie über ihre eigenen Defizite und Deformationen laut reflektiert«.[937] Eine *solche* Debatte aber, die im besten Sinne gesellschaftskritisch wäre, findet in den Medien bislang kaum statt.

Dieses Buch sollte dazu beitragen, antiamerikanische Weltdeutungen besser erkennen und überwinden zu können. Das mag oft hoffnungslos erscheinen, darf jedoch nicht aufgegeben werden. Denn die Frage, wie wir mit gesellschaftlichen Problemen umgehen, berührt den Kern der Demokratie. Für den Anfang wäre schon viel damit gewonnen, Reflexion und Differenzierung zu verstärken. Antiamerikanische Welterklärungen sind das Gegenteil: sie sind konformistisch oder gar reaktionär.

---

937 Hofmann, »Das Soziale und der Zeitgeist«, S. 55.

Abbildungen

1: Graffiti am Café Five Elephant, Reichenberger Str. 101 in Berlin-Kreuzberg, 30.8.2011 (Foto: Tobias Jaecker).

2: Faltblatt »The Secret Diagram 1« von Gerhard Seyfried (Ausschnitte), Beilage in: Mathias Bröckers, *Verschwörungen, Verschwörungstheorien und die Geheimnisse des 11.9.* (30. Aufl.), Frankfurt/Main 2003 (Reproduktion).

3: TV-Dokumentation »9/11 Mysteries« (Ausschnitt), Vox, 11.9.2008 (Screenshot).

4: Titelseite *Der Spiegel*, Nr. 10/1.3.2003 (Reproduktion).

5: Cover des Buches *Mit Gott gegen alle. Amerikas Kampf um die Weltherrschaft* von Peter Pilz, Stuttgart 2003 (Reproduktion).

6: Cartoon »Amerikanische Verhältnisse« von F. N.-Beyer, in: *Air Berlin Magazin*, Nr. 2/2005, S. 126 (Reproduktion).

7: Titelseite *Der Spiegel*, Nr. 30/21.7.2008 (Reproduktion).

8: Titelseite *stern*, Nr. 31/24.7.2008 (Reproduktion).

9: Titelseite *Bild*, 24.7.2008 (Reproduktion).

10: Titelseite *die tageszeitung*, 7.1.2010 (Reproduktion).

11: Artikel »Wie man Terroristen fördert« von Rudolf Augstein, in: *Der Spiegel*, Nr. 45/5.11.2001, S. 142–143 (Reproduktion).

12: Titelseite *Der Spiegel*, Nr. 34/18.8.2003 (Reproduktion).

13: Titelseite *Der Spiegel*, Nr. 28/8.7.2002 (Reproduktion).

14: Titelseite *metall*, Nr. 5/2005 mit Illustration von Silvan Wegmann (Reproduktion).

15: Illustration von Silvan Wegmann, in: *metall*, Nr. 5/2005, S. 16 (Reproduktion).

16–17: Illustrationen von Reinhard Alff, in: Vereinte Dienstleistungsgewerkschaft ver.di, Bundesvorstand (Hg.), *Finanzkapitalismus – Geldgier in Reinkultur!*, Berlin 2007, S. 5 u. 23 (Reproduktion).

18: Titelseite *Der Spiegel*, Nr. 51/18.12.2006 (Reproduktion).

19: Titelseite *stern*, Nr. 44/21.10.2004 (Reproduktion).

20–23: TV-Film »Tatort: Tod einer Heuschrecke« (Ausschnitte), ARD, 16.3.2008 (Screenshots).

24: Bebilderung des Artikels »Der entfesselte Gulliver« von Erich Follath/Gerhard Spörl, in: *Der Spiegel*, Nr. 12/17.3.2003, S. 116 (Reproduktion).

25: Artikel »US-Kids sind fett und faul« (pap/AJPM) mit Foto von dpa, in: *Focus Online*, 27.1.2007, www.focus.de/gesundheit/ernaehrung/news/kindergesundheit_aid_123485.html (abgerufen am 3.4. 2012, Screenshot).

26: Illustrationen im Presseheft »Super Size Me. Ein echt fetter Film« (hg. von Prokino München), 2004, www.super-size-me.de/presseheft_ SuperSizeMe.pdf (abgerufen am 2.1.2009, Reproduktion).

27: Bebilderung der Online-Ausgabe des Artikels »Ein Anflug von Alcatraz« von Dieter Bartetzko mit Foto von ddp, in: *FAZ.net*, 4.7.2008, www.faz.net/aktuell/feuilleton/debatten/amerikanische-botschaft-in-berlin-ein-anflug-von-alcatraz-1671311.html (abgerufen am 4.3.2012, Screenshot).

28–40: Musikvideo »Amerika« von Rammstein (Ausschnitte), 2004, www.youtube.com/watch?v=4NAM3rIBG5k (abgerufen am 3.4.2012, Screenshots).

Quellen

Achilles, Achim: »Werdet Handballer!«, in: *Spiegel Online*, 4.2.2007, www.spiegel.de/ sport/sonst/0,1518,464225,00.html.

Ahlemeier, Melanie: »Die Republik braucht Opel«, in: *Süddeutsche.de*, 17.11.2008, www.sueddeutsche.de/wirtschaft/993/333846/text.

Ahlswede, Eduard: *In Gottes eigenem Land. Ein Blick ins »Dollar-Paradies«*, Berlin 1942.

Alper, Loretta/Jeremy Earp: »War made easy – Wie Amerikas Präsidenten lügen« (TV-Dokumentation), WDR-Fernsehen, 6.10.2008, www.video.google.com/ videoplay?docid=-7277676864019416774 (abgerufen am 17.10. 2009).

»Amerikas Bohème« (Programmankündigung), Arte, 29.6.2007, www.arte.tv/de/ TV-Programm/1605492.html.

Amt für Information der Regierung der DDR (Hg.): *Ami go home! Warum die Amis heimgehen sollen* (Reihe: Die Wahrheit dem Volke, Nr. 7), Berlin 1950.

Andresen, Karen/Ralf Beste/Jürgen Leinemann/Gerhard Spörl/Alexander Szandar: »Freund oder Feind?«, in: *Der Spiegel*, Nr. 40/30.9.2002.

»Anne Will« (TV-Talkshow), ARD, 19.10.2008.

Aretz, Eckart: »Zurück zum ›Rheinischen Kapitalismus‹?« (Interview mit Werner Abelshauser), in: *tagesschau.de*, 8.10.2008, www.tagesschau.de/wirtschaft/ bankenkrise118.html.

»Arroganz einer Weltmacht« (o. V.), in: *Der Tagesspiegel*, 25.1.2003.

»Artour« (TV-Magazin), MDR-Fernsehen, 9.11.2006.

»Asoziales Verhalten« (o. V.), in: *metall*, Nr. 5/2005, S. 3.

Assheuer, Thomas: »Pleite der letzten Utopie«, in: *Die Zeit*, Nr. 40/25.9.2008.

Augstein, Rudolf: »Wie man Terroristen fördert«, in: *Der Spiegel*, Nr. 45/5.11.2001, S. 142–143, www.spiegel.de/spiegel/print/d-20521348.html.

Avenarius, Tomas: »Terror und kein Ende«, in: *Süddeutsche Zeitung*, 27.4.2006.

Avery, Dylan: »Loose Change« (Video, 2nd Edition, deutsch), ww.youtube.com/ watch?v=KUlG5kzrf50 (abgerufen am 14.1.2011).

Avnery, Uri: »Obamas unterwürfige Rede vor der Lobbygruppe AIPAC«, in: *telepolis*, 9.6.2008, www.heise.de/tp/r4/artikel/28/28096/1.html.

Bahr, Hans-Eckehard: *Erbarmen mit Amerika. Deutsche Alternativen*, Berlin 2003.

Balzli, Beat/Klaus Brinkbäumer/Jochen Brenner/Ullrich Fichtner/Hauke Goos/ Ralf Hoppe/Frank Hornig/Ansbert Kneip: »Der Bankraub«, in: *Der Spiegel*, Nr. 47/17.11.2008.

Balzli, Beat/Klaus Brinkbäumer/Frank Hornig/Hans Hoyng/Armin Mahler/ Alexander Neubacher/Wolfgang Reuter/Christoph Pauly/Michael Sauga:»Der Offenbarungseid«, in: *Der Spiegel*, Nr. 40/29.9.2008.

Balzli, Beat/Christoph Pauly/Marcel Rosenbach/Thomas Tuma:»Der große Schlussverkauf«, in: *Der Spiegel*, Nr. 51/18.12.2006.

Bandbreite:»Selbst gemacht« (Musikvideo), 2007, www.diebandbreite.de/videoselbst-gemacht (abgerufen am 14.1.2011).

Bartetzko, Dieter:»Ein Anflug von Alcatraz«, in: *Frankfurter Allgemeine Zeitung*, 4.7. 2008.

Barth, Rüdiger/Bernd Volland:»McKlinsey im Herbergerland«, in: *stern*, 16.3.2006.

Bastian, Till: *55 Gründe, mit den USA nicht solidarisch zu sein – und schon gar nicht bedingungslos*, Zürich 2002.

Becker, Peter von:»Der Colt als Leitkultur«, in: *Der Tagesspiegel*, 18.4.2007.

— »Was des Staates ist«, in: *Der Tagesspiegel*, 26.10.2008.

Behrendt, Dirk:»Burger haben keine Bärte«, in: *Der Tagesspiegel*, 22.5.2007.

Beste, Ralf/Winfried Didzoleit/Hans Hoyng/Olaf Ihlau/Uwe Klußmann/Dirk Koch/Romain Leick/Andreas Lorenz/Gerhard Spörl:»Die Herren der Welt«, in: *Der Spiegel*, Nr. 17/19.4.2003.

Beste, Ralf/Matthias Geyer/Tina Hildebrandt/Horand Knaup/Alexander Szandar: »Du musst das hochziehen««, in: *Der Spiegel*, Nr. 13/ 24.3.2003.

Beste, Ralf/Konstantin von Hammerstein/Hans Hoyng/Olaf Ihlau/Siegesmund von Ilsemann/Dirk Koch/Romain Leick/Gerhard Spörl/Gabor Steingart: »Gewaltiger Sturm«, in: *Der Spiegel*, Nr. 5/27.1.2003.

Biermann, Kai:»Die Google-Republik«, in: *Zeit Online*, 13.1.2010, www.zeit.de/ digital/internet/2010-01/google-china-zensur-3.

Biskup, Harald:»Wir werden sicher Federn lassen««, in: *Kölner Stadt-Anzeiger*, 19.2. 2009.

Bölsche, Jochen:»Der Krieg, der aus dem Think Tank kam«, in: *Spiegel Online*, 4.3. 2003, www.spiegel.de/politik/ausland/0,1518,238643,00.html.

Bölsche, Jochen:»So muss die Hölle aussehen«, in: *Der Spiegel*, Nr. 2/ 6.1.2003.

Böttger, Miriam:»Provinztankstelle oder Flughafenhotel?« (TV-Beitrag), in: »aspekte«, ZDF, 30.5.2008.

Boie, Johannes:»Kreuzberg am Rande des Burger-Kriegs«, in: *Der Tagesspiegel*, 15.5. 2007.

Bonn, Moritz Julius: *Amerika und sein Problem*, München 1925.

Braun, Ilja:»Wem die Schrift gehört«, in: *Der Tagesspiegel*, 21.2.2009.

Brecht, Bertolt:»Verschollener Ruhm der Riesenstadt New York«, in: ders., *Werke*, Bd. 11, Frankfurt/Main 2000, S. 243–249.

Brichzi, Dirk:»Beckham soll der neue Jordan werden«, in: *Spiegel Online*, 12.1.2007, www.spiegel.de/sport/fussball/0,1518,459279,00.html.

Brinkbäumer, Klaus/Marc Hujer:»Der Menschenfänger«, in: *Der Spiegel*, Nr. 7/ 11.2.2008.

Bröckers, Mathias: »Aktenzeichen 9/11 (un)gelöst«, in: *telepolis*, 31.12.2002, www.heise.de/tp/r4/artikel/13/13880/1.html.

— »Harry Plotter und die Teppichmesser des Schreckens«, in: *telepolis*, 27.7.2004, www.heise.de/tp/r4/artikel/17/17964/1.html.

— *Verschwörungen, Verschwörungstheorien und die Geheimnisse des 11.9.* (30. Aufl.), Frankfurt/Main 2003.

Brunner, Willy/Gerhard Wisnewski: »Aktenzeichen 11. 9. ungelöst« (TV-Dokumentation), WDR-Fernsehen, 20.6.2003, www.video.google.com/videoplay?docid=-5403910860750170143 (abgerufen am 9.1.2011).

»Bsirske: Öffentlicher Dienst ist kampfbereit« (dpa), in: *FAZ.net*, 1.2.2006, www.faz.net/aktuell/wirtschaft/unternehmen/streik-bsirske-oeffentlicher-dienst-ist-kampfbereit-1306112.html.

Bülow, Andreas von: *Die CIA und der 11. September. Internationaler Terror und die Rolle der Geheimdienste*, München 2003.

Büschemann, Karl-Heinz: »Der Zahlenmensch«, in: *Süddeutsche Zeitung*, 9.12.2008.

Busche, Andreas: »Schock fürs Popcornpublikum«, in: *die tageszeitung*, 29.5.2008.

Bylow, Christina: »Du sollst nicht mitspielen«, in: *Berliner Zeitung*, 29.5.2008.

Calebow, Wolf: »Der Einfluß der Neokonservativen« (Leserbrief), in: *Frankfurter Allgemeine Zeitung*, 17.11.2004.

»Das alte Europa antwortet Herrn Rumsfeld« (div. Verf.), in: *Frankfurter Allgemeine Zeitung*, 24.1.2003.

Dausend, Peter/Stephan Haselberger: »Wir sind alle Amerikaner«, in: *Die Welt*, 13.9.2001.

Delekat, Thomas: »Wie Opel von General Motors leergesaugt wird«, in: *Die Welt*, 11.3.2009.

Deschner, Karlheinz: *Der Moloch. Zur Amerikanisierung der Welt*, Stuttgart 1992.

Dettmer, Markus/Jan Fleischhauer/Alexander Jung/Christian Reiermann: »Gier ohne Grenzen«, in: *Der Spiegel*, Nr. 28/8.7.2002.

Deupman, Ulrich/Bernhard Kellner: »›Kapitalismus mag ich nicht‹« (Interview mit Franz Müntefering), in: *Bild am Sonntag*, 16.4.2005.

»Die Israel-Lobby im Deutschen Fernsehen« (o. V.), in: *National-Zeitung*, Nr. 33/2005.

»Deutsche leugnen ihrer Identität« (oll.), in: *Frankfurter Allgemeine Zeitung*, 12.9.2005.

»Die Medienszene in den USA« (TV-Beitrag), in: »Zapp«, NDR-Fersehen, 4.5.2005.

Disselhoff, Felix: »Obama, der Nazi-Muslim«, in: *stern.de*, 19.8.2009, www.stern.de/politik/ausland/konservative-in-den-usa-obama-der-nazi-muslim-1504018.html.

Dörr, Nicole: »Attac plant im November Demonstrationen in Europa« (Interview mit Bernard Cassen), in: *Der Tagesspiegel*, 17.10.2001.

Drewermann, Eugen: »Vorwort«, in: Geiko Müller-Fahrenholz, *In göttlicher Mission. Politik im Namen des Herrn – Warum George W. Bush die Welt erlösen will*, München 2003, S. 13–26.

Eigendorf, Jörg/Eckhard Fuhr: »Ist der Kapitalismus noch zu retten?« (Streitgespräch), in: *Die Welt*, 25.9.2008.

»Empörung in Berlin und Paris über Washington« (ban./Lt./rüb.), in: *Frankfurter Allgemeine Zeitung*, 24.1.2003.

Enzensberger, Hans Magnus: »USA: Organisationsfrage und revolutionäres Subjekt. Fragen an Herbert Marcuse«, in: *Kursbuch 22: Nordamerikanische Zustände* (hg. von Hans Magnus Enzensberger), Berlin 1970, S. 45–60.

»extra« (TV-Magazin), RTL, 24.11.2006.

Finkelstein, Norman: *Die Holocaust-Industrie. Wie das Leiden der Juden ausgebeutet wird*, München 2002.

»Fische mit dem Lasso fangen verboten!« (o. V.), in: *Bild.de*, 7.3.2006, www.bild.de/BTO/news/ablachen/verrueckte-gesetze-usa/verrueckte-gesetze-usa.html.

Flassbeck, Heiner: »Heuschreckenfraß«, in: *Frankfurter Rundschau*, 29.7.2006.

Follath, Erich/Hans Hoyng/Gerd Rosenkranz/Hilmar Schmundt/Gerhard Spörl: »Die Große Dunkelheit«, in: *Der Spiegel*, Nr. 34/18.8.2003.

Follath, Erich/Gerhard Spörl: »Der entfesselte Gulliver«, in: *Der Spiegel*, Nr. 12/17.3.2003.

Franke, Dörte: »Überdosis USA«, in: *die tageszeitung*, 14.6.2003.

Frey, Eric: *Schwarzbuch USA*, Frankfurt/Main 2004.

Freytag, Gustav: *Soll und Haben. Roman in sechs Büchern*, München 1953.

Friedrich, Jörg: *Der Brand. Deutschland im Bombenkrieg 1940–1945*, München 2002.

Fritz-Vannahme, Joachim/Petra Pinzler: »Die gefallenen Sterne«, in: *Die Zeit*, Nr. 7/6.2.2003.

Fuhr, Eckhard: »Freddie Mac – ein Name wie ein Hollywood-Star« (Interview mit Wolfgang Schivelbusch), in: *Die Welt*, 21.7.2008.

Gansel, Jürgen: »Erklärung zu der Aktuellen Debatte anläßlich der Bombardierung Dresdens 1945«, 26.1.2005, www.npd-fraktion-sachsen.de/fra_startseiten/aktuell.html.

Gaschke, Susanne: »Auf dem Rücken des Autors«, in: *Die Zeit*, Nr. 15/2.4.2009.

— »Im Google-Wahn«, in: *Die Zeit*, Nr. 3/14.1.2010.

Gauland, Alexander: »Konservative Skepsis gegen Amerika«, in: *Die Welt*, 20.1.2003.

— »Mehr Respekt vor der arabischen Welt«, in: *Die Welt*, 20.9.2001.

Gehrs, Oliver: »Such den Judenhasser«, in: *Dummy Magazin*, Nr. 8/2005.

»Gesundheitsreform wird zum Kulturkampf« (nb/dpa), in: *Focus Online*, 12.8.2009, www.focus.de/politik/ausland/barack-obama-gesundheitsreform-wird-zum-kulturkampf_aid_425700.html.

»Globalismus am Beispiel von Bernie Madoff« (o. V.), in: *National Journal*, 1.1.2009, www.globalfire.tv/nj/09de/globalismus/madoff.htm.

Goethe, Johann Wolfgang von: »Zahme Xenien: Den vereinigten Staaten«, in: ders.: *Nachgelassene Werke*, Bd. 16, Stuttgart und Tübingen 1842, S. 96.

Göttler, Fritz: »Schock von links«, in: *Süddeutsche Zeitung*, 11.2.2009.

Grünbein, Durs: »Die Verführung zur Freiheit«, in: *Der Spiegel*, Nr. 5/27.1.2003.

Günther, Markus: »Wahnsinn mit Methode«, in: *Kölner Stadt-Anzeiger*, 17.4.2007.

Güßgen, Florian: »Frauen sind neurotisch konfliktlustig'« (Interview mit Wim Wenders), in: *stern.de*, 26.8.2005, www.stern.de/unterhaltung/film/:Wim-Wenders-Interview-Frauen/544381.html.

»Gummi-Twist. Spielen wir jetzt besser Fußball?« (o. V.), in: *Bild*, 4.9.2004.

Guratzsch, Dankwart: »Vom Reichtum des Deutschen«, in: *Die Welt*, 21.8.2007.

Habermas, Jürgen/Jacques Derrida: »Unsere Erneuerung. Nach dem Krieg: Die Wiedergeburt Europas«, in: *Frankfurter Allgemeine Zeitung*, 31.5.2003.

Häntzschel, Jörg: »Aufstieg und Fall des Empire«, in: *Süddeutsche Zeitung*, 1.2.2008.

— »Food Inc. – Essen aus der Traumfabrik«, in: *Süddeutsche Zeitung*, 25.6.2009.

Hage, Volker: »Das andere Amerika«, in: *Der Spiegel*, Nr. 41/7.10.2002.

Hahn, Dorothea/Daniela Weingärtner: »Brüssel war nicht informiert«, in: *die tageszeitung*, 31.1.2003.

Haider, Lars/Hendrik Werner: »Wir erleben einen digitalen Imperialismus'« (Interview mit Bernd Neumann und Michael Naumann), in: *Weser-Kurier*, 23.5.2010.

Halfeld, Adolf: *Amerika und der Amerikanismus. Kritische Betrachtungen eines Deutschen und eines Europäers*, Jena 1928.

— *USA greift in die Welt*, Hamburg 1941.

Hamm, Bernd: »Einleitung«, in: ders. (Hg.), *Gesellschaft zerstören. Der neoliberale Anschlag auf Demokratie und soziale Gerechtigkeit*, Berlin 2004, www.uni-kassel.de/fb5/frieden/themen/Globalisierung/hamm.html (abgerufen am 4.9. 2009).

Hanfeld, Michael: »Das Ende des privaten Fernsehens«, in: *Frankfurter Allgemeine Zeitung*, 21.7.2007.

Hank, Rainer: *Der amerikanische Virus. Wie verhindern wir den nächsten Crash?*, München 2009.

Hanselmann, Matthias: »Blüm fordert ›Renaissance der Arbeit'« (Interview mit Norbert Blüm), Deutschlandradio Kultur, 30.1.2009.

»Hart aber fair« (TV-Talkshow), ARD, 1.10.2008.

»Hart aber fair« (TV-Talkshow), ARD, 5.11.2008.

Hartwig, Ina: »Obamas Zähne«, in: *Frankfurter Rundschau*, 26.7.2008.

Haufler, Daniel: »Empfindsamkeit und Feingefühl«, in: *Berliner Zeitung*, 3.8.2009.

Haushofer, Karl: »Einführung zur ›Dollar-Diplomacy'«, in: Scott Nearing/Joseph Freeman, *Dollar-Diplomatie*, Berlin 1927, S. V–X.

Hawranek, Dietmar/Armin Mahler: »Auf welchem Stern leben wir?« (Interview mit Wendelin Wiedeking), in: *Der Spiegel*, Nr. 39/25.9.2006.

Hegel, Georg Wilhelm Friedrich: *Vorlesungen über die Philosophie der Geschichte* (Werke, Bd. 12), Frankfurt/Main 1986.

Heine, Heinrich: *Über Ludwig Börne*, Hamburg 1862.

Heine, Matthias: »Im Herzen des Burger-Wahnsinns«, in: *Die Welt*, 28.2.2007.

»Heinz Rudolf Kunze beklagt ›kulturellen Weltkrieg'« (AP), in: *Yahoo Nachrichten*, 4.3.2005, de.news.yahoo.com/050304/12/4fzkg.html.

Hellmann, Frank/Jan Christian Müller: »Die Bundesliga muckt auf«, in: *Frankfurter Rundschau*, 10.10.2005.

Helmes, I.: »Zwischen allen Stühlen«, in: *Süddeutsche.de*, 28.7.2009, www.sueddeutsche.de/politik/585/482050/text.

Henkel, Martin: »Beckham geht nach Hollywood«, in: *Die Welt*, 11.1.2007.

Herre, Sabine: »Wann ist ein Wein ein Wein?«, in: *die tageszeitung*, 15.12.2005.

Herwig, Marc: »McDonald's hat Kreuzberg erobert«, in: *Mitteldeutsche Zeitung*, 14.9. 2007.

Hillgruber, Katrin: »Das Zirpen des Kapitalismus«, in: *Der Tagesspiegel*, 16.3.2008.

Höbel, Wolfgang/Thomas Hüetlin: »»Kulturkampf? Ich bin dabei!«« (Interview mit Peter Zadek), in: *Der Spiegel*, Nr. 29/14.7.2003.

Homburger, Froben: »»Armut macht krank«« (Interview mit Jörg-Dietrich Hoppe), *The Associated Press (AP)*, 16.4.2006.

Hoyng, Hans: »So erloschen der Glanz«, in: *Der Spiegel*, Nr. 37/27.8.2007.

Hoyng, Hans/Gerhard Spörl: »Krieg aus Nächstenliebe«, in: *Der Spiegel*, Nr. 8/ 17.2.2003.

Hübner, Rainer: »Genug ist genug«, in: *Capital*, Nr. 20/14.9.2006.

Hüetlin, Thomas: »Donald Duck im Klassenkampf«, in: *Der Spiegel*, Nr. 47/18.11. 2002.

Hülsemann, Johann Georg: *Geschichte der Democratie in den Vereinigten Staaten von Nord-America*, Göttingen 1823.

Initiativkreis Mediaspree versenken: »KEIN Disney in Kreuzberg: Anschutz und O2-World«, in: *Smash media spree Info*, Nr. 1/2008.

Jaenecke, Heinrich: »Kolumne«, in: *stern*, Nr. 40/2001.

Jaud, Tommy: *Vollidiot*, Berlin 2004.

Jentzsch, Barbara: »Fast Food Nation«, in: *Freitag*, Nr. 14/30.3.2001.

Joseph, Peter: »Zeitgeist: The Movie« (Video), 2007, www.zcitgcistmovie.com (abgerufen am 3.3.2011).

Junge Nationaldemokraten Osnabrück (Hg.): »Neuigkeiten aus Persien«, 17.6.2009, www.jn-osnabrueck.de/index.php?option=com_content&task=view&id=313 &Itemid=169.

Jungholt, Thorsten/Lars Gartenschläger: »Basteleien des Zauberlehrlings«, in: *Berliner Morgenpost*, 12.6.2005.

Kaden, Wolfgang: »Neue Banker braucht die Welt«, in: *Spiegel Online*, 1.4.2008, www.spiegel.de/wirtschaft/0,1518,544605,00.html.

— »Warum die US-Finanz ein schlechtes Vorbild ist«, in: *Spiegel Online*, 19.5.2008, www.spiegel.de/wirtschaft/0,1518,554044,00.html.

Kage, Jan: »DAF: Der Sheriff«, in: *Fluter.de*, 20.2.2003, www.fluter.de/de/energie2/ lesen/1592/?tpl=162.

Keil, Lars-Broder: »Als Hitler mit Hitler vergolten wurde – der Bombenkrieg«, in: *Die Welt*, 1.11.2004.

»Kein Bedauern über Verlust des World Trade Center« (o. V.), in: *Spiegel Online*, 15.10.2001, www.spiegel.de/panorama/0,1518,162482,00.html.

»Kein deutscher Mini-Penis für die USA« (dpa/krei), in: *Welt Online*, 12.7.2007, www.welt.de/kultur/article1021526/Kein_deutscher_Mini_Penis_fuer_die_USA.html.

Kinkel, Lutz: »Anglizismen sollen auf den Müll«, in: *stern.de*, 20.3.2007, www.stern.de/politik/deutschland/585136.html.

Kipuros, Kostas: »9/11 – Schlammschlacht um die Hintergründe eines Anschlags«, in: *Leipziger Volkszeitung*, 9.10.2003.

Klau, Thomas: »Im patriotischen Morast«, in: *Financial Times Deutschland*, 22.6.2006.

Klein, Naomi: *Die Schock-Strategie. Der Aufstieg des Katastrophen-Kapitalismus*, Frankfurt/Main 2007; engl. Ausgabe: *The Shock Doctrine. The Rise of Disaster Capitalism*, Toronto 2007.

Klein, Naomi/Alfonso Cuarón: »The Shock Doctrine« (Video, Regie: Jonás Cuarón), 2007, www.youtube.com/watch?v=JXDklgBhEQ4 (abgerufen am 11.4.2009).

Kleine, Rolf: »Barack, Obama uns!«, in: *Bild*, 24.7.2008.

Klevemann, Lutz C.: »Der Afghanistan-Joker«, in: *Spiegel Online*, 13.9.2002, www.spiegel.de/politik/ausland/0,1518,213648,00.html.

Klingst, Martin: »Das post-rassistische Zeitalter ist noch fern«, in: *Zeit Online*, 18.9.2009, www.zeit.de/politik/ausland/2009-09/obama-rassismus-usa.

— »Die Lizenz zum Zunehmen«, in: *Süddeutsche Zeitung*, 27.12.2006.

Knauf, Thomas: »Towering Inferno«, in: *Freitag*, 21.9.2001.

Kniebe, Tobias: »Lüstern in die Fleischfabrik«, in: *Süddeutsche Zeitung*, 1.3.2007.

Koch, Matthias: »Goslar, Berlin, New York«, in: *Hannoversche Allgemeine Zeitung*, 25.1.2003.

Kohler, Berthold: »Ein neuer ›Ground zero‹«, in: *Frankfurter Allgemeine Zeitung*, 26.9.2008.

Krause, Matthias B./Livia Haensel/Fabian Leber: »Die Not in Aufnahmen«, in: *Der Tagesspiegel*, 4.7.2008.

Kröger, Michael: »Politiker empört über Kidnapping im Staatsauftrag«, in: *Spiegel Online*, 3.12.2007, www.spiegel.de/wirtschaft/0,1518,521158,00.html.

Krüger, Karen: »Das Volk isst Currywurst«, in: *Frankfurter Allgemeine Zeitung*, 15.3.2008.

Kürnberger, Ferdinand: *Der Amerikamüde*, Wien 1985.

Kuls, Norbert: »Es gibt keine harmlose Erklärung«, in: *Frankfurter Allgemeine Zeitung*, 17.12.2008.

»Kulturjournal« (TV-Interview mit Morgan Spurlock), 12.7.2004, www3.ndr.de/ndrtv_pages_std/0,3147,OID875750,00.html.

Laudenbach, Peter: »Der große Schwindel« (Interview mit Wolfgang Schivelbusch), in: *Der Tagesspiegel*, 5.12.2008.

Lehming, Malte: »Der Krieger als Friedensengel«, in: *Der Tagesspiegel*, 4.6.2003.

Lenau, Nikolaus: *Werke und Briefe. Briefe 1812–1837*, Wien 1989.

Lettau, Reinhard: *Täglicher Faschismus. Amerikanische Evidenz aus 6 Monaten*, München 1971.

Liebert, Nicola:»Die ›Vereinigten-Staater‹ – wer ist das eigentlich?«, in: *USA. Das vermessene Imperium* (Edition Le Monde diplomatique), Nr. 3/2008, S. 1.

Luth:»Städtebericht New York City«, in: *Unique*, Nr. 50, 11/2009, S. 26–27, www.unique-online.de/ausgaben/unique_ausgabe_50.pdf.

Lutterbeck, Claus:»Der Glaubenskrieger«, in: *stern*, Nr. 6/30.1.2003.

Maak, Niklas:»Die Botschaft der Botschaft«, in: *Frankfurter Allgemeine Sonntagszeitung*, 20.4.2008.

MacLean, Alex: *Over. The American Landscape at the Tipping Point*, New York 2008; dt. Ausgabe: *Over. Der American Way of Life oder Das Ende der Landschaft*, München 2008.

Majica, Marin:»So is(s)t Kreuzberg«, in: *Berliner Zeitung*, 12.5.2007.

Mann, Thomas: *Betrachtungen eines Unpolitischen*, Frankfurt/Main 1983.

Marguier, Alexander:»Unsere Demokratie ist in höchster Gefahr'« (Interview mit Naomi Klein), in: *Frankfurter Allgemeine Sonntagszeitung*, 21.10.2007.

Martin, Uli/Werner Siefer:»Bukett-Bomben vom Computer«, in: *Focus*, Nr. 23/ 29.5.2004.

Matthias, Leo L.: *Die Entdeckung Amerikas Anno 1953 oder Das geordnete Chaos*, Hamburg 1953.

— *Die Kehrseite der USA*, Reinbek bei Hamburg 1967.

Mearsheimer, John J./Stephen M. Walt: *Die Israel-Lobby. Wie die amerikanische Außenpolitik beeinflusst wird*, Frankfurt/Main 2007.

Meister, Martina:»Folgen der Digitalisierung«, in: *Frankfurter Rundschau*, 18.3.2006.

Mejias, Jordan:»Stalin, Hitler und Obama«, in: *Frankfurter Allgemeine Zeitung*, 15.8. 2009.

Mennicken, Peter: *Anti-Ford oder Von der Würde der Menschheit*, Aachen 1924.

»Mensch und Insekt« (o. V.), in: *Süddeutsche Zeitung*, 15.3.2008.

Meyer, Eduard: *Die Vereinigten Staaten von Amerika. Geschichte, Kultur, Verfassung und Politik*, Frankfurt/Main 1920.

Milzner, Georg: *Die amerikanische Krankheit. Amoklauf als Symptom einer zerbrechenden Gesellschaft*, Gütersloh 2010.

Misik, Robert:»Überforderter Kapitalismus«, in: *die tageszeitung*, 12.2.2009.

Missal, Alexander (dpa):»Deutschland wird verkauft«, in: *stern.de*, 12.1.2005, www.stern.de/wirtschaft/unternehmen/534957.html.

Monkey Mob:»Hier im Kiez« (Popsong), www.ms-versenken.org/index.php?option=com_content&view=article&id=72&Itemid=37 (abgerufen am 2.1.2009).

Moore, Michael:»Nicht ganz Amerika ist verrückt«, in: *Die Zeit*, Nr. 46/2003.

— *Stupid White Men. Eine Abrechnung mit dem Amerika unter George W. Bush*, München 2002.

— *Volle Deckung, Mr. Bush*, München 2003.

Mühl, Melanie:»Unsere Sprache verendet wie ein krankes Tier« (Interview mit Edda Moser), in: *Frankfurter Allgemeine Zeitung*, 7.10.2006.

Müller, Michael:»Der nicht erklärte Wirtschaftskrieg«, in: *Frankfurter Rundschau*, 11.11.2004.

Müller, Tilman: »Guerillo mit der Kamera«, in: *stern*, Nr. 48/21.11.2002.

Muras, Udo: »Amerikanisierung des deutschen Fußballs«, in: *Die Welt*, 24.7.2004.

Muscat, Sabine: »Triumph der Schreihälse gegen Obama«, in: *Financial Times Deutschland*, 17.8.2009.

»Neu im Kino« (o. V.), in: *Focus*, Nr. 29/2004.

Osterkorn, Thomas: »Wie groß ist die Macht der ›Kosher Nostra‹?« (Editorial), in: *stern*, Nr. 41/3.10.2007.

Page, Janine: »Zur Filmrezension ›Ricky Bobby – König der Rennfahrer‹« (Leserbrief), in: *zitty*, 23.11.2006.

Pickert, Bernd: »Nach Bushs Einstandsrede ist klarer als je zuvor: Das Grausen ist berechtigt«, in: *die tageszeitung*, 21.1.2005.

— »Wir sind Obama«, in: *die tageszeitung*, 6.11.2008.

Pilz, Peter: *Mit Gott gegen alle. Amerikas Kampf um die Weltherrschaft*, Stuttgart 2003.

Pindur, Marcus: »Wir dürfen Geld nicht länger vergötzen«« (Interview mit Wolfgang Huber), Deutschlandradio Kultur, 24.12.2008.

Piper, Nikolaus/Jörg Häntzschel/Gerd Zitzelsberger, »Das Prinzip der gigantischen Gier«, in: *Süddeutsche Zeitung*, 17.12.2008.

Pirker, Werner: »Orden der unbarmherzigen Brüder«, in: *junge Welt*, 22.3.2003.

Pitzke, Marc: »Milliardenbetrüger Madoff nutzte die Gier seiner Opfer«, in: *Spiegel Online*, 15.12.2008, www.spiegel.de/wirtschaft/0,1518,596402,00.html.

Platow Brief, 24.1.2003, www.platow.de/boerse/media/platow_brief_030124.pdf (abgerufen am 8.6.2007).

Polenz, Wilhelm von: *Das Land der Zukunft*, Berlin 1904.

Posener, Alan: »Jürgen Rüttgers erklärt die Welt«, in: *Die Welt*, 4.2.2007.

Prantl, Heribert: »Amerika ist ein Fehler«, in: *Süddeutsche Zeitung*, 20.3.2003.

— »Der Zorn Gottes«, *Süddeutsche Zeitung*, 24./25./26.12.2008.

Precht, Richard David: »Feigheit vor dem Volk«, in: *Der Spiegel*, Nr. 32/3.8.2009.

Rammstein, »Amerika« (Musikvideo, Regie: Jörn Heitmann), 2004, www.youtube.com/watch?v=4NAM3rIBG5k (abgerufen am 3.4.2012).

Reichsführer SS/SS-Hauptamt (Hg.): *Amerikanismus – eine Weltgefahr* [o. Orts- u. Jahresangabe, vermutl. Berlin 1943].

Reuss, Jürgen/Dieter Röschmann: »Innere Panzerung wäre die Idiotenlösung«« (Interview mit Klaus Theweleit), in: *die tageszeitung*, 19.9.2001.

Rinke, Moritz: »Ein Tag in New York«, in: *Der Tagesspiegel*, 7.4.2008.

Röggla, Kathrin: »Krisenproduktionsmaschine«, in: *Der Tagesspiegel*, 17.9.2007.

Rosenberg, Alfred: *Der Kampf um die Weltanschauung*, München 1934.

Ross, Jan: »Helden des Rückzugs«, in: *Die Zeit*, Nr. 41/1.10.2008.

Rote Armee Fraktion. Texte und Materialien zur Geschichte der RAF (hg. vom ID-Verlag), Berlin 1997.

Rupp, Rainer: »Prominenter Beistand«, in: *junge Welt*, 20.6.2002.

Sammons, Jeffrey L. (Hg.): *Die Protokolle der Weisen von Zion. Die Grundlagen des modernen Antisemitismus – eine Fälschung*, Göttingen 1998.

Schaper, Rüdiger: »Geld verliert die Welt«, in: *Der Tagesspiegel*, 25.9.2008.

Schirrmacher, Frank: »Nehmen Sie die embryonale Stellung ein!«, in: *Frankfurter Allgemeine Zeitung*, 4.10.2008.

Schlosser, Eric: *Fast Food Nation*, Boston 2001; dt. Ausgabe: *Fast Food Gesellschaft*, München 2002.

Schmidt, Helmut: »Der Markt ist keine sichere Bank«, in: *Die Zeit*, Nr. 40/25.9. 2008.

Schmitt, Uwe: »Generation Doof – Amerikaner immer dümmer«, in: *Die Welt*, 1.4. 2008.

— »Gesundheitsreform – Obama im Härtetest«, in: *Die Welt*, 14.8.2009.

— »Nichts ist ärgerlicher als der Patriotismus der Amerikaner«, in: *Die Welt*, 29.1.2002.

Scholl-Latour, Peter: »Gibt es jetzt Krieg, Herr Scholl-Latour?«, in: *Bild*, 12.9.2001.

Scholz, Martin: »Selbstbildnisse eines Dichters« (Interview mit Günter Grass), in: *Frankfurter Rundschau*, 4.10.2007.

Schommers, Christian: »Wolfgang Joop beleidigt die Opfer des Terror-Anschlags«, in: *Bild*, 15.10.2001.

Schrenck-Notzing, Caspar: *Charakterwäsche. Die amerikanische Besatzung in Deutschland und ihre Folgen*, Stuttgart 1965.

Schümer, Dirk: »Der Sieg von Neu-Europa«, in: *Frankfurter Allgemeine Zeitung*, 8.4. 2003.

Schwägerl, Christian: »Klimakiller Obama«, in: *Spiegel Online*, 16.11.2009, www.spiegel.de/politik/ausland/0,1518,661622,00.html.

Schweitzer, Eva C.: »Die Frage nach dem Akzent«, in: *Zeit Online*, 28.1.2008, www.zeit.de/online/2008/05/newyork-kolumne-vielvoelkerstadt.

Seidel, Eberhard: »Mit einer neuen EU gegen die USA« (Interview mit Daniel Cohn-Bendit), in: *die tageszeitung*, 15.8.2001.

Seifert, Werner G./Hans-Joachim Voth: *Invasion der Heuschrecken. Intrigen – Machtkämpfe – Marktmanipulationen: Wie Hedge Fonds die Deutschland AG attackieren*, Berlin 2006.

Shafqat, Sophia: »9/11 Mysteries« (TV-Dokumentation), Vox, 11.9.2008.

Sombart, Werner: *Die Juden und das Wirtschaftsleben*, Leipzig 1911.

— *Warum gibt es in den Vereinigten Staaten keinen Sozialismus?*, Tübingen 1906.

Sontheimer, Michael: »Das ist keine nationalistische Deutschtümelei« (Interview mit Antje Vollmer), in: *Spiegel Online*, 17.9.2004, www.spiegel.de/kultur/musik/0,1518,318343,00.html.

Spang, Thomas: »Obama will der ›Oma‹ nicht den Stecker ziehen««, in: *Neue Ruhr/Neue Rhein Zeitung*, 12.8.2009.

StattReisen Berlin (Hg.): *Stadt-Spaziergänge 2009*.

Steinberger, Petra: »Pendeln bis ans Ende der Welt«, in: *Süddeutsche Zeitung*, 11.12. 2008.

Steingart, Gabor: »Die Enthemmten«, in: *Der Spiegel*, Nr. 40/29.9.2008.

Steinitz, David: »Fett und hässlich«, in: *Süddeutsche Zeitung*, 2.9.2009.

Stöcker, Christian: »Google will die Weltherrschaft«, in: *Spiegel Online*, 8.12.2009, www.spiegel.de/netzwelt/netzpolitik/0,1518,665813,00.html.

Stöger, Gerhard: »Zurück zum Beton« (Interview mit Gabi Delgado und Robert Görl), in: *Falter*, Nr. 9/26.2.2003.

Streck, Michael: »Hardliner und Diplomaten«, in: *die tageszeitung*, 16.4.2002.

Streck, Michael/Jan C. Wiechmann: »Der Überzeugungs-Täter«, in: *stern*, Nr. 17/ 16.4.2003.

— »Israel: Der 51. Staat der USA?«, in: *stern*, Nr. 41/3.10.2007.

»Super Size Me. Ein echt fetter Film« (hg. von Prokino München), 2004, www.super-size-me.de/presseheft_SuperSizeMe.pdf (abgerufen am 2.1.2009).

»Tatort: Tod einer Heuschrecke« (TV-Film, Regie: Ralph Bohn), ARD, 16.3.2008.

Thomas, Christian: »In den eigenen vier Wänden«, in: *Frankfurter Rundschau*, 4.11. 2008.

Thurn, Valentin/Britta Dombrowe: »Die Verpflichtung der Generationen« (Radiofeature), SWR 2, 19.12.2006.

Tocqueville, Alexis de: *Über die Demokratie in Amerika*, München 1976.

»Tod einer Heuschrecke« (Programmankündigung, o. V.), www.daserste.de/tatort/ sendung.asp?datum=16.03.2008 (abgerufen am 10.6.2009).

»Tod eines Job-Killers« (o. V.), in: *Berliner Kurier*, 14.3.2008.

Trabant, Jürgen: »Die gebellte Sprache«, in: *Frankfurter Allgemeine Zeitung*, 28.9.2007.

— »Die Sprachflüchter«, in: *Süddeutsche Zeitung*, 15.12.2009.

Trankovits, Laszlo (dpa): »Doof sein ist cool«, in: *n-tv.de*, 5.5.2008, www.n-tv.de/ politik/Eine-unwissende-Nation-article265862.html.

Trimborn, Marion (dpa): »Von der ›Heuschrecke‹ GM ausgesaugt«, in: *Tagesspiegel.de*, 16.11.2008, www.tagesspiegel.de/wirtschaft/Unternehmen-Opel-GM-Autobranche;art 129,2663011.

Ulrich, Bernd: »Willkommen, Amerika!«, in: *Die Zeit*, Nr. 46/6.11.2008.

Ulrich, Stefan: »Der große Graben«, in: *Süddeutsche Zeitung*, 24.1.2003.

»US-Kids sind fett und faul« (pap/AJPM), in: *Focus Online*, 27.1.2007, www.focus. de/gesundheit/ernaehrung/news/kindergesundheit_aid_123485.html.

Verein Deutsche Sprache: »VDS in Kürze«, www.vds-ev.de (abgerufen am 28.6. 2007).

Vereinte Dienstleistungsgewerkschaft ver.di, Bundesvorstand (Hg.): *Finanzkapitalismus – Geldgier in Reinkultur!*, Berlin 2007.

Vesper, Karlen: »De omnibus dubitandum«, in: *Neues Deutschland*, 12.9.2003.

»Viel positive Resonanz zum VDS-Beitritt der Stadt« (o. V.), 1.11.2005, www.muehlhausen.de/scripts/news/450,479/17430.

»Vierjähriger der sexuellen Belästigung beschuldigt« (jjc), in: *Spiegel Online*, 11.12. 2006, www.spiegel.de/panorama/justiz/0,1518,453730,00.html.

Visser, Corinna: »Amerikanische Krankheit«, in: *Der Tagesspiegel*, 18.11.2008.

Volbracht, Christian (dpa): »Winzer fürchten ›Coca-Cola-Weine‹«, in: *stern.de*, 5.12. 2005, www.stern.de/wirtschaft/news/unternehmen/handel-winzer-fuerchten-coca-cola-weine-550941.html.

Volkery, Carsten:»Wo sich Kapitalismuskritik mit Anti-Amerikanismus paart«, in: *Spiegel Online*, 19.4.2005, www.spiegel.de/politik/deutschland/0,1518,352232,00.html.

»Von der Kolonie zur Weltmacht« (o. V.), in: *stern.de*, www.stern.de/politik/ausland/index.html?id=501298&nv=sb (abgerufen am 31.12.2006).

Walther, Jens:»Volle Verkaufe«, in: *junge Welt*, 27.2.2007.

»Was Emmerich an Amerika nicht mag« (o. V.), in: *Netzeitung*, 1.8.2007, www.netzeitung.de/entertainment/people/703151.html.

Watzal, Ludwig:»Eine Israelisierung der Welt?«, in: *International. Zeitschrift für internationale Politik*, Nr. 3/2004, S. 11–15.

— »Haim Saban, die Medien und Israel« (Radiobeitrag), DeutschlandRadio Berlin, 7.1.2005.

Wenders, Wim:»Das Bild von Europa zwischen den Zeilen«, in: *Frankfurter Rundschau*, 13.6.2007.

Werneburg, Brigitte:»Politische Ikonografie«, in: *die tageszeitung*, 24.7.2008.

Werner, Hendrik:»Deutschland macht gegen Google mobil«, in: *Die Welt*, 4.12.2009.

— »Edda Moser: ›Anglizismen sind unerotisch‹« (Interview mit Edda Moser), in: *Die Welt*, 18.10.2006.

— »Schickes Platt«, in: *Die Welt*, 9.4.2008.

— »Wer scannt die Bücher, scannt die Namen«, in: *Die Welt*, 12.1.2010.

Wernicke, Christian:»Der Bush in Obama«, in: *Süddeutsche Zeitung*, 22.2.2009.

— »Unversöhnliche Staaten«, in: *Süddeutsche Zeitung*, 12.9.2009.

Wiechmann, Jan-Christoph:»Gottes ergebener Krieger«, in: *stern*, Nr. 14/ 27.3.2003.

Wiechmann, Jan Christoph:»König der Hochstapler«, in: *stern*, Nr. 2/8.1.2009.

»Windrose« (TV-Magazin), MDR-Fernsehen, 31.7.2005.

Winkler, Willi:»Wir sind größer als U.S. Steel«, in: *Süddeutsche Zeitung*, 5.1.2009.

Winter, Martin:»Antideutsche Drohkulisse«, in: *Frankfurter Rundschau*, 8.2.2003.

Winter, Rolf: *Ami go home. Plädoyer für den Abschied von einem gewalttätigen Land*, Hamburg 1989.

Wirsing, Giselher: *Der maßlose Kontinent. Roosevelts Kampf um die Weltherrschaft*, Jena 1942.

Wisnewski, Gerhard: *Operation 9/11. Angriff auf den Globus*, München 2003.

»Wolfgang Thierse: Quote für deutsche Musik« (o. V.), Deutsche Welle, 29.3.2004, www.dw-world.de/dw/article/0,,1154717,00.html.

Zielcke, Andreas:»Ein organisiertes Verbrechen«, in: *Süddeutsche Zeitung*, 21.3.2003.

»Zu früh gespielt – Mutter lässt Sohn in Handschellen abführen« (ffr), in: *Spiegel Online*, 6.12.2006, www.spiegel.de/panorama/justiz/0,1518,452764,00.html.

Literatur

Abdel-Samad, Hamed: *Krieg oder Frieden. Die arabische Revolution und die Zukunft des Westens*, München 2011.

Adorno, Theodor W.: »Auf die Frage: Was ist deutsch«, in: ders., *Gesammelte Schriften*, Bd. 10.2 (Kulturkritik und Gesellschaft II), Frankfurt/Main 2003, S. 691–701.

— »Beitrag zur Ideologienlehre«, in: ders., *Gesammelte Schriften*, Bd. 8 (Soziologische Schriften I), Frankfurt/Main 1972, S. 457–477.

— »Kulturkritik und Gesellschaft«, in: ders., *Prismen*, München 1963, S. 7–26.

— »Meinung Wahn Gesellschaft«, in: ders., *Gesammelte Schriften*, Bd. 10.2 (Kulturkritik und Gesellschaft II), Frankfurt/Main 2003, S. 573–594.

— »Negative Dialektik«, in: ders., *Gesammelte Schriften*, Bd. 6, Frankfurt/Main 1973, S. 7–408.

»Aktien von Google bleiben reizvoll« (cri), in: *Frankfurter Allgemeine Zeitung*, 21.1.2011.

Allport, Gordon: *The Nature of Prejudice*, Cambridge 1954.

Althusser, Louis: *Ideologie und ideologische Staatsapparate*, Hamburg 1977.

American Association for Justice (Hg.): »McDonald's Scalding Coffee Case«, 9.10.2008, www.justice.org/pressroom/FACTS/frivolous/McdonaldsCoffeecase.aspx.

American Jewish Committee (Hg.): »2005 Annual Survey of American Jewish Opinion«, 20.12.2005, www.ajc.org/site/apps/nlnet/content3.aspx?c=ijITI2PHKoG&b=846741&ct=1740283.

— *German Attitudes Toward Jews, The Holocaust an the U.S.*, 2002, www.ajc.org/InTheMedia/PublicationsPrint.asp?did=708 (abgerufen am 8.7.2003).

Anderson, Benedict: *Die Erfindung der Nation. Zur Karriere eines folgenreichen Konzepts*, Berlin 1998.

Anti-Defamation League (Hg.): »Unraveling Anti-Semitic 9/11 Conspiracy Theories«, New York 2003, www.adl.org/anti_semitism/9-11conspiracytheories.pdf (abgerufen am 3.4.2012).

Arendt, Hannah: »Europa und Amerika«, in: dies., *Zur Zeit. Politische Essays*, Berlin 1986, S. 71–93.

Ash, Timothy Garton: *Freie Welt. Europa, Amerika und die Chance der Krise*, Bonn 2004.

Aust, Stefan/Cordt Schnibben (Hg.): *11. September 2001. Geschichte eines Terrorangriffs*, Stuttgart 2002.

Avery, Donald H./Irmgard Steinisch: »Industrialisierung und ihre sozialen und politischen Folgen, 1877–1914«, in: Peter Lösche/Hans Dietrich von Loeffelholz (Hg.), *Länderbericht USA*, Bonn 2004, S. 78–108.

Baethge, Klaus/Barbara Fried/Detlev Claussen/Bastian Pielczyk/Siebo Siems: »Antiamerikanismus in der Krise«, in: *Psychoanalyse. Texte zur Sozialforschung*, Nr. 2/2010, S. 366–384, http://alt.genios.de/intranet/pharma/r_fachpresse/PSYA.htx?START=AE0.

Baldwin, Peter: *The Narcissism of Minor Differences. How America and Europe Are Alike*, Oxford 2009.

Bandar, Miriam (dpa): »Studie zu Amokläufen«, in: *n-tv.de*, 12.3.2009, www.n-tv.de/panorama/Studie-zu-Amoklaeufen-article60435.html.

Basagic, Irma: *Image der USA im »Spiegel« – vom 11. September 2001 bis zum Irak-Krieg*, Saarbrücken 2009.

Bauschinger, Sigrid/Horst Denkler/Wilfried Malsch (Hg.): *Amerika in der deutschen Literatur*, Stuttgart 1975.

Beck, Klaus: *Kommunikationswissenschaft*, Konstanz 2007.

Beck, Ulrich: *Macht und Gegenmacht im globalen Zeitalter*, Frankfurt/Main 2009.

— »Verwurzelter Kosmopolitismus: Entwicklung eines Konzepts aus rivalisierenden Begriffsoppositionen«, in: Ulrich Beck/Natan Sznaider/Rainer Winter (Hg.), *Globales Amerika?*, Bielefeld 2003, S. 25–43.

Beck, Ulrich/Wolfgang Bonß/Christoph Lau: »Theorie reflexiver Modernisierung – Fragestellungen, Hypothesen, Forschungsprogramme«, in: Ulrich Beck/Wolfgang Bonß (Hg.), *Die Modernisierung der Moderne*, Frankfurt/Main 2001, S. 11–59.

Behrends, Jan C./Árpád von Klimó/Patrice G. Poutrus (Hg.): *Antiamerikanismus im 20. Jahrhundert. Studien zu Ost- und Westeuropa*, Bonn 2005.

Behrens, Rolf: *»Raketen gegen Steinewerfer«. Das Bild Israels im »Spiegel«*, Münster 2003.

Benz, Wolfgang: »Demokratisierung durch Entnazifizierung und Erziehung«, in: Bundeszentrale für politische Bildung (Hg.), *Deutschland 1945–1949* (Informationen zur politischen Bildung, Heft 259), Bonn 2005.

— »Diffamierung aus dem Dunkel. Die Legende von der Verschwörung des Judentums in den ›Protokollen der Weisen von Zion‹«, in: Uwe Schulz (Hg.), *Große Verschwörungen*, München 1998, S. 205–217.

Benz, Wolfgang/Werner Bergmann: »Antisemitismus – Vorgeschichte des Völkermords?«, in: dies. (Hg.), *Vorurteil und Völkermord*, Bonn 1997, S. 10–31.

Berding, Helmut: *Moderner Antisemitismus in Deutschland*, Frankfurt/Main 1988.

Berg, Peter: *Deutschland und Amerika 1918–1929. Über das deutsche Amerikabild der zwanziger Jahre*, Lübeck 1963.

Berghahn, Volker R.: »Awkward Relations. American Perceptions of Europe, European Perceptions of America«, in: Alexander Stephan (Hg.), *Americanization and Anti-Americanism*, New York 2007, S. 238–249.

Bergmann, Werner: »Der Antisemitismus in der Bundesrepublik Deutschland«, in: Herbert A. Strauss/Werner Bergmann/Christhard Hoffmann (Hg.), *Der Antisemitismus der Gegenwart*, Frankfurt/Main 1990, S. 151–166.

— *Geschichte des Antisemitismus*, München 2002.

Berman, Russell A.: *Anti–Americanism in Europe. A Cultural Problem*, Stanford 2004.

Beyer, Heiko: *Die Soziologie des Antiamerikanismus. Zur Theorie und Wirkmächtigkeit spätmodernen Unbehagens* (unveröff. Diss.), Universität Göttingen 2013.

Beyer, Heiko/Ivar Krumpal, »›Aber es gibt keine Antisemiten mehr‹: Eine experimentelle Studie zur Kommunikationslatenz antisemitischer Einstellungen«, in: *Kölner Zeitschrift für Soziologie und Sozialpsychologie*, Nr. 62/2010, S. 681–705.

Beyer, Heiko/Ulf Liebe: »Antiamerikanismus und Antisemitismus: Zum Verhältnis zweier Ressentiments«, in: *Zeitschrift für Soziologie*, Jg. 39, Nr. 3/Juni 2010, S. 215–232.

Birkenkämper, Axel: *Gegen Bush oder Amerika? Zur Anfälligkeit der Deutschen für Antiamerikanismus*, Bonn 2006.

Bischoff, Sebastian/Ilka Schröder/Frank Oliver Sobich: »Ex invidiis unum. Geschichte, Institutionen und politische Kultur der EU«, in: Ilka Schröder (Hg.), *Weltmacht Europa – Hauptstadt Berlin?*, Hamburg 2005, S. 21–37.

Bommarius, Christian: »Der Staat als Statist«, in: *Frankfurter Rundschau*, 2.6.2010.

Braun, Hermann: »Welt«, in: Otto Brunner/Werner Conze/Reinhart Koselleck (Hg.), *Geschichtliche Grundbegriffe*, Bd. 7, Stuttgart 1992, S. 433–510.

Brecht, Bertolt: »Die Dreigroschenoper«, in: ders., *Werke*, Bd. 2, Berlin 1988, S. 229–322.

Broder, Henryk M.: *Der ewige Antisemit. Über Sinn und Funktion eines beständigen Gefühls*, Frankfurt/Main 1986.

— *Kein Krieg, nirgends: Die Deutschen und der Terror*, Berlin 2002.

Brumlik, Micha/Hajo Funke/Lars Rensmann (Hg.): *Umkämpftes Vergessen. Walser-Debatte, Holocaust-Mahnmal und neuere deutsche Geschichtspolitik*, Berlin 2000.

Bublitz, Hannelore: »Differenz und Integration«, in: Reiner Keller/Andreas Hirseland/Werner Schneider/Willy Viehöver (Hg.), *Handbuch Sozialwissenschaftliche Diskursanalyse*, Opladen 2001, S. 225–260.

Burger, Reiner: »Der Mythos von der unschuldigen Stadt«, in: *Frankfurter Allgemeine Sonntagszeitung*, 6.2.2005.

Buruma, Ian/Avishai Margalit: *Okzidentalismus. Der Westen in den Augen seiner Feinde*, München 2005.

Butterwegge, Christoph/Bettina Lösch/Ralf Ptak (Hg.): *Kritik des Neoliberalismus*, Wiesbaden 2008.

Ceaser, James: »The Philosophical Origins of Anti-Americanism in Europe«, in: Paul Hollander (Hg.), *Understanding Anti-Americanism*, Chicago 2004, S. 45–64.

Chiozza, Giacomo: *Anti-Americanism and the American World Order*, Baltimore 2009.

Claussen, Detlev: »Is There a New Anti-Americanism? Reflections on Germany in Times of Global Simultaneity«, in: Tony Judt/Denis Lacorne (Hg.), *With Us or Against Us. Studies in Global Anti-Americanism*, New York 2005, S. 75–92.

— »Vergangenheit mit Zukunft. Über die Entstehung einer neuen deutschen Ideologie«, in: ders., *Aspekte der Alltagsreligion*, Frankfurt/Main 2000, S. 30–55.

— *Was heißt Rassismus?*, Darmstadt 1994.

»Common law« (o. V.), in: *Britannica Online Encyclopedia*, www.britannica.com/ EBchecked/topic/128386/common-law (abgerufen am 9.5.2011).

Crouch, Colin: *Postdemokratie*, Frankfurt/Main 2008.

Cziesche, Dominik/Jürgen Dahlkamp/Ullrich Fichtner/Ulrich Jaeger/Gunther Latsch/Gisela Leske/Max F. Ruppert: »Panoptikum des Absurden«, in: *Der Spiegel*, Nr. 37/8.9.2003.

Cziesche, Dominik/Hauke Goos/Bernhard Hübner/Ansbert Kneip/Georg Mascolo: »Fakten zum 11. September«, in: *Spiegel Online*, 7.9.2006, www.spiegel.de/ spiegelspecial/0,1518,435547,00.html.

Dams, Jan: »Schimpfen auf Amerika«, in: *Die Welt*, 23.9.2008.

Decker, Oliver/Marliese Weißmann/Johannes Kiess/Elmar Brähler: *Die Mitte in der Krise. Rechtsextreme Einstellungen in Deutschland 2010* (hg. von der Friedrich-Ebert-Stiftung), Berlin 2010, library.fes.de/pdf-files/do/07504.pdf.

Dettmer, Markus/Nils Klawitter/Christoph Schwennicke: »Die verdrängten Sünden der Heuschrecken-Bändiger«, in: *Spiegel Online*, 4.3.2009, www.spiegel.de/ politik/deutschland/0,1518,611329,00.html.

Deutscher, Guy: »Unglückliche Sprachen«, in: *Süddeutsche Zeitung*, 16.9.2008.

Diedrichsen, Diedrich: »Weil Opi halt so rührend war«, in: *Die Zeit*, Nr. 43/2003.

Dierse, Ulrich: »Ideologie (I.)«, in: Joachim Ritter/Karlfried Gründer (Hg.), *Historisches Wörterbuch der Philosophie*, Bd. 4, Darmstadt 1976, S. 158–164.

— »Ideologie«, in: Otto Brunner/Werner Conze/Reinhart Koselleck (Hg.), *Geschichtliche Grundbegriffe*, Bd. 3, Stuttgart 1982, S. 131–169.

Diner, Dan: *Feindbild Amerika. Über die Beständigkeit eines Ressentiments*, München 2002.

Donati, Paolo R.: »Die Rahmenanalyse politischer Diskurse«, in: Reiner Keller/ Andreas Hirseland/Werner Schneider/Willy Viehöver (Hg.), *Handbuch Sozialwissenschaftliche Diskursanalyse*, Opladen 2001, S. 145–175.

Drews, Axel/Ute Gerhard/Jürgen Link: »Moderne Kollektivsymbolik«, in: *Internationales Archiv für Sozialgeschichte der deutschen Literatur. 1. Sonderheft: Forschungsreferate*, Tübingen 1985, S. 256–375.

Eagleton, Terry: *Ideologie. Eine Einführung*, Stuttgart 2000.

Eagly, Alice H./Amanda B. Diekman: »What is the Problem? Prejudice as an Attitude-in-Context«, in: John F. Dovidio/Peter Glick/Laurie A. Rudman (Hg.), *On the Nature of Prejudice. Fifty Years after Allport*, Malden 2005, S. 19–35.

Eitz, Thorsten/Georg Stötzel: »Nazi-Vergleich«, in: dies., *Wörterbuch der »Vergangenheitsbewältigung«*, Hildesheim 2007, S. 489–504.

Enzensberger, Ulrich: *Parasiten. Ein Sachbuch*, Frankfurt/Main 2001.

Erb, Rainer: »Die Diskriminierung von Minderheiten – Wie entstehen Vorurteile?«, in: Holger Lengfeld (Hg.), *Entfesselte Feindbilder*, Berlin 1995, S. 13–24.

LITERATUR 395

Erlanger, Steven: »After U.S. Breakthrough, Europe Looks in Mirror«, in: *The New York Times*, 12.11.2008.

Fabbrini, Sergio: *America and its Critics. Virtues and Vices of the Democratic Hyperpower*, Cambridge 2008.

Faber, Klaus/Julius H. Schoeps/Sacha Stawski (Hg.): *Neu-alter Judenhass. Antisemitismus, arabisch-israelischer Konflikt und europäische Politik*, Berlin 2006.

Fäßler, Peter E.: *Globalisierung. Ein historisches Kompendium*, Köln 2007.

Fairclough, Norman: »Globaler Kapitalismus und kritisches Diskursbewusstsein«, in: Reiner Keller/Andreas Hirseland/Werner Schneider/Willy Viehöver (Hg.), *Handbuch Sozialwissenschaftliche Diskursanalyse*, Opladen 2001, S. 335–351.

Fenichel, Otto: »Elemente einer psychoanalytischen Theorie des Antisemitismus«, in: Ernst Simmel (Hg.), *Antisemitismus*, Frankfurt/Main 2002, S. 35–57.

Ferguson, Niall: »Europas schleichende Auflösung«, in: *Der Spiegel*, Nr. 45/2011.

Findeis, Hagen: »Kritisch konform. Gründe für das gute Gefühl der neuen Friedensbewegung«, in: *Frankfurter Rundschau*, 26.3.2003.

Foucault, Michel: *Archäologie des Wissens*, Frankfurt/Main 1973.

— *Die Ordnung des Diskurses*, Frankfurt/Main 1998.

Fraenkel, Ernst: *Amerika im Spiegel des deutschen politischen Denkens*, Köln 1959.

Freud, Sigmund: »Das Unbehagen in der Kultur«, in: ders., *Abriß der Psychoanalyse/ Das Unbehagen in der Kultur*, Frankfurt/Main 1972, S. 63–129.

Frevert, Ute: »Die Rückkehr der Opfer im Land der Täter«, in: *Neue Zürcher Zeitung*, 30.8.2003.

Füchtjohann, Jan: »Am Puls der geteilten Gegenwart«, in: *Süddeutsche Zeitung*, 26.9. 2011.

Fukuyama, Francis: *Das Ende der Geschichte. Wo stehen wir?*, München 1992.

Gassert, Philipp: *Amerika im Dritten Reich. Ideologie, Propaganda und Volksmeinung 1933–1945*, Stuttgart 1997.

— »Antiamerikaner? Die deutsche Neue Linke und die USA«, in: Jan C. Behrends/Árpád von Klimó/Patrice G. Poutrus (Hg.), *Antiamerikanismus im 20. Jahrhundert. Studien zu Ost- und Westeuropa*, Bonn 2005, S. 250–269.

Gaus, Bettina: »Projektionsfläche Obama«, in: *die tageszeitung*, 3.11.2008.

Gerhard, Ute/Jürgen Link, »Zum Anteil der Kollektivsymbolik an den Nationalstereotypen«, in: Jürgen Link/Wulf Wülfing (Hg.), *Nationale Mythen und Symbole in der zweiten Hälfte des 19. Jahrhunderts*, Stuttgart 1991, S. 16–52.

Giesen, Bernhard: »Einleitung«, in: ders. (Hg.), *Nationale und kulturelle Identität*, Frankfurt/Main 1996, S. 9–18.

Giesen, Bernhard/Kay Junge: »Vom Patriotismus zum Nationalismus. Zur Evolution der ›Deutschen Kulturnation‹«, in: Bernhard Giesen (Hg.), *Nationale und kulturelle Identität*, Frankfurt/Main 1996, S. 255–304.

Glaser, Barney G./Anselm L. Strauss: *The Discovery of Grounded Theory. Strategies for Qualitative Research*, New Brunswick 2007.

Glucksmann, André: »Scharons Irrtum«, in: *Frankfurter Allgemeine Zeitung*, 23.7. 2004.

Götz, Irene: *Deutsche Identitäten. Die Wiederentdeckung des Nationalen nach 1989*, Köln 2011.

Greiner, Bernd: *9/11. Der Tag, die Angst, die Folgen*, München 2011.

— *Die Morgenthau-Legende. Zur Geschichte eines umstrittenen Plans*, Hamburg 1995.

— »Saigon, Nuremberg, and the West. German Images of America in the Late 1960s«, in: Alexander Stephan (Hg.), *Americanization and Anti-Americanism*, New York 2007, S. 51–63.

— »Test the West«. Über die ›Amerikanisierung‹ der Bundesrepublik Deutschland«, in: Heinz Bude/Bernd Greiner (Hg.), *Westbindungen*, Hamburg 1999, S. 16–54.

Greive, Hermann: *Geschichte des modernen Antisemitismus in Deutschland*, Darmstadt 1983.

Gries, Mareike: »Die Gesellschaft im Fadenkreuz«, in: *stern.de*, 25.5.2008, www.stern.de/unterhaltung/tv/:Tatort-Jubil%E4um-Die-Gesellschaft-Fadenkreuz/621254.html.

Grobe, Karl: »Bedingte Reflexe«, in: *Frankfurter Rundschau*, 16.12.2006.

Groh, Dieter: »Verschwörungstheorien revisited«, in: Ute Caumanns/Mathias Niendorf (Hg.), *Verschwörungstheorien: Anthropologische Konstanten – historische Varianten*, Osnabrück 2001, S. 187–196.

— »Verschwörungen und kein Ende«, in: *Kursbuch 124: Verschwörungstheorien* (hg. von Karl Markus Michel und Tilman Spengler), Berlin 1996, S. 12–26.

Güßgen, Florian: »Deutsche halten USA für bedrohlicher als den Iran«, in: *stern.de*, 28.3.2007, www.stern.de/politik/deutschland/stern-umfrage-deutsche-halten-usa-fuer-bedrohlicher-als-den-iran-585728.html.

Gulddal, Jesper: *Anti-Americanism in European Literature*, New York 2011.

Habermas, Jürgen: *Theorie des kommunikativen Handelns*, 2 Bände, Frankfurt/Main 1981.

Hahn, Michael (Hg.): *Nichts gegen Amerika. Linker Antiamerikanismus und seine lange Geschichte*, Hamburg 2003.

Hahn, Michael: »Tägliche Faschismus-Vergleiche. Antiamerikanismus in der Neuen Linken der BRD«, in: ders. (Hg.), *Nichts gegen Amerika*, Hamburg 2003, S. 25–49.

Hall, Stuart: »Die Konstruktion von ›Rasse‹ in den Medien«, in: ders., *Ideologie, Kultur, Rassismus. Ausgewählte Schriften 1*, Hamburg 1989, S. 150–171.

Hall, Stuart: »Ideologie und Ökonomie – Marxismus ohne Gewähr«, in: *Die Camera obscura der Ideologie* (hg. vom Projekt Ideologie-Theorie), Berlin 1984, S. 97–121.

Hatlapa, Ruth/Andrei S. Markovits: »Europäische Obamania als Kehrseite eines beständigen Antiamerikanismus: Deutschland als Pars pro toto«, in: Linda Erker/Alexander Salzmann/Lucile Dreidemy/Klaudija Sabo (Hg.), *Update! Perspektiven der Zeitgeschichte*, Innsbruck 2012, S. 471–479.

— »Obamamania and Anti-Americanism as Complementary Concepts in Contemporary German Discourse«, in: *German Politics and Society*, Ausg. 28, Nr. 1/2010, S. 69–94.

Haury, Thomas: *Antisemitismus von links. Kommunistische Ideologie, Nationalismus und Antizionismus in der frühen DDR*, Hamburg 2002.

— »Von der Demokratie zum Dollarimperialismus. Linke Amerikabilder bei Karl Marx, der KPD der Weimarer Republik und der frühen SED«, in: Michael Hahn (Hg.), *Nichts gegen Amerika*, Hamburg 2003, S. 50–65.

— »… ziehen die Fäden im Hintergrund«. No-Globals, Antisemitismus und Antiamerikanismus«, in: Hanno Loewy (Hg.), *Gerüchte über die Juden*, Essen 2005, S. 69–99.

Heideking, Jürgen: »Revolution, Verfassung und Nationalstaatsgründung, 1763–1815«, in: Peter Lösche/Hans Dietrich von Loeffelholz (Hg.), *Länderbericht USA*, Bonn 2004, S. 17–41.

Heinrich, Michael: »Kapitalismus, Krise und Kritik«, in: Heinz Bude/ Ralf M. Damitz/André Koch (Hg.), *Marx. Ein toter Hund?*, Hamburg 2010, S. 124–148.

Heitmeyer, Wilhelm: »Gruppenbezogene Menschenfeindlichkeit (GMF) in einem entsicherten Jahrzehnt«, in: ders. (Hg.), *Deutsche Zustände. Folge 10*, Frankfurt/ Main 2012, S. 15–41.

Henningsen, Manfred: *Der Fall Amerika. Zur Sozial- und Bewußtseinsgeschichte einer Verdrängung*, München 1974.

Hermand, Jost: »Resisting Boogie-Woogie Culture, Abstract Expressionism, and Pop Art«, in: Alexander Stephan (Hg.), *Americanization and Anti-Americanism*, New York 2007, S. 67–77.

Hersh, Seymour M.: *Die Befehlskette. Vom 11. September bis Abu Ghraib*, Reinbek bei Hamburg 2004.

Herzinger, Richard: »Der Sondermusterschüler«, in: *Neue Zürcher Zeitung*, 21.6.2004.

— »Hilfloser Antikapitalismus. Von Heuschrecken, Raubtieren und Geldmenschen«, in: *Merkur 700: Kein Wille zur Macht. Dekadenz* (hg. von Karl Heinz Bohrer/Kurt Scheel), Heft 8/9, Berlin 2007, S. 801–808.

Herzinger, Richard/Hannes Stein: *Endzeit-Propheten oder Die Offensive der Antiwestler*, Reinbek bei Hamburg 1995.

Hickethier, Knut: *Film- und Fernsehanalyse*, Stuttgart 2001; 2007.

Hirseland, Andreas/Werner Schneider: »Wahrheit, Ideologie und Diskurse«, in: Reiner Keller/Andreas Hirseland/Werner Schneider/Willy Viehöver (Hg.), *Handbuch Sozialwissenschaftliche Diskursanalyse*, Opladen 2001, S. 373–403.

»Historikerstreit«. Die Dokumentation der Kontroverse um die Einzigartigkeit der nationalsozialistischen Judenvernichtung (Texte von Ernst Nolte, Michael Stürmer, Jürgen Habermas u. a.), München 1987.

Hobsbawm, Eric: *Globalisierung, Demokratie und Terrorismus*, München 2009.

— *Nationen und Nationalismus. Mythos und Realität seit 1780*, München 1998.

Hofmann, Gunter: »Das Soziale und der Zeitgeist«, in: Wilhelm Heitmeyer (Hg.), *Deutsche Zustände. Folge 10*, Frankfurt/Main 2012, S. 42–60.

Hofmeyer, Rolf: »Kenya«, in: Rolf Hofmeyer/Andreas Mehler (Hg.), *Kleines Afrika-Lexikon: Politik, Wirtschaft, Kultur*, München 2004, S. 149–152.

Hollander, Paul: *Anti-Americanism. Irrational & Rational*, New Brunswick 1995.

— »Introduction: The New Virulence and Popularity«, in: ders. (Hg.), *Understanding Anti-Americanism*, Chicago 2004, S. 3–42.

Hollander, Paul (Hg.): *Understanding Anti-Americanism. Its Origins and Impact at Home and Abroad*, Chicago 2004.

Holz, Klaus: *Nationaler Antisemitismus. Wissenssoziologie einer Weltanschauung*, Hamburg 2001.

Hoover, Marjorie L.: »Ihr geht gemeinsam den Weg nach unten«. Aufstieg und Fall Amerikas im Werk Bertolt Brechts?«, in: Sigrid Bauschinger/Horst Denkler/Wilfried Malsch (Hg.), *Amerika in der deutschen Literatur*, Stuttgart 1975, S. 294–314.

Horkheimer, Max: »Ein neuer Ideologiebegriff?« (1930), in: Kurt Lenk (Hg.), *Ideologie. Ideologiekritik und Wissenssoziologie*, Frankfurt/Main 1984, S. 227–244.

— »Ideologie und Handeln«, in: Max Horkheimer/Theodor W. Adorno, *Sociologica II*, Frankfurt/Main 1962, S. 38–47.

Horkheimer, Max/Theodor W. Adorno: *Dialektik der Aufklärung. Philosophische Fragmente*, Frankfurt/Main 1998.

Horx, Matthias: »Der Kick der Selbstgerechtigkeit«, in: *Frankfurter Rundschau*, 9.2. 2012.

Hower, Hans-Rudolf: »Französische Vergleiche«, www.verbalissimo.com/main/offers/languages/romance/french/d_french_comparisons.htm (abgerufen am 17.3.2011).

Imhof, Michael: »Stereotypen und Diskursanalyse«, in: Hans Henning Hahn (Hg.), *Stereotyp, Identität und Geschichte*, Frankfurt/Main 2002, S. 57–71.

»Israel, Iran und USA sind Image-Loser« (o. V.), in: *Spiegel Online*, 6.3.2007, www.spiegel.de/politik/ausland/0,1518,470061,00.html.

Jaecker, Tobias: *Antisemitische Verschwörungstheorien nach dem 11. September. Neue Varianten eines alten Deutungsmusters*, Münster 2004.

— »Rambo will die Welt beherrschen«. Antiamerikanismus und Antisemitismus als Welterklärungsmuster«, in: John D. Pattillo-Hess/Mario R. Smole (Hg.), *Fremdenhass und Heimatliebe. Die populistische Doppelmasse*, Wien 2012, S. 85–95.

— »Von ›Petronazis‹ und der ›Kosher Nostra‹. Verschwörungstheorien zum 11. September«, in: Thomas Jäger (Hg.), *Die Welt nach 9/11. Auswirkungen des Terrorismus auf Staatenwelt und Gesellschaft*, Wiesbaden 2011, S. 927–945.

Jäger, Siegfried: »Diskurs und Wissen«, in: Reiner Keller/Andreas Hirseland/Werner Schneider/Willy Viehöver (Hg.), *Handbuch Sozialwissenschaftliche Diskursanalyse*, Opladen 2001, S. 81–112.

— *Kritische Diskursanalyse. Eine Einführung* (3. Aufl.), Duisburg 2001.

Jäger, Margarete/Siegfried Jäger: *Medienbild Israel. Zwischen Solidarität und Antisemitismus*, Münster 2003.

— »Wir hatten einen Schwarzen…«. Konstanz und Konjunkturen des alltäglichen Rassismus seit Beginn der 90er Jahre«, in: dies., *Deutungskämpfe. Theorie und Praxis Kritischer Diskursanalyse*, Wiesbaden 2007, S. 161–182.

Jäger, Margarete/Siegfried Jäger (Hg.): *Medien im Krieg. Der Anteil der Printmedien an der Erzeugung von Ohmachts- und Zerrissenheitsgefühlen*, Duisburg 2002.

Jarausch, Konrad: »Missverständnis Amerika: Antiamerikanismus als Projektion«, in: Jan Behrends/Árpád von Klimó/Patrice G. Poutrus (Hg.), *Antiamerikanismus im 20. Jahrhundert. Studien zu Ost- und Westeuropa*, Bonn 2005, S. 34–49.

Jaworski, Rudolf: »Verschwörungstheorien aus psychologischer und aus historischer Sicht«, in: Ute Caumanns/Mathias Niendorf (Hg.), *Verschwörungstheorien: Anthropologische Konstanten – historische Varianten*, Osnabrück 2001, S. 11–30.

Jochmann, Werner: *Gesellschaftskrise und Judenfeindschaft in Deutschland 1870–1945*, Hamburg 1988.

Joffe, Josef: *Hypermacht. Warum die USA die Welt beherrschen*, Bonn 2006.

Jost, John T./David L. Hamilton: »Stereotypes in Our Culture«, in: John F. Dovidio/Peter Glick/Laurie A. Rudman (Hg.), *On the Nature of Prejudice. Fifty Years after Allport*, Malden 2005, S. 208–224.

Judt, Tony/Denis Lacorne (Hg.): *With Us or Against Us. Studies in Global Anti-Americanism*, New York 2005.

Judt, Tony/Denis Lacorne: »The Banality of Anti-Americanism«, in: dies. (Hg.), *With Us or Against Us. Studies in Global Anti-Americanism*, New York 2005, S. 1–9.

Kaes, Anton: »Einleitung«, in: ders. (Hg.), *Weimarer Republik. Manifeste und Dokumente zur deutschen Literatur 1918–1933*, Stuttgart 1983, S. XIX–LII.

— »Massenkultur und Modernität. Notizen zu einer Sozialgeschichte des frühen amerikanischen und deutschen Films«, in: Frank Trommler (Hg.), *Amerika und die Deutschen*, Opladen 1986, S. 651–665.

Kamphausen, Georg: *Die Erfindung Amerikas in der Kulturkritik der Generation von 1890*, Weilerswist 2002.

Kant, Immanuel: *Kritik der Urteilskraft*, Hamburg 2001.

Katzenstein, Peter J./Robert Keohane (Hg.): *Anti-Americanisms in World Politics*, Ithaca 2007.

Katzenstein, Peter J./Robert Keohane: »Varieties of Anti-Americanism: A Framework for Analysis«, in: dies. (Hg.), *Anti-Americanisms in World Politics*, Ithaca 2007, S. 9–38.

Kaufmann, Stephan: »Appell an die falsche Adresse«, in: *ver.di Perspektiven*, 4.3.2008, www.perspektiven.verdi.de/debatte_um_finanzmaerkte/appell_an_die_falsche_adresse.

— »*Verkauft doch eure Inseln, ihr Pleite-Griechen!*« (hg. von der Rosa-Luxemburg-Stiftung), Berlin 2011, www.rosalux.de/fileadmin/rls_uploads/pdfs/sonst_publikationen/Pleite-Griechen_dt_2.Fssg_Okt2011.pdf.

Keller, Reiner: *Wissenssoziologische Diskursanalyse. Grundlegung eines Forschungsprogramms*, Wiesbaden 2005.

— »Wissenssoziologische Diskursanalyse«, in: Reiner Keller/Andreas Hirseland/Werner Schneider/Willy Viehöver (Hg.), *Handbuch Sozialwissenschaftliche Diskursanalyse*, Opladen 2001, S. 113–143.

Kirchhoff, Susanne: *Krieg mit Metaphern. Mediendiskurse über 9/11 und den »War on Terror«*, Bielefeld 2010.

Klein, Sabine: »Ein tiefes Gefühl, dass Waffen dazugehören« (Interview mit Tom Buhrow), in: *tagesschau.de*, 18.4.2007, www.tagesschau.de/ausland/meldung39390.html.

Kloke, Martin W.: *Israel und die deutsche Linke. Zur Geschichte eines schwierigen Verhältnisses* (2. Aufl.), Frankfurt/Main 1994.

Knappertsbusch, Felix: »The Meaning of Anti-Americanism: A Performative Approach to Anti-American Prejudice«, in: *International Journal of Conflict and Violence*, Nr. 7 (1) 2013, S. 91–107, www.ijcv.org/index.php/ijcv/article/view/258.

Knappertsbusch, Felix/Udo Kelle: »›Mutterland des nomadisierenden Finanzkapitals‹ – Zum Verhältnis von Antiamerikanismus und Antisemitismus vor dem Hintergrund der Finanzkrise«, in: Wilhelm Heitmeyer (Hg.), *Deutsche Zustände. Folge 8*, Frankfurt/Main 2010, S. 144–163.

Kohl, Karl-Heinz: *Entzauberter Blick. Das Bild vom guten Wilden und die Erfahrung der Zivilisation*, Frankfurt/Main 1986.

Kornelius, Stefan: »Das unberechenbare Deutschland«, in: *Süddeutsche Zeitung*, 28.3.2011.

Koselleck, Reinhart: *Vergangene Zukunft. Zur Semantik geschichtlicher Zeiten*, Frankfurt/Main 1979.

Kraushaar, Wolfgang: »Die transatlantische Protestkultur«, in: Heinz Bude/Bernd Greiner (Hg.), *Westbindungen*, Hamburg 1999, S. 257–284.

Kreis, Georg (Hg.): *Antiamerikanismus. Zum europäisch-amerikanischen Verhältnis zwischen Ablehnung und Faszination*, Basel 2007.

Kresken, Rainer/Thorsten Dambeck: »Das Apollo-Komplott«, in: *Bild der Wissenschaft*, Nr. 9/2007, S. 94–97.

Kreye, Andrian: »Freiheit, die sie meinen«, in: *Süddeutsche Zeitung*, 19.1.2008.

— »Zugpferd des Antiamerikanismus«, in: *Süddeutsche Zeitung*, 11.10.2003.

Kulla, Daniel: *Entschwörungstheorie. Niemand regiert die Welt*, Löhrbach 2007.

»Kult um Michael Moore« (kap), Deutsche Welle, 14.11.2003, www.dw-world.de/dw/article/0,,1015571,00.html.

Kummer, Ralph: »Funktionen des Antiamerikanismus in der rechtsextremen und neurechten Szene«, in: Zentrum Demokratische Kultur (Hg.), *»Vor Antisemitismus ist man nur noch auf dem Monde sicher.« Antisemitismus und Antiamerikanismus in Deutschland*, Berlin/Leipzig 2004, S. 77–84.

Kupperman, Karen Ordahl: »Introduction«, in: dies. (Hg.), *America in European Consciousness 1493–1750*, Chapel Hill 1995, S. 1–29.

Lacorne, Denis: »Anti-Americanism and Americanophobia: A French Perspective«, in: Tony Judt/Denis Lacorne (Hg.), *With Us or Against Us. Studies in Global Anti-Americanism*, New York 2005, S. 35–58.

Lacqueur, Walter: »Ach, Europa!«, in: *Die Welt*, 12.11.2011.

Lange, Viktor: »Goethes Amerikabild. Wirklichkeit und Vision«, in: Sigrid Bauschinger/Horst Denkler/Wilfried Malsch (Hg.), *Amerika in der deutschen Literatur*, Stuttgart 1975, S. 63–74.

Langguth, Gerd: »Habermas, die deutschen Intellektuellen und der Antiamerikanismus in Deutschland«, in: *Internationale Politik*, Nr. 2/2004.

Leggewie, Claus: *Amerikas Welt. Die USA in unseren Köpfen*, Hamburg 2000.

— *Die Globalisierung und ihre Gegner*, München 2003.

— »Hässliche Feindbilder gesucht«, in: *Internationale Politik*, Nr. 7/Juli 2005, S. 96–104.

Lehming, Malte: »Geliebte Lügner«, in: *Der Tagesspiegel*, 8.10.2008.

Lempfrid, Wolfgang: »Tonartencharakteristik – Moll-Tonarten«, www.koelnklavier.de/quellen/tonarten/moll.html (abgerufen am 11.1.2009).

Lenk, Kurt: »Problemgeschichtliche Einleitung«, in: ders. (Hg.), *Ideologie. Ideologiekritik und Wissenssoziologie*, Frankfurt/Main 1984, S. 13–49.

— »Zehn Thesen 78«, in: ders. (Hg.), *Ideologie. Ideologiekritik und Wissenssoziologie*, Frankfurt/Main 1984, S. 357–361.

Liebrich, Silvia: »Kleiner Zins, große Versuchung«, in: *Süddeutsche Zeitung*, 16.3.2009.

Link, Jürgen: *Versuch über den Normalismus. Wie Normalität produziert wird* (3. Aufl.), Göttingen 2006.

Lipinski, Matthias: »Warum weht die Fahne, obwohl der Mond keine Atmosphäre besitzt?«, www.apollo-projekt.de/fahne.htm (abgerufen am 3.6.2011).

Lippmann, Walter: *Public Opinion*, New York 1949.

Loeffler, Mark: »Das ›Finanzkapital‹ – Diskurse in Deutschland und England zur Jahrhundertwende«, in: Nicolas Berg (Hg.), *Kapitalismusdebatten um 1900*, Leipzig 2011, S. 115–139.

Lohoff, Ernst/Norbert Trenkle: *Die große Entwertung. Warum Spekulation und Staatsverschuldung nicht die Ursache der Krise sind*, Münster 2012.

Loewy, Hanno: »Der Tanz ums ›goldene Kalb‹«, in: ders. (Hg.), *Gerüchte über die Juden*, Essen 2005, S. 9–24.

Longhurst, Brian: *Popular Music and Society*, Oxford 1995.

Lukács, Georg: »Geschichte und Klassenbewußtsein«, in: ders., *Werke*, Frühschriften II, Bd. 2, Neuwied 1968, S. 161–517.

Lüders, Christian/Michael Meuser: »Deutungsmusteranalyse«, in: Ronald Hitzler/Anne Honer (Hg.), *Sozialwissenschaftliche Hermeneutik. Eine Einführung*, Opladen 1997, S. 57–80.

Maase, Kaspar: »Amerikanisierung der Gesellschaft‹. Nationalisierende Deutung von Globalisierungsprozessen?«, in: Konrad Jarausch/Hannes Siegrist (Hg.), *Amerikanisierung und Sowjetisierung in Deutschland 1945–1970*, Frankfurt/Main 1997, S. 219–241.

Magenheim, »Allianz fährt Rekordergebnis ein«, in: *Kölner Stadt-Anzeiger*, 23.2.2007.

»Manitu schlägt Otto« (o. V.), in: *stern.de*, 23.10.2001, www.stern.de/kultur/film/erfolgreichster-deutscher-film-manitu-schlaegt-otto-71702.html.

Mannheim, Karl: *Ideologie und Utopie*, Frankfurt/Main 1985.

Manz, Wolfgang: *Das Stereotyp. Zur Operationalisierung eines sozialwissenschaftlichen Begriffs*, Meisenheim 1968.

Marcuse, Ludwig: »Der europäische Anti-Amerikanismus«, in: *Neue Schweizer Rundschau*, 21. Jahrg., Nr. 2/Juni 1953, S. 67–73.

Maresch, Rudolf: »Unentbehrlicher Schurkenstaat«, in: *telepolis*, 5.2.2006, www.heise.de/tp/artikel/21/21911/1.html.

Markovits, Andrei S.: *Amerika, dich haßt sich's besser. Antiamerikanismus und Antisemitismus in Europa*, Hamburg 2004.

— »Antisemitism and Anti-Americanism: Comparative European Perspectives«, in: Lars Rensmann/Julius H. Schoeps (Hg.), *Politics and Resentment: Antisemitism and Counter-Cosmopolitanism in the European Union*, Leiden 2010, S. 147–181.

— »European Anti-Semitism and Anti-Americanism«, in: Brendon O'Connor (Hg.), *Anti-Americanism. History, Causes, Themes*, Bd. 2: Historical Perspectives, Oxford 2007, S. 119–150.

— »Europe's Usurpation of the Obama Triumph«, in: *The Huffington Post*, 8.11. 2008, www.huffingtonpost.com/andrei-markovits/europes-usurpation-of-the_ b_142369.html.

— *Uncouth Nation. Why Europe Dislikes America*, Princeton 2007.

Markovits, Andrei S./Lars Rensmann: »Anti-Americanism in Germany«, in: Brendon O'Connor (Hg.), *Anti-Americanism. History, Causes, Themes*, Bd. 3: Comparative Perspectives, Oxford 2007, S. 155–182.

— *Querpass. Sport und Politik in Europa und den USA*, Göttingen 2007.

Marx, Karl/Friedrich Engels: »Die deutsche Ideologie«, in: dies., *Werke*, Bd. 3, Berlin 1958.

Marx, Karl: »Vorwort: Zur Kritik der politischen Ökonomie«, in: Karl Marx/Friedrich Engels, *Werke*, Bd. 13, Berlin 1961.

Mauch, Christof: *Amerikanische Geschichte. Die 101 wichtigsten Fragen*, München 2008.

— *Die amerikanischen Präsidenten*, München 2009.

Mauch, Christof/Kiran Klaus Patel: »Wettlauf um die Moderne. Konkurrenz und Konvergenz«, in: dies. (Hg.), *Wettlauf um die Moderne. Die USA und Deutschland 1890 bis heute*, Bonn 2008, S. 9–26.

»Medien-Ranking 2001 des Forschungsinstituts Medien-Tenor« (cm), in: *kress Mediendienst*, 14.1.2002, www.kress.de/alle/detail/beitrag/30169.html.

Meid, Volker: »Francisci, Happel und Pocahontas. Amerikanisches in der deutschen Literatur des 17. Jahrhunderts«, in: Sigrid Bauschinger/Horst Denkler/ Wilfried Malsch (Hg.), *Amerika in der deutschen Literatur*, Stuttgart 1975, S. 17–27.

Meyer, Hildegard: *Nord-Amerika im Urteil des Deutschen Schrifttums bis zur Mitte des 19. Jahrhunderts. Eine Untersuchung über Kürnbergers »Amerika-Müden«*, Hamburg 1929.

Meyn, Hermann: *Massenmedien in Deutschland*, Konstanz 1999; 2001.

Mikos, Lothar: *Film- und Fernsehanalyse*, Konstanz 2008.

Mitscherlich, Alexander und Margarete: *Die Unfähigkeit zu trauern. Grundlagen kollektiven Verhaltens*, München 2001.

Moltmann, Günter: »Deutscher Anti-Amerikanismus heute und früher«, in: Otmar Franz (Hg.), *Vom Sinn der Geschichte*, Stuttgart 1976, S. 85–105.

Muehlen, Norbert: *Amerika – im Gegenteil. Antiamerikanische und andere Ansichten*, Stuttgart 1972.

Müller, Emil-Peter: *Antiamerikanismus in Deutschland. Zwischen Care-Paket und Cruise Missile*, Köln 1986.

Münkler, Herfried: *Der Wandel des Krieges. Von der Symmetrie zur Asymmetrie*, Weilerswist 2006.

— *Imperien. Die Logik der Weltherrschaft – vom Alten Rom zu den Vereinigten Staaten*, Berlin 2005.

Nagler, Jörg: »Territoriale Expansion, Sklavenfrage, Sezessionskrieg, Rekonstruktion, 1815–1877«, in: Peter Lösche/Hans Dietrich von Loeffelholz (Hg.), *Länderbericht USA*, Bonn 2004, S. 42–77.

National Commission on Terrorist Attacks (Hg.): *The 9/11 Commission Report*, New York 2004.

National Institute of Standards and Technology, »NIST and the World Trade Center«, wtc.nist.gov (abgerufen am 25.1.2011).

Nelson, Todd D. (Hg.): *Handbook of Prejudice, Stereotyping, and Discrimination*, New York 2009.

Neumann-Braun, Klaus/Axel Schmidt: »McMusic«, in: Klaus Neumann-Braun (Hg.), *Viva MTV! Popmusik im Fernsehen*, Frankfurt/Main 1999.

Neumann-Braun, Klaus/Lothar Mikos: *Videoclips und Musikfernsehen*, Berlin 2006.

Nietzsche, Friedrich: *Jenseits von Gut und Böse. Zur Genealogie der Moral* (Nietzsche Werke, hg. v. Giorgio Colli u. Mazzino Montinari, 6. Abt., Bd. 2), Berlin 1968.

Nitz, Timo: *Deutscher Antiamerikanismus. Grundlagen, Entwicklung und Beständigkeit einer Ideologie*, Saarbrücken 2006.

O'Connor, Brendon (Hg.): *Anti-Americanism. History, Causes, Themes* (4 Bände), Oxford 2007.

O'Connor, Brendon: »Introduction: Causes and Sources of Anti-Americanism«, in: ders. (Hg.), *Anti-Americanism. History, Causes, Themes*, Bd. 1: Causes and Sources, Oxford 2007, S. XIII–XIX.

— »What is Anti-Americanism?«, in: ders. (Hg.), *Anti-Americanism. History, Causes, Themes*, Bd. 1: Causes and Sources, Oxford 2007, S. 1–21.

Orth, Ernst W.: »Ideologie und Weltanschauung. Zur Pathologie zweier Begriffe«, in: Kurt Salamun (Hg.), *Aufklärungsperspektiven. Weltanschauungsanalyse und Ideologiekritik*, Tübingen 1989, S. 133–148.

Pätzold, Kurt/Manfred Weißbecker (Hg.): *Schlagwörter und Schlachtrufe. Aus zwei Jahrhunderten deutscher Geschichte* (2 Bände), Leipzig 2002.

Pally, Marcia: *Warnung vor dem Freunde. Tradition und Zukunft US-amerikanischer Außenpolitik*, Berlin 2008.

Palm, Goedart/Florian Rötzer (Hg.): *MedienTerrorKrieg*, Hannover 2002.

Pauly, Christoph/Anne Seith: »Schatten der Vergangenheit«, in: *Der Spiegel*, Nr. 16/ 18.4.2011.

Petersen, Lars-Eric/Bernd Six (Hg.): *Stereotype, Vorurteile und soziale Diskriminierung. Theorien, Befunde und Interventionen*, Weinheim 2008.

Petersen, Lars-Eric/Bernd Six: »Stereotype«, in: dies. (Hg.), *Stereotype, Vorurteile und soziale Diskriminierung*, Weinheim 2008, S. 19–22.

— »Vorurteile«, in: dies. (Hg.), *Stereotype, Vorurteile und soziale Diskriminierung*, Weinheim 2008, S. 107–110.

Petersen, Thomas: »Schleichende Zunahme des Antiamerikanismus«, in: *Frankfurter Allgemeine Zeitung*, 24.1.2013.

Peukert, Detlev J. K.: *Die Weimarer Republik. Krisenjahre der Klassischen Moderne*, Frankfurt/Main 1987.

Pfahl-Traughber, Armin: »›Bausteine‹ zu einer Theorie über ›Verschwörungstheorien‹: Definitionen, Erscheinungsformen, Funktionen und Ursachen«, in: Helmut Reinalter (Hg.), *Verschwörungstheorien. Theorie – Geschichte – Wirkung*, Innsbruck 2002, S. 30–44.

Pilz, Michael: »Rammstein sind Deutschlands erfolgreichste Lyriker«, in: *Die Welt*, 28.9.2004.

Piper, Ernst (Hg.): *Gibt es wirklich eine Holocaust-Industrie?*, Zürich 2001.

Pipes, Daniel: *Verschwörung. Faszination und Macht des Geheimen*, München 1998.

Plumpe, Werner: *Wirtschaftskrisen. Geschichte und Gegenwart*, München 2011.

Pohrt, Wolfgang: »Anti-Amerikanismus, Anti-Imperialismus«, in: ders., *Stammesbewußtsein, Kulturnation*, Berlin 1984, S. 70–84.

Poschardt, Ulf: »Stripped. Pop und Affirmation bei Kraftwerk, Laibach und Rammstein«, in: *Jungle World*, 12.5.1999.

Posener, Alan: »Die polit-psychologische Matrix«, in: *Internationale Politik*, Nr. 5/ 2008, S. 57–61.

Postone, Moishe: »Die Antinomien der kapitalistischen Moderne – Reflexionen über Geschichte, den Holocaust und die Linke«, in: Nicolas Berg (Hg.), *Kapitalismusdebatten um 1900*, Leipzig 2011, S. 435–453.

— »Nationalsozialismus und Antisemitismus. Ein theoretischer Versuch«, in: Dan Diner (Hg.), *Zivilisationsbruch. Denken nach Auschwitz*, Frankfurt/Main 1988, S. 242–254.

Poutrus, Patrice G.: »Bomben auf Elbflorenz. Die Zerstörung Dresdens als Thema in der antiamerikanischen Propaganda der DDR«, in: Jan C. Behrends/Árpád von Klimó/Patrice G. Poutrus (Hg.), *Antiamerikanismus im 20. Jahrhundert. Studien zu Ost- und Westeuropa*, Bonn 2005, S. 143–158.

Probst, Peter: »Ressentiment«, in: Joachim Ritter/Karlfried Gründer (Hg.), *Historisches Wörterbuch der Philosophie*, Bd. 8, Darmstadt 1992, S. 919–923.

Pürer, Heinz/Johannes Raabe: *Presse in Deutschland*, Konstanz 2007.

Quasthoff, Uta: *Soziales Vorurteil und Kommunikation. Eine sprachwissenschaftliche Analyse des Stereotyps*, Frankfurt/Main 1973.

Rabe, Jens-Christian:»Echte Lebensgröße ist das neue Format«, in: *Süddeutsche Zeitung*, 4.11.2008.

Rabinovici, Doron/Ulrich Speck/Natan Sznaider (Hg.): *Neuer Antisemitismus? Eine globale Debatte*, Frankfurt/Main 2004.

»Radikalkur: DaimlerChrysler streicht in Amerika 13.000 Stellen« (wal/ase/dpa/ Dow Jones), in: *Spiegel Online*, 14.2.2007, www.spiegel.de/wirtschaft/ 0,1518,466388,00.html.

»Rammstein: Biografie« (o. V.), in: *Laut.de*, www.laut.de/wortlaut/artists/r/ rammstein/biographie/index.htm (abgerufen am 17.12.2008).

»Rammstein: Biography« (o. V.), in: *guardian.co.uk*, www.guardian.co.uk/music/ rammstein (abgerufen am 28.10.2009).

Randow, Gero von:»Was ist Kapitalismus?«, in: *Die Zeit*, Nr. 19/2007.

Rapp, Stephanie/Käthe Jowanowitsch:»Ghostwriter der Politik«, in: Deutschlandfunk, 28.8.2009, www.dradio.de/dlf/sendungen/hintergrundpolitik/1025026.

Reents, Edo:»Sprache hat das letzte Wort«, in: *Frankfurter Allgemeine Zeitung*, 29.5. 2008.

Rehberg, Karl-Siegbert:»Weltanschauung‹ und Menschenbilder – zur Verfallsgeschichte eines Begriffs«, in: Johannes Rohbeck (Hg.), *Philosophie und Weltanschauung*, Dresden 1999, S. 67–85.

Rehmann, Jan: *Einführung in die Ideologietheorie*, Hamburg 2008.

Rensmann, Lars: *Demokratie und Judenbild. Antisemitismus in der politischen Kultur der Bundesrepublik Deutschland*, Wiesbaden 2004.

— *Kritische Theorie über den Antisemitismus. Studien zu Struktur, Erklärungspotential und Aktualität* (3. Aufl.), Berlin 2001.

Rensmann, Lars/Julius H. Schoeps (Hg.): *Politics and Resentment: Antisemitism and Counter-Cosmopolitanism in the European Union*, Leiden 2010.

Reporter ohne Grenzen (Hg.):»Ranglisten Pressefreiheit«, www.reporter-ohnegrenzen.de/archiv/ranglisten-pressefreiheit.html (abgerufen am 22.10.2010).

— »Allgemeine Erläuterungen zur Rangliste der Pressefreiheit 2009«, 20.10.2009, www.reporter-ohne-grenzen.de/fileadmin/rte/docs/2009/Allg_ Erlaeuterungen.pdf.

Reumann, Kurt:»Journalistische Darstellungsformen«, in: *Fischer-Lexikon Publizistik/Massenkommunikation*, Frankfurt/Main 1996, S. 91–116.

Revel, Jean-François: *Anti-Americanism*, San Francisco 2003.

Richter, Carola/Sebastian Gebauer: *Die China-Berichterstattung in den deutschen Medien* (hg. von der Heinrich Böll Stiftung), Berlin 2010, www.boell.de/downloads/ Endf_Studie_China-Berichterstattung.pdf.

Ripplinger, Stefan:»Der Schatz im Silbersee«, in: Thomas Uwer/Thomas von der Osten-Sacken/Andrea Woeldike (Hg.), *Amerika. Der »War on Terror« und der Aufstand der Alten Welt*, Freiburg 2003, S. 37–45.

Ritzer, George/Todd Stillman:»McDonaldisierung, Amerikanisierung und Globalisierung: Eine vergleichende Analyse«, in: Ulrich Beck/Natan Sznaider/Rainer Winter (Hg.), *Globales Amerika?*, Bielefeld 2003, S. 44–68.

Rohbeck, Johannes: »Vorwort«, in: ders. (Hg.), *Philosophie und Weltanschauung*, Dresden 1999, S. 9–13.

Rohrbacher, Stefan/Michael Schmidt: *Judenbilder. Kulturgeschichte antijüdischer Mythen und antisemitischer Vorurteile*, Reinbek bei Hamburg 1991.

Romberg, Reinhard: »Ideologie (II.)«, in: Joachim Ritter/Karlfried Gründer (Hg.), *Historisches Wörterbuch der Philosophie*, Bd. 4, Darmstadt 1976, S. 164–173.

Ross, Andrew/Kristin Ross (Hg.): *Anti-Americanism*, New York 2004.

Rürup, Reinhard: *Emanzipation und Antisemitismus. Studien zur »Judenfrage« der bürgerlichen Gesellschaft*, Frankfurt/Main 1987 (1975).

Salzborn, Samuel: »Anti-Jewish Guilt Deflection and National Self-Victimization: Antisemitism in Germany«, in: Lars Rensmann/Julius H. Schoeps (Hg.), *Politics and Resentment: Antisemitism and Counter-Cosmopolitanism in the European Union*, Leiden 2010, S. 397–423.

— *Antisemitismus als negative Leitidee der Moderne. Sozialwissenschaftliche Theorien im Vergleich*, Frankfurt/Main 2010.

— »Ungeziefer muss vernichtet werden«, in: *Jungle World*, Nr. 6/2010.

Schäfer, Julia: *Vermessen – gezeichnet – verlacht. Judenbilder in populären Zeitschriften 1918–1933*, Frankfurt/Main 2005.

Schediwy, Dagmar: *Ganz entspannt in Schwarz-Rot-Gold? Der Neue deutsche Fußballpatriotismus aus sozialpsychologischer Perspektive*, Münster 2012.

Scheit, Gerhard: »Becketts Endspiel und King of Queens. Versuch, die Kulturindustrie zu verstehen«, in: Karin Lederer (Hg.), *Zum aktuellen Stand des Immergleichen. Dialektik der Kulturindustrie – vom Tatort zur Matrix*, Berlin 2008, S. 29–83.

Scheler, Max: »Das Ressentiment im Aufbau der Moralen« (1915), in: *Vom Umsturz der Werte* (Erster Band), Leipzig 1919, S. 43–236.

Scherrer, Christoph/Caren Kunze: *Globalisierung*, Göttingen 2011.

Schmidinger, Thomas: »Struktureller Antisemitismus und verkürzte Kapitalismuskritik«, in: *trend online zeitung*, 01/2001, www.trend.infopartisan.net/trd0101/t120101.html (abgerufen am 5.3.2012).

Schröm, Oliver/Dirk Laabs: *Tödliche Fehler. Das Versagen von Politik und Geheimdiensten im Umfeld des 11. September*, Berlin 2003.

Schulten, Thorsten: »Europäischer Tarifbericht des WSI 2007/2008«, in: *WSI Mitteilungen*, 9/2008, S. 471–478.

Schulz, Uwe (Hg.): *Große Verschwörungen. Staatsstreich und Tyrannensturz von der Antike bis zur Gegenwart*, München 1998.

Schulz, Winfried: *Die Konstruktion von Realität in den Nachrichtenmedien*, Freiburg 1976.

Schumann, Harald/Christiane Grefe: *Der globale Countdown. Gerechtigkeit oder Selbstzerstörung – die Zukunft der Globalisierung*, Köln 2009.

Schuster, Jacques: »Was ist das überhaupt: der Westen?« (Interview mit Heinrich August Winkler), in: *Die Welt*, 8.10.2011.

Schwab-Trapp, Michael: »Diskurs als soziologisches Konzept«, in: Reiner Keller/Andreas Hirseland/Werner Schneider/Willy Viehöver (Hg.), *Handbuch Sozialwissenschaftliche Diskursanalyse*, Opladen 2001, S. 261–283.

Schwaabe, Christian: *Antiamerikanismus. Wandlungen eines Feindbildes*, München 2003.

Schwan, Gesine: *Antikommunismus und Antiamerikanismus in Deutschland*, Baden-Baden 1999.

Schwark, Sebastian: *Zur Genealogie des modernen Antiamerikanismus in Deutschland*, Baden-Baden 2008.

Schwarz-Friesel, Monika/Jehuda Reinharz: *Die Sprache der Judenfeindschaft im 21. Jahrhundert*, Berlin 2013.

Seeßlen, Georg: »Global Pop made in USA: Kreolisierung oder Korruption«, in: *Das Parlament*, Nr. 5/27.1.2003, S. 17.

Senft, Gerhard: »Antikapitalismus von Rechts? – Eine Abrechnung mit Gottfried Feders »Brechung der Zinsknechtschaft«, in: *Zeitschrift für Sozialökonomie*, Nr. 106/1995, S. 18–32.

Sharansky, Natan: »3D Test of Anti-Semitism: Demonization, Double Standards, Delegitimization«, in: *Jewish Political Studies Review*, Nr. 16/2004, www.jcpa.org/phas/phas-sharansky-f04.htm.

Siebert, Birger/Frank Oliver Sobich: »Zwei Herzen in der Brust – ein Standpunkt im Kopf«, in: Ilka Schröder (Hg.), *Weltmacht Europa – Hauptstadt Berlin?*, Hamburg 2005, S. 152–168.

Sillgitt, Alexandra: »Gewerkschafter lassen Verschwörungstheoretiker rappen«, in: *Spiegel Online*, 28.11.2007, www.spiegel.de/politik/deutschland/0,1518,519729,00.html.

Six, Bernd: »Vorurteil (II. Sozialpsychologie)«, in: Joachim Ritter/Karlfried Gründer/Gottfried Gabriel (Hg.), *Historisches Wörterbuch der Philosophie*, Bd. 11, Darmstadt 2001, S. 1264–1267.

Sobich, Frank Oliver: »Kampfplatz: Weltmarkt. Die außenwirtschaftspolitischen Strategien von EU und USA«, in: Ilka Schröder (Hg.), *Weltmacht Europa – Hauptstadt Berlin?*, Hamburg 2005, S. 115–133.

Speck, Ulrich/Natan Sznaider (Hg.): *Empire Amerika. Perspektiven einer neuen Weltordnung*, München 2003.

Srp, Uwe: *Antiamerikanismus in Deutschland. Theoretische und empirische Analyse basierend auf dem Irakkrieg 2003*, Hamburg 2005.

Stangor, Charles: »The Study of Stereotyping, Prejudice, and Discrimination Within in Social Psychology«, in: Todd D. Nelson (Hg.), *Handbook of Prejudice, Stereotyping, and Discrimination*, New York 2009, S. 1–22.

Stead, William Thomas: *The Americanization of the World or The Trend of the Twentieth Century*, New York 1901.

Stein, Gerd (Hg.): *Die edlen Wilden. Die Verklärung von Indianern, Negern und Südseeinsulanern auf dem Hintergrund der kolonialen Greuel*, Frankfurt/Main 1984.

Steltzner, Holger: »Vom Nutzen der Heuschrecken«, in: *Frankfurter Allgemeine Zeitung*, 2.5.2005.

Strassburg, Roger: »Amerikanische Verhältnisse?«, in: *Frankfurter Rundschau*, 1.7.2008.

Strauß, Gerhard/Ulrike Haß/Gisela Harras: *Brisante Wörter von Agitation bis Zeitgeist*, Berlin 1989.

Strauss, Herbert A.: »Vom modernen zum neuen Antisemitismus«, in: Herbert A. Strauss/Werner Bergmann/Christhard Hoffmann (Hg.), *Der Antisemitismus der Gegenwart*, Frankfurt/Main 1990, S. 7–25.

Streeck, Wolfgang: *Gekaufte Zeit. Die vertagte Krise des demokratischen Kapitalismus*, Berlin 2013.

Strübing, Jörg: »Theoretisches Sampling«, in: Ralf Bohnsack/Winfried Marotzki/Michael Meuser (Hg.), *Hauptbegriffe Qualitative Sozialforschung*, Opladen 2003, S. 154–156.

Syme, Ronald: Die *Römische Revolution. Machtkämpfe im antiken Rom*, Stuttgart 2003.

»Tatort‹ schlapp, Lauterbach schlapper« (tdo/dpa), in: *Spiegel Online*, 17.3.2008, www.spiegel.de/kultur/gesellschaft/0,1518,541900,00.html.

»tatort: Zahlen, Fakten, Daten« (o. V.), www.daserste.de/tatort/beitrag_dyn~uid, 5tcmwk8npmvi6hxv~cm.asp (abgerufen am 24.4. 2009).

Terkessidis, Mark: *Psychologie des Rassismus*, Wiesbaden 1998.

Thiele, Hans-Günther (Hg.), *Die Wehrmachtsausstellung. Dokumentation einer Kontroverse*, Bremen 1997.

Thomé, Horst: »Weltanschauung«, in: Joachim Ritter/Karlfried Gründer/Gottfried Gabriel (Hg.), *Historisches Wörterbuch der Philosophie*, Bd. 12, Darmstadt 2004, S. 454–459.

Titscher, Stefan/Ruth Wodak/Michael Meyer/Eva Vetter (Hg.): *Methoden der Textanalyse. Leitfaden und Überblick*, Opladen 1998.

Trampert, Rainer: »An die Wand gedeutscht«, in: *Jungle World*, Nr. 16/18.4.2013.

Trommler, Frank (Hg.): *Amerika und die Deutschen. Bestandsaufnahme einer 300jährigen Geschichte*, Opladen 1986.

Trommler, Frank: »Aufstieg und Fall des Amerikanismus in Deutschland«, in: ders. (Hg.), *Amerika und die Deutschen*, Opladen 1986, S. 666–676.

Unabhängiger Expertenkreis Antisemitismus: *Antisemitismus in Deutschland. Erscheinungsformen, Bedingungen, Präventionsansätze* (hg. vom Bundesministerium des Innern), Berlin 2011.

Urban, Markus: »Offizielle und halboffizielle Amerikabilder im ›Dritten Reich‹: Deutsche Amerikaliteratur als Spiegel der politischen Entwicklung?«, in: Jan C. Behrends/Árpád von Klimó/Patrice G. Poutrus (Hg.), *Antiamerikanismus im 20. Jahrhundert. Studien zu Ost- und Westeuropa*, Bonn 2005, S. 52–71.

Uwer, Thomas/Thomas von der Osten-Sacken/Andrea Woeldike (Hg.): *Amerika. Der »War on Terror« und der Aufstand der Alten Welt*, Freiburg 2003.

Vens, Hartwig: »Noie Werte«, in: *konkret*, Nr. 11/2004.

»Verluste in Deutschland – Opel sieht rot« (o. V.), in: *n-tv.de*, 18.1.2008, www.n-tv.de/906153.html.

Viehöver, Willy: »Diskurse als Narrationen«, in: Reiner Keller/Andreas Hirseland/Werner Schneider/Willy Viehöver (Hg.), *Handbuch Sozialwissenschaftliche Diskursanalyse*, Opladen 2001, S. 177–206.

Virilio, Paul: *Revolutionen der Geschwindigkeit*, Berlin 1993.

Voigt, Sebastian: *Die Dialektik von Einheit und Differenz. Über Ursprung und Geltung des Pluralismusprinzips in den Vereinigten Staaten von Amerika*, Berlin 2007.

Wagner, Bernd: »Kulturelle Globalisierung. Von Goethes ›Weltliteratur‹ zu den weltweiten Teletubbies«, in: *Aus Politik und Zeitgeschichte*, Nr. 12/22.3.2002, S. 10–18.

Waldmann, Peter: *Terrorismus. Provokationen der Macht*, Hamburg 2005.

Wehler, Hans-Ulrich: *Nationalismus. Geschichte, Formen, Folgen*, München 2011.

»Wer ist schuld an 9/11?« (Reuters/jtr/ihe), in: *Süddeutsche.de*, 11.9.2008, www.sueddeutsche.de/politik/internationale-umfrage-wer-ist-schuld-an--1.69 0678.

Werz, Michael/Barbara Fried: »Modernity, Resentment and Anti-Americanism«, in: Brendon O'Connor (Hg.), *Anti-Americanism. History, Causes, Themes*, Bd. 1: Causes and Sources, Oxford 2007, S. 263–331.

Whitley, Bernard E./Mary E. Kite: *The Psychology of Prejudice and Discrimination*, Belmont 2006.

Wiarda, Jan-Martin: »Dumme Amis, schlaue Amis«, in: *Die Zeit*, Nr. 34/12.8.2004.

Wiemer, Hans-Ulrich: *Alexander der Große*, München 2005.

Wilke, Jürgen Wilke: »Leitmedien und Zielgruppenorgane«, in: ders. (Hg.), *Mediengeschichte der Bundesrepublik Deutschland*, Bonn 1999, S. 302–329.

Winkelmann, Ulrike: »Fortschritt ist, dass jemand hinguckt«, in: *die tageszeitung*, 29.1.2009.

Winkler, Heinrich August: *Der lange Weg nach Westen* (2 Bände), München 2010.

Wippermann, Wolfgang: *Agenten des Bösen. Verschwörungstheorien von Luther bis heute*, Berlin 2007.

Wistrich, Robert: *A Lethal Obsession. Anti-Semitism from Antiquity to the Global Jihad*, New York 2010.

Wissen Media Verlag (Hg.): *Die große Chronik Weltgeschichte: Die Teilung der Welt 1945–1961*, Gütersloh 2008, S. 72–73.

Wodak, Ruth/Peter Nowak/Johanna Pelikan/Helmut Gruber/Rudolf de Cillia/ Richard Mitten: *»Wir sind alle unschuldige Täter!«. Diskurshistorische Studien zum Nachkriegsantisemitismus*, Frankfurt/Main 1990.

»Wo die Welt trauert« (dapd/AFP/dpa/fran), in: *Süddeutsche.de*, 11.9.2011, www.sueddeutsche.de/politik/zehn-jahre-wo-die-welt-trauert-1.1141519.

Zick, Andreas: *Vorurteile und Rassismus. Eine sozialpsychologische Analyse*, Münster 1997.

Zick, Andreas/Beate Küpper: »Rassismus«, in: Lars-Eric Petersen/Bernd Six (Hg.), *Stereotype, Vorurteile und soziale Diskriminierung*, Weinheim 2008, S. 111–120.

USA – Geschichte, Gesellschaft, Politik

Heiko Beyer
Soziologie des Antiamerikanismus
Zur Theorie und Wirkmächtigkeit
spätmodernen Unbehagens
2014. 222 Seiten. ISBN 978-3-593-50057-7

Tobias Jaecker
Hass, Neid, Wahn
Antiamerikanismus in den
deutschen Medien
2014. 409 Seiten. ISBN 978-3-593-50066-9

Babette Bärbel Tischleder
The Literary Life of Things
Case Studies in American Fiction
2014. Ca. 300 pages. ISBN 978-3-593-50006-5

Caroline Rosenthal,
Stefanie Schäfer (eds.)
Fake Identity?
The Impostor Narrative in
North American Culture
2014. Ca. 230 pages. ISBN 978-3-593-50101-7

Olaf Stieglitz
Undercover
Die Kultur der Denunziation
in den USA
2013. 395 Seiten. Geb. ISBN 978-3-593-39845-7

Jürgen Martschukat
Die Ordnung des Sozialen
Väter und Familien in der amerikanischen
Geschichte seit 1770
2013. 474 Seiten. Geb. ISBN 978-3-593-39849-5

Gabriele Metzler (Hg.)
Das Andere denken
Repräsentationen von Migration in
Westeuropa und den USA im 20. Jahrhundert
2013. 331 Seiten. ISBN 978-3-593-39900-3

Laura Bieger, Christian Lammert (eds.)
Revisiting the Sixties
Interdisciplinary Perspectives on
America's Longest Decade
2013. 343 pages. ISBN 978-3-593-39990-4

Susanne Hamscha
The Fiction of America
Performance and the Cultural Imaginary
in Literature and Film
2013. 334 pages. ISBN 978-3-593-39872-3

Maja Bächler
Inszenierte Bedrohung
Folter im US-amerikanischen
Kriegsfilm 1979–2009
2013. 399 Seiten. ISBN 978-3-593-39846-4

campus
Frankfurt. New York